Tax and Accounting Cases in M&A

Tax and Accounting
Cases in M&A

企业重组财税处理实务与案例

吴 健 姜新录
朱昌山 聂 磊 高行锋 著

中国财经出版传媒集团
中国财政经济出版社

图书在版编目（CIP）数据

企业重组财税处理实务与案例 / 吴健等著. -- 北京：中国财政经济出版社，2020.8（2022.9重印）
ISBN 978-7-5095-9903-7

Ⅰ.①企… Ⅱ.①吴… Ⅲ.①企业重组－财税－研究－中国 Ⅳ.①F812.423

中国版本图书馆 CIP 数据核字（2020）第 126222 号

责任编辑：尉　敏　　　　责任印制：史大鹏
封面设计：卜建辰

QIYE CHONGZU CAISHUI CHULI SHIWU YU ANLI

中国财政经济出版社 出版
URL：http：//www.cfeph.cn
E-mail：cfeph@cfemg.cn

社址：北京市海淀区阜成路甲 28 号　邮政编码：100142
营销中心电话：010-88191537
北京时捷印刷有限公司印刷　各地新华书店经销
787×1092 毫米　16 开　36 印张　672 000 字
2020 年 8 月第 1 版　2022 年 9 月北京第 5 次印刷
定价：118.00 元
ISBN 978-7-5095-9903-7
（图书出现印装问题，本社负责调换）
本社质量投诉电话：010-88190744
打击盗版举报热线：010-88191661　QQ：2242791300

推荐语

TUIJIANYU

（排名不分先后 姓氏笔画排序）

吴健和姜新录等业内专家合著的新书系统阐述了企业重组财税处理，全书结构合理、逻辑清晰、深浅适度，并辅以大量案例，通俗易懂。针对不同重组方式，该书能兼顾税会差异及税税差异，是一本实用性很强的关于重组的财税指南。

王俊

立信会计师事务所合伙人、答税科技有限公司 CEO

企业重组往往大气磅礴，事关一个或者多个企业的生死存亡。在这个过程中，重组的税务处理重若泰山。利用重组的税务技巧，可以实现四两拨千斤的奇效！阅读吴健、姜新录等几位老师的新书，我相信您可以感受到重组财税的智慧、力量和美妙所在！

王骏

中国财税浪子

专业源自专注，而要解决企业重组这种比较复杂的税收问题，尤其需要专业而系统的分析。吴健和姜新录等业内专家联袂撰写的这本著作，集理论性、实操性和创新性于一体，是一本难得的工具书，值得细细研阅。

张剀

中国税务报社资深记者、中国大企业税收研究所常务副所长

重组税收问题是税务领域内的高深领域，很多人遇到复杂的重组税收问题往往感到无法入手。这里面涉及会计、税法、民法等多学科知识的交叉，同时，同一重组行为还涉及不同部门表达上的差异，这就导致了很多人即使理解了税法，遇到实务问题还是很难入手。《企业重组财税处理实务与案例》一书汇集了大量上市公司的真实案例，对照会计和税法剖析了目前各类并购重组行为的政策和实务操作问题。我认为，这本书一定会成为大家从事重组税务实际工作的好帮手。

赵国庆

国内知名财税专家

该书系统总结梳理了重组业务税务的处理，不仅涵盖了各个税种的相关内容，更是与会计处理实务结合起来，是实际工作中难得的一本业务指南。作者吴健和姜新录等老师长期从事重组业务的税务研究和实务操作，本书是他们研究实践成果的结晶，一定会给读者带来不一样的收获。

徐贺

大信税务师事务所合伙人

关于企业重组税务的专著本不多见，能集财税法于一体的则更是“凤毛麟角”。吴健、姜新录等作者长期专注于企业重组财税业务的研究与实务，法规政策精熟、实践经验丰富，笔耕不辍，其新著《企业重组财税处理实务与案例》以企业重组知识体系为纲，讲授理论却无枯燥乏味，剖析实例而不乏深度。相信随着本书付梓，其必将成为法律、财税实务人士、税务机构人员不可多得的一本企业重组财税实务的宝典与指南。

雷霆

华润啤酒（控股）股份有限公司四川区域法务总监

序

PREFACE

企业重组是企业加强资源整合、实现快速发展、提高竞争力的有效措施，是化解产能严重过剩矛盾、调整优化产业结构、提高发展质量效益的重要途径。在经济全球化背景下，企业重组越来越频繁，规模越来越大。通过借鉴国际经验，结合企业重组实践，我国也逐步构建了一套企业重组的税收政策体系和管理制度。然而，由于企业重组事项复杂、标的涉税金额巨大，税收政策适用存在一些分歧，不仅财务人员难以精准把握，甚至很多专业机构和税务人员都“望而生畏”。

吴健有着大型企业、中介机构、税务机关的工作经验以及税务专业院校的教学经验，姜新录长期研究并购重组中的税收问题。因此，我们合作编著了这本注重企业重组相关财务税收实务操作专业图书，将散落在不同文件中的关于重组业务的会计、税收政策进行了系统梳理，并通过大量案例解析会计处理、税务处理、税会差异分析及纳税申报等实务操作，力求做到通俗易懂，便于广大财税工作者学习。本书具有以下特点：

一是系统构建企业重组的财税知识体系。企业重组的财务与税务处理涉及面广、政策繁杂，加之税收政策和会计准则更新快，有些规定不甚明确等，导致即使是专业人员也未必能尽知其本意和深意。实践证明，对现行企业重组涉及的税法规定与财务处理进行系统梳理，形成知识体系，是行之有效的学习方法和解决复杂重组财税问题的基本前提。本书在系统研究企业重组基本理论和企业所得税、个人所得税、增值税、土地增值税、契税、印花税等政策规定的基础上，按非货币性资产投资、资产收购、资产（股权）划转、股权收购、合并、分立、债务重组、企业法律形式改变等八大重组类型全面讲解了企业所得税的一般性税务处理、特殊性税务处理和其他税种的处理，并对企业清算、企业重组中的对赌问题进行了深入的研究，形成了较为完整的企业重组财税知识体系。

二是深度解析热点、难点、疑点问题。近年来，我们围绕企业重组的财税问题进行了持续深入研究、教学培训和征管稽查，尤其是撰写的非货币性资产投资财税处理与纳税调整案例、企业重组中股权与非股权复合支付的特殊性税务处理案例、资产置换的特殊性税务处理案例、母子公司无偿划转资产案例、间接持股下的股权收购综合案例、溢价吸收合并的税收案例、拟上市公司反向吸收合并控股公司的特殊性税务处理案例、同一控制下吸收合并的特殊性税务处理案例、债务转为权益工具案例、上市公司控股股东的清算案例等企业重组财税处理案例，深受纳税人、中介机构和税务干部的欢迎，借此次编著出版之机，我们及时将其充实到著作中，使案例占到全书内容的30%以上，大大提高了本书的实操性，实现了理论和实务的充分结合。

三是坚持专业、客观、中立的第三方视角。本书的编著者近年来深度参与了一些知名企业的重组争议案件处理，发现税务机关、涉税中介、纳税人在一些重组税收政策理解上存在较大的分歧，一些从业者根据自身理解或相关利益诉求对政策进行了单一、片面地解读或宣传，有的传播面很广。因此，有必要从法理上、政策规定上以及实践操作上对企业重组中涉及的税收政策进行分析，准确把握税收规则，合法合规实施重组。为此，我们在撰写本书时完全根据规范性文件的规定进行解读，并完全根据实践案例处理结果进行展示，同时还邀请了一些税务干部、学者专家、实务专家等进行了研讨，力求做到不偏不倚，引导纳税人正确、及时享受重组税收政策。

本书的顺利出版，得到了各方面的大力支持和帮助。立信会计师事务所合伙人、答税科技有限公司CEO王俊，中国财税浪子王骏，中国税务报社资深记者、中国大企业税收研究所常务副所长张剀，国内知名财税专家赵国庆，大信税务师事务所合伙人徐贺，华润啤酒（控股）股份有限公司四川区域法务总监雷霆等业内人士分别对本书予以热情的推荐。中国财政经济出版社商业出版中心尉敏主任及其他几位编辑对本书的出版付出了辛勤的劳动。本书的出版也凝聚了国家税务总局宿迁市税务局朱昌山、高行锋及国家税务总局甘肃省税务局企业所得税处聂磊的辛勤劳动，他们整理资料、校对书稿、复核数据，并负责编写部分章节。在此，我们表示忠心的感谢！

虽然我们力求做到政策解读准确到位，书中内容完整准确，方便读者阅读理解，但由于时间、精力和水平所限，方方面面的不足和遗漏之处必然存在。诚挚地欢迎广大读者朋友批评指正，与我们共同探讨、改进。恳请致信：896659584@ qq. com。

期盼本书能成为广大财税工作者的良师益友。

吕健 姜新录

2020年7月28日

目录

CONTENTS

第一章　企业重组税务处理概述

本章主要是对企业重组的税务处理进行了简要概述，包括企业重组税收政策体系、企业所得税特殊性税务处理、企业重组的税务管理、我国并购重组税收政策中存在的主要问题和重组企业所得税处理中的几个术语等。本章的知识架构如图 1－1 所示。

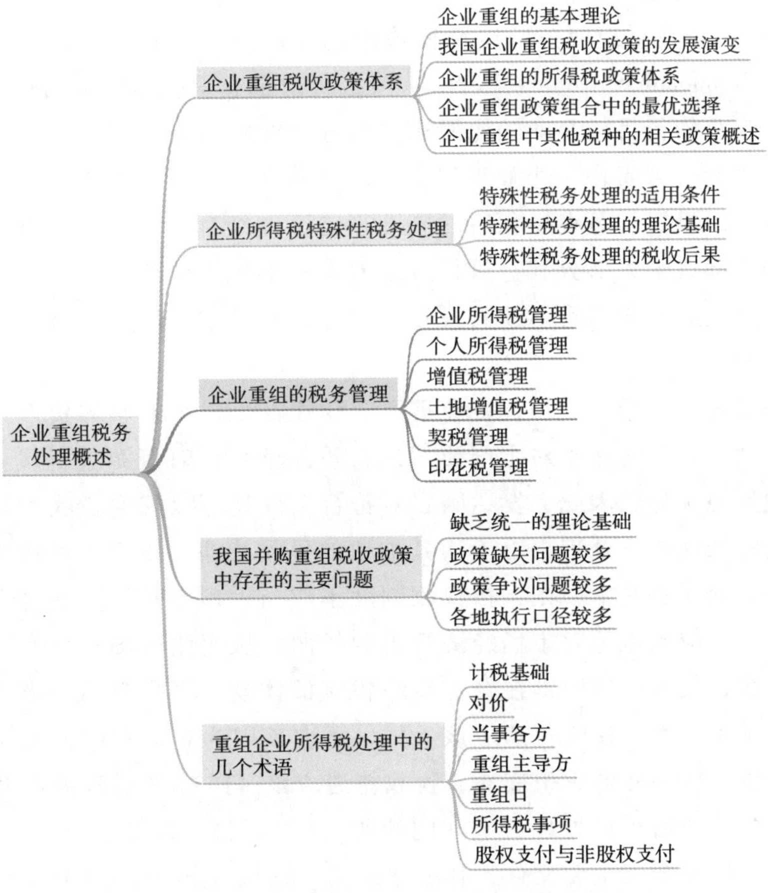

图 1－1　企业重组税务处理概述知识导图

第一节 企业重组税收政策体系

一、企业重组的基本理论

企业重组，是指企业将自己所拥有的有形和无形的存量资产通过流动、组合、投资等各种方式进行有效运营，以加强资源整合、实现快速发展、提高竞争力的有效措施，是企业化解产能严重过剩矛盾、调整优化产业结构、提高发展质量效益的重要途径。在经济全球化的背景下，企业并购重组作为一种直接投资方式，已成为各国经济发展不可忽视的力量。税收政策作为企业兼并重组政策环境的重要组成部分，应在坚持有效市场和有为政府的基本原则下，更多发挥税收中性，通过促进兼并重组的经济效率，发挥并购重组的积极作用。

雷霆认为[①]，企业重组业务所得税税收理论和规则的核心就是企业重组的“经济实质理论”（“Economic Substance Doctrine”）。所谓企业重组的经济实质是指，重组产生的唯一后果就是使得目标企业的原股东对目标企业的营业或资产的投资利益（或股东利益）得以继续。或者说，企业重组交易的本质在于，企业重组是目标企业股东对企业营业或资产的投资利益在变化后的企业形态下继续存续。在重组前后，股东在新旧企业享有的全部或绝大部分利益只是股东所有权形式上的变化，而不涉及投资利益的重大变化，重组后原股东将继续其投资和营业，并且重组后的利益与重组前的利益不存在实质区别。

不同于一般的企业经营活动，企业重组活动往往是以企业整体资产或产权为交易标的的经济活动，其目的在于对生产要素进行重新整合，对资源进行优化配置，以充分发挥企业的资源优势。因此，发达国家对符合条件且不以规避税收为目的的企业重组，基本实施特殊性税务处理，给予递延纳税的税收待遇，体现了税收中性原则。税收中性原则是一项税法基本原则，指税收制度不应当干预正常的企业经营活动，不干预市场经济运行，应当避免对市场经济行为的扭曲，从而使市场充分发挥资源配置作用。周兰翔认为，税收中性原则在企业重组税制的体现，至少有两个方面的内容：首先，不论企业重组与否，税收待遇应该一样，不应该因为企业重组而有特殊的税收照顾；其次，经济实质一样的重组交易，税收待遇应该一样[②]。《财政部 国家税务总局关于企业重组业务企业所得税处理若干问题的通知》（财税〔2009〕59号）是构建我国现行企业重组所得税制的主要文件，林德木认为，财税〔2009〕59号文件借鉴了美国

① 雷霆．资本交易税务疑难问题解析与实务指引［M］．中国法律出版社，2016

② 周兰翔．论企业重组增值税的完善［J］．湖南税务高等专科学校学报，2015，8（4）

联邦公司重组所得税制的基本原理，致使中美两国企业重组所得税制的主要内容和基本原理相一致，我国税制借鉴了美国联邦公司重组所得税制的立法价值及其隐含的税法原理与精神，当然也包括税收中性原则①。

在企业重组活动中，一般会涉及三个层面的税收问题：重组企业，被重组企业以及重组企业的股东。如，在股权收购中，会涉及股权收购企业、被收购股权的标的企业以及标的企业的股东。研究并购重组的税收问题，必须分清楚是在哪个层面发生的税收问题。

二、我国企业重组税收政策的发展演变②

经济决定税收，税收反作用于经济。随着我国改革开放深入推进和市场经济体制的逐步确立，各类企业重组开始蓬勃兴起并快速发展，催生了企业重组税收政策体系的建立和完善，为企业重组的实施提供了税法遵循和政策支持。我国企业重组税收政策体系的发展演变过程，可以划分为探索、起步、磨合、成型和完善五大阶段。

（一）探索阶段（1984—1991 年）

党的十一届三中全会之后，我国开始逐步推行经济体制改革和税制改革。在此背景下，1984 年出现了首例企业重组，河北保定纺织机械厂和保定锅炉厂兼并了当地的针织器材厂和风机厂。随后，企业间的重组并购现象开始出现。1989 年颁布的《关于企业兼并的暂行办法》是我国首部有关企业重组的行政法规，其中对企业兼并涉及的财政税收问题进行了初步明确。这一阶段，我国企业重组的数量并不多，且主要由政府主导，税收还没有成为影响企业重组的重要因素，政府也没有出台更为具体明确的重组税收政策。但是这一时期不断出现的企业重组实例，开始引起各级政府和财税部门的关注，为后续企业重组税收政策的制定奠定了实践基础。

（二）起步阶段（1992—2000 年）

党的十四大确立了建立社会主义市场经济体制的改革目标，企业重组开始进入市场化轨道。1992 年，国家税务局、原国家体改委印发了《股份制试点企业有关税收问题的暂行规定》（国税发〔1992〕137 号），首次有针对性地对相关重组事项涉及的税收问题进行了明确。随着我国资本市场的建立，1993 年，《国家税务总局关于股份制试点企业适用税收法律问题的通知》（国税发〔1993〕87 号）明确了境内企业改组为股份有限公司的税法适用问题。出于吸引外资的需要，1997 年国家税务总局颁布了

---

① 林德木．企业重组所得税制度研究［M］．中国税务出版社，2016

② 尹磊．我国企业重组税收政策体系的改革与完善［J］．税务研究，2020，5

《关于外商投资企业合并分立股权重组资产转让等重组业务所得税处理的暂行规定》（国税发〔1997〕71 号），明确了外商投资企业几种常见重组方式的所得税处理。

为了解决实践中重组收益和纳税能力不匹配的问题，2000 年国家税务总局颁布了《关于企业股权投资业务若干所得税问题的通知》（国税发〔2000〕118 号），规定企业整体资产转让中，如果非股权支付比例不高于 20%，则转让企业可暂不计算确认资产转让所得或损失，其取得股权的计税成本以其原持有资产的账面净值为基础确定；并购企业接受转让企业资产的成本须以其在转让企业原账面净值的基础上结转确定。该规定顺应国际惯例，首次赋予符合条件的重组事项特殊性税收待遇，是我国企业重组税收政策规定开始走向科学化、规范化和国际化的开端。同年，国家税务总局颁布了《关于企业合并分立业务有关所得税问题的通知》（国税发〔2000〕119 号），明确了企业合并与分立业务的所得税处理。在此期间，财政部、国家税务总局颁布了《关于土地增值税一些具体问题规定的通知》（财税字〔1995〕48 号），首次明确了特定重组事项的土地增值税处理。

总体上看，这一阶段颁布的重组税收政策数量比较有限，且以企业所得税方面的规定为主，但政策内容都是基础性和开创性的，实现了企业重组税收政策的从无到有，初步树立了支持企业重组的税收政策导向，并开始尝试搭建企业重组税收政策框架，为企业重组税收政策体系的健全和完善打下了税法基础、积累了宝贵经验。

（三）磨合阶段（2001—2007 年）

随着我国正式加入世贸组织，企业重组日益呈现出市场化和国际化的双重特征。2003 年，国家税务总局颁布了《关于执行企业会计制度需要明确的有关所得税问题的通知》（国税发〔2003〕45 号），进一步细化了对符合条件的重组事项暂不确认资产转让所得的待遇，但要求对包含的与补价或非股权支付额相对应的增值部分应确认为当期应税所得，政策规定更加科学严谨。2005 年，国家税务总局以《关于非货币性资产评估增值暂不征收个人所得税的批复》（国税函〔2005〕319 号）的形式，明确个人将非货币性资产评估后对外投资取得的所得暂不征收个人所得税，赋予自然人递延纳税的待遇。在此期间，我国首次明确了各类企业重组的契税政策规定，并对符合条件的重组事项作出了免征契税的规定。这一时期，重组税收政策条款更加具体完善，涉及的税种也有所增加，新旧政策之间、内外资企业政策之间的相互磨合与融合趋势加快，并逐步向广度和深度拓展。

（四）成型阶段（2008—2013 年）

2008 年开始，源自美国的金融危机向全球蔓延，对国内外经济形势和发展方式产生了较大冲击。受此影响，2008 年之后的一段时期既是我国税收制度发生重大变化的转型期，也是企业重组税收政策体系成型的关键期。2008 年开始实施的《企业所得税法实施条例》第七十五条规定，企业应在重组交易发生时确认有关资产的转让所得或者损失，并按照交易价格重新确定相关资产的计税基础，但是财政、税务主管部门另有规定的除外。这为企业重组的税务处理预留了政策空间。

2009 年，财政部、国家税务总局颁布了《关于企业重组业务企业所得税处理若干问题的通知》（财税〔2009〕59 号），正式把企业重组的企业所得税待遇分为一般性和特殊性税务处理两种情况，并用特殊性税务处理时的“暂不确认转让所得或损失”替代了之前“免税并购”的概念，表述更加科学。该文件既延续了之前规定的可取之处，又借鉴吸收了国外重组税制的经验作法，并结合我国实际进行了集成创新，是重组业务企业所得税政策的集大成者。同年，考虑到某些重组企业不再持续经营，财政部、国家税务总局颁布了《关于企业清算业务企业所得税处理若干问题的通知》（财税〔2009〕60 号），明确了清算业务的税务处理程序和原则。2013 年，国家税务总局颁布了《关于非居民企业股权转让适用特殊性税务处理有关问题的公告》（国家税务总局公告 2013 年第 72 号），明确了非居民企业适用特殊性税务处理的程序和管理，从而形成了涵盖整个重组过程、囊括境内境外重组业务的企业所得税政策闭环。在此期间，《国家税务总局关于纳税人资产重组有关增值税问题的公告》（国家税务总局公告 2011 年第 13 号）和《国家税务总局关于纳税人资产重组有关营业税问题的公告》（国家税务总局公告 2011 年第 51 号），明确了企业重组的增值税和营业税处理，同时对一些国有企业的重组改制给予了免征增值税和营业税的待遇。随后，国家税务总局颁布了《关于纳税人资产重组增值税留抵税额处理有关问题的公告》（国家税务总局公告 2012 年第 55 号），企业重组增值税政策链条也基本形成。

这一时期，受外部环境、经济形势和税制改革的多重影响，我国企业重组税收政策呈现两大鲜明特征：

一是出台的政策数量最多。这一时期先后密集颁布了 17 个关于企业重组的政策规定，是企业重组税收政策颁布最多的时期，这和我国企业重组实践的快速发展是吻合的。

二是总体看重组税收政策质量较高，标志着我国企业重组税收政策体系已经成型，较好促进了各类企业重组的有序开展。

（五）完善阶段（2014 年至今）

2014 年，《国务院关于进一步优化企业兼并重组市场环境的意见》发布，要求改革完善企业重组税收政策。2015 年 11 月，中央明确提出着力加强供给侧结构性改革，并强调要促进过剩产能有效化解，促进产业优化重组。为此，我国对企业重组的税收政策进行了较大幅度的修改调整。最重要的变化是，《财政部 国家税务总局关于促进企业重组有关企业所得税处理问题的通知》（财税〔2014〕109号）将股权收购和资产收购特殊性税务处理的比例要求由75%下调为50%，并将股权和资产划转纳入到了重组税法范畴，扩大了特殊性企业所得税处理的适用范围。随后，《国家税务总局关于企业重组业务企业所得税征收管理若干问题的公告》（国家税务总局公告2015年第48号）进一步加强了适用特殊性税务处理重组事项的征管力度。2015年，财政部、国家税务总局颁布了《关于个人非货币性资产投资有关个人所得税政策的通知》（财税〔2015〕41号），正式明确个人以非货币性资产投资产生的应税所得，如果一次性缴税有困难，可在不超过5个公历年度内分期缴纳个人所得税。同年，财政部、国家税务总局颁布的《关于企业改制重组有关土地增值税政策的通知》（财税〔2015〕5号）将之前对特定重组业务“暂免征税”的规定改为“暂不征收”土地增值税，政策表述更加严谨规范。

这一阶段，税收政策对企业重组的支持力度明显加大，包括企业所得税对特殊处理条件的放宽和适用范围的扩大、个人所得税对自然人投资事项的税收优惠等方面。与此同时，财税部门对之前出台的重组税收政策视情况进行了废止、延续或修改补充，企业重组的税收政策体系逐步趋于完善。

三、企业重组的所得税政策体系

王海勇认为①，我国企业重组所得税政策体系的演进大体可分为三个阶段：一是2008年之前内外资两套企业所得税制度框架下各自独立的重组企业所得税政策体系；二是2008年实施新企业所得税法后，特别是财税〔2009〕59号发布以来，重新构建的内外资企业统一适用的一套政策体系；三是2014年国务院发布《关于进一步优化企业兼并重组市场环境的意见》（国发〔2014〕14号）后，财政部、国家税务总局出台了一系列鼓励企业并购重组的税收政策，如股权（资产）划转的企业所得税政策、非货币性资产投资企业所得税政策、技术入股企业所得税递延纳税政策等，进一步丰富完善了企业并购重组所得税政策体系。目前，我国鼓励企业并购重组的所得税政策主要有：

（一）财税〔2009〕59号文规定的六类重组所得税政策

《财政部 国家税务总局关于企业重组业务企业所得税处理若干问题的通知》（财税〔2009〕59号）是我国并购重组企业所得税的核心文件。该文件对企业重组的定义是，企业重组是指企业在日常经营活动以外发生的法律结构或经济结构重大改变的交易，分为六种基本形式，包括企业法律形式改变、债务重组、股权收购、资产收购、合并、分立等。该文件分别对每种形式企业重组的一般性税务处理及特殊性税务处理做了规定，明确了所得的确认、计税基础的确定以及所得税事项承继等问题。

---

① 王海勇．完善所得税政策为企业重组扫除障碍［N］．中国税务报，2016－08－81

随后出台的《国家税务总局关于发布〈企业重组业务企业所得税管理办法〉的公告》(国家税务总局公告 2010 年第 4 号)就有关征管事项进行了明确。随着经济的发展，2015 年发布的《国家税务总局关于企业重组业务企业所得税征收管理若干问题的公告》(国家税务总局公告 2015 年第 48 号)又对征管事项进行了修订。

(二) 股权 (资产) 划转的企业所得税政策

《财政部 国家税务总局关于促进企业重组有关企业所得税处理问题的通知》(财税〔2014〕109 号)将适用特殊性税务处理的股权收购和资产收购中，被收购股权或资产比例由不低于 75% 调整为不低于 50%，扩大了企业重组适用特殊性税务处理的范围。财税〔2014〕109 号文件还明确了对集团内 100% 直接控制的居民企业之间按账面净值划转资产或股权暂不确认所得，这将大大降低集团内特别是国有企业集团内部交易的税收成本，促进企业的资源整合和业务重组。现实中，国有企业之间资产或股权划转，大多是在国资委等政府部门主导下进行的，由于资产或股权仍保留在同一集团内，所以并不完全遵循市场化运作方式。对这种带有行政划拨色彩的资产或股权划转给予适用特殊性税务处理待遇，有利于推进国有企业的市场化改革。同时，这一政策不仅适用于国有企业，也适用其他性质居民企业集团内部的股权或资产划转交易，有利于引导非公有制经济健康发展。

与之配套的征管规定是《国家税务总局关于资产（股权）划转企业所得税征管问题的公告》(国家税务总局公告 2015 年第 40 号)，该公告明确了可以适用特殊性税务处理的股权架构和方式，本书简称为“两类架构、四种方式”：母公司向全资子公司进行划转，获得子公司 100% 的股权支付；母公司向全资子公司无偿划转；全资子公司向母公司无偿划转；子公司之间的无偿划转。

(三) 非货币性资产投资的企业所得税政策

企业的非货币性资产，是指现金、银行存款、应收账款、应收票据以及准备持有至到期的债券投资等货币性资产以外的资产。与直接销售非货币性资产并取得货币形式的收入相比，非货币性资产投资在企业所得税处理上的最大困难在于，虽然投资方发生了企业所得税的纳税义务，但是其所得的形式是被投资方的股权。股权作为企业非货币形式的收入，既不能直接进入市场流通，也不能作为缴纳税款的方式，而且短期内难以变现，使得投资方出现了有“应税所得”，但是缺“纳税能力”的现象。如果非货币性资产投资的金额比较大，在一次性缴纳企业所得税的情况下很可能会占用企业大量资金，给企业的日常经营带来一定困难。因此，《财政部 国家税务总局关于非货币性资产投资企业所得税政策问题的通知》(财税〔2014〕116 号)对企业因非货币性资产对外投资等资产重组行为产生资产评估增值，据此确认的非货币性资产转让所得，可在不超过5年期限内，分期均匀计入相应年度的应纳税所得额，按规定计算缴纳企业所得税。

《国家税务总局关于非货币性资产投资企业所得税有关征管问题的公告》（国家税务总局公告2015年第33号）就非货币性资产投资企业所得税有关征管问题进行了明确。

（四）技术入股的所得税递延纳税政策

税法规定，企业或个人以技术成果投资入股，应就评估增值部分缴纳所得税，并允许在5年内分期纳税。为加大对创新创业的支持力度，鼓励企业和个人实施科技成果转化，《财政部 国家税务总局关于完善股权激励和技术入股有关所得税政策的通知》（财税〔2016〕101号）对技术成果投资入股的税收政策进行调整，在原政策基础上，增加递延纳税的政策选择。企业或个人选择技术成果投资入股递延纳税政策的，经向主管税务机关备案，投资入股当期可暂不纳税，允许递延至转让股权时，按股权转让收入减去技术成果原值和合理税费后的差额计算缴纳所得税。同时规定，无论投资者选择适用哪一项政策，被投资企业均可按技术成果评估值入账并在税前摊销扣除。上述优惠政策将大幅降低企业和个人技术成果投资入股时的税收负担，积极促进科技成果转化。

《国家税务总局关于股权激励和技术入股所得税征管问题的公告》（国家税务总局公告2016年第62号）就技术入股有关所得税征管问题进行了明确。

（五）混合性投资的企业所得税政策

企业的混合性投资业务，是指兼具权益和债权双重特性的投资业务。混合性投资业务作为企业一项创新投资业务，已被许多企业大量运用。尤其是信托公司，开展此类投资业务较多。《国家税务总局关于企业混合性投资业务企业所得税处理问题的公告》（国家税务总局公告2013年第41号）对同时符合5个条件的混合性投资业务，被投资企业支付的利息可以税前扣除，投资企业应确认收入的实现并计入当期应纳税所得额。同时，对于被投资企业赎回的投资，投资双方应于赎回时将赎价与投资成本之间的差额确认为债务重组损益，分别计入当期应纳税所得额。

（六）永续债的企业所得税政策

永续债是一种介于债权和股权之间的融资工具，兼具有权益和债权双重特性，由于其具有无固定期限或期限长、附赎回选择权、票面利率调整机制等优点，为满足企业的融资需求提供了更多可能性与灵活性，近年来亦受到众多投资者的青睐。2013年我国出现了首只可续期企业债，但与之相关的税收政策一直没有跟进。《财政部 税务总局关于永续债企业所得税政策问题的公告》（财政部 税务总局公告2019年第64号）

明确，在满足9个条件中的5个时，永续债发行方可选择按“债”处理，利息支出可在企业所得税前扣除，投资方做收入处理；或者发行方选择按“股”处理，股息红利支出不得税前扣除，投资方享受股息红利收入免征企业所得税政策。但企业发行永续债，应当将其适用的税收处理方法予以公开披露，并且投资方的税务处理要与融资方保持一致。

四、企业重组政策组合中的最优选择[①]

《中华人民共和国企业所得税法》及其实施条例，对企业重组的所得税处理作出了原则性规定，即除另有规定外，应实行一般性税务处理。财税〔2009〕59号文件对符合经营的连续性、权益的连续性，同时符合资产（股权）转让比例、缺乏纳税必要资金等条件的企业重组给予了递延纳税的特殊待遇，实行特殊性税务处理。2013年，财政部、国家税务总局联合发布了《关于中国（上海）自由贸易试验区内企业以非货币性资产对外投资等资产重组行为有关企业所得税政策问题的通知》（财税〔2014〕91号），明确试验区内企业因非货币性资产对外投资等资产重组行为而产生的资产评估增值，可分5年递延纳税。2014年财政部、国家税务总局又联合发布了财税〔2014〕109号文件和《关于非货币性资产投资企业所税政策问题的通知》（财税〔2014〕116号），降低了收购股权（资产）占被收购企业全部股权（资产）的比例限制，对符合条件的股权或资产划转行为给予特殊性税务处理待遇，将上海自贸区非货币性资产投资递延纳税政策推广到全国适用。以上文件共同构成了我国目前的企业重组所得税政策体系。这一政策体系的核心是递延纳税的制度设计，但是重组交易的类型不同，相应特殊性税务处理的具体条件和税务后果也不同。尽管重组交易的类型不尽相同，但从经济实质而言，重组交易都可以看作是某种非货币性资产交换的过程，因而企业可以根据具体情况在税收政策组合中作出最优选择。

（一）选择递延纳税未必是最佳选择

特殊性税务处理的出发点是为了降低企业重组的税负，但具体情况不同，选择递延纳税未必是最佳选择。所以，企业在综合考虑弥补亏损、定期减免税优惠、及时计提资产折旧、后续管理要求等情况后，对于符合特殊性税务处理条件的重组交易，仍然可以选择适用一般性税务处理。

（二）确定性递延和不确定性递延

就特殊性税务处理而言，根据递延纳税的后果不同，通常可分为确定性递延和不

① 王海勇．促进企业重组企业所得税新政解读［J］．中国税务，2015，2

确定性递延。财税〔2009〕59 号和财税〔2014〕109 号文件规定的企业法律形式的简单改变、股权收购、资产收购、合并、分立的特殊性税务处理以及符合条件的资产（股权）划转通常都属于不确定性递延，即重组交易所得当期不确认，留待以后递延确认，但在以后能否确认、何时确认、确认多少都是未知数；财税〔2014〕116 号文件规定的以非货币性资产投资可在不超过 5 年内分期确认应纳税所得额，就是典型的确定性递延，即交易当期的资产转让所得是确定的，只不过在特定的时间内分期均匀递延确认而已。比较而言，不确定性递延的政策优惠力度更大，而确定性递延往往是一种次优选择。

（三）优惠力度不同适用条件各异

递延纳税的优惠力度不同，对重组交易条件的要求也不同。以资产重组交易为例，如果要适用不确定性递延纳税政策，可有两种选择：一种是适用资产（股权）收购的特殊性税务处理，这首先需要收购资产（股权）占被收购企业全部资产（股权）的比例不低于 50%；另一种是适用资产（股权）划转的特殊性税务处理，对资产（股权）的划转比例没有要求，但是要求交易双方具有 100% 直接控制关系或 100% 共同直接受控关系。而如果要适用确定性递延纳税政策，可选择以非货币性资产投资递延确认所得处理，这一政策既不要求资产（股权）投资的比例，也不要求交易双方的 100% 直接控制关系。比较而言，优惠力度较大的政策要求条件较高，反之，则门槛较低。企业在谋划重组交易时应对可能适用的税收政策有充分的认知。

五、企业重组中其他税种的相关政策

企业的一项重组行为可能会同时涉及多个税种。一般情况下，企业重组可能会涉及企业所得税或个人所得税、增值税、土地增值税、印花税及契税。除了上面介绍的企业所得税重组政策外，其他税种的主要政策如下。

（一）个人所得税

企业重组中涉及的个人所得税政策主要是：《国家税务总局关于发布〈股权转让所得个人所得税管理办法（试行）〉的公告》（国家税务总局公告 2014 年第 67 号），《财政部 国家税务总局关于个人非货币性资产投资有关个人所得税政策的通知》（财税〔2015〕41 号），《国家税务总局关于个人非货币性资产投资有关个人所得税征管问题的公告》（国家税务总局公告 2015 年第 20 号），《国家税务总局关于个人终止投资经营收回款项征收个人所得税问题的公告》（国家税务总局公告 2011 年第 41 号）等。

（二）增值税

目前，现行有效的增值税重组政策主要是《国家税务总局关于纳税人资产重组有关增值税问题的公告》（国家税务总局公告 2011 年第 13 号）及《财政部 国家税务总局关于全面推开营业税改征增值税试点的通知》（财税〔2016〕36 号）中的规定，其主要精神与原来一致。纳税人在资产重组过程中，通过合并、分立、出售、置换等方式，将全部或者部分实物资产以及与其相关联的债权、负债和劳动力一并转让给其他单位和个人，不属于增值税的征税范围，其中涉及的货物、不动产、土地使用权转让，不征收增值税。《国家税务总局关于纳税人资产重组有关增值税问题的公告》（国家税务总局公告 2013 年第 66 号）补充规定，在资产重组过程中，最终的受让方与劳动力接收方为同一单位和个人的，对货物的多次转让行为均不征收增值税。

在此之前，国家税务总局曾经以两个批复明确了企业产权转让不征收增值税或营业税。《关于转让企业全部产权不征收增值税问题的批复》（国税函〔2002〕420 号）规定，转让企业全部产权是整体转让企业资产、债权、债务及劳动力的行为，因此，转让企业全部产权涉及的应税货物的转让，不属于增值税的征税范围，不征收增值税。《国家税务总局关于转让企业产权不征收营业税问题的批复》（国税函〔2002〕165 号）规定，根据《中华人民共和国营业税暂行条例》及其实施细则的规定，营业税的征收范围为有偿提供应税劳务、转让无形资产或者销售不动产的行为。转让企业产权是整体转让企业资产、债权、债务及劳动力的行为，其转让价格不仅仅是由资产价值决定的，与企业销售不动产、转让无形资产的行为完全不同。因此，转让企业产权的行为不属于营业税征收范围，不应征收营业税。

就增值税一般纳税人经营地点迁移后仍继续经营，其一般纳税人资格是否可以继续保留以及尚未抵扣进项税额是否允许继续抵扣问题，《国家税务总局关于一般纳税人迁移有关增值税问题的公告》（国家税务总局公告 2011 年第 71 号）明确，对符合条件的进项税额，允许纳税人继续申报抵扣。《国家税务总局关于纳税人资产重组增值税留抵税额处理有关问题的公告》（国家税务总局公告 2012 年第 55 号）明确，资产重组中原纳税人在办理注销登记前尚未抵扣的进项税额可结转至新纳税人处继续抵扣。

（三）土地增值税

与企业重组相关的土地增值税文件基本都是时效性文件，先后有：《财政部 国家税务总局关于土地增值税一些具体问题规定的通知》（财税字〔1995〕48 号），《财政部 国家税务总局关于土地增值税若干问题的通知》（财税〔2006〕21 号），《财政部 国家税务总局关于企业改制重组有关土地增值税政策的通知》（财税〔2015〕5 号），

《财政部 税务总局关于继续实施企业改制重组有关土地增值税政策的通知》（财税〔2018〕57号）。

现行有效的文件是财税〔2018〕57号，执行期限为2018年1月1日至2020年12月31日。该文件对整体改制、合并、分立、作价入股等给予暂不征土地增值税待遇，但不适用于房地产转移任意一方为房地产开发企业的情形。

（四）契税

与企业重组相关的契税文件先后有：《财政部 国家税务总局关于企业改制过程中以国家作价出资（入股）方式转移国有土地使用权有关契税问题的通知》（财税〔2008〕129号），《财政部 国家税务总局关于自然人与其个人独资企业或一人有限责任公司之间土地房屋权属划转有关契税问题的通知》（财税〔2008〕142号），《财政部 国家税务总局关于企业事业单位改制重组契税政策的通知》（财税〔2012〕4号），《财政部 国家税务总局关于进一步支持企业 事业单位改制重组有关契税政策的通知》（财税〔2015〕37号），《财政部 税务总局关于继续支持企业 事业单位改制重组有关契税政策的通知》（财税〔2018〕17号）。

现行有效的文件是财税〔2018〕17号，执行期限为2018年1月1日起至2020年12月31日执行。该文件对企业改制、事业单位改制、公司合并、公司分立、企业破产、资产划转、债权转股权等情形给予免征契税的优惠。

（五）印花税

《财政部 国家税务总局关于企业改制过程中有关印花税政策的通知》（财税〔2003〕183号）规定，企业改制、合并、分立、债转股等过程中凡原已贴花的部分可不再贴花，未贴花的部分和以后新增加的资金按规定贴花。《国家税务总局关于办理上市公司国有股权无偿转让暂不征收证券（股票）交易印花税有关审批事项的通知》（国税函〔2004〕941号）对经国务院和省级人民政府决定或批准进行的国有（含国有控股）企业改组改制而发生的上市公司国有股权无偿转让行为，暂不征收证券（股票）交易印花税。

第二节　企业所得税特殊性税务处理

企业重组业务是由当事各方一系列的资产转让、股份交换、资产置换等业务构成，从所得税角度看，应该分解为按公允价值转让“旧资产”，再按公允价值购买“新资产”，因此，在相关资产转让中，转让方应确认资产转让的所得或损失。但在企业重组活动中，由于资产转让的金额一般都比较大，如对其所得征税，将不利于企业并购重组活动的进行，因此在企业并购重组中，多数国家对符合条件且不以规避税收为目的的企业重组，实施特殊性税务处理。特殊性税务处理是鼓励企业并购重组最主要的技术手段，也是企业重组企业所得税中最核心的内容。

一、特殊性税务处理的适用条件

财税〔2009〕59号文件第五条规定，企业重组同时符合下列条件的，适用特殊性税务处理：

（1）具有合理的商业目的，且不以减少、免除或者推迟缴纳税款为主要目的。

（2）被收购、合并或分立部分的资产或股权比例符合本通知规定的比例。

（3）企业重组后的连续12个月内不改变重组资产原来的实质性经营活动。

（4）重组交易对价中涉及股权支付金额符合本通知规定比例。

（5）企业重组中取得股权支付的原主要股东，在重组后连续12个月内，不得转让所取得的股权。

另外，财税〔2009〕59号文件第十条规定，企业在重组发生前后连续12个月内分步对其资产、股权进行交易，应根据实质重于形式原则将上述交易作为一项企业重组交易进行处理。国家税务总局公告2015年第48号进一步明确，根据财税〔2009〕59号文件第十条规定，若同一项重组业务涉及在连续12个月内分步交易，且跨两个纳税年度，当事各方在首个纳税年度交易完成时预计整个交易符合特殊性税务处理条件，经协商一致选择特殊性税务处理的，可以暂时适用特殊性税务处理，并在当年企业所得税年度申报时提交书面申报资料。在下一纳税年度全部交易完成后，企业应判断是否适用特殊性税务处理。如适用特殊性税务处理的，当事各方应按该公告要求申报相关资料；如适用一般性税务处理的，应调整相应纳税年度的“企业所得税年度申报表”，计算缴纳企业所得税。

二、特殊性税务处理的理论基础

国家税务总局所得税司王海勇认为①，企业重组特殊性税务处理的理论核心在于重组的经济实质理论，在此基础上内生出权益的连续性、经营的连续性、合理的商业目的三大基本规则。前两个规则主要从客观方面，比如在收购对价的性质和数量、目标公司重大历史性营业继续或历史性营业资产继续等客观标准上确立了客观要件，而

---

① 王海勇．系统构建企业重组所得税政策的理论框架［N］．中国税务报，2018-3-28

第三个规则主要从交易当事方的主观动机方面来确立重组的主观要件。上述规则在税收实践中的实现，通常取决于目标公司或目标公司股东收到交易对价的性质和构成（股权支付、非股权支付及其构成比例），这也成为判断一个重组交易适用特殊性税务处理或一般性税务处理的核心问题。发达国家多对符合条件且不以规避税收为目的的企业重组，实施特殊性税务处理。这一处理的核心内容包括两方面：一是重组发生时不征税；二是重组后收购公司及其股东的应税利润仍以重组前的税收因素为基础计算。这就意味着重组发生时，企业的各项资产不确认转让所得，其计税基础也保持不变，实际上是一种递延纳税的技术方法。概括地讲，企业重组特殊性税务处理需要满足以下几个主要条件。

（一）经济实质

经济实质，即重组产生的唯一后果是使目标公司的原股东对目标公司营业的投资利益得以继续。或者说，公司重组交易的本质在于，公司重组是目标公司股东对公司营业的投资利益在变化后的公司形态下继续存在。重组前后，股东在新旧公司享有的全部或绝大部分利益只是股东所有权形式上的变化，而不涉及投资利益的重大变化，重组后原股东将继续其投资和营业，并且重组后的利益与重组前的利益不存在实质区别。

（二）权益的连续性

权益的连续性，即转让资产的企业或其股东应通过持有受让资产企业的股权，继续保持对有关资产的控制。基于重组经济实质的内在要求，如果一项交易适用特殊性税务处理，该交易必须满足一个直接的或间接的股东利益持续要求。也就是说，目标公司的原股东必须通过获得收购公司的股票在目标资产和目标营业中保持持续的权益。股东权益的连续性是通过获得收购方的股权支付对价来实现的，通常要有股权比例要求和股权持有时间要求。

（三）经营的连续性

经营的连续性，即企业转让资产后，受让企业继续用于同样目的的经营业务。经营的连续性规则关注公司实体本身所从事的营业，而不是交易中所支付的对价。这就意味着，在一个重组交易后，被收购的企业的营业或资产在新的公司实体下得以继续，而不得将该营业或资产在交易之后予以出售或处置。该规则的基本原理在于，一个适用特殊性税务处理的重组交易仅仅是相关资产的所有者权益的再调整或者说“仅仅是所有者权益形式的改变”。从这个意义上说，经营的连续性规则和权益的连续性规则是有关交易适用特殊性税务处理的两个“姊妹”规则。

（四）合理的商业目的

合理的商业目的，即要防止企业利用免税重组进行避税。这就意味着，任何重组交易必须具有合理的商业目的，不得为了规避征税而伪装成一个公司重组形式的工具。或者说，合理的商业目的本质上要求，如果一项交易除了规避或减少税收的目的之外，不存在任何实质性的、重大的营业目的，将不得视为一个有效重组。

（五）纳税必要资金

纳税必要资金，即重组中涉及的现金流量很少，企业不具备现实支付能力。这是由企业所得税的基本原理决定的。纳税人的纳税能力是企业所得税制的基础，当纳税人有足够财力缴税时才能确认应纳税所得额并据以计算纳税；当纳税人无现实支付能力或不具有纳税必要资金时，应当考虑暂不确认所得或递延纳税的政策设计。为满足“权益的连续性”要求，就要求获得的股权支付对价占到比较高的比例，因而现金等非股权支付较少，缺乏纳税必要资金，这有点儿类似于“权益的连续性”规则的一个派生规则。

三、特殊性税务处理的税收后果

前面介绍过，特殊性税务处理的核心内容包括两方面：一是重组发生时不征税；二是重组后收购公司及其股东的应税利润仍以重组前的税收因素为基础计算。这就意味着重组的税收后果是，企业的资产不确认转让所得，其计税基础也保持不变，所得税事项也得以承继。

（一）计税基础的确认

在一般性税务处理中，由于资产或股权的处置方须按公允价值确认所得或损失，相关资产的内在价值已经实现，因此取得资产或股权的一方须按公允价值确认取得资产或股权的计税基础。

特殊性税务处理主要是通过计税基础的结转来实现资产或股权的处置环节暂不确认所得的，即取得新资产的计税基础是原旧资产计税基础的结转。如财税〔2009〕59号文件规定，股权收购中，“被收购企业的股东取得收购企业股权的计税基础，以被收购股权的原有计税基础确定”，即由于标的企业原股东在股权处置环节并没有确认所得，标的企业原股东的计税基础结转到收购企业，收购企业取得标的企业股权的计税基础以标的企业原股东的计税基础确定。

在资产或股权划转中，财税〔2014〕109号文件也采取了类似的规定，“划入方企业取得被划转股权或资产的计税基础，以被划转股权或资产的原账面净值确定”。

（二）所得的确认

在一般性税务处理中，资产或股权转让方须确认资产或股权的转让所得或损失。财税〔2009〕59号文件第三条规定，企业股权收购、资产收购重组交易，被收购方应确认股权、资产转让所得或损失。对于企业合并，也规定被合并企业及其股东都应按清算进行所得税处理。对于企业分立，要求被分立企业应对分立出去的资产按公允价值确认资产转让所得或损失。

但对于特殊性税务处理中股权支付的部分，则不必确认相关资产（股权）的转让所得或损失。财税〔2009〕59号文件第六条关于企业重组的特殊性税务处理规定中，并无确认相关转让所得或损失的规定，而是通过计税基础的结转，将原本应该在本环节确认的资产或股权转让所得或损失结转到下个环节，在以后处理所获取的股权支付时予以确认。如股权收购中，“被收购企业的股东取得收购企业股权的计税基础，以被收购股权的原有计税基础确定。”假设甲公司股东A公司对甲公司投资的原计税基础为1 000万元，现B公司拟收购甲公司，支付对价为B公司自身的股权，公允价值5 000万元。在该环节，如其他条件满足，双方选择特殊性税务处理时，A公司对甲公司的股权转让所得4 000万元（5 000 - 1 000）暂不确认，其取得B公司股权的计税基础为1 000万元，即A公司对被收购企业甲公司投资的原计税基础。在以后A公司处置B公司的股权时，假设处置收入为7 000万元，则确认处置所得6 000万元（7 000 - 1 000），该所得其实分为两部分：原甲公司股权转让环节的4 000万元（5 000 - 1 000），以及B公司股权转让环节的2 000万元（7 000 - 5 000）。

在资产或股权划转中，财税〔2014〕109号文件也采取了类似的规定，“划出方企业和划入方企业均不确认所得”。

（三）所得税事项的承继

在特殊性税务处理中，由于经营连续性的要求，被收购企业的营业或资产在新的公司实体下得以继续，而不得将该营业或资产在交易之后立即予以出售或处置，重组交易仅仅是相关资产的所有者权益的再调整或者说仅仅是所有者权益形式的改变。因此，对于尚未确认的资产损失、分期确认收入的处理以及尚未享受期满的税收优惠政策承继处理问题等所得税事项也要求不变。

财税〔2009〕59号文件规定，股权收购中，收购企业、被收购企业的原有各项资产和负债的计税基础和其他相关所得税事项保持不变；企业合并中，被合并企业合并前的相关所得税事项由合并企业承继；企业分立中，被分立企业已分立出去的资产相应的所得税事项由分立企业承继。

四、企业重组税收政策存在的主要问题

（一）缺乏统一的理论基础

我国税法并没有构建统一的重组税收理论基础，没有规范适用于各个税种的术语。如一项重组行为在企业所得税中使用“企业重组”一词，在增值税中使用“资产重组”，土地增值税及契税为“改制重组”，印花税为“企业改制”，导致了没有可以适用于各个税种的统一的并购重组税收规则，使得一项重组行为在各个税种间的税务处理存在割裂的情况，难以协调处理。

（二）政策缺失问题较多

由于企业重组属于比较复杂的经济行为，本身业务就比较复杂，有些新型商业模式或创新经济行为总是在企业重组事项中出现，而相关税收政策往往尚未及时跟进，税务机关日常管理中对其税收定性较难。如业绩补偿型“对赌协议”中，一方收到的补偿收入是否需要缴纳企业所得税，对赌失败另一方支付的补偿款能否在所得税前扣除，这些问题截至目前尚无明确规定。又如，目前对于自然人股东在企业重组中并没有特殊性税务处理的政策规定，导致同一重组中企业股东与个人股东所得税待遇存在不一致和不公平问题。

（三）政策争议问题较多

以财税〔2009〕59号文件为例，该文件第二条“股权支付，是指企业重组中购买、换取资产的一方支付的对价中，以本企业或其控股企业的股权、股份作为支付的形式”中“其控股企业”如何理解？《企业重组业务企业所得税管理办法》（国家税务总局公告2010年第4号）解释为“由本企业直接持有股份的企业”，直观理解应该是收购方企业的子公司层面，即可以自己持有的子公司股权进行支付，但这与重组特殊性税务处理核心要件之一的“权益的连续性”要求相矛盾；另一种观点认为，应该是收购方企业的母公司层面，即收购方企业的上层控股企业，而这也符合“权益的连续性”要求。另如，该文件第二条“非股权支付，是指以本企业的现金、银行存款、应收款项、本企业或其控股企业股权和股份以外的有价证券、存货、固定资产、其他资产以及承担债务等作为支付的形式”中“以承担债务作为支付的形式”如何理解？国家税务总局公告2010年第4号和《国家税务总局关于企业重组业务企业所得税征收管理若干问题的公告》（国家税务总局公告2015年第48号）并未作出明确的解释，比如一宗资产收购交易的交易标的是一项业务，则该项业务涉及的负债是否可以作为

非股权支付形式，还是以该项业务涉及的负债抵减资产，视同转让资产净额，不把该项负债作为非股权支付形式？上述问题都需要进行统一明确①。

（四）各地执行口径较多

由于企业重组业务比较复杂，政策不易理解，执行尺度不好把握。一方面，企业理解容易出现偏差或者故意打擦边球，产生较高的纳税风险；另一方面，基层税务机关对相关业务及政策不够熟悉，容易产生征管漏洞和执法风险。因此，各地的政策执行口径比较多。如国家税务总局公告2015年第48号公告规定，股权收购中转让方、合并中被合并企业股东和分立中被分立企业股东，可以是自然人。当事各方中的自然人应按个人所得税的相关规定进行税务处理。但现行税收政策中并没有对自然人在合并、分立中如何进行税务处理的具体明确规定，导致有的地方按股权转让行为进行处理，有的按非货币性资产投资行为处理，有的按投资收回进行处理，还有的地方认为，如果在合并、分立中自然人的股权没有增值就不产生应税行为。

第三节　企业重组的税务管理

一、企业所得税管理

（一）管理方式

2009年，财政部、国家税务总局发布《关于企业重组业务企业所得税处理若干问题的通知》（财税〔2009〕59号），对符合条件的企业重组的企业所得税处理给予递延纳税的特殊待遇。2010年，国家税务总局发布《企业重组业务企业所得税管理办法》（国家税务总局公告2010年第4号），为企业享受特殊待遇提供了程序方面的指引。但根据规定，企业选择适用特殊性税务处理的，应在年度纳税申报时向主管税务机关书面备案，否则不得适用特殊性税务处理。随着国务院行政审批制度改革的推进，这种事先核准的管理方式越来越不适应重组市场的需要。

2015年5月，国务院发布《关于取消非行政许可审批事项的决定》，取消了“企业符合特殊性税务处理规定条件业务的核准”这项非行政许可审批事项。2015年，国家税务总局发布《关于企业重组业务企业所得税征收管理若干问题的公告》（国家税务总局公告2015年第48号），及时转变企业重组特殊性税务处理的管理方式，明

---

① 王海勇．完善所得税政策 为企业重组扫除障碍［N］．中国税务报，2016-8-31

确了“企业符合特殊性税务处理规定条件业务的核准”取消后企业重组适用特殊性税务处理的管理方式，将其由事先核准改为申报管理，同时规范和修订后续管理事项，优化了征管流程，进一步支持企业兼并重组，优化企业发展环境。该公告规定，企业重组适用特殊性税务处理的管理方式由事先核准改为年度汇算清缴时申报并提交相关资料。

（二）申报资料

国家税务总局公告2015年第48号第四条规定，企业重组业务适用特殊性税务处理的，除财税〔2009〕59号文件第四条第（一）项所称企业发生其他法律形式简单改变情形外，重组各方应在该重组业务完成当年，办理企业所得税年度申报时，分别向各自主管税务机关报送“企业重组所得税特殊性税务处理报告表及附表”和申报资料。合并、分立中重组一方涉及注销的，应在尚未办理注销税务登记手续前进行申报。重组主导方申报后，其他当事方向其主管税务机关办理纳税申报。申报时还应附送重组主导方经主管税务机关受理的“企业重组所得税特殊性税务处理报告表及附表”（复印件）。

企业重组业务适用特殊性税务处理的，申报时，应从以下方面逐条说明企业重组具有合理的商业目的：①重组交易的方式；②重组交易的实质结果；③重组各方涉及的税务状况变化；④重组各方涉及的财务状况变化；⑤非居民企业参与重组活动的情况。

企业重组业务适用特殊性税务处理的，申报时，当事各方还应向主管税务机关提交重组前连续12个月内有无与该重组相关的其他股权、资产交易情况的说明，并说明这些交易与该重组是否构成分步交易，是否作为一项企业重组业务进行处理。

（三）涉及的申报表单

企业发生其他法律形式简单改变情形外的企业重组业务适用特殊性税务处理的，重组各方除向各自主管税务机关报送“企业重组所得税特殊性税务处理报告表及附表”和申报资料外，还需填报《企业所得税年度纳税申报基础信息表》《纳税调整项目明细表》等表单。

1. 企业所得税基础信息表

纳税人在申报所属期年度发生重组事项的应填报“企业所得税年度纳税申报基础信息表”（A000000）第212、213、214以及218至223栏相关内容，如表1－1所示。

表 1－1　　A000000　　　企业所得税年度纳税申报基础信息表

有关涉税事项情况（存在或者发生下列事项时必填）			
212 重组事项税务处理方式	□一般性 □特殊性	213 重组交易类型（填写代码）	
214 重组当事方类型（填写代码）		215 政策性搬迁开始时间	__年__月
216 发生政策性搬迁且停止生产经营无所得年度	□是	217 政策性搬迁损失分期扣除年度	□是
218 发生非货币性资产对外投资递延纳税事项	□是	219 非货币性资产对外投资转让所得递延纳税年度	□是
220 发生技术成果投资入股递延纳税事项	□是	221 技术成果投资入股递延纳税年度	□是
222 发生资产（股权）划转特殊性税务处理事项	□是	223 债务重组所得递延纳税年度	□是

“212 重组事项税务处理方式”：纳税人在申报所属期年度发生重组事项的，应填报本项。纳税人重组事项按一般性税务处理的，选择“一般性”；重组事项按特殊性税务处理的，选择“特殊性”。

“213 重组交易类型”和“214 重组当事方类型”：填报“212 重组事项税务处理方式”的纳税人，应当同时填报“213 重组交易类型”和“214 重组当事方类型”。纳税人根据重组情况从“重组交易类型和当事方类型代码表”（见表 1－2）中选择相应代码分别填入对应项目中。重组交易类型和当事方类型根据《财政部 国家税务总局关于企业重组业务企业所得税处理若干问题的通知》（财税〔2009〕59 号）、《财政部 国家税务总局关于促进企业重组有关企业所得税处理问题的通知》（财税〔2014〕109 号）、《国家税务总局关于企业重组业务企业所得税征收管理若干问题的公告》（国家税务总局公告 2015 年第 48 号发布，国家税务总局公告 2018 年第 31 号修改）等文件规定判断。

表 1－2　　　　　重组交易类型和当事方类型代码表

重组交易		重组当事方	
代码	类型	代码	类型
100	法律形式改变	——	——
200	债务重组	210	债务人
		220	债权人
300	股权收购	310	收购方
		320	转让方
		330	被收购企业

续表

重组交易		重组当事方	
400	资产收购	410	收购方
		420	转让方
500	合并	510	合并企业
		520	被合并企业
		530	被合并企业股东
600	分立	610	分立企业
		620	被分立企业
		630	被分立企业股东

"218 发生非货币性资产对外投资递延纳税事项"：纳税人在申报所属期年度发生非货币性资产对外投资递延纳税事项的，选择"是"。

"219 非货币性资产对外投资转让所得递延纳税年度"：纳税人以非货币性资产对外投资确认的非货币性资产转让所得，按照《财政部 国家税务总局关于非货币性资产投资企业所得税政策问题的通知》（财税〔2014〕116 号）、《国家税务总局关于非货币性资产投资企业所得税有关征管问题的公告》（国家税务总局公告 2015 年第 33 号）等文件规定，在不超过 5 年期限内分期均匀计入相应年度的应纳税所得额的，且申报所属期年度处在递延纳税期间的，选择"是"。

"220 发生技术成果投资入股递延纳税事项"：纳税人在申报所属期年度发生技术入股递延纳税事项的，选择"是"。

"221 技术成果投资入股递延纳税年度"：纳税人发生技术入股事项，按照《财政部 国家税务总局关于完善股权激励和技术入股有关所得税政策的通知》（财税〔2016〕101 号）、《国家税务总局关于股权激励和技术入股所得税征管问题的公告》（国家税务总局公告 2016 年第 62 号）等文件规定选择适用递延纳税政策，即在投资入股当期暂不纳税，递延至转让股权时按股权转让收入减去技术成果原值和合理税费后的差额计算缴纳所得税的，且申报所属期年度为转让股权年度的，选择"是"。

"222 发生资产（股权）划转特殊性税务处理事项"：纳税人在申报所属期年度发生《财政部 国家税务总局关于促进企业重组有关企业所得税处理问题的通知》（财税〔2014〕109 号）、《国家税务总局关于资产（股权）划转企业所得税征管问题的公告》（国家税务总局公告 2015 年第 40 号）等文件规定的资产（股权）划转特殊性税务处理事项的，选择"是"。

"223 债务重组所得递延纳税年度"：纳税人债务重组确认的应纳税所得额按

照《财政部 国家税务总局关于企业重组业务企业所得税处理若干问题的通知》（财税〔2009〕59号）、《财政部 国家税务总局关于促进企业重组有关企业所得税处理问题的通知》（财税〔2014〕109号）等文件规定，在5个纳税年度的期间内，均匀计入各年度的应纳税所得额的，且申报所属期年度处在递延纳税期间的，选择“是”。

2. 纳税调整项目明细表

“中华人民共和国企业所得税年度纳税申报表”附表“企业重组及递延纳税事项纳税调整明细表”（A105100）分9项内容：债务重组，股权收购，资产收购，企业合并，企业分立，非货币性资产对外投资，技术入股，股权划转、资产划转，其他。企业在进行企业所得税年度申报时，应填写该表及“纳税调整项目明细表”（A105000）中“四、特殊事项调整项目”中“（一）企业重组及递延纳税事项（填写A105100）”的相关内容。

2019年修订的“中华人民共和国企业所得税年度纳税申报表”“四、特殊事项调整项目”中增加了“（六）发行永续债利息支出”。本行填报企业发行永续债采取的税收处理办法与会计核算方式不一致时的纳税调整情况。

二、个人所得税管理

（一）股权转让

《国家税务总局关于发布〈股权转让所得个人所得税管理办法（试行）〉的公告》（国家税务总局公告2014年第67号）规定，个人股权转让所得个人所得税，以股权转让方为纳税人，以受让方为扣缴义务人，以被投资企业所在地税务机关为主管税务机关。

具有下列情形之一的，扣缴义务人、纳税人应当依法在次月15日内向主管税务机关申报纳税：①受让方已支付或部分支付股权转让价款的；②股权转让协议已签订生效的；③受让方已经实际履行股东职责或者享受股东权益的；④国家有关部门判决、登记或公告生效的；⑤该办法第三条第四至第七项行为已完成的；⑥税务机关认定的其他有证据表明股权已发生转移的情形。

纳税人、扣缴义务人向主管税务机关办理股权转让纳税（扣缴）申报时，还应当报送以下资料：①股权转让合同（协议）；②股权转让双方身份证明；③按规定需要进行资产评估的，需提供具有法定资质的中介机构出具的净资产或土地房产等资产价值评估报告；④计税依据明显偏低但有正当理由的证明材料；⑤主管税务机关要求报送的其他材料。

被投资企业应当在董事会或股东会结束后5个工作日内，向主管税务机关报送与股权变动事项相关的董事会或股东会决议、会议纪要等资料。

被投资企业发生个人股东变动或者个人股东所持股权变动的，应当在次月15日内向主管税务机关报送含有股东变动信息的“个人所得税基础信息表（A表）”及股东变更情况说明。

（二）非货币性资产投资

《国家税务总局关于个人非货币性资产投资有关个人所得税征管问题的公告》（国家税务总局公告2015年第20号）规定，非货币性资产投资个人所得税由纳税人向主管税务机关自行申报缴纳。

纳税人以不动产投资的，以不动产所在地税务机关为主管税务机关；纳税人以其持有的企业股权对外投资的，以该企业所在地税务机关为主管税务机关；纳税人以其他非货币资产投资的，以被投资企业所在地税务机关为主管税务机关。

纳税人非货币性资产投资需要分期缴纳个人所得税的，应于取得被投资企业股权之日的次月15日内，自行制定缴税计划并向主管税务机关报送“非货币性资产投资分期缴纳个人所得税备案表”、纳税人身份证明、投资协议、非货币性资产评估价格证明材料、能够证明非货币性资产原值及合理税费的相关资料。

纳税人分期缴税期间提出变更原分期缴税计划的，应重新制定分期缴税计划并向主管税务机关重新报送“非货币性资产投资分期缴纳个人所得税备案表”。

纳税人按分期缴税计划向主管税务机关办理纳税申报时，应提供已在主管税务机关备案的“非货币性资产投资分期缴纳个人所得税备案表”和本期之前各期已缴纳个人所得税的完税凭证。

纳税人在分期缴税期间转让股权的，应于转让股权之日的次月15日内向主管税务机关申报纳税。

被投资企业应将纳税人以非货币性资产投入本企业取得股权和分期缴税期间纳税人股权变动情况，分别于相关事项发生后15日内向主管税务机关报告，并协助税务机关执行公务。

三、增值税管理

纳税人根据《国家税务总局关于纳税人资产重组有关增值税问题的公告》（国家税务总局公告2011年第13号）及《财政部 国家税务总局关于全面推开营业税改征增值税试点的通知》（财税〔2016〕36号）中的规定，在资产重组过程中，对货物、土地使用权、不动产适用不征收增值税处理的，由于其并不属于增值税的征收范围，因此，纳税人不需要税务机关的审批或者备案，也不需要进行纳税申报。

《国家税务总局关于纳税人资产重组增值税留抵税额处理有关问题的公告》（国家税务总局公告2012年第55号）规定，增值税一般纳税人（以下称“原纳税人”）在资产重组过程中，将全部资产、负债和劳动力一并转让给其他增值税一般纳税人（以下称“新纳税人”），并按程序办理注销税务登记的，其在办理注销登记前尚未抵扣的进项税额可结转至新纳税人处继续抵扣。原纳税人主管税务机关应认真核查纳税人资产重组相关资料，核实原纳税人在办理注销税务登记前尚未抵扣的进项税额，填写“增值税一般纳税人资产重组进项留抵税额转移单”。新纳税人主管税务机关应将原纳税人主管税务机关传递来的“增值税一般纳税人资产重组进项留抵税额转移单”与纳税人报送资料进行认真核对，对原纳税人尚未抵扣的进项税额，在确认无误后，允许新纳税人继续申报抵扣。

《国家税务总局关于纳税人资产重组有关增值税问题的公告》（国家税务总局公告2013年第66号）规定，纳税人在资产重组过程中，通过合并、分立、出售、置换等方式，将全部或者部分实物资产以及与其相关联的债权、负债经多次转让后，最终的受让方与劳动力接收方为同一单位和个人的，仍适用《国家税务总局关于纳税人资产重组有关增值税问题的公告》（国家税务总局公告2011年第13号）的相关规定，其中货物的多次转让行为均不征收增值税。资产的出让方需将资产重组方案等文件资料报其主管税务机关。

由于上述资产重组不属于增值税的征收范围，因此纳税人也不需要就资产重组过程中转移的相关资产开具发票。但由于不动产及土地使用权在办理过户手续时需要提供发票，纳税人可以开具商品编码为“607”（资产重组涉及的不动产）、“608”（资产重组涉及的土地使用权）的不征税发票。

四、土地增值税管理

《财政部 税务总局关于继续实施企业改制重组有关土地增值税政策的通知》（财税〔2018〕57号）规定，企业在申请享受上述土地增值税优惠政策时，应向主管税务机关提交房地产转移双方营业执照、改制重组协议或等效文件，相关房地产权属和价值证明、转让方改制重组前取得土地使用权所支付地价款的凭据（复印件）等书面材料。

企业改制重组后再转让国有土地使用权并申报缴纳土地增值税时，应以改制前取得该宗国有土地使用权所支付的地价款和按国家统一规定缴纳的有关费用，作为该企业“取得土地使用权所支付的金额”扣除。企业在改制重组过程中经省级以上（含省级）国土管理部门批准，国家以国有土地使用权作价出资入股的，再转让该宗国有土地使用权并申报缴纳土地增值税时，应以该宗土地作价入股时省级以上（含省级）国土管理部门批准的评估价格，作为该企业“取得土地使用权所支付的金额”扣除。办理纳税申报时，企业应提供该宗土地作价入股时省级以上（含省级）国土管理部门的批准文件和批准的评估价格，不能提供批准文件和批准的评估价格的，不得扣除。

五、契税管理

根据《全国税务机关纳税服务规范（3.0 版）》，纳税人按规定需要申报享受契税减免的，在首次申报享受时随申报表报送附列资料，或直接在申报表中填列减免税信息无需报送资料。

1. 企业改制后公司承受原企业土地、房屋权属免征契税（减免性质代码：15052515，政策依据：财税〔2018〕17 号），应报送：

（1）上级主管机关批准其改制、重组或董事会决议等相关材料原件及复印件（原件查验后退回）。

（2）改制前后的投资情况相关材料。

2. 事业单位改制企业承受原单位土地、房屋权属免征契税（减免性质代码：15052516，政策依据：财税〔2018〕17 号），应报送：

（1）上级主管机关批准其改制、重组或董事会决议等相关材料原件及复印件（原件查验后退回）。

（2）改制前后的投资情况相关材料。

3. 公司合并后承受原公司土地、房屋权属免征契税（减免性质代码：15052517，政策依据：财税〔2018〕17 号），应报送：

（1）上级主管机关批准其改制、重组或董事会决议等相关材料原件及复印件（原件查验后退回）。

（2）改制前后的投资情况相关材料。

4. 公司分立后承受原公司土地、房屋权属免征契税（减免性质代码：15052518，政策依据：财税〔2018〕17 号），应报送：

（1）上级主管机关批准其改制、重组或董事会决议等相关材料原件及复印件（原件查验后退回）。

（2）改制前后的投资情况相关材料。

5. 企业破产承受破产企业抵偿债务的土地、房屋权属减征或免征契税（减免性质代码：15052519，政策依据：财税〔2018〕17 号），应报送：

（1）上级主管机关批准其破产或董事会决议等相关材料原件及复印件（原件查验后退回）。

（2）债权人债务情况的相关材料原件及复印件（原件查验后退回）。（债权人提供）

（3）非债权人妥善安置原企业职工，签订服务年限不少于3年的劳动用工合同相关材料原件及复印件（原件查验后退回）。（非债权人提供）

6. 承受行政性调整、划转土地、房屋权属免征契税（减免性质代码：15052520，政策依据：财税〔2018〕17号），应报送：

县级以上人民政府或国有资产管理部门按规定进行行政性调整、划转国有土地、房屋权属的相关材料原件及复印件（原件查验后退回）。

7. 承受同一投资主体内部划转土地、房屋权属免征契税（减免性质代码：15052521，政策依据：财税〔2018〕17号），应报送：

同一投资主体内部所属企业之间土地、房屋权属划转的相关材料原件及复印件（原件查验后退回）。

8. 子公司承受母公司增资土地、房屋权属免征契税（减免性质代码：15052522，政策依据：财税〔2018〕17号），应报送：

母公司以土地、房屋权属向其全资子公司增资（视同划转）的相关材料原件及复印件（原件查验后退回）。

9. 债权转股权后新设公司承受原企业的土地、房屋权属免征契税（减免性质代码：15052523，政策依据：财税〔2018〕17号），应报送：

（1）国务院批准实施债权转股权相关文件原件及复印件（原件查验后退回）。

（2）改制前后的投资情况的相关材料原件及复印件。

第四节　重组业务企业所得税处理中的几个术语

一、计税基础

计税基础（Tax Basis）是2006年发布的《企业会计准则》中提出的概念。它分为资产的计税基础、负债的计税基础两类。通俗地讲，计税基础是指资产负债表日后，资产或负债在计算以后期间应纳税所得额时，根据税法规定还可以再抵扣或应纳税的剩余金额。

《企业所得税法》明确规定，企业的存货、固定资产、无形资产、投资等各类资产，按照国务院财政、税务主管部门规定的具体税务处理办法计算的折旧、摊销、成本和净值等，可在计算应纳税所得额时扣除。与会计“账面价值”相对照，《企业会计准则第18号——所得税》规定，企业收回资产账面价值过程中，计算应纳税所得额时按税法规定可以从应纳税所得中扣除的金额，称作该项资产的“计税基础”。《企业所得税法实施条例》第一次引入了计税基础的概念，这一概念在原内资企业所得税暂行条例及原外资企业所得税法中是不存在的，但在某些税收规章及规范性文件中曾经出现过，相当于原税法中的“计税成本”概念[①]。

需要注意的是，税法中的计税基础并不完全等同于会计中的账面净值。如企业取得长期股权投资的成本是1 000万元，企业计提了100万元的减值准备，此时该长期股权投资的账面净值是900万元，但按税法规定，资产的减值准备不得在税前扣除，因此该长期股权投资的计税基础仍为其历史成本1 000万元。

二、对价

对价最早是英美合同法中的概念，指一方得到权利、权益、益处或是另一方换取对方承诺，所做的或所承诺的损失、所担负的责任或是牺牲。后来，对价的使用范围扩展到其他方面。

对价一词在我国的普遍应用是在2005年开始的股权分置改革过程中。在股权分置改革过程中所用的对价，指的是非流通股股东为取得流通权，向流通股股东支付的相应的代价（对价）。对价可以采用股票、现金等其他共同认可的形式。同时，对价一词也开始出现在税收文件中。《国家税务总局关于股权分置改革中上市公司取得资产及债务豁免对价收入征免所得税问题的批复》（国税函〔2009〕375号）规定，股权分置改革中，上市公司因股权分置改革而接受的非流通股股东作为对价注入资产和被非流通股股东豁免债务，上市公司应增加注册资本或资本公积，不征收企业所得税。

《中华人民共和国票据法》第十条第二款规定，“票据的取得，必须给付对价，即应当给付票据双方当事人认可的相对应的代价”。

企业重组中的对价，目前并没有相应的解释，但可以理解为企业重组中取得相关资产的一方为取得资产而需要付出的成本代价。

三、当事各方

《企业重组业务企业所得税管理办法》（国家税务总局公告2010年第4号）对企业重组中的当事各方进行了明确，《国家税务总局关于企业重组业务企业所得税征收管理若干问题的公告》（国家税务总局公告2015年第48号）进行了修改。2015年第48号公告第一条规定，按照重组类型，企业重组的当事各方是指：

（1）债务重组中当事各方，指债务人、债权人。

---

① 孙瑞标，缪慧频，刘丽坚．企业所得税法实施条例操作指南［M］．中国商业出版社，2007

（2）股权收购中当事各方，指收购方、转让方及被收购企业。

（3）资产收购中当事各方，指收购方、转让方。

（4）合并中当事各方，指合并企业、被合并企业及被合并企业股东。

（5）分立中当事各方，指分立企业、被分立企业及被分立企业股东。

上述重组交易中，股权收购中转让方、合并中被合并企业股东和分立中被分立企业股东，可以是自然人。

当事各方中的自然人应按个人所得税的相关规定进行税务处理。

四、重组主导方

我国《企业所得税法》将可能会产生所得的一方规定为重组主导方，因此税款的实现是在重组主导方。重组完成后，重组主导方先行申报，其他当事方再办理纳税申报。

国家税务总局公告2015年第48号第二条规定，重组当事各方企业适用特殊性税务处理的（指重组业务符合财税〔2009〕59号文件和财税〔2014〕109号文件第一条、第二条规定条件并选择特殊性税务处理的，下同），应按如下规定确定重组主导方：

（1）债务重组，主导方为债务人。

（2）股权收购，主导方为股权转让方，涉及两个或两个以上股权转让方，由转让被收购企业股权比例最大的一方作为主导方（转让股权比例相同的可协商确定主导方）。

（3）资产收购，主导方为资产转让方。

（4）合并，主导方为被合并企业，涉及同一控制下多家被合并企业的，以净资产最大的一方为主导方。

（5）分立，主导方为被分立企业。

该公告第四条规定，企业重组业务适用特殊性税务处理的，除财税〔2009〕59号文件第四条第（一）项所称企业发生其他法律形式简单改变情形外，重组各方应在该重组业务完成当年，办理企业所得税年度申报时，分别向各自主管税务机关报送“企业重组所得税特殊性税务处理报告表及附表”和申报资料。合并、分立中重组一方涉及注销的，应在尚未办理注销税务登记手续前进行申报。

重组主导方申报后，其他当事方向其主管税务机关办理纳税申报。申报时还应附送重组主导方经主管税务机关受理的“企业重组所得税特殊性税务处理报告表及附表”（复印件）。

五、重组日

国家税务总局公告2015年第48号第三条对重组日进行了明确：财税〔2009〕

59号文件第十一条所称重组业务完成当年，是指重组日所属的企业所得税纳税年度。

企业重组日的确定，按以下规定处理：

（1）债务重组，以债务重组合同（协议）或法院裁定书生效日为重组日。

（2）股权收购，以转让合同（协议）生效且完成股权变更手续日为重组日。关联企业之间发生股权收购，转让合同（协议）生效后12个月内尚未完成股权变更手续的，应以转让合同（协议）生效日为重组日。

（3）资产收购，以转让合同（协议）生效且当事各方已进行会计处理的日期为重组日。

（4）合并，以合并合同（协议）生效、当事各方已进行会计处理且完成工商新设登记或变更登记日为重组日。按规定不需要办理工商新设或变更登记的合并，以合并合同（协议）生效且当事各方已进行会计处理的日期为重组日。

（5）分立，以分立合同（协议）生效、当事各方已进行会计处理且完成工商新设登记或变更登记日为重组日。

"企业重组后的连续12个月内"，是指自重组日起计算的连续12个月内。如，股权收购中，重组日是2020年12月12日，则2020年为重组完成年度。"企业重组中取得股权支付的原主要股东，在重组后连续12个月内，不得转让所取得的股权"指的是自2020年12月12日起计算的连续12个月内，即2020年12月12日至2021年12月11日的期间。

六、所得税事项

国家税务总局公告2015年第4号第二十八条明确，特殊性税务处理被合并企业合并前的相关所得税事项由合并企业承继，企业分立，已分立资产相应的所得税事项由分立企业承继。这些事项包括尚未确认的资产损失、分期确认收入的处理以及尚未享受期满的税收优惠政策承继处理问题等。

七、股权支付与非股权支付

（一）股权支付与非股权支付的界定

财税〔2009〕59号文件对股权支付与非股权支付做出明确，股权支付，是指企业重组中购买、换取资产的一方支付的对价中，以本企业或其控股企业的股权、股份作为支付的形式。

非股权支付，是指以本企业的现金、银行存款、应收款项、本企业或其控股企业股权和股份以外的有价证券、存货、固定资产、其他资产以及承担债务等作为支付的形式。

（二）非股权支付部分应确认对应的资产转让所得或损失

财税〔2009〕59号文件第六条要求，重组交易各方适用特殊性税务处理时，交易各方对其交易中的股权支付部分暂不确认所得，但相关资产的计税基础以原计税基础确定。其非股权支付仍应在交易当期确认相应的资产转让所得或损失，并调整相应资产的计税基础。同时，还明确了相应的计算公式：

非股权支付对应的资产转让所得或损失

=（被转让资产的公允价值 - 被转让资产的计税基础）

×（非股权支付金额 ÷ 被转让资产的公允价值）

在适用特殊性税务处理时，对股权转让方，应按照上述公式确认收到的非股权支付对应的资产转让所得或损失；对股权收购方，取得被收购企业股权的计税基础，以被收购股权的原有计税基础确定。

（三）非股权支付收购方计税基础的确定

当存在非股权支付时，收购方如何确认取得被收购资产的计税基础，资产转让方如何确认取得收购方股权及非股权支付的计税基础，财税〔2009〕59号及相关文件并未具体明确。

对于非股权支付部分，资产转让方应确认相应的资产转让所得或损失，并调整相应资产的计税基础，该计税基础就是资产收购方的计税基础。因此，收购方的计税基础就是转让方原资产的计税基础加上非股权支付部分对应的资产转让方已经确认的资产转让所得。根据此原理，可以推导出下列计算公式：

转让方应确认取得股权支付的计税基础

= 原股权的计税基础 - 收到的非股权支付额

+ 取得非股权支付部分对应的股权转让所得

= 原股权的计税基础 × 股权支付比例

收购方应确认取得资产的计税基础

= 转让方原全部资产的计税基础 - 非股权支付部分转让方对应的原计税基础

+ 非股权支付额

= 转让方原全部资产的计税基础 + 转让方取得非股权支付部分对应的转让所得。

本书相关知识内容的思维导图如图 1 - 2 所示。

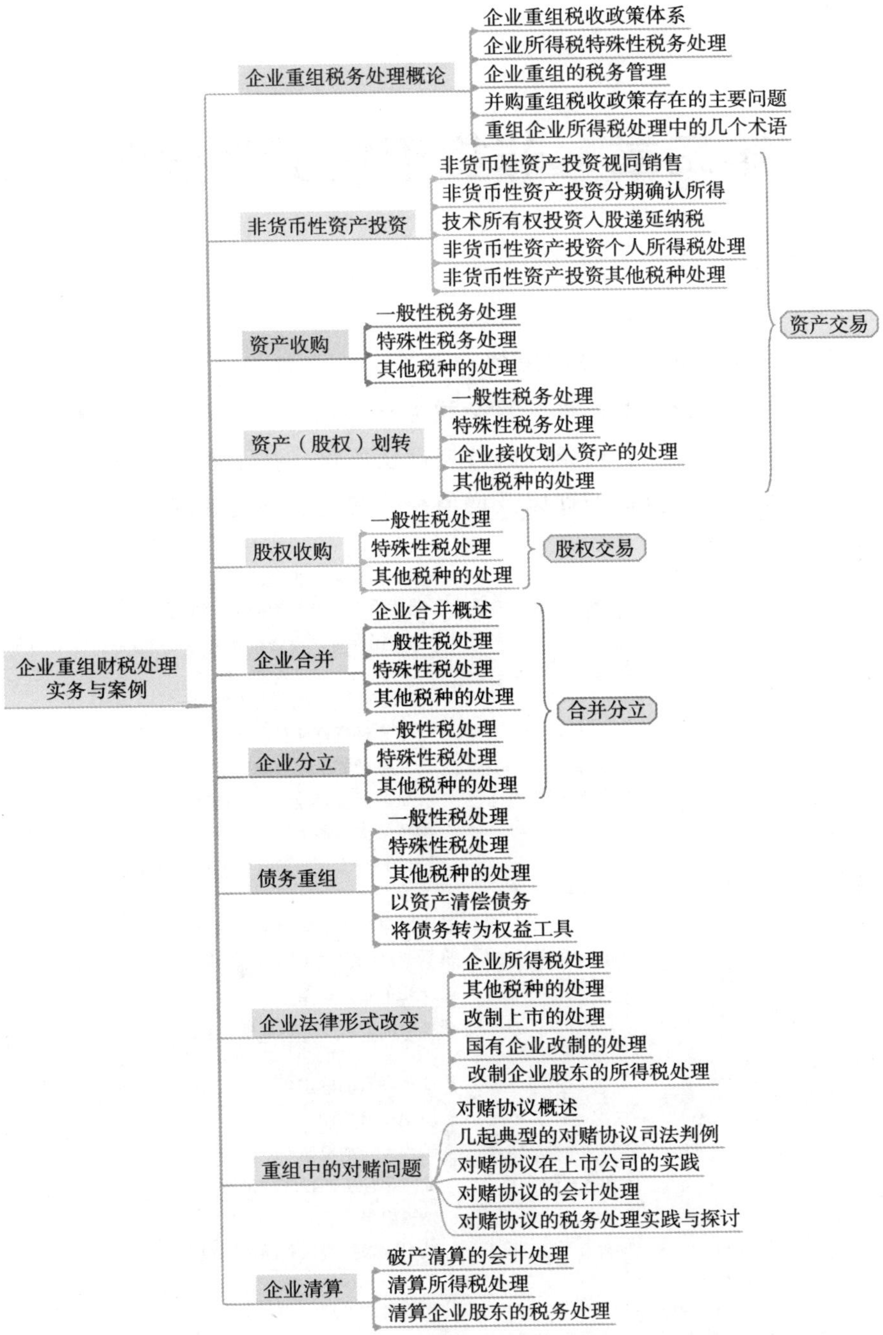
企业重组财税处理实务与案例
企业重组税务处理概论
企业重组税收政策体系
企业所得税特殊性税务处理
企业重组的税务管理
并购重组税收政策存在的主要问题
重组企业所得税处理中的几个术语
非货币性资产投资
非货币性资产投资视同销售
非货币性资产投资分期确认所得
技术所有权投资入股递延纳税
非货币性资产投资个人所得税处理
非货币性资产投资其他税种处理
资产收购
一般性税务处理
特殊性税务处理
其他税种的处理
资产（股权）划转
一般性税务处理
特殊性税务处理
企业接收划入资产的处理
其他税种的处理
资产交易
股权收购
一般性税处理
特殊性税处理
其他税种的处理
股权交易
企业合并
企业合并概述
一般性税处理
特殊性税处理
其他税种的处理
企业分立
一般性税处理
特殊性税处理
其他税种的处理
合并分立
债务重组
一般性税处理
特殊性税处理
其他税种的处理
以资产清偿债务
将债务转为权益工具
企业法律形式改变
企业所得税处理
其他税种的处理
改制上市的处理
国有企业改制的处理
改制企业股东的所得税处理
重组中的对赌问题
对赌协议概述
几起典型的对赌协议司法判例
对赌协议在上市公司的实践
对赌协议的会计处理
对赌协议的税务处理实践与探讨
企业清算
破产清算的会计处理
清算所得税处理
清算企业股东的税务处理

图 1－2　本书知识导图

第二章 非货币性资产投资

单位或者个人以非货币性资产出资设立企业，会涉及企业所得税、个人所得税、增值税、土地增值税、契税等税种的复杂税务处理问题。本章主要讲解非货币性资产投资企业所得税视同销售、符合条件的分期确认所得、技术所有权投资入股递延纳税、非货币性资产投资个人所得税处理以及增值税等其他税种的处理，如图2－1所示。

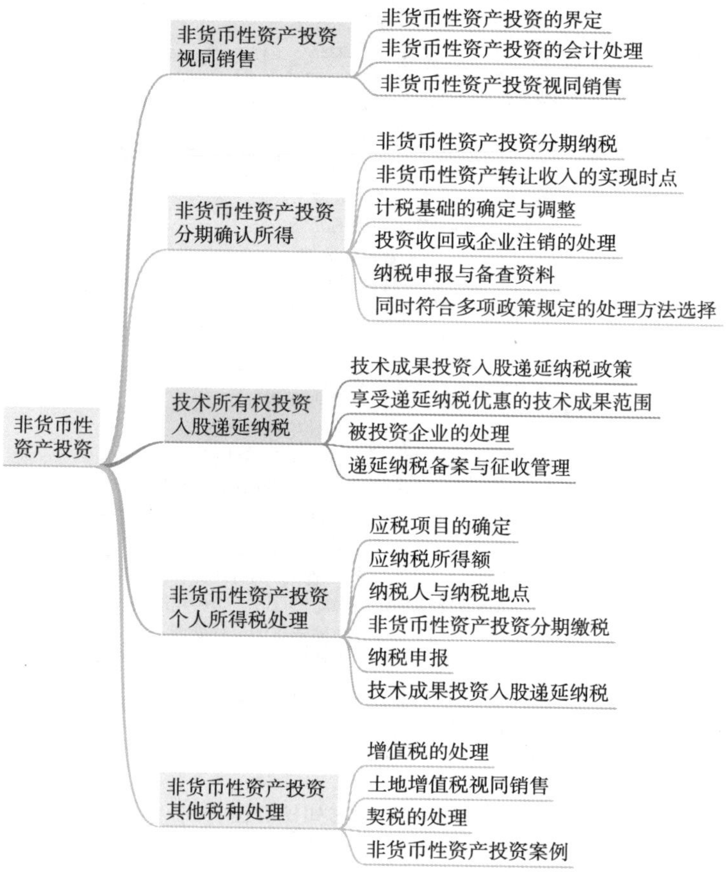

图2－1 非货币性资产投资财税知识导图

第一节　非货币性资产投资视同销售

一、非货币性资产投资的界定

（一）非货币性资产

1. 会计准则对非货币性资产的界定

《企业会计准则第 7 号——非货币性资产交换》第二条规定，非货币性资产交换，是指企业主要以固定资产、无形资产、投资性房地产和长期股权投资等非货币性资产进行的交换。该交换不涉及或只涉及少量的货币性资产（即补价）。

货币性资产，是指企业持有的货币资金和收取固定或可确定金额的货币资金的权利。

非货币性资产，是指货币性资产以外的资产。

2. 企业所得税对非货币性资产的界定

《企业资产损失所得税税前扣除管理办法》（国家税务总局公告 2011 年第 25 号发布）规定，资产是指企业拥有或者控制的、用于经营管理活动相关的资产，包括现金、银行存款、应收及预付款项（包括应收票据、各类垫款、企业之间往来款项）等货币性资产，存货、固定资产、无形资产、在建工程、生产性生物资产等非货币性资产，以及债权性投资和股权（权益）性投资。

根据《财政部 国家税务总局关于非货币性资产投资企业所得税政策问题的通知》（财税〔2014〕116 号）的规定，企业以非货币性资产对外投资中所称的非货币性资产，是指现金、银行存款、应收账款、应收票据以及准备持有至到期的债券投资等货币性资产以外的资产。所称非货币性资产投资，限于以非货币性资产出资设立新的居民企业，或将非货币性资产注入现存的居民企业。

3. 个人所得税对非货币性资产的界定

根据《财政部 国家税务总局关于个人非货币性资产投资有关个人所得税政策的通知》（财税〔2015〕41 号）第五条第一款的规定，非货币性资产，是指现金、银行存款等货币性资产以外的资产，包括股权、不动产、技术发明成果以及其他形式的非货币性资产。

《企业会计准则》《企业资产损失税前扣除管理办法》以及财税〔2014〕116 号和财税〔2015〕41 号文件中对非货币性资产的界定，可列表说明如表 2－1 所示。

表 2 – 1　　非货币性资产的界定

项目	界定	内容	依据
会计处理	货币性资产，是指企业持有的货币资金和收取固定或可确定金额的货币资金的权利。 非货币性资产，是指货币性资产以外的资产	非货币性资产不包括应收账款和应收票据以及准备持有至到期的债券投资等	企业会计准则第7号——非货币性资产交换
资产损失税前扣除	资产包括现金、银行存款、应收及预付款项（包括应收票据、各类垫款、企业之间往来款项）等货币性资产，存货、固定资产、无形资产、在建工程、生产性生物资产等非货币性资产，以及债权性投资和股权（权益）性投资	非货币性资产包括存货、固定资产、无形资产、在建工程、生产性生物资产等。不包括债权性和权益性投资	企业资产损失所得税税前扣除管理办法
企业以非货币性资产对外投资	企业以非货币性资产对外投资中所称的非货币性资产，是指现金、银行存款、应收账款、应收票据以及准备持有至到期的债券投资等货币性资产以外的资产	非货币性资产不包括应收账款、应收票据以及准备持有至到期的债券投资	财税〔2014〕116号
个人以非货币性资产对外投资	现金、银行存款等货币性资产以外的资产	包括股权、不动产、技术发明成果以及其他形式的非货币性资产	财税〔2015〕41号

（二）非货币性资产投资

根据《中华人民共和国公司法》第二十七条的规定，股东可以用货币出资，也可以用实物、知识产权、土地使用权等可以用货币估价并可以依法转让的非货币财产作价出资；但是，法律、行政法规规定不得作为出资的财产除外。对作为出资的非货币财产应当评估作价，核实财产，不得高估或者低估作价。法律、行政法规对评估作价有规定的，从其规定。

该法第二十八条还规定，股东应当按期足额缴纳公司章程中规定的各自所认缴的出资额。股东以货币出资的，应当将货币出资足额存入有限责任公司在银行开设的账户；以非货币财产出资的，应当依法办理其财产权的转移手续。股东不按照规定缴纳出资的，除应当向公司足额缴纳外，还应当向已按期足额缴纳出资的股东承担违约责任。

（三）非货币性资产投资涉及的主要税种

非货币性资产投资涉及的主要税种如图 2 – 2 所示：

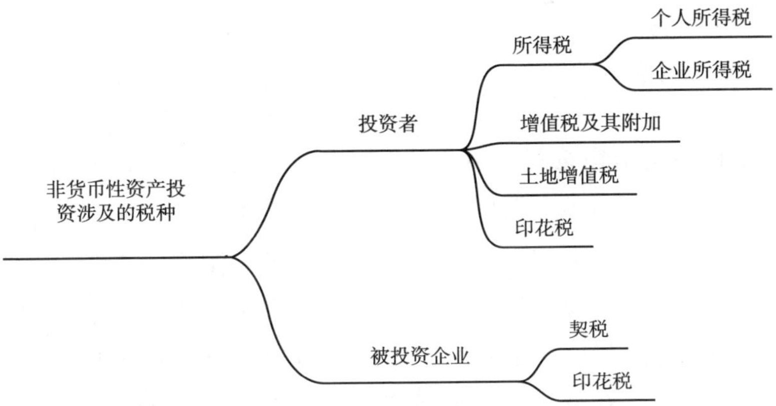

图2-2　非货币性资产投资涉及的税种示意图

二、非货币性资产投资的会计处理

根据股权投资的性质不同，企业对外股权投资形成的投资资产可分为长期股权投资和金融资产两类核算。

《企业会计准则第2号——长期股权投资》规定长期股权投资主要包括三种情况：一是企业持有的能够对被投资单位实施控制的权益性投资，一般指对子公司的投资；二是企业持有的能够与其他合营方一同对被投资单位实施共同控制的权益性投资，一般指合营企业投资；三是企业持有的能够对被投资单位施加重大影响的权益性投资，一般指联营企业投资。

如果企业股权投资不属于上述三种情况，应按照《企业会计准则第22号——金融工具确认和计量》的要求进行初始计量核算。根据金融资产的具体用途和性质，金融资产可进一步细分为以摊余成本计量的金额资产、以公允价值计量且其变动计入当期损益的金融资产、以公允价值计量且其变动计入其他综合收益的金融资产三类，根据金融资产类别不同，其后续计量的方法也不同。

三、非货币性资产投资视同销售

视同销售，是指会计上不作为销售核算，而在税收上作为销售、确认收入计缴税金的非货币性资产交换以及销售货物、转让财产或者提供劳务的行为，它是税法上的一个重要概念。在流转税与所得税中，视同销售的税务处理不同；同是流转税的增值税与消费税，视同销售行为的税务处理也相差悬殊，因而，不同税种之间不可相互适用。流转税与企业所得税的视同销售，应分别适用增值税等流转税的暂行条例和《企业所得税法》，分别进行税务处理。

（一）视同销售范围

1. 企业所得税视同销售范围

根据《企业所得税法实施条例》第二十五条的规定，企业发生非货币性资产交换，以及将货物、财产、劳务用于捐赠、偿债、赞助、集资、广告、样品、职工福利和利润分配等用途的，应当视同销售货物、转让财产和提供劳务，但国务院财政、税务主管部门另有规定的除外。这是视同销售企业所得税处理的依据，该条规定终结了将货物、财产、劳务用于在建工程、管理部门、非生产部门的企业所得税视同销售。按照该规定，应当视同销售货物、转让财产和提供劳务的特别情形主要包括以下两个方面。

第一，非货币性资产交换。根据《企业会计准则》，非货币性资产交换必须同时满足两个条件才能确认收入，一是该项交换具有商业实质，二是换入资产或者换出资产的公允价值能够可靠地计量。此种情况下，《企业会计准则》要求采用公允价值模式计量；此时，资产转让的计税收入和换入资产计税基础的确定，税法与会计处理原则是一致的。除此以外的非货币性资产交换，《企业会计准则》采用成本模式计量，税法与会计存在差异。

第二，将货物、财产、劳务用于捐赠、偿债、赞助、集资、广告、样品、职工福利和利润分配等用途。在这些用途中，有些情况下可能是出于生产经营的需要，但是有些情况是企业意图规避税法，逃避纳税义务。为了保证国家的税收收入，税法规定上述行为均视同销售货物、转让财产和提供劳务。在这些行为过程中对货物、财产和劳务没有以货币进行计价，除另有规定外，应当按照公允价值确定其收入，计算应纳所得税额。

2. 内部处置资产不视同销售

根据《国家税务总局关于企业处置资产所得税处理问题的通知》（国税函〔2008〕828 号）的规定，企业发生下列情形的处置资产，除将资产转移至境外以外，由于资产所有权属在形式和实质上均不发生改变，可作为内部处置资产，不视同销售确认收入，相关资产的计税基础延续计算。

（1）将资产用于生产、制造、加工另一产品；

（2）改变资产形状、结构或性能；

（3）改变资产用途（如：自建商品房转为自用或经营）；

（4）将资产在总机构及其分支机构之间转移；

（5）上述两种或两种以上情形的混合；

（6）其他不改变资产所有权属的用途。

3. 移送他人的外部处置资产视同销售

企业所得税将资产处置行为分为内部处置和外部处置两类，对于内部处置，通常不视同销售确认所得，相关资产的计税基础持续计算；对于外部处置，应按《企业所得税法》及相关规定视同销售，确认所得纳税。

根据《国家税务总局关于确认企业所得税收入若干问题的通知》（国税函〔2008〕875 号）的规定，企业以买一赠一等方式组合销售本企业商品的，不属于捐赠，应将总的销售收入金额按各项商品的公允价值的比例来分摊确认各项的销售收入。

根据国税函〔2008〕828 号文件第二条的规定，企业将资产移送他人的下列情形，因资产所有权属已发生改变而不属于内部处置资产，应按规定视同销售确认收入。这种情形主要包括：

（1）用于市场推广或销售；

（2）用于交际应酬；

（3）用于职工奖励或福利；

（4）用于股息分配；

（5）用于对外捐赠；

（6）其他改变资产所有权属的用途。

4. 房地产企业的视同销售

根据《房地产开发经营业务企业所得税处理办法》（国税发〔2009〕31 号印发）第七条的规定，房地产开发企业将开发产品用于捐赠、赞助、职工福利、奖励、对外投资、分配给股东或投资人、抵偿债务、换取其他企事业单位和个人的非货币性资产等行为，应视同销售，于开发产品所有权或使用权转移，或于实际取得利益权利时确认收入（或利润）的实现。确认收入（或利润）的方法和顺序为：

（1）按本企业近期或本年度最近月份同类开发产品市场销售价格确定；

（2）由主管税务机关参照当地同类开发产品市场公允价值确定；

（3）按开发产品的成本利润率确定。开发产品的成本利润率不得低于 15%，具体比例由主管税务机关确定。

（二）视同销售收入金额

1. 按公允价值确定视同销售收入金额

自 2016 年度起，根据《国家税务总局关于企业所得税有关问题的公告》（国家税务总局公告 2016 年第 80 号）第二条“企业移送资产所得税处理问题”的规定，企业发生国税函〔2008〕828 号文件第二条规定情形的，除另有规定外，应按照被移送资产的公允价值确定销售收入。

2. 公益股权捐赠按历史成本视同销售

根据《财政部 国家税务总局关于公益股权捐赠企业所得税政策问题的通知》（财税〔2016〕45号，自2016年1月1日起执行）第一条的规定，企业向公益性社会团体实施的股权捐赠，应按规定视同转让股权，股权转让收入额以企业所捐赠股权取得时的历史成本确定。这里所称的股权，是指企业持有的其他企业的股权、上市公司股票等。

根据财税〔2016〕45号文件第二条的规定，企业实施股权捐赠后，以其股权历史成本为依据确定捐赠额，并依此按照《企业所得税法》有关规定在所得税前予以扣除。公益性社会团体接受股权捐赠后，应按照捐赠企业提供的股权历史成本开具捐赠票据。

公益性社会团体，是指注册在中国境内，以发展公益事业为宗旨、且不以营利为目的，并经确定为具有接受捐赠税前扣除资格的基金会、慈善组织等公益性社会团体。

股权捐赠行为，是指企业向中国境内公益性社会团体实施的股权捐赠行为。企业向中国境外的社会组织或团体实施的股权捐赠行为不适用该通知规定。

3. 公益捐赠股权案例分析

【例2-1】 2020年10月18日，南京的乙公司将其取得成本为1 000万元的某上市公司股票，向具有接受捐赠税前扣除资格的A慈善组织进行公益性捐赠，当日该股票收盘价为5 000万元，当年公司会计利润为20 000万元。

根据上述资料，回答如下问题：

1. 乙公司所捐赠股票的视同销售收入额是多少？
2. 该笔公益股权捐赠可以税前扣除的捐赠额是多少？
3. 如何填报“企业所得税年度纳税申报表”？

解析： 根据财税〔2016〕45号文件的规定，企业向公益性社会团体实施的股权捐赠，应按规定视同转让股权，股权转让收入额以企业所捐赠股权取得时的历史成本确定。企业实施股权捐赠后，以其股权历史成本为依据确定捐赠额，并依此按照《企业所得税法》有关规定在所得税前扣除。

因而，乙公司所捐赠股票的视同销售收入额是1 000万元，该公益股权捐赠可以税前扣除的捐赠额为1 000万元。

年度终了后办理企业所得税汇算清缴纳税申报时填报纳税调整表如表2-2所示：

表 2-2　A105010　视同销售和房地产开发企业特定业务纳税调整明细表

行次	项目	税收金额	纳税调整金额
		1	2
1	一、视同销售（营业）收入（2+3+4+5+6+7+8+9+10）	1 000	1 000
7	（六）用于对外捐赠视同销售收入	1 000	1 000
11	二、视同销售（营业）成本（12+13+14+15+16+17+18+19+20）	1 000	-1 000
17	（六）用于对外捐赠视同销售成本	1 000	-1 000

据此填报“纳税调整项目明细表”（A105000）第 2 行和第 13 行如表 2-3 所示：

表 2-3　A105000　纳税调整项目明细表

行次	项　　目	账载金额	税收金额	调增金额	调减金额
		1	2	3	4
1	一、收入类调整项目（2+3+…+11）	*	*	1 000	
2	（一）视同销售收入（填写 A105010）	*	1 000	1 000	*
12	二、扣除类调整项目（13+14+…+30）	*	*		1 000
13	（一）视同销售成本（填写 A105010）	*	1 000	*	1 000
17	（五）捐赠支出（填写 A105070）	1 000	1 000	0	
46	合计（1+12+31+36+44+45）	*	*	1 000	1 000

4. 个人公益捐赠金额的确定

根据《财政部 税务总局关于公益慈善事业捐赠个人所得税政策的公告》（财政部 税务总局公告 2019 年第 99 号）第二条的规定，个人发生的公益捐赠支出金额，按照以下规定确定：

（1）捐赠货币性资产的，按照实际捐赠金额确定；

（2）捐赠股权、房产的，按照个人持有股权、房产的财产原值确定；

（3）捐赠除股权、房产以外的其他非货币性资产的，按照非货币性资产的市场价格确定。

第二节　非货币性资产投资分期确认所得

一、非货币性资产投资分期纳税

（一）非货币性资产投资分期确定所得额

根据《财政部 国家税务总局关于非货币性资产投资企业所得税政策问题的通知》（财税〔2014〕116号）第一条的规定，居民企业以非货币性资产对外投资确认的非货币性资产转让所得，可在不超过5年期限内，分期均匀计入相应年度的应纳税所得额，按规定计算缴纳企业所得税。

根据《国家税务总局关于非货币性资产投资企业所得税有关征管问题的公告》（国家税务总局公告2015年第33号）第一条的规定，实行查账征收的居民企业以非货币性资产对外投资确认的非货币性资产转让所得，可自确认非货币性资产转让收入年度起不超过连续5个纳税年度的期间内，分期均匀计入相应年度的应纳税所得额，按规定计算缴纳企业所得税。

根据财税〔2014〕116号第五条的规定，非货币性资产投资，限于以非货币性资产出资设立新的居民企业，或将非货币性资产注入现存的居民企业。非货币性资产，是指现金、银行存款、应收账款、应收票据以及准备持有至到期的债券投资等货币性资产以外的资产。

"不超过5年期限"，是指从确认非货币性资产转让收入年度起不超过连续5个纳税年度的期间。这里首先要求5年的递延纳税期间要连续、中间不能中断；其次明确"年"指的是纳税年度。由于企业所得税核定征收企业通常不能准确核算收入或支出情况，因而只有实行查账征收的居民企业才能适用非货币性资产投资分期确认所得政策。

根据财税〔2014〕116号文件第二条的规定，居民企业以非货币性资产对外投资，应对非货币性资产进行评估并按评估后的公允价值扣除计税基础后的余额，计算确认非货币性资产转让所得。

居民企业非货币性资产对外投资，其经济实质是用非货币性资产注入被投资企业取得企业股权的一种交易行为，交易中非货币性资产所有权从投资企业转移到被投资企业，同时投资企业获得被投资企业的股权支付。由于这种交易行为涉及到非货币性资产所有权的转移，应确认非货币性资产转让所得，根据财税〔2014〕116号文件第二条的规定可在不超过5年期限内，分期均匀计入相应年度的应纳税所得额，按规定计算缴纳企业所得税。这里需要说明的是：

（二）必须取得被投资企业自身的股权支付

投资企业投出非货币性资产之后，必须取得被投资企业自身的股权支付，才能适用居民企业非货币性资产投资分期确认所得递延纳税规定。如果投资企业将非货币性资产注入投资企业，取得被投资企业控股企业（控股企业，是指由本企业直接持有股份的企业）的股权支付，就不能判定交易行为构成对外投资行为，不能适用财税〔2014〕116号文件第二条的规定。这是因为，企业所得税处理时非货币性资产出资与非货币性资产交换不同，将非货币性资产注入企业取得被投资企业股权支付属于非货币性资产出资，而将非货币性资产注入企业并取得该企业持有的其他公司股权，属于非货币性资产交换。二者的区别点在于取得的股权支付是否在资产注入企业之前就已经存在。对于非货币性资产投资，取得非货币性资产的企业需要增资，用接受投资后增加的股份进行支付，这部分增加的股份在接受投资前是不存在的。对于非货币性资产交换来说，企业获得非货币性资产之后，其将持有的股权资产进行支付，这部分股份在接受投资前就已经存在。

《财政部 税务总局关于个人非货币性资产投资有关个人所得税政策的通知》（财税〔2015〕41号）规定，非货币性资产投资包括以非货币性资产出资设立新的企业，以及以非货币性资产出资参与企业增资扩股、定向增发股票、股权置换、重组改制等投资行为，因此个人所得税上非货币性资产投资包含股权置换行为，与企业所得税上非货币性资产投资分期确认所得额的投资范围不同，其内涵要更广泛一些。

（三）投资企业与被投资企业必须是居民企业

非货币性资产投资分期均匀确认所得额分摊纳税的被投资主体必须是居民企业，根据《企业所得税法》规定，居民企业是指依法在中国境内成立，或者依照外国（地区）法律成立但实际管理机构在中国境内的企业，但不包括个人独资企业、合伙企业。居民企业投资于个人独资企业、合伙企业或非居民企业，均不能适用财税〔2014〕116号文件第二条规定的分期均匀确认所得额分摊纳税。

此外，非货币性资产投资的投资主体必须是查账征收的居民企业。核定征收的企业也不能适用。

（四）在不超过5个纳税年度期限内分期确认所得

居民企业以非货币性资产投资可在不超过5年期限内，分期均匀计入相应年度的应纳税所得额。这里分期的起始年度是确认非货币性资产转让收入年度；企业需要均匀确认所得，而不能在最后一个年度一次性确认所得，也不能人为调整每年确认所得的金额；年指的是纳税年度，企业可以根据自己的实际情况自由选择分期均匀计入所得的年限，最长不超过5个年度，既可以在发生非货币性资产投资当年一次性确认收入，也可以在2年、3年、4年、5年中选择一种方案，分期均匀确认非货币性资产转让收入，而且中间不能中断计算。

二、非货币性资产转让收入的实现时点

根据财税〔2014〕116号文件第二条的规定，居民企业以非货币性资产对外投资，应于投资协议生效并办理股权登记手续时，确认非货币性资产转让收入的实现。

根据《国家税务总局关于非货币性资产投资企业所得税有关征管问题的公告》（国家税务总局公告2015年第33号）第二条的规定，关联企业之间发生的非货币性资产投资行为，投资协议生效后12个月内尚未完成股权变更登记手续的，于投资协议生效时，确认非货币性资产转让收入的实现。

投资协议生效并办理股权登记手续时，是对企业非货币性资产投资收入确认时点的一般性规定。但是，关联企业之间发生非货币性资产投资行为，可能由于具有关联关系而不及时办理或不办理股权登记手续，以延迟确认或长期不确认非货币性资产转让收入，实际上延长了递延纳税期限，造成对此项政策的滥用。为防止此种情况发生，国家税务总局公告2015年第33号规定，如果投资协议生效后12个月内仍未完成股权变更登记手续，则于投资协议生效时，确认非货币性资产转让收入的实现。

三、计税基础的确定与调整

根据财税〔2014〕116号文件第三条的规定，居民企业以非货币性资产对外投资而取得被投资居民企业的股权，应以非货币性资产的原计税成本为计税基础，加上每年确认的非货币性资产转让所得，逐年进行调整。被投资企业取得非货币性资产的计税基础，应按非货币性资产的公允价值确定。

这一规定目的在于让非货币性资产转让所得与被投资企业股权计税基础同步调增，确保在税务处理上保持一致。与投资企业取得的股权分期逐年调整计税基础不同，被投资企业获得的非货币性资产直接按照非货币性资产的公允价值确定，不需要根据投资企业所得分期确认而逐年调整。

四、投资收回或企业注销的处理

根据财税〔2014〕116号文件第四条的规定，企业在对外投资5年内转让居民企

业非货币性资产投资取得的股权或投资收回的，应停止执行递延纳税政策，并就递延期内尚未确认的非货币性资产转让所得，在转让股权或投资收回当年的企业所得税年度汇算清缴时，一次性计算缴纳企业所得税；企业在计算股权转让所得时，可按规定将股权的计税基础一次调整到位。

居民企业在对外投资5年内注销的，应停止执行递延纳税政策，并就递延期内尚未确认的非货币性资产转让所得，在注销当年的企业所得税年度汇算清缴时，一次性计算缴纳企业所得税。

由于企业要在长达5年的期限内，分期缴纳企业所得税，但是如果在5年期限内，企业的经营情况发生改变，例如发生股权转让或注销清算等行为，使得企业不再满足分期纳税条件，企业应该停止分摊纳税。

分期纳税的主要目的是解决企业缺乏纳税必要资金的问题，企业如果将股权转让或投资收回，企业不再面临纳税现金缺乏的困难，因此企业在对外投资5年内转让上述股权或投资收回，应停止执行递延纳税政策，并就递延期内尚未确认的非货币性资产转让所得，在转让股权或投资收回当年的企业所得税年度汇算清缴时，一次性计算缴纳企业所得税。居民企业发生股权转让计算股权转让所得时，可将股权的尚未调增到位的计税基础一次调整到位，保持税务处理的一致性。

居民企业如果在5年内注销，以后年度无法再纳税的，也应停止执行递延纳税政策，并就递延期内尚未确认的非货币性资产转让所得，在注销当年的企业所得税年度汇算清缴时，一次性计算缴纳企业所得税。

五、纳税申报与备查资料

（一）非货币性资产投资分期确认所得的申报与备查资料

居民企业选择适用非货币性资产投资分期确认所得政策进行税务处理的，应在非货币性资产转让所得递延确认期间每年企业所得税汇算清缴时，填报“中华人民共和国企业所得税年度纳税申报表”（A类，2017年版）中“A105100 企业重组及递延纳税事项纳税调整明细表”第12行“六、非货币性资产对外投资”的相关栏目，并向主管税务机关报送“非货币性资产投资递延纳税调整明细表”（见表2-4）。

居民企业应将股权投资合同或协议、对外投资的非货币性资产（明细）公允价值评估确认报告、非货币性资产（明细）计税基础的情况说明、被投资企业设立或变更的市场监督管理部门证明材料等资料留存备查，并单独准确核算税法与会计差异情况。

表 2－4

非货币性资产投资递延纳税调整明细表

所属年度：

纳税人名称（盖章）：　　纳税人识别号：　　金额单位：元（列至角分）

行次	被投资企业情况				非货币性资产情况			非货币性资产投资基本信息					本年税收金额	递延纳税差异调整额					结转以后年度递延确认所得税收金额
	企业名称	纳税人识别号	主管税务机关	与投资方是否为关联企业	公允价值	账面价值	计税基础	非货币性资产转让收入实现年度	本年账载金额	非货币性资产转让所得（税收金额）	分期确认税收所得年限	分期均匀确认税收所得额		前四年度	前三年度	前二年度	前一年度	本年	
	1	2	3	4	5	6	7	8	9	10＝5－7	11	12	13	14	15	16	17	18＝13－9	19＝［本表第10列－第13列（第1年该项目填报时）］或＝［上年度明细表的相应行次第19列－本表第13列（以后递延期间该项目填报时）］
1																			
2																			
3																			
4																			
…																			
合计	—	—	—	—				—			—	—		—	—	—	—		

谨声明：本人知悉并保证本表填报内容及所附证明材料真实、完整，并承担因资料虚假而产生的法律和行政责任。

法定代表人签章：

年　月　日

填表人：　　填表日期：

填表说明：

（1）本表适用于执行《财政部 国家税务总局关于非货币性资产投资企业所得税政策问题的通知》（财税〔2014〕116号）和《国家税务总局关于非货币性资产投资企业所得税有关征管问题的公告》（国家税务总局公告2015年第33号）规定的纳税人填报。纳税人应在非货币性资产投资每年确认税收金额年度的企业所得税年度汇算清缴申报时，一并向主管税务机关报送本表。

（2）纳税人应以被投资企业为单位逐行填列。若纳税人在一个纳税年度内发生两次及以上对同一家企业非货币性资产投资业务，则应作为一项投资项目进行填报；若纳税人在一个纳税年度内对两个及以上不同企业发生非货币性资产投资业务，则作为不同的投资项目分别填报。

（3）第8列"非货币性资产转让收入实现年度"：是指非货币性资产投资协议生效并办理股权登记手续的年度。关联企业之间非货币性资产投资，投资协议生效后12个月内尚未完成股权变更登记手续的，确认年度为投资协议生效年度。

（4）第9列"本年账载金额"：填报纳税人根据会计规定在所属年度确认的非货币性资产转让所得。

（5）第10列"非货币性资产转让所得（税收金额）"：本列只在非货币性资产投资税收确认转让收入实现年度的当年填报，以后递延期间不再填报。

（6）第11列"分期确认税收所得年限"：填报纳税人按照税法规定需分期确认非货币性资产转让所得（税收金额）的年度数。

（7）第12列"分期均匀确认税收所得额"：填报纳税人按照税法规定分期均匀计入相应年度应纳税所得额的金额；等于非货币性资产转让所得（税收金额）除以分期确认税收所得年限。

（8）第13列"本年税收金额"：填报纳税人按照税法规定在所属年度确认的非货币性资产转让所得，包括纳税人在对外投资5年内转让股权、投资收回或注销时，须一次性确认的在递延期内尚未确认的非货币性资产转让所得。

（9）"递延纳税差异调整额"：纳税调整减少的，以负数表示；纳税调整增加的，以正数表示；第18列"本年"为所属年度，第17至14列为依次从所属年度往前倒推的年度。

（10）第19列"结转以后年度递延确认所得税收金额"：填报按照税法规定结转以后年度的尚未确认的非货币性资产转让所得。

（二）税会差异与纳税调整申报

非货币性资产投资在税务处理上都应按照公允价值确认非货币性资产转让所得，同时居民企业可以选择在不超过5个纳税年度平均分摊确认应税所得。在会计处理上，在一些情况下需要按照公允价值确认投资资产初始成本并确认财产转让收入，在另外一些情况下需要按照账面价值确认投资资产初始成本，不确认财产转让收益。因此，由于会计处理和税务处理存在差异，居民企业不论是否选择均匀分摊确认所得，均可能需要在汇算清缴申报时进行纳税调整。

在非货币性资产投资发生年度，在会计上不确认非货币性资产转让收入的情况下，如果纳税人不选择均匀分摊计入应税所得，需要填写“视同销售和房地产开发企业特定业务纳税调整明细表”（A105010），确认视同销售收入与视同销售成本；纳税人选择了分期均匀确认应纳税所得的，需要填写“企业重组及递延纳税事项纳税调整明细表”（A105100）。在会计上确认了非货币性资产转让收入的情况下，如果纳税人不选择分期均匀计入应纳税所得，不存在税会差异的，则不需要进行纳税调整；如果纳税人选择了均匀计入应纳税所得，需要填写“企业重组及递延纳税事项纳税调整明细表”（A105100）。

六、同时符合多项政策规定的处理方法选择

根据财税〔2014〕116 号文件第六条的规定，居民企业发生非货币性资产投资，符合《财政部 国家税务总局关于企业重组业务企业所得税处理若干问题的通知》（财税〔2009〕59 号）等文件规定的特殊性税务处理条件的，也可选择按特殊性税务处理规定执行。

根据《国家税务总局关于非货币性资产投资企业所得税有关征管问题的公告》（国家税务总局公告 2015 年第 33 号）第三条的规定，符合财税〔2014〕116 号文件规定的居民企业非货币性资产投资行为，同时又符合《财政部 国家税务总局关于企业重组业务企业所得税处理若干问题的通知》（财税〔2009〕59 号）、《财政部 国家税务总局关于促进企业重组有关企业所得税处理问题的通知》（财税〔2014〕109 号）等文件规定的特殊性税务处理条件的，可由企业选择其中一项政策执行，且一经选择，不得改变。也就是说，非货币性资产投资如果既符合资产收购或股权收购，又符合资产划转企业所得税特殊性税务处理条件的，由企业选择其中一种类型进行税务处理，一经选择，不得改变。

第三节　技术所有权投资入股递延纳税

一、技术成果投资入股递延纳税政策

根据《财政部 国家税务总局关于完善股权激励和技术入股有关所得税政策的通知》（财税〔2016〕101 号）第三条第（一）项的规定，企业或个人以技术成果投资

入股到境内居民企业，被投资企业支付的对价全部为股票（权）的，企业或个人可选择继续按现行有关税收政策执行，也可选择适用递延纳税优惠政策。

选择技术成果投资入股递延纳税政策的，经向主管税务机关备案，投资入股当期可暂不纳税，允许递延至转让股权时，按股权转让收入减去技术成果原值和合理税费后的差额计算缴纳所得税。

这里的技术成果投资入股，是指纳税人将技术成果所有权让渡给被投资企业、取得该企业股票（权）的行为。

根据《国家税务总局关于股权激励和技术入股所得税征管问题的公告》（国家税务总局公告2016年第62号）第二条第（一）项的规定，选择适用技术成果投资入股递延纳税政策的，应当为实行查账征收的居民企业以技术成果所有权投资。

二、享受递延纳税优惠的技术成果范围

根据《财政部 国家税务总局关于完善股权激励和技术入股有关所得税政策的通知》（财税〔2016〕101号）第三条第（三）项的规定，技术成果是指专利技术（含国防专利）、计算机软件著作权、集成电路布图设计专有权、植物新品种权、生物医药新品种，以及科技部、财政部、国家税务总局确定的其他技术成果。

三、被投资企业的处理

根据《财政部 国家税务总局关于完善股权激励和技术入股有关所得税政策的通知》（财税〔2016〕101号）第三条第（二）项的规定，居民企业或个人技术成果投资入股选择适用上述任一项政策（指非货币性资产投资视同销售、非货币性资产投资5年内分期计入应纳税所得额、技术成果所有权投资入股递延纳税等），均允许被投资企业按技术成果投资入股时的评估值入账并在企业所得税前摊销扣除。

四、递延纳税备案与征收管理

对技术成果投资入股选择适用递延纳税政策的，企业应在规定期限内到主管税务机关办理备案手续。未办理备案手续的，不得享受规定的递延纳税优惠政策。

根据《国家税务总局关于股权激励和技术入股所得税征管问题的公告》（国家税务总局公告2016年第62号）第二条的规定，企业适用递延纳税政策的，应在投资完成后首次预缴申报时，将相关内容填入“技术成果投资入股企业所得税递延纳税备案表”（见表2-5）。企业接受技术成果投资入股，技术成果评估值明显不合理的，主管

税务机关有权进行调整。

表 2－5　　技术成果投资入股企业所得税递延纳税备案表

纳税人名称（盖章）：　　纳税人识别号：

申报所属期：____年度　　金额单位：人民币元（列至角分）

行次	投资企业信息							被投资企业信息				备注
	技术成果名称	技术成果类型	技术成果编号	公允价值	计税基础	取得股权时间	递延所得	企业名称	纳税人识别号	主管税务机关	与投资方是否为关联企业	
	1	2	3	4	5	6	7＝4－5	8	9	10	11	
1												
2												
3												
4												
5												
6												
7												
8												
…												
合计												

谨声明：本人知悉并保证本表填报内容及所附证明材料真实、完整，并承担因资料虚假而产生的法律和行政责任。

法定代表人签章：

年　月　日

填表人：　　填报日期：

国家税务总局监制

“技术成果投资入股企业所得税递延纳税备案表”填报说明：

第一，适用范围：

本表适用于执行企业所得税技术成果投资递延纳税政策的纳税人填报。

第二，报送期限：

纳税人应在投资完成后首次预缴申报时向主管税务机关报送本表。

第三，表内各栏：

（1）第 2 列“技术成果类型”：是指专利技术（含国防专利）、计算机软件著作权、集成电路布图设计权、植物新品种、生物医药新品种，以及科技部、财政部、国家税务总局确定的其他技术成果。

（2）第 4 列“公允价值”：是指企业以技术成果投资入股时，技术成果按照协议确定的评估值。

(3) 第5列“计税基础”：是指企业以技术成果投资入股时，技术成果的税收金额。

(4) 第6列“取得股权时间”：是指技术成果投资协议生效并办理股权登记手续的时间。关联企业之间非货币性资产投资，投资协议生效后12个月尚未完成股权变更登记手续的，确认年度为投资协议生效年度。

(5) 第7列“递延所得”=第4列“公允价值”-第5列“计税基础”。

(6) 第11列“与投资方是否为关联企业”：是指企业以技术成果投资入股前，投资企业与被投资企业是否为《中华人民共和国企业所得税法》及其实施条例中明确的关联企业。

第四，本表一式二份。主管税务机关受理后，由纳税人和主管税务机关分别留存。

第四节 非货币性资产投资个人所得税处理

一、应税项目的确定

非货币性资产投资，实质为个人“转让非货币性资产”和“对外投资”两笔经济业务同时发生。个人通过转移非货币性资产权属，投资换得被投资企业的股权（或股票，以下统称股权），实现了对非货币性资产的转让性处置。根据《中华人民共和国公司法》的规定，以非货币性资产投资应对资产评估作价，对资产评估价值高出个人初始取得该资产时实际发生的支出（即资产原值）的部分，个人虽然没有现金流入，但取得了另一家企业的股权，符合个人所得税法关于“个人所得的形式包括现金、实物、有价证券和其他形式的经济利益”的规定，应按“财产转让所得”项目缴纳个人所得税。反之，如果评估后的公允价值没有超过原值，个人则没有所得，也就不需要缴纳个人所得税。

因此，财税〔2015〕41号文件第一条规定，个人以非货币性资产投资，属于个人转让非货币性资产和投资同时发生。对个人转让非货币性资产的所得，应按照“财产转让所得”项目，依法计算缴纳个人所得税。

二、应纳税所得额

根据财税〔2015〕41号文件第一条第一款的规定，个人以非货币性资产投资，应按评估后的公允价值确认非货币性资产转让收入。非货币性资产转让收入减除该资产原值及合理税费后的余额为应纳税所得额。《国家税务总局关于个人非货币性资产投资有关个人所得税征管问题的公告》（国家税务总局公告 2015 年第 20 号）第四条进一步明确：纳税人非货币性资产投资应纳税所得额为非货币性资产转让收入减除该资产原值及合理税费后的余额。

用公式表示为：

应纳税所得额 = 非货币性资产转让收入 − 资产原值 − 合理税费

应纳税额 = 应纳税所得额 × 20%

（一）转让收入

根据财税〔2015〕41 号文件第一条第二款的规定，个人以非货币性资产投资，应于非货币性资产转让、取得被投资企业股权时，确认非货币性资产转让收入的实现。

非货币性资产转让收入应以投资入股时的公允价值确定。

（二）资产原值

根据国家税务总局公告 2015 年第 20 号第五条的规定，非货币性资产原值为纳税人取得该项资产时实际发生的支出。即非货币性资产原值以历史成本进行确认。

纳税人无法提供完整、准确的非货币性资产原值凭证，不能正确计算非货币性资产原值的，主管税务机关可依法核定其非货币性资产原值。

根据国家税务总局公告 2015 年第 20 号第七条的规定，纳税人以股权投资的，该股权原值确认等相关问题依照《股权转让所得个人所得税管理办法（试行）》（国家税务总局公告 2014 年第 67 号发布）有关规定执行。

（三）合理税费

根据国家税务总局公告 2015 年第 20 号第六条的规定，合理税费是指纳税人在非货币性资产投资过程中发生的与资产转移相关的税金及合理费用。即允许扣除的税费必须与非货币性资产投资相关，且具有合理性。

【例 2－2】 中国公民王先生、李先生 2015 年年初各出资 300 万元在上海注册成立 A 公司。为促进企业发展壮大，2020 年 6 月 1 日，王、李两位股东与 B 公司达成重组协议，B 公司以发行股份并支付现金补价方式购买王先生、李先生持有的 A 公司股权。其中，向王先生和李先生分别发行价值 2 700 万元和 3 000 万元的股份，并分别支付 600 万元和 300 万元的现金，在此过程中两人各自发生评估费、中介费等相关税费 100 万元。

要求：计算应纳的个人所得税。

解析： 根据财税〔2015〕41 号文件和国家税务总局公告 2015 年第 20 号的相关规定，王先生应缴纳财产转让所得个人所得税为：

(2 700 + 600 − 300 − 100) × 20% = 580（万元）。

李先生应缴纳财产转让所得个人所得税为：

(3 000 + 300 − 300 − 100) × 20% = 580（万元）。

三、纳税人与纳税地点

（一）纳税义务人

根据国家税务总局公告2015年第20号第一条的规定，非货币性资产投资个人所得税以发生非货币性资产投资行为并取得被投资企业股权的个人为纳税人。

（二）纳税地点

根据国家税务总局公告2015年第20号第三条的规定，纳税人以不动产投资的，以不动产所在地税务机关为主管税务机关；纳税人以其持有的企业股权对外投资的，以该企业所在地税务机关为主管税务机关；纳税人以其他非货币性资产投资的，以被投资企业所在地税务机关为主管税务机关。

四、非货币性资产投资分期缴税

（一）非货币性资产投资分期缴税政策

根据财税〔2015〕41号文件第三条的规定，个人应在发生非货币性资产投资应税行为的次月15日内向主管税务机关申报纳税。纳税人一次性缴税有困难的，可合理确定分期缴纳计划并报主管税务机关备案后，自发生上述应税行为之日起不超过5个公历年度内（含）分期缴纳个人所得税。

【例2－3】 张女士2019年12月进行了一次非货币性资产投资，应缴纳个人所得税100万元。那么，她可以根据自身情况制定分期缴税计划，在2019至2023年（而不是2019年12月到2024年12月）这5个公历年度内分期缴税，并于2023年12月31日前缴清税款。

（二）非货币性资产投资的界定

非货币性资产投资，就是以非货币性资产出资设立新的企业，或者以非货币性资产出资参与企业增资扩股、定向增发股票、重组改制以及其他类似的投资（包括股权换股权）。根据《财政部 国家税务总局关于个人非货币性资产投资有关个人所得税政策的通知》（财税〔2015〕41号）第五条第二款的规定，非货币性资产投资包括以非货币性资产出资设立新的企业，以及以非货币性资产出资参与企业增资扩股、定向增发股票、股权置换、重组改制等投资行为。

个人以非货币性资产投资，取得被投资企业的股权价值高于该资产原值的部分，根据个人所得税法规定，属于个人财产转让所得，应缴纳个人所得税。但是由于非货币性资产投资交易过程中没有或仅有少量现金流，且大多交易金额较大，纳税人可能缺乏足够资金纳税，导致征纳双方争议较大，税务机关执法也面临两难境地。为解决上述问题，《国务院关于印发中国（上海）自由贸易试验区总体方案的通知》（国发〔2013〕38号），批准上海自贸区先行试点非货币性资产投资分期缴纳个人所得税政策，探索解决之路。

为进一步鼓励和引导民间投资，促进大众创业、万众创新，缓解纳税人缺乏足够资金纳税的困难，国务院决定自2015年4月1日起，将上海自贸区试点的非货币性资产投资分期缴纳个人所得税政策推广至全国范围内实施。随即，财政部、国家税务总局联合下发了《财政部 国家税务总局关于个人非货币性资产投资有关个人所得税政策的通知》（财税〔2015〕41号），国家税务总局发布了《国家税务总局关于个人非货币性资产投资有关个人所得税征管问题的公告》（国家税务总局公告2015年第20号）等配套文件，对相关问题进行明确、细化，自2015年4月1日起执行。

（三）现金收入优先缴税

1. 现金补价优先缴税

根据财税〔2015〕41号文件第四条第一款的规定，个人以非货币性资产投资交易过程中取得现金补价的，现金部分应优先用于缴税；现金不足以缴纳的部分，可分期缴纳。

也就是说，个人以非货币性资产投资取得现金补价，现金部分足以缴税的，税款应一次结清；现金不足以全部缴清税款的，不足部分可以分期缴纳。上述现金补价，是指个人在以非货币性资产投资过程中，除了取得被投资企业的股权外，还可能取得一定数量的现金，对这部分现金称为现金补价。

【例2-4】 接例2-2，王先生、李先生因非货币性资产投资，分别应缴纳个人所得税580万元。王先生取得现金补价600万元，李先生取得现金补价300万元。

王先生在此次交易过程中取得的600万元现金补价，现金补价收入足以缴税，税款应一次性结清，不可分期缴纳。

李先生在此次交易过程中取得的300万元现金补价，应优先用于缴税。剩余的280万元，可分期缴纳。

2. 分期缴税期间转让股权的现金收入优先缴税

根据财税〔2015〕41号文件第四条第二款的规定，个人在分期缴税期间转让其持有的非货币性资产投资取得的全部或部分股权，并取得现金收入的，该现金收入应优先用于缴纳尚未缴清的税款。

也就是说，个人在分期缴税期间转让其以非货币性资产投资取得的全部或部分股权并取得现金收入的，该现金收入应优先用于缴纳尚未缴清的税款。对部分转让股权且取得的现金不足以一次结清税款的，剩余部分可以继续分期缴纳。

【例2-5】 接2-4，假设李先生在办理280万元分期缴税手续后的第3年，仍有200万元税款尚未缴纳。此时他转让了部分以非货币性资产投资取得的股权，如果取得的税后转让收入超过200万元，那么他应一次结清税款；如果取得的税后转让收入不超过200万元，假设为160万元，那么，剩余的40万元可以继续分期缴纳。

（四）分期缴税计划的制定、变更与备案

根据国家税务总局公告2015年第20号第八条的规定，纳税人非货币性资产投资需要分期缴纳个人所得税的，应于取得被投资企业股权之日的次月15日内，自行制定缴税计划并向主管税务机关报送“非货币性资产投资分期缴纳个人所得税备案表”、纳税人身份证明、投资协议、非货币性资产评估价格证明材料、能够证明非货币性资产原值及合理税费的相关资料。

国家税务总局公告2015年第20号第九条进一步规定，纳税人分期缴税期间提出变更原分期缴税计划的，应重新制定分期缴税计划并向主管税务机关重新报送“非货币性资产投资分期缴纳个人所得税备案表”。

五、纳税申报

（一）自行申报纳税

根据国家税务总局公告2015年第20号的规定，非货币性资产投资个人所得税由纳税人向主管税务机关自行申报缴纳。纳税人按分期缴税计划向主管税务机关办理纳税申报时，应提供已在主管税务机关备案的“非货币性资产投资分期缴纳个人所得税备案表”和本期之前各期已缴纳个人所得税的完税凭证。

纳税人在分期缴税期间转让股权的，应于转让股权之日的次月15日内向主管税务机关申报纳税。

（二）被投资企业报告义务

根据国家税务总局公告2015年第20号第十二条的规定，被投资企业应将纳税人以非货币性资产投入本企业取得股权和分期缴税期间纳税人的股权变动情况，分别于相关事项发生后15日内向主管税务机关报告，并协助税务机关执行公务。

（三）非货币性资产投资分期缴纳个人所得税备案表

“非货币性资产投资分期缴纳个人所得税备案表”（如表 2－6 所示）适用于个人非货币性资产投资向主管税务机关办理分期缴纳个人所得税备案事宜。本表一式两份，主管税务机关受理后，由投资人和主管税务机关分别留存。

表 2－6　　　非货币性资产投资分期缴纳个人所得税备案表

备案编号（主管税务机关填写）：　　　　　　　　　　　　金额单位：人民币元（列至角分）

<table>
<tr><td rowspan="3">投资人信息</td><td>姓名</td><td></td><td>身份证件类型</td><td></td><td>身份证件号码</td><td colspan="2"></td></tr>
<tr><td>国籍（地区）</td><td colspan="3"></td><td>纳税人识别号</td><td colspan="2"></td></tr>
<tr><td>通讯地址</td><td colspan="3"></td><td>联系电话</td><td colspan="2"></td></tr>
<tr><td rowspan="2">被投资单位信息</td><td>名　称</td><td colspan="3"></td><td>纳税人识别号</td><td colspan="2"></td></tr>
<tr><td>地　址</td><td colspan="3"></td><td>联系人及电话</td><td colspan="2"></td></tr>
<tr><td rowspan="13">投资情况</td><td>投资类型</td><td colspan="6">□新设公司　□参与增资　□定向增发　□股权置换　□重组改制　□其他______</td></tr>
<tr><td>取得股权时间</td><td colspan="2">年　月　日</td><td>取得的现金补价</td><td></td><td>持股比例%</td><td></td></tr>
<tr><td>非货币性资产名称</td><td>产权证或注册登记证号码</td><td>登记机关</td><td>坐落地</td><td>评估后的公允价值</td><td>非货币性资产原值</td><td>合理税费</td></tr>
<tr><td></td><td></td><td></td><td></td><td></td><td></td><td></td></tr>
<tr><td></td><td></td><td></td><td></td><td></td><td></td><td></td></tr>
<tr><td></td><td></td><td></td><td></td><td></td><td></td><td></td></tr>
<tr><td></td><td></td><td></td><td></td><td></td><td></td><td></td></tr>
<tr><td></td><td></td><td></td><td></td><td></td><td></td><td></td></tr>
<tr><td></td><td></td><td></td><td></td><td></td><td></td><td></td></tr>
<tr><td></td><td></td><td></td><td></td><td></td><td></td><td></td></tr>
<tr><td></td><td></td><td></td><td></td><td></td><td></td><td></td></tr>
<tr><td></td><td></td><td></td><td></td><td></td><td></td><td></td></tr>
<tr><td></td><td></td><td></td><td></td><td></td><td></td><td></td></tr>
<tr><td rowspan="5">分期缴税计划</td><td>截止缴税时间</td><td colspan="2">年　月　日</td><td colspan="2">应纳税所得额</td><td colspan="2"></td></tr>
<tr><td>应缴个人所得税</td><td colspan="2"></td><td colspan="2">已缴个人所得税</td><td colspan="2"></td></tr>
<tr><td>分期</td><td>合计</td><td>1</td><td>2</td><td>3</td><td>4</td><td>5</td></tr>
<tr><td>计划缴税时间</td><td>—</td><td></td><td></td><td></td><td></td><td></td></tr>
<tr><td>计划缴税金额</td><td></td><td></td><td></td><td></td><td></td><td></td></tr>
</table>

谨声明：本表根据《财政部 国家税务总局关于个人非货币性资产投资有关个人所得税政策的通知》（财税〔2015〕41 号）及国家税务总局 2015 年第 20 号公告有关规定填列。所填信息，是真实的、完整的、可靠的。

纳税人签字：　　　　　　　　　　被投资单位公章：　　　　　　填报日期：　　年　月　日

续表

提醒：请妥善保存此表。办理纳税申报时请主动提供此表及以前各期缴纳个人所得税的完税证明。如因股权转让取得收益，请及时缴纳个人所得税。
感谢您对税收工作的支持！

代理申报机构（人）签章： 经办人： 经办人执业证件号码： 代理申报日期：　　年　　月　　日	主管税务机关印章： 受理人： 受理日期：　　年　　月　　日

国家税务总局监制

"非货币性资产投资分期缴纳个人所得税备案表"填报说明如下：

（1）备案编号。

由主管税务机关自行编制。

（2）纳税人识别号。

该栏填写税务机关赋予的18位纳税人识别号。初次办理涉税事宜的，应一并提供"个人所得税基础信息表（B表）"。

（3）产权证或注册登记证号码。

填写产权登记部门核发的不动产、技术发明成果等非货币性资产产权证号码或注册登记证上的注册登记号码。未登记或无需登记的非货币性资产不填此列。

（4）登记机关。

填写核发产权证或注册登记证的单位名称。未登记或无需登记的非货币性资产不填此列。

（5）坐落地。

填写不动产的具体坐落地址。其他非货币性资产无需填列。

（6）收入、资产原值及合理税费。

评估后的公允价值、非货币性资产原值、合理税费：按照《财政部 国家税务总局关于个人非货币性资产投资有关个人所得税政策的通知》（财税〔2015〕41号）及国家税务总局公告2015年第20号中的有关规定填写。

（7）应纳税所得额。

应纳税所得额＝评估后的公允价值－非货币性资产原值－合理税费

（8）应缴个人所得税。

应缴个人所得税＝应纳税所得额×20%

（9）已缴个人所得税。

填写纳税人取得现金补价或自筹资金已缴纳的个人所得税。纳税人变更分期缴税计划的，其前期已经缴纳的个人所得税也一并在此填列。

（10）计划缴税时间。

填写每一期计划缴税的截止时点。

（11）计划缴税金额。

填写应缴个人所得税减去已缴个人所得税后需要分期缴纳的个人所得税金额。

六、技术成果投资入股递延纳税

（一）技术成果投资入股递延纳税政策

自2016年9月1日起，根据《财政部 国家税务总局关于完善股权激励和技术入股有关所得税政策的通知》（财税〔2016〕101号）第三条第一款的规定，个人以技术成果投资入股到境内居民企业，被投资企业支付的对价全部为股票（权）的，个人可选择继续按现行有关税收政策执行（投资入股当期纳税、在5年内分期纳税），也可选择适用递延纳税优惠政策。

选择技术成果投资入股递延纳税政策的，经向主管税务机关备案，投资入股当期可暂不纳税，允许递延至转让股权时，按股权转让收入减去技术成果原值和合理税费后的差额计算缴纳个人所得税。

也就是说，个人技术成果投资入股选择享受递延纳税政策有两个条件：第一，入股的被投资企业必须是境内居民企业。对向非居民企业或个人独资企业和合伙企业等非企业所得税纳税人投资，不能享受递延纳税优惠；第二，入股的被投资企业支付的对价100%为股权支付。若被投资企业支付的对价除股权外，还有现金等非股权支付，则不能选择递延纳税。选择递延纳税的，在技术成果投资入股当期暂不纳税，待实际转让股票或股权时，按股权转让收入减去技术成果原值和合理税费后的差额计算缴纳个人所得税。

（二）享受投资入股递延纳税优惠的技术成果范围

技术成果投资入股，是指纳税人将技术成果所有权让渡给被投资企业、取得该企业股票（权）的行为。技术成果投资入股，实质是转让技术成果和以转让所得再进行投资两笔经济业务同时发生。对于转让技术成果这一环节，个人应当按照“财产转让所得”项目计算纳税。

对技术成果投资入股实施选择性税收优惠政策的技术成果范围，《财政部 国家税务总局关于完善股权激励和技术入股有关所得税政策的通知》（财税〔2016〕101号）第三条第三款规定，技术成果是指专利技术（含国防专利）、计算机软件著作权、集成电路布图设计专有权、植物新品种权、生物医药新品种，以及科技部、财政部、国家税务总局确定的其他技术成果。

（三）被投资企业的处理

根据《财政部 国家税务总局关于完善股权激励和技术入股有关所得税政策的通

知》（财税〔2016〕101号）第三条第二款的规定，个人选择适用在投资入股当期一次性纳税、分5年纳税或递延纳税任一项政策，均允许被投资企业按技术成果投资入股时的评估值入账并在企业所得税前摊销扣除。

（四）投资取得股权后上市再处置股票的处理

根据财税〔2016〕101号文件第四条第二款的规定，个人因技术成果投资入股取得股权后，非上市公司在境内上市的，处置递延纳税的股权时，按照现行限售股有关征税规定执行。

《国家税务总局所得税司关于印发〈股权激励和技术入股个人所得税政策口径〉的通知》（税总所便函〔2016〕149号）进一步明确：纳税人因技术成果投资入股而选择递延纳税的，自其取得股权至实际转让期间，因时间跨度可能非常长，其中会出现不少变数。如果公司在境内上市了，员工持有的递延纳税股权，自然转为限售股。根据财税〔2016〕101号文件第四条第二款的规定，相关税收处理应按照限售股相关规定执行。具体包括三个方面：第一，股票转让价格，按照限售股有关规定确定。第二，扣缴义务人转为限售股转让所得的扣缴义务人（即证券机构），实施股权激励的公司、获得技术成果的企业只需及时将相关信息告知税务机关，无需继续扣缴递延纳税股票个人所得税。第三，个人股票原值仍按财税〔2016〕101号文件规定确定，也就是说，转让的股票来源于技术成果投资入股的，个人股票原值为技术成果原值。若证券机构扣缴的个人所得税与纳税人的实际情况有出入，个人需按照《财政部 国家税务总局 证监会关于个人转让上市公司限售股所得征收个人所得税有关问题的通知》（财税〔2009〕167号）的规定，向证券机构所在地主管税务机关申请办理税收清算。

（五）转增股本或以股权对外投资的处理

根据财税〔2016〕101号文件第四条第四款的规定，持有递延纳税的股权期间，因该股权产生的转增股本收入，以及以该递延纳税的股权再进行非货币性资产投资的，应在当期缴纳税款。

依据个人所得税法相关规定，企业以未分配利润、盈余公积、资本公积转增股本，需按照“利息、股息、红利所得”项目计征个人所得税。同时，根据《财政部 国家税务总局关于将国家自主创新示范区有关税收试点政策推广到全国范围实施的通知》（财税〔2015〕116号）的规定，中小高新技术企业转增股本，个人股东可分期5年缴税。但是，个人持有递延纳税股权期间，发生转增股本的，根据财税〔2016〕101号文件第四条第四款的规定，因递延纳税的股权产生的转增股本收入，应在当期缴纳税款。

个人以股权进行非货币性资产投资，《财政部 国家税务总局关于个人非货币性资产投资有关个人所得税政策的通知》（财税〔2015〕41号）规定可以分期5年缴纳。但个人因技术成果投资入股所得选择递延纳税的，根据财税〔2016〕101号文件第四条第四款的规定，个人以递延纳税的股权进行非货币性资产投资，须在非货币性资产投资当期缴纳税款。

（六）递延纳税股权转让的处理

个人以技术成果投资入股到境内居民企业，被投资企业支付的对价全部为股票（权）的，个人选择技术成果投资入股递延纳税政策的，经向主管税务机关备案，投资入股当期可暂不纳税，允许递延至转让股权时，按股权转让收入减去技术成果原值和合理税费后的差额计算缴纳所得税。

《国家税务总局关于股权激励和技术入股所得税征管问题的公告》（国家税务总局公告2016年第62号）第一条"关于个人所得税征管问题"第七款规定，递延纳税股票（权）转让、办理纳税申报时，扣缴义务人、个人应向主管税务机关一并报送能够证明股票（权）转让价格、递延纳税股票（权）原值、合理税费的有关资料，具体包括转让协议、评估报告和相关票据等。资料不全或无法充分证明有关情况，造成计税依据偏低，又无正当理由的，主管税务机关可依据税收征管法有关规定进行核定。

【例2-6】2018年9月，李某以其拥有所有权的某项专利技术作价100万元投资入股A公司，获得A公司股票50万股，占企业股本总额的5%。李某发明该项专利技术的成本为20万元，入股时发生评估费及其他合理税费共计10万元。2020年12月李某将这部分股权以200万元卖掉，转让时发生税费15万元。

根据上述资料回答如下问题：

（1）李某应如何计算缴纳个人所得税？

（2）若李某选择递延纳税后，李某最终仅以40万元合理价格转让股权，转让股权时缴纳相关税费5万元。李某该如何计算缴纳个人所得税？

解析：

（1）李某以专利技术所有权投资入股，有两种税收处理方法：一是，在入股当期，对专利技术转让收入扣除专利技术财产原值和相关税费的差额计算个人所得税，并在当期或分期5年缴纳；二是，按照递延纳税政策，专利技术投资入股时暂不纳税，待转让这部分股权时，直接以股权转让收入扣除专利技术的财产原值和合理税费后的差额计算个人所得税。

①按5年内分期纳税政策计算：

2018年9月，李某技术入股时需缴纳财产转让所得个人所得税，应纳税额＝（100－20－10）×20%＝14（万元）；

2020 年 12 月，转让股权时李某需缴纳个人所得税：

(200 - 100 - 15) × 20% = 17（万元）；

两次合计，李某共缴纳个人所得税 31 万元。

②按递延纳税政策计算：

2018 年 9 月，李某入股当期无需缴纳个人所得税。待李某转让该部分股权时一次性缴税。2020 年 12 月，转让股权时应纳税额 = [200 - (20 + 10) - 15] × 20% = 31（万元）。

虽然政策调整后，李某应缴税款总额与原来一样，但李某在入股当期无需缴税，压力大大减小，待其转让时再缴税，确保有充足的资金流纳税。

(2) 若李某选择递延纳税后，最终仅以 40 万元合理价格转让股权，发生税费 5 万元。

根据递延纳税相关政策，李某转让股权时，按照转让收入扣除技术成果原值及合理税费后的余额，计算缴纳个人所得税。因此，虽然李某的股权转让收入较当初专利技术投资时作价降低了，但其仍根据股权转让实际收入计算个人所得税，李某技术成果投资入股风险大大降低。

应纳税额 = [40 - (20 + 10) - 5] × 20% = 1（万元）。

（七）享受递延纳税股权优先转让

根据财税〔2016〕101 号文件第四条第三款的规定，个人转让股权时，视同享受递延纳税优惠政策的股权优先转让。递延纳税的股权成本按照加权平均法计算，不与其他方式取得的股权成本合并计算。

（八）递延纳税备案

根据财税〔2016〕101 号文件第五条第一款的规定，对技术成果投资入股选择适用递延纳税政策的，企业应在规定期限内到主管税务机关办理备案手续。未办理备案手续的，不得享受规定的递延纳税优惠政策。

《国家税务总局关于股权激励和技术入股所得税征管问题的公告》（国家税务总局公告 2016 年第 62 号）第一条“关于个人所得税征管问题”第五款“企业备案具体按以下规定执行”第 3 项进一步规定，个人以技术成果投资入股境内公司并选择递延纳税的，被投资公司应于取得技术成果并支付股权之次月 15 日内，向主管税务机关报送“技术成果投资入股个人所得税递延纳税备案表”、技术成果相关证书或证明材料、技术成果投资入股协议、技术成果评估报告等资料。

“技术成果投资入股个人所得税递延纳税备案表”（见表 2 - 7）适用于个人以技术成果投资入股境内非上市公司并选择递延纳税的，被投资公司向主管税务机关办理相关个人所得税递延纳税备案事宜时填报。备案表区分投资入股的技术成果，分别填写。企业应于被投资公司取得技术成果并支付股权之次月 15 日内报送。

表 2－7　　技术成果投资入股个人所得税递延纳税备案表

备案编号（主管税务机关填写）：　　　　　　　　　　　　单位：股，%，人民币元（列至角分）

被投资公司基本情况							
公司名称		纳税人识别号		联系人		联系电话	
技术成果基本情况							
技术成果名称		技术成果类型		发证部门		技术成果证书编号	
技术成果投资入股情况							
涉及人数		评估价（协议价）		技术成果原值		合理税费	
技术成果投资入股个人基本情况							
序号	姓名	身份证照类型	身份证照号码	联系地址	联系电话	股数	持股比例

谨声明：此表是根据《中华人民共和国个人所得税法》及相关法律法规规定填写的，是真实的、完整的、可靠的。

被投资公司法定代表人签字：　　　　年　　月　　日

公司签章： 经办人： 填报日期：　年　月　日	代理申报机构（人）签章： 经办人： 经办人执业证件号码： 代理申报日期：　年　月　日	主管税务机关印章： 受理人： 受理日期：　年　月　日

国家税务总局监制

表内各栏填报说明如下：

（1）被投资公司基本情况。

公司名称：填写接受技术成果投资入股的公司名称全称。

纳税人识别号：填写纳税人识别号或统一社会信用代码。

联系人、联系电话：填写接受技术成果投资入股公司负责办理个人所得税递延纳税备案人员的相关情况。

（2）技术成果基本情况。

技术成果名称：填写技术成果的标准名称。

技术成果类型：是指《财政部 国家税务总局关于完善股权激励和技术入股有关所得税政策的通知》（财税〔2016〕101号）规定的专利技术（含国防专利）、计算机软件著作权、集成电路布图设计专有权、植物新品种权、生物医药新品种，以及科技部、财政部、国家税务总局确定的其他技术成果。

发证部门：填写颁发技术成果证书的部门全称。

技术成果证书编号：填写技术成果证书上的编号。

(3) 技术成果投资入股情况。

涉及人数：填写技术成果投资协议中以该项技术成果投资入股的人数。

评估价（协议价）：填写技术成果投资入股按照协议确定的公允价值。

技术成果原值：填写个人发明或取得该项技术成果过程中实际发生的支出。

合理税费：填写个人以技术成果投资入股过程中按规定实际支付的有关税费。

(4) 技术成果投资入股个人基本情况。

姓名：填写技术成果投资入股个人的姓名，中国境内无住所个人，其姓名应当用中、外文同时填写。

身份证照类型：填写能识别技术成果投资入股个人的唯一身份的身份证、军官证、士兵证、护照、港澳居民来往内地通行证、台湾居民来往大陆通行证等有效证照名称。

身份证照号码：填写能识别技术成果投资入股个人的唯一身份的号码。

联系地址和联系电话：填写技术成果投资入股个人的有效联系地址和常用联系电话。

股数：填写个人因技术成果投资入股获得的股票（权）数。

持股比例：按照保留小数点后两位填写。

技术成果投资入股个人基本情况如果填写不下，可另附纸填写。

（九）扣缴义务人的确定

根据财税〔2016〕101号文件第五条第二项的规定，个人以技术成果投资入股，以取得技术成果的企业为个人所得税扣缴义务人。递延纳税期间，扣缴义务人应在每个纳税年度终了后向主管税务机关报告递延纳税有关情况。

根据《国家税务总局关于股权激励和技术入股所得税征管问题的公告》（国家税务总局公告2016年第62号）第一条“关于个人所得税征管问题”第六款的规定，个人以技术成果投资入股取得的股票（权），实行递延纳税期间，扣缴义务人应于每个纳税年度终了后30日内，向主管税务机关报送“个人所得税递延纳税情况年度报告表”（见表2-8）。该表适用于实施符合条件股权激励的非上市公司和取得个人技术成果的境内公司，在递延纳税期间向主管税务机关报告个人相关股权持有和转让情况。取得个人技术成果的境内公司，应于每个纳税年度终了30日内报送本表。

表 2－8

个人所得税递延纳税情况年度报告表

报告所属期：　　年　　　　　　　　　　　　单位：股，%，人民币元（列至角分）

公司基本情况							
公司名称		纳税人识别号		联系人		联系电话	

递延纳税有关情况	
递延纳税股票（权）形式	□股票（权）期权　□限制性股票　□股权奖励　□技术成果投资人股

递延纳税明细情况

序号	姓名	身份证照类型	身份证照号码	总体情况					股票（权）期权				限制性股票				股权奖励				技术成果投资人股			
				转让情况		剩余情况		扣缴个人所得税	转让情况		剩余情况		转让情况		剩余情况		转让情况		剩余情况		转让情况		剩余情况	
				股数	持股比例	股数	持股比例		股数	持股比例	股数	持股比例	股数	持股比例	股数	持股比例	股数	持股比例	股数	持股比例	股数	持股比例	股数	持股比例

谨声明：此表是根据《中华人民共和国个人所得税法》及有关法律法规规定填写的，是真实的、完整的、可靠的。

公司法定代表人签章：　　　　　　　　　　年　　月　　日

公司签章： 经办人： 填报日期：　　年　　月　　日	代理申报机构（人）签章： 经办人： 经办人执业证件号码： 代理申报日期：　　年　　月　　日	主管税务机关印章： 受理人： 受理日期：　　年　　月　　日

国家税务总局监制

表内各栏填报说明如下：

（1）公司基本情况。

公司名称：填写实施股权激励的非上市公司，或者取得个人技术成果的境内公司的法定名称全称。

纳税人识别号：填写纳税人识别号或统一社会信用代码。

联系人、联系电话：填写负责办理股权激励或技术成果投资入股相关涉税事项人员的相关情况。

（2）递延纳税有关情况。

递延纳税股票（权）形式：根据递延纳税的股票（权）形式［股票（权）期权、限制性股票、股权奖励、技术成果投资入股］勾选。

（3）递延纳税明细情况。

姓名：填写纳税人姓名。中国境内无住所个人，其姓名应当用中、外文同时填写。

身份证照类型：填写能识别纳税人唯一身份的身份证、军官证、士兵证、护照、港澳居民来往内地通行证、台湾居民来往大陆通行证等有效证照名称。

身份证照号码：填写能识别纳税人唯一身份的号码。

总体情况、股票（权）期权、限制性股票、股权奖励、技术成果投资入股栏：填写个人转让和剩余享受递延纳税优惠的股票（权）相关情况。

股数、持股比例：填写个人实际转让或剩余的享受递延纳税优惠的股票（权）数以及对应的持股比例。若非上市公司因公司注册类型限制，难以用股票（权）数体现个人相关权益的，可只填列持股比例，持股比例按照保留小数点后两位填写。

扣缴个人所得税：填写个人转让递延纳税的股权，扣缴义务人实际扣缴的个人所得税。

第五节　非货币性资产投资其他税种处理

一、增值税的处理

（一）货物对外投资视同销售

根据《中华人民共和国增值税暂行条例实施细则》（财政部 国家税务总局第50号令）第四条的规定，单位或个体经营者的下列行为，视同销售货物：

（1）将货物交付他人代销；

（2）销售代销货物；

（3）设有两个以上机构并实行统一核算的纳税人，将其货物从一个机构移送其他机构用于销售，但相关机构设在同一县（市）的除外；

（4）将自产或委托加工的货物用于非应税项目；

（5）将自产、委托加工或购买的货物作为投资，提供给其他单位或个体经营者；

（6）将自产、委托加工或购买的货物分配给股东或投资者；

（7）将自产、委托加工的货物用于集体福利或个人消费；

（8）将自产、委托加工或购买的货物无偿赠送他人。

因此，企业以货物对外投资，应视同销售纳税增值税。

（二）以无形资产或不动产对外投资按销售处理

根据《营业税改征增值税试点实施办法》（财税〔2016〕36号印发）的规定，在中华人民共和国境内（以下称境内）销售服务、无形资产或者不动产（以下称应税行为）的单位和个人，为增值税纳税人，应当按照该办法缴纳增值税，不缴纳营业税。销售服务、无形资产或者不动产，是指有偿提供服务、有偿转让无形资产或者不动产。

以无形资产、不动产对外投资，取得被投资企业股权，符合有偿转让无形资产或者不动产的规定，应按销售无形资产和不动产缴纳增值税。

根据《营业税改征增值税试点实施办法》（财税〔2016〕36号）第十四条的规定，下列情形视同销售服务、无形资产或者不动产：

（1）单位或者个体工商户向其他单位或者个人无偿提供服务，但用于公益事业或者以社会公众为对象的除外；

（2）单位或者个人向其他单位或者个人无偿转让无形资产或者不动产，但用于公益事业或者以社会公众为对象的除外；

（3）财政部和国家税务总局规定的其他情形。

（三）增值税视同销售的会计处理

增值税视同销售的情形中，对于设有两个以上机构并实行统一核算的纳税人，将货物从一个机构移送其他机构用于销售，但相关机构设在同一县（市）的除外；将自产或者委托加工的货物用于非增值税应税项目（全面营改增以后，一般企业几乎不会遇到）；将自产、委托加工或者购进的货物无偿赠与其他单位或者个人；单位或者个体工商户向其他单位或者个人无偿提供服务，但用于公益事业或者以社会公众为对象的除外；单位或者个人向其他单位或者个人无偿转让无形资产或者不动产，但用于公益事业或者以社会公众为对象的除外等五种情况，在会计处理中不确认收入，其他情况都应确认收入。

（1）将自产、委托加工的物资用于职工福利或个人消费。

借：应付职工薪酬

　　贷：主营业务收入/其他业务收入

　　　　应交税费——应交增值税（销项税额）

同时结转成本：

借：主营业务成本/其他业务成本

　　存货跌价准备

　　贷：库存商品/原材料

借：税金及附加

　　贷：应交税费——应交消费税［如果涉及消费税］

（2）将自产、委托加工和购买的物资用于对外投资。

借：长期股权投资

　　贷：主营业务收入/其他业务收入

　　　　应交税费——应交增值税（销项税额）

同时结转成本：

借：主营业务成本/其他业务成本

　　存货跌价准备

　　贷：库存商品/原材料

借：税金及附加

　　贷：应交税费——应交消费税［如果涉及消费税］

（3）将自产、委托加工和购买的物资用于分红。

借：应付股利

　　贷：主营业务收入/其他业务收入

　　　　应交税费——应交增值税（销项税额）

同时结转成本：

借：主营业务成本/其他业务成本

　　存货跌价准备

　　贷：库存商品/原材料

借：税金及附加

　　贷：应交税费——应交消费税［如果涉及消费税］

（4）将自产、委托加工和购买的物资用于捐赠。

借：营业外支出

　　存货跌价准备

　　贷：库存商品［账面余额］

　　　　应交税费——应交增值税（销项税额）

　　　　　　　　——应交消费税［按计税价计算的消费税额］

（四）不属于视同销售的特殊情形

将以公益事业为目的或者以社会公众为对象的无偿提供服务、无偿转让无形资产或者不动产，排除在增值税视同销售范围之外，主要是为了促进社会公益事业的发展。根据国家指令无偿提供的航空运输服务、铁路运输服务，属于以公益活动为目的的服务，不征收增值税。

药品生产企业销售自产创新药的销售额，为向购买方收取的全部价款和价外费用，其提供给患者后续免费使用的相同创新药，不属于增值税视同销售范围。

纳税人出租不动产，租赁合同中约定免租期的，不属于《营业税改征增值税试点实施办法》（财税〔2016〕36 号文件印发）第十四条规定的视同销售服务。

以支付价款为前提的“买一送一”“捆绑销售”等促销活动，不属于视同销售。

此外，根据《财政部 税务总局关于明确养老机构免征增值税等政策的通知》（财税〔2019〕20 号）第三条的规定，自 2019 年 2 月 1 日至 2020 年 12 月 31 日，对企业集团内单位（含企业集团）之间的资金无偿借贷行为，免征增值税。

根据《财政部 税务总局 国务院扶贫办关于扶贫货物捐赠免征增值税政策的公告》（财政部 税务总局 国务院扶贫办公告 2019 年第 55 号）第一条的规定，自 2019 年 1 月 1 日至 2022 年 12 月 31 日，对单位或者个体工商户将自产、委托加工或购买的货物通过公益性社会组织、县级及以上人民政府及其组成部门和直属机构，或直接无偿捐赠给目标脱贫地区的单位和个人，免征增值税。在政策执行期限内，目标脱贫地区实现脱贫的，可继续适用上述政策。“目标脱贫地区”包括 832 个国家扶贫开发工作重点县、集中连片特困地区县（新疆阿克苏地区 6 县 1 市享受片区政策）和建档立卡贫困村。

（五）非货币性资产投资增值税处理

1. 货物投资的增值税处理

根据《增值税暂行条例》第四条的规定，单位或者个体工商户将自产、委托加工或者购进的货物作为投资，提供给其他单位或者个体工商户的，视同销售货物，按规定征收增值税。

2. 技术成果投资入股的增值税处理

根据《营业税改征增值税试点过渡政策的规定》第一条第（二十六）项的规定，纳税人提供技术转让、技术开发和与之相关的技术咨询、技术服务项目免征增值税。技术包括专利技术与非专利技术。

因此，纳税人以技术成果投资入股可免征增值税。

3. 不动产投资入股的增值税处理

根据财税〔2016〕36 号文件的相关规定，纳税人以不动产、土地使用权投资入股，应按销售不动产、无形资产征收增值税。

二、土地增值税视同销售

（一）以房地产投资土地增值税旧政

自 2006 年 3 月 2 日起至 2014 年 12 月 31 日止，根据《财政部 国家税务总局关于土地增值税若干问题的通知》（财税〔2006〕21号）第五条（自2015年1月1日起被财税〔2015〕5号文废止）的规定，对于以土地（房地产）作价入股进行投资或联营的，凡所投资、联营的企业从事房地产开发的，或者房地产开发企业以其建造的商品房进行投资和联营的，均不适用《财政部 国家税务总局关于土地增值税一些具体问题规定的通知》（财税字〔1995〕48号）第一条暂免征收土地增值税的规定。

在2014年12月31日以前，根据《财政部 国家税务总局关于土地增值税一些具体问题规定的通知》（财税字〔1995〕48号）第一条（自2015年1月1日起被财税〔2015〕5号文废止）的规定，对于以房地产进行投资、联营的，投资、联营的一方以土地（房地产）作价入股进行投资或作为联营条件，将房地产转让到所投资、联营的企业中时，暂免征收土地增值税。对投资、联营企业将上述房地产再转让的，应征收土地增值税。

（二）房地产转让双方都不是房地产开发企业，改制重组时投资的处理

自2018年1月1日起至2020年12月31日止，根据《财政部 税务总局关于继续实施企业改制重组有关土地增值税政策的通知》（财税〔2018〕57号）第四条的规定，单位、个人在改制重组时以房地产作价入股进行投资，房地产转移双方都不是房地产开发企业的，对其将房地产转移、变更到被投资的企业，暂不征土地增值税。

自2015年1月1日起至2017年12月31日止，根据《财政部 国家税务总局关于企业改制重组有关土地增值税政策的通知》（财税〔2015〕5号）第四条的规定，单位、个人在改制重组时以国有土地、房屋进行投资，对其将国有土地、房屋权属转移、变更到被投资的企业，暂不征土地增值税。

有的地方税务机关要求只有改制重组时的投资，才可以享受土地增值税优惠。而有的地方税务机关认为投资就是改制重组的一种形式，只要是投资均可享受优惠。

（三）房地产转移任一方是房地产开发企业，以房地产投资的处理

根据财税〔2015〕5号和《财政部 税务总局关于继续实施企业改制重组有关土地增值税政策的通知》（财税〔2018〕57号）第四条和第五条的规定，单位、个人在改制重组时以房地产作价入股进行投资，对其将房地产转移、变更到被投资的企业，如果房地产转移任意一方为房地产开发企业的，应按规定征收土地增值税。

根据《国家税务总局关于房地产开发企业土地增值税清算管理有关问题的通知》（国税发〔2006〕187号）第三条的规定，房地产开发企业将开发产品用于职工福利、奖励、对外投资、分配给股东或投资人、抵偿债务、换取其他单位和个人的非货币性资产等，发生所有权转移时应视同销售房地产，其收入按下列方法和顺序确认：

（1）按本企业在同一地区、同一年度销售的同类房地产的平均价格确定；

（2）由主管税务机关参照当地当年、同类房地产的市场价格或评估价值确定。

（四）改制重组后再转让国有土地使用权的处理

企业进行整体改制、合并、分立、投资等时，由于符合财税〔2015〕5号和财税〔2018〕57号文件的相关规定，国有土地、房屋权属转移暂不征收土地增值税。根据财税〔2015〕5号第六条和财税〔2018〕57号的规定，企业改制重组后再转让国有土地使用权并申报缴纳土地增值税时，应以改制前取得该宗国有土地使用权所支付的地价款和按国家统一规定缴纳的有关费用，作为该企业“取得土地使用权所支付的金额”扣除。企业在改制重组过程中经省级以上（含省级）国土管理部门批准，国家以国有土地使用权作价出资入股的，在转让该宗国有土地使用权并申报缴纳土地增值税时，应以该宗土地作价入股时省级以上（含省级）国土管理部门批准的评估价格，作为该企业“取得土地使用权所支付的金额”扣除。办理纳税申报时，企业应提供该宗土地作价入股时省级以上（含省级）国土管理部门的批准文件和批准的评估价格，不能提供批准文件和批准的评估价格的，不得扣除。

（五）以房地产投资销售额的确定

《国家税务总局关于房地产开发企业土地增值税清算管理有关问题的通知》（国税发〔2006〕187号）第三条规定：

（1）房地产开发企业将开发产品用于职工福利、奖励、对外投资、分配给股东或投资人、抵偿债务、换取其他单位和个人的非货币性资产等，发生所有权转移时应视同销售房地产，其收入按下列方法和顺序确认：

①按本企业在同一地区、同一年度销售的同类房地产的平均价格确定；

②由主管税务机关参照当地当年、同类房地产的市场价格或评估价值确定。

（2）房地产开发企业将开发的部分房地产转为企业自用或用于出租等商业用途时，如果产权未发生转移，不征收土地增值税，在税款清算时不列收入，不扣除相应的成本和费用。

根据《财政部 税务总局关于继续实施企业改制重组有关土地增值税政策的通知》（财税〔2018〕57号）第四条的规定，单位、个人在改制重组时以房地产作价入股进行投资，对其将房地产转移、变更到被投资的企业，暂不征土地增值税。

财税〔2018〕57号文件第五条的规定，上述改制重组有关土地增值税政策不适用于房地产转移任意一方为房地产开发企业的情形。

三、契税的处理

根据《中华人民共和国契税暂行条例》（国务院令第224号）第一条的规定，在中华人民共和国境内转移土地、房屋权属，承受的单位和个人为契税的纳税人，应当依照本条例的规定缴纳契税。

根据《中华人民共和国契税暂行条例》第二条的规定，所称转移土地、房屋权属是指下列行为：

（1）国有土地使用权出让；

（2）土地使用权转让，包括出售、赠与和交换；

（3）房屋买卖；

（4）房屋赠与；

（5）房屋交换。

土地使用权转让，不包括农村集体土地承包经营权的转移。

根据《中华人民共和国契税暂行条例细则》（财法字〔1997〕52 号）的规定，承受，是指以受让、购买、受赠、交换等方式取得土地、房屋权属的行为。土地使用权转让，是指土地使用者以出售、赠与、交换或者其他方式将土地使用权转移给其他单位和个人的行为。土地使用权出售，是指土地使用者以土地使用权作为交易条件，取得货币、实物、无形资产或者其他经济利益的行为。土地使用权赠与，是指土地使用者将其土地使用权无偿转让给受赠者的行为。土地使用权交换，是指土地使用者之间相互交换土地使用权的行为。

房屋买卖，是指房屋所有者将其房屋出售，由承受者交付货币、实物、无形资产或者其他经济利益的行为。房屋赠与，是指房屋所有者将其房屋无偿转让给受赠者的行为。房屋交换，是指房屋所有者之间相互交换房屋的行为。

根据《中华人民共和国契税暂行条例细则》第八条的规定，土地、房屋权属以下列方式转移的，视同土地使用权转让、房屋买卖或者房屋赠与征税：

（1）以土地、房屋权属作价投资、入股；

（2）以土地、房屋权属抵债；

（3）以获奖方式承受土地、房屋权属；

（4）以预购方式或者预付集资建房款方式承受土地、房屋权属。

自 2018 年 1 月 1 日起至 2020 年 12 月 31 日止，根据《财政部 国家税务总局关于继续支持企业 事业单位改制重组有关契税政策的通知》（财税〔2018〕17 号）第六条的规定，对承受县级以上人民政府或国有资产管理部门按规定进行行政性调整、划转国有土地、房屋权属的单位，免征契税。同一投资主体内部所属企业之间土地、房屋权属的划转，包括母公司与其全资子公司之间，同一公司所属全资子公司之间，同一自然人与其设立的个人独资企业、一人有限公司之间土地、房屋权属的划转，免征契税。母公司以土地、房屋权属向其全资子公司增资，视同划转，免征契税。

根据财税〔2018〕17 号文件第八条“划拨用地出让或作价出资”的规定，以出让方式或国家作价出资（入股）方式承受原改制重组企业、事业单位划拨用地的，不属上述规定的免税范围，对承受方应按规定征收契税。

自2015年1月1日起至2017年12月31日止，《财政部 国家税务总局关于进一步支持企业事业单位改制重组有关契税政策的通知》（财税〔2015〕37号）第八条“划拨用地出让或作价出资”的规定，以出让方式或国家作价出资（入股）方式承受原改制重组企业、事业单位划拨用地的，不属免税范围，对承受方应按规定征收契税。

四、非货币性资产投资案例

【例2-7】 2020年10月，甲公司在改制重组中，以自建房产投资于乙公司。该房产账面原值1 000万元，已计提折旧100万元，未计提减值准备。经评估确认该房产公允价值为1 200万元（不含增值税，并符合条件适用简易计税方法缴纳增值税）；换取乙公司51%的股权。股权变更手续于2020年10月完成。甲公司采用成本法核算长期股权投资，2023年甲公司将持有的乙公司股权全部转让给丙公司，以银行转账方式取得股权转让价款1 500万元。不考虑企业所得税与增值税以外的其他税费的处理。

要求：分析说明相关财税处理。

解析：

1. 会计处理。

甲公司使用房产交换的乙公司股权，具有商业实质且换入资产或换出资产的公允价值能够可靠地计量，因此应按公允价值计量，按照换出资产的公允价值确定长期股权投资的初始成本，并确认换出资产的转让收入。

（1）将房产转入固定资产清理。

借：固定资产清理	9 000 000	
累计折旧	1 000 000	
贷：固定资产		10 000 000

（2）取得乙公司股权。

转让房产应缴纳增值税：1 200×5%=60（万元）

长期股权投资的成本为：1 200+60=1 260（万元）

应确认的房产转让损益：1 200-900=300（万元）

借：长期股权投资——乙公司	12 600 000	
贷：固定资产清理		12 000 000
应缴税费——简易计税		600 000
借：固定资产清理	3 000 000	

贷：营业外收入　　3 000 000

（3）2023年转让乙公司股权：

借：银行存款　　15 000 000

　贷：长期股权投资——乙公司　　12 600 000

　　　投资收益　　2 400 000

2. 企业所得税处理。

（1）不选择五年分期均匀确认非货币性资产转让所得。

①非货币性资产转让所得。

企业以非货币性资产对外投资，应对非货币性资产进行评估并按评估后的公允价值扣除计税基础后的余额，计算确认非货币性资产转让所得。

甲公司房产评估后的公允价值为1 200万元，计税基础为900万元，确认非货币性资产转让所得：1 200 - 900 = 300（万元）；

应在2020年计入应纳税所得额，计算缴纳企业所得税。

②长期股权投资的计税基础。

根据《企业所得税法实施条例》第七十一条第二款的规定，通过支付现金以外的方式取得的投资资产，以该资产的公允价值和支付的相关税费为成本。

税法确认长期股权投资计税基础为：1 200 + 60 = 1 260（万元）。

③2023年甲公司转让乙公司的股权时确认股权转让所得。

根据《国家税务总局关于贯彻落实企业所得税法若干税收问题的通知》（国税函〔2010〕79号）第三条的规定，转让股权收入扣除为取得该股权所发生的成本后，为股权转让所得。

税法确认甲公司股权转让所得为：1 500 - 1 260 = 240（万元）。

由于纳税人在会计上确认了房产转让收入且纳税人不选择分期均匀计入应税所得，因此不存在税会差异，不需要进行纳税调整，无需填写纳税调整表。不选择分期确认所得，不需要填报“非货币性资产投资递延纳税调整明细表”。

（2）选择五年分期均匀确认非货币性资产转让所得。

①确认非货币性资产转让所得。

企业以非货币性资产对外投资，应对非货币性资产进行评估并按评估后的公允价值扣除计税基础后的余额，计算确认非货币性资产转让所得。

甲公司投资房产评估后的公允价值为1 200万元，计税基础为900万元，确认非货币性资产转让所得：1 200 - 900 = 300（万元）。

居民企业以非货币性资产对外投资确认的非货币性资产转让所得，可在不超过5年期限内，分期均匀计入相应年度的应纳税所得额，按规定计算缴纳企业所得税。

甲公司在2020年 - 2022年间每年确认非货币性资产转让所得60万元，共计180

万元。

企业在对外投资5年内转让上述股权或投资收回的，应停止执行递延纳税政策，并就递延期内尚未确认的非货币性资产转让所得，在转让股权或投资收回当年的企业所得税年度汇算清缴时，一次性计算缴纳企业所得税。

甲公司在2023年应停止递延纳税政策，将未确认的120万元非货币性资产转让所得一次计入2023年的应纳税所得额，计算缴纳企业所得税。

②长期股权投资计税基础。

以非货币性资产对外投资而取得被投资企业的股权，应以非货币性资产的原计税成本为计税基础，加上每年确认的非货币性资产转让所得，逐年进行调整。

甲公司2020年投资后长期股权投资的计税成本为960万元；每年应确认的非货币性资产转让所得：300÷5=60（万元）。

2020年的计税基础为：960+60=1 020（万元）

2021年的计税基础为：1 020+60=1 080（万元）

2022年的计税基础为：1 080+60=1 140（万元）

2023年尚有120万元非货币性资产转让所得未调整到计税基础中去，但甲公司将乙公司的股权进行转让。

根据财税〔2014〕116号文件第四条的规定，企业在计算股权转让所得时，可按该通知第三条第一款规定将股权的计税基础一次调整到位。

因此，甲公司应在2023年将长期股权投资的计税基础一次调整到位，2023年的计税基础为：1 140+120=1 260（万元）。

3. 税会差异及纳税调整。

（1）2020年。

会计确认长期股权投资成本为1 260万元，甲公司对乙公司的长期股权投资计税基础的为：960+60=1 020（万元），两者存在税会差异。

会计确认营业外收入300万元，而税法确认非货币性资产投资转让所得60万元，应调减应纳税所得额240万元。

2020年，纳税人会计上确认了房产转让收入，但企业所得税处理时将财产转让所得分期均匀计入应纳税所得额，在汇算清缴时应填写“企业重组及递延纳税事项纳税调整明细表”（A105100）及“非货币性资产投资递延纳税调整明细表”。

“企业重组及递延纳税事项纳税调整明细表”（A105100）第12行第4列“账载金额”填写300万元，第5列“税收金额”填写60万元，第6列“纳税调整金额”填写－240万元，第7列“纳税调整金额”填写－240万元。

“企业重组及递延纳税事项纳税调整明细表”（A105100）、“纳税调整项目明细表”（A105000）的填写分别如表2－9、表2－10所示。

表 2-9　A105100　企业重组及递延纳税事项纳税调整明细表

单位：万元

行次	项目	一般性税务处理			特殊性税务处理（递延纳税）			纳税调整金额
		账载金额	税收金额	纳税调整金额	账载金额	税收金额	纳税调整金额	
		1	2	3（2-1）	4	5	6（5-4）	7（3+6）
1	一、债务重组							
2	其中：以非货币性资产清偿债务							
3	债转股							
4	二、股权收购							
5	其中：涉及跨境重组的股权收购							
6	三、资产收购							
7	其中：涉及跨境重组的资产收购							
8	四、企业合并（9+10）							
9	（一）同一控制下企业合并							
10	（二）非同一控制下企业合并							
11	五、企业分立							
12	六、非货币性资产对外投资				300	60	-240	-240
13	七、技术入股							
14	八、股权划转、资产划转							
15	九、其他							
16	合计（1+4+6+8+11+12+13+14+15）				300	60	-240	-240

表 2-10　A105000　纳税调整项目明细表　单位：万元

行次	项目	账载金额	税收金额	调增金额	调减金额
		1	2	3	4
1	一、收入类调整项目（2+3+…8+10+11）	*	*	0	
12	二、扣除类调整项目（13+14+…24+26+27+28+29+30）	*	*		
31	三、资产类调整项目（32+33+34+35）	*	*		
36	四、特殊事项调整项目（37+38+…+43）	*	*		240
37	（一）企业重组及递延纳税事项（填写 A105100）	300	60		240
38	（二）政策性搬迁（填写 A105110）	*	*		
39	（三）特殊行业准备金（填写 A105120）				
40	（四）房地产开发企业特定业务计算的纳税调整额（填写 A105010）	*			
41	（五）合伙企业法人合伙人应分得的应纳税所得额				
42	（六）发行永续债利息支出				
43	（七）其他	*	*		
44	五、特别纳税调整应税所得	*	*		
45	六、其他	*	*		
46	合计（1+12+31+36+44+45）	*	*		240

“非货币性资产投资递延纳税调整明细表”的填报为：房产评估后的公允价值1 200万元填入第1行第5列“公允价值”；房产的账面价值900万元填入第1行第6列“账面价值”；将房产的计税基础900万元填入第1行第7列“计税基础”；非货币性资产转让收入实现年度“2020”填入第1行第8列“非货币性资产转让收入实现年度”；按会计确认的营业外收入300万元填入第1行第9列“本年账载金额；将非货币资产转让所得300万元填入第10列“非货币性资产转让所得（税收金额）”；将税法均匀分期确认非货币性资产所得的年限“5”填入第1行第11列“分期确认税收所得年限”；税法2020年需确认的非货币性资产转让所得60万元填入第1行第12列“分期均匀确认税收所得额”；2020年需确认的非货币性资产转让所得60万元填入第1行第13列“本年税收金额”；递延纳税差异调整额：60－300＝－240（万元）填入第18行“本年”；将结转以后年度递延确认所得税收金额240万元（300－60）填入第19列如表2－11所示。

表 2－11

非货币性资产投资递延纳税调整明细表

所属年度：2020

纳税人名称（盖章）：甲公司　　纳税人识别号：　　金额单位：万元（列至角分）

行次	被投资企业情况				非货币性资产情况			非货币性资产投资基本信息					本年税收金额	递延纳税差异调整额					结转以后年度递延确认所得税收金额
	企业名称	纳税人识别号	主管税务机关	与投资方是否为关联企业	公允价值	账面价值	计税基础	非货币性资产转让收入实现年度	本年账载金额	非货币性资产转让所得（税收金额）	分期确认税收所得年限	分期均匀确认税收所得额		前四年度	前三年度	前二年度	前一年度	本年	
	1	2	3	4	5	6	7	8	9	10 = 5 − 7	11	12	13	14	15	16	17	18 = 13 − 9	19 =［本表第 10 列 − 第 13 列（第 1 年该项目填报时）］或 =［上年度明细表的相应行次第 19 列 − 本表第 13 列（以后递延期间该项目填报时）］
1	乙公司				1 200	900	900	2 020	300	300	5	60	60					− 240	240
2																			
3																			
4																			
…																			
合计	—	—	—	—	1 200	900	900	—	300	300	—	—	60	—	—	—	—	− 240	240

谨声明：本人知悉并保证本表填报内容及所附证明材料真实、完整，并承担因资料虚假而产生的法律和行政责任。

法定代表人签章：　　年　月　日

填表人：　　填表日期：

（2）2021 年。

会计确认长期股权投资成本为 1 260 万元，甲公司对乙公司的长期股权投资计税基础的：1 020 + 60 = 1 080（万元），两者存在差异。

会计未确认收入，税法确认非货币性资产投资转让所得 60 万元，应调增应纳税所得额 60 万元。

2021 年，纳税人在会计上未确认房产转让收入，但在税法上需确认分期均匀计入应纳税所得的财产转让所得，在汇算清缴时应填写“企业重组及递延纳税事项纳税调整明细表”（A105100）及“非货币性资产投资递延纳税调整明细表”。

“企业重组及递延纳税事项纳税调整明细表”（A105100）第 12 行第 4 列“账载金额”填写 0，第 5 列“税收金额”填写 60 万元，第 6 列“纳税调整金额”填写 60 万元，第 7 列“纳税调整金额”填写 60 万元，如表 2 – 12 所示。相应地，“纳税调整明细表”（A105000）填写如表 2 – 13 所示。

表 2 – 12　A105100　企业重组及递延纳税事项纳税调整明细表　单位：万元

行次	项　目	一般性税务处理			特殊性税务处理（递延纳税）			纳税调整金额
		账载金额	税收金额	纳税调整金额	账载金额	税收金额	纳税调整金额	
		1	2	3（2 – 1）	4	5	6（5 – 4）	7（3 + 6）
1	一、债务重组							
12	六、非货币性资产对外投资				0	60	60	60
13	七、技术入股							
14	八、股权划转、资产划转							
15	九、其他							
16	合计（1 + 4 + 6 + 8 + 11 + 12 + 13 + 14 + 15）				0	60	60	60

表 2 – 13　A105000　纳税调整项目明细表　单位：万元

行次	项目	账载金额	税收金额	调增金额	调减金额
		1	2	3	4
1	一、收入类调整项目（2 + 3 + …8 + 10 + 11）	*	*	0	
12	二、扣除类调整项目（13 + 14 + …24 + 26 + 27 + 28 + 29 + 30）	*	*		
31	三、资产类调整项目（32 + 33 + 34 + 35）	*	*		
36	四、特殊事项调整项目（37 + 38 + … + 43）	*	*		60

续表

行次	项目	账载金额	税收金额	调增金额	调减金额
		1	2	3	4
37	（一）企业重组及递延纳税事项（填写 A105100）	0	60		60
38	（二）政策性搬迁（填写 A105110）	*	*		
39	（三）特殊行业准备金（填写 A105120）				
40	（四）房地产开发企业特定业务计算的纳税调整额（填写 A105010）	*			
41	（五）合伙企业法人合伙人应分得的应纳税所得额				
42	（六）发行永续债利息支出				
43	（七）其他	*	*		
44	五、特别纳税调整应税所得	*	*		
45	六、其他	*	*		
46	合计（1+12+31+36+44+45）	*	*		60

《非货币性资产投资递延纳税调整明细表》的填报如表 2-14 所示。

（3）2022 年。

会计确认长期股权投资成本为 1 260 万元，甲公司对乙公司的长期股权投资计税基础的：1 080+60=1 140（万元），两者存在差异。

会计未确认收入及成本，税法确认非货币性资产投资转让所得 60 万元，应调增应纳税所得额 60 万元。

“企业重组及递延纳税事项纳税调整明细表”（A105100）、“纳税调整明细表”（A105000）与“货币性资产投资递延纳税调整明细表”的填报分别如表 2-15 至表 2-17 所示。

表 2-14

非货币性资产投资递延纳税调整明细表

所属年度：2021

纳税人名称（盖章）：甲公司　　纳税人识别号：　　金额单位：万元（列至角分）

行次	被投资企业情况				非货币性资产情况			非货币性资产投资基本信息					本年税收金额	递延纳税差异调整额					结转以后年度递延确认所得税收金额
	企业名称	纳税人识别号	主管税务机关	与投资方是否为关联企业	公允价值	账面价值	计税基础	非货币性资产转让收入实现年度	本年账载金额	非货币性资产转让所得（税收金额）	分期确认税收所得年限	分期均匀确认税收所得额		前四年度	前三年度	前二年度	前一年度	本年	
	1	2	3	4	5	6	7	8	9	10 = 5 - 7	11	12	13	14	15	16	17	18 = 13 - 9	19 = [本表第 10 列 - 第 13 列（第 1 年该项目填报时）] 或 = [上年度明细表的相应行次第 19 列 - 本表第 13 列（以后递延期间该项目填报时）]
1	乙公司				1 200	900	900	2 020	0		5	60	60				-240	60	180
2																			
3																			
4																			
…																			
合计	—	—	—	—	1 200	900	900	—	0		—	—	60	—	—	—	—	60	180

谨声明：本人知悉并保证本表填报内容及所附证明材料真实、完整，并承担因资料虚假而产生的法律和行政责任。

法定代表人签章：　　年　月　日

填表人：　　填表日期：

表 2－15　　A105100　　　　企业重组及递延纳税事项纳税调整明细表　　　　单位：万元

行次	项　　目	一般性税务处理			特殊性税务处理（递延纳税）			纳税调整金额
		账载金额	税收金额	纳税调整金额	账载金额	税收金额	纳税调整金额	
		1	2	3（2－1）	4	5	6（5－4）	7（3＋6）
1	一、债务重组							
12	六、非货币性资产对外投资				0	60	60	60
13	七、技术入股							
14	八、股权划转、资产划转							
15	九、其他							
16	合计（1＋4＋6＋8＋11＋12＋13＋14＋15）				0	60	60	60

表 2－16　　A105000　　　　纳税调整项目明细表　　　　单位：万元

行次	项目	账载金额	税收金额	调增金额	调减金额
		1	2	3	4
1	一、收入类调整项目（2＋3＋…8＋10＋11）	*	*	0	
12	二、扣除类调整项目（13＋14＋…24＋26＋27＋28＋29＋30）	*	*		
31	三、资产类调整项目（32＋33＋34＋35）	*	*		
36	四、特殊事项调整项目（37＋38＋…＋43）	*	*	60	
37	（一）企业重组及递延纳税事项（填写 A105100）	0	60	60	
38	（二）政策性搬迁（填写 A105110）	*	*		
39	（三）特殊行业准备金（填写 A105120）				
40	（四）房地产开发企业特定业务计算的纳税调整额（填写 A105010）	*			
41	（五）合伙企业法人合伙人应分得的应纳税所得额				
42	（六）发行永续债利息支出				
43	（七）其他	*	*		
44	五、特别纳税调整应税所得	*	*		
45	六、其他	*	*		
46	合计（1＋12＋31＋36＋44＋45）	*	*	60	

表 2－17

非货币性资产投资递延纳税调整明细表

所属年度：2022

纳税人名称（盖章）：甲公司　　纳税人识别号：　　金额单位：万元（列至角分）

行次	被投资企业情况				非货币性资产情况			非货币性资产投资基本信息					本年税收金额	递延纳税差异调整额					结转以后年度递延确认所得税收金额
	企业名称	纳税人识别号	主管税务机关	与投资方是否为关联企业	公允价值	账面价值	计税基础	非货币性资产转让收入实现年度	本年账载金额	非货币性资产转让所得（税收金额）	分期确认税收所得年限	分期均匀确认税收所得额		前四年度	前三年度	前二年度	前一年度	本年	
	1	2	3	4	5	6	7	8	9	10＝5－7	11	12	13	14	15	16	17	18＝13－9	19＝［本表第10列－第13列（第1年该项目填报时）］或＝［上年度明细表的相应行次第19列－本表第13列（以后递延期间该项目填报时）］
1	乙公司				1 200	1 000	900	2 020	0		5	60	60			－240	60	60	120
2																			
3																			
4																			
…																			
合计	—	—	—	—	1 200	1 000	900	—	0		—	—	60	—	—	—	—	60	120

谨声明：本人知悉并保证本表填报内容及所附证明材料真实、完整，并承担因资料虚假而产生的法律和行政责任。

法定代表人签章：　　年　月　日

填表人：　　填表日期：

（4）2023 年。

会计确认转让长期股权投资的投资收益为：1 500 - 1 260 = 240（万元）。税法确认非货币性资产交换所得 120 万元，调增甲公司对乙公司的长期股权投资计税基础为：1 140 + 120 = 1 260（万元）；确认股权转让所得为：1 500 - 1 260 = 240（万元）；应调增应纳税所得额为：240 - 240 + 120 = 120（万元）。

2023 年纳税调整应填写“企业重组及递延纳税事项纳税调整明细表”（A105100）、“纳税调整项目明细表”（A105000）及“非货币性资产投资递延纳税调整明细表”如表 2 - 18 至表 2 - 20 所示。

表 2 - 18　　A105100　　企业重组及递延纳税事项纳税调整明细表　　单位：万元

行次	项　　目	一般性税务处理			特殊性税务处理（递延纳税）			纳税调整金额
		账载金额	税收金额	纳税调整金额	账载金额	税收金额	纳税调整金额	
		1	2	3（2 - 1）	4	5	6（5 - 4）	7（3 + 6）
1	一、债务重组							
12	六、非货币性资产对外投资				0	120	120	120
13	七、技术入股							
14	八、股权划转、资产划转							
15	九、其他							
16	合计（1 + 4 + 6 + 8 + 11 + 12 + 13 + 14 + 15）				0	120	120	120

表 2 - 19　　A105000　　纳税调整项目明细表　　单位：万元

行次	项目	账载金额	税收金额	调增金额	调减金额
		1	2	3	4
1	一、收入类调整项目（2 + 3 + …8 + 10 + 11）	*	*	0	
12	二、扣除类调整项目（13 + 14 + …24 + 26 + 27 + 28 + 29 + 30）	*	*		
31	三、资产类调整项目（32 + 33 + 34 + 35）	*	*		
36	四、特殊事项调整项目（37 + 38 + … + 43）	*	*	120	
37	（一）企业重组及递延纳税事项（填写 A105100）	0	120	120	
38	（二）政策性搬迁（填写 A105110）	*	*		
39	（三）特殊行业准备金（填写 A105120）				
40	（四）房地产开发企业特定业务计算的纳税调整额（填写 A105010）	*			
41	（五）合伙企业法人合伙人应分得的应纳税所得额				
42	（六）发行永续债利息支出				
43	（七）其他	*	*		
44	五、特别纳税调整应税所得	*	*		
45	六、其他	*	*		
46	合计（1 + 12 + 31 + 36 + 44 + 45）	*	*	120	

表 2－20

非货币性资产投资递延纳税调整明细表

所属年度：2023

纳税人名称（盖章）：甲公司　　　　纳税人识别号：　　　　金额单位：万元（列至角分）

行次	被投资企业情况				非货币性资产情况			非货币性资产投资基本信息					本年税收金额	递延纳税差异调整额					结转以后年度递延确认所得税收金额
	企业名称	纳税人识别号	主管税务机关	与投资方是否为关联企业	公允价值	账面价值	计税基础	非货币性资产转让收入实现年度	本年账载金额	非货币性资产转让所得（税收金额）	分期确认税收所得年限	分期均匀确认税收所得额		前四年度	前三年度	前二年度	前一年度	本年	
	1	2	3	4	5	6	7	8	9	10＝5－7	11	12	13	14	15	16	17	18＝13－9	19＝[本表第 10 列－第 13 列（第 1 年该项目填报时）] 或＝[上年度明细表的相应行次第 19 列－本表第 13 列（以后递延期间该项目填报时）]
1	乙公司				1 200	900	900	2 020	0		5	60	120		－240	60	60	120	0
2																			
3																			
4																			
…																			
合计	—	—	—	—	1 200	900	900	—	0		—	—	60	—	—	—	—	120	0

谨声明：本人知悉并保证本表填报内容及所附证明材料真实、完整，并承担因资料虚假而产生的法律和行政责任。

法定代表人签章：　　年　月　日

填表人：　　　　填表日期：

第三章　资产收购

资产收购，是指一家企业购买另一家企业实质经营性资产的交易。企业资产收购重组，是企业进行扩张式经营的常见重组形式。资产收购会涉及企业所得税、增值税、土地增值税、印花税和契税等税种的处理。本章的主要内容如图 3－1 所示。

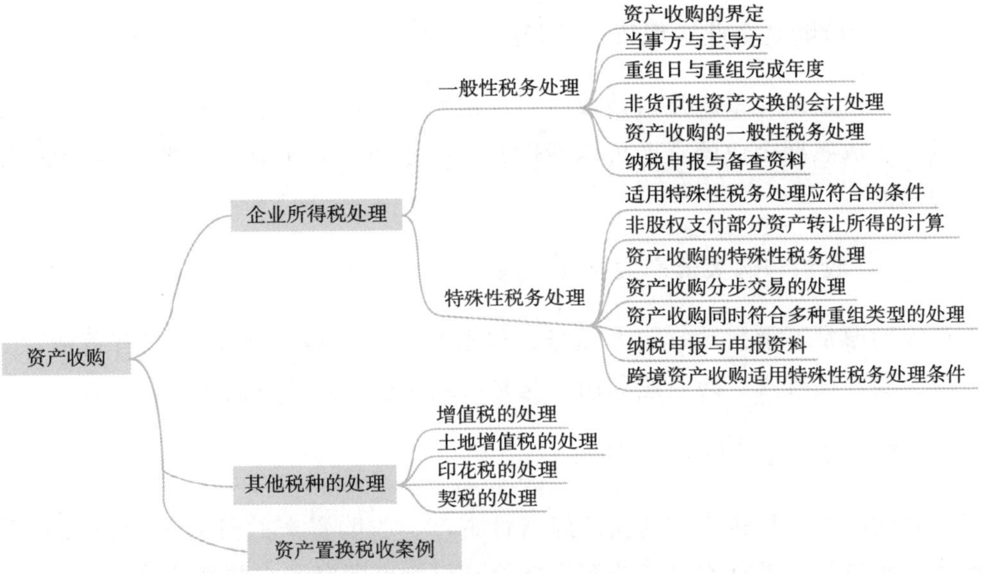

图 3－1　资产收购财税处理知识导图

第一节　一般性税务处理

一、资产收购的界定

根据《财政部 国家税务总局关于企业重组业务企业所得税处理若干问题的通知》（财税〔2009〕59 号）的规定，资产收购，是指一家企业（以下称为受让企业）购买另一家企业（以下称为转让企业）实质经营性资产的交易。根据《企业重组业务企业所得税管理办法》（国家税务总局公告 2010 年第 4 号印发）第五条的规定，实质经营性资产，是指企业用于从事生产经营活动、与产生经营收入直接相关的资产，包括经营所用各类资产、企业拥有的商业信息和技术、经营活动产生的应收款项、投资资产等。

资产收购重组中受让企业支付对价的形式包括股权支付、非股权支付或两者的组合。股权支付，是指企业重组中购买、换取资产的一方支付的对价中，以本企业或其控股企业的股权、股份作为支付的形式；非股权支付，是指以本企业的现金、银行存款、应收款项、本企业或其控股企业股权和股份以外的有价证券、存货、固定资产、其他资产以及承担债务等作为支付的形式。控股企业，是指由本企业直接持有股份的企业。

理解资产收购重组业务，应注意把握如下几点：

（一）资产收购是企业实现快速扩张的一种有效手段

资产收购可以避免重新建造造成时间的浪费，快速形成生产能力，扩大生产规模。通过收购处于成熟期企业的资产可以帮助其完善上下游产业链，对收购方和转让方形成双赢的局面。

（二）资产收购与购买资产式兼并不同

资产收购通常不承担被收购方债务，以避免承担被收购方的“或有负债”，降低并购风险，实现优质资产的快速利用。这是与购买资产式兼并的不同之处。

（三）资产收购与资产买卖不同

资产收购的对象是转让方的实质经营性资产，收购资产的目的不是获取某项资产使用价值，而是要获得收购资产的实质性经营权，也即资产组的经营价值。

（四）资产收购与股权收购不同

资产收购的当事各方是收购方和转让方，而不包括转让方企业股东，收购的客体是转让方的实质经营性资产，而非企业股东的股权，资产收购行为完成后，收购方和转让方均保持各自独立的法律主体地位不变。

二、当事方与主导方

（一）当事方的确定

根据《国家税务总局关于企业重组业务企业所得税征收管理若干问题的公告》

（国家税务总局公告2015年第48号）第一条的规定，资产收购中当事各方，是指收购方、转让方。

（二）主导方的确定

根据《国家税务总局关于企业重组业务企业所得税征收管理若干问题的公告》（国家税务总局公告2015年第48号）第一条的规定，重组当事各方企业适用特殊性税务处理的，应按规定确定重组主导方。资产收购，主导方为资产转让方。

三、重组日与重组完成年度

（一）资产收购重组日的确定

根据《国家税务总局关于企业重组业务企业所得税征收管理若干问题的公告》（国家税务总局公告2015年第48号）第三条的规定，资产收购，以转让合同（协议）生效且当事各方已进行会计处理的日期为重组日。

（二）资产收购重组业务完成年度的确定

根据《国家税务总局关于企业重组业务企业所得税征收管理若干问题的公告》（国家税务总局公告2015年第48号）第三条的规定，重组业务完成当年，是指重组日所属的企业所得税纳税年度。资产收购，以转让合同（协议）生效且当事各方已进行会计处理的日期为重组日。

【例3－1】 A公司收购B公司资产，于2020年6月18日签订了资产收购协议并约定当日生效，A公司于2020年10月8日对收购资产进行了会计处理，B公司于2020年10月12日对转让资产进行了会计处理，该资产收购业务的重组日是2020年10月12日。重组年度为2020年。

四、非货币性资产交换的会计处理

当企业重组中以持有的控股企业股权进行股权支付的，属于非货币性资产交换，适用《企业会计准则第7号——非货币性资产交换》（以下简称非货币性资产交换准则）等进行会计处理。非货币性资产交换，是指企业主要以固定资产、无形资产、投资性房地产和长期股权投资等非货币性资产进行的交换。该交换不涉及或只涉及少量的货币性资产（即补价）。货币性资产，是指企业持有的货币资金和收取固定或可确定金额的货币资金的权利。非货币性资产，是指货币性资产以外的资产。

（一）以公允价值为基础计量

1. 以公允价值为基础计量的适用条件

非货币性资产交换准则第六条规定，非货币性资产交换同时满足下列条件的，应当以公允价值为基础计量：

（1）该项交换具有商业实质。

满足下列条件之一的非货币性资产交换具有商业实质：

①换入资产的未来现金流量在风险、时间分布或金额方面与换出资产显著不同。

②使用换入资产所产生的预计未来现金流量现值与继续使用换出资产不同，且其差额与换入资产和换出资产的公允价值相比是重大的。

（2）换入资产或换出资产的公允价值能够可靠地计量。

换入资产和换出资产的公允价值均能够可靠计量的，应当以换出资产的公允价值为基础计量，但有确凿证据表明换入资产的公允价值更加可靠的除外。

2. 换入资产的初始计量

以公允价值为基础计量的非货币性资产交换，对于换入资产，应当以换出资产的公允价值和应支付的相关税费作为换入资产的成本进行初始计量；对于换出资产，应当在终止确认时，将换出资产的公允价值与其账面价值之间的差额计入当期损益。有确凿证据表明换入资产的公允价值更加可靠的，对于换入资产，应当以换入资产的公允价值和应支付的相关税费作为换入资产的初始计量金额；对于换出资产，应当在终止确认时，将换入资产的公允价值与换出资产账面价值之间的差额计入当期损益。

3. 涉及补价的处理

以公允价值为基础计量的非货币性资产交换，涉及补价的，应当按照下列规定进行处理：

（1）支付补价的，以换出资产的公允价值，加上支付补价的公允价值和应支付的相关税费，作为换入资产的成本，换出资产的公允价值与其账面价值之间的差额计入当期损益。有确凿证据表明换入资产的公允价值更加可靠的，以换入资产的公允价值和应支付的相关税费作为换入资产的初始计量金额，换入资产的公允价值减去支付补价的公允价值，与换出资产账面价值之间的差额计入当期损益。

（2）收到补价的，以换出资产的公允价值，减去收到补价的公允价值，加上应支付的相关税费，作为换入资产的成本，换出资产的公允价值与其账面价值之间的差额计入当期损益。有确凿证据表明换入资产的公允价值更加可靠的，以换入资产的公允价值和应支付的相关税费作为换入资产的初始计量金额，换入资产的公允价值加上收到补价的公允价值，与换出资产账面价值之间的差额计入当期损益。

4. 同时换入或换出多项资产的处理

以公允价值为基础计量的非货币性资产交换，同时换入或换出多项资产的，应当按照下列规定进行处理：

（1）对于同时换入的多项资产，按照换入的金融资产以外的各项换入资产公允价值的相对比例，将换出资产公允价值总额（涉及补价的，加上支付补价的公允价值或减去收到补价的公允价值）扣除换入金融资产公允价值后的净额进行分摊，以分摊至各项换入资产的金额，加上应支付的相关税费，作为各项换入资产的成本进行初始计量。有确凿证据表明换入资产的公允价值更加可靠的，以各项换入资产的公允价值和应支付的相关税费作为各项换入资产的初始计量金额。

（2）对于同时换出的多项资产，将各项换出资产的公允价值与其账面价值之间的差额，在各项换出资产终止确认时计入当期损益。有确凿证据表明换入资产的公允价值更加可靠的，按照各项换出资产的公允价值的相对比例，将换入资产的公允价值总额（涉及补价的，减去支付补价的公允价值或加上收到补价的公允价值）分摊至各项换出资产，分摊至各项换出资产的金额与各项换出资产账面价值之间的差额，在各项换出资产终止确认时计入当期损益。

（二）以账面价值为基础计量

不满足非货币性资产交换准则第六条规定条件的非货币性资产交换，应当以账面价值为基础计量。对于换入资产，企业应当以换出资产的账面价值和应支付的相关税费作为换入资产的初始计量金额；对于换出资产，终止确认时不确认损益。

1. 补价的处理

以账面价值为基础计量的非货币性资产交换，涉及补价的，应当按照下列规定进行处理：

（1）支付补价的，以换出资产的账面价值，加上支付补价的账面价值和应支付的相关税费，作为换入资产的初始计量金额，不确认损益。

（2）收到补价的，以换出资产的账面价值，减去收到补价的公允价值，加上应支付的相关税费，作为换入资产的初始计量金额，不确认损益。

2. 同时换入或换出多项资产的处理

以账面价值为基础计量的非货币性资产交换，同时换入或换出多项资产的，应当按照下列规定进行处理：

（1）对于同时换入的多项资产，按照各项换入资产的公允价值的相对比例，将换出资产的账面价值总额（涉及补价的，加上支付补价的账面价值或减去收到补价的公允价值）分摊至各项换入资产，加上应支付的相关税费，作为各项换入资产的初始计量金额。换入资产的公允价值不能够可靠计量的，可以按照各项换入资产的原账面价值的相对比例或其他合理的比例对换出资产的账面价值进行分摊。

（2）对于同时换出的多项资产，各项换出资产终止确认时均不确认损益。

五、一般性税务处理的方法与案例

根据财税〔2009〕59号文件第三条的规定，企业资产收购重组的企业所得税处理区分不同条件分别适用一般性税务处理规定和特殊性税务处理规定。企业发生资产收购业务，不符合特殊性税务处理条件的适用一般性税务处理；符合特殊性税务处理条件的也可以选择适用一般性税务处理。

根据《企业重组业务企业所得税管理办法》（国家税务总局公告2010年第4号印发）第四条的规定，同一重组业务的当事各方应采取一致税务处理原则，即统一按一般性或特殊性税务处理规定处理。

（一）一般性税务处理规定

根据财税〔2009〕59号文件第四条第（三）项的规定，企业资产收购重组交易，适用一般性税务处理的，相关交易应按以下规定处理：

（1）被收购方应确认资产转让所得或损失。

（2）收购方取得资产的计税基础应以公允价值为基础确定。

（3）被收购企业的相关所得税事项原则上保持不变。

由此可见，在一般性税务处理下，资产收购的企业所得税处理与一般意义上的企业资产买卖交易的税务处理一致，即按资产的公允价值与计税基础的差额确认资产处置所得或损失，依法缴纳企业所得税。

（二）收购双方均按公允价值确认资产转让所得或损失

转让方出售资产从收购方取得的对价，不论是股权支付还是非股权支付或者两者组合支付，均应按照被收购资产的公允价值扣除被收购资产对应的计税基础后，确认资产转让所得或损失。

收购方支付的对价如涉及以控股企业股权、存货、固定资产、无形资产等非货币性资产的，应视同销售进行税务处理，所支付的非货币性资产均应按照资产（股权）的公允价值计入收入总额，扣除对应的计税基础后，确认资产（股权）转让所得或损失；如果收购方是以增发本企业股权作为对价支付，可视为接受投资业务处理，无需确认所得或损失。

（三）取得资产的计税基础应以公允价值确定

转让方取得的对价中如包含非货币性资产（包括收购方增发的股份），应以非货币性资产的公允价值作为计税基础。因取得的非货币性资产是转让方出让资产的对价，收购方所转让的股权形成的收入已按公允价值计入收入总额并计算所得或损失，且收购方也以公允价值对支付的非货币性资产进行了税务处理，按照对称性原则转让方取得的非货币性资产应以公允价值作为计税基础。

收购方收购资产时已按公允价值支付对价且转让方也以公允价值对出售的资产进行了税务处理，所以收购方取得的资产的计税基础应以公允价值为基础确定。

（四）税收优惠事项的承继

资产收购不涉及企业法律主体资格的变更，因此，转让方的相关企业所得税事项原则上保持不变。但下列与收购资产相关的企业所得税优惠涉及承继处理问题。

1. 国家重点扶持的公共基础设施项目优惠

根据《财政部 国家税务总局关于执行公共基础设施项目企业所得税优惠目录有关问题的通知》（财税〔2008〕46号）、《财政部 国家税务总局 国家发展改革委关于公布公共基础设施项目企业所得税优惠目录（2008年版）的通知》（财税〔2008〕116号）、《国家税务总局关于实施国家重点扶持的公共基础设施项目企业所得税优惠问题的通知》（国税发〔2009〕80号）、《财政部 国家税务总局关于公共基础设施项目和环境保护节能节水项目企业所得税优惠政策问题的通知》（财税〔2012〕10号）、《国家税务总局关于电网企业电网新建项目享受所得税优惠政策问题的公告》（国家税务总局公告2013年第26号）、《财政部 国家税务总局关于公共基础设施项目享受企业所得税优惠政策问题的补充通知》（财税〔2014〕55号）、《财政部 税务总局关于继续实行农村饮水安全工程税收优惠政策的公告》（财政部 税务总局公告2019年第67号）等相关税收政策规定，从事《公共基础设施项目企业所得税优惠目录》规定的港口码头、机场、铁路、公路、城市公共交通、电力、水利等项目的投资经营的所得，自项目取得第一笔生产经营收入所属纳税年度起，第一年至第三年免征企业所得税，第四年至第六年减半征收企业所得税，不包括企业承包经营、承包建设和内部自建自用该项目的所得。

企业因生产经营发生变化或因《公共基础设施项目企业所得税优惠目录》调整，不再符合规定减免税条件的，企业应当自发生变化15日内向主管税务机关提交书面报告并停止享受优惠，依法缴纳企业所得税。企业在减免税期限内转让所享受减免税优惠的项目，受让方承续经营该项目的，可自受让之日起，在剩余优惠期限内享受规定的减免税优惠；减免税期限届满后转让的，受让方不得就该项目重复享受减免税优惠。

2. 符合条件的环境保护、节能节水项目优惠

根据《财政部 国家税务总局 国家发展改革委关于公布环境保护节能节水项目企业所得税优惠目录（试行）的通知》（财税〔2009〕166号）、《财政部 国家税务总局关于公共基础设施项目和环境保护节能节水项目企业所得税优惠政策问题的通知》（财税〔2012〕10号）等相关税收政策规定，从事符合条件的公共污水处理、公共垃圾处理、沼气综合开发利用、节能减排技术改造、海水淡化等环境保护、节能节水项目的所得，自项目取得第一笔生产经营收入所属纳税年度起，第一年至第三年免征企业所得税，第四年至第六年减半征收企业所得税。

3. 专用设备投资抵扣应纳税额优惠

根据《财政部 国家税务总局关于执行环境保护专用设备企业所得税优惠目录 节能节水专用设备企业所得税优惠目录和安全生产专用设备企业所得税优惠目录有关问题的通知》（财税〔2008〕48号）的规定，企业自2008年1月1日起购置并实际使用列入《目录》范围内的环境保护、节能节水和安全生产专用设备，可以按专用设备投资额的10%抵免当年企业所得税应纳税额；企业当年应纳税额不足抵免的，可以向以后年度结转，但结转期不得超过5个纳税年度。

企业购置并实际投入使用、已开始享受税收优惠的专用设备，如从购置之日起5个纳税年度内转让、出租的，应在该专用设备停止使用当月停止享受企业所得税优惠，并补缴已经抵免的企业所得税税款。转让的受让方可以按照该专用设备投资额的10%抵免当年企业所得税应纳税额；当年应纳税额不足抵免的，可以在以后5个纳税年度结转抵免。

对资产收购涉及公共基础设施投资优惠以及环境保护、节能节水项目所得优惠等，在税收优惠期内的，收购方可以在剩余优惠期内继续享受相关资产的项目所得优惠。减免税期限届满后转让的，收购方不得就该项目重复享受减免税优惠。转让方也应按规定停止享受有关优惠。

对资产收购涉及专用设备投资抵免优惠的，如设备购置不满5年，转让方应在该专用设备停止使用当月停止享受企业所得税优惠，并补缴已经抵免的企业所得税税款，收购方可以按规定享受专用设备投资抵免优惠；如设备购置满5年的，收购方不得再享受专用设备投资抵免优惠。

（五）增发股份收购资产案例

【例3-2】 甲公司成立于2012年1月，主营手机生产、销售等。乙公司成立于2011年11月，是一家大型手机研发、生产和销售企业。

2020年4月10日，乙公司为了扩大生产经营，提升品牌竞争力，与甲公司签订资产收购协议，收购甲公司从事手机生产、销售的资产，主要包括存货、自建厂房及相关设备等（见表3-1）。乙公司以定向增发股票支付收购对价，共增发股票6 000万股（面值1元/股，公允价值2.72元/股，被投资企业可辨认净资产公允价值所占份额的金额）收购甲公司部分实质经营性资产，该部分资产的公允价值占甲公司全部资产公允价值的40%。增发后甲公司获得乙公司20%的股权，对乙公司不能够实施控制，但具有重大影响。乙公司本次增发股票发生律师费、登记费等12万元。

表3-1　　**收购资产一览表**　　单位：万元

项目	原值	累计折旧	计税基础	公允价值（不含增值税）	备注
厂房	5 500	1 500	4 000	8 000	转让
设备	2 500	500	2 000	2 000	转让
库存商品	4 000		4 000	5 000	转让
合计	12 000	2 000	10 000	15 000	

乙公司收购甲公司资产是为了扩大经营，具有合理的商业目的，且乙公司承诺收购甲公司资产后，在连续12个月内仍从事原手机的生产经营活动。甲公司承诺，重组后连续12个月内，不转让取得的乙公司股权。甲公司的相关资产未计提减值准备，因转让设备计提增值税销项税额：2 000×13%=260（万元）；转让存货计提增值税销项税额：5 000×13%=650（万元）；转让厂房可以适用简易计税方法缴纳增值税，计提增值税额：8 000×5%=400（万元）。不考虑增值税和企业所得税以外的其他税费。

要求：分析说明交易双方的财税处理。

解析：

1. 企业重组适用税务处理方法的条件判断。

（1）该项资产收购中，乙公司为了扩大经营，提升品牌竞争力，通过收购甲公司部分实质经营性资产扩大生产规模、拓宽销售渠道，提高市场占有率，该资产收购具有合理的商业目的；

（2）该项资产收购中，乙公司收购甲公司40%的实质经营性资产，没有超过50%的规定比例；

（3）资产收购完成后，乙公司继续将其用于手机的生产、销售，不改变被收购资产原有的用途；

（4）该项交易中，乙公司以增发本企业股份方式作为支付对价，股份支付比例100%，超过85%的规定比例；

（5）甲公司承诺，重组后连续12个月内，不转让取得的股权。

因而，该项资产收购业务不满足特殊性税务处理的条件，交易双方应适用一般性税务处理规定。

2. 转让方的处理。

（1）转让方的会计处理。

甲公司以转让实质经营性资产取得乙公司发行的权益工具，其实质是以非货币性资产对外投资，取得的长期股权投资成本应按照《企业会计准则第2号——长期股权投资》的相关规定确定。

①固定资产转入清理。

借：固定资产清理	60 000 000	
累计折旧——厂房	15 000 000	
——设备	5 000 000	
贷：固定资产——厂房		55 000 000
——设备		25 000 000

②确认投资资产与结转存货成本。

长期股权投资的入账价值为：2.72×6 000=16 320（万元）。

借：长期股权投资——乙公司	163 200 000	
贷：固定资产清理		100 000 000
主营业务收入		50 000 000
应交税费——应交增值税（销项税额）		9 100 000
——简易计税		4 000 000
营业外收入		100 000
借：主营业务成本	40 000 000	
贷：库存商品		40 000 000

③固定资产清理转入资产处置损益。

借：固定资产清理	40 000 000	
贷：资产处置损益		40 000 000

（2）转让资产的税务处理。

税务处理时，甲公司转让厂房的计税基础4 000万元，公允价值8 000万元，应确认转让所得4 000万元；转让设备的计税基础2 000万元，公允价值2 000万元，应确认转让所得0万元；转让存货的计税基础4 000万元，公允价值5 000万元，应确认转让所得1 000万元；共计确认转让资产所得：4 000+1 000=5 000（万元）。

会计核算时，甲公司转让的厂房、设备、存货确认资产转让损益：（8 000－4 000）＋（2 000－2 000）＋（5 000－4 000）＝5 000（万元）；该项业务交易双方选择适用资产收购一般性税务处理，会计处理与税务处理无差异。

但长期股权投资的投资成本低于投资时点上被投资企业净资产公允价值所占份额的差额，会计上计入营业外收入的10万元，应进行纳税调减。在重组完成年度填报企业所得税年度纳税申报表“企业重组及递延纳税事项纳税调整明细表”（A105100）和“纳税调整项目明细表”（A105000）第37行“（一）企业重组及递延纳税事项”。如

表 3－2 和表 3－3 所示。

表 3－2　A105100　企业重组及递延纳税事项纳税调整明细表

单位：元

行次	项目	一般性税务处理			特殊性税务处理（递延纳税）			纳税调整金额
		账载金额	税收金额	纳税调整金额	账载金额	税收金额	纳税调整金额	
		1	2	3（2－1）	4	5	6（5－4）	7（3＋6）
1	一、债务重组							
2	其中：以非货币性资产清偿债务							
3	债转股							
4	二、股权收购							
5	其中：涉及跨境重组的股权收购							
6	三、资产收购	50 000 000	50 000 000	0				
7	其中：涉及跨境重组的资产收购							
16	合计（1＋4＋6＋8＋11＋12＋13＋14＋15）	50 000 000	50 000 000	0				

表 3－3　A105000　纳税调整项目明细表

单位：元

行次	项目	账载金额	税收金额	调增金额	调减金额
		1	2	3	4
1	一、收入类调整项目（2＋3＋…8＋10＋11）	*	*		
5	（四）按权益法核算长期股权投资对初始投资成本调整确认收益	*	*	*	100 000
31	三、资产类调整项目（32＋33＋34＋35）	*	*		
36	四、特殊事项调整项目（37＋38＋…＋43）	*	*		
37	（一）企业重组及递延纳税事项（填写 A105100）	50 000 000	5 000 000	0	
38	（二）政策性搬迁（填写 A105110）	*	*		
39	（三）特殊行业准备金（填写 A105120）				
40	（四）房地产开发企业特定业务计算的纳税调整额（填写 A105010）	*			
41	（五）合伙企业法人合伙人应分得的应纳税所得额				
42	（六）发行永续债利息支出				
43	（七）其他	*	*		
46	合计（1＋12＋31＋36＋44＋45）	*	*	0	100 000

该项业务，如果甲公司选择适用非货币性资产投资在5个纳税年度分期均匀计入应纳税所得额的政策，则当年税务处理时，应确认所得：5 000 ÷ 5 = 1 000（万元）；会计处理时，会计确认资产转让所得5 000万元，税会差异在进行企业所得税年度纳税申报时，进行纳税调整，填报相关申报表如表3－4、表3－5所示。

表3－4　A105100　企业重组及递延纳税事项纳税调整明细表

单位：元

行次	项目	一般性税务处理			特殊性税务处理（递延纳税）			纳税调整金额
		账载金额	税收金额	纳税调整金额	账载金额	税收金额	纳税调整金额	
		1	2	3（2－1）	4	5	6（5－4）	7（3＋6）
1	一、债务重组							
12	六、非货币性资产对外投资				50 000 000	10 000 000	－40 000 000	－40 000 000
13	七、技术入股							
14	八、股权划转、资产划转							
15	九、其他							
16	合计（1＋4＋6＋8＋11＋12＋13＋14＋15）				50 000 000	10 000 000	－40 000 000	－40 000 000

表3－5　A105000　纳税调整项目明细表

单位：元

行次	项目	账载金额	税收金额	调增金额	调减金额
		1	2	3	4
1	一、收入类调整项目（2＋3＋…8＋10＋11）	*	*		
12	（四）按权益法核算长期股权投资对初始投资成本调整确认收益	*	*	*	100 000
31	三、资产类调整项目（32＋33＋34＋35）	*	*		
36	四、特殊事项调整项目（37＋38＋…＋43）	*	*		
37	（一）企业重组及递延纳税事项（填写A105100）	50 000 000	10 000 000		40 000 000
38	（二）政策性搬迁（填写A105110）	*	*		
39	（三）特殊行业准备金（填写A105120）				
40	（四）房地产开发企业特定业务计算的纳税调整额（填写A105010）	*			
41	（五）合伙企业法人合伙人应分得的应纳税所得额				
42	（六）发行永续债利息支出				
43	（七）其他	*	*		
44	五、特别纳税调整应税所得	*	*		

续表

行次	项目	账载金额	税收金额	调增金额	调减金额
		1	2	3	4
45	六、其他	*	*		
46	合计（1+12+31+36+44+45）	*	*		40 100 000

(3) 取得长期股权投资的处理。

税务处理时，甲公司取得长期股权投资的计税基础为16 310万元；会计处理时，甲公司取得长期股权投资的初始计量为16 320万元；税会差异10万元，在未来处置该股权时进行纳税调整。

3. 收购方的处理。

(1) 收购方的会计处理。

乙公司以增发股票作为对价收购甲公司的厂房、设备、存货等实质经营性资产，实质为接受非货币性资产投资。对所取得的厂房、设备应按公允价值入账。

借：固定资产——厂房　　800 00 000

　　　　　　——设备　　20 000 000

　　库存商品　　50 000 000

　　应交税费——应交增值税（进项税额）　　13 100 000

　　贷：股本　　60 000 000

　　　　资本公积——股本溢价　　103 100 000

企业发行权益工具发生的登记费、承销费等，应当冲减资本公积。

借：资本公积——股本溢价　　120 000

　　贷：银行存款　　120 000

(2) 收购方的税务处理与纳税调整。

①取得资产的处理。

税务处理时，乙公司取得资产的计税基础应以公允价值确定。乙公司取得厂房、设备、存货等的计税基础分别为8 000万元、2 000万元、5 000万元；会计处理时，乙公司取得厂房、设备以公允价值入账；税会无差异。

②发行权益工具的处理。

乙公司发行权益工具作为支付对价，可以视作接受投资处理。

（六）以控股企业股权支付收购资产案例

【例3-3】 居民企业A公司成立于2013年，增值税一般纳税人，查账征收企业所得税，主营电子产品生产、销售与出口等。2020年3月，A公司为增加产能、扩大电子产品出口，决定以其持有的M子公司500万股股票（占M公司51%的股权，A公司取得时的价格为1元/股，计税基础为1元/股，市价4.856元/股。采取成本法核算。）收购同类企业B公司的生产设备、自建厂房、专利技术等资产（如表3－6所示）。

2020年4月，A公司与B公司签订收购资产协议，相关交易在当月完成。A公司收购资产作价占B公司全部资产公允价值的40%。B公司资产转让环节设备适用增值税税率为13%，厂房符合简易计税方法缴纳增值税，转让专利符合免征增值税条件。B公司计提转让设备的增值税销项税额：1 100×13%＝143（万元）；计提转让厂房的增值税：700×5%＝35（万元）。

不考虑除增值税和企业所得税以外的其他税费。

表3－6　收购资产一览表

单位：万元

类别	原值	累计折旧/摊销	计税基础	公允价值（不含增值税）
设备	1 200	350	850	1 100
厂房	500	280	220	700
无形资产	300	150	150	450
合计	2 000	780	1 220	2 250

要求：分析说明交易双方的财税处理。

解析：

1. 资产收购适用税务处理方法的条件判断。

（1）收购方A公司收购B公司实质经营性资产用于增加产能和扩大出口，该项资产收购交易具有合理的商业目的。

（2）收购方A公司完成收购后继续从事电子产品生产，不改变被收购资产的原有用途。

（3）收购方A公司收购实质经营性资产支付的对价为控股企业的股权，股权支付比例100%，超过85%的规定比例。

（4）收购方A公司收购B公司的实质经营性资产的公允价值占B公司全部资产的公允价值40%，不符合50%的规定比例条件。

因而，该项资产收购交易不符合企业所得税特殊性税务处理规定的条件，应适用一般性税务处理规定，即：

（1）被收购方B公司按公允价值确认资产转让所得或损失；

（2）收购方A公司按公允价值确认股权转让所得或损失；

（3）收购方A公司取得的资产的计税基础以公允价值确定；

（4）被收购方B公司的其他所得税事项保持不变。

2. 转让方的处理。

（1）会计处理。

B公司以设备、厂房、专利技术等资产换取A公司持有的M子公司的股票500万股，占该公司51%的股权，达到控制，按规定进行会计处理如下：

①借：固定资产清理——厂房 2 200 000
——设备 8 500 000
累计折旧——厂房 2 800 000
——设备 3 500 000
贷：固定资产——厂房 5 000 000
——设备 12 000 000

②借：长期股权投资——M公司 24 280 000
无形资产累计摊销——专利技术 1 500 000
贷：固定资产清理——厂房 2 200 000
——设备 8 500 000
无形资产——专利技术 3 000 000
应交税费——应交增值税（销项税额） 1 430 000
——简易计税 350 000
资产处置损益 10 300 000

（2）税务处理与纳税调整。

①取得长期股权投资的处理。

税务处理时，长期股权投资的计税基础按公允价值2 428万元确认；会计处理时，取得长期股权投资初始成本按照《企业会计准则第7号——非货币性资产交换》规定以换出资产公允价值2 428万元入账，税收与会计处理无差异。

②处置资产的处理。

税务处理时，按资产的公允价值2 250万元与计税基础1 220万元的差额1 030万元确认资产转让所得依法缴纳企业所得税；会计处理时，B公司确认的资产转让所得（资产处置损益）1 030万元，计入了当期损益，税收与会计处理无差异。

③转让方的其他所得税事项保持不变。

3. 收购方的处理。

（1）收购方的会计处理。

A公司以其持有的M公司51%的股权购买转让方B公司的部分实质经营性资产，该项非货币性资产交换的目的是为扩大产能、增加出口，具有商业实质，且非货币性资产公允价值能够取得。根据《企业会计准则》的规定，A公司取得资产应以公允价值作为其入账价值。会计处理为：

借：固定资产——设备 11 000 000
——厂房 7 000 000
无形资产——专利技术 4 500 000

应交税费——应交增值税（进项税额）　　1 780 000

贷：长期股权投资——M公司　　5 000 000

　　投资收益　　19 280 000

（2）收购方的税务处理与纳税调整。

①取得资产的处理。

税务处理时，A公司取得B公司的实质经营性资产的计税基础为2 250万元，其中厂房700万元，设备1 100万元，无形资产450万元；会计处理时，A公司对收购的资产以公允价值2 250万元入账，税收与会计处理无差异。

②处置股权的处理。

税务处理时，按资产的公允价值2 428（2 250+178）万元与股票计税基础500万元的差额确认重组所得1 928万元，依法缴纳企业所得税；会计处理时，A公司确认的股权转让所得（投资收益）1 928万元，计入了当期损益，税收与会计处理无差异。

六、纳税申报与备查资料

（一）纳税申报

资产收购重组的转让方会计核算和税收确认的损益有差异的，应通过填报“企业重组及递延纳税事项纳税调整明细表”（A105100）第6行“三、资产收购”和“纳税调整项目明细表”（A105000）第37行“（一）企业重组及递延纳税事项”进行纳税调整。转让方取得投资资产的账面价值与计税基础存在差异的，该差异会造成未来该项投资资产处置时的处置损益税收与会计存在不同，转让方对该投资资产的处置差异在处置年度应通过填报“投资收益纳税调整明细表”（A105030）和“纳税调整项目明细表”（A105000）第4行“（三）投资收益”进行纳税调整。

收购方取得实质经营性资产的会计入账价值与税法计税基础之间存在差异，涉及存货等流动资产的，收购方将来处置该类资产时，资产的账面价值与计税基础之间的差异，通过填报“纳税调整项目明细表”（A105000）第35行“（四）其他”进行纳税调整；涉及固定资产和无形资产等长期资产的，在资产持有期间企业所得税年度纳税申报时，折旧（摊销）额的差异通过“资产折旧、摊销情况及纳税调整明细表”（A105080）和“纳税调整项目明细表”（A105000）第32行“（一）资产折旧、摊销”进行纳税调整，收购方将来处置该类资产时，资产的账面价值与计税基础之间的差异，通过填报“纳税调整项目明细表”（A105000）第35行“（四）其他”进行纳税调整。

（二）备查资料

资产收购业务适用一般性税务处理的，不需要向税务机关报送相关资料，但应准备下列相关资料以备税务机关检查。

（1）当事各方所签订的资产收购业务合同或协议；

（2）相关资产公允价值的合法证据。

第二节 特殊性税务处理

一、适用特殊性税务处理应符合的条件

（一）资产收购适用特殊性税务处理应符合的条件

根据财税〔2009〕59号文件第五条的规定，企业资产收购重组同时符合下列条件的，适用特殊性税务处理规定：

（1）具有合理的商业目的，且不以减少、免除或者推迟缴纳税款为主要目的。

（2）被收购部分的资产不低于转让企业全部资产的50%。收购资产比例应按照公允价值计算。

（3）企业重组后的连续12个月内不改变重组资产原来的实质性经营活动。“企业重组后的连续12个月内”，是指自资产收购重组日起计算的连续12个月内。

（4）资产收购发生时的股权支付金额不低于其交易支付总额的85%。资产收购重组中，如果涉及非股权支付，股权支付比例一般是按股权支付部分公允价值占交易支付总额（即收购资产公允价值）的比例来计算。

（5）企业重组中取得股权支付的原主要股东，在重组后连续12个月内，不得转让所取得的股权。原主要股东，是指原持有转让企业或被收购企业20%以上股权的股东。

（二）条件发生改变的处理

资产收购重组的收购方在重组后的连续12个月内改变了被收购资产原来的实质性经营活动或者取得股权支付的转让方在重组后连续12个月内转让所取得的股权，不能继续适用特殊性税务处理，应按一般性税务处理重新计算纳税。

根据《企业重组业务企业所得税管理办法》（国家税务总局公告2010年第4号）第二十九条的规定，资产收购适用特殊性税务处理的当事各方应在完成重组业务后的下一年度的企业所得税年度申报时，向主管税务机关提交书面情况说明，以证明企业在重组后的连续12个月内，有关符合特殊性税务处理的条件未发生改变。

根据《企业重组业务企业所得税管理办法》第三十条的规定，当事方的其中一方在规定时间内发生生产经营业务、公司性质、资产或股权结构等情况变化，致使重组业务不再符合特殊性税务处理条件的，发生变化的当事方应在情况发生变化的30天内书面通

知其他所有当事方。主导方在接到通知后30日内将有关变化通知其主管税务机关。

上述情况发生变化后60日内，应按照财税〔2009〕59号文件第四条的规定调整重组业务的税务处理。原交易各方应各自按原交易完成时资产和负债的公允价值计算重组业务的收益或损失，调整交易完成纳税年度的应纳税所得额及相应的资产和负债的计税基础，并向各自主管税务机关申请调整交易完成纳税年度的企业所得税年度申报表。逾期不调整申报的，按照《税收征收管理法》的相关规定处理。

二、特殊性税务处理的方法与案例

（一）特殊性税务处理规定

根据财税〔2009〕59号文件第六条的规定，资产收购符合企业重组特殊性税务处理规定条件的，受让企业收购的资产不低于转让企业全部资产的50%，且受让企业在该资产收购发生时的股权支付金额不低于其交易支付总额的85%，交易各方对其交易中的股权支付部分，可以按以下规定进行特殊性税务处理：

（1）转让企业取得受让企业股权的计税基础，以被转让资产的原有计税基础确定。

（2）受让企业取得转让企业资产的计税基础，以被转让资产的原有计税基础确定。

（二）税收事项的承继

资产收购重组，交易双方如一致选择适用特殊性税务处理的，转让方、受让方企业的原有各项资产、负债的计税基础和其他相关所得税事项保持不变。尚未弥补完的亏损可继续弥补，税收优惠政策如仍符合相关条件的可以继续享受等。但税收优惠条件发生变化或者优惠期限届满的，收购方不得就该项目重复享受减免税优惠。

（三）收购方的处理

根据财税〔2009〕59号文件第六条的规定，资产收购符合并选择适用特殊性税务处理的，受让企业取得转让企业资产的计税基础，以被转让资产的原有计税基础确定。

会计处理时，应根据对价支付方式的不同，分别适用《企业会计准则第1号——存货》《企业会计准则第4号——固定资产》《企业会计准则第6号——无形资产》《企业会计准则第5号——生物资产》《企业会计准则第7号——非货币性资产交换》等来确定资产的入账价值。税务处理时，收购方取得转让企业资产的计税基础，股权支付部分以被转让资产的原有计税基础确定。税会处理会存在差异。

（四）转让方的处理

根据财税〔2009〕59号文件第六条的规定，资产收购符合并选择适用特殊性税务处理的，转让企业取得受让企业股权的计税基础，以被转让资产的原有计税基础确定。

会计处理时，转让方应根据对价支付方式、收购方与转让方是否受同一控制、获取股权后是否能够对被投资企业实施控制、共同控制和重大影响等因素，按《企业会计准则》的有关规定确认是否需要确认资产处置损益以及取得股权如何进行会计处理。转让方还需根据实际情况来判断是否存在税会差异。

【例3-4】A公司与B公司都是注册在中国上海的有限公司，不存在关联关系，查账征收企业所得税。A公司以增发股份的方式收购B公司实质经营性资产，被收购资产账面价值与计税基础都为1 000万元，公允价值为2 000万元。资产收购后B公司持有A公司60%的股权，股权公允价值2 000万元。该交易符合特殊性税务处理条件，适用特殊性税务处理。不考虑企业所得税以外的其他税费。

要求：分析说明资产收购交易双方的财税处理。

解析：

收购方A公司取得的被收购资产在会计上按公允价值2 000万元入账，计税基础以被收购资产的原计税基础1 000万元确定，存在税收与会计的差异，需要在资产持有期间计提折旧（摊销）或处置时作纳税调整处理。

由于在资产收购前A公司和B公司属于非关联企业，且收购后B公司取得A公司60%的股权，根据《企业会计准则第20号——企业合并》，该交易属于非同一控制下的控股合并。

B公司在会计上确认资产转让收益1 000万元，根据企业所得税特殊性税务处理规定，B公司在税务上不确认资产转让收益，存在税收与会计差异，应在资产收购年度的企业所得税年度纳税申报时做纳税调减处理；B公司取得A公司股权按公允价值2 000万元入账。而税收上该股权的计税基础以被转让资产的原有计税基础1 000万元确定，存在税收与会计差异，需要在后期处置时作纳税调整处理。

（五）同一控制下增发股份收购资产案例

【例3-5】甲公司、乙公司同为A公司控制下的两个全资子公司。甲公司成立于2015年10月，主营汽车配件生产。乙公司成立于2014年11月，是一家大型汽车生产企业。

2020年5月10日，乙公司为了扩大生产、提升品牌竞争力，在A公司主导下与甲公司签订资产收购协议，收购甲公司从事汽车配件生产的资产，主要包括存货、自建厂房及相关设备等。乙公司以定向增发股票支付对价，共增发6 000万股股票（面值1元/股，公允价值2.72元/股）股票，收购甲公司51%的实质经营性资产（如表3-7所示）。取得股权支付的甲公司获得乙公司60%股权，实现了对乙公司的控制。收购后，乙公司所有者权益在A公司合并财务报表中的账面价值为10 000万元，甲公司资本公积贷方余额为6 000万元。甲公司未对资产计提减值准备，因转让设备计提增值税销项税额：2 000×13% =260（万元）；转让存货计提增值税销项税额：5 000×13% =650（万元）；转让厂房可以适用简易计税方法缴纳增值税，计提增值税额：8 000×5% =400（万元）。乙公司为发行本次增发股票发生律师费、登记费等12万元。

乙公司收购甲公司资产是为了扩大生产经营，具有合理的商业目的，乙公司承诺收购甲公司资产后，连续12个月内该项资产仍从事原生产经营活动。甲公司承诺在连续12个月内不转让所取得的股权。

表3-7　　收购资产一览表　　单位：万元

项目	账面原价	累计折旧	计税基础	公允价值（不含增值税）
厂房	6 500	2 500	4 000	8 000
设备	2 500	500	2 000	2 000
库存商品	4 000		4 000	5 000
合计	13 000	3 000	10 000	15 000

不考虑企业所得税和增值税以外的其他税费。

要求：分析说明交易双方的财税处理。

解析：

1. 资产收购重组适用税务处理方法的条件判断。

该项资产收购业务是在同一控制下完成的乙公司对甲公司实施的资产收购。

（1）该项资产收购中，乙公司为了扩大生产经营，提升品牌竞争力，通过收购甲公司资产拓宽销售渠道，提高市场占有份额，具有合理的商业目的；

（2）该项交易中乙公司收购甲公司51%的实质经营性资产，被收购的资产比例超过50%的规定条件；

（3）该项资产收购完成后，乙公司继续用于汽车配件生产，不改变被收购资产的原有用途；

（4）该项资产收购中，乙公司以增发本企业股票作为支付对价，股份支付比例为100%，超过85%的规定条件；

（5）甲公司承诺重组后连续12个月内不转让取得的股权。

因而，该项资产收购业务满足特殊性税务处理条件，交易各方可以一致选择适用特殊性税务处理。即：

（1）转让方甲公司取得收购方企业股权以被转让资产原有计税基础确定；

（2）收购方乙公司取得转让方甲公司资产的计税基础，以被转让资产的原有计税基础确定。

2. 转让方的处理。

（1）会计处理。

甲公司、乙公司同为A公司控制下的全资子公司，甲公司通过资产收购重组取得乙公司60%的股权，能够对其实施控制，属于同一控制下控股合并形成的长期股权投资，应按同一控制下企业合并形成的长期股权投资进行会计处理。甲公司应在合并日按照取得的乙公司所有者权益在最终控制方合并财务报表中的账面价值的份额作为“长期股权投资”的入账价值，即为：10 000×60%＝6 000（万元），合并方取得净资产的账面价值与支付的合并对价的账面价值的差额，应当调整资本公积，资本公积不足冲减的，调整留存收益。对其转让的资产，不作销售处理，不确认资产转让收益。

①固定资产转入清理。

借：固定资产清理	60 000 000	
累计折旧——厂房	25 000 000	
——设备	5 000 000	
贷：固定资产——厂房		65 000 000
——设备		25 000 000

②非货币性资产对外投资的处理。

长期股权投资的入账金额：10 000×60%＝6 000（万元）。

借：长期股权投资——乙公司	60 000 000	
资本公积	53 100 000	
贷：固定资产清理		60 000 000
库存商品		40 000 000
应交税费——应交增值税（销项税额）		9 100 000
——简易计税		4 000 000

（2）税务处理与纳税调整。

税务处理时，甲公司取得乙公司股权的计税基础以被转让资产的原计税基础10 000万元确定，不确认该环节实质经营性资产的转让所得或损失；会计处理时，甲公司取得乙公司股权的初始计量金额为6 000万元，不确认该环节资产转让的损益；由此造成长期股权投资的会计初始计量与税法计税基础之间存在差异。该差异在未来长期股权投资处置时作相应的纳税调整。

3. 收购方的处理。

（1）会计处理。

收购方的会计处理如下：

借：固定资产——厂房　　40 000 000

——设备　　20 000 000

库存商品　　40 000 000

应交税费——应交增值税（进项税额）　　13 100 000

贷：股本——甲公司　　60 000 000

资本公积——资本溢价　　53 100 000

企业发行权益工具时发生的登记费、承销费等，应当从资本公积中扣减。会计处理为：

借：资本公积——资本溢价　　120 000

贷：银行存款　　120 000

（2）税务处理与纳税调整。

乙公司以发行权益工具作为支付对价取得资产的计税基础为被转让资产的原有计税基础10 000万元，其中厂房4 000万元，设备2 000万元，存货4 000万元；会计处理时，乙公司购买的资产应该按照账面价值10 000万元入账，其中厂房4 000万元，设备2 000万元，存货4 000万元；乙公司取得实质经营性资产的会计入账价值与资产计税基础相同，不存在税会差异。

（六）以控股企业股权支付的资产收购分步交易案例

【例3-6】居民企业A公司成立于2013年，为增值税一般纳税人，查账征收企业所得税，主营电子产品生产销售与出口等。2020年3月，为增加产能、扩大电子产品出口，决定以其持有的S子公司40%的股权500万股股票（取得时的价格1元/股，作为长期股权投资采用成本法核算，目前市价4.856元/股）收购同类企业B公司的生产设备、自建厂房、专利技术等资产（如表3-8所示）。双方签订收购协议，相关交易在当月完成。A公司收购资产占B公司全部资产的46%。B公司资产转让环节设备适用增值税税率为13%，厂房符合规定条件适用简易计税方法缴纳增值税，转让专利符合免征增值税条件。

表3-8　　收购资产一览表　　单位：万元

	原值	累计折旧	计税基础	公允价值
设备	1 200	350	850	1 100
厂房	500	280	220	700
无形资产	300	150	150	450
合计	2 000	780	1 220	2 250

A公司完成对B公司部分实质经营性资产收购3个月后，又用其持有的N公司30%的股权（取得时作为长期股权投资采用成本法核算，成本与计税基础都为200万

元，公允价值 318 万元），收购 B 公司 Y 商标所有权（原值 200 万元，累计摊销 50 万元，不含增值税的公允价值为 300 万元，适用增值税税率为 6%）。两次收购完成后，A 公司所收购的 B 公司资产公允价值占 B 公司全部资产公允价值的 52.1%。

交易双方承诺在重组交易完成后连续 12 个月内，不转让所取得的股权。被收购资产仍从事原生产经营活动。不考虑除增值税、企业所得税以外的其他税费。

要求：分析说明交易双方的财税处理。

解析：

1. 资产收购适用税收处理方法的条件判断。

该项资产收购重组在 12 个月内通过两次交易完成，应当视为一项重组业务，两次交易后，该项重组的税收处理方法适用条件分析如下：

（1）该项资产收购重组完成后，收购方 A 公司收购 B 公司实质经营性资产用于增加产能、扩大出口，具有合理的商业目的。

（2）该项资产收购重组完成后，收购方 A 公司将其继续用于生产电子产品，不改变被收购资产的原有用途。

（3）该项资产收购重组，收购方 A 公司收购实质经营性资产支付对价为控股企业的股权，股权支付比例为 100%，超过 85% 的规定比例条件。

（4）该项重组经过两次交易后，收购方 A 公司收购 B 公司的实质经营性资产的公允价值占 B 公司全部资产的公允价值 52.1%，超过 50% 的规定条件。

（5）交易双方承诺在重组后连续 12 个月内，不转让取得的股权。被收购资产仍从事原生产经营活动。

因而，该资产收购交易符合企业所得税特殊性税务处理条件，A 公司和 B 公司按照协商一致原则可以选择特殊性税务处理。即：

（1）转让方 B 公司取得收购方控股企业股权以被转让资产原有计税基础确定；

（2）收购方 A 公司取得转让方 B 公司资产的计税基础，以被转让资产的原有计税基础确定。

2. 转让方的处理。

（1）首次收购资产的会计处理。

B 公司以设备、厂房、专利技术等资产换取 A 公司持有的 S 子公司的股权 500 万股，占该公司 40% 的股权。转让方应计提的增值税额为：1 100 × 13% + 700 × 5% = 178（万元）。

借：固定资产清理——房屋	2 200 000
——设备	8 500 000
累计折旧——房屋	2 800 000
——设备	3 500 000

贷：固定资产——房屋　　5 000 000

——设备　　12 000 000

借：长期股权投资——S 公司　　24 280 000

无形资产累计摊销——专利技术　　1 500 000

贷：固定资产清理——房屋　　2 200 000

——设备　　8 500 000

无形资产——专利技术　　3 000 000

应交税费——应交增值税（销项税额）　　1 430 000

——简易计税　　350 000

资产处置损益　　10 300 000

（2）再次收购资产的会计处理。

B 公司以商标权取得 A 公司持有的 N 子公司 30% 的股权，作为长期股权投资核算。B 公司转让无形资产应计提增值税销项税额：300×6% =18（万元）。

借：长期股权投资——N 公司　　3 180 000

无形资产累计摊销——Y 商标　　500 000

贷：无形资产——Y 商标　　2 000 000

应交税费——应交增值税（销项税额）　　180 000

资产处置损益　　1 500 000

（3）转让方的税务处理。

①取得长期股权投资的处理。

税务处理时，B 公司以转让部分实质经营性资产取得的 S 公司的长期股权投资，该长期股权投资的计税基础为被转让资产的原计税基础 1 220 万元与相关税费之和；会计处理时，该长期股权投资的入账价值为转让资产的公允价值 2 250 万元与相关税费之和。该差异会造成未来该长期股权投资处置时的处置损益税收与会计确认金额的不同。B 公司对该长期股权投资的处置差异在处置年度可通过企业所得税年度纳税申报表“投资收益纳税调整明细表”（A105030）和“纳税调整项目明细表”第 4 行“（三）投资收益”进行纳税调整。

B 公司以转让实质经营性资产取得的 N 公司的长期股权投资，该长期股权投资的计税基础为被转让资产的原计税基础 150 万元与相关税费之和；会计处理时，该长期股权投资的会计入账价值为转让资产的公允价值 300 万元与相关税费之和。该差异会造成未来该长期股权投资处置时的处置收损益税收与会计确认金额的不同。B 公司对该长期股权投资的处置差异在处置年度可通过企业所得税年度纳税申报表“投资收益纳税调整明细表”（A105030）和“纳税调整项目明细表”第 4 行“（三）投资收益”进行纳税调整。

②处置资产的处理。

税务处理时，B公司转让部分实质经营性资产，对股权支付部分不确认资产的转让所得或损失；会计处理时，在重组当期会计确认资产转让损益1 180万元（1 030 + 150），形成税收和会计差异，该差异B公司在重组年度通过企业所得税年度纳税申报表附表“企业重组及递延纳税事项纳税调整明细表”（A105100）和“纳税调整项目明细表”（A105000）第37行“（一）企业重组及递延纳税事项”进行纳税调整，如表3－9、表3－10所示。

表3－9　A105100　企业重组及递延纳税事项纳税调整明细表　单位：元

行次	项目	一般性税务处理			特殊性税务处理（递延纳税）			纳税调整金额
		账载金额	税收金额	纳税调整金额	账载金额	税收金额	纳税调整金额	
		1	2	3（2－1）	4	5	6（5－4）	7（3+6）
1	一、债务重组							
2	其中：以非货币性资产清偿债务							
3	债转股							
4	二、股权收购							
5	其中：涉及跨境重组的股权收购							
6	三、资产收购				11 800 000	0	－11 800 000	－11 800 000
7	其中：涉及跨境重组的资产收购							
16	合计（1+4+6+8+11+12+13+14+15）				11 800 000	0	－11 800 000	－11 800 000

表3－10　A105000　纳税调整项目明细表　单位：元

行次	项目	账载金额	税收金额	调增金额	调减金额
		1	2	3	4
1	一、收入类调整项目（2+3+…8+10+11）	*	*		
12	二、扣除类调整项目（13+14+…24+26+27+28+29+30）	*	*		
31	三、资产类调整项目（32+33+34+35）	*	*		
36	四、特殊事项调整项目（37+38+…+43）	*	*		
37	（一）企业重组及递延纳税事项（填写A105100）	11 800 000	0		11 800 000
38	（二）政策性搬迁（填写A105110）	*	*		
39	（三）特殊行业准备金（填写A105120）				

续表

行次	项目	账载金额	税收金额	调增金额	调减金额
		1	2	3	4
40	（四）房地产开发企业特定业务计算的纳税调整额（填写 A105010）	*			
41	（五）合伙企业法人合伙人应分得的应纳税所得额				
42	（六）发行永续债利息支出				
43	（七）其他	*	*		
44	五、特别纳税调整应税所得	*	*		
45	六、其他	*	*		
46	合计（1+12+31+36+44+45）	*	*		11 800 000

3. 收购方的处理。

（1）首次收购资产的会计处理。

A 公司以其持有的 S 公司 40% 的股权购买转让方 B 公司的部分资产，该项非货币性资产交换的目的是为扩大产能、增加出口，具有商业实质，且非货币性资产公允价值能够取得。根据《企业会计准则第 7 号——非货币性资产交换》的规定，A 公司应以资产的公允价值作为其入账价值。

A 公司的会计处理如下：

借：固定资产——设备　　11 000 000

　　　　　　——房屋　　7 000 000

　　无形资产——专利技术　　4 500 000

　　应交税费——应交增值税（进项税额）　　1 780 000

　　贷：长期股权投资—S 公司　　5 000 000

　　　　投资收益　　19 280 000

（2）再次收购资产的会计处理。

A 公司以其持有的 N 公司 30% 的股权购买转让方 B 公司的部分资产，该项非货币性资产交换的目的是为扩大产能增加出口，具有商业实质，且非货币性资产公允价值能够取得。因此，A 公司应以资产的公允价值作为其入账价值。

借：无形资产——Y 商标　　3 000 000

　　应交税费——应交增值税（进项税额）　　180 000

　　贷：长期股权投资——N 公司　　2 000 000

　　　　投资收益　　1 180 000

（3）收购方的税务处理。

①取得资产的处理。

税务处理时，A 公司取得 B 公司资产的计税基础以被转让资产原有计税基础 1 420

万元（1 220 + 200）确定；会计处理时，取得B公司的资产按公允价值2 550万元（2 250 + 300）入账。资产的会计入账价值与计税基础存在差异，会造成该资产持有期间会计计提的折旧（摊销）额与税收折旧（摊销）额不同，需在持有期间进行纳税调整。

②股权处置的处理。

税务处理时，A公司以控股公司股权为支付对价收购B公司部分实质经营性资产，应按公允价值确认股权转让所得：1 928 + 118 = 2 046（万元）；会计处理时，在重组当期会计确认股权转让损益（投资收益）2 046万元（1 928 + 118），形成税收与会计差异。

（七）股权与非股权结合支付收购资产案例

【例3－7】 甲公司为注册在上海的一家生产新材料的上市公司。乙公司为注册在南京的非上市公司，主要生产膜材等新型材料，在行业内属于优质企业。甲、乙两家企业不存在控制与被控制关系，也不受同一方或相同的多方控制。甲公司和乙公司都是增值税一般纳税人，查账征收企业所得税。

甲公司为扩大经营规模，拓展产业链，提高产品竞争力，计划收购乙公司部分资产。

2020年5月，甲公司经股东大会批准，以定向增发股票、转让国债和支付部分现金等组合方式向乙公司收购存货（适用13%的增值税税率）等部分资产。甲、乙两公司签订了资产收购协议，约定甲公司以2元/股的价格向乙公司定向增发股票12 000万股（被投资企业可辨认净资产公允价值所占份额的金额），转让持有面值250万元、市价300万元的国债，支付银行存款400万元。

本次增发后，甲公司总股本40 000万股。资产收购完成后，乙公司计划长期持有甲公司的股权。重组日乙公司资产情况如表3－11所示。

表3－11　　　　**资产情况表**　　　　单位：万元

类别	入账价值	折旧/摊销	计税基础	评估价值（不含增值税）	备注
货币资金	500		500	500	不转让
应收账款	300		300	300	不转让
存货	700		700	700	转让
固定资产	1 000	100	900	1 000	转让
在建工程	20 000		20 000	20 000	转让
无形资产	2 000	2 000	0	3 000	转让
合计	24 500	2 100	22 400	25 500	

已知上述固定资产为设备，适用增值税税率为13%。在建工程为不动产工程，适用增值税税率为9%。不考虑增值税和企业所得税以外的其他税费。

要求：分析说明资产收购双方的财税处理。

解析：

1. 资产收购适用税务处理方法的条件判断。

（1）该项资产收购业务是为扩大企业经营规模、拓展产业链、提高产品竞争力，甲、乙两公司签订了资产收购协议，该资产收购业务具有合理的商业目的。

（2）该资产收购的对象是乙公司的固定资产、存货、在建工程和无形资产等实质经营性资产，资产收购完成后，被收购资产继续用于原产品的生产经营，未改变被收购资产的原有用途。

（3）甲公司为了完成本次资产收购，经股东大会同意，向乙公司定向增发股票12 000万股，价值24 000万元，股权支付达到97%（24 000÷24 700），超过85%的规定比例要求。

（4）甲公司收购乙公司的固定资产、存货、在建工程、无形资产等占乙公司全部资产的96.86%（24 700÷25 500），超过50%的规定比例条件要求。

（5）乙公司计划长期持有对甲公司的投资。

因而，该资产收购交易满足特殊性税务处理规定的条件，经交易双方协商一致可以选择适用特殊性税务处理。

2. 转让方的处理。

（1）会计处理。

转让方以转让存货、固定资产、在建工程和无形资产等取得甲公司定向增发的12 000万股股票等，甲、乙两公司不存在控制或受同一控制，长期股权投资应以公允价值计量。

①固定资产转入清理。

借：固定资产清理	9 000 000	
累计折旧	1 000 000	
贷：固定资产		10 000 000

②取得长期股权投资。

借：长期股权投资——甲公司——投资成本	262 010 000	
银行存款	4 000 000	
交易性金融资产	3 000 000	
贷：主营业务收入		7 000 000
应交税费——应交增值税（销项税额）		22 010 000
在建工程		200 000 000
资产处置损益		31 000 000
固定资产清理		9 000 000
借：主营业务成本	7 000 000	

贷：库存商品　　　　　　　　　　　　　　　　　　　　　7 000 000

增值税销项税额为：(1 000 + 700) ×13% +20 000 ×9% +3 000 ×6% =2 201 (万元)。

(2) 转让方的税务处理。

①税务处理时，乙公司（转让方）因转让资产而从甲公司（收购方）取得股权或非股权支付的计税基础应以被转让资产原有计税基础确定。对乙公司（转让方）取得的对价中包含债券、现金等非股权支付的部分，应在当期确认资产转让所得，同时调整股权的计税基础。

非股权支付对应的资产转让所得 =（被转让资产的公允价值 - 被转让资产的计税基础）×（非股权支付金额 ÷ 被转让资产的公允价值）=(24 700 - 21 600) ×（700 ÷ 24 700）=87.85（万元）；

乙公司取得的股权支付的计税基础 = 被转让资产的原计税基础 + 转让所产生的应纳税所得额 - 非股权支付公允价值 =21 600 +87.85 -700 =20 987.85（万元）。

②会计处理时，乙公司（转让方）对换入的股权及非股权，应根据对被投资企业的控制程度及支付对价方式的不同，适用不同的会计规定。本案例中，收购完成后，乙公司拥有甲公司 30% 的股权，对甲公司达不到控制，因此乙公司所取得的股权，应适用《企业会计准则第 2 号——长期股权投资》处理。

乙公司（转让方）取得的甲公司（收购方）的长期股权投资的会计入账价值与计税基础不同，会造成未来该长期股权投资转让时的税收与会计确认的转让收益不同。在处置年度乙公司对长期股权投资的处置差异应通过企业所得税年度纳税申报表“投资收益纳税调整明细表”(A105030) 调整。

乙公司在重组当期会计确认资产的转让损益金额与按税收规定确认的金额不一致，在企业所得税纳税申报时，通过企业所得税年度纳税申报表附表“企业重组及递延纳税事项纳税调整明细表”(A105100) 第 6 行“三、资产收购”和“纳税调整项目明细表”(A105000) 第 37 行“(一) 企业重组及递延纳税事项”进行纳税调整。相关申报表填报如表 3 - 12、表 3 - 13 所示。

表 3 - 12　　A105100　　　企业重组及递延纳税事项纳税调整明细表　　　单位：元

行次	项目	一般性税务处理			特殊性税务处理（递延纳税）			纳税调整金额
		账载金额	税收金额	纳税调整金额	账载金额	税收金额	纳税调整金额	
		1	2	3 (2 - 1)	4	5	6 (5 - 4)	7 (3 + 6)
1	一、债务重组							
2	其中：以非货币性资产清偿债务							
3	债转股							

续表

行次	项目	一般性税务处理			特殊性税务处理（递延纳税）			纳税调整金额
		账载金额	税收金额	纳税调整金额	账载金额	税收金额	纳税调整金额	
		1	2	3（2－1）	4	5	6（5－4）	7（3＋6）
4	二、股权收购							
5	其中：涉及跨境重组的股权收购							
6	三、资产收购				31 000 000	878 500	30 121 500	30 121 500
7	其中：涉及跨境重组的资产收购							
16	合计（1＋4＋6＋8＋11＋12＋13＋14＋15）				31 000 000	878 500	30 121 500	30 121 500

表 3－13　A105000　纳税调整项目明细表　单位：元

行次	项目	账载金额	税收金额	调增金额	调减金额
		1	2	3	4
1	一、收入类调整项目（2＋3＋…8＋10＋11）	*	*		
12	二、扣除类调整项目（13＋14＋…24＋26＋27＋28＋29＋30）	*	*		
31	三、资产类调整项目（32＋33＋34＋35）	*	*		
36	四、特殊事项调整项目（37＋38＋…＋43）	*	*		
37	（一）企业重组及递延纳税事项（填写 A105100）	31 000 000	878 500		30 121 500
38	（二）政策性搬迁（填写 A105110）	*	*		
39	（三）特殊行业准备金（填写 A105120）				
44	五、特别纳税调整应税所得	*	*		
45	六、其他	*	*		
46	合计（1＋12＋31＋36＋44＋45）	*	*		30 121 500

3. 收购方（甲公司）的处理。

（1）会计处理。

借：库存商品　7000000

　应交税费——应交增值税（进项税额）　22 010 000

　固定资产　10 000 000

　在建工程　200 000 000

　无形资产　30 000 000

　贷：股本——乙公司　120 000 000

　　资本公积——股本溢价　142 010 000

　　交易性金融资产　2 500 000

投资收益 500 000

银行存款 4 000 000

(2) 税务处理。

①税务处理时，甲公司（收购方）取得乙公司（转让方）资产的计税基础，以乙公司资产原有计税基础确定。因甲公司支付对价方式为股权和非股权组合方式，对甲公司（收购方）支付对价中的非股权支付部分，应在当期确认资产转让所得，同时，甲公司（收购方）按照收购资产公允价值占全部资产公允价值的比例调整对应资产的计税基础，即：

甲公司取得被转让资产的计税基础：20 000 + 900 + 700 + 87.85 = 21 687.85（万元）；

甲公司取得各项被转让资产的计税基础分别确认为：

存货计税基础 = 700 + 87.85 ×（700 ÷ 24 700）= 702.4897（万元）；

固定资产计税基础 = 900 + 87.85 ×（1 000 ÷ 24 700）= 903.5567（万元）；

在建工程计税基础 = 20 000 + 87.85 ×（20 000 ÷ 24 700）= 20 071.1336（万元）；

无形资产计税基础 = 0 + 87.85 ×（3 000 ÷ 24 700）= 10.67（万元）。

甲公司（收购方）取得乙公司（转让方）资产的计税基础 21 687.85 万元；确认的股本溢价，不计入应纳税所得额。确认非股权支付转让所得 50 万元（300 − 250），与会计处理相同。年度终了后办理企业所得税年度纳税申报时，需填报“企业重组及递延纳税事项纳税调整明细表”（A105100）第 6 行“三、资产收购”和“纳税调整项目明细表”（A105000）第 37 行“（一）企业重组及递延纳税事项”进行纳税调整。如表 3－14、表 3－15 所示。

表 3－14　A105100　企业重组及递延纳税事项纳税调整明细表　　单位：元

行次	项目	一般性税务处理			特殊性税务处理（递延纳税）			纳税调整金额
		账载金额	税收金额	纳税调整金额	账载金额	税收金额	纳税调整金额	
		1	2	3（2－1）	4	5	6（5－4）	7（3＋6）
1	一、债务重组							
2	其中：以非货币性资产清偿债务							
3	债转股							
4	二、股权收购							
5	其中：涉及跨境重组的股权收购							
6	三、资产收购				500 000	500 000	0	0
7	其中：涉及跨境重组的资产收购							
16	合计（1＋4＋6＋8＋11＋12＋13＋14＋15）				500 000	500 000	0	0

表 3-15　A105000　纳税调整项目明细表　单位：元

行次	项目	账载金额	税收金额	调增金额	调减金额
		1	2	3	4
1	一、收入类调整项目（2+3+…8+10+11）	*	*		
12	二、扣除类调整项目（13+14+…24+26+27+28+29+30）	*	*		
31	三、资产类调整项目（32+33+34+35）	*	*		
36	四、特殊事项调整项目（37+38+…+43）	*	*		
37	（一）企业重组及递延纳税事项（填写 A105100）	500 000	500 000	0	
38	（二）政策性搬迁（填写 A105110）	*	*		
39	（三）特殊行业准备金（填写 A105120）				
40	（四）房地产开发企业特定业务计算的纳税调整额（填写 A105010）	*			
41	（五）合伙企业法人合伙人应分得的应纳税所得额				
42	（六）发行永续债利息支出				
43	（七）其他	*	*		
44	五、特别纳税调整应税所得	*	*		
45	六、其他	*	*		
46	合计（1+12+31+36+44+45）	*	*	0	

②会计处理时，甲公司（收购方）以股权、非股权组合方式收购乙公司（转让方）部分实质经营性资产，实质经营性资产初始入账价值为：固定资产 1 000 万元，存货 700 万元，在建工程 20 000 万元，无形资产 3 000 万元；确认资产转让收益 50 万元。

资产的会计入账价值与计税基础差异，会造成甲公司（收购方）资产持有期间会计计提的折旧（摊销）额与可以税前扣除的折旧（摊销）额不同，对折旧（摊销）额税会差异应通过企业所得税年度纳税申报表“资产折旧摊销及纳税调整明细表”（A105080）调整。

在未来资产处置时的处置收益税收与会计不同，影响企业所得税应纳税所得额计算，在资产处置年度对固定资产、无形资产的处置差异通过企业所得税年度纳税申报表“纳税调整项目明细表”（A105000）调整。

甲公司（收购方）发行权益工具作为支付对价，可以视作接受投资，无需确认所得或损失。

三、非股权支付部分资产转让所得的计算

（一）非股权支付部分资产转让所得的确定

根据财税〔2009〕59 号文件第六条第（六）项的规定，资产收购重组交易各方按规定对交易中股权支付部分暂不确认有关资产的转让所得或损失的，其非股权支付

仍应在交易当期确认相应的资产转让所得或损失，并调整相应资产的计税基础。计算公式为：

非股权支付对应的资产转让所得或损失

=（被转让资产的公允价值 - 被转让资产的计税基础）

×（非股权支付金额 ÷ 被转让资产的公允价值）

在资产收购特殊性税务处理中,企业可以选择将与资产收购有关的所得或损失暂时推迟确认,也就是说,如果不考虑非股权支付部分,转让方在交易发生时不必即时确认转让资产的所得或损失,而可以递延到收购方处置该资产时,再根据处置收入和该资产的原计税基础确认转让资产的所得或损失,企业在所得税缴纳时间上获得递延。

转让方取得非股权支付部分应计算资产转让所得或损失,并应相应调整其取得非股权部分的计税基础。

（二）资产转让特殊性税务处理计税基础的确定

符合特殊性税务处理条件的资产收购重组中,对非股权支付部分,转让方应在交易当期确认相应的资产转让所得或损失,收购方应以被转让资产计税基础为基础,调整相应资产的计税基础。

转让方应确认的非股权支付对应部分的资产转让所得或损失

=（被转让资产的公允价值 - 被转让资产的计税基础）

×（非股权支付金额 ÷ 被转让资产的公允价值）

转让方取得股权的计税基础 = 被转让资产的原有计税基础 × 股权支付比例

对于资产收购方取得资产的计税基础，相关文件并未给出计算公式，但根据原理，我们可以推导出其计算公式为：

收购方取得资产的计税基础

= 被转让资产原计税基础 + 非股权支付对应的资产转让所得（减损失）

收购多项资产适用特殊性税务处理时，收购方应按每项非货币性资产公允价值的比例，计算分摊非股权支付对应的资产转让所得或损失，再计算收购方取得每项资产的计税基础。计算公式为：

收购方取得某项非货币性资产的计税基础

= 被转让资产原计税基础 + 非股权支付对应的资产转让所得或损失

×（该项非货币性资产公允价值 ÷ 被转让非货币性资产公允价值总额）

【例 3－8】 A 公司收购 B 公司一个生产车间，主要包括厂房、生产设备和包装设备等资产，账面价值（计税基础与账面价值相同）分别为：建筑物 100 万元、生产设备 300 万元、包装设备 200 万元，公允价值分别为：建筑物 300 万元、生产设备 400 万元、包装设备 300 万元。A 公司支付的对价包括增发公允价值为 900 万元的股票和

100万元现金。该交易符合相关规定条件，交易双方选择适用特殊性税务处理。

要求：分析说明资产收购双方的财税处理。

解析：

转让方B公司应确认的非股权支付对应部分的资产转让所得为：

（被转让资产的公允价值－被转让资产的计税基础）×（非股权支付金额÷被转让资产的公允价值）＝[（300＋400＋300）－（100＋300＋200）]×（100÷1 000）＝40（万元）；

转让方B公司取得A公司股权的计税基础为：

被转让资产的原有计税基础×股权支付比例＝（100＋300＋200）×（900÷1 000）＝540（万元）；

收购方A公司取得资产的计税基础＝被转让资产的原计税基础＋非股权支付部分对应的资产转让所得或损失＝600＋40＝640（万元）；

收购方A公司取得建筑物的计税基础为：

被转让资产原计税基础＋非股权支付对应的资产转让所得或损失×（该项非货币性资产公允价值÷被转让非货币性资产公允价值总额）＝100＋40×[300÷（300＋400＋300）]＝112（万元）；

A公司取得生产设备的计税基础为：300＋40×[400÷（300＋400＋300）]＝316（万元）；

A公司取得包装设备的计税基础为：200＋40×[300÷（300＋400＋300）]＝212（万元）。

四、资产收购分步交易的处理

根据财税〔2009〕59号文件第十条的规定，企业在资产收购重组发生前后连续12个月内分步对其资产、股权进行交易，应根据实质重于形式原则将上述交易作为一项企业重组交易进行处理。

【例3－9】2020年6月，A公司通过增发股份作为支付对价收购B公司的全部资产。已知B公司在2019年12月进行过一次分立，将B公司60%的资产分立成立C公司，B公司的分立事项已向税务机关进行纳税申报，按特殊性税务处理在2019年度进行了年度纳税申报。除资产收购比例外，A公司收购B公司资产符合特殊性税务处理条件。

要求：分析说明A公司2020年的资产收购是否符合特殊性税务处理条件。

解析：

B公司的分立交易和资产收购交易属于12个月内的两次重组交易，应视为一项重组交易，其实质为A公司收购B公司部分实质经营性资产，资产收购比例为40%，达不到50%，因此不适用资产收购特殊性税务处理规定。

根据《企业重组业务企业所得税管理办法》第三十三条的规定，跨年度分步交易，若当事方在首个纳税年度不能预计整个交易是否符合特殊性税务处理条件，应适用一般性税务处理。在下一纳税年度全部交易完成后，适用特殊性税务处理的，可以调整上一纳税年度的企业所得税年度纳税申报表，涉及多缴税款的，各主管税务机关应退税，或抵缴当年应纳税款。

【例3－10】2019年10月，A公司通过增发股份的方式，收购B公司30%的实质经营性资产。A公司与B公司协商后，计划于2020年6月再通过增发股份的形式收购B公司50%的实质经营性资产。

要求：分析说明资产收购双方应如何进行税务处理。

解析：

案例中的两次资产收购业务属于连续12个月内的分步交易，且跨两个纳税年度，A公司与B公司在2019年交易完成时预计整个交易符合特殊性税务处理条件，经双方协商一致选择特殊性税务处理的，可以暂时适用特殊性税务处理，并在当年企业所得税年度纳税申报时提交书面申报资料。

若2020年按计划在2020年6月完成再次资产收购交易，则资产收购比例合计达到80%，如符合资产收购特殊性税务处理的其他条件的，A公司与B公司可以按特殊性税务处理相关规定进行企业所得税年度纳税申报，并向税务机关报送申报资料。

若2020年10月以前预期的资产收购交易未完成，则因资产收购比例仅有30%，应适用一般性税务处理，需调整2019年度的企业所得税年度纳税申报表，计算缴纳企业所得税。

根据《国家税务总局关于企业重组业务企业所得税征收管理若干问题的公告》（国家税务总局公告2015年第48号）第六条的规定，企业重组业务适用特殊性税务处理的，申报时，当事各方还应向主管税务机关提交重组前连续12个月内有无与该重组相关的其他股权、资产交易情况的说明，并说明这些交易与该重组是否构成分步交易，是否作为一项企业重组业务进行处理。

《国家税务总局关于企业重组业务企业所得税征收管理若干问题的公告》（国家税务总局公告2015年第48号）第七条规定，根据财税〔2009〕59号文件第十条规定，若同一项重组业务涉及在连续12个月内分步交易，且跨两个纳税年度，当事各方在首个纳税年度交易完成时预计整个交易符合特殊性税务处理条件，经协商一致选择特殊性税务处理的，可以暂时适用特殊性税务处理，并在当年企业所得税年度申报时提交书面申报资料。

在下一纳税年度全部交易完成后，企业应判断是否适用特殊性税务处理。如适用特殊性税务处理的，当事各方应按该公告要求申报相关资料；如适用一般性税务处理的，应调整相应纳税年度的企业所得税年度申报表，计算缴纳企业所得税。

五、资产收购同时符合多种重组类型的处理

企业资产收购重组交易，从不同的主体看，可能还符合资产划转和非货币性资产投资税务处理条件，可以分别适用资产收购、资产划转和非货币性资产投资相关税收处理规定。

【例 3－11】 B 公司为 A 公司的全资子公司。2020 年 10 月，B 公司通过向 A 公司定向增发股票的方式收购 A 公司的一项专利技术所有权。该项专利技术所有权的公允价值占 A 公司总资产公允价值的比例为 60%。

要求：分析说明该项交易双方应如何进行税务处理？

解析：

根据该项交易的实质，交易双方 A 公司和 B 公司的税务处理可以选择适用如下之一规定：

（1）按照资产收购重组业务进行税务处理，B 公司以定向增发的股票收购 A 公司专利技术所有权处理。

（2）按母公司向子公司划转资产进行税务处理。

（3）按母公司以非货币性资产投资（技术所有权入股）子公司进行税务处理。

六、纳税申报与申报资料

（一）企业所得税纳税申报

资产收购适用特殊性税务处理的，转让方在会计上确认了转让损益但税收上不确认，或会计上和税收上确认的损益金额有差异的，应通过填报“企业重组及递延纳税事项纳税调整明细表”（A105100）第 6 行“三、资产收购”和“纳税调整项目明细表”（A105000）第 37 行“（一）企业重组及递延纳税事项”进行纳税调整。

转让方取得投资资产的账面价值与计税基础存在差异的，该差异会造成未来该投资资产处置时的处置损益税收与会计确认金额的不同，转让方对该投资资产的处置差异在处置年度应通过填报“投资收益纳税调整明细表”（A105030）和“纳税调整项目明细表”（A105000）第 4 行“（三）投资收益”进行纳税调整。同时，在企业所得税年度纳税申报时对资产转让所得或损失情况进行专项说明，包括特殊性税务处理时确定的重组资产计税基础与转让或处置时的计税基础的比对情况，以及递延所得税负债的处理情况等。

企业资产收购适用特殊性税务处理的，收购方无论是否涉及纳税调整，均应在该资产收购业务完成当年填报“企业重组所得税特殊性税务处理报告表”（见表 3－16）

及其附表“企业重组所得税特殊性税务处理报告表（资产收购）”（见表3－17）。

收购方取得实质经营性资产的会计入账价值与税法计税基础之间存在差异，涉及存货等流动资产的，收购方将来处置该类资产时，资产的账面价值与计税基础之间的差异，通过填报“纳税调整项目明细表”（A105000）第34行“（四）其他”进行纳税调整；涉及固定资产和无形资产等资产的，在资产持有期间企业所得税年度纳税申报时，折旧（摊销）额的差异通过《资产折旧、摊销情况及纳税调整明细表》（A105080）和《纳税调整项目明细表》（A105000）第31行“（一）资产折旧、摊销”进行纳税调整，收购方将来处置该类资产时，资产的账面价值与计税基础之间的差异，通过填报《纳税调整项目明细表》（A105000）第35行“（四）其他”进行纳税调整。同时，在年度纳税申报时对资产（股权）转让所得或损失情况进行专项说明，包括特殊性税务处理时确定的重组资产（股权）计税基础与转让或处置时的计税基础的比对情况，以及递延所得税负债的处理情况等。

表3－16　　企业重组所得税特殊性税务处理报告表

<table>
<tr><td>纳税人名称
（盖章）</td><td colspan="2"></td><td>纳税人识别号</td><td colspan="2"></td></tr>
<tr><td>单位地址</td><td colspan="2"></td><td>财务负责人</td><td colspan="2"></td></tr>
<tr><td>主管税务机关
（全称）</td><td colspan="2"></td><td>联系电话</td><td colspan="2"></td></tr>
<tr><td colspan="2">重组日：</td><td colspan="2">重组业务开始年度：</td><td colspan="2">重组业务完成年度：</td></tr>
<tr><td>重组交易类型</td><td colspan="5">企业在重组业务中所属当事方类型</td></tr>
<tr><td>□法律形式改变</td><td colspan="2"></td><td></td><td colspan="2"></td></tr>
<tr><td>□债务重组</td><td colspan="2">□债务人</td><td>□债权人</td><td colspan="2"></td></tr>
<tr><td>□股权收购</td><td colspan="2">□收购方</td><td>□转让方</td><td colspan="2">□被收购企业</td></tr>
<tr><td>□资产收购</td><td colspan="2">□收购方</td><td>□转让方</td><td colspan="2"></td></tr>
<tr><td>□合并</td><td colspan="2">□合并企业</td><td>□被合并企业</td><td colspan="2">□被合并企业股东</td></tr>
<tr><td>□分立</td><td colspan="2">□分立企业</td><td>□被分立企业</td><td colspan="2">□被分立企业股东</td></tr>
<tr><td rowspan="5">特殊性
税务处理条件</td><td colspan="4">（一）具有合理的商业目的，且不以减少、免除或者推迟缴纳税款为主要目的。</td><td>□</td></tr>
<tr><td colspan="4">（二）被收购、合并或分立部分的资产或股权比例符合规定的比例。</td><td>□比例%</td></tr>
<tr><td colspan="4">（三）企业重组后的连续12个月内不改变重组资产原来的实质性经营活动。</td><td>□</td></tr>
<tr><td colspan="4">（四）重组交易对价中涉及股权支付金额符合规定比例。</td><td>□比例 %</td></tr>
<tr><td colspan="4">（五）企业重组中取得股权支付的原主要股东，在重组后连续12个月内，不得转让所取得的股权。</td><td>□</td></tr>
</table>

续表

主管税务机关受理意见	（受理专用章） 年　月　日	
其他需要说明的事项（重组业务其他需要说明的事项，如没有则填“无”）：		
纳税人声明	谨声明：本人知悉并保证本表填报内容及所附证明材料真实、完整，并承担因资料虚假而产生的法律和行政责任。 法定代表人签章：　　　年　月　日	

填表人：　　　　填表日期：

填表说明：

1. 本表为企业重组业务适用特殊性税务处理申报时填报。涉及两个及以上重组交易类型的，应分别填报。

2. “特殊性税务处理条件”，债务重组中重组所得超50%的，只需填写条件（一），债转股的，只需填写条件（一）和（五）；合并中同一控制下且不需要支付对价的合并，只需填写条件（一）、（二）、（三）和（五）。

3. 本表一式两份，重组当事方及其所属主管税务机关各一份。

4. 除法律形式简单改变外，重组各方应在该重组业务完成当年，办理企业所得税年度申报时，分别向各自主管税务机关报送《企业重组所得税特殊性税务处理报告表及附表》和申报资料。合并、分立中重组一方涉及注销的，应在尚未办理注销税务登记手续前进行申报。重组主导方申报后，其他当事方向其主管税务机关办理纳税申报。申报时还应附送重组主导方经主管税务机关受理的“企业重组所得税特殊性税务处理报告表及附表”（复印件）。

表3-17　　企业重组所得税特殊性税务处理报告表（资产收购）

申报企业名称（盖章）：　　　　金额单位：元（列至角分）

资产转让方名称			资产转让方所属主管税务机关（全称）		
资产转让方纳税识别号					
资产转让方全部资产的公允价值		资产转让方所转让资产的公允价值		所转让资产占资产转让方全部资产的比例%	
资产受让方名称		资产受让方所属主管税务机关（全称）		股权支付金额占交易支付总额的比例%	
资产受让方纳税识别号					

续表

资产收购交易支付总额				其中：股权支付额		非股权支付额		
资产转让方	项目名称（按大类）	公允价值	账面价值	原计税基础	非股权支付对应的资产转让所得或损失	实际取得股权及其他资产		
						项目名称	公允价值	计税基础
	转让资产合计					合计		
资产受让方	项目名称	公允价值	账面价值	原计税基础	非股权支付对应的资产转让所得或损失	实际取得股权及其他资产		
						项目名称（按大类）	公允价值	计税基础
	1. 股权支付额							
	（1）本企业股权							
	（2）其控股企业股权							
	①							
	②							
	…							
	2. 非股权支付额							
	合计（1+2）					合计		
是否存在资产收购涉及项目所得的税收优惠承继				优惠已执行年限		优惠剩余年限		

谨声明：本人知悉并保证本表填报内容及所附证明材料真实、完整，并承担因资料虚假而产生的法律和行政责任。

法定代表人签章：　　　　年　月　日

填表人：　　　　填表日期：

填表说明：

1. 若资产收购业务较复杂，本表不能充分反映企业实际情况，企业可自行补充说明。

2. 本表一式两份。资产转让方（资产受让方）及其所属主管税务机关各一份。

（二）申报资料

根据《国家税务总局关于企业重组业务企业所得税征收管理若干问题的公告》（国家税务总局公告2015年第48号）第四条的规定，企业资产收购重组业务适用特殊性税务处理的，重组各方（转让方和收购方）应在该重组业务完成当年，办理企业所得税年度申报时，分别向各自主管税务机关报送“企业重组所得税特殊性税务处理报告表及附表”和申报资料。

重组主导方（转让方）申报后，其他当事方向其主管税务机关办理纳税申报。受让方申报时还应附送重组主导方经主管税务机关受理的“企业重组所得税特殊性税务处理报告表及附表”（复印件）。申报资料包括：

（1）资产收购业务总体情况说明，包括资产收购方案、基本情况，并逐条说明资产收购的商业目的。

（2）资产收购业务合同（协议），需有关部门（包括内部和外部）批准的，应提供批准文件。

（3）相关资产评估报告或其他公允价值证明。

（4）被收购资产原计税基础的证明。

（5）12个月内不改变资产原来的实质性经营活动、原主要股东不转让所取得股权的承诺书。

（6）市场监督管理部门等有关机关登记的相关企业股权变更事项的证明材料。

（7）重组当事各方一致选择特殊性税务处理并加盖当事各方公章的证明资料。

（8）涉及非货币性资产支付的，应提供非货币性资产评估报告或其他公允价值证明。

（9）重组前连续12个月内有无与该重组相关的其他股权、资产交易，与该重组是否构成分步交易、是否作为一项企业重组业务进行处理情况的说明。

（10）按会计准则规定当期应确认资产（股权）转让损益的，应提供按税法规定核算的资产（股权）计税基础与按会计准则规定核算的相关资产（股权）账面价值的暂时性差异专项说明。

（三）企业重组具有合理商业目的的说明

根据《国家税务总局关于企业重组业务企业所得税征收管理若干问题的公告》（国家税务总局公告2015年第48号）第五条的规定，企业资产收购重组业务适用特殊性税务处理的，申报时，应从以下方面逐条说明企业重组具有合理的商业目的：

（1）重组交易的方式。

（2）重组交易的实质结果。

（3）重组各方涉及的税务状况变化。

（4）重组各方涉及的财务状况变化。

（5）非居民企业参与重组活动的情况。

（四）以后年度处置重组资产的申报

根据《国家税务总局关于企业重组业务企业所得税征收管理若干问题的公告》（国家税务总局公告2015年第48号）第十条的规定，适用特殊性税务处理的企业，在以后年度转让或处置重组资产（股权）时，应在年度纳税申报时对资产（股权）转让所得或损失情况进行专项说明，包括特殊性税务处理时确定的重组资产（股权）计税基础与转让或处置时的计税基础的比对情况，以及递延所得税负债的处理情况等。

适用特殊性税务处理的企业，在以后年度转让或处置重组资产（股权）时，主管税务机关应加强评估和检查，将企业特殊性税务处理时确定的重组资产（股权）计税基础与转让或处置时的计税基础及相关的年度纳税申报表比对，发现问题的，应依法进行调整。

七、跨境资产收购适用特殊性税务处理条件

根据财税〔2009〕59号文件第七条的规定，企业发生涉及中国境内与境外之间（包括港澳台地区）的股权和资产收购交易，除应符合该通知第五条规定的条件外，还应同时符合下列条件，才可选择适用特殊性税务处理规定：

（1）非居民企业向其100%直接控股的另一非居民企业转让其拥有的居民企业股权，没有因此造成以后该项股权转让所得预提税负担变化，且转让方非居民企业向主管税务机关书面承诺在3年（含3年）内不转让其拥有受让方非居民企业的股权。

（2）非居民企业向与其具有100%直接控股关系的居民企业转让其拥有的另一居民企业股权。

（3）居民企业以其拥有的资产或股权向其100%直接控股的非居民企业进行投资。

（4）财政部、国家税务总局核准的其他情形。

居民企业以其拥有的资产或股权向其100%直接控股的非居民企业进行投资，其资产或股权转让收益如选择特殊性税务处理，可以在10个纳税年度内均匀计入各年度应纳税所得额。

【例3-12】 A公司（居民企业）将其拥有的资产向B公司（非居民企业）增资，该项资产占A公司总资产的60%。

要求：分析说明上述交易如何适用特殊性税务处理。

解析： 如果B公司是A公司100%直接控股的子公司，该交易可以适用特殊性税务处理，即A公司相关资产转让收益可以在10个纳税年度内均匀计入各年度应纳税所得额。

第三节 资产收购的其他税种处理

一、增值税的处理

（一）资产收购中转让货物的增值税处理

根据《国家税务总局关于纳税人资产重组有关增值税问题的公告》（国家税务总局公告2011年第13号）的规定，纳税人在资产重组过程中，通过合并、分立、出售、置换等方式，将全部或者部分实物资产以及与其相关联的债权、负债和劳动力一并转让给其他单位和个人，不属于增值税的征税范围，其中涉及的货物转让，不征收增值税。

根据《国家税务总局关于纳税人资产重组有关增值税问题的公告》（国家税务总局公告2013年第66号）的规定，纳税人在资产重组过程中，通过合并、分立、出售、置换等方式，将全部或者部分实物资产以及与其相关联的债权、负债经多次转让后，最终的受让方与劳动力接收方为同一单位和个人的，仍适用《国家税务总局关于纳税人资产重组有关增值税问题的公告》（国家税务总局公告2011年第13号）的相关规定，其中货物的多次转让行为均不征收增值税。资产的出让方需将资产重组方案等文件资料报其主管税务机关。

值得注意的是，企业所得税对资产收购中的资产要求是“实质经营性资产”，但企业所得税对划转中的资产却无此要求。而增值税中符合“不征收增值税”政策的资产，要求“资产以及与其相关联的债权、负债和劳动力一并转让”，其实质也是“实质经营性资产”，即可以满足投入、产出，具有加工能力的资产组合。

（二）资产收购中转让不动产、土地使用权的处理

根据《营业税改征增值税试点有关事项的规定》（财税〔2016〕36号文件印发）第一条第（二）项的规定，在资产重组过程中，通过合并、分立、出售、置换等方式，将全部或者部分实物资产以及与其相关联的债权、负债和劳动力一并转让给其他单位和个人，其中涉及的不动产、土地使用权转让行为。

二、土地增值税处理

根据《财政部 税务总局关于继续实施企业改制重组有关土地增值税政策的通知》（财税〔2018〕57号）第四条的规定，单位、个人在改制重组时以房地产作价入股进

行投资，对其将房地产转移、变更到被投资的企业，暂不征收土地增值税。

企业在申请享受上述土地增值税优惠政策时，应向主管税务机关提交房地产转移双方的营业执照、改制重组协议或等效文件，相关房地产权属和价值证明、转让方改制重组前取得土地使用权所支付地价款的凭据（复印件）等书面材料。

上述改制重组有关土地增值税政策不适用于房地产转移任意一方为房地产开发企业的情形。

根据《财政部 税务总局关于继续实施企业改制重组有关土地增值税政策的通知》（财税〔2018〕57 号）第六条的规定，企业改制重组后再转让国有土地使用权并申报缴纳土地增值税时，应以改制前取得该宗国有土地使用权所支付的地价款和按国家统一规定缴纳的有关费用，作为该企业“取得土地使用权所支付的金额”扣除。企业在改制重组过程中经省级以上（含省级）国土管理部门批准，国家以国有土地使用权作价出资入股的，再转让该宗国有土地使用权并申报缴纳土地增值税时，应以该宗土地作价入股时省级以上（含省级）国土管理部门批准的评估价格，作为该企业“取得土地使用权所支付的金额”扣除。办理纳税申报时，企业应提供该宗土地作价入股时省级以上（含省级）国土管理部门的批准文件和批准的评估价格，不能提供批准文件和批准的评估价格的，不得扣除。

三、印花税的处理

根据《中华人民共和国印花税暂行条例》的规定，在中国境内书立、领受该条例所列举凭证的单位和个人，都是印花税的纳税义务人，应当按照该条例规定缴纳印花税。下列凭证为应纳税凭证：

（1）购销、加工承揽、建设工程承包、财产租赁、货物运输、仓储保管、借款、财产保险、技术合同或者具有合同性质的凭证；

（2）产权转移书据；

（3）营业账簿；

（4）权利、许可证照；

（5）经财政部确定征税的其他凭证。

依据上述规定，资产收购重组交易中可能涉及征收印花税的凭证主要包括购销合同、产权转移书据和权利、许可证照等。

四、契税的处理

资产收购标的资产包括房地产的，收购方会涉及契税处理问题。

根据《财政部 国家税务总局关于继续支持企业 事业单位改制重组有关契税政策的通知》（财税〔2018〕17号）第六条关于资产划转的规定，对承受县级以上人民政府或国有资产管理部门按规定进行行政性调整、划转国有土地、房屋权属的单位，免征契税。

同一投资主体内部所属企业之间土地、房屋权属的划转，包括母公司与其全资子公司之间，同一公司所属全资子公司之间，同一自然人与其设立的个人独资企业、一人有限公司之间土地、房屋权属的划转，免征契税。

母公司以土地、房屋权属向其全资子公司增资，视同划转，免征契税。

资产收购中，收购方以自身的股权作为支付对价且满足财税〔2018〕17号文件第六条有关资产划转优惠规定的，收购方可以适用资产划转免征契税优惠。若不符合资产划转免税条件，则应按规定缴纳契税。

五、资产置换税收案例

【例3－13】 2019年，甲公司与其控股股东乙公司签订了资产置换协议，对相关资产进行置换。具体为：

乙公司以所持有的A公司100%的股权以及乙公司××大酒店全部经营性资产及负债（含房屋建筑物）与甲公司所持有的B公司51%的股权进行资产置换，差额部分由甲公司以现金补足。交易发生时，乙公司全部净资产的公允价值为353亿元。

甲公司置入资产：①乙公司持有的A公司100%的股权。账面净值6.48亿元，评估值及交易作价7.54亿元。②乙公司××大酒店的经营性资产及负债。账面净值0.64亿元，评估值及交易作价2.67亿元。

甲公司置出资产：甲公司所持有的B公司51%的股权。账面净值2.33亿元，评估值及交易作价8.71亿元。差额部分由甲公司现金补足1.5亿元。

具体如表3－18所示：

表3－18

单位：亿元

交易方	标的资产	账面净值	评估值	评估增值	交易金额
甲公司资产置入	A公司100%的股权	6.48	7.54	1.06	7.54
	××大酒店经营性资产与负债	0.64	2.67	2.03	2.67
	小计	7.12	10.21	3.09	10.21
甲公司资产置出	B公司51%股权	2.33	8.71	6.38	8.71
	用以补足差额的现金对价				1.50
	小计				10.21

本协议生效之日起，××大酒店债权由甲公司享有。若相关债务人在本协议生效之日起就属于××大酒店范围内之债权仍向乙公司付款的，乙公司应在收到相应款项后将该等款项全额支付给甲公司。

乙公司应按相关法律法规、公司章程及相关合同的规定，就与××大酒店相关的债务转移事项及时取得债权人同意函。

若相关债务在交割日前到期，乙公司负责办理相关债务的延期，如无法延期并由乙公司清偿的或相关债务在交割日前未到期，由乙公司提前清偿的，则乙公司需在交割日提供甲公司认可的等额债务替换并取得相关债权人的同意或由双方协商相应调整交易对价。

自本协议约定的交割日后，如任何未向乙公司出具债务转移同意函的债权人向乙公司主张权利的，乙公司需向甲公司发出书面通知，将上述权利主张交由甲公司负责处理。

甲、乙双方一致同意，A公司、B公司将继续履行其各自与员工已签署的劳动合同，涉及××大酒店运营的员工将与甲公司或甲公司指定主体重新签署劳动合同，并按《劳动法》《劳动合同法》等相关规定维护员工合法权益。

本案例中，假设相关资产的计税基础与账面净值一致，所转让的公司均为非上市公司。甲、乙双方该如何进行税务处理？

解析：

本次资产置换中涉及到土地、房屋权属的转移。因此，甲公司会涉及契税、印花税及企业所得税。乙公司会涉及增值税、土地增值税、印花税及企业所得税。

关于增值税，由于转让非上市公司的股权不属于增值税的征收范围，因此甲公司转让B公司的股权、乙公司转让A公司的股权不征收增值税。另外，在乙公司××大酒店业务的整体转让中，乙公司将××大酒店相关经营性资产以及与其相关联的债权、负债和劳动力一并转让给甲公司，根据国家税务总局公告2011年第13号及财税〔2016〕36号，也不属于增值税的征收范围，乙公司可以适用增值税“不征税”政策。

关于土地增值税，无法适用财税〔2018〕57号文的“暂不征土地增值税”政策。乙公司需要就××大酒店土地、房屋权属的转移，计算缴纳土地增值税。

关于契税，无法适用财税〔2018〕17号“免征契税”政策。甲公司对承受乙公司××大酒店土地、房屋的权属转移，应该缴纳契税。

关于印花税，由于资产置换协议不是印花税的列举范围，对资产置换协议不征收印花税。但在资产置换协议下，如果土地、房屋及股权因产权过户而签订了单独的合同，甲、乙双方对土地、房屋及股权转让部分需要按“产权转移书据”缴纳印花税。

关于企业所得税，能否适用特殊性税务处理需要具体分析。本案中，对资产置换的差价，由甲公司向乙公司现金补足，因此该交易不能视为乙公司的股权收购行为，只能视为甲公司的资产收购行为。即：甲公司收购乙公司持有的A公司100%股权及乙公司××大酒店全部经营性资产及负债（含房屋建筑物），交易总金额为10.21亿元。甲公司支付的对价为1.5亿元现金及价值8.71亿元的B公司51%股权，甲公司股权支付比例为85%以上，符合特殊性税务处理规定的比例要求；但由于乙公司全部净资产的公允价值为353亿元，乙公司所转让资产的公允价值为10.21亿元，未达到乙公司全部资产的50%以上，不满足资产收购特殊性税务处理的比例要求。因此，各方需要确认资产或股权的转让所得，缴纳企业所得税，资产置入方按交易价格确认各项置入资产的计税基础。即甲公司需要确认B公司51%的股权转让所得6.38亿元，乙公司确认取得B公司51%股权的计税基础为8.71亿元；乙公司需要确认A公司100%的股权转让所得1.06亿元及××大酒店的资产转让所得2.03亿元，甲公司需要确认取得A公司100%股权的计税基础为7.54亿元，取得××大酒店资产的计税基础为2.67亿元。

六、铁物股份拟借壳*ST夏利上市重组案例

【例3-14】2020年6月20日，天津一汽夏利汽车股份有限公司（证券简称：*ST夏利，证券代码：000927）发布了系列公告，披露了中国铁路物资股份有限公司（以下简称为“铁物股份”）拟借壳*ST夏利上市的具体操作方案。

（一）交易概述

本交易拟通过一系列操作，将*ST夏利原持有的资产及股权置换出去（净壳），再将铁物股份持有的资产装入上市公司（借壳），同时*ST夏利的控股股东通过无偿划转股票，将实际控制人变更为铁物股份。具体如图3-2所示：

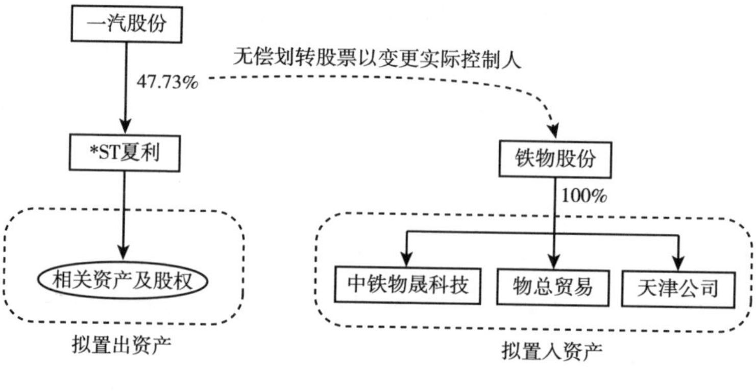

图3-2 铁物股份借壳*ST夏利相关交易示意图

（二）交易方案

本次交易的整体方案由上市公司股份无偿划转、重大资产出售、发行股份购买资产及募集配套资金四部分组成，上述股份无偿划转、重大资产出售、发行股份购买资产互为条件，共同构成本次重大资产重组不可分割的组成部分。重大资产出售中，如鑫安保险 17.5% 股权转让尚未获得银保监会批准，不影响整体方案中其他组成部分的实施，除此之外，以上三项交易中任何一项因未获批准或其他原因而无法付诸实施的，则其他两项均不实施。

同时，本次募集配套资金以本次发行股份购买资产交易的成功实施为前提，但募集配套资金的成功与否不影响发行股份购买资产交易的实施。

1. 股份无偿划转

截至本报告书摘要签署之日，一汽股份持有一汽夏利（即*ST 夏利）761 427 612 股股份，持股比例为 47.73%。一汽股份拟将其持有的一汽夏利 697 620 651 股股份（占一汽夏利本次交易前总股本的 43.73%，市值约 30 亿元）无偿划转给铁物股份。本次无偿划转完成后，铁物股份持有一汽夏利 697 620 651 股股份（占一汽夏利本次交易前总股本的 43.73%）。

2. 重大资产出售

一汽夏利将其拥有的截至评估基准日除鑫安保险 17.5% 股权及留抵进项税以外的全部资产和负债转入夏利运营（留抵进项税因无法变更纳税主体而保留，后续将由一汽夏利向夏利运营以现金予以等额补偿）后，一汽夏利拟向一汽股份出售夏利运营 100% 股权及鑫安保险 17.5% 股权，一汽股份指定一汽资产为承接方，由一汽夏利将夏利运营 100% 股权和鑫安保险 17.5% 股权直接过户至一汽资产。

3. 发行股份购买资产

一汽夏利拟向中国铁物、铁物股份、芜湖长茂、结构调整基金、工银投资、农银投资、润农瑞行、伊敦基金发行股份购买其合计持有的中铁物晟科技 100% 股权及铁物股份持有的天津公司 100% 股权、物总贸易 100% 股权。股份发行价格为 3.05 元/股，不低于定价基准日前 20 个交易日公司股票交易均价的 90%。上市公司的股票在定价基准日至发行日期间如有派息、送股、资本公积金转增股本或配股等除权、除息事项的，发行价格应将作相应调整。

4. 募集配套资金

上市公司拟向包括铁物股份在内的不超过 35 名符合条件的特定投资者非公开发行股份募集配套资金，募集配套资金总额不超过 160 000 万元，不超过本次交易中以发行股份方式购买资产的交易价格的100%，募集配套资金发行股份数量不超过本次交易前公司总股本的30%。本次募集配套资金中155 570万元用于补充标的公司流动资金，其余用于支付本次交易相关税费及中介机构费用。本次配套募集资金用于补充流动资金的比例不超过拟购买资产作价的25%。

本次交易完成后，上市公司控股股东将变更为铁物股份，由于铁物股份为中国铁物的控股子公司，上市公司的实际控制人仍为国务院国资委，故本次交易不会导致上市公司实际控制人发生变更。因此，本次交易不构成《上市公司重大资产重组管理办法》第十三条规定的重组上市。

（三）可能存在的涉税问题分析

这是一起典型的上市公司净壳、拟上市公司借壳上市案例。在净壳及借壳过程中，各方综合利用了多种重组方式，包括无偿划转股权、非货币性资产投资、股权转让、增发股份购买资产、增发股份融资等。涉及的税种有增值税、土地增值税、契税、印花税及企业所得税等。部分交易拟适用特殊性税务处理。

1. 股份无偿划转

在一汽股份无偿划转*ST夏利43.73%股份给铁物股份的过程中（如图3－3所示），会涉及增值税、印花税及企业所得税。

（1）增值税。笔者认为，无偿划转应按销售计算缴纳金融商品转让增值税。卖出价按股票过户日的公允价值计算，买入价按国家税务总局公告2016年53号、国家税务总局公告2018年第42号、国家税务总局公告2019年第31号、国家税务总局公告2020年第9号等规定执行。

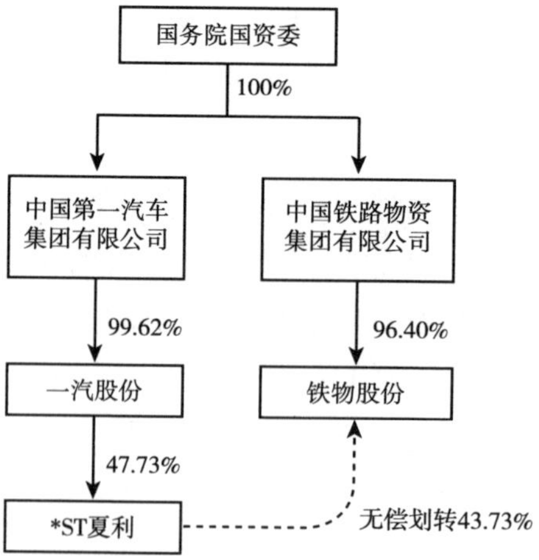

图3－3　一汽股份无偿划转上市公司43.73%的股权给铁物股份

（2）印花税。国税函〔2004〕941号规定，对经国务院和省级人民政府决定或批准进行的国有（含国有控股）企业改组改制而发生的上市公司国有股权无偿转让行为，暂不征收证券（股票）交易印花税。对不属于上述情况的上市公司国有股权无偿转让行为，仍应征收证券（股票）交易印花税。

（3）企业所得税。该划转并不符合财税〔2014〕109号及国家税务总局公告2015年第40号中的“两类架构、四种方式”，因此不能适用特殊性税务处理。

2. 重大资产出售

该过程由四步组成：①*ST夏利现金出资100万元设立全资子公司夏利运营，如图3－4所示；②*ST夏利向夏利运营现金增资4 900万元，如图3－5所示；③*ST夏利按账面价值向夏利运营整体划转全部资产、负债及人员（“鑫安保险”17.5%股权及母公司留抵进项税除外），如图3－6所示。该步骤拟适用特殊性税务处理；④*ST夏利向一汽资产转让夏利运营100%股权及鑫安保险17.5%股权。该过程中的税收事项分析如下：

（1）在①及②的出资行为中，夏利运营仅需要就实收资本新增加部分缴纳印花税。

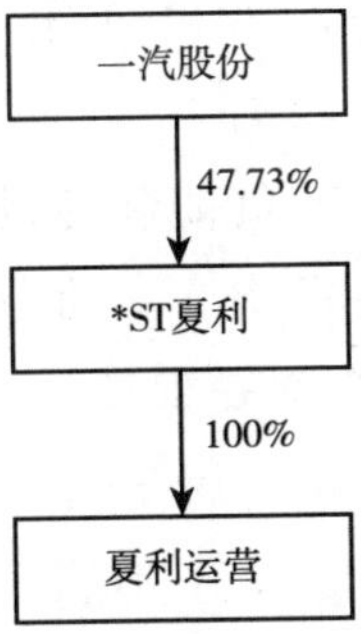

图3－4　第一步：*ST夏利投资100万元新设夏利运营

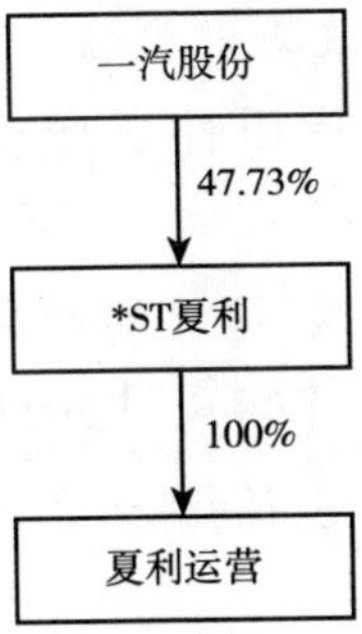

图3－5　第二步：*ST夏利对夏利运营现金增资4 900万元

（2）在③的资产划转过程中，会涉及增值税、土地增值税、契税、印花税及企业所得税。

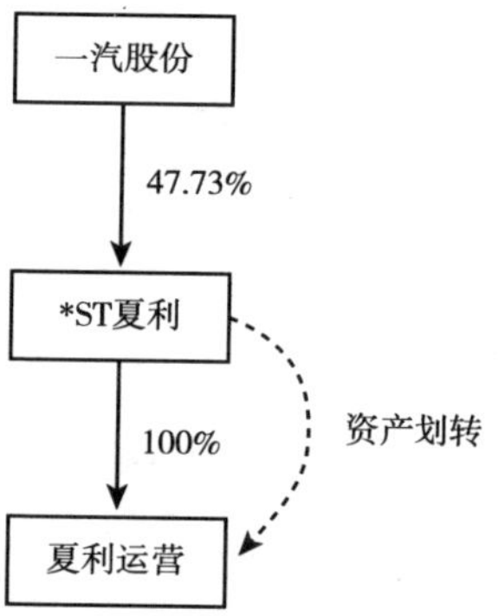

图 3－6　第三步：按账面净值整体划转全部资产、负债及人员
（鑫安保险 17.5%股权及母公司留抵进项税除外）

截止 2020 年 4 月 30 日，拟置入夏利运营的资产总额 157 428.91 万元，负债总额 340 712.86 万元，归属于母公司净资产－186 022.99 万元。以上资产中含有股权、商标权、房屋及土地使用权。

第一，增值税。国家税务总局公告 2011 年第 13 号及财税〔2016〕36 号文附件 2 规定，纳税人在资产重组过程中，通过合并、分立、出售、置换等方式，将全部或者部分实物资产以及与其相关联的债权、负债和劳动力一并转让给其他单位和个人，不属于增值税的征税范围，其中涉及的货物、不动产、土地使用权转让，不征收增值税。由于*ST 夏利向夏利运营划转的是除鑫安保险 17.5%股权及留抵进项税外的整体资产，包括负债及人员。笔者认为，划转也属于资产重组的范畴，可以适用“不征收增值税”政策。对于商标权等无形资产，由于不属于文件列明的货物、不动产、土地使用权，有些地方税务机关认为不能适用“不征收增值税”政策。

第二，土地增值税。现行土地增值税的重组政策是《财政部 税务总局关于继续实施企业改制重组有关土地增值税政策的通知》（财税〔2018〕57 号），但其中并不包含“划转”类型。因此，对非货币性资产投资外的划转行为需要缴纳土地增值税。

第三，契税。现行契税的重组政策是《财政部 税务总局关于继续支持企业 事业单位改制重组有关契税政策的通知》（财税〔2018〕17 号），对同一投资主体内部所属企业之间土地、房屋权属的划转，包括母公司与其全资子公司之间土地、房屋权属的划转，免征契税。

第四，印花税。目前，我国印花税实行列举的方式对应税经济合同进行正列举，资产划转协议并不在列举的合同之内，因此不缴纳印花税。但在资产划转协议下，如果土地、房屋及股权因产权过户而签订了单独的合同，甲、乙双方对土地、房屋及股权转让部分需要按“产权转移书据”缴纳印花税。

第五，企业所得税。划转时，以 2019 年 12 月 31 日为划转基准日，*ST 夏利按账面价值将相关资产划转至夏利运营。由于此种划转属于母子公司 100% 股权架构之间的划转，如不考虑下一步，企业所得税可以适用特殊性税务处理。但部分地区认为，对于含有负债的划转不得适用特殊性税务处理。

（3）在④中，*ST 夏利向一汽资产转让鑫安保险 17.5% 股权，作价 21 968.95 万元，*ST 夏利向一汽资产转让夏利运营 100% 股权，作价 -20 183.14 万元，合计作价 1 785.81万元，如图 3-7 所示。会涉及印花税及企业所得税。

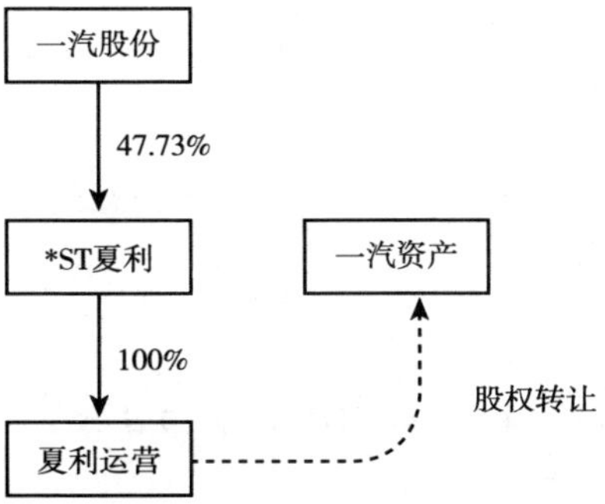

图 3-7　第四步：转让夏利运营 100% 股权及鑫安保险 17.5% 股权

如果③和④时间间隔在 12 个月内（从方案看，各个步骤应该同时进行），则此股权转让属于发生了国家税务总局公告 2015 年第 40 号所称的“致使股权或资产划转不再符合特殊性税务处理条件”，所以，③将不符合适用特殊性税务处理的条件。

3. 发行股份购买资产

本次交易拟购买资产交易作价确定为 1 212 871.36 万元。其账面价值与评估价值如表 3-19 所示：

表 3-19　　拟收购资产情况表　　单位：万元

评估对象	净资产账面价值	评估值	增值额	增值率
中铁物晟科技 100% 股权	422 520.70	1 178 994.33	756 473.63	179.04%
天津公司 100% 股权	19 854.52	20 474.58	620.06	3.12%
物总贸易 100% 股权	11 949.88	13 402.45	1 452.57	12.16%
合计	454 325.1	1 212 871.36	758 546.26	166.96%

按照发行股份价格 3.05 元/股计算，上市公司本次发行股份购买资产发行的股票数量总计为 3 976 627 415 股，具体如表 3-20 所示：

表 3－20　　　　发行股份购买资产情况表　　　　单位：

序号	交易对方	交易标的	交易金额（万元）	发行股份数量（股）
1	铁物股份	中铁物晟科技 33.41% 股权及天津公司 100% 股权、物总贸易 100% 股权	427 749.19	1 402 456 373
2	芜湖长茂	中铁物晟科技 28.34% 股权	334 094.54	1 095 391 932
3	结构调整基金	中铁物晟科技 18.89% 股权	222 729.69	730 261 288
4	工银投资	中铁物晟科技 9.45% 股权	111 364.85	365 130 644
5	农银投资	中铁物晟科技 4.72% 股权	55 682.42	182 565 322
6	润农瑞行	中铁物晟科技 2.83% 股权	33 409.45	109 539 194
7	中国铁物	中铁物晟科技 1.89% 股权	22 272.97	73 026 129
8	伊敦基金	中铁物晟科技 0.47% 股权	5 568.24	18 256 533

此次购买的资产为中铁物晟科技 100% 股权、天津公司 100% 股权、物总贸易 100% 股权，涉及印花税及企业所得税。

第一，印花税。各方按照产权转移书据缴纳印花税。

第二，企业所得税。本次股权收购，收购比例为 100%，大于 50%；支付对价全部为上市公司＊ST 夏利新增发的股份，股权支付比例为 100%，大于 85%；本次股权收购具有合理的商业目的；股权出售方取得上市公司新增发的股份的锁定期均在 12 个月以上；各方承诺不改变收购资产原实质经营性活动。因此，各方如为企业法人的，可以选择特殊性税务处理：股权出售各方暂不确认本次股权转让所得（758 546.26 万元），取得＊ST 夏利新增发的股份的计税基础以其原持股的计税基础确定；＊ST 夏利取得中铁物晟科技 100% 股权、天津公司 100% 股权、物总贸易 100% 股权的计税基础也以原股东的计税基础确定。

4. 募集配套资金

上市公司＊ST 夏利拟非公开发行股份募集配套资金，总额不超过 160 000.00 万元，需要就新增加的股本部分缴纳印花税，税率为万分之五，但根据《财政部 税务总局关于对营业账簿减免印花税的通知》（财税〔2018〕50 号），自 2018 年 5 月 1 日起减半征收。

（四）值得探讨的两个问题

1. 留抵税额的处理

值得关注的是，各方确认并同意，根据＊ST 夏利 2019 年度审计报告，截至评估基准日，＊ST 夏利母公司留抵进项税经审计金额为 511 923 567.43 元，因纳税主体无法变更，前述留抵进项税保留，将由＊ST 夏利向夏利运营支付现金进行等额补偿，最终应补偿金额按《资产出售协议补充协议》约定经税务鉴证的一汽夏利截至交割日母公司留抵进项税金额调整。需要讨论的问题是，*ST夏利支付的补偿要不要冲减留抵税额？能否在其企业所得税税前列支？夏利运营收到的该补偿要不要缴纳增值税及企业所得税？

笔者认为，该补偿其实是划转的一部分，系由于划转资产不足而发生的补偿。*ST夏利就留抵税额向夏利运营支付的补偿也应按划转进行税务处理，即作为权益性交易冲减资本公积等，不得在企业所得税税前扣除。由于资产注入后，*ST夏利纳税主体不变，此部分进项税额仍可继续抵扣，不需要做进项税额转出。夏利运营收到的该部分补偿也按划转做权益性交易处理，不需要缴纳增值税及企业所得税。

2. 本案例中的分步交易问题

财税〔2009〕59号第十条规定，企业在重组发生前后连续12个月内分步对其资产、股权进行交易，应根据实质重于形式原则将上述交易作为一项企业重组交易进行处理。国家税务总局公告2015年第48号第六条规定，企业重组业务适用特殊性税务处理的，申报时，当事各方还应向主管税务机关提交重组前连续12个月内有无与该重组相关的其他股权、资产交易情况的说明，并说明这些交易与该重组是否构成分步交易，是否作为一项企业重组业务进行处理。本案中的交易算作几次交易？

对重组发生前后连续12个月内分步交易的，要根据实质重于形式原则来判断多步骤交易是否属于同一项交易。这里需要关注两点：

（1）“重组发生”的时点如何判断。相关文件并未提及以哪个时间点为准来计算前后连续12个月，这个时间点可以有：重组各方作出重组决定的日期，相关部门如证监会的审批日期，税法中的重组完成日等。笔者认为，分步交易时间持续一般比较长，相关部门的审批日期及重组完成日都是交易在接近完成的时间，不太适合。采用重组主导方作出重组决定的日期更为妥当。

（2）“实质重于形式原则”如何把握。笔者认为，可以从以下方面来综合判断：重组交易的总体目标，只有通过多步骤交易才能达到重组的总体目标或商业后果；各项交易之间是否具有实质性的关联，从整体看是否为一项交易；各项交易是否互为前提或互为因果关系，后次交易是否必须以前次交易为前提才能进行。如第四章资产（股权）划转例4-29中的交易，其业务实质为上市公司将某产品事业部相关的业务划转给新设立的孙公司A，属于分步交易，各步骤的业务之间相互关联，后次交易以前次交易为前提，整体看属于一个交易。

结合以上讨论，笔者认为，本次交易应划分为三个交易：*ST夏利原持有的资产及股权置换出去（此交易包括多个步骤）；铁物股份持有的资产装入上市公司；*ST夏利的控股股东一汽股份无偿划转*ST夏利股票给铁物股份。此三个交易中的各项子交易必须统一适用特殊性税务处理或一般性税务处理，但三个交易之间不必统一适用特殊性税务处理或一般性税务处理。

第四章　资产（股权）划转

划转作为一种企业重组形式，在企业并购重组实践中被大量运用，尤其是国企之间在国资委的主导下进行的划转。本章主要讲解划转的一般性税务处理、划转的特殊性税务处理、企业接收划入资产的处理和资产划转中其他税种的处理。详细内容如图4－1所示。

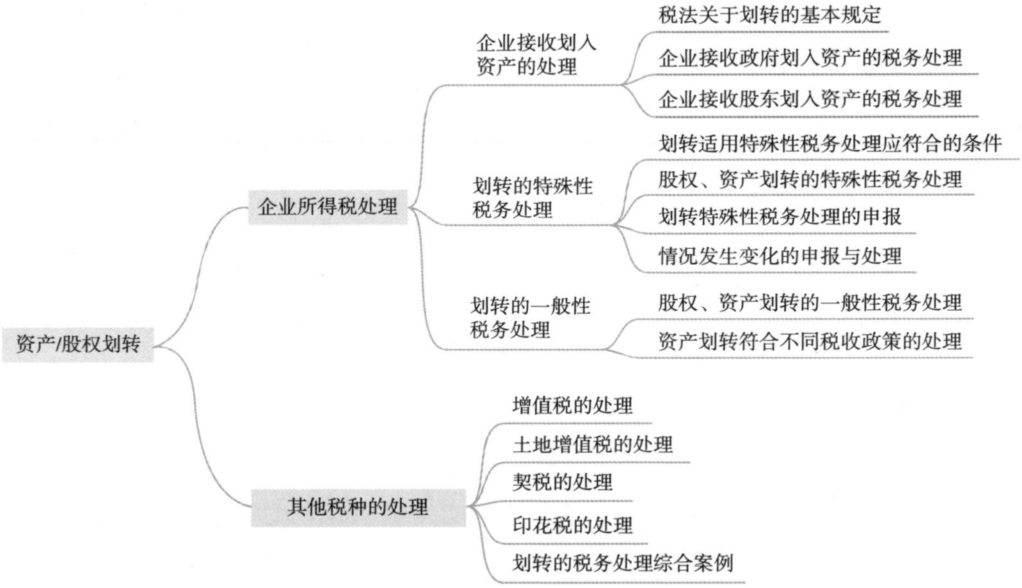

图4－1　资产（股权）划转财税处理知识导图

第一节　一般性税务处理

随着我国资本市场的快速蓬勃发展，尤其是《国务院关于进一步优化企业兼并重组市场环境的意见》（国发〔2014〕14号）下发后，企业间的并购重组业务数量迅猛增长。在国有企业的兼并重组过程中，国有资产的无偿划转对国有企业改革、优化国资布局具有重要意义。2015 年，财政部、国家税务总局出台了关于鼓励划转的企业所得税政策后，划转在企业并购重组实践中被大量运用，尤其是国企之间在国资委的主导下进行的划转。

一、划转财税处理的基本规定

划转作为一种企业重组形式，划转的标的一般有两类：划转资产，划转股权。划转的形式有：无偿划转，有偿划转。国资委主导下企业之间的划转一般是无偿划转。由于国有企业之间的整合、管理层级划分或产业结构调整等原因，近年来国企之间无偿划转国有资产或股权的情况非常多见。

（一）划转的法律规定

目前在我国相关法律中，并无“划转”一词的法律规定，国有资产无偿划转行为仅仅是我国为解决现阶段国有资产重新整合的一种特有方式。

各级国资委做出的国有资产划转，均应依据《国务院国资委关于印发〈企业国有产权无偿划转管理暂行办法〉的通知》（国资发产权〔2005〕239 号）进行。该办法规定，企业国有产权无偿划转，是指企业国有产权在政府机构、事业单位、国有独资企业、国有独资公司之间的无偿转移。

在税法规定方面，《中华人民共和国税收征收管理法》第三十六条规定，“企业或者外国企业在中国境内设立的从事生产、经营的机构、场所与其关联企业之间的业务往来，应当按照独立企业之间的业务往来收取或者支付价款、费用；不按照独立企业之间的业务往来收取或者支付价款、费用，而减少其应纳税的收入或者所得额的，税务机关有权进行合理调整。”因而，企业之间（包括国有企业）的划转等业务往来，必须按照《中华人民共和国税收征收管理法》的规定，按照独立企业之间的业务往来进行税务处理。

（二）企业所得税法及其实施条例的规定

根据《中华人民共和国企业所得税法实施条例》第七十五条的规定，除国务院财政、税务主管部门另有规定外，企业在重组过程中，应当在交易发生时确认有关资产的转让所得或者损失，相关资产应当按照交易价格重新确定计税基础。根据《中华人民共和国企业所得税法实施条例》第二十五条的规定，企业发生非货币性资产交换，以及将货物、财产、劳务用于捐赠、偿债、赞助、集资、广告、样品、职工福利或者利润分配等用途的，应当视同销售货物、转让财产或者提供劳务，但国务院财政、税务主管部门另有规定的除外。

《国家税务总局关于企业处置资产所得税处理问题的通知》（国税函〔2008〕828号）第二条规定，企业将资产移送他人的下列情形，因资产所有权属已发生改变而不属于内部处置资产，应按规定视同销售确定收入：

（1）用于市场推广或销售。

（2）用于交际应酬。

（3）用于职工奖励或福利。

（4）用于股息分配。

（5）用于对外捐赠。

（6）其他改变资产所有权属的用途。

因此，资产或股权的划转行为系企业所得税的应税行为。

但从业务背景来看，国有资产无偿划转一般由各级国资委主导，类似于行政行为，并非企业自愿发起的商业交易，因此，对这类业务行为按照一般税法规定课税就不尽合理，主要原因在：①从纳税必要资金来看，上述划转最明显的特点是，企业或其投资者实际上并没有实现对资产的变现或进行实质交易，未取得任何收益或所得，如果要确认资产（股权）转让所得并纳税，需要另筹资金，增加企业负担。②企业的税收负担可能会影响国资管理部门对国有企业产权关系的梳理。③由于国有资产划转涉及的标的物价值一般都很大，涉及的税收金额也十分巨大，亟须在税收政策上予以支持。因此，为了支持企业改制重组，尤其是国有企业在国资委主导下的优化重组、资源整合需要，国家出台了一系列对资产或股权划转的支持政策。其基本处理逻辑是把划转作为权益性交易来处理。

（三）国有独资或全资企业之间无偿划拨子公司的会计处理

在会计处理上，针对“三去一降一补”，财政部下发了《关于印发〈规范“三去一降一补”有关业务的会计处理规定〉的通知》（财会〔2016〕17号），国有独资或全资企业之间按有关规定无偿划拨子公司，导致对被划拨企业的控制权从划出企业转移到划入企业的，应当按该规定进行会计处理。该规定所称的国有独资或全资企业，包括国有独资公司、非公司制国有独资企业、国有全资企业、事业单位投资设立的一人有限责任公司及其再投资设立的一人有限责任公司。

根据《规范“三去一降一补”有关业务的会计处理规定》第一条的规定，在“三去一降一补”工作中，有关企业集团出于深化国企改革或去产能、调结构等原因，按照国有资产监管部门（以下简称国资监管部门）有关规定，对所属的子公司的股权进行集团之间的无偿划拨。国有独资或全资企业之间按有关规定无偿划拨子公司，导致对被划拨企业的控制权从划出企业转移到划入企业的，应当进行以下会计处理：

1. 划入企业的会计处理

（1）个别财务报表。

被划拨企业按照国有产权无偿划拨的有关规定开展审计等，上报国资监管部门作为无偿划拨依据的，划入企业在取得被划拨企业的控制权之日，编制个别财务报表时，应当根据国资监管部门批复的有关金额，借记“长期股权投资”科目，贷记“资本公积（资本溢价）”科目（若批复明确作为资本金投入的，记入“实收资本”科目，下同）。

（2）合并财务报表。

划入企业在取得被划拨企业的控制权后编制合并财务报表，一般包括资产负债表、利润表、现金流量表和所有者权益变动表等：

①合并资产负债表。划入企业应当以被划拨企业经审计等确定并经国资监管部门批复的资产和负债的账面价值及其在被划拨企业控制权转移之前发生的变动为基础，对被划拨企业的资产负债表进行调整，调整后应享有的被划拨企业资产和负债之间的差额，计入资本公积（资本溢价）。

②合并利润表。划入企业编制取得被划拨企业的控制权当期的合并利润表时，应包含被划拨企业自国资监管部门批复的基准日起至控制权转移当期期末发生的净利润。

③合并现金流量表。划入企业编制取得被划拨企业的控制权当期的合并现金流量表时，应包含被划拨企业自国资监管部门批复的基准日起至控制权转移当期期末产生的现金流量。

④合并所有者权益变动表。划入企业编制当期的合并所有者权益变动表时，应包含被划拨企业自国资监管部门批复的基准日起至控制权转移当期期末的所有者权益变动情况。合并所有者权益变动表可以根据合并资产负债表和合并利润表编制。

2. 划出企业的会计处理

（1）个别财务报表。

划出企业在丧失对被划拨企业的控制权之日，编制个别财务报表时，应当按照对被划拨企业的长期股权投资的账面价值，借记“资本公积（资本溢价）”科目（若批复明确冲减资本金的，应借记“实收资本”科目，下同），贷记“长期股权投资（被划拨企业）”科目；资本公积（资本溢价）不足冲减的，依次冲减盈余公积和未分配利润。

（2）合并财务报表。

划出企业在丧失对被划拨企业的控制权之日，编制合并财务报表时，不应再将被划拨企业纳入合并财务报表范围，终止确认原在合并财务报表中反映的被划拨企业相关资产、负债、少数股东权益以及其他权益项目，相关差额冲减资本公积（资本溢价），资本公积（资本溢价）不足冲减的，依次冲减盈余公积和未分配利润。同时，划出企业与被划拨企业之间在控制权转移之前发生的未实现内部损益，应转入资本公积（资本溢价），资本公积（资本溢价）不足冲减的，依次冲减盈余公积和未分配利润。

二、划转涉及的具体税收政策规定

（一）划转可能涉及的税收政策

按照划转形式的不同，涉及的税费也不相同：

（1）上市公司股权划转。划出方涉及增值税、印花税、企业所得税等；划入方涉及印花税及企业所得税等。

（2）非上市公司股权划转。划出方涉及印花税及企业所得税等；划入方涉及印花税及企业所得税等。

（3）资产划转。划出方可能涉及增值税、土地增值税、印花税、企业所得税等；划入方可能涉及印花税及契税等。

表4－1归纳了目前资产（股权）划转中可能会适用的税收政策。

表4－1　　资产（股权）划转中可能适用的税收政策一览表

税种	依据	主要内容
增值税	国家税务总局关于纳税人资产重组有关增值税问题的公告（国家税务总局公告2011年第13号）	纳税人在资产重组过程中，通过合并、分立、出售、置换等方式，将全部或者部分实物资产以及与其相关联的债权、负债和劳动力一并转让给其他单位和个人，不属于增值税的征税范围，其中涉及的货物转让，不征收增值税。
	国家税务总局关于纳税人资产重组有关增值税问题的公告（国家税务总局公告2013年第66号）	纳税人在资产重组过程中，通过合并、分立、出售、置换等方式，将全部或者部分实物资产以及与其相关联的债权、负债经多次转让后，最终的受让方与劳动力接收方为同一单位和个人的，仍适用国家税务总局公告2011年第13号的相关规定，其中货物的多次转让行为均不征收增值税。
	营业税改征增值税试点有关事项的规定（财税〔2016〕36号附件2）	第一条第（二）项“不征收增值税项目”第5个子项目规定：在资产重组过程中，通过合并、分立、出售、置换等方式，将全部或者部分实物资产以及与其相关联的债权、负债和劳动力一并转让给其他单位和个人，其中涉及的不动产、土地使用权转让行为。
土地增值税	财政部 税务总局关于继续实施企业改制重组有关土地增值税政策的通知（财税〔2018〕57号）	四、单位、个人在改制重组时以房地产作价入股进行投资，对其将房地产转移、变更到被投资的企业，暂不征土地增值税。 对于改制重组行为的内涵是什么，是否包括资产/股权划转，该文件未做明确规定。
印花税	国家税务总局关于办理上市公司国有股权无偿转让暂不征收证券（股票）交易印花税有关审批事项的通知（国税函〔2004〕941号）	对经国务院和省级人民政府决定或批准进行的国有（含国有控股）企业改组改制而发生的上市公司国有股权无偿转让行为，暂不征收证券（股票）交易印花税。

续表

税种	依据	主要内容
企业所得税	关于促进企业重组有关企业所得税处理问题的通知（财税〔2014〕109号）	三、对100%直接控制的居民企业之间，以及受同一或相同多家居民企业100%直接控制的居民企业之间按账面净值划转股权或资产，凡具有合理商业目的、不以减少、免除或者推迟缴纳税款为主要目的，股权或资产划转后连续12个月内不改变被划转股权或资产原来实质性经营活动，且划出方企业和划入方企业均未在会计上确认损益的，可以选择按以下规定进行特殊性税务处理：①划出方企业和划入方企业均不确认所得。②划入方企业取得被划转股权或资产的计税基础，以被划转股权或资产的原账面净值确定。③划入方企业取得的被划转资产，应按其原账面净值计算折旧扣除。
	国家税务总局关于资产（股权）划转企业所得税征管问题的公告（国家税务总局公告2015年第40号）	一、《通知》第三条所称"100%直接控制的居民企业之间，以及受同一或相同多家居民企业100%直接控制的居民企业之间按账面净值划转股权或资产"，限于以下情形： （一）100%直接控制的母子公司之间，母公司向子公司按账面净值划转其持有的股权或资产，母公司获得子公司100%的股权支付。母公司按增加长期股权投资处理，子公司按接受投资（包括资本公积，下同）处理。母公司获得子公司股权的计税基础以划转股权或资产的原计税基础确定。 （二）100%直接控制的母子公司之间，母公司向子公司按账面净值划转其持有的股权或资产，母公司没有获得任何股权或非股权支付。母公司按冲减实收资本（包括资本公积，下同）处理，子公司按接受投资处理。 （三）100%直接控制的母子公司之间，子公司向母公司按账面净值划转其持有的股权或资产，子公司没有获得任何股权或非股权支付。母公司按收回投资处理，或按接受投资处理，子公司按冲减实收资本处理。母公司应按被划转股权或资产的原计税基础，相应调减持有子公司股权的计税基础。 （四）受同一或相同多家母公司100%直接控制的子公司之间，在母公司主导下，一家子公司向另一家子公司按账面净值划转其持有的股权或资产，划出方没有获得任何股权或非股权支付。划出方按冲减所有者权益处理，划入方按接受投资处理。
	国家税务总局关于企业所得税应纳税所得额若干问题的公告（国家税务总局公告2014年第29号）	一、企业接收政府划入资产的企业所得税处理 （一）县级以上人民政府（包括政府有关部门，下同）将国有资产明确以股权投资方式投入企业，企业应作为国家资本金（包括资本公积）处理。该项资产如为非货币性资产，应按政府确定的接收价值确定计税基础。 （二）县级以上人民政府将国有资产无偿划入企业，凡指定专门用途并按《财政部 国家税务总局关于专项用途财政性资金企业所得税处理问题的通知》（财税〔2011〕70号）规定进行管理的，企业可作为不征税收入进行企业所得税处理。其中，该项资产属于非货币性资产的，应按政府确定的接收价值计算不征税收入。 县级以上人民政府将国有资产无偿划入企业，属于上述（一）、（二）项以外情形的，应按政府确定的接收价值计入当期收入总额计算缴纳企业所得税。政府没有确定接收价值的，按资产的公允价值计算确定应税收入。 二、企业接收股东划入资产的企业所得税处理 （一）企业接收股东划入资产（包括股东赠予资产、上市公司在股权分置改革过程中接收原非流通股股东和新非流通股股东赠予的资产、股东放弃本企业的股权，下同），凡合同、协议约定作为资本金（包括资本公积）且在会计上已做实际处理的，不计入企业的收入总额，企业应按公允价值确定该项资产的计税基础。 （二）企业接收股东划入资产，凡作为收入处理的，应按公允价值计入收入总额，计算缴纳企业所得税，同时按公允价值确定该项资产的计税基础。

续表

税种	依据	主要内容
契税	财政部 税务总局关于继续支持企业事业单位改制重组有关契税政策的通知（财税〔2018〕17号）	对承受县级以上人民政府或国有资产管理部门按规定进行行政性调整、划转国有土地、房屋权属的单位，免征契税。 同一投资主体内部所属企业之间土地、房屋权属的划转，包括母公司与其全资子公司之间，同一公司所属全资子公司之间，同一自然人与其设立的个人独资企业、一人有限公司之间土地、房屋权属的划转，免征契税。

需要指出的是，以上税收政策不仅适用于国有企业，对其他所有制形式的企业，也同样适用。

（二）充实社保基金的划转政策

2019年7月，国务院常务会议决定全面推开划转部分国有资本充实社保基金。2019年9月20日，财政部、人力资源社会保障部、国资委、税务总局、证监会联合发布了《关于全面推开划转部分国有资本充实社保基金工作的通知》（财资〔2019〕49号）就有关问题作出了具体规定。该通知第五条“关于税费处理问题”中，对国有资产划转过程中的印花税等税费问题予以明确，主要包括两点：

（1）在国有股权划转和接收过程中，划转非上市公司股份的，对划出方与划入方签订的产权转移书据免征印花税；划转上市公司股份和全国中小企业股份转让系统挂牌公司股份的，免征证券交易印花税；对划入方因承接划转股权而增加的实收资本和资本公积，免征印花税；涉及境内上市公司、全国中小企业股份转让系统挂牌的公司和境外上市公司非境外上市股份的，免收过户费。该办法印发前，划转双方已缴纳的上述税费由征收单位予以退还。

（2）国有股权划出方和划入方均不确认所得，不征收企业所得税，划入方取得已划入股权的企业所得税计税基础以划入股权的原计税基础确定。

三、股权、资产划转的一般性税务处理

股权、资产划转，通常是指集团内部各成员企业之间在集团控制方的主导下相互划入和划出股权、资产，且在会计上不确认损益的经济行为。

（一）划转的一般性税务处理规定

股权、资产划转不符合特殊性税务处理条件，或虽符合条件但不选择适用特殊性税务处理的，应按如下方法进行一般性税务处理。

1. 划转的一般性税务处理

股权、资产划转适用一般性税务处理的，股权、资产划转的划出方在划转完成时按股权或资产的公允价值视同销售处理，划入方按公允价值确认划入股权或资产的计税基础。

不符合特殊性税务处理条件的划转，只能适用一般性税务处理。适用一般性税务处理时，对于划出方，按照《国家税务总局关于企业处置资产所得税处理问题的通知》（国税函〔2008〕828号）规定，企业将资产或股权无偿划转给其他企业，因资产所有权属已发生改变而不属于内部处置资产，应按视同销售处理，确认销售收入。

对于划入方，除另有规定外，应当按照划入资产的公允价值确认计入收入总额。《企业所得税法》第六条规定，企业以货币形式和非货币形式从各种来源取得的收入，为收入总额，其中包括接受捐赠收入。《企业所得税法实施条例》第二十一条规定，接受捐赠收入指企业接受的来自其他企业、组织或者个人无偿给予的货币性资产、非货币性资产。因此，对划入方，除另有规定外，接收无偿划转的资产或股权应视同接收捐赠收入，按照接受股权的公允价值确定应税收入，计算缴纳企业所得税。

如果划入方是划出企业的股东，符合条件的，划入方可以按照收回投资处理。根据《国家税务总局关于企业所得税若干问题的公告》（国家税务总局公告2011年第34号）规定，投资企业从被投资企业撤回或减少投资，其取得的资产中，相当于初始出资的部分，应确认为投资收回；相当于被投资企业累计未分配利润和累计盈余公积按减少实收资本比例计算的部分，应确认为股息所得；其余部分确认为投资资产转让所得。

如果划出方是划入方的股东，在一般性税务处理下，划出方应按股权或资产的公允价值视同销售处理。划入方应根据《国家税务总局关于企业所得税应纳税所得额若干问题的公告》（国家税务总局公告2014年第29号）第二条有关“企业接收股东划入资产的企业所得税处理”规定执行。即企业接收股东划入资产（包括股东赠予资产、上市公司在股权分置改革过程中接收原非流通股股东和新非流通股股东赠予的资产、股东放弃本企业的股权，下同），凡合同、协议约定作为资本金（包括资本公积）且在会计上已做实际处理的，不计入企业的收入总额，企业应按公允价值确定该项资产的计税基础。企业接收股东划入资产，凡作为收入处理的，应按公允价值计入收入总额，计算缴纳企业所得税，同时按公允价值确定该项资产的计税基础。

划转的一般性税务处理如图4－2所示。

2. 母、子公司之间划转的一般性税务处理

母、子公司之间股权、资产划转，包括母公司向子公司划转、子公司向母公司划转以及集团内一家子公司向另一家子公司划转。

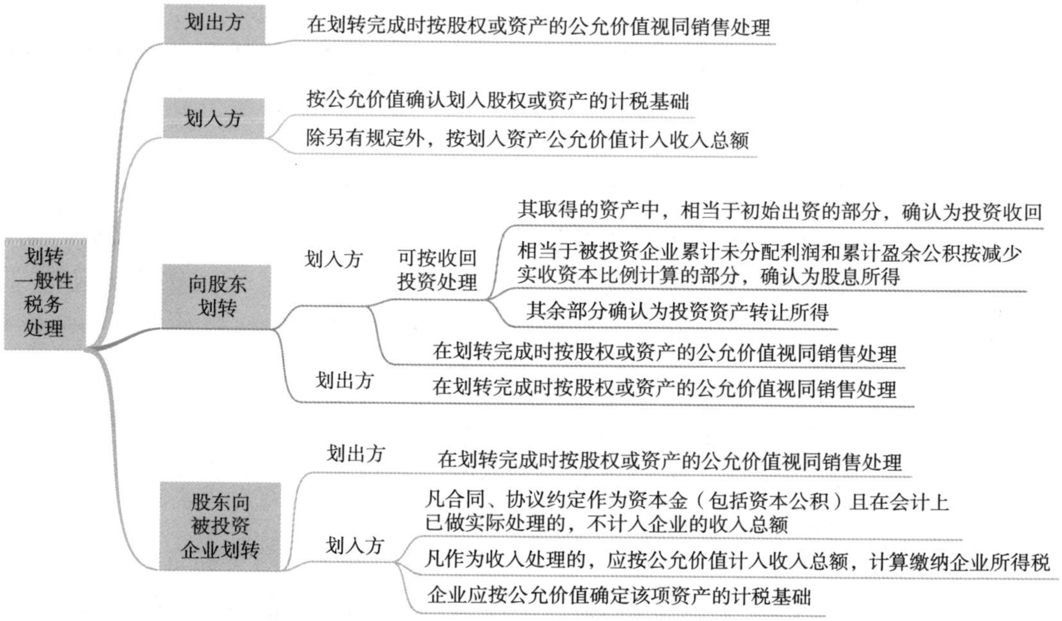

图 4-2 划转的一般性税务处理图

母、子公司之间，子公司向母公司划转其持有的股权或资产，子公司没有获得任何股权或非股权支付的，适用一般性税务处理时，子公司应按划转完成时股权或资产的公允价值视同销售处理；母公司应按撤回或减少投资进行处理。

母、子公司之间，母公司向子公司划转其持有的股权或资产，适用一般性税务处理的，母公司应按股权或资产的公允价值视同销售处理。子公司应按《国家税务总局关于企业所得税应纳税所得额若干问题的公告》（国家税务总局公告 2014 年第 29 号）第二条有关“企业接收股东划入资产的企业所得税处理”规定处理。

3. 子公司之间划转的一般性税务处理

同一控制下子公司之间，一家子公司向另一家子公司划转其持有的股权或资产，划出方没有获得任何股权或非股权支付的，适用一般性税务处理时，划出方应按划转完成时股权或资产的公允价值视同销售处理；母公司根据交易情形和会计处理对划出方按分回股息进行处理，或者按撤回或减少投资进行处理，对划入方按以股权或资产的公允价值进行投资处理；划入方按接受母公司投资处理，以公允价值确认划入股权或资产的计税基础。

【例 4-1】　　皇台酒业股东捐赠股权案例

2019 年 12 月 17 日，皇台酒业（证券代码：000995）发布《甘肃皇台酒业股份有限公司关于控股股东拟向公司赠与股权暨关联交易的公告》称，甘肃皇台酒业股份有限公司（以下简称“公司”或“皇台酒业”）全资子公司甘肃皇台酒业酿造有限公司

（以下简称“酿造公司”）与公司控股股东甘肃盛达集团股份有限公司（以下简称“盛达集团”）拟签订《股权赠与协议》（以下简称“协议”），盛达集团拟将其所持有的甘肃盛达皇台实业有限公司（以下简称“标的公司”）100%股权权益性投资无偿赠与酿造公司。本次交易不存在附义务资产赠与的情形。

本次交易为控股股东盛达集团拟向公司无偿赠与标的公司股权，标的公司核心资产为商铺、工业土地、地上附着物，价值为13 000万元至15 000万元之间，具体金额以中介机构出具的正式《评估报告》为准。

标的公司甘肃盛达皇台实业有限公司成立于2019年11月29日，盛达集团持股比例100%。系以本次交易为目的的新设公司。

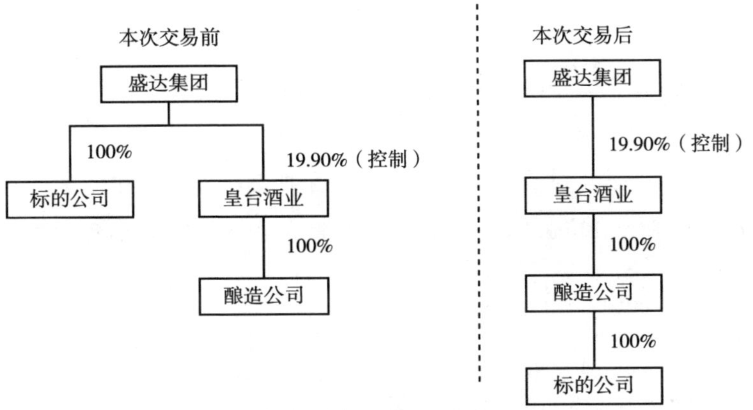

图4－3　本次交易前后股权结构情况

皇台酒业厂址位于甘肃省武威市凉州区西关街新建路55号。标的公司核心资产中包括的位于甘肃省武威市凉州区西关街新建路的工业土地及地上附着物，为标的公司拍卖所得，目前正在办理相关资产权属证书。上述工业土地与皇台酒业现有厂区用地接壤。

对于此次交易的目的，公告称，盛达集团的此次股权捐赠，一方面实现增加权益性资产；一方面拟将上述商铺精心打造为“皇台酒业旗舰店”，通过多角度全方位的立体展示，借助视频、音频、AI等方式全面模拟展示白酒生产场景，引导、加强经销商、终端零售商、消费者对皇台酒业文化的感知与认同。

皇台酒业2016年、2017年、2018年连续三个会计年度经审计的净利润连续为负值，且2017年、2018年经审计的期末净资产连续为负值，根据《深圳证券交易所股票上市规则》第14.1.1条、第14.1.3条的规定以及深圳证券交易所上市委员会的审核意见，深圳证券交易所决定公司股票自2019年5月13日起暂停上市。根据《深圳证券交易所股票上市规则》第14.2.1条有关规定，“最近一个会计年度经审计的期末净资产为正值”是恢复上市的必要条件之一。本次交易为公司控股股东权益性无偿赠与公司，可增加公司2019年期末净资产13 000万元至15 000万元之间。

各方同意，在正式评估报告出具后，以该评估报告所载标的股权价值作为赠与资产的最终价值，双方以该评估值为依据各自进行赠与和受赠的账务处理，协议各方应将其计入资本公积科目。

皇台酒业在2019年12月30日的公告中称，甘肃盛达皇台实业有限公司（以下简称“标的公司”）拍买取得的甘肃省武威市凉州区西关街新建路的全部工业土地及地上附着物已于2019年12月27日取得《不动产权证书》，至此，标的公司核心资产已全部取得《不动产权证书》。标的公司已于2019年12月27日完成股东变更工商登记手续，并领取了换发的《营业执照》。本次工商变更登记完成后，标的公司成为公司全资二级子公司。

解析：

皇台酒业股票代码已成为＊ST皇台（2019年12月31日），已暂停上市。根据《深圳证券交易所股票上市规则》有关规定，“最近一个会计年度经审计的期末净资产为正值”是恢复上市的必要条件之一。若皇台酒业2019年净利润或净资产继续为负，则有被终止上市的风险。通过此次交易，控股股东向＊ST皇台无偿赠与子公司股权，可增加＊ST皇台2019年期末净资产1.3亿元至1.5亿元之间，为其“保壳”并恢复上市创造条件。

在税务处理上，根据国家税务总局公告2014年第29号，企业接收股东划入资产（包括股东赠予资产、上市公司在股权分置改革过程中接收原非流通股股东和新非流通股股东赠予的资产、股东放弃本企业的股权，下同），凡合同、协议约定作为资本金（包括资本公积）且在会计上已做实际处理的，不计入企业的收入总额，企业应按公允价值确定该项资产的计税基础。因此，接受捐赠方皇台酒业子公司酿造公司在计入资本公积后，能否不计入收入总额，并按最终的评估值作为接受资产的计税基础？此处存在两种观点。一种观点认为，可以视作两次捐赠行为，即皇台酒业接受股东盛达集团捐赠标的公司股权后，再将标的公司股权捐赠给子公司酿造公司，两次捐赠均可以适用国家税务总局公告2014年第29号。因此，酿造公司在计入资本公积后，可不计入收入总额，并按最终的评估值作为接受资产的计税基础。另一种观点认为，国家税务总局公告2014年第29号并未提及两次捐赠行为，不能擅自扩大文件的适用范围，因此，酿造公司应计入收入总额，计算缴纳企业所得税。作为捐赠方盛达集团，也应减少资本公积，不得将该项长期股权投资在税前扣除。

（二）母公司向子公司划转股权或资产并获得对价支付的处理

母公司向子公司划转股权或资产并获得股权，实质是母公司用资产或股权向子公司投资。此种情况下划出方母公司适用的企业所得税一般性税务处理为：根据《企业所得税法实施条例》第二十五条及《国家税务总局关于企业处置资产所得税处理问题的通知》（国税函〔2008〕828号）的规定，企业以非货币性资产对外投资，应当视同销售计算非货币性资产转让所得，应对非货币性资产进行评估并按评估后的公允价值扣除计税基础后的余额，计算确认非货币性资产转让所得，同时按转出非货币性资产的公允价值及支付的相关税费作为取得长期股权投资的计税基础。同时，母公司可以选择按《财政部 国家税务总局关于非货币性资产投资企业所得税政策问题的通知》（财税〔2014〕116号）规定，对确认的非货币性资产转让所得，可在不超过5年期限内，分期均匀计入相应年度的应纳税所得额，按规定计算缴纳企业所得税。

划入方子公司适用的企业所得税一般性税务处理为：根据《国家税务总局关于企业所得税应纳税所得额若干问题的公告》（国家税务总局公告2014年第29号）规定，企业接收股东划入资产，凡合同、协议约定作为资本金（包括资本公积）且在会计上已作实际处理的，不计入企业的收入总额，企业应按公允价值确定该项资产的计税基础；企业接收股东划入资产，凡作为收入处理的，应按公允价值计入收入总额，计算缴纳企业所得税，同时按公允价值确定该项资产的计税基础。

【例4-2】 母公司向子公司划转资产获得股权支付

甲公司、乙公司、丙公司都是在南京江北新区设立的有限公司，乙公司是甲公司的全资子公司。甲公司持有丙公司40%的股权，按长期股权投资采用权益法核算，股权投资的初始成本与计税基础均为300万元，账面价值400万元，公允价值500万元；甲公司还外购自用办公楼1栋，该办公楼的初始入账成本1 000万元，已计提折旧200万元，账面价值与计税基础相同，公允价值为1 200万元。

为了支持乙公司的发展壮大，甲公司将持有的丙公司40%股权以及自用办公楼划入乙公司，同时增加乙公司的实收资本1 000万元。甲公司获取乙公司100%的股权支付。

甲公司与乙公司双方没有关于“乙公司在12个月内不转让划入的丙公司股权和办公楼所有权，也不改变办公楼原来的用途”的相关约定。选择适用划转的一般性税务处理。不考虑企业所得税以外的其他税费。

要求：进行相关的财税处理。

解析：

1. 划出方甲公司的会计处理：

借：长期股权投资——乙公司	12 000 000	
累计折旧——办公楼	2 000 000	
贷：长期股权投资——丙公司		4 000 000
固定资产——办公楼		10 000 000

2. 划入方乙公司的会计处理：

借：长期股权投资——丙公司　　4 000 000

　　固定资产——办公楼　　10 000 000

　　贷：累计折旧——办公楼　　2 000 000

　　　　实收资本——甲公司　　10 000 000

　　　　资本公积——资本溢价　　2 000 000

3. 一般性税务处理：

若甲公司向乙公司划转股权的有偿模式不符合资产、股权划转特殊性税务处理的规定条件，则应该按以下方式进行一般性税务处理：

甲公司应按公允价值确认持有的丙公司40%股权转让所得：500 - 300 = 200（万元）；确认自用办公楼转让所得：1 200 - 800 = 400（万元）。同时，对乙公司的长期股权投资计税基础增加：1 200 + 500 = 1 700（万元）。

由于会计核算时未确认损益，在企业所得税汇算清缴纳税申报时需填报企业所得税年度纳税申报表附表“企业重组及递延纳税事项纳税调整明细表”（A105100）第14行“八、股权划转、资产划转”一般性税务处理相关列次进行纳税调增600万元；并将该表合计行相关数据填入“纳税调整项目明细表”（A105000）第37行“（一）企业重组及递延纳税事项（填写A105100）”。相关表单填报如表4－2、表4－3所示。

表4－2　A105100　企业重组及递延纳税事项纳税调整明细表

行次	项目	一般性税务处理			特殊性税务处理（递延纳税）			纳税调整金额
		账载金额	税收金额	纳税调整金额	账载金额	税收金额	纳税调整金额	
		1	2	3（2－1）	4	5	6（5－4）	7（3＋6）
1	一、债务重组							
2	其中：以非货币性资产清偿债务							
3	债转股							
4	二、股权收购							
5	其中：涉及跨境重组的股权收购							
6	三、资产收购							
7	其中：涉及跨境重组的资产收购							
8	四、企业合并（9＋10）							
9	（一）同一控制下企业合并							

续表

行次	项目	一般性税务处理			特殊性税务处理（递延纳税）			纳税调整金额
		账载金额	税收金额	纳税调整金额	账载金额	税收金额	纳税调整金额	
		1	2	3（2－1）	4	5	6（5－4）	7（3＋6）
10	（二）非同一控制下企业合并							
11	五、企业分立							
12	六、非货币性资产对外投资							
13	七、技术入股							
14	八、股权划转、资产划转	0	6 000 000	6 000 000				6 000 000
15	九、其他							
16	合计（1＋4＋6＋8＋11＋12＋13＋14＋15）		6 000 000	6 000 000				6 000 000

表 4－3　A105000　纳税调整项目明细表

行次	项　目	账载金额	税收金额	调增金额	调减金额
		1	2	3	4
1	一、收入类调整项目（2＋3＋…8＋10＋11）	*	*	0	
12	二、扣除类调整项目（13＋14＋…24＋26＋27＋28＋29＋30）	*	*		
31	三、资产类调整项目（32＋33＋34＋35）	*	*		
36	四、特殊事项调整项目（37＋38＋…＋43）	*	*	6 000 000	
37	（一）企业重组及递延纳税事项（填写 A105100）	0	6 000 000	6 000 000	
38	（二）政策性搬迁（填写 A105110）	*	*		
39	（三）特殊行业准备金（填写 A105120）				
40	（四）房地产开发企业特定业务计算的纳税调整额（填写 A105010）	*			
41	（五）合伙企业法人合伙人应分得的应纳税所得额				
42	（六）发行永续债利息支出				
43	（七）其他	*	*		
44	五、特别纳税调整应税所得	*	*		
45	六、其他	*	*		
46	合计（1＋12＋31＋36＋44＋45）	*	*	6 000 000	

乙公司应确认接受甲公司投资，划入的丙公司股权以及办公楼所有权不计入收入总额，确认划入丙公司长期股权投资的计税基础500万元，确认划入办公楼的计税基础1 200万元。由于办公楼的会计入账价值与税务计税基础存在差异，因此，在以后年度汇算清缴时通过填报年度纳税申报表附表“资产折旧、摊销情况及纳税调整明细表”（A105080）的第2行“（一）房屋、建筑物”相关列次进行折旧差异调整。

（三）母公司向子公司无偿划转股权或资产的处理

母公司向子公司划转其持有的股权或资产，母公司没有获得任何股权或非股权支付情况下，如果不符合企业所得税特殊性税务处理条件或虽符合条件但不选择适用特殊性税务处理的，应适用如下一般性税务处理：

母公司向子公司划转其持有的股权、资产应视同对子公司进行捐赠，应根据《企业所得税法实施条例》第二十五条和国税函〔2008〕828号文件的相关规定按公允价值确认股权、资产转让所得。同时，由于不属于公益性捐赠，且未通过有资格的公益性社会团体、也没有通过县级以上人民政府及其组成部门或直属机构进行，在母公司税前不得扣除。

划入方子公司的处理为：凡合同、协议约定作为资本金（包括资本公积）且在会计上已做实际处理的，不计入企业的收入总额，企业应按公允价值确定该项资产的计税基础。否则，子公司应按被划转股权、资产公允价值确认接受捐赠收入，同时按公允价值确认划入股权、资产的计税基础。

母公司与子公司的税务处理，如图4－4所示。

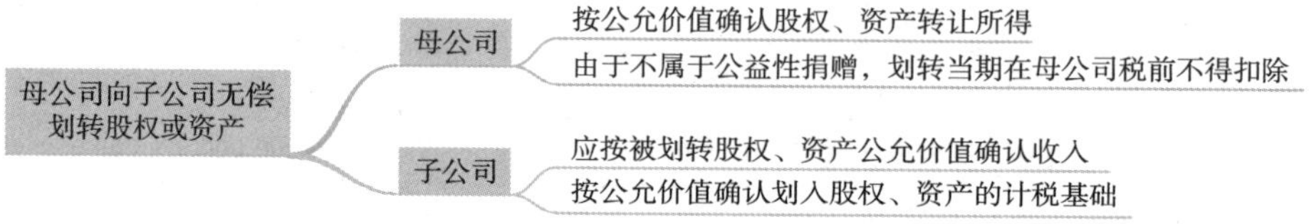

图4－4　母公司向子公司无偿划转股权或资产财税处理知识导图

（四）子公司向母公司划转股权或资产，母公司按收回投资处理

母公司、子公司之间，子公司向母公司划转其持有的股权或资产，子公司没有获得任何股权或非股权支付，母公司按收回投资处理情形，如不符合特殊性税务处理条件，或虽符合特殊性税务处理条件但不选择适用特殊性税务处理的，母公司划入股权、资产应按撤回或减少投资进行处理。根据《国家税务总局关于企业所得税若干问题的公告》（国家税务总局公告2011年第34号）规定，母公司从子公司撤回或减少投资，其取得的资产中，相当于初始出资的部分，应确认为投资收回；相当于子公司累计未

分配利润和累计盈余公积按减少实收资本比例计算的部分，应确认为股息所得；其余部分确认为投资资产转让所得。

根据《企业所得税法实施条例》第二十五条和国税函〔2008〕828 号文件的相关规定，子公司以非货币性资产进行减资和分配应当视同销售计算资产转让所得，应按非货币性资产的公允价值扣除计税基础后的余额，计算确认非货币性资产转让所得。

母公司与子公司的税务处理如图 4 – 5 所示。

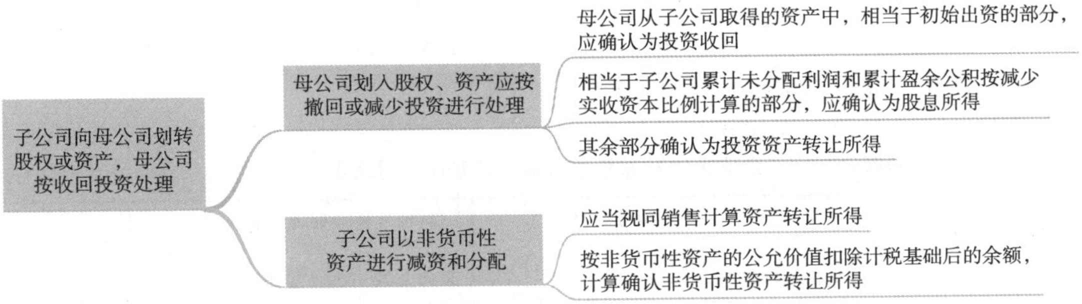

图 4 – 5　子公司向母公司划转股权或资产且母公司按收回投资处理时的财税处理示意图

【例 4 – 3】　子公司向母公司划转股权或资产、母公司按收回投资处理

甲公司是注册在南京江北新区的有限公司。2018 年 1 月，甲公司出资 1 500 万元在南京江北新区设立全资子公司乙公司，甲公司持有乙公司长期股权投资的计税基础为 1 500 万元。

2019 年 12 月 31 日，乙公司所有者权益为：实收资本 1 500 万元，盈余公积 100 万元，未分配利润 50 万元。乙公司持有丙公司 60% 的股权，按成本法核算该长期股权投资，该投资资产的账面价值与计税基础均为 300 万元，公允价值为 500 万元。

为了整合产业链，2020 年 5 月 8 日乙公司将丙公司的股权划转给甲公司，约定甲公司在 12 个月内不改变被划转股权原来实质性经营活动且不得转让丙公司股权。同时，乙公司申请减资 20%，减资额 300 万元。

要求：分析说明该项划转的财税处理。

解析：

1. 划入方甲公司会计处理。

借：长期股权投资——丙公司	3 000 000	
贷：长期股权投资——乙公司		3 000 000

2. 划出方乙公司会计处理。

借：实收资本	3 000 000	
贷：长期股权投资——丙公司	3 000 000	

3. 一般性税务处理。

若乙公司向甲公司划转股权不符合特殊性税务处理条件，则应该按以下方法进行一般性税务处理：

甲公司持有乙公司长期股权投资的计税基础为1 500万元，乙公司申请减资20%。划入丙公司60%股权的公允价值为500万元，则其中300万元确认为投资收回，按乙公司累计未分配利润及累计盈余公积之和150万元的20%部分（即30万元）确认为股息所得，剩余170万元确认为投资资产转让所得。由于会计上未确认损益，因此在汇算清缴时通过填报年度纳税申报表附表“企业重组及递延纳税事项纳税调整明细表”（A105100）第14行“八、股权划转、资产划转”相关列次进行纳税调增200万元。相关表单填报如表4－4、表4－5所示。

表4－4　A105100　企业重组及递延纳税事项纳税调整明细表

行次	项目	一般性税务处理			特殊性税务处理（递延纳税）			纳税调整金额
		账载金额	税收金额	纳税调整金额	账载金额	税收金额	纳税调整金额	
		1	2	3（2－1）	4	5	6（5－4）	7（3＋6）
1	一、债务重组							
2	其中：以非货币性资产清偿债务							
3	债转股							
4	二、股权收购							
5	其中：涉及跨境重组的股权收购							
6	三、资产收购							
7	其中：涉及跨境重组的资产收购							
8	四、企业合并（9＋10）							
9	（一）同一控制下企业合并							
10	（二）非同一控制下企业合并							
11	五、企业分立							
12	六、非货币性资产对外投资							
13	七、技术入股							
14	八、股权划转、资产划转	0	2 000 000	2 000 000				2 000 000
15	九、其他							
16	合计（1＋4＋6＋8＋11＋12＋13＋14＋15）		2 000 000	2 000 000				2 000 000

表 4－5　A105000　纳税调整项目明细表

行次	项目	账载金额	税收金额	调增金额	调减金额
		1	2	3	4
1	一、收入类调整项目（2＋3＋…8＋10＋11）	*	*	0	
12	二、扣除类调整项目（13＋14＋…24＋26＋27＋28＋29＋30）	*	*		
31	三、资产类调整项目（32＋33＋34＋35）	*	*		
36	四、特殊事项调整项目（37＋38＋…＋43）	*	*	2 000 000	
37	（一）企业重组及递延纳税事项（填写 A105100）	0	2 000 000	2 000 000	
38	（二）政策性搬迁（填写 A105110）	*	*		
39	（三）特殊行业准备金（填写 A105120）				
40	（四）房地产开发企业特定业务计算的纳税调整额（填写 A105010）	*			
41	（五）合伙企业法人合伙人应分得的应纳税所得额				
42	（六）发行永续债利息支出				
43	（七）其他	*	*		
44	五、特别纳税调整应税所得	*	*		
45	六、其他	*	*		
46	合计（1＋12＋31＋36＋44＋45）	*	*	2 000 000	

若符合税收优惠条件则取得的 30 万元股息所得可以通过填报“符合条件的居民企业之间的股息、红利等权益性投资收益优惠明细表”（A107011）享受免税优惠。相关表单填报如表 4－6 和表 4－7 所示。

表 4－6　A107011　符合条件的居民企业之间的股息、红利等权益性投资收益优惠明细表

单位：万元

行次	投资企业	被投资企业统一社会信用代码（纳税人识别号）	投资性质	投资成本	投资比例	被投资企业利润分配确认金额		被投资企业清算确认金额			撤回或减少投资确认金额						合计
						被投资企业做出利润分配或转股决定时间	依决定归属于本公司的股息、红利等权益性投资收益金额	分得的被投资企业清算剩余资产	被清算企业累计未分配利润和累计盈余公积应享有部分	应确认的股息所得	从被投资企业撤回或减少投资取得的资产	减少投资比例	收回初始投资成本	取得资产中超过收回初始投资成本部分	撤回或减少投资应享有被投资企业累计未分配利润和累计盈余公积	应确认的股息所得	
	1	2	3	4	5	6	7	8	9	10（8与9孰小）	11	12	13（4×12）	14（11－13）	15	16（14与15孰小）	17（7＋10＋16）
1	乙公司	＊＊＊	直接投资	1 500	100						500	20%	300	200	30	30	30
2																	
3																	
4																	
5																	
6																	
7																	
8	合计																30
9	其中：直接投资或非 H 股票投资																
10	股票投资—沪港通 H 股																
11	股票投资—深港通 H 股																
12	创新企业 CDR																
13	永续债																

表 4－7 A107010 免税、减计收入及加计扣除优惠明细表 单位：万元

行次	项目	金额
1	一、免税收入（2＋3＋9＋…＋16）	30
2	（一）国债利息收入免征企业所得税	
3	（二）符合条件的居民企业之间的股息、红利等权益性投资收益免征企业所得税（4＋5＋6＋7＋8）	30
4	1. 一般股息红利等权益性投资收益免征企业所得税（填写 A107011）	30
5	2. 内地居民企业通过沪港通投资且连续持有 H 股满 12 个月取得的股息红利所得免征企业所得税（填写 A107011）	
6	3. 内地居民企业通过深港通投资且连续持有 H 股满 12 个月取得的股息红利所得免征企业所得税（填写 A107011）	
7	4. 居民企业持有创新企业 CDR 取得的股息红利所得免征企业所得税（填写 A107011）	
8	5. 符合条件的永续债利息收入免征企业所得税（填写 A107011）	
17	二、减计收入（18＋19＋23＋24）	
25	三、加计扣除（26＋27＋28＋29＋30）	
31	合计（1＋17＋25）	30

乙公司向甲公司划出股权应视同以非货币性资产进行减资和分配，应确认股权转让所得：500－300＝200（万元）。

由于在会计上未确认损益，因此在汇算清缴时通过填报年度纳税申报表附表“A105100 企业重组及递延纳税事项纳税调整明细表”第 14 行“八、股权划转、资产划转”相关列次进行纳税调增 200 万元。相关表单填报如表 4－8 和表 4－9 所示。

表 4－8 A105100 企业重组及递延纳税事项纳税调整明细表

行次	项目	一般性税务处理			特殊性税务处理（递延纳税）			纳税调整金额
		账载金额	税收金额	纳税调整金额	账载金额	税收金额	纳税调整金额	
		1	2	3（2－1）	4	5	6（5－4）	7（3＋6）
1	一、债务重组							
2	其中：以非货币性资产清偿债务							
3	债转股							
4	二、股权收购							
5	其中：涉及跨境重组的股权收购							
6	三、资产收购							
7	其中：涉及跨境重组的资产收购							
8	四、企业合并（9＋10）							

续表

行次	项目	一般性税务处理			特殊性税务处理（递延纳税）			纳税调整金额
		账载金额	税收金额	纳税调整金额	账载金额	税收金额	纳税调整金额	
		1	2	3（2－1）	4	5	6（5－4）	7（3＋6）
9	（一）同一控制下企业合并							
10	（二）非同一控制下企业合并							
11	五、企业分立							
12	六、非货币性资产对外投资							
13	七、技术入股							
14	八、股权划转、资产划转	0	2 000 000	2 000 000				2 000 000
15	九、其他							
16	合计（1＋4＋6＋8＋11＋12＋13＋14＋15）		2 000 000	2 000 000				2 000 000

表4－9　A105000　纳税调整项目明细表

行次	项目	账载金额	税收金额	调增金额	调减金额
		1	2	3	4
1	一、收入类调整项目（2＋3＋…8＋10＋11）	*	*	0	
12	二、扣除类调整项目（13＋14＋…24＋26＋27＋28＋29＋30）	*	*		
31	三、资产类调整项目（32＋33＋34＋35）	*	*		
36	四、特殊事项调整项目（37＋38＋…＋43）	*	*	2 000 000	
37	（一）企业重组及递延纳税事项（填写A105100）	0	2 000 000	2 000 000	
38	（二）政策性搬迁（填写A105110）	*	*		
39	（三）特殊行业准备金（填写A105120）				
40	（四）房地产开发企业特定业务计算的纳税调整额（填写A105010）	*			
41	（五）合伙企业法人合伙人应分得的应纳税所得额				
42	（六）发行永续债利息支出				
43	（七）其他	*	*		
44	五、特别纳税调整应税所得	*	*		
45	六、其他	*	*		
46	合计（1＋12＋31＋36＋44＋45）	*	*	2 000 000	

4. 特殊性税务处理

由于乙公司向甲公司划转股权的动机是为了整合产业链，具有合理的商业目的，甲公司保证自划转完成日起连续12个月内不改变被划转企业原来的实质性经营活动，且不转让丙公司股权，同时，双方会计上均未确认损益的，可以选择适用特殊性税务处理：母公司划入股权不计入收入总额；取得划入股权的计税基础按其原计税基础确定；按被划转股权的原计税基础，相应调减持有子公司股权的计税基础。子公司划出股权按其原计税基础进行减资处理，不确认股权转让所得。

具体到本案例处理为：甲公司取得丙公司60%股权按收回投资处理，不计入收入总额，其计税基础按原计税基础300万元确定；相应调减持有乙公司股权的计税基础300万元。乙公司划出丙公司60%股权按减资处理，不视同销售。年终汇算清缴时，填报"A105100企业重组及递延纳税事项纳税调整明细表"等相关表单如表4－10和表4－11所示。

表4－10　A105100　企业重组及递延纳税事项纳税调整明细表

行次	项目	一般性税务处理			特殊性税务处理（递延纳税）			纳税调整金额
		账载金额	税收金额	纳税调整金额	账载金额	税收金额	纳税调整金额	
		1	2	3（2－1）	4	5	6（5－4）	7（3＋6）
1	一、债务重组							
2	其中：以非货币性资产清偿债务							
3	债转股							
4	二、股权收购							
5	其中：涉及跨境重组的股权收购							
6	三、资产收购							
7	其中：涉及跨境重组的资产收购							
8	四、企业合并（9＋10）							
9	（一）同一控制下企业合并							
10	（二）非同一控制下企业合并							
11	五、企业分立							
12	六、非货币性资产对外投资							

续表

行次	项目	一般性税务处理			特殊性税务处理（递延纳税）			纳税调整金额
		账载金额	税收金额	纳税调整金额	账载金额	税收金额	纳税调整金额	
		1	2	3（2－1）	4	5	6（5－4）	7（3＋6）
13	七、技术入股							
14	八、股权划转、资产划转				0	0	0	0
15	九、其他							
16	合计（1＋4＋6＋8＋11＋12＋13＋14＋15）				0	0	0	0

表4－11　　A105000　　　　　　纳税调整项目明细表

行次	项目	账载金额	税收金额	调增金额	调减金额
		1	2	3	4
1	一、收入类调整项目（2＋3＋…8＋10＋11）	*	*	0	
12	二、扣除类调整项目（13＋14＋…24＋26＋27＋28＋29＋30）	*	*		
31	三、资产类调整项目（32＋33＋34＋35）	*	*		
36	四、特殊事项调整项目（37＋38＋…＋43）	*	*	0	
37	（一）企业重组及递延纳税事项（填写A105100）	0	0	0	
38	（二）政策性搬迁（填写A105110）	*	*		
39	（三）特殊行业准备金（填写A105120）				
40	（四）房地产开发企业特定业务计算的纳税调整额（填写A105010）	*			
41	（五）合伙企业法人合伙人应分得的应纳税所得额				
42	（六）发行永续债利息支出				
43	（七）其他	*	*		
44	五、特别纳税调整应税所得	*	*		
45	六、其他	*	*		
46	合计（1＋12＋31＋36＋44＋45）	*	*	0	

（五）子公司向母公司划转股权或资产、母公司按接受投资处理

母、子公司之间，子公司向母公司划转其持有的股权或资产，母公司按接受投资处理情形，如不符合特殊性税务处理条件，或虽符合特殊性税务处理条件但不选择适用特殊性税务处理的，母公司接受子公司划入股权、资产应按撤回或减少投资进行处

理，同时按公允价值确认划入股权、资产的计税基础。

子公司应按划转完成时股权或资产的公允价值视同销售处理。应根据《企业所得税法实施条例》第二十五条和国税函〔2008〕828号文件的规定按公允价值确认股权、资产转让所得。

母公司与子公司的税务处理如图4－6所示。

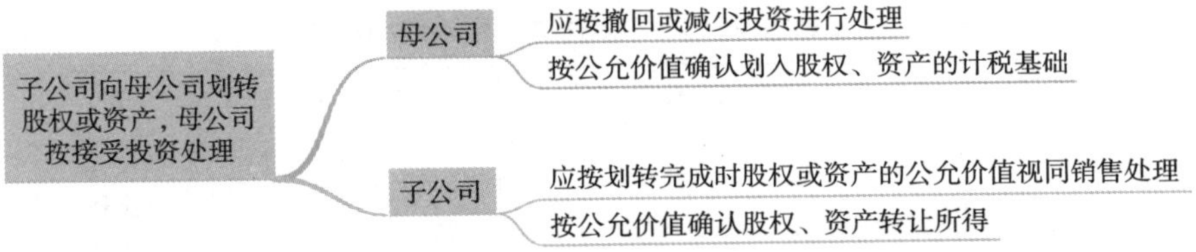

图4－6　子公司向母公司划转股权或资产、母公司按接受投资处理时的财税处理示意图

【例4－4】　子公司向母公司划转股权或资产、母公司按接受投资处理

甲公司是注册在南京江北新区的有限公司。2018年1月，甲公司出资1 500万元在南京江北新区设立全资子公司乙公司，甲公司持有乙公司长期股权投资计税基础为1 500万元。

2019年12月31日，乙公司所有者权益为：实收资本1 500万元，盈余公积100万元，未分配利润50万元。乙公司持有丙公司60%的股权，按成本法核算该长期股权投资，该投资资产的账面价值与计税基础均为300万元，公允价值为500万元。

为了整合产业链，2020年6月8日乙公司将持有的丙公司股权划转给甲公司，约定甲公司在12个月内不改变被划转企业原来的实质性经营活动且不得转让丙公司股权。乙公司没有减资。

要求：分析说明上述划转的财税处理。

解析：

1. 划入方甲公司会计处理。

借：长期股权投资——丙公司　　3 000 000

　　贷：资本公积——资本溢价　　3 000 000

2. 划出方乙公司会计处理。

借：资本公积——资本溢价　　3 000 000

　　贷：长期股权投资——丙公司　　3 000 000

3. 一般性税务处理。

若乙公司向甲公司划转股权不符合特殊性税务处理的条件，则应该按以下方法进行一般性税务处理：

甲公司划入丙公司60%股权应按撤回投资进行税务处理。划入丙公司60%股权公允价值为500万元，其中300万元确认为投资收回，剩余200万元确认为投资资产转让所得。由于会计上未确认损益，在企业所得税汇算清缴时通过填报年度纳税申报表附表“A105100 企业重组及递延纳税事项纳税调整明细表”第14行“八、股权划转、资产划转”和“纳税调整项目明细表”（A105000）第37行“（一）企业重组及递延纳税事项（填写A105100）”进行纳税调增200万元。相关表单填报如表4－12、表4－13所示。

表4－12　A105100　企业重组及递延纳税事项纳税调整明细表

行次	项目	一般性税务处理			特殊性税务处理（递延纳税）			纳税调整金额
		账载金额	税收金额	纳税调整金额	账载金额	税收金额	纳税调整金额	
		1	2	3（2－1）	4	5	6（5－4）	7（3+6）
1	一、债务重组							
2	其中：以非货币性资产清偿债务							
3	债转股							
4	二、股权收购							
5	其中：涉及跨境重组的股权收购							
6	三、资产收购							
7	其中：涉及跨境重组的资产收购							
8	四、企业合并（9+10）							
9	（一）同一控制下企业合并							
10	（二）非同一控制下企业合并							
11	五、企业分立							
12	六、非货币性资产对外投资							
13	七、技术入股							
14	八、股权划转、资产划转	0	2 000 000	2 000 000				2 000 000
15	九、其他							
16	合计（1+4+6+8+11+12+13+14+15）	0	2 000 000	2 000 000				2 000 000

表 4－13 A105000 纳税调整项目明细表

行次	项目	账载金额	税收金额	调增金额	调减金额
		1	2	3	4
1	一、收入类调整项目（2＋3＋…8＋10＋11）	*	*	0	
12	二、扣除类调整项目（13＋14＋…24＋26＋27＋28＋29＋30）	*	*		
31	三、资产类调整项目（32＋33＋34＋35）	*	*		
36	四、特殊事项调整项目（37＋38＋…＋43）	*	*	2 000 000	
37	（一）企业重组及递延纳税事项（填写 A105100）	0	2 000 000	2 000 000	
38	（二）政策性搬迁（填写 A105110）	*	*		
39	（三）特殊行业准备金（填写 A105120）				
40	（四）房地产开发企业特定业务计算的纳税调整额（填写 A105010）	*			
41	（五）合伙企业法人合伙人应分得的应纳税所得额				
42	（六）发行永续债利息支出				
43	（七）其他	*	*		
44	五、特别纳税调整应税所得	*	*		
45	六、其他	*	*		
46	合计（1＋12＋31＋36＋44＋45）	*	*	2 000 000	

乙公司划出丙公司 60% 股权应视同对外捐赠确认股权转让所得：500－300＝200（万元）。由于在会计上未确认损益，因此在汇算清缴时通过填报年度纳税申报表附表“A105100 企业重组及递延纳税事项纳税调整明细表”第 14 行“八、股权划转、资产划转”相关列次和“A105000 纳税调整项目明细表”第 37 行“（一）企业重组及递延纳税事项（填写 A105100）”进行纳税调增 200 万元。相关表单填报如表 4－14、表 4－15 所示。

表 4－14 A105100 企业重组及递延纳税事项纳税调整明细表

行次	项目	一般性税务处理			特殊性税务处理（递延纳税）			纳税调整金额
		账载金额	税收金额	纳税调整金额	账载金额	税收金额	纳税调整金额	
		1	2	3（2－1）	4	5	6（5－4）	7（3＋6）
1	一、债务重组							
2	其中：以非货币性资产清偿债务							
3	债转股							
4	二、股权收购							
5	其中：涉及跨境重组的股权收购							

续表

行次	项目	一般性税务处理			特殊性税务处理（递延纳税）			纳税调整金额
		账载金额	税收金额	纳税调整金额	账载金额	税收金额	纳税调整金额	
		1	2	3（2－1）	4	5	6（5－4）	7（3＋6）
6	三、资产收购							
7	其中：涉及跨境重组的资产收购							
8	四、企业合并（9＋10）							
9	（一）同一控制下企业合并							
10	（二）非同一控制下企业合并							
11	五、企业分立							
12	六、非货币性资产对外投资							
13	七、技术入股							
14	八、股权划转、资产划转	0	2 000 000	2 000 000				2 000 000
15	九、其他							
16	合计（1＋4＋6＋8＋11＋12＋13＋14＋15）	0	2 000 000	2 000 000				2 000 000

表4－15　A105000　纳税调整项目明细表

行次	项目	账载金额	税收金额	调增金额	调减金额
		1	2	3	4
1	一、收入类调整项目（2＋3＋…8＋10＋11）	*	*	0	
12	二、扣除类调整项目（13＋14＋…24＋26＋27＋28＋29＋30）	*	*		
31	三、资产类调整项目（32＋33＋34＋35）	*	*		
36	四、特殊事项调整项目（37＋38＋…＋43）	*	*	2 000 000	
37	（一）企业重组及递延纳税事项（填写A105100）	0	2 000 000	2 000 000	
38	（二）政策性搬迁（填写A105110）	*	*		
39	（三）特殊行业准备金（填写A105120）				
40	（四）房地产开发企业特定业务计算的纳税调整额（填写A105010）	*			
41	（五）合伙企业法人合伙人应分得的应纳税所得额				
42	（六）发行永续债利息支出				

续表

行次	项目	账载金额	税收金额	调增金额	调减金额
		1	2	3	4
43	（七）其他	*	*		
44	五、特别纳税调整应税所得	*	*		
45	六、其他	*	*		
46	合计（1+12+31+36+44+45）	*	*	2 000 000	

4. 特殊性税务处理

由于乙公司向甲公司划转股权的动机是为了整合产业链，具有合理的商业目的，甲公司保证自划转完成日起连续12个月内不转让取得的丙公司股权、不改变被划转企业原来的实质性经营活动，且不得转让丙公司股权，同时双方会计上均未确认损益，因此可以选择按以下方式进行税务处理：母公司划入股权不计入收入总额，取得被划转股权的计税基础按其原计税基础确定；按被划转股权的原计税基础，相应调减持有子公司股权的计税基础。子公司划出股权不确认所得。

具体到本例为：甲公司取得丙公司60%股权不计入收入总额，其计税基础按原计税基础300万元确定；相应调减持有乙公司股权的计税基础300万元。乙公司划出持有丙公司60%股权不确认股权转让所得。

（六）子公司之间划转股权或资产的处理

受同一或相同多家母公司控制的子公司之间，在母公司主导下，一家子公司向另一家子公司划转其持有的股权或资产，划出方没有获得任何股权或非股权支付，如不符合特殊性税务处理条件，或虽符合特殊性税务处理条件但不选择适用特殊性税务处理的：划出方向划入方划转其持有的股权、资产应视同对划入方进行捐赠，应根据《企业所得税法实施条例》第二十五条和国税函〔2008〕828号文件的规定，按公允价值确认股权、资产转让所得。划入方接受划入股权、资产应视同接受划出方捐赠，按被划转股权、资产公允价值确认接受捐赠收入，同时按公允价值确认划入股权、资产的计税基础（如图4-7所示）。

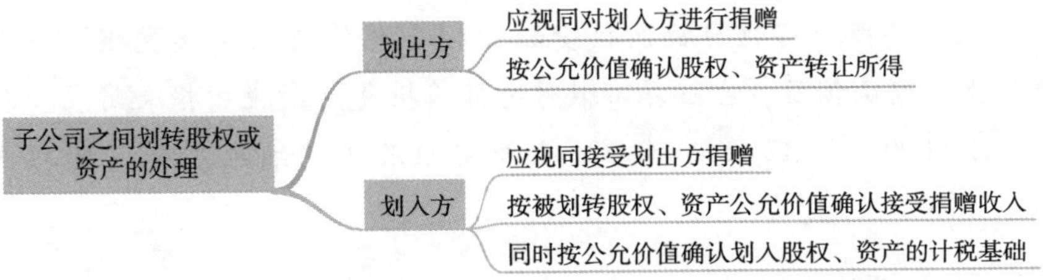

图4-7　子公司之间划转股权或资产的财税处理示意图

【例 4-5】　　　　子公司之间划转股权、资产案例

甲公司、乙公司、丙公司都是注册在南京江北新区的有限责任公司。乙公司和丙公司均为甲公司的全资子公司。

乙公司拥有一座公办楼用于出租，会计上计入投资性房地产科目并按成本模式核算，初始入账成本为 1 000 万元，已计提折旧 200 万元，公允价值为 1 200 万元，计税基础与账面净值一致。

为有效整合资源，甲公司决定，乙公司将办公楼无偿划转给丙公司，双方约定自划转完成日起连续 12 个月内不改变被划转写字楼原来的实质性经营活动，即继续用于出租。不考虑企业所得税以外的其他税费。

要求：分析说明上述资产划转双方的财税处理。

解析：

1. 划出方乙公司的会计处理。

借：资本公积	8 000 000	
投资性房地产累计折旧	2 000 000	
贷：投资性房地产		10 000 000

2. 划入方丙公司的会计处理。

借：投资性房地产	10 000 000	
贷：投资性房地产累计折旧		2 000 000
资本公积——资本溢价		8 000 000

3. 一般性税务处理。

若乙公司向丙公司划转办公楼所有权不符合特殊性税务处理的条件，则应该按以下方法进行一般性税务处理：

乙公司划出办公楼所有权应视同对外捐赠确认资产转让所得：1 200 - 800 = 400（万元）。

由于在会计上未确认损益，因此在企业所得税年度汇算清缴时通过填报年度纳税申报表附表“纳税调整项目明细表”（A105000）第 37 行“（一）企业重组及递延纳税事项（填写 A105100）”进行纳税调增 400 万元。

丙公司划入办公楼所有权应视同接受捐赠按公允价值确认接受捐赠收入 1 200 万元。由于会计上未确认损益，在汇算清缴时通过填报年度纳税申报表附表“纳税调整项目明细表”（A105000）第 37 行“（一）企业重组及递延纳税事项（填写 A105100）”进行纳税调增 1 200 万元。

4. 特殊性税务处理。

由于乙公司向丙公司划转资产的动机是为了整合资源，具有合理的商业目的，且双方约定自划转完成日起连续 12 个月内不改变被划转公办楼原来实质性经营活动，即继续用于出租，同时双方会计上均未确认损益，因此可以选择按以下方法进行税务处理：划入方划入资产不计入收入总额，取得划入资产的计税基础，以被划转资产的原计税基础确定。划出方划出资产不视同销售。

具体到本例为：丙公司取得乙公司的办公楼所有权不计入收入总额，其计税基础按原计税基础800万元确定；乙公司划出办公楼的所有权不视同销售。

四、资产划转符合不同税收政策的处理

如果一项经济行为同时符合不同税收政策规定的，纳税人可以选择对自己最为有利的方式进行税务处理。《财政部 国家税务总局关于非货币性资产投资企业所得税政策问题的通知》（财税〔2014〕116号）第六条规定，"企业发生非货币性资产投资，符合《财政部 国家税务总局关于企业重组业务企业所得税处理若干问题的通知》（财税〔2009〕59号）等文件规定的特殊性税务处理条件的，也可选择按特殊性税务处理规定执行。"国家税务总局办公厅在《关于〈国家税务总局关于非货币性资产投资企业所得税有关征管问题的公告〉的解读》中指出，由于企业非货币性资产投资行为，可能同时符合财税〔2014〕116号文件规定、《财政部 国家税务总局关于企业重组业务企业所得税处理若干问题的通知》（财税〔2009〕59号）以及《财政部 国家税务总局关于促进企业重组有关企业所得税处理问题的通知》（财税〔2014〕109号）相关规定，该公告允许企业选择其中一项政策执行，但一经选择，不得改变。

这就是说，一项企业重组行为，如果既符合股权（资产）划转的特殊性税务处理规定，又符合非货币性资产投资递延纳税政策规定，还符合股权或资产收购特殊性税务处理规定的，允许企业选择其中一项政策执行，但一经选择，不得改变，如图4－8所示。

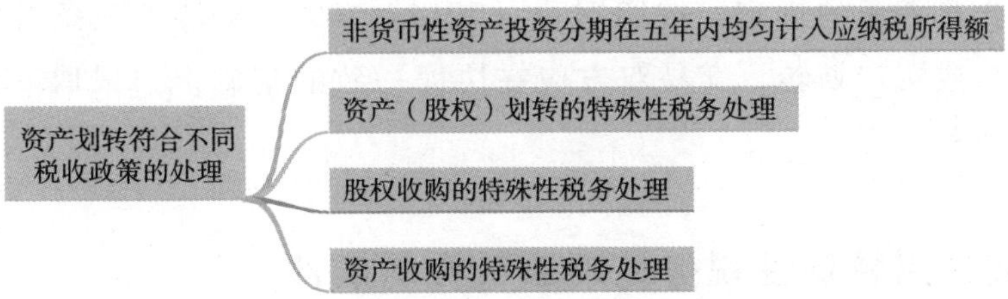

图4－8　资产划转符合不同税收政策财税处理示意图

第二节　特殊性税务处理

财政部、国家税务总局2014年年底出台了《财政部 国家税务总局关于促进企业重组有关企业所得税处理问题的通知》（财税〔2014〕109号），解决了国家税务总局

公告2014年第29号中对划出方税务处理没有明确的问题。

一、股权、资产划转的特殊性税务处理

财税〔2014〕109号文件第三条对股权、资产划转的特殊性税务处理进行了明确。对100%直接控制的居民企业之间，以及受同一或相同多家居民企业100%直接控制的居民企业之间按账面净值划转股权或资产，凡具有合理商业目的、不以减少、免除或者推迟缴纳税款为主要目的，股权或资产划转后连续12个月内不改变被划转股权或资产原来的实质性经营活动，且划出方企业和划入方企业均未在会计上确认损益的，可以选择按以下规定进行特殊性税务处理：

（1）划出方企业和划入方企业均不确认所得。

（2）划入方企业取得被划转股权或资产的计税基础，以被划转股权或资产的原账面净值确定。

根据《国家税务总局关于资产（股权）划转企业所得税征管问题的公告》（国家税务总局公告2015年第40号）第三条的规定，“划入方企业取得被划转股权或资产的计税基础，以被划转股权或资产的原账面净值确定”，是指划入方企业取得被划转股权或资产的计税基础，以被划转股权或资产的原计税基础确定。

（3）划入方企业取得的被划转资产，应按其原账面净值计算折旧扣除。

根据《国家税务总局关于资产（股权）划转企业所得税征管问题的公告》（国家税务总局公告2015年第40号）第三条的规定，“划入方企业取得的被划转资产，应按其原账面净值计算折旧扣除”，是指划入方企业取得的被划转资产，应按被划转资产的原计税基础计算折旧扣除或摊销。

根据该公告第四条的规定，按照财税〔2014〕109号文件第三条规定进行特殊性税务处理的股权或资产划转，交易双方应在协商一致的基础上，采取一致处理原则统一进行特殊性税务处理。

二、划转适用特殊性税务处理应符合的条件

（一）限于“两类架构、四种方式”

《国家税务总局关于资产（股权）划转的企业所得税征管问题的公告》（国家税务总局公告2015年第40号）进一步明确了划转的特殊性税务处理适用的股权架构条件。该公告规定，财税〔2014〕109号文件第三条所称“100%直接控制的居民企业之间，以及受同一或相同多家居民企业100%直接控制的居民企业之间按账面净值划转股权或资产”，限于以下情形：

第一，100% 直接控制的母、子公司之间，母公司向子公司按账面净值划转其持有的股权或资产，母公司获得子公司 100% 的股权支付。母公司按增加长期股权投资处理，子公司按接受投资（包括资本公积，下同）处理。母公司获得子公司股权的计税基础以划转股权或资产的原计税基础确定。

【例 4-6】　　母公司向子公司划转资产并获得 100% 股权支付

A 公司和 B 公司都是注册在上海浦东的有限责任公司。A 公司全资控股 B 公司。A 公司为进一步提高自身资产质量和优化财务管理，实行如下资产划转：

A 公司将其拥有的土地使用权（公允价值为 2 000 万元，账面原值和计税基础均为 1 000 万元，累计已计提摊销 200 万元）作为出资按账面价值划转给 B 公司，A 公司获得 B 公司 100% 的股权支付。

A 公司承诺 12 个月内不改变 B 公司的股权结构。B 公司承诺 12 个月内不转让划入的土地使用权，也不改变其原有的实质性经营活动。划转双方选择适用企业所得税特殊性税务处理。不考虑其他税费处理

要求：分析说明该项资产划转的财税处理。

解析：

根据案例资料可知：A 母公司和 B 子公司都是居民企业，且母公司 100% 控股子公司；该项资产划转是为了进一步提高资产质量和优化财务管理，具有合理商业目的，不以减少、免除或者推迟缴纳税款为主要目的；资产划转后连续 12 个月内不改变被划转资产原来的实质性经营活动；母、子公司未在会计上确认损益。因而，符合资产划转的特殊性税务处理规定，可以适用资产划转的特殊性税务处理。即：

A 母公司转让资产的行为不确认所得，按向 B 子公司投资处理，获得 B 子公司股权的计税基础以划出资产的原计税基础确定。B 子公司获得母公司资产不确认所得，按接受母公司投资处理，取得划入资产的计税基础按其原计税基础确定。

1. 划出方 A 公司的处理。

（1）A 公司的会计处理：

借：长期股权投资——B 公司	8 000 000	
累计摊销——土地使用权	2 000 000	
贷：无形资产——土地使用权		10 000 000

（2）A 公司的税务处理：

A 公司转让土地使用权的行为不确认所得，按向 B 公司进行投资处理，获得 B 公司股权的计税基础以土地使用权的原计税基础 800 万元确定。

2. B 公司的处理。

（1）B 公司的会计处理：

借：无形资产——土地使用权	10 000 000	

贷：实收资本（或资本公积）　　8 000 000

　　累计摊销——土地使用权　　2 000 000

（2）B公司的税务处理

B公司获得A公司划入的土地使用权不确认所得，按接受A公司投资处理，取得划入土地使用权的计税基础按其原计税基础800万元确定。

第二，100%直接控制的母、子公司之间，母公司向子公司按账面净值划转其持有的股权或资产，母公司没有获得任何股权或非股权支付。母公司按冲减实收资本（包括资本公积，下同）处理，子公司按接受投资处理。

此种处理，母公司“实收资本”和“资本公积”应当有足够的贷方余额可供冲减。如果由于“实收资本”和“资本公积”科目贷方余额不足而冲减留存收益时，有观点认为，此时应视为对股东进行分配，不再符合特殊性税务处理条件。

此外，从经济实质上看，该种划转业务属于集团股东从母公司收回投资的同时对子公司进行资本性投入，子公司应将其作为权益性交易处理。

【例4-7】　母公司向子公司划转资产未获得任何支付案例

A公司和B公司都是注册在上海浦东的有限责任公司。A公司全资控股B公司。A公司为进一步提高资产质量、运作效率和优化财务管理，实行如下资产划转：

A公司将其拥有的土地使用权（公允价值为2 000万元，账面原值和计税基础均为1 000万元，累计已计提摊销200万元）按账面价值直接划转给B公司，A公司没有获得任何股权或非股权支付。

A公司承诺划转完成后12个月内不改变B公司的股权结构。B公司承诺12个月内不转让取得的该土地使用权，也不改变其原有的实质性经营活动。

不考虑企业所得税以外的其他税费。

要求：分析说明该项资产划转的财税处理。

解析：

由案例资料可知：A母公司和B子公司都是居民企业，且A母公司100%控股B子公司；该项资产划转是为进一步提高资产质量、运作效率和优化财务管理具有合理商业目的，且不以减少、免除或者推迟缴纳税款为主要目的；资产划转后连续12个月内不改变被划转股权或资产原来的实质性经营活动；母、子公司未在会计上确认损益。

因此，符合资产划转企业所得税特殊性税务处理条件，划转双方可选择适用特殊性税务处理。即：A母公司转让资产不确认所得；B子公司获得母公司划入资产不确认所得，取得划入资产的计税基础按其原计税基础确定。

1. A公司的处理。

（1）A公司的会计处理。

借：实收资本（或资本公积）　　8 000 000

累计摊销——土地使用权　　2 000 000

贷：无形资产——土地使用权　　10 000 000

（2）A公司的税务处理。

A公司转出土地使用权的行为不确认财产转让所得或损失。

2. B公司的处理。

（1）B公司的会计处理。

借：无形资产——土地使用权　　10 000 000

贷：实收资本（或资本公积）　　8 000 000

累计摊销——土地使用权　　2 000 000

（2）B公司的税务处理。

B公司划入获得A公司的土地使用权不确认所得，取得划入土地使用权的计税基础按其原计税基础800万元确定。

第三，100%直接控制的母、子公司之间，子公司向母公司按账面净值划转其持有的股权或资产，子公司没有获得任何股权或非股权支付。母公司按收回投资处理，或按接受投资处理，子公司按冲减实收资本处理。母公司应按被划转股权或资产的原计税基础，相应调减持有子公司股权的计税基础。

从经济实质上看该类划转业务属于集团从子公司收回投资的同时对母公司进行资本性投入，母公司应将其作为权益性交易处理。

【例4-8】　子公司向母公司划转资产母公司按收回投资处理案例

A公司和B公司都是注册在上海浦东的有限责任公司。A公司全资控股B公司。为进一步提高资产质量、运作效率和优化财务管理，实行如下资产划转。

B公司将其拥有的不动产（公允价值为2 000万元，账面原值和计税基础均为1 000万元，累计折旧200万元）按账面价值作为A公司收回投资（减资500万元，资本公积——资本溢价贷方余额1 000万元）划转给A公司。

不考虑企业所得税以外的其他税费。

要求：分析说明该项划转的财税处理。

解析：

由案例资料可知：A母公司和B子公司都是居民企业，且A母公司100%控股B子公司；该项资产划转是为了进一步提高资产质量、运作效率和优化财务管理，具有合理商业目的，且不以减少、免除或者推迟缴纳税款为主要目的；资产划转后连续12个月内不改变被划转资产原来的实质性经营活动；母、子公司未在会计上确认损益。

因而，该项资产划转可选择适用企业所得税特殊性税务处理。A母公司取得划入资产不确认所得，按收回对子公司的投资处理，其计税基础按原计税基础确定。B子公司划出资产不按公允价格确认资产转让所得，按母公司收回投资处理。

1. A公司的处理。

(1) A公司的会计处理。

借：固定资产——不动产　　10 000 000

　　贷：长期股权投资——B公司　　8 000 000

　　　　累计折旧——不动产　　2 000 000

(2) A公司的税务处理。

A公司获得B公司划入的不动产按收回投资处理，不确认所得，取得划入不动产的计税基础按其原计税基础800万元确定。

2. B公司的处理。

(1) B公司的会计处理。

借：固定资产清理　　8 000 000

　　累计折旧——不动产　　2 000 000

　　贷：固定资产——不动产　　10 000 000

借：实收资本——A公司　　5 000 000

　　资本公积——资本溢价　　3 000 000

　　贷：固定资产清理　　8 000 000

(2) 乙公司的税务处理。

乙公司划出不动产的行为不按公允价值确认资产转让所得，按A公司收回投资进行处理。

第四，受同一或相同多家母公司100%直接控制的子公司之间，在母公司主导下，一家子公司向另一家子公司按账面净值划转其持有的股权或资产，划出方没有获得任何股权或非股权支付。划出方按冲减所有者权益处理，划入方按接受投资处理。

从经济实质上看，该划转业务属于集团从划出资产的子公司收回投资的同时对划入资产的子公司进行资本性投入，划入资产的子公司应将其作为权益性交易处理。

【例4-9】　同一控制下子公司之间划转股权案例

A公司与甲公司和乙公司都是在南京市某开发区注册设立的有限公司，甲公司持有A公司30%的股权、乙公司持有A公司70%股权。

B公司由甲公司和乙公司在上海浦东设立的有限公司，甲公司持有B公司30%的股权、乙公司持有B公司70%的股权。

C公司是由A公司在上海浦东设立的有限公司。

甲公司和乙公司为进一步提高子公司资产运用效率和优化财务状况决定进行资产重组。根据公司股东会决议，A公司将其持有的C公司80%的股权（公允价值为2 000万元，账面价值和计税基础均为1 000万元）按账面价值直接划转给B公司。

甲公司和乙公司承诺12个月内不改变A公司、B公司的股权结构。B公司也承诺划转后12个月内不转让持有C公司股权或改变其原有的实质性经营活动。

要求：分析说明该股权划转的财税处理。

解析：

根据案例资料，A子公司、B子公司和同一控制的母公司甲、乙公司都是居民企业，且子公司同受相同多家母公司合计100%直接控制；该项划转是为进一步提高子公司资产运用效率和优化财务状况而对资产进行重组，具有合理商业目的，不以减少、免除或者推迟缴纳税款为主要目的；股权划转后连续12个月内不改变被划转股权原来的实质性经营活动；子公司也未在会计上确认损益。

因此，该项股权划转符合股权划转的企业所得税特殊性税务处理条件，可以选择适用特殊性税务处理。即划出方A子公司不确认转让股权的所得，划入方B子公司获得股权不确认所得，划入股权的计税基础按其原计税基础确定。

1. A公司的处理。

（1）A公司的会计处理。

借：资本公积　　　　10 000 000

　　贷：长期股权投资——C公司　　　　10 000 000

（2）A公司的税务处理。

A公司划出C公司股权不按公允价值确认股权转让所得或损失。

2. B公司的处理。

（1）B公司的会计处理。

借：长期股权投资——C公司　　　　10 000 000

　　贷：资本公积　　　　10 000 000

（2）B公司的税务处理。

B公司获得C公司股权不确认所得，取得C公司股权的计税基础按其原计税基础1 000万元确定。

国家税务总局公告2015年第40号明确了划转可以适用特殊性税务处理的条件必须是两类股权架构："100%直接控制的母子公司之间"或"受同一或相同多家母公司100%直接控制的子公司之间"；限于四种划转方式：母公司向子公司有偿划转、母公司向子公司无偿划转、子公司向母公司无偿划转、兄弟公司之间无偿划转。本书将其简称为"两类架构、四种方式"。

（1）母公司向全资子公司进行划转，获得子公司100%的股权支付，如图4－9所示。这种划转实际上是母公司对子公司的非货币性资产投资行为。

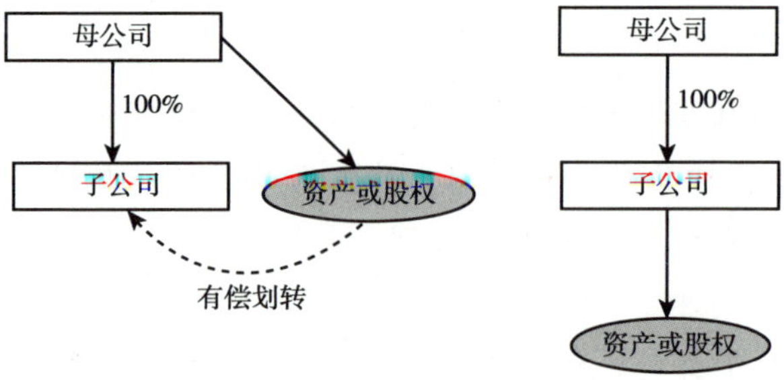

图4－9　母公司向全资子公司有偿划转示意图

（2）母公司向全资子公司无偿划转，如图4－10所示。

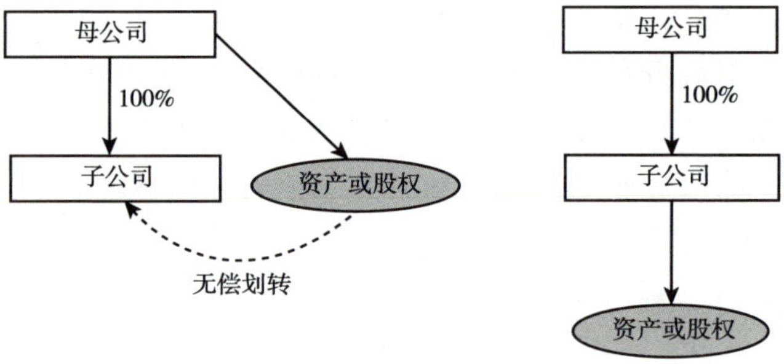

图4－10　母公司向全资子公司无偿划转示意图

（3）全资子公司向母公司无偿划转，如图4－11所示。母公司按收回投资处理，或按接受投资处理。

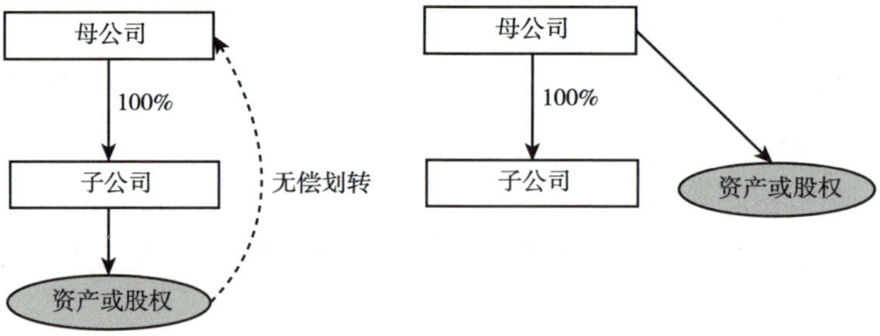

图4－11　全资子公司向母公司无偿划转示意图

（4）子公司之间的无偿划转，如图4－12所示。与前面三种方式不同的是，这里的子公司不仅是受同一母公司100%直接控制，还可以受“相同多家母公司100%直接控制”。

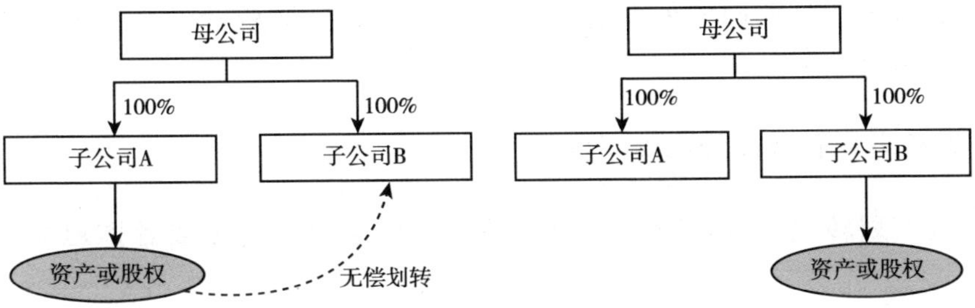

图 4－12　子公司之间无偿划转示意图

其实，现实经济生活中，还有一些其他形式股权架构下的划转，能否适用特殊性税务处理尚待明确。如图 4－13 这种形式的划转：

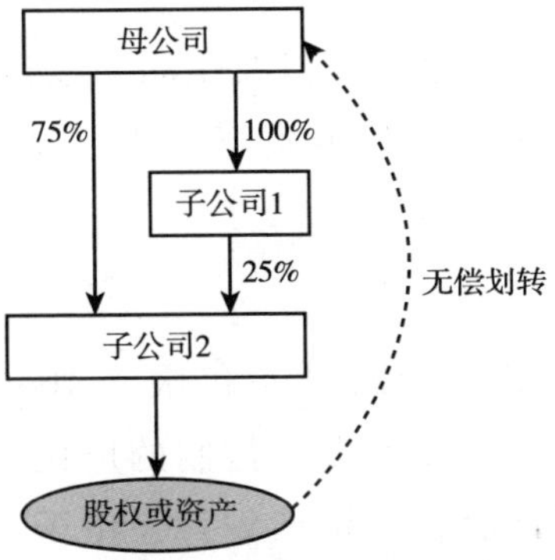

图 4－13　其他形式股权架构下的划转示意图

可以看出，国家税务总局公告 2015 年第 40 号既有对财税〔2014〕109 号文件进一步明确的地方，也有对该文件的突破。如，将企业的非货币性资产投资也归入到划转中，使得传统理解上的无偿划转扩大到有偿划转，从而引起实务中在政策适用上的一些争议。另外，还会产生同一项业务可以同时适用财税〔2009〕59 号文件规定的特殊性税务处理、财税〔2014〕116 号文件规定的非货币性资产投资递延纳税政策以及财税〔2014〕109 号文件规定的划转特殊性税务处理竞合问题，在后面的章节中我们再举例加以说明。

（二）划转的主体限于居民企业

股权、资产划转的特殊性税务处理，仅适用于居民企业之间的符合规定条件的股权、资产划转，非居民企业参与的划转业务不能适用规定的划转特殊性税务处理政策，只能适用划转的一般性税务处理规定。

由于跨境重组可能会存在一些法律适用上的障碍，财税〔2014〕109 号文件明确，划转特殊性税务处理适用于居民企业之间，将居民企业与非居民企业之间的划转排除在外。如某居民企业打算向境外全资子公司注入部分实物资产，就不能适用划转的特殊性税务处理政策。

（三）划转应具有合理的商业目的

股权、资产划转应具有合理的商业目的，不以减少、免除或者推迟缴纳税款为主要目的。

与财税〔2009〕59号文规定的其他企业重组特殊性税务处理适用的条件一样，财税〔2014〕109号文件也强调了反避税原则，即适用特殊性税务处理的划转要具有合理的商业目的，并且不以减少、免除或者推迟缴纳税款为主要目的。

（四）具有100%直接控制关系

对100%直接控制的居民企业之间，以及受同一或相同多家居民企业100%直接控制的居民企业之间按账面净值划转股权或资产，才可以适用资产、股权划转的特殊性税务处理。

1. 100%直接控制

股权、资产划转的特殊性税务处理政策仅限于100%直接控制的居民企业之间，以及受同一或相同多家居民企业100%直接控制的居民企业之间的划转行为，间接控股达到100%的集团企业间进行股权、资产划转，由于不属于直接控制，不能适用特殊性税务处理政策。

【例4－10】注册在上海浦东的甲公司100%控制注册在南京的A公司。甲公司持有注册在上海浦东的B公司50%股权，A公司持有B公司50%股权。甲公司虽然直接和间接持有B公司股权之和达到100%，但由于不属于直接控股，所以甲公司与B公司之间以及B公司与A公司之间进行股权、资产划转不符合相关税收政策要求而不能适用特殊性税务处理规定。

2. 受同一或相同多家居民企业100%直接控制

受同一或相同多家居民企业100%直接控制，是指下列两种情况：

（1）划转双方属于同一个居民母公司100%直接控制。

（2）由相同的多家居民母公司合计持股100%、且每个企业的股权结构均相同，即同一个母公司持有不同子公司的股权比例相同。

【例4－11】居民企业甲公司持有居民企业A公司60%的股权，居民企业乙公司持有A公司40%的股权。同时，甲公司持有居民企业B公司60%的股权，乙公司持有B公司40%的股权。则A公司和B公司属于受相同的甲、乙公司100%直接控制。A公司与B公司之间的划转可以适用特殊性税务处理规定。

这里的相同多家母公司指划出方与划入方的股东是多家公司，且划出方与划入方的股权架构、股东持股比例完全一致。只有在这种情况下的划转，各个股东对持有的划出方权益同比例减少，但其持有的划入方权益会同比例增加，划转前后各个股东的利益并不会发生变化，如图4－14所示。

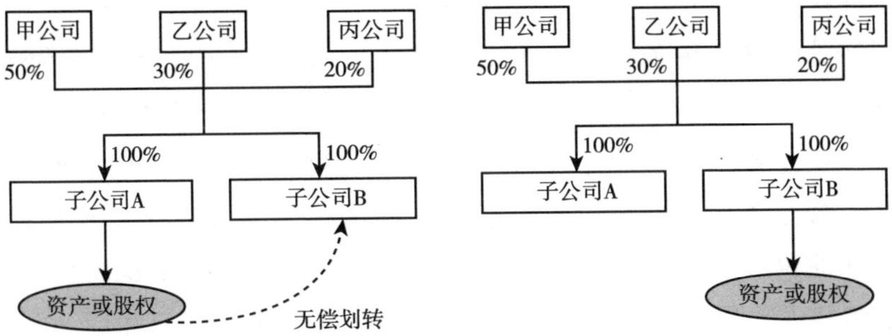

图4－14　受相同多家居民企业100%直接控制的划转示意图

（五）12个月内不改变被划转股权或资产原来的实质性经营活动

划转适用特殊性税务处理要求，股权或资产划转后连续12个月内不改变被划转股权或资产原来的实质性经营活动。

根据《国家税务总局关于资产（股权）划转企业所得税征管问题的公告》（国家税务总局公告2015年第40号）第二条规定，"股权或资产划转后连续12个月内不改变被划转股权或资产原来的实质性经营活动"，是指自股权或资产划转完成日起连续12个月内不改变被划转股权或资产原来的实质性经营活动。股权或资产划转完成日，是指股权或资产划转合同（协议）或批复生效，且交易双方已进行会计处理的日期。

根据《国家税务总局关于资产（股权）划转企业所得税征管问题的公告》（国家税务总局公告2015年第40号）第六条规定，交易双方应在股权或资产划转完成后的下一年度的企业所得税年度申报时，各自向主管税务机关提交书面情况说明，以证明被划转股权或资产自划转完成日后连续12个月内，没有改变原来的实质性经营活动。

划转交易一方在股权或资产划转完成日后连续12个月内发生股权结构变化的，会致使股权或资产划转不再符合企业所得税特殊性税务处理条件。这里的股权结构变化是指以下两种情况：

（1）在划转交易双方是母子公司的情况下，如果子公司的股权在划转交易完成日后连续12个月内发生股权结构变化，致使母公司不再100%控制子公司。

（2）在划转双方是受同一或相同多家母公司100%直接控制的子公司的情况下，如果子公司的股权在划转交易完成日后连续12个月内发生股权结构变化，致使母公司不再是同一的或者相同多家，或者相同多家对子公司持股比例在划转前后不再相同。

根据财税〔2014〕109号文件的规定，适用特殊性税务处理的条件之一是，股权或资产划转后连续12个月内不改变被划转股权或资产原来的实质性经营活动。即自股权或资产划转完成日起连续12个月内不改变被划转股权或资产原来的实质性经营活动。股权或资产划转完成日，是指股权或资产划转合同（协议）或批复生效，且交易双方已进行会计处理的日期。此处条件中的资产的实质性经营活动不能发生变化，实务中并不会有异议。

那么在划转的特殊性税务处理中，划转完成后，划入方是否必须持有标的资产或股权12个月以上？财税〔2014〕109号和国家税务总局公告2015年第40号并没有十分明确的规定。该公告第七条规定，“交易一方在股权或资产划转完成日后连续12个月内发生生产经营业务、公司性质、资产或股权结构等情况变化，致使股权或资产划转不再符合特殊性税务处理条件的，发生变化的交易一方应在情况发生变化的30日内报告其主管税务机关，同时书面通知另一方。另一方应在接到通知后30日内将有关变化报告其主管税务机关。”此处至少包含两层意思：一是在股权或资产划转完成日后的连续12个月内，划入方必须持有标的股权或资产；二是股权或资产划转完成日后的连续12个月内，划转双方的股权架构仍要满足“两类架构、四种方式”的特殊性税务处理。比如，母公司下属的两个全资子公司之间划转资产后，划入一方吸收新的股东，导致母公司不再对其100%持股，就不满足特殊性税务处理的要求。实践中也有因为特殊性税务处理条件发生变化而被要求补税的案例。

【例4－12】　　合规：企业集团税收筹划的底线①

集团内部的税收筹划在集团的日常运营过程中很常见。其中，利用企业重组的特殊性税务处理来降低集团整体税负就是一种很常见的税收筹划。但是，如果在操作过程中没有严格按照相关税法规定处理，就可能会有很大的税务风险。近日，W集团公司就因违规适用特殊性税务处理的优惠政策被税务机关查处。

症状：短期频繁转让引关注

2015年3月23日，山东W集团公司将旗下7家全资子公司的全部股权转让给青岛甲集团全资子公司A公司，转让对价合计为27.10亿元。2016年10月11日，A公司与同一集团下的全资子公司B公司和全资子公司C公司签订《股权无偿划转协议》，将W集团公司旗下7家全资子公司全部股权无偿划转。仅两个月后，B公司和C公司又分别通过产权交易所挂牌这7家公司各90%的股权，最终由乙集团的M公司接手，支付对价合计为41.84亿元。

经了解，这一连串股权转让的实质，是W集团公司将旗下7家全资子公司持有的青岛市某区的7宗商住用地转让。A公司买入上述地块后，转让给M公司并取得转让收益。整个过程共三个环节涉及转让税款。其中，第二次是2016年10月，甲集团A公司与同一集团的B公司、C公司之间的内部股权划转，因作了特殊性重组备案

① 案例来源：王文波．中国税务报．2017－11－10，09

（注：现在为申报管理），未确认转让所得；第三次是2016年12月，B公司和C公司将W集团公司旗下7家全资子公司的股权转让给集团外的M公司。两次股份转让时间跨度极短，只有两个月。特别是第二次股权转让还享受了特殊性重组待遇，这种异常情况引起了税务机关的注意。

诊断：特殊税务处理不适用

2015年，国家税务总局发布《关于资产（股权）划转企业所得税征管问题的公告》（国家税务总局公告2015年第40号），对《财政部 国家税务总局关于促进企业重组有关企业所得税处理问题的通知》（财税〔2014〕109号）中有关资产（股权）划转适用“免税”（特殊性税务处理）的相关问题予以了细化和明确。根据规定，对受同一居民企业100%直接控制的居民企业之间按账面净值划转股权或资产，凡符合具有合理商业目的，不以减少、免除或者推迟缴纳税款为主要目的，股权或资产划转后连续12个月内不改变被划转股权或资产原来实质性经营活动等条件的，可暂不确认所得，划入方企业以股权的原账面净值确定计税基础。

显然，A公司将7家股权划转给B公司和C公司两个月后，就将被划转股权作了转让，不符合“连续12个月内不改变被划转股权原来实质性经营活动”的规定。甲集团的一系列行为是出于避税目的，鉴于A公司近5年无可弥补亏损，如果直接转让W集团公司旗下7家全资子公司给M公司，将缴纳企业所得税4.36亿元。而B公司和C公司近5年可弥补亏损额为3.92亿元和1.67亿元。通过这两家公司来转让，只需缴纳企业所得税2.96亿元，少缴纳1.4亿元（4.36－2.96），集团整体税负减少32.11%。最终，税务机关否定了甲集团的税收筹划方案，即利用内部巨亏企业的可弥补亏损额减少集团股权转让整体所得税负担。

处方：资本运作莫触碰底线

集团内部在进行合并、分立、股权转让、资产收购、债务重组等其他重组事项时，要严格遵从税法关于特殊性税务处理的相关规定。集团内部实施无偿划转时，若适用特殊性税务处理应把握好尺度，在开展企业税收筹划时要划定界限，要明确任何以减少、免除或者推迟缴纳税款为主要目的的划转操作都不得适用特殊性税务处理，尽可能地避免税务风险。

案例分析：

税务机关在否定该交易的特殊性税务处理时，主要有两个理由：一是该交易不具有合理商业目的，没有商业实质，主要以少缴纳税款为主要目的；二是该交易不符合40号公告要求的“连续12个月内不改变被划转股权原来实质性经营活动”的规定。

另外，在一些企业的分步交易中，往往先划转相应的股权或资产，再适用股权收购等特殊性税务处理。此时，应注意审查业务处理中税收的合规性，及时排除隐患，防范税收风险。

（六）按账面净值划转且双方均未确认损益

企业间按账面净值划转股权或资产，才能适用资产、股权划转的特殊性税务处理政策。账面净值是指被划转股权或资产的原计税基础。

划出方企业和划入方企业均未在会计上确认损益的，才能适用资产、股权划转特殊性税务处理规定。任何一方确认了会计损益的，都不能适用股权、资产划转特殊性税务处理，只能适用一般性税务处理。

有观点认为，在母公司向子公司划转资产或股权情况下，母公司的资本公积不足冲减而导致冲减留存收益的，应视为母公司先向其股东分配，划转行为应视同销售确认所得，不得适用特殊性税务处理。在子公司向母公司划转资产或股权的情况下，子公司的资本公积不足冲减而导致冲减留存收益的，应视为母公司获得子公司股息红利分配，会计上需要确认投资收益，不满足“划出方企业和划入方企业均未在会计上确认损益”的规定，不能适用特殊性税务处理。

需要注意的是，划转交易一方在股权或资产划转完成日后连续 12 个月内如果由居民企业变成非居民企业，或者法律形式变更为合伙企业、个人独资企业等，将不再符合特殊性税务处理条件，应按一般性税务处理规定处理。

（七）划转特殊性税务处理政策适用的深入探讨

要准确适用划转的特殊性税务处理政策，须把握以下几点：

1. 会计处理须符合要求

财税〔2014〕109 号文件要求，适用特殊性税务处理的前提之一是，划出方企业和划入方企业均未在会计上确认损益，也意味着划出方只能按账面净值划转才可以不确认损益，划入方做接受投资处理，不计入收入总额。结合文件规定，用会计分录对四种形式列示如下：

（1）母公司向全资子公司非货币性资产投资。

母公司：

借：长期股权投资（计税基础以划转股权或资产的原计税基础确定，下同）

　　贷：相关股权或资产科目

子公司：

借：相关股权或资产科目（计税基础以划转股权或资产的原计税基础确定，下同）

　　贷：实收资本（股本）

　　　　资本公积

（2）母公司向全资子公司无偿划转。

母公司：

借：实收资本（股本）

　　资本公积

　　贷：相关股权或资产科目

子公司：

借：相关股权或资产科目

　　贷：资本公积

（3）全资子公司向母公司无偿划转。

①母公司按收回投资时：

借：相关股权或资产科目

　　贷：长期股权投资——子公司

子公司：

借：实收资本（股本）

　　资本公积

　　贷：相关股权或资产科目

②母公司按接受投资处理时：

借：相关股权或资产科目

　　贷：实收资本

　　　　资本公积

子公司：

借：实收资本

　　资本公积

　　贷：相关股权或资产科目

（4）子公司之间的无偿划转。

划出方子公司：

借：所有者权益类科目

　　贷：相关股权或资产科目

划入方子公司：

借：相关股权或资产科目

　　贷：实收资本（股本）

　　　　资本公积

2. 冲减实收资本须履行法定程序

国家税务总局公告 2015 年第 40 号对母公司与子公司之间的无偿划转，要求划出方冲减实收资本处理，这意味着划出方需减资，而减资必须履行一定的程序。《中华人民共和国公司法》第一百七十七条规定，公司需要减少注册资本时，必须编制资产负债表及财产清单。公司应当自作出减少注册资本决议之日起十日内通知债权人，并于三十日内在报纸上公告。债权人自接到通知书之日起三十日内，未接到通知书的自公告之日起四十五日内，有权要求公司清偿债务或者提供相应的担保。

3. 冲减实收资本、资本公积与所有者权益

对母公司向子公司的无偿划转，国家税务总局公告 2015 年第 40 号要求母公司按冲减实收资本（包括资本公积）处理，如果此时母公司的资本公积不够冲减时，该如何处理？文件并没有明确。有人认为此时应该一直冲减到负数为止；对子公司向母公司无偿划转的，该公告要求子公司按冲减实收资本（包括资本公积）处理，也就是做减资处理；对子公司之间的划转，该公告要求冲减所有者权益，并非只是冲减资本公积或实收资本，还可以冲减未分配利润。

4. 划入方按划出方的原计税基础计算折旧扣除

国家税务总局公告 2015 年第 40 号第三条明确：财税〔2014〕109 号文件第三条所称“划入方企业取得的被划转资产，应按其原账面净值计算折旧扣除”，是指划入方企业取得的被划转资产，应按被划转资产的原计税基础计算折旧扣除或摊销。

5. 对被划转的标的股权无比例限制

上述文件对股权比例的要求是划转双方之间的持股比例，但对于被划转的标的股权，并无持股比例要求。如，母公司将其持有的某参股公司 10% 的股权划转给全资子公司，如其他条件满足，可以适用特殊性税务处理。

6. 一致性处理原则

与财税〔2014〕109 号文件规定一样，国家税务总局公告 2015 年第 40 号也要求适用特殊性税务处理的股权或资产划转，交易双方应在协商一致的基础上，采取一致处理原则统一进行特殊性税务处理。

7. 不符合规定条件的划转适用一般性税务处理

从财税〔2014〕109 号文件和国家税务总局公告 2015 年第 40 号规定可以看出，划转适用特殊性税务处理有严格的条件限制，对不符合文件要求的划转，只能使用一般性税务处理。如，母公司与全资孙公司之间的“隔代”划转，不是直接 100% 持股企业之间的划转，划转后的 12 个月内资产的实质性经营活动发生了改变，划转后的 12 个月股权架构不再满足“两种架构、四类方式”，未按照账面净值划转，划转一方确认了损益等。

（八）划转政策适用中的争议问题

1. 含有负债的划转能否适用特殊性税务处理问题

从财税〔2014〕109 号文件和国家税务总局公告 2015 年第 40 号的字面意思看，

并未限制含有负债的划转不能适用特殊性税务处理。但实务中，部分税务机关认为，资产与负债属于两个不同的会计要素。若将相关资产及负债一起划转，则相当于划入方向划出方支付了一笔金额相当于负债金额的对价，属于有偿划转，有可能造成税收政策的滥用，因此含有负债的资产划转不能适用特殊性税务处理。

那么，有偿划转能不能适用财税〔2014〕109 号文件的特殊性税务处理呢？虽然财税〔2014〕109 号文件并未对划转定义为有偿划转还是无偿划转，但国家税务总局公告 2015 年第 40 号却将非货币性资产投资也归到划转，说明政策制定者的本意并未将划转局限于无偿划转，也可以是有偿划转。

从上市公司发布的公告看，大量的资产划转是将相关资产以及与其关联的负债一并划转的。从划转的政策制定本意来看，就是为了解决企业集团间的资产整合问题，而资产一般都是包含相关负债的，笔者认为，对该种划转，应该给予特殊性税务处理待遇。但对与资产无关联的其他负债，为避免税收政策的滥用，不应给予特殊性税务处理待遇。

【例 4－13】 天赐材料全资孙公司向全资子公司划转资产及负债

2019 年 8 月 27 日，天赐材料（证券代码：002709）发布公告称，为适应广州天赐高新材料股份有限公司（以下简称“公司”）最新的组织架构、推动公司业务结构梳理，提升公司运营效率和管理水平，结合公司未来发展规划，拟对公司全资子公司九江天赐高新材料有限公司（以下简称“九江天赐”）及全资孙公司九江天祺氟硅新材料科技有限公司（以下简称“九江天祺”）现有资产进行调整，将九江天祺在九江天赐厂区范围内的资产及对应的部分负债（以下简称“标的资产”）以 2019 年 7 月 31 日为基准日未经审计确认的账面价值无偿划转至九江天赐。

截至划转基准日 2019 年 7 月 31 日，本次划转的资产、负债（未经审计）具体情况如表 4－16 所示：

表 4－16　　划转资产与负债一览表　　单位：万元

资产		负债	
项目	金额	项目	金额
银行存款	1 465.04	应付账款	3 091.34
固定资产	7 447.58		
在建工程	12 454.07		
无形资产	1 066.16		
预付账款	151.72		
—		负债总计	3 091.34
资产总计	22 584.57	净资产	19 493.23

划转涉及的债权、债务转移及协议主体变更安排：

（1）标的资产划转后，与标的资产有关的债权、债务由九江天赐享有和承担。九江天赐及九江天祺将在履行完毕审批程序并获通过后，办理相关债权、债务的转移手续，相关债权、债务的划转若涉及第三方同意、批准的，九江天赐及九江天祺需共同促使获得该等同意和批准。若本次向九江天赐划转资产及负债因未能取得债权人关于九江天祺债务转移的同意函，致使九江天祺被相关权利人要求履行偿还义务或被追索责任的，由划转双方协商解决，如果出现需要九江天祺代偿的，代偿后由九江天赐偿还给九江天祺，并承担期间费用和九江天祺的实际损失。

（2）标的资产划转后，九江天祺就标的资产所签署的全部业务合同项下的权利和义务，转移至九江天赐承担。对于未取得相对方同意或不宜转移权利义务的合同，以九江天祺名义代为继续履行，并由九江天赐最终承担继续履行合同的一切相关权益。若合同相对方因待履行合同问题与九江天祺产生纠纷或追索九江天祺责任的，九江天赐应负责赔偿九江天祺全部损失。

（3）九江天祺或标的资产在本次划转前已经或正在形成的与本次划拨资产有关的诉讼、仲裁、纠纷（含各类正在审理的诉讼、仲裁案件）、社保、公积金、行政处罚等相关事项而发生的费用、罚金及其他或有负债，均由九江天赐最终承担，如九江天祺在划转日后因前述费用、罚金及其他或有负债而承担相应责任或遭受损失，九江天祺有权向九江天赐追偿，九江天赐亦应承担九江天祺因前述追偿而产生的全部费用。

对划转资产、负债的会计处理说明：

本次将九江天祺在九江天赐厂区范围内的资产及对应的部分负债，以2019年7月31日为基准日未经审计确认的账面价值无偿划转至九江天赐，相应的会计处理为：九江天祺资产及负债减少，股本及资本公积减少；九江天赐资产及负债增加，长期股权投资减少。

2019年12月3日，天赐材料发布了全资子公司与全资孙公司内部资产及负债划转的进展公告，九江天祺相关资产及负债已划转至九江天赐，最终划转结果为（未经审计）：资产为人民币214 228 769.41元，负债为人民币31 559 092.18元，净资产为人民币182 669 677.23元。相应的会计处理为：九江天祺资产减少214 228 769.41元，负债减少31 559 092.18元，股本减少29 586 899元，资本公积减少153 082 778.23元；九江天赐资产增加214 228 769.41元，负债增加31 559 092.18元，长期股权投资减少182 669 677.23元。

根据“人随资产走”的原则，本次划转所涉及的与标的资产有关的员工已由九江天赐接收，相应劳动、社保关系已转移至九江天赐。

对于本次划转所涉及的税项，公司已与税务部门沟通，办理完成了相关手续。

要求：分析说明相关税务处理。

解析：

本案并未说明其本次划转是否适用了特殊性税务处理。实务中有少数税务机关并不同意含有负债的划转可以适用特殊性税务处理。

2. 是否要符合财税〔2009〕59号规定特殊性税务处理的5个条件问题

财税〔2009〕59文件规定，“本通知所称企业重组，是指企业在日常经营活动以外发生的法律结构或经济结构重大改变的交易，包括企业法律形式改变、债务重组、股权收购、资产收购、合并、分立等”。该文件对企业重组适用特殊性税务处理的，要求同时符合5个条件：①具有合理的商业目的，且不以减少、免除或者推迟缴纳税款为主要目的。②被收购、合并或分立部分的资产或股权比例符合本通知规定的比例。③企业重组后的连续12个月内不改变重组资产原来的实质性经营活动。④重组交易对价中涉及股权支付金额符合本通知规定比例。⑤企业重组中取得股权支付的原主要股东，在重组后连续12个月内，不得转让所取得的股权。

那么，划转在适用特殊性税务处理时，是否也同样要受财税〔2009〕59号文件规定的5个条件限制？实务中存在不同的观点。

在湖北环球置业有限公司与国家税务总局孝感市税务局稽查局、国家税务总局湖北省税务局税务行政管理案①中，稽查局认为：《国家税务总局关于资产（股权）划转企业所得税征管问题的公告》（国家税务总局公告2015年第40号）是对《国家税务总局关于促进企业重组有关企业所得税问题的通知》（财税〔2014〕109号）的进一步明确，而财税〔2014〕109号文件又是对《财政部 国家税务总局关于促进企业重组业务企业所得税处理若干问题的通知》（财税〔2009〕59号）的调整和具体解释。原告的资产划转行为不符合财税〔2009〕59号文件精神，不适用企业重组业务企业所得税特殊性税务处理。

我们认为，划转虽然也可以称为企业重组的一种形式，但由于其具有与财税〔2009〕59号文件列举的其他重组形式不同的特点，资产或股权的划转特殊性税务处理的适用条件与财税〔2009〕59号文件规定的特殊性税务处理的适用条件要求并不相同，而是由财税〔2014〕109号文件及国家税务总局公告2015年第40号来规范。另外，企业的非货币性资产投资也属于企业重组的一种类型，但其递延纳税的适用条件却是由《财政部 国家税务总局关于非货币性资产投资企业所得税政策问题的通知》（财税〔2014〕116号）来规范的。《国家税务总局关于企业重组业务企业所得税征收管理若干问题的公告》（国家税务总局公告2015年第48号）附件“企业重组所得税特殊性税务处理报告表及附表”也不含划转形式。

3. 划转后各方的股权架构是否必须保持12个月不变问题

本章前面提到，股权或资产划转完成日后的连续12个月内，划转双方的股权架构

---

① 《湖北环球置业有限公司与国家税务总局孝感市税务局稽查局、国家税务总局湖北省税务局税务行政管理（税务）一审行政判决书》，(2018) 鄂0923行初21号。

仍要满足“两类架构、四种方式”的特殊性税务处理条件。但是否意味着划转双方在划转完成后的12个月内股权架构完全保持不变？如，某集团公司为了整合旗下企业资源，将全资子公司A公司的全部资产划转到另一全资子公司B公司，A公司随后清算注销或集团出售A公司的股权。此种情形是否属于特殊性税务处理的条件发生了变化？对此，相关文件并未做出明确规定。

我们认为，对划转前后股权架构发生变化的，不能一概而论，一律否定其适用特殊性税务处理。一是，变化后的股权架构不再满足国家税务总局公告2015年第40号中特殊性税务处理要求的“两类架构、四种方式”的，则不能继续适用特殊性税务处理；二是，如果股权架构在划转后12个月内虽然发生了变化，但仍满足特殊性税务处理要求的“两类架构、四种方式”的，可以从“合理商业目的”入手来判断股权架构发生变化前后会不会导致避税行为的发生。又如，某央企A集团公司按照国资委要求，压缩企业管理层级，将全资B子公司的全部资产划转到A集团公司，B公司随后清算注销。此时，已经不存在A与B的母子公司股权架构，属于股权架构发生了变化。但B公司的存在与否，从整体看，并不会导致企业资源流出A集团公司，也不会导致国家税收利益的损失。在此种情况下，否定其适用特殊性税务处理，显然并不合理。但如果划转完成后A集团公司转让了持有的B公司股权，A与B的母子公司股权架构不复存在，不再满足特殊性税务处理要求的“两类架构、四种方式”，则不能继续适用特殊性税务处理。

至于双方的税率不一致，或者存在将资产从盈利的划出方企业划转到亏损的划入方企业的情形，属于划转前“合理商业目的”审查的范围，与划转后的股权架构变化并没有必然的联系。

4. 有自然人参与的划转能否适用特殊性税务处理问题

特殊性税务处理要求“两类架构、四种方式”中的第四种方式是“受同一或相同多家母公司100%直接控制的子公司之间”的划转，在多家母公司100%直接控制，如果其中存在自然人股东的，能否适用特殊性税务处理？比如图4-15的情形：

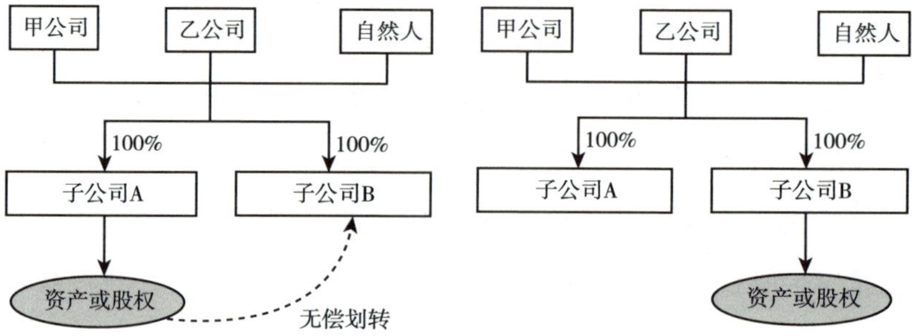

图4-15 有自然人参与的划转示意图

如果按照财税〔2014〕109号文件及国家税务总局公告2015年第40号字面意思理解的话，文件强调的是居民企业或公司，并未包含自然人。

有自然人参与的划转，我们理解，也不能参照《国家税务总局关于企业重组业务企业所得税征收管理若干问题的公告》（国家税务总局公告2015年第48号）来处理。该公告第一条按照重组类型明确了企业重组的当事各方，并规定“上述重组交易中，股权收购中转让方、合并中被合并企业股东和分立中被分立企业股东，可以是自然人。当事各方中的自然人应按个人所得税的相关规定进行税务处理。”但该规定仅包括股权收购、合并及分立，不包括划转，如果认可划转可以适用，可能会导致一些避税行为的发生。

根据现行税收政策①，自然人从上市公司或新三板挂牌公司取得的股息红利所得符合规定条件的可以适用股息红利差别化税收政策，持股期限超过1年的，股息红利所得暂免征收个人所得税。图4－15中，如果B公司为上市公司或新三板挂牌公司，如果允许有自然人参与的划转中，对企业股东适用特殊性税务处理，对自然人股东即使按照股权转让征税后，划转前后自然人取得股息红利所得的个人所得税税负将会发生较大变化，有违税收公平原则。

5. 国资委或政府下属企业之间的划转如何进行税务处理问题

根据《财政部 国家税务总局关于促进企业重组有关企业所得税处理问题的通知》（财税〔2014〕109号）第三条的规定，对100%直接控制的居民企业之间，以及受同一或相同多家居民企业100%直接控制的居民企业之间按账面净值划转股权或资产，凡具有合理商业目的、不以减少、免除或者推迟缴纳税款为主要目的，股权或资产划转后连续12个月内不改变被划转股权或资产原来实质性经营活动，且划出方企业和划入方企业均未在会计上确认损益的，可以适用特殊性税务处理。

一般理解，因国资委并不是企业，国资委100%控股企业间的股权无偿划拨的情况，不适用这一政策。但如何进行税务处理？目前并无针对该问题的具体明确规定。如果需要征税，对谁征？税款由谁来负担？都是需要解决的问题。从实践来看，目前并无对此类划转征税的公开案例。如何处理，需要后续政策的进一步明确。

【例4－14】　　贵州茅台相关股份的无偿划转

贵州茅台（证券代码：600519）于2019年12月25日接到本公司控股股东中国贵州茅台酒厂（集团）有限责任公司（以下简称茅台集团）《关于无偿划转贵州茅台酒股份有限公司国有股份的通知》，根据贵州省人民政府国有资产监督管理委员会的相

① 上市公司适用《财政部 国家税务总局 证监会关于上市公司股息红利差别化个人所得税政策有关问题的通知》（财税〔2015〕101号）及《财政部 国家税务总局 证监会关于实施上市公司股息红利差别化个人所得税政策有关问题的通知》（财税〔2012〕85号），新三板挂牌公司适用《关于继续实施全国中小企业股份转让系统挂牌公司股息红利差别化个人所得税政策的公告》（财政部 税务总局 证监会公告2019年第78号）。

关通知要求，茅台集团拟通过无偿划转方式将持有的本公司 50 240 000 股股份（占本公司总股本的 4.00%）划转至贵州省国有资本运营有限责任公司。按贵州茅台股票当日收盘价 1 133.7 元/股计算，本次划转股票市值 570 亿元。

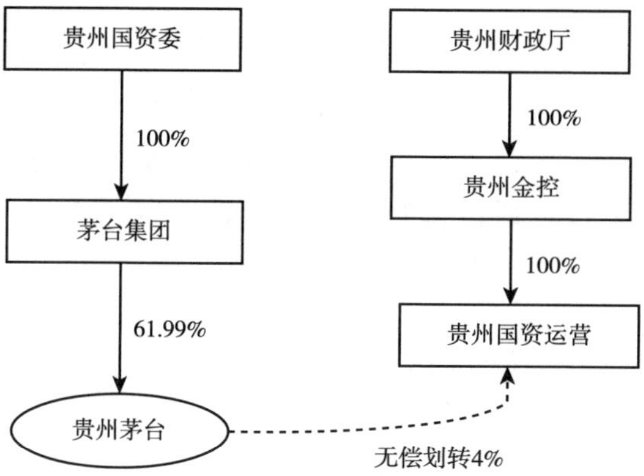

图 4-16 贵州茅台相关股份无偿划转示意图

解析：

本次划转属于政府主导下的国有企业之间的划转，更多是为了实现政府的战略意图，并不是一种市场行为。然而本次划转双方并不符合国家税务总局公告 2015 年第 40 号中的任何一种股权架构，无法适用该公告规定的特殊性税务处理。但如对其征税，金额将十分巨大，税款高达上百亿元，且划出方作为纳税人在划转中并未产生纳税必要资金。

（九）划转适用特殊性税务处理的特点①

通过以上分析，可以总结出资产或股权划转在适用特殊性税务处理时的几个特点：

（1）当事人关系的紧密性。股权划转必须在 100% 直接控制的居民企业之间，以及受同一或相同多家居民企业 100% 直接控制的居民企业之间进行。

（2）交易动机的合理性。具有合理商业目的、不以减少、免除或者推迟缴纳税款为主要目的。

（3）股东权益的连续性。股权或资产划转完成日后连续 12 个月内公司股权结构等情况不得发生致使股权或资产划转不再符合特殊性税务处理条件的变化。

（4）生产经营的连续性。股权或资产划转后连续 12 个月内不改变被划转股权或资产原来实质性经营活动。

（5）会计核算的一致性。划出方企业和划入方企业均未在会计上确认损益，与税法允许的资产（股权）划转当期不确认所得保持一致。

① 此处吸收了于芳芳发表于《税务研究》2019 年第 10 期《由一起股权划转税收案例引发的思考》一文中的部分观点，并进行了补充。

（十）母公司向子公司划转资产获得股权支付案例

【例 4-15】　母公司向子公司划转资产获得股权支付

甲公司、乙公司、丙公司都是在南京江北新区设立的有限公司，乙公司是甲公司的全资子公司。甲公司持有丙公司 40% 的股权，按长期股权投资采用权益法核算，股权投资的初始成本与计税基础均为 300 万元，账面价值 400 万元，公允价值 500 万元；甲公司还外购自用办公楼一栋，该办公楼的初始入账成本 1 000 万元，已计提折旧 200 万元，账面价值与计税基础相同，公允价值为 1 200 万元。

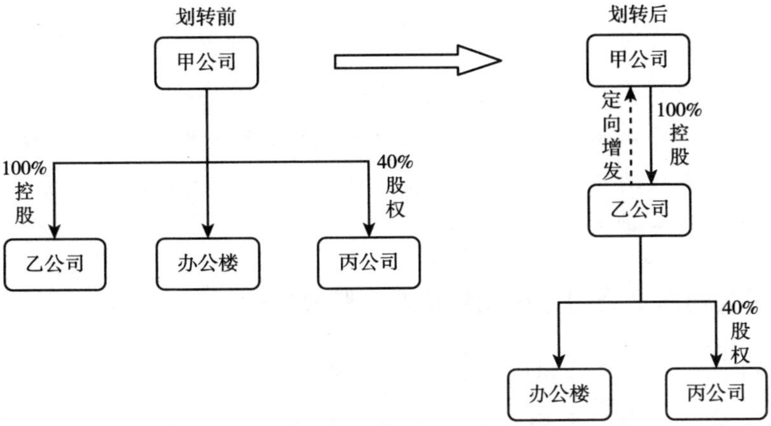

图 4-17　资产划转前后的股权结构示意图

为了支持乙公司的发展壮大，甲公司将持有的丙公司 40% 股权以及自用办公楼划入乙公司，同时增加乙公司的实收资本 1 000 万元。甲公司获取乙公司 100% 的股权支付。

甲公司与乙公司双方还约定，乙公司在 12 个月内不转让划入的丙公司股权和办公楼所有权，也不改变办公楼原来的用途。不考虑企业所得税以外的其他税费。

要求：进行相关的财税处理。

解析：

1. 划出方甲公司的会计处理：

借：长期股权投资——乙公司	12 000 000	
累计折旧——办公楼	2 000 000	
贷：长期股权投资——丙公司		4 000 000
固定资产——办公楼		10 000 000

2. 划入方乙公司的会计处理：

借：长期股权投资——丙公司	4 000 000	
固定资产——办公楼	10 000 000	
贷：累计折旧——办公楼		2 000 000

实收资本——甲公司　　10 000 000
资本公积——资本溢价　　2 000 000

3. 特殊性税务处理：

由于甲公司向乙公司划转股权、资产的动机是使乙公司发展壮大，具有合理的商业目的，且乙公司保证自划转完成日起连续12个月内不改变被划转股权、资产原来的实质性经营活动，同时双方会计上均未确认损益，可以选择适用特殊性税务处理。即母公司按对外投资处理，划出股权、资产不视同销售，按划出股权、资产的原计税基础调增对子公司的长期股权投资的计税基础；子公司按接受投资处理，划入股权、资产不计入收入总额，取得股权、资产的计税基础按其原计税基础确定。

具体到本例，甲公司向乙公司划转丙公司40%股权及自用办公楼所有权均不确认所得，同时对乙公司的长期股权投资计税基础增加1 100万元（丙公司股权计税基础是300万元，办公楼计税基础是800万元）；乙公司接受甲公司划入的丙公司40%股权及自用办公楼所有权均不计入收入总额，确认丙公司长期股权投资的计税基础300万元，确认办公楼的计税基础800万元。

（十一）母公司向子公司无偿划转资产、股权案例

【例4-16】　　母公司向子公司无偿划转资产、股权

甲公司、乙公司、丙公司都是在南京江北新区设立的有限公司，乙公司是甲公司的全资子公司。甲公司持有丙公司40%的股权，长期股权投资采用权益法核算，股权投资的初始成本与计税基础均为300万元，账面价值400万元，公允价值500万元；甲公司还外购自用办公楼一栋，该办公楼的初始入账成本1 000万元，已计提折旧200万元，账面价值与计税基础相同，公允价值为1 200万元。

为了支持乙公司发展壮大，甲公司将持有的丙公司40%股权以及自用办公楼划入乙公司，同时增加乙公司的实收资本1 000万元。甲公司没有获取乙公司任何支付。

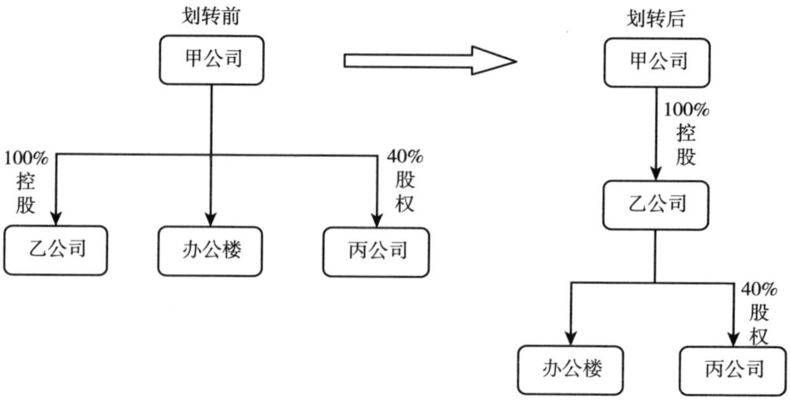

图4-18　资产划转前后的股权结构示意图

甲公司与乙公司双方还约定，乙公司在12个月内不转让划入的丙公司的股权和办公楼所有权，也不改变办公楼原来的用途。不考虑企业所得税以外的其他税费。

要求：分析说明该项划转的相关财税处理。

解析：

1. 划出方甲公司的会计处理：

借：实收资本或资本公积——资本溢价	12 000 000	
累计折旧——办公楼	2 000 000	
贷：长期股权投资——丙公司		4 000 000
固定资产——办公楼		10 000 000

2. 划入方乙公司会计处理：

借：长期股权投资——丙公司	4 000 000	
固定资产——办公楼	10 000 000	
贷：累计折旧——办公楼		2 000 000
资本公积——资本溢价		12 000 000

3. 一般性税务处理及税会差异：

若甲公司向乙公司无偿划转股权、资产不符合特殊性税务处理规定的条件，则应该按以下方式进行一般性税务处理：

甲公司应确认股权和办公楼捐赠视同销售收入，即丙公司40%股权转让所得：500－300＝200（万元）；自用办公楼转让所得：1 200－800＝400（万元）。

由于会计核算时未确认损益，因而在企业所得税汇算清缴时需通过填报年度纳税申报表附表"纳税调整项目明细表"（A105000）进行纳税调整。

乙公司应确认接受捐赠收入：

500＋1 200＝1 700（万元），由于会计上未确认收入，在企业所得税汇算清缴时通过填报年度纳税申报表附表"纳税调整项目明细表"（A105000）的第11行"其他"进行纳税调增1 700万元；确认划入丙公司长期股权投资的计税基础500万元，确认划入办公楼的计税基础1 200万元，由于办公楼的会计入账价值与税务计税基础存在差异，在汇算清缴时通过填报年度纳税申报表附表"资产折旧、摊销情况及纳税调整明细表"（A105080）的"房屋、建筑物"相关列次进行折旧差异调整。

4. 特殊性税务处理：

由于甲公司向乙公司划转资产和股权的动机是使乙公司发展壮大，具有合理的商业目的，且乙公司保证自划转完成日起连续12个月内不改变被划转股权和资产原来的实质性经营活动，同时双方会计上均未确认损益，因此可以选择特殊性税务处理。即母公司划出股权、资产视同按被划转股权、资产的账面净值减资，不确认所得；子公司划入股权、资产作为权益性交易不计入收入总额，取得被划转股权、资产的计税基础按其原计税基础确定。

具体到本例，甲公司向乙公司划转丙公司40%股权及自用办公楼所有权均不视同销售确认收入。乙公司接受甲公司划入丙公司40%股权及自用办公楼所有权均不计入收入总额，确认丙公司长期股权投资的计税基础300万元，确认办公楼的计税基础800万元。

三、划转特殊性税务处理的申报

根据国家税务总局公告2015年第40号第五条的规定，交易双方应在企业所得税年度汇算清缴时，分别向各自主管税务机关报送“居民企业资产（股权）划转特殊性税务处理申报表”和相关资料（一式两份）。相关资料包括：

（1）股权或资产划转总体情况说明，包括基本情况、划转方案等，并详细说明划转的商业目的；

（2）交易双方或多方签订的股权或资产划转合同（协议），需有关部门（包括内部和外部）批准的，应提供批准文件；

（3）被划转股权或资产账面净值和计税基础说明；

（4）交易双方按账面净值划转股权或资产的说明（需附会计处理资料）；

（5）交易双方均未在会计上确认损益的说明（需附会计处理资料）；

（6）12个月内不改变被划转股权或资产原来实质性经营活动的承诺书。

【例4－17】 在案例4－13中，天赐材料的全资孙公司九江天祺向全资子公司九江天赐划转资产及负债，2019年12月3日，天赐材料发布的进展公告称，九江天祺相关资产及负债已划转至九江天赐，其资产划转完成日在2019年度。双方的会计处理如下：

孙公司九江天祺资产及负债减少，股本及资本公积减少：

借：股本	29 586 899.00	
资本公积	153 082 778.23	
负债类科目	31 559 092.18	
贷：资产类科目		214 228 769.41

子公司九江天赐资产及负债增加，长期股权投资减少：

借：资产类科目	214 228 769.41	
贷：负债类科目		31 559 092.18
长期股权投资		182 669 677.23

假设本次划转双方适用了特殊性税务处理，则九江天祺及九江天赐在报送2019年度企业所得税年度纳税申报表时，应分别向各自主管税务机关报送“居民企业资产（股权）划转特殊性税务处理申报表”和相关资料。假设各项资产的计税基础与账面净值一致，则九江天祺申报表填写示例如表4－17所示：

表 4－17　　居民企业资产（股权）划转特殊性税务处理申报表

企业名称（章）：九江天祺　　纳税人识别号：××××　　金额单位：元（列至角分）

基本情况	划出方企业名称	九江天祺氟硅新材料科技有限公司				
	划出方纳税人识别号	××××	主管税务机关名称		××××	
	划入方企业名称	九江天赐高新材料有限公司				
	划入方纳税人识别号	××××	主管税务机关名称		××××	
	划转双方关系	☑关系 1：100% 直接控制的母子公司 母公司是：○划出方　☑划入方 100% 控股起始时间：××××年××月××日				
		○关系 2：受同一或相同多家居民企业 100% 直接控制				
		股东名称（划转双方为关系 2 时填报）	划出方		划入方	
			持股比例	持股起始时间（年月日）	持股比例	持股起始时间（年月日）
		合计	100%		100%	
	划转完成日（年 月 日）		2019 年 12 月 3 日			
	被划转资产（股权）账面净值	182 669 677.23	被划转资产（股权）计税基础		182 669 677.23	
会计处理			会计科目	金额	资产（股权）计税基础	
	划出方	借	股本	29 586 899.00		
			资本公积	153 082 778.23		
			负债类科目	31 559 092.18	31 559 092.18	
		贷	资产类科目	214 228 769.41	214 228 769.41	
	划入方	借	资产类科目	214 228 769.41	214 228 769.41	
		贷	负债类科目	31 559 092.18	31 559 092.18	
			长期股权投资	182 669 677.23	182 669 677.23	

申报企业其他需说明的情况：

谨声明：本人知悉并保证本表填报内容及所附证明材料真实、完整，并承担因资料虚假而产生的法律和行政责任。

法定代表人签章：××××　　××××年××月××日

填表人：　　填表日期：

国家税务总局公告 2015 年第 40 号第六条还规定，交易双方应在股权或资产划转完成后的下一年度的企业所得税年度申报时，各自向主管税务机关提交书面情况说明，以证明被划转股权或资产自划转完成日后连续12个月内，没有改变原来的实质性经营活动。九江天祺及九江天赐应该在2021年5月31日前报送2020年度企业所得税年度纳税申报表时，提交被划转的资产没有改变原来的实质性经营活动的书面说明。

四、情况发生变化的申报与处理

（一）情况发生变化的报告义务

根据《国家税务总局关于资产（股权）划转企业所得税征管问题的公告》（国家税务总局公告2015年第40号）第七条的规定，交易一方在股权或资产划转完成日后连续12个月内发生生产经营业务、公司性质、资产或股权结构等情况变化，致使股权或资产划转不再符合特殊性税务处理条件的，发生变化的交易一方应在情况发生变化的30日内报告其主管税务机关，同时书面通知另一方。另一方应在接到通知后30日内将有关变化报告其主管税务机关。

【例4－18】 假设在划转完成后的12个月内，例4－13中九江天赐将所划入的资产出售，属于划入资产改变了原来的实质性经营活动，不再符合特殊性税务处理的条件。根据国家税务总局公告2015年第40号第七条的规定，九江天赐应在发生变化的30日内报告其主管税务机关，同时书面通知九江天祺。九江天祺应在接到通知后30日内将有关变化报告其主管税务机关。

（二）情况发生变化后的处理

根据《国家税务总局关于资产（股权）划转企业所得税征管问题的公告》（国家税务总局公告2015年第40号）第八条的规定，该公告第七条所述情况发生变化后60日内，原交易双方应按以下规定进行税务处理，并调整交易双方划转完成纳税年度的应纳税所得额及相应股权或资产的计税基础，向各自主管税务机关申请调整划转完成纳税年度的企业所得税年度申报表，依法计算缴纳企业所得税：

（1）属于母公司向子公司划转其持有的股权或资产，母公司获得子公司100%的股权支付情形的，母公司应按原划转完成时股权或资产的公允价值视同销售处理，并按公允价值确认取得长期股权投资的计税基础；子公司按公允价值确认划入股权或资产的计税基础。

（2）属于母公司向子公司划转其持有的股权或资产，母公司没有获得任何股权或非股权支付情形的，母公司应按原划转完成时股权或资产的公允价值视同销售处理；子公司按公允价值确认划入股权或资产的计税基础。

（3）属于子公司向母公司划转其持有的股权或资产，子公司没有获得任何股权或非股权支付情形的，子公司应按原划转完成时股权或资产的公允价值视同销售处理；

母公司应按撤回或减少投资进行处理。

（4）属于一家子公司向另一家子公司划转其持有的股权或资产，划出方没有获得任何股权或非股权支付情形的，划出方应按原划转完成时股权或资产的公允价值视同销售处理；母公司根据交易情形和会计处理对划出方按分回股息进行处理，或者按撤回或减少投资进行处理，对划入方按以股权或资产的公允价值进行投资处理；划入方按接受母公司投资处理，以公允价值确认划入股权或资产的计税基础。

交易双方应调整划转完成纳税年度的应纳税所得额及相应股权或资产的计税基础，向各自主管税务机关申请调整划转完成纳税年度的企业所得税年度申报表，依法计算缴纳企业所得税。

上述例4－18中假设情况属于国家税务总局公告2015年第40号第一条第（三）项规定的情形，因此，子公司九江天祺应按原划转完成时股权或资产的公允价值视同销售处理；母公司九江天赐应按撤回或减少投资进行处理。

第三节　企业接收划入资产的处理

一、企业接收划入资产的税务处理争议

对于企业接受政府划拨的资产以及接受股东无偿划转的资产等，在2013年底之前并没有明确的企业所得税政策规定，导致实务中曾发生过税企争议。

【例4－19】　　博信股份股权分置改革股东对价收入征税案

2009年3月21日，博信股份（证券代码：600083，当时股票简称：ST博信）发布公告称，广东博信投资控股股份有限公司于2009年3月20日收到四川省成都市武侯区地方税务局第六税务所的《税务事项通知书》，就关于成都博讯数码技术股份有限公司申请注销税务登记的税务检查一事，通知公司应补缴企业所得税25 615 060.74元，限期在2009年3月25日前补缴入库。

经公司核查，上述通知书所涉所得税事项主要是因公司2006年股权分置改革中非流通股股东作为对价注入公司的资产及债务豁免共计8 025万元，被该税务机关认定为接受捐赠收入和债务重组收益并被计缴企业所得税（当时适用税率33%）所致。

博信股份于2009年3月20日向国家税务总局递交了“政府信息公开申请表”，咨询《财政部 国家税务总局关于股权分置试点改革有关税收政策问题的通知》（财税〔2005〕103号）文的有效性，并于2009年4月13日收到国家税务总局政府信息公开工作领导小组办公室回复的相关告知书，其中明确：上市公司因股权分置改革而接受的非流通股股东作为对价注入资产和被非流通股股东豁免债务，上市公司应增加注册

资本或资本公积，不是企业收入，不存在缴纳所得税问题。公司已于同日将上述告知书转送至四川省成都市武侯区地方税务局第六税务所。

2009 年 10 月 21 日，公司收到四川省成都市武侯区地方税务局通知，公司提交的注销税务登记申请已获批准，公司已完成在成都市地方税务局的注销工作。公司不存在补缴纳企业所得税的问题。

解析：

所谓股权分置，是指 A 股市场上的上市公司的股份分为流通股与非流通股，股东所持向社会公开发行、且能在证券交易所上市交易的股份，称为流通股；而公开发行前股份不能上市交易，称为非流通股。经国务院批准，2005 年 8 月 23 日，证监会、国资委、财政部、中国人民银行、商务部联合发布《关于上市公司股权分置改革的指导意见》；2005 年 9 月 4 日，证监会发布《上市公司股权分置改革管理办法》，我国的股权分置改革全面铺开。股权分置改革中，原非流通股股东通过向流通股股东支付一定的对价等形式换取股票的流通权。截至 2006 年底，沪深两市已基本完成股权分置改革，仅剩个别几只股票未完成，未完成股改的在股票名称前面加“s”。为了解决当时的股权分置改革问题，财税〔2005〕103 号文件规定，股权分置改革中非流通股股东通过对价方式向流通股股东支付的股份、现金等收入，暂免征收流通股股东应缴纳的企业所得税和个人所得税。但该文并没有明确适用的期间，导致税企争议的发生。

二、企业接收政府划入资产的税务处理

（一）企业接收政府划入资产的政策规定

2014 年国家税务总局出台了《国家税务总局关于企业所得税应纳税所得额若干问题的公告》（国家税务总局公告 2014 年第 29 号），解决了企业接收政府划入资产的税务处理问题。该公告第一条明确了企业接收政府划入资产的企业所得税处理：

第一，县级以上人民政府（包括政府有关部门，下同）将国有资产明确以股权投资方式投入企业，企业应作为国家资本金（包括资本公积）处理。该项资产如为非货币性资产，应按政府确定的接收价值确定计税基础。

第二，县级以上人民政府将国有资产无偿划入企业，凡指定专门用途并按《财政部 国家税务总局关于专项用途财政性资金企业所得税处理问题的通知》（财税〔2011〕70 号）规定进行管理的，企业可作为不征税收入进行企业所得税处理。其中，该项资产属于非货币性资产的，应按政府确定的接收价值计算不征税收入。

县级以上人民政府将国有资产无偿划入企业，属于上述第一、二项以外情形的，应按政府确定的接收价值计入当期收入总额计算缴纳企业所得税。政府没有确定接收价值的，按资产的公允价值计算确定应税收入。

这包括如下三种情况：

（1）政府明确以非货币性资产等国有资产向企业投资的，企业应按接受政府投资（包括资本公积）处理，接受资产的计税基础应按政府确定的接收价值确定。

（2）政府明确将国有资产无偿划入企业，且指定专门用途，企业按专项用途财政性资金规定进行管理的，企业可作为不征税收入进行企业所得税处理。

（3）政府将国有资产无偿划入企业，属于上述以外情形的，应视同企业接受捐赠，计入当期收入总额计算缴纳企业所得税。应税收入额按政府确定的接收价值确定，政府没有确定接收价值的，按资产的公允价值计算确定。

上面所称的政府均指县级及县级以上人民政府。

【例4－20】　某投资集团接受政府划入股权

2020年3月26日，某投资集团有限公司发布了《关于股东变更、法定代表人及总经理变更、国有资产无偿划入、公司名称变更及债务承继的公告》称，根据《某市经济技术开发区管理委员会关于变更某建设运营有限公司股权相关工作的通知》（开管函〔2019〕158号），某市经济技术开发区管理委员会将其持有的某建设运营有限公司100%股权无偿划转给本公司。以上划转事项已于2020年2月22日完成工商登记手续。

要求：分析说明相关税务处理。

解析：

根据《国家税务总局关于企业所得税应纳税所得额若干问题的公告》（国家税务总局公告2014年第29号）的规定，某投资集团有限公司接受的国有资产无偿划入，既不属于政府投资，也不属于专项用途财政性资金。因此，该公司应按照政府确定的某建设运营有限公司100%股权价值（如果政府没有确定，则按照股权的公允价值），一次性计入2020年度的收入总额计算缴纳企业所得税。但在实务中，政府主导下的股权无偿划转，划入方企业主动计入收入总额计算缴纳企业所得税的情况并不很多，导致经常发生税企争议。

（二）企业接收政府投资资产的处理

县级以上人民政府及其有关部门将国有资产作为股权投资划入企业，属于政策性划转（投资）行为，按现行企业所得税规定，不属于收入范畴，企业应将其作为国家资本金（资本公积）进行企业所得税处理。另外，由于该项资产价值通常由政府在划转时直接确定，该项资产的计税基础可以按其实际接收价值确定。

因而，《国家税务总局关于企业所得税应纳税所得额若干问题的公告》（国家税务总局公告2014年第29号）第一条"企业接收政府划入资产的企业所得税处理"第（一）项规定，县级以上人民政府（包括政府有关部门，下同）将国有资产明确以股权投资方式投入企业，企业应作为国家资本金（包括资本公积）处理。该项资产如为非货币性资产，应按政府确定的接收价值确定计税基础。

【例4-21】 A公司是甲市国资委代表政府出资设立的国有独资企业。2020年8月，甲市政府将一处价值850万元的房产作为投资划拨给A公司用于经营。

要求：分析说明相关的企业所得税处理。

解析：

A企业在完成房产过户手续时：

借：固定资产——房屋　　8 500 000

　贷：资本公积　　8 500 000

在这种情况下，会计处理与税务处理一致，均不确认收入；资产的入账价值与计税基础一致，均是政府确定的接收价格，不存在纳税调整事项。

（三）企业接收政府指定用途资产的处理

县级以上人民政府及其有关部门将国有资产无偿划入企业，凡划出单位或业务监管部门指定了专门用途，且企业已按《财政部 国家税务总局关于专项用途财政性资金企业所得税处理问题的通知》（财税〔2011〕70号）规定进行管理，就具备了财政性资金性质，根据《企业所得税法》第七条规定，可以作为不征税收入进行税务处理。

因而，《国家税务总局关于企业所得税应纳税所得额若干问题的公告》（国家税务总局公告2014年第29号）第一条“企业接收政府划入资产的企业所得税处理”第（二）项规定，县级以上人民政府将国有资产无偿划入企业，凡指定专门用途并按《财政部 国家税务总局关于专项用途财政性资金企业所得税处理问题的通知》（财税〔2011〕70号）规定进行管理的，企业可作为不征税收入进行企业所得税处理。其中，该项资产属于非货币性资产的，应按政府确定的接收价值计算不征税收入。

根据《财政部 国家税务总局关于专项用途财政性资金企业所得税处理问题的通知》（财税〔2011〕70号）的规定，企业从县级以上各级人民政府财政部门及其他部门取得的应计入收入总额的财政性资金，凡同时符合以下条件的，可以作为不征税收入，在计算应纳税所得额时从收入总额中减除：

（1）企业能够提供规定资金专项用途的资金拨付文件；

（2）财政部门或其他拨付资金的政府部门对该资金有专门的资金管理办法或具体管理要求；

（3）企业对该资金以及以该资金发生的支出单独进行核算。

根据《企业所得税法实施条例》第二十八条的规定，上述不征税收入用于支出所形成的费用，不得在计算应纳税所得额时扣除；用于支出所形成的资产，其计算的折旧、摊销不得在计算应纳税所得额时扣除。

企业将符合上述规定条件的财政性资金作不征税收入处理后，在5年（60个月）内未发生支出且未缴回财政部门或其他拨付资金的政府部门的部分，应计入取得该资金第六年的应税收入总额；计入应税收入总额的财政性资金发生的支出，允许在计算应纳税所得额时扣除。

【例4－22】 2020年10月，某市科技局下发文件，专项补助A公司200万元，用于A公司专项引进某科研设备。A公司于当年12月引进该科研设备，并于引进当月投入使用。折旧年限10年，不考虑残值。

要求：分析说明相关的财税处理。

解析：

1. 会计处理。

收到补助款时：

借：银行存款	2 000 000	
贷：递延收益		2 000 000

购入设备时：

借：固定资产——设备	2 000 000	
贷：银行存款		2 000 000

购入设备次月计提折旧，年折旧如下：

借：管理费用	200 000	
贷：累计折旧		200 000
借：递延收益	200 000	
贷：营业外收入		200 000

2. 税务处理。

本案例中，企业收到的政府补助符合不征税收入条件，可以按不征税收入进行企业所得税处理，由于是与资产相关的政府补助，在收到政府补助的当年，应确认为递延收益，会计处理尚未确认损益，因此，不存在纳税调整事项。从固定资产投入使用次月起，企业开始计提折旧，并将折旧额计入当年损益，同时，将与所计提折旧对应的金额从“递延收益”科目转入“营业外收入”，计入当年损益。由于不征税收入可从收入总额中扣除，用不征税收入购置的设备所计提的折旧不得从应纳税所得额中扣除，因此，企业2021年已在“营业外收入”中确认的20万元不征税收入应进行纳税调减，计入“管理费用”的20万元折旧额应进行纳税调增。对收入的调整在企业所得税年度纳税申报表“专项用途财政性资金纳税调整明细表”（A105040）反映；对折旧的调整在“资产折旧、摊销情况及纳税调整明细表”（A105080）反映。

（四）企业接收政府无偿划入资产的处理

根据《国家税务总局关于企业所得税应纳税所得额若干问题的公告》（国家税务

总局公告2014年第29号）第一条“企业接收政府划入资产的企业所得税处理”第（三）项的规定，县级以上人民政府将国有资产无偿划入企业，属于企业接收政府投资资产和指定用途资产以外情形的，应按政府确定的接收价值计入当期收入总额计算缴纳企业所得税。政府没有确定接收价值的，按资产的公允价值计算确定应税收入。

企业接受县级以上人民政府及其有关部门无偿划入资产，属于企业接收政府投资资产或指定用途资产情形以外的（税法另有规定除外），企业应按政府确定的该项资产的实际接收价值，并入当期应税收入，计算缴纳企业所得税。如果政府没有确定接收价值的，应按资产的公允价值确定应税收入。上述处理的政策依据是：现行企业所得税法将企业收入总额分为免税收入、不征税收入和应税收入三类，显然，该项收入如果不属于免税收入或不征税收入，就应当属于应税收入。

【例4-23】2019年1月1日，A公司为建造一项环保工程向银行贷款500万元，期限2年，年利率为6%。当年12月，A公司向当地政府提出财政贴息申请。经审核，当地政府批准按照实际贷款额500万元给予A公司年利率3%的财政贴息，共计30万元，并于2020年5月支付给A公司。2020年12月31日，工程完工，预计使用寿命10年，按直线法计提折旧，无残值。政府下达资金拨付文件时，未对资金管理提出具体要求。

要求：分析说明相关的财税处理。

解析：

（1）企业收到财政贴息时：

借：银行存款	300 000	
贷：递延收益		300 000

（2）环保工程计提折旧的同时：

借：生产成本	300 000	
贷：累计折旧		300 000
借：递延收益	30 000	
贷：营业外收入		30 000

本例中，企业收到的财政贴息是与资产相关的财政补助，在收到政府补助的当年，应确认为递延收益，会计处理不确认损益。但由于该财政贴息不符合不征税收入条件，也不是政府的股权投资，按规定应确认为应税收入，因此，在收到财政贴息的当年，企业应进行纳税调增300 000元。企业在计提工程折旧的同时，从“延递收益”科目转入“营业外收入”，但企业所得税处理时已于收到贴息时全额确认收入，应纳税调减30 000元。上述纳税调整事项在企业所得税年度纳税申报表“未按权责发生制确认收入纳税调整明细表”（A105020表）反映。

【例4－24】A企业为一家储备粮企业，2019年实际粮食储备1亿斤，根据国家有关规定，财政部门按照企业的实际储备量给予每斤0.039元的粮食保管费补贴。2020年1月10日，A企业收到财政拨付的补贴款390万元。

要求：分析说明相关的财税处理。

解析：

企业在收到补贴款时：

借：银行存款　　3 900 000

　　贷：营业外收入　　3 900 000

本例中，财政部门未下达资金拨付文件，企业取得的粮食储备补贴不符合不征税收入条件，应确认为应税收入，由于是补偿企业已发生的相关费用，因此会计上确认为营业外收入，税会无差异，不需纳税调整。

三、企业接收股东划入资产的税务处理

（一）企业接收股东划入资产的税务处理基本规定

《国家税务总局关于企业所得税应纳税所得额若干问题的公告》（国家税务总局公告2014年第29号）第二条明确了企业接收股东划入资产的企业所得税处理为：

（1）企业接收股东划入资产（包括股东赠与资产、上市公司在股权分置改革过程中接收原非流通股股东和新非流通股股东赠与的资产、股东放弃本企业的股权，下同），凡合同、协议约定作为资本金（包括资本公积）且在会计上已做实际处理的，不计入企业的收入总额，企业应按公允价值确定该项资产的计税基础。

（2）企业接收股东划入资产，凡作为收入处理的，应按公允价值计入收入总额，计算缴纳企业所得税，同时按公允价值确定该项资产的计税基础。

国家税务总局公告2014年第29号第二条其实明确的是企业接受股东划入的资产要不要缴纳及如何缴纳企业所得税的问题。如果合同、协议约定股东的划入资产作为资本性投入的，划入企业在会计上进行了账务处理，也就是贷记“实收资本（股本）”或“资本公积”科目时，则不属于划入方企业的收入，不缴纳企业所得税。否则，企业应作为收入处理。如果接受的划入资产属于非货币性资产的，应按照公允价值计入收入总额，非货币性资产的计税基础也按照公允价值确定。

【例4－25】　　秦皇旅游股东撤销捐赠

2019年12月30日，秦皇旅游（证券代码：834184）发布公告，根据秦皇国际旅游开发股份有限公司（以下简称“公司”）于2019年12月27日与天津景浩投资有限公司（以下简称“天津景浩”）、秦皇岛盛景房地产集团有限公司（以下简称“盛景地产”）签订的《三方协议》，公司所欠天津景浩投资有限公司合计人民币

41 615 232.00元由公司控股股东盛景地产代为偿还，且无需公司向盛景地产偿还。其中天津景浩为同一控制人控制的其他企业，盛景地产为其控股股东。该事项已经公司第二届董事会第七次会议、2020 年第一次临时股东大会审议通过。

但 2020 年 3 月 23 日，秦皇旅游发布《关于控股股东撤销捐赠的公告》称，经盛景地产与公司友好协商，公司原欠天津景浩投资有限公司合计人民币 41 615 232.00 元仍由盛景地产代为偿还，但公司后续需向盛景地产偿还该笔款项，偿还期限 5 年，自 2019 年 12 月 27 日起算，无需支付利息。

要求：分析说明相关的税务处理。

解析：

如果秦皇旅游的股东盛景地产代其偿还所欠天津景浩的款项约 4 161 万元，且秦皇旅游无须偿还的话，如果《三方协议》并没有明确秦皇旅游将此款项作为接受盛景地产的资本性投入，则应视为秦皇旅游接受股东盛景地产的捐赠约 4 161 万元，该捐赠应计入秦皇旅游当年度的应纳税所得额计算缴纳企业所得税，且由于该捐赠不属于公益性捐赠支出，盛景地产将不能在企业所得税前扣除。也许是意识到这一点，秦皇旅游其后的公告称，股东对前次捐赠事项予以撤销，明确秦皇旅游后续仍需向盛景地产偿还约 4 161 万元，使得捐赠款项变更为往来款项。

（二）股东划入投资资产的处理

根据《国家税务总局关于企业所得税应纳税所得额若干问题的公告》（国家税务总局公告 2014 年第 29 号）第二条“企业接收股东划入资产的企业所得税处理”第（一）项的规定，企业接收股东划入资产（包括股东赠与资产、上市公司在股权分置改革过程中接收原非流通股股东和新非流通股股东赠与的资产、股东放弃本企业的股权，下同），凡合同、协议约定作为资本金（包括资本公积）且在会计上已做实际处理的，不计入企业的收入总额，企业应按公允价值确定该项资产的计税基础。

上述情况属于股东的投资行为，对企业来说，是接受股东投资，按现行企业所得税规定，不属于收入范围，企业也应将其作为资本金（包括资本公积）进行企业所得税处理。另外，如果股东是以非货币性资产划入企业，股东应作视同销售处理，按公允价值确定销售收入，被投资企业按公允价值确定接收资产的计税基础。

根据《财政部关于印发企业会计准则解释第 5 号的通知》（财会〔2012〕19 号）第六条的规定，企业接受代为偿债、债务豁免或捐赠，按照企业会计准则规定符合确认条件的，通常应当确认为当期收益；但是，企业接受非控股股东（或非控股股东的子公司）直接或间接代为偿债、债务豁免或捐赠，经济实质表明属于非控股股东对企业的资本性投入，应当将相关利得计入所有者权益（资本公积）。

企业发生破产重整，其非控股股东因执行人民法院批准的破产重整计划，通过让渡所持有的该企业部分股份向企业债权人偿债的，企业应将非控股股东所让渡股份按照其在让渡之日的公允价值计入所有者权益（资本公积），减少所豁免债务的账面价值，并将让渡股份公允价值与被豁免的债务账面价值之间的差额计入当期损益。控股股东按照破产重整计划让渡了所持有的部分该企业股权向企业债权人偿债的，该企业也按此原则处理。

【例 4－26】某旅游企业因做大做强需要，其控股股东决定将股东名下一块位于景区边价值 2 亿元的土地划入企业用于旅游产品开发，双方约定，企业接受的土地列入资本公积核算。

要求：分析说明相关的财税处理。

解析：

会计处理：

借：无形资产——土地　　200 000 000

　　贷：资本公积　　200 000 000

此种情形下，税会处理一致，无需纳税调整。

（三）股东划入应税收入资产的处理

1. 股东划入应税收入资产的处理

根据《国家税务总局关于企业所得税应纳税所得额若干问题的公告》（国家税务总局公告 2014 年第 29 号）第二条“企业接收股东划入资产的企业所得税处理”第（二）项的规定，企业接收股东划入资产，凡作为收入处理的，应按公允价值计入收入总额，计算缴纳企业所得税，同时按公允价值确定该项资产的计税基础。

也就是说，企业接收股东划入资产（包括股东赠与资产、上市公司在股权分置改革过程中接收原非流通股股东和新非流通股股东赠与的资产、股东放弃本企业的股权，下同），凡作为资本金（包括资本公积）处理的，说明该事项属于企业正常接受股东股权投资行为，应作为权益性交易，不能作为收入进行所得税处理。企业接收股东划入资产，凡作为收入处理的，说明该事项不属于企业正常接受股东股权投资的行为，而是接受捐赠行为，应作为损益性交易，应计入收入总额计算缴纳企业所得税。同时，按公允价值确定计税基础。

【例 4－27】A 制造企业因某新药研发项目投入巨大，账面资金周转发生困难，由于该新药研发成功后将带来可观的经济效益，企业控股股东董事会决定，投入 2 000 万元给 A 公司补充流动资金，增加研发投入。

要求：分析说明相关的财税处理。

解析：

A 公司收到控股股东投入的 2 000 万元时：

借：银行存款　　20 000 000

　　贷：营业外收入　　20 000 000

此种情形下，税会处理一致，无需纳税调整。

2. 股东关联方划入资产的处理

根据《关于印发〈上市公司执行企业会计准则监管问题解答〉〔2009年第2期〕的通知》（中国证券监督管理委员会会计部函〔2009〕60号）问题解答1：对于上市公司的控股股东、控股股东控制的其他关联方、上市公司的实质控制人对上市公司进行直接或间接的捐赠、债务豁免等单方面的利益输送行为，由于交易是基于双方的特殊身份才得以发生，且使得上市公司明显的、单方面的从中获益，因此，监管中应认定为其经济实质具有资本投入性质，形成的利得应计入所有者权益。上市公司与潜在控股股东之间发生的上述交易，应比照上述原则进行监管。

对于上市公司的控股股东控制的其他关联方、上市公司的实质控制人对上市公司进行直接或间接的捐赠、债务豁免等行为如何进行所得税处理，《国家税务总局关于企业所得税应纳税所得额若干问题的公告》（国家税务总局公告2014年第29号）未作出明确规定。因此，企业接受控股股东控制的其他关联方、上市公司的实质控制人划入资产，除符合《财政部 国家税务总局关于促进企业重组有关企业所得税处理问题的通知》（财税〔2014〕109号）、《关于资产（股权）划转企业所得税征管问题的公告》（国家税务总局公告2015年第40号）相关条件外，即使合同、协议约定作为资本金（包括资本公积）且在会计上已做实际处理的，也应计入企业的收入总额。

【例4－28】2020年8月，A上市公司接受B企业捐赠一条生产线，价值500万元，A公司的控股股东拥有B企业80%的股权，B企业另外20%的股权为自然人甲拥有，甲不是A公司的股东。

要求：分析说明相关财税处理。

解析：

A公司在收到生产线时：

借：固定资产——生产线　　5 000 000

　　贷：资本公积　　5 000 000

本例中，A公司收到的生产线是控股股东控制的其他关联方划入，根据中国证券监督管理委员会会计部函〔2009〕60号的规定，应计入“资本公积”核算，企业2020年不确认损益。由于企业接受控股股东控制的其他关联方划入的资产，企业即使会计上在“资本公积”核算，也应按税收规定确认接受捐赠收入。企业应在2020年纳税调增500万元，该纳税调整事项在企业所得税年度纳税申报表“纳税调整项目明细表”（A105000表）第11行收入类调整项目下“其他”栏反映。

第四节　其他税种的处理

一、增值税的处理

（一）划转中转让货物的增值税处理

根据《国家税务总局关于纳税人资产重组有关增值税问题的公告》（国家税务总局公告2011年第13号）的规定，纳税人在资产重组过程中，通过合并、分立、出售、置换等方式，将全部或者部分实物资产以及与其相关联的债权、负债和劳动力一并转让给其他单位和个人，不属于增值税的征税范围，其中涉及的货物转让，不征收增值税。

根据《国家税务总局关于纳税人资产重组有关增值税问题的公告》（国家税务总局公告2013年第66号）的规定，纳税人在资产重组过程中，通过合并、分立、出售、置换等方式，将全部或者部分实物资产以及与其相关联的债权、负债经多次转让后，最终的受让方与劳动力接收方为同一单位和个人的，仍适用《国家税务总局关于纳税人资产重组有关增值税问题的公告》（国家税务总局公告2011年第13号）的相关规定，其中货物的多次转让行为均不征收增值税。资产的出让方需将资产重组方案等文件资料报其主管税务机关。

（二）划转中不动产、土地使用权转让的处理

根据《营业税改征增值税试点有关事项的规定》（财税〔2016〕36号印发）第一条第（二）项的规定，在资产重组过程中，通过合并、分立、出售、置换等方式，将全部或者部分实物资产以及与其相关联的债权、负债和劳动力一并转让给其他单位和个人，其中涉及的不动产、土地使用权转让行为，不征增值税。

上述文件均规定不征收增值税的资产重组方式是“通过合并、分立、出售、置换等方式”，并未列举“划转”，文件中的“等”该怎么理解？实务中对通过划转的方式将实物资产以及与其相关联的债权、负债和劳动力一并转让给其他单位和个人，是否可以不征收增值税，存在一些争议。

世界上征收增值税（Value Added Tax）或货物与劳务税（Good and Service Tax）的主要国家的法规，专门有一条“TOGC”规则（Transfer of a business as a going concern），即“持续经营前提下的业务转让”来规范企业重组中货物转移涉及的增值税问题，对符合“持续经营前提下的业务转让”行为，不征收增值税。但我国的税法是通过描述实物资产以及与其相关联的债权、负债和劳动力一并转让来确定是否可以不征

收增值税。我们认为，无论是通过合并、分立、出售、置换，还是资产划转的方式转让资产，都是企业重组的一种方式，只要其他条件满足，均应该给予不征收增值税的待遇。

二、土地增值税的处理

现行土地增值税的重组政策规定是《财政部 税务总局关于继续实施企业改制重组有关土地增值税政策的通知》（财税〔2018〕57 号），但其中并不包含“划转”这一类型。因此，对划转行为需要依据其他法规来确定是否需要缴纳土地增值税。

根据《土地增值税暂行条例》第二条的规定：“转让国有土地使用权、地上的建筑物及其附着物（以下简称转让房地产）并取得收入的单位和个人，为土地增值税的纳税义务人（以下简称纳税人），应当依照本条例缴纳土地增值税。”《土地增值税实施细则》第二条进一步规定：“条例第二条所称的转让国有土地使用权、地上的建筑物及其他附着物并取得收入，是指以出售或者其他方式有偿转让房地产的行为。不包括以继承，赠与方式无偿转让房地产的行为。”

《财政部 国家税务总局关于土地增值税一些具体问题规定的通知》（财税字〔1995〕48 号）第四条进一步对细则中“赠与”所包括的范围进行了明确：“细则所称的赠与是指如下情况：（一）房产所有人、土地使用权所有人将房屋产权、土地使用权赠与直系亲属或承担直接赡养义务人的；（二）房产所有人、土地使用权所有人通过中国境内非营利的社会团体、国家机关将房屋产权、土地使用权赠与教育、民政和其他社会福利、公益事业的。上述社会团体是指中国青少年发展基金会、希望工程基金会、宋庆龄基金会、减灾委员会、中国红十字会、中国残疾人联合会、全国老年基金会、老区促进会以及经民政部门批准成立的其他非营利的公益性组织。”

因此，无偿划转的资产中如果包含土地使用权、地上建筑物及其附着物的，虽然不是有偿转让，但仍需要计算缴纳土地增值税。

根据《国家税务总局关于房地产开发企业土地增值税清算管理有关问题的通知》（国税发〔2006〕187 号）第三条的规定，房地产开发企业将开发产品用于职工福利、奖励、对外投资、分配给股东或投资人、抵偿债务、换取其他单位和个人的非货币性资产等，发生所有权转移时应视同销售房地产，其收入按下列方法和顺序确认：

第一，按本企业在同一地区、同一年度销售的同类房地产的平均价格确定；

第二，由主管税务机关参照当地当年、同类房地产的市场价格或评估价值确定。

《国家税务总局关于印发〈土地增值税清算鉴证业务准则〉的通知》（国税发〔2007〕132 号）第二十三条规定，纳税人将开发的房地产用于职工福利、奖励、对外投资、分配给股东或投资人、抵偿债务、换取其他单位和个人的非货币性资产等，发生所有权转移时应视同销售房地产，其视同销售收入按下列方法和顺序审核确认：

（1）按本企业当月销售的同类房地产的平均价格核定。

（2）按本企业在同一地区、同一年度销售的同类房地产的平均价格确认。

（3）参照当地当年、同类房地产的市场价格或评估价值确认。

因此，无偿划转的资产在计算缴纳土地增值税时，按公允价值计算确定视同销售收入。

但对于“两类架构、四种方式”中的第一种方式，即母公司向全资子公司进行划转，获得子公司100%的股权支付，这种划转方式实际是母公司对子公司的非货币性资产投资行为。根据财税〔2018〕57号文件第四条规定，“单位、个人在改制重组时以房地产作价入股进行投资，对其将房地产转移、变更到被投资的企业，暂不征土地增值税”，如满足此种规定条件，该种形式的划转可以适用暂不征土地增值税政策。

三、契税的处理

《财政部 税务总局关于继续支持企业 事业单位改制重组有关契税政策的通知》（财税〔2018〕17号）第六条规定，对承受县级以上人民政府或国有资产管理部门按规定进行行政性调整、划转国有土地、房屋权属的单位，免征契税。同一投资主体内部所属企业之间土地、房屋权属的划转，包括母公司与其全资子公司之间，同一公司所属全资子公司之间，同一自然人与其设立的个人独资企业、一人有限公司之间土地、房屋权属的划转，免征契税。

另外该文件第六条还规定，母公司以土地、房屋权属向其全资子公司增资，视同划转，免征契税。

这里所称企业、公司，是指依照我国有关法律法规设立并在中国境内注册的企业、公司。

四、印花税的处理

目前，印花税实行列举的方式对应税经济合同进行正列举征税，资产划转协议并不在列举的合同之内，因此不缴纳印花税。但在资产划转协议下，如果土地、房屋及股权因产权过户而签订了单独的合同，双方对土地、房屋及股权转让部分需要按“产权转移书据”缴纳印花税。

对于上市公司股票的划转，《国家税务总局关于办理上市公司国有股权无偿转让暂不征收证券（股票）交易印花税有关审批事项的通知》（国税函〔2004〕941号）

规定，对经国务院和省级人民政府决定或批准进行的国有（含国有控股）企业改组改制而发生的上市公司国有股权无偿转让行为，暂不征收证券（股票）交易印花税。对不属于上述情况的上市公司国有股权无偿转让行为，仍应征收证券（股票）交易印花税。凡符合暂不征收证券（股票）交易印花税条件的上市公司国有股权无偿转让行为，由转让方或受让方按该通知附件《关于上市公司国有股权无偿转让暂不征收证券（股票）交易印花税申报文件的规定》的要求，报中国证券登记结算有限责任公司备案。

五、划转的税务处理综合案例

在资产或股权划转中，可能涉及多个税种，需要统筹考虑各个税种的税务处理。如，增值税“不征收”政策必须符合“将全部或者部分实物资产以及与其相关联的债权、负债和劳动力一并转让”，但在企业所得税处理时，有的地区则不允许含负债的划转适用特殊性税务处理。100%控制的母子公司之间，母公司向子公司划转资产并取得子公司的股权支付时，企业所得税可以选择非货币性资产投资政策，但有的地区认为，增值税“不征收”政策与土地增值税“暂不征收”政策不能同时享受。因此，企业在制定重组方案时，一方面要统筹考虑同一项业务中各个税种的处理，不能顾此失彼；另一方面要尽可能多地了解当地政策的执行口径，加强与当地主管税务机关的交流沟通。

【例4-29】　　某上市公司分步实施划转案例

2019年12月18日，某上市公司发布公告称，为优化资源配置和适应未来某产品业务发展的需要，现新设立全资子公司A（暂定，以工商登记为准），并拟将公司目前与某产品相关的资产及负债转至该全资子公司A。本次划转完成后，公司将所持的新设的A公司100%股权转至全资子公司B公司名下。

划转方案要点如下：

①公司拟将某产品事业部相关的资产和负债（经审计，截至2019年9月30日，资产账面价值9.41亿元、负债账面价值3.78亿元），按照账面价值划转至全资子公司A，即划转相关资产投资A公司并由该公司承担相关负债。划转基准日至划转日期间发生的资产和负债变动情况将据实调整并予以划转。

②划入方A公司（拟设立）是划出方上市公司的全资子公司，公司直接持有A公司100%的股权。本次划转完成后，公司还拟将所持有A公司的100%股权转至公司全资子公司B公司。

③A公司注册资本拟定为2.26亿元，本次划转的净资产超过注册资本的部分最终计入资本公积。

④对于公司相关的债权债务、合同权利义务和承诺，将在履行相关的必要程序后，由 A 公司承继或受让。

⑤根据“人随业务、资产走”的原则，员工由 A 公司按照原有劳动合同继续履行。

⑥本次划转完成后，A 公司将根据《高新技术企业认定管理办法》向认定机构递交申请，能否取得高新技术企业资格取决于认定机构的审核。

⑦本次划转能否适用特殊性税务处理尚待税务部门认定。

要求：分析说明上述划转的税务处理。

解析：

这是一起并不经常公开见到的上市公司分步实施的资产重组案例，最终结果是上市公司将某产品事业部独立出来，成为上市公司的全资孙公司，但通过分步操作来实现：第一步，上市公司先新设立全资子公司 A；第二步，上市公司将某产品事业部的资产划转到 A；第三步，上市公司将持有子公司 A 的股权“转至”子公司 B。具体如图 4－19 所示：

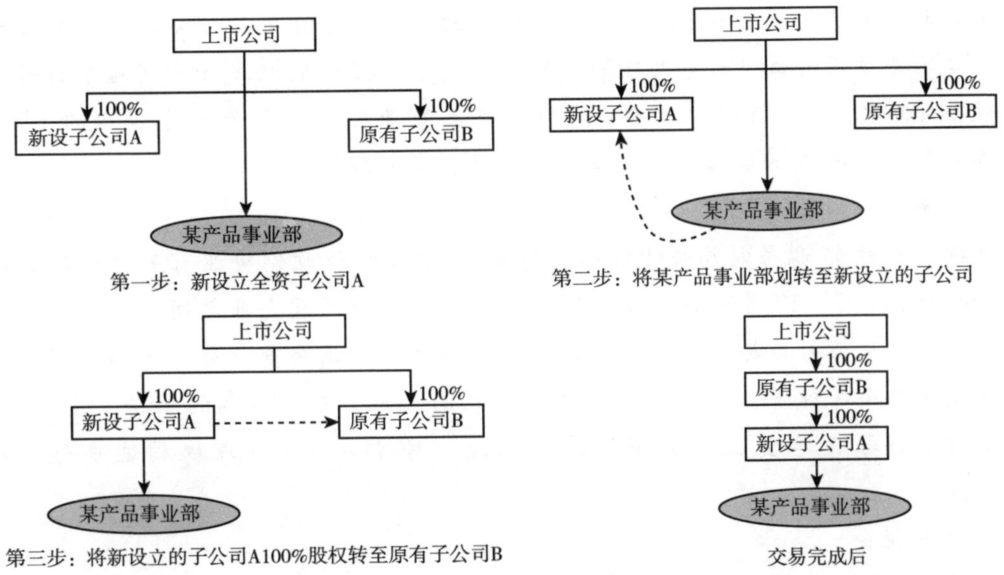

图 4－19　相关资产重组分步实施示意图

在上市公司将某产品事业部划转到新设子公司 A 的过程中，由于资产账面价值为 9.41 亿元，涉及房屋及土地使用权，上市公司会涉及增值税、土地增值税、印花税及企业所得税处理；对于新成立的子公司 A 来讲，可能会涉及印花税及契税。但此环节，增值税能否适用“不征收增值税”及企业所得税能否适用特殊性税务处理？都可能存在争议。

1. 增值税：

由于国家税务总局公告 2011 年第 13 号及财税〔2016〕36 号文件提及“通过合

并、分立、出售、置换等方式”，并未提及“划转”，导致一些地方并不认可划转可以适用“不征收增值税”政策。如果不被允许适用，上市公司将按视同销售处理，就有关资产以公允价值计算缴纳增值税，但可以向子公司A开具增值税专用发票，子公司A可以做进项税额来抵扣。

2. 土地增值税：

现行土地增值税的重组政策是《财政部 税务总局关于继续实施企业改制重组有关土地增值税政策的通知》（财税〔2018〕57号），其中并不包含“划转”类型。因此，上市公司所无偿划转的资产中如果有国有土地使用权、地上建筑物及其附着物的，需要按公允价值计算缴纳土地增值税。

3. 企业所得税：

在上市公司将某产品事业部资产和负债划转到子公司A后，自资产划转完成日起连续12个月内，如果上市公司再将持有的A公司股权转至B公司，属于股权架构发生改变的行为。改变后，上市公司与A公司不再属于“100%直接控制的母子公司之间”的股权架构，而是100%母公司与孙公司的关系。母公司与孙公司之间的隔代划转目前是不能适用特殊性税务处理的。因此，属于“致使股权或资产划转不再符合特殊性税务处理条件”。所以，上市公司将某产品事业部划转到子公司A后的12个月内，再处置子公司A的股权，不能适用特殊性税务处理。

4. 契税：

根据《财政部 税务总局关于继续支持企业 事业单位改制重组有关契税政策的通知》（财税〔2018〕17号）的规定，同一投资主体内部所属企业之间土地、房屋权属的划转，包括母公司与其全资子公司之间，同一公司所属全资子公司之间，同一自然人与其设立的个人独资企业、一人有限公司之间土地、房屋权属的划转，免征契税。因此，对子公司A承受上市公司划转的土地、房屋等，在办理权属过户时，免征契税。

5. 印花税：

无偿划转合同或协议不在印花税列举的合同征收范围内，不征收印花税。但如果所划转的资产中有需要办理产权过户的房屋、土地使用权、不动产等，则需要按照产权转移书据缴纳印花税。

在上市公司将子公司A转至原有子公司B的过程中，只涉及企业所得税及印花税。上市公司可以选择的路径有：

1. 上市公司将持有的A子公司股权转让给B子公司，并直接确认所得，并入当年度应纳税所得额，计算缴纳企业所得税。

2. 上市公司将持有的子公司A股权无偿划转至子公司B，属于100%母子持股架构之间的无偿划转，可适用特殊性税务处理。

3. 上市公司将持有的子公司 A 股权以增资的方式注入到子公司 B。此时，上市公司既可以适用划转的特殊性税务处理规定，也可以适用《财政部 国家税务总局关于非货币性资产投资企业所得税政策问题的通知》（财税〔2014〕116 号）的非货币性资产投资递延纳税政策，上市公司可在不超过 5 年期限内，分期均匀计入相应年度的应纳税所得额，按规定计算缴纳企业所得税。由于该业务也可以视同 B 公司收购上市公司持有的 A 公司 100% 的股权，B 公司的支付对价为自身股份，如其他条件满足，也可以适用财税〔2009〕59 号文件规定的股权收购特殊性税务处理，上市公司暂不确认所得。

第五章　股权收购

股权收购，是指一家企业购买另一家企业的股权，以实现对被收购企业控制的交易。股权收购的实质是以股权为标的的交易行为。交易各方除涉及企业所得税处理外，还会涉及增值税、土地增值税和个人所得税等处理，主要内容图 5－1 所示。

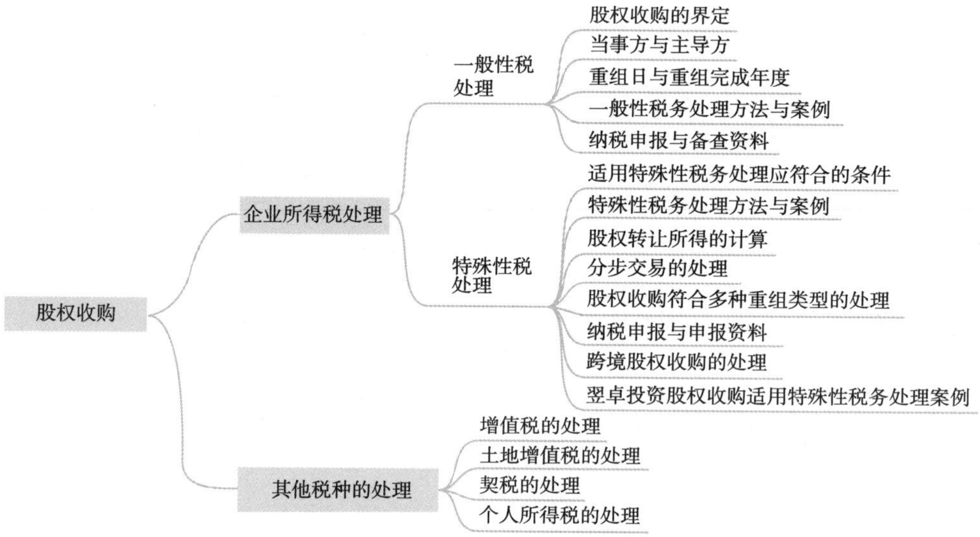

图 5－1　股权收购财税处理知识导图

第一节　一般性税务处理

一、股权收购的界定

股权收购，是指一家企业（以下称为收购企业）购买另一家企业（以下称为被收购企业）的股权，以实现对被收购企业控制的交易。股权收购的实质是以股权为标的的交易行为。收购企业支付对价的形式包括股权支付、非股权支付或两者的组合。财税〔2009〕59 号文件第二条对股权支付进行了定义，“本通知所称股权支付，是指企业重组中购买、换取资产的一方支付的对价中，以本企业或其控股企业的股权、股份作为支付的形式；所称非股权支付，是指以本企业的现金、银行存款、应收款项、本企业或其控股企业股权和股份以外的有价证券、存货、固定资产、其他资产以及承担债务等作为支付的形式"。《企业重组业务企业所得税管理办法》（国家税务总局公告2010年第4号发布）第六条进一步补充解释，"《通知》第二条所称控股企业，是指由本企业直接持有股份的企业"。收购企业以增发股份方式支付股权收购对价的，属于常见的股权支付形式。

（一）股权收购的实质就是股权买卖

股权收购是以股权为标的的交易行为。"股权收购"与"股权买卖"的差异主要是看问题的角度不同。"股权收购"更多地是从收购方的角度出发定义股权交易业务，而"股权买卖"则是从交易双方的角度进行定义，两者没有本质上的区别，站在股权转让方的角度看，该业务是"股权出售"。

（二）以实现对被收购企业控制为目的

股权收购以股权买卖为形式，以实现对被收购企业控制为目的。根据《企业会计准则第33号——合并财务报表》的规定，控制是指投资方拥有对被投资方的权力，通过参与被投资方的相关活动而享有可变回报，并且有能力运用对被投资方的权力影响其回报金额。投资方应当在综合考虑所有相关事实和情况的基础上对是否控制被投资方进行判断。投资方对被投资方是否拥有控制权的影响因素包括持股比例、表决权比例、董事会或类似机构的成员任免权比例等。

（三）股权收购支付对价的形式多样

股权收购的实质就是以股权为标的的买卖行为，购买方支付对价、取得股权，出售方出让股权、取得相应对价。支付对价的形式可以是货币性资产，也可以是非货币性资产，还可以是两者的组合。

二、当事方与主导方

（一）当事方的确定

根据《国家税务总局关于企业重组业务企业所得税征收管理若干问题的公告》（国家税务总局公告2015年第48号）第一条的规定，股权收购中当事各方，指收购方、转让方及被收购企业。股权收购中被收购企业股东，可以是自然人。当事各方中的自然人应按个人所得税的相关规定进行税务处理。

（二）主导方的确定

根据《国家税务总局关于企业重组业务企业所得税征收管理若干问题的公告》（国家税务总局公告2015年第48号）第二条的规定，股权收购重组当事各方企业适用特殊性税务处理的，股权收购的主导方为股权转让方，涉及两个或两个以上股权转让方，由转让被收购企业股权比例最大的一方作为主导方（转让股权比例相同的可协商确定主导方）。

三、重组日与重组完成年度

根据《国家税务总局关于企业重组业务企业所得税征收管理若干问题的公告》（国家税务总局公告2015年第48号）第三条的规定，重组业务完成当年，是指重组日所属的企业所得税纳税年度。

企业股权收购重组，以转让合同（协议）生效且完成股权变更手续日为重组日。关联企业之间发生股权收购，转让合同（协议）生效后12个月内尚未完成股权变更手续的，应以转让合同（协议）生效日为重组日。

【例5－1】 甲公司与乙公司于2×20年7月15日签订协议，当日生效，协议约定以2×20年6月30日为基准日，甲公司收购乙公司持有的A公司股权。2×21年9月20日完成股权变更手续。

要求：分析确定该股权收购业务的重组日。

解析：

根据《国家税务总局关于企业重组业务企业所得税征收管理若干问题的公告》（国家税务总局公告2015年第48号）的规定，企业股权收购，以转让合同（协议）生效且完成股权变更手续日为重组日。关联企业之间发生股权收购，转让合同（协议）生效后12个月内尚未完成股权变更手续的，应以转让合同（协议）生效日为重组日。

因而，若甲、乙两公司不属于关联企业，应当以2×21年9月20日完成股权变更手续的日期为重组日；若甲、乙两公司之间存在关联关系，则应当以2×20年7月15日为重组日。

四、一般性税务处理的方法与案例

（一）一般性税务处理规定

股权收购的企业所得税一般性税务处理，是指股权收购业务不符合特殊性税务处理条件，或虽然符合但企业不选择适用特殊性税务处理的情况下，按照一般性税务处理规定进行的税务处理。根据财税〔2009〕59号文件第四条第（三）项的规定，一般性税务处理时，被收购方（转让方）应按公允价值确认股权转让所得或损失；收购方取得股权的计税基础应以公允价值为基础确定；被收购企业的相关所得税事项原则上保持不变。

1. 按公允价值确认股权、资产转让所得或损失

股权收购业务对转让方而言，其出售股权而从收购方取得的对价，不论是货币形式还是非货币形式，均应按照被收购的股权的公允价值计入收入总额，扣除被收购股权对应的计税基础后，确认股权转让所得或损失。

对收购方而言，如果支付的对价涉及其持有的被投资企业的股权、存货、固定资产、无形资产等非货币性资产的，按公允价值视同销售处理。所支付的非货币性资产均应按照公允价值计入收入总额，扣除对应的计税基础后，确认转让所得或损失。如果收购方是以增发本企业股份作为支付对价的，可以视为接受投资业务处理。

2. 按公允价值确认购入（换入）资产的计税基础

股权收购业务对转让方来说，如果取得的对价中包含了非货币性资产（包括收购方增发的股权），应以非货币性资产的公允价值作为计税基础。因为取得的非货币性资产是转让方出让股权的对价，所出让股权形成的收入已按公允价值计入收入总额，计算所得或损失，且收购方也以公允价值对支付的非货币性资产进行了税务处理，转让方取得的非货币性资产也应以公允价值作为计税基础。

对收购方来讲，收购股权时已按公允价值支付了对价，且转让方也以公允价值对出售的股权进行了税务处理，收购方取得的股权的计税基础也应以公允价值为基础确定。

3. 被收购企业的相关所得税事项原则上保持不变

在股权收购中，被收购企业只是交易标的企业，并不是交易的一方，其在股权收购中并不取得或出让资产，所以被收购企业的相关所得税事项不发生变化。

（二）收购方的处理

股权收购适用一般性税务处理的，收购方支付的对价涉及股权（增发本企业股权除外）、存货、固定资产、无形资产等非货币性资产的，应视同销售进行税务处理；如果收购方是以增发本企业股权作为支付对价的，可以视为接受转让方投资进行处理。同时，购入股权的计税基础以公允价值确定。

（三）转让方的处理

股权收购适用一般性税务处理的，转让方出售股权而从收购方取得的对价，不论是货币形式还是非货币形式，均应按照被收购股权的公允价值计入收入总额，扣除被收购股权的计税基础后，计算确定股权转让所得或损失。同时，若取得的对价中包含了非货币性资产（包括收购方增发的股票），应以非货币性资产的公允价值作为计税基础。

根据《国家税务总局关于贯彻落实企业所得税法若干税收问题的通知》（国税函〔2010〕79号）第三条“关于股权转让所得确认和计算问题”规定，企业转让股权收入，应于转让协议生效且完成股权变更手续时，确认收入的实现。转让股权收入扣除为取得该股权所发生的成本后，为股权转让所得。企业在计算股权转让所得时，不得扣除被投资企业未分配利润等股东留存收益中按该项股权所可能分配的金额。

（四）增发股份收购股权案例

【例5-2】 A公司成立于2015年5月，由B公司与甲公司共同出资1 000万元设立，注册资本1 000万元，主营药品批发、零售。股东B公司于公司成立当月以货币资金投资600万元（投资成本与计税基础都为600万元），取得A公司60%股权，B公司将该项投资作为长期股权投资按成本法核算。

2018年12月，C公司从甲公司处以银行存款800万元受让其持有的A公司40%股权。

2019年12月31日，A公司净资产账面价值1 200万元，公允价值1 500万元。

D公司成立于2013年3月，主营药品研发、制造与销售等。因发展需要，拓宽市场销售渠道，2020年5月20日，D公司与B公司签订股权收购协议，D公司以增发本公司股票490万股（每股面值1元，每股公允价值1.5元）收购B公司持有的A公司49%股权，成为A公司第一大股东。B公司取得D公司增发的股份后，对D公司不构成重大影响，作为可供出售金额资产核算（收购情况如图5-2所示）。

B公司与D公司是非同一控制下的独立企业。

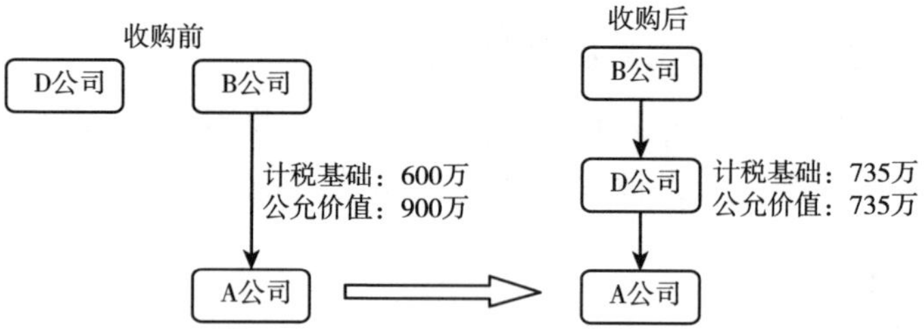

图5-2　股权收购示意图

要求：分析说明股权收购当事方的财税处理。

解析：

1. 会计处理：

（1）转让方B公司的会计处理：

2015年5月，转让方B公司出资设立A公司时，采用成本法核算持有A公司的股权投资，会计处理如下：

借：长期股权投资——A 公司　　6 000 000

　　贷：银行存款　　6 000 000

2020 年 5 月，B 公司持有的 A 公司 49% 股权被 D 公司收购，取得 D 公司增发的 490 万股股票时按公允价值确认成本，会计处理如下：

借：可供出售金融资产——成本——D 公司　　7 350 000

　　贷：长期股权投资——A 公司　　4 900 000

　　　　投资收益　　2 450 000

（2）收购方 D 公司会计处理：

收购方 D 公司以增发本公司股份公允价值作为长期股权投资成本，会计处理如下：

借：长期股权投资——A 公司　　7 350 000

　　贷：股本——B 公司　　4 900 000

　　　　资本公积——股本溢价　　2 450 000

2. 税务处理：

由于 D 公司收购 A 公司 49% 的股权，未达到被收购企业 50% 的股权收购比例，该项业务不符合股权收购特殊性税务处理条件，应按一般性税务处理规定处理。

（1）转让方应确认股权转让所得或损失。

转让方 B 公司转让 A 公司的 49% 股权取得的对价为 D 公司增发的 490 万股股票，公允价值为：490 × 1.5 = 735（万元），投资成本为 490 万元。转让方 B 公司在税收上应确认股权转让所得：735 − 490 = 245（万元）。由于转让方 B 公司持有 A 公司 49% 股权在会计上按成本法核算，且在股权收购的会计处理时已确认了 245 万元的投资收益，税务与会计处理一致。

B 公司取得 D 公司增发的 490 万股股票的会计成本为 735 万元，计税基础为 735 万元，税务与会计处理一致。

（2）收购方取得股权的计税基础应以公允价值为基础确定。

D 公司作为收购方，通过增发自身股票作为支付对价从 B 公司取得的 A 公司 49% 股权的公允价值为 735 万元，计税基础也为 735 万元。收购业务会计处理时确定的会计成本为 735 万元，税务与会计处理一致。

（3）被收购企业的相关所得税事项原则上保持不变。

B 公司与 D 公司之间的股权收购事宜，对被收购企业 A 公司来说仅仅涉及股东变更，不涉及所得税事项变化。

（五）股权收购一般性税务处理案例

【例 5 − 3】 A 公司成立于 2019 年 1 月，注册资本 1 000 万元，注册地在南京高新区，主营药品批发零售业务。注册当年度实现净利润120万元。股东B公司持有A公司40%股权，为原始投入，投资成本为400万元。

D公司成立于2016年8月，注册地在上海，主要从事药品研发制造。2020年5月，为拓宽市场销售渠道，D公司与B公司签订股权收购协议，以A公司2020年6月30日净资产账面价值1 200万元和公允价值1 500万元为基准，D公司以增发本公司股份400万股（每股面值1元，每股公允价值1.5元）为对价收购B公司持有的A公司40%股权。2020年7月，B公司取得D公司增发的股份后，对D公司不构成重大影响，当月办理股权变更登记手续。

2020年1－6月A公司实现会计利润100万元。

要求：分析说明股权收购各方的财税处理。

解析：

1. 会计处理：

（1）转让方B公司的会计处理。

①2019年1月，转让方B公司投资设立A公司时，采用权益法核算A公司的股权投资，会计处理如下：

借：长期股权投资——成本——A公司　　4 000 000

　　贷：银行存款　　4 000 000

②A公司2019年度实现净利润120万元，B公司按权益法应确认48万元的投资收益（120×40%）。

借：长期股权投资——损益调整——A公司　　480 000

　　贷：投资收益　　480 000

③2020年上半年A公司实现利润100万元，B公司按权益法核算应确认40万元投资收益（100×40%）。

借：长期股权投资——损益调整——A公司　　400 000

　　贷：投资收益　　400 000

④2020年7月，B公司持有的A公司40%股权被D公司收购，取得D公司发行的400万股股票。

借：可供出售金融资产——成本——D公司　　6 000 000

　　贷：长期股权投资——成本——A公司　　4 000 000

　　　　长期股权投资——损益调整——A公司　　880 000

　　　　投资收益　　1 120 000

（2）收购方D公司的会计处理。

收购方D公司以增发本公司股份的公允价值作为长期股权投资成本，会计处理如下：

借：长期股权投资——A 公司 6 000 000

　　贷：股本——B 公司 4 000 000

　　　　资本公积——股本溢价 2 000 000

2. 税务处理：

由于D公司收购A公司股权的比例不达50%，不符合特殊性税务处理的条件，交易双方只能按一性税务处理方法进行税务处理。

（1）转让方B公司的税务处理。

B公司应按公允价值计算股权转让所得或损失。其投资成本400万元，转让收入600万元（400万股×1.5元），股权转让所得200万元。

（2）收购方D公司的税务处理。

D公司是以增发股份的公允价值确定取得的股权计税基础，即其增发后持有的A公司40%股权的计税基础按所增发股份的公允价值确定，即600万元。

（3）被收购企业的相关所得税事项原则上保持不变。

B公司与D公司之间的股权收购事宜，对被收购企业A公司来说仅仅涉及股东变更，不涉及所得税事项变化。

3. 税会差异：

（1）转让方B公司。

①由于B公司按照权益法核算对A公司的投资，B公司在2019年度及2020年上半年会计上分别确认了48万元和40万元持有期间投资收益，但由于A公司并未作出利润分配决定，该项投资收益在税收上并不确认所得，故在2019年度和2020年度企业所得税汇算清缴时，需分别调减持有期间的投资收益48万元和40万元。

②股权转让时，B公司会计上实现了112万元的投资收益，但在税收上需确认200万元的股权转让所得。故在2020年度汇算清缴时，该项股权转让业务需调增88万元。

③B公司取得的D公司增发400万股，计税基础与会计成本均为600万元，税会处理一致，无差异。

（2）收购方D公司。

D公司取得的A公司40%股权，计税基础与会计成本均为600万元，税务与会计处理一致，无差异。

4. 企业所得税申报表的填报：

（1）B公司的纳税调整与申报。

B公司按权益法在2020年上半年确认的被投资企业A公司的40万元投资收益，在税收上不确认，应在“投资收益纳税调整明细表”（A105030）中的“持有收益”相关列次中进行调减，如表5-1所示。

表 5－1　　A105030　　　　　**投资收益纳税调整明细表**

行次	项　　目	持有收益			处置收益							纳税调整金额
		账载金额	税收金额	纳税调整金额	会计确认的处置收入	税收计算的处置收入	处置投资的账面价值	处置投资的计税基础	会计确认的处置所得或损失	税收计算的处置所得	纳税调整金额	
		1	2	3（2－1）	4	5	6	7	8（4－6）	9（5－7）	10（9－8）	11（3＋10）
1	一、交易性金融资产											
2	二、可供出售金融资产											
3	三、持有至到期投资											
4	四、衍生工具											
5	五、交易性金融负债											
6	六、长期股权投资	400 000	0	－400 000								－400 000
7	七、短期投资			—					—	—	—	—
8	八、长期债券投资			—					—	—	—	—
9	九、其他			—					—	—	—	—
10	合计（1＋2＋3＋4＋5＋6＋7＋8＋9）	400 000	—	－400 000	0	0	0	0	0	0	0	－400 000

B公司在股权转让时，会计确认112万元的投资收益，但税收确认200万元的股权转让所得，差额88万元，需要填报相关申报表进行纳税调整。相关申报表填报如下：

首先，填报“企业所得税年度纳税申报基础信息表”（A000000）。将重组类型“股权收购”代码“300”填报在表A000000“213重组交易类型（填写代码）”栏，将重组当事方类型转让方代码“320”填入“214重组当事方类型（填写代码）”栏，如表5－2所示。

表5－2　A000000　企业所得税年度纳税申报基础信息表

基本经营情况（必填项目）			
有关涉税事项情况（存在或者发生下列事项时必填）			
212重组事项税务处理方式	☑一般性□特殊性	213重组交易类型（填写代码）	300
214重组当事方类型（填写代码）	320	215政策性搬迁开始时间	年月
216发生政策性搬迁且停止生产经营无所得年度	□是	217政策性搬迁损失分期扣除年度	□是
218发生非货币性资产对外投资递延纳税事项	□是	219非货币性资产对外投资转让所得递延纳税年度	□是
220发生技术成果投资入股递延纳税事项	□是	221技术成果投资入股递延纳税年度	□是
222发生资产（股权）划转特殊性税务处理事项	□是	223债务重组所得递延纳税年度	□是
主要股东及分红情况（必填项目）			

其次，填报“企业重组及递延纳税事项纳税调整明细表”（A105100），如表5－3所示。

表5－3　A105100　企业重组及递延纳税事项纳税调整明细表

行次	项目	一般性税务处理			特殊性税务处理（递延纳税）			纳税调整金额
		账载金额	税收金额	纳税调整金额	账载金额	税收金额	纳税调整金额	
		1	2	3 （2－1）	4	5	6 （5－4）	7 （3＋6）
1	一、债务重组							
2	其中：以非货币性资产清偿债务							
3	债转股							
4	二、股权收购	1 120 000	2 000 000	880 000				880 000
5	其中：涉及跨境重组的股权收购							
16	合计（1＋4＋6＋8＋11＋12＋13＋14＋15）	1 120 000	2 000 000	880 000				880 000

再次，填报“纳税调整项目明细表”（A105000），如表5－4所示。

表5－4　　A105000　　　　纳税调整项目明细表

行次	项　　目	账载金额	税收金额	调增金额	调减金额
		1	2	3	4
1	一、收入类调整项目（2＋3＋…8＋10＋11）	*	*	0	400 000
2	（　）视同销售收入（填写A105010）	*	0	0	*
3	（二）未按权责发生制原则确认的收入（填写A105020）	0	0	0	0
4	（三）投资收益（填写A105030）	400 000	0	0	400 000
36	四、特殊事项调整项目（37＋38＋…＋43）	*	*	880 000	0
37	（一）企业重组及递延纳税事项（填写A105100）	1120 000	2 000 000	880 000	0
38	（二）政策性搬迁（填写A105110）	*	*	0	0
39	（三）特殊行业准备金（填写A105120）	0	0	0	0
46	合计（1＋12＋31＋36＋44＋45）	*	*	880 000	400 000

此时，对股权收购税会差异不应再填报“投资收益纳税调整明细表”（A105030），否则会出现同一笔重组业务重复进行了纳税调整。

（2）D公司的纳税调整与申报。

由于收购方D公司不存在税会差异纳税调整的填报。其“企业重组及递延纳税事项纳税调整明细表”（A105100）如表5－5所示。

表5－5　　A105100　　企业重组及递延纳税事项纳税调整明细表

行次	项　　目	一般性税务处理			特殊性税务处理（递延纳税）			纳税调整金额
		账载金额	税收金额	纳税调整金额	账载金额	税收金额	纳税调整金额	
		1	2	3（2－1）	4	5	6（5－4）	7（3＋6）
1	一、债务重组							
2	其中：以非货币性资产清偿债务							
3	债转股							
4	二、股权收购	0	0	0				0
5	其中：涉及跨境重组的股权收购							
16	合计（1＋4＋6＋8＋11＋12＋13＋14＋15）	0	0	0				0

五、纳税申报与备查资料

根据《企业重组业务企业所得税管理办法》（国家税务总局公告 2010 年第 4 号）第十二条的规定，企业发生股权收购重组业务适用一般性税务处理的，应准备以下相关资料，以备税务机关检查。

（1）当事各方所签订的股权收购业务合同或协议；

（2）相关股权、资产公允价值的合法证据。

因而，企业发生股权收购业务并适用一般性税务处理的，无须单独向税务机关申报，但应按规定准备相关资料，以备税务机关核查。

第二节　特殊性税务处理

一、适用特殊性税务处理应符合的条件

（一）特殊性税务处理应符合的条件

根据财税〔2009〕59 号文件第五条和《财政部 国家税务总局关于促进企业重组有关企业所得税处理问题的通知》（财税〔2014〕109 号）第一条的规定，企业股权收购重组同时符合下列条件的，适用特殊性税务处理规定：

（1）具有合理的商业目的，且不以减少、免除或者推迟缴纳税款为主要目的。

企业股权收购重组业务适用特殊性税务处理的，申报时，应从以下方面逐条说明企业重组具有合理的商业目的：

①股权收购交易的方式；

②股权收购重组交易的实质结果；

③股权收购重组各方涉及的税务状况变化；

④股权收购重组各方涉及的财务状况变化；

⑤非居民企业参与重组活动的情况。

（2）被收购部分的股权不低于被收购企业全部股权的 50%。

（3）企业重组后的连续 12 个月内不改变重组资产原来的实质性经营活动。

“企业重组后的连续 12 个月内”，是指自重组日起计算的连续 12 个月内。

（4）重组交易对价中涉及股权支付金额不低于其交易支付总额的 85%。

（5）企业重组中取得股权支付的原主要股东，在重组后连续 12 个月内，不得转让所取得的股权。

原主要股东，是指原持有被收购企业20%以上股权的股东。

（二）股权支付比例的计算

股权支付比例应按所支付的股权公允价值占按公允价值计量的交易总额计算确定。计算公式为：

股权支付比例 = 所支付股权公允价值/交易总额 ×100%

【例5-4】 甲公司向乙公司收购其持有的A公司100%的股权，甲公司以其持有的B公司100%股权和50万元现金作为支付对价。收购日，A公司股权的账面价值为100万元，公允价值为500万元；B公司股权的账面价值为200万元，公允价值为450万元。

要求：计算该项股权收购重组的股权支付比例。

解析：

股权支付比例 = 所支付股权公允价值/交易总额 ×100% = 450/500 ×100% = 90%

（三）条件未发生改变的说明

股权收购适用特殊性税务处理情况下，取得股权支付的原主要股东，在重组后连续12个月内，不得转让所取得的股权。若原主要股东在重组后连续12个月内转让了所取得的股权，则不能再适用特殊性税务处理，当事各方需按一般性税务处理重新计算缴纳企业所得税。

根据《企业重组业务企业所得税管理办法》（国家税务总局公告2010年第4号）第二十九条的规定，股权收购适用特殊性税务处理的当事各方应在完成重组业务后的下一年度的企业所得税年度纳税申报时，向主管税务机关提交书面情况说明，以证明企业在重组后的连续12个月内，有关符合特殊性税务处理的条件未发生改变。

二、特殊性税务处理的方法与案例

（一）特殊性税务处理的一般规定

根据财税〔2009〕59号文件第六条的规定，企业股权收购符合收购企业购买的股权不低于被收购企业全部股权的50%，且收购企业在该股权收购发生时的股权支付金额不低于其交易支付总额的85%等规定的适用特殊性税务处理条件的，交易各方对其交易中的股权支付部分，可以按以下规定进行特殊性税务处理：

（1）被收购企业的股东取得收购企业股权的计税基础，以被收购股权的原有计税基础确定。

与资产收购交易中股权支付暂不确认有关资产的转让所得或损失相一致，转让方出让股权而从收购方取得股权对价的，无须对所出售的股权按公允价值视同销售处理，不确认所得或损失。为保持企业所得税“链条”的延续性，相应转让方取得收购企业支付股权的计税基础应按被收购股权的原有计税基础确定。

（2）收购企业取得被收购企业股权的计税基础，按被收购股权的原有计税基础确定。

（3）收购企业、被收购企业的原有各项资产和负债的计税基础和其他相关所得税事项保持不变。

股权收购的交易双方以及被收购企业，除需要对股权收购所涉及的股权、资产进行税务处理外，其余不涉及股权收购事项的其他各项资产、负债与股权收购无关，其计税基础不会受到影响，无须进行税务处理，其所得税事项保持不变。

需要说明的是，企业同一股权收购重组业务的当事各方应采取一致税务处理原则，即统一适用一般性税务处理或特殊性税务处理规定。

（二）收购方的处理

股权收购符合并选择适用特殊性税务处理的，收购方以持有的子公司股权作为支付对价的，需按公允价值确认所支付股权的转让所得或损失；同时，取得的被收购企业股权的计税基础，以被收购股权的原有计税基础确定。如果支付对价除股权外还包含其他资产等非股权支付，股权支付外的其他资产应在交易当期按公允价值确认资产转让所得或损失，并相应调整购入股权的计税基础。

收购方以增发自身股权作为支付对价的，增发自身股权的行为无需计缴企业所得税，收购方取得被收购企业股权的计税基础以转让方股权原有计税基础确定。

不过，针对“符合特殊性税务处理条件的股权收购、资产收购，收购方以其控股企业的股权作为支付对价，其取得的股权（或资产）的计税基础应如何计算确认”问题，上海市浦东新区国税局2010年度企业所得税汇算清缴的答疑中曾明确，根据财税〔2009〕59号文、国家税务总局公告2010年第4号的有关规定，收购方以其控股企业的股权作为支付对价，收购被收购企业股权（或资产），若符合特殊性税务处理条件且选择特殊性税务处理的，其收购的股权或资产的计税基础以换出股权的原计税基础确认。涉及补价的，应按财税〔2009〕59号文第六条第（六）款规定调整计算计税基础。

（三）转让方的处理

股权收购如果符合并选择适用特殊性税务处理的，转让方从收购方取得对价中的股权支付部分暂不确认股权转让所得或损失，非股权支付部分应在当期计算确认股权转让所得或损失；同时，转让方从收购方取得的股权的计税基础，以被收购股权的原有计税基础确定。

股权收购业务涉及股权支付和非股权支付，适用特殊性税务处理的，暂不确认交易中股权支付部分的股权转让所得或损失，但非股权支付部分仍应在交易当期确认相应的股权转让所得或损失，并调整相应资产的计税基础。计算公式为：

非股权支付部分的股权转让所得或损失

=（被转让股权的公允价值－被转让股权的计税基础）

×（非股权支付金额÷被转让股权的公允价值）

取得股权支付的计税基础＝被转让股权原计税基础×股权支付比例

【例5－5】 2×20年10月，甲公司向乙公司转让其持有的A公司100%的股权，获取的对价为乙公司持有的对B公司投资的股权和50万元现金，符合股权收购特殊性税务处理条件，收购双方选择适用特殊性税务处理。甲公司持有的A公司股权计税基础100万元，公允价值500万元。

要求：计算甲公司股权转让所得和取得B公司股权的计税基础。

解析：

股权收购双方虽然选择适用特殊性税务处理，转让方仍应按照规定就其取得的非股权支付的部分在重组完成当年申报缴纳企业所得税，即甲公司应确认股权转让所得：

非股权支付部分的股权转让所得或损失＝（被转让股权的公允价值－被转让股权的计税基础）×（非股权支付金额÷被转让股权的公允价值）

＝（500－100）×（50÷500）＝40（万元）

同时，甲公司应按股权支付比例计算确认其取得的B公司股权的计税基础：

取得股权支付的计税基础＝被转让股权原计税基础×股权支付比例

100×（500－50）÷500＝90（万元）。

（四）被收购企业的处理

在股权收购重组中，被收购企业只是交易标的企业，无论该项重组业务适用一般性税务处理还是特殊性税务处理，被收购企业的相关所得税事项原则上保持不变。被收购企业的资产、负债无需进行专门的所得税处理。

（五）股权收购特殊性税务处理案例

【例5－6】 A公司成立于2016年8月，注册资本1 000万元、实收资本1 000万元，注册地在上海浦东，主营软件研发与运营服务等。股东B公司持有A公司60%股权，为初始投资，投资成本为600万元，作为长期股权投资按成本法核算。

D公司成立于2015年6月，主要从事游戏开发与运营服务等。2020年5月20日，为发展需要，D公司与B公司签订股权收购协议（约定签订日协议生效），以A公司2020年4月30日净资产账面价值1 300万元和公允价值2 000万元为基准，D公司以增发本公司股份400万股（面值1元/股，公允价值3元/股）的形式收购B公司持有的A公司60%股权。2020年6月30日完成股权变更登记。B公司取得D公司增发的股份后，对D公司不构成重大影响。

假设符合其他股权收购特殊性税务处理条件，选择适用特殊性税务处理。

要求：分析说明股权收购各方的财税处理。

解析：

1. 会计处理：

（1）转让方B公司会计处理。

2016年初始投资时，B公司采用成本法核算A公司的股权投资，会计处理为：

借：长期股权投资——A公司　　6 000 000

　　贷：银行存款　　6 000 000

2020年5月，持有的A公司60%股权被收购，取得D公司增发的400万股股份时按公允价值确认成本，会计处理为：

借：可供出售金融资产——成本——D公司　　12 000 000

　　贷：长期股权投资——A公司　　6 000 000

　　　　投资收益　　6 000 000

（2）收购方D公司会计处理。

收购方D公司以增发本公司股份公允价值作为长期股权投资成本，会计处理为：

借：长期股权投资——A公司　　12 000 000

　　贷：股本——B公司　　4 000 000

　　　　资本公积——股本溢价　　8 000 000

2. 税务处理：

D公司收购A公司60%的股权，B公司与D公司一致选择适用特殊性税务处理。

（1）转让方B公司税务处理。

适用特殊性税务处理的，B公司出让A公司60%股权暂不确认股权转让所得，同时其取得D公司增发的股份的计税基础，按照其原持有的A公司股权的计税基础确定，即为600万元。

（2）收购方D公司税务处理。

适用特殊性税务处理的，D公司取得的A公司60%股权的计税基础，按照被收购股权的原计税基础600万元确定，不能按增发股权的公允价值1 200万元确定计税基础。

3. 税会差异：

（1）转让方B公司。

B公司对原持有的A公司股权按成本法核算，持有期间没有计提减值准备等税会差异。

B公司转让持有的A公司股权时，会计上确认600万元的投资收益，但进行特殊性税务处理时，B公司暂不确认股权转让所得。2020年度进行企业所得税年度纳税申报时，需通过“企业重组及递延纳税事项纳税调整明细表”（A105100）进行纳税调整。

B公司取得的D公司增发的400万股股份，计税基础为600万元。但会计成本为1 200万元，存在600万元的税会差异，需要在日后处置该项股权时进行纳税调整。

（2）收购方D公司。

D公司取得的A公司60%股权应按原计税基础600万元确定，会计成本为1 200万元，存在600万元的税会差异，需要在日后处置该项股权时进行纳税调整。

（六）增发股份收购股权案例

【例5-7】A公司成立于2015年5月，由B公司与甲公司共同出资1 000万元在上海浦东注册成立（注册资本1 000万元），主营药品批发、零售等。B公司于A公司成立当月以货币资金投资600万元（投资成本与计税基础都为600万元），取得A公司60%股权，B公司将该项投资作为长期股权投资按成本法核算。

2018年12月，C公司从甲公司处以银行存款800万元受让其持有的A公司40%股权。

2019年12月31日，A公司净资产账面价值1 200万元，公允价值1 500万元。

D公司成立于2013年3月，主营药品研发、制造与销售等。因发展需要拓展市场销售渠道，2020年1月20日，D公司与B公司、C公司签订股权收购协议，D公司以增发股票1 000万股（面值1元/股，每股公允价值1.5元/股）收购B、C公司持有的A公司全部股权。B公司与C公司分别取得D公司增发的股份600万股和400万股，B、C公司取得D公司增发股份后对D公司均不构成重大影响，均将对D公司的投资作为可供出售金融资产核算（收购情况如图5-3所示）。

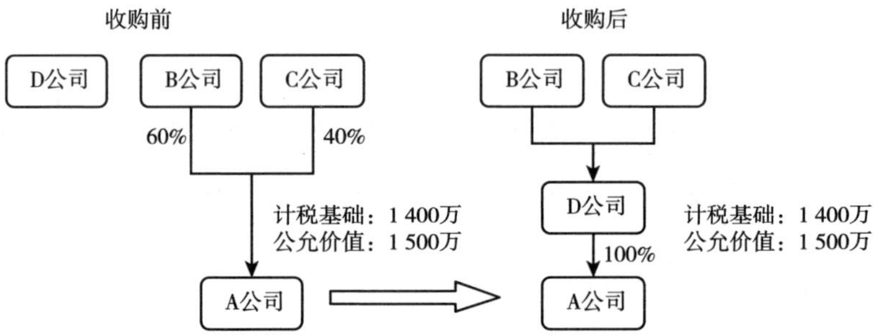

图5-3　股权收购示意图

按A公司的净利润和持股比例计算，收购前C公司确认按权益法核算长期股权投资（A公司）损益调整借方余额100万元。

已知B公司、C公司与D公司属非同一控制下的独立公司。D公司为此项收购业务制定了长期发展计划，交易完成后，A公司将会继续从事其原来的药品批发、零售等业务，D公司承诺在重组后连续12个月内A公司经营活动不会改变。B、C、D公司承诺重组后连续12个月内，不转让取得的股权。计划一致适用特殊性税务处理。

要求：分析说明股权收购当事各方的财税处理。

解析：

1. 会计处理：

（1）转让方B公司的会计处理。

2015年5月，B公司出资设立A公司时，采用成本法核算持有A公司的股权投资，会计处理为：

借：长期股权投资——A公司 6 000 000

贷：银行存款 6 000 000

2020年1月，持有的A公司股权被收购，取得D公司增发的600万股股票按公允价值确认成本，会计处理为：

借：可供出售金融资产——成本——D公司 9 000 000

贷：长期股权投资——A公司 6 000 000

投资收益 3 000 000

（2）转让方C公司的会计处理。

2018年12月，C公司取得A公司股权时，采用权益法核算，会计处理为：

借：长期股权投资——成本——A公司 8 000 000

贷：银行存款 8 000 000

2020年1月，持有的A公司股权被收购时，按权益法核算的“长期股权投资（A公司）”账户有损益调整借方余额100万元。C公司取得D公司增发的400万股股票按公允价值确认成本，会计处理为：

借：可供出售金融资产——成本——D公司 6 000 000

投资收益 3 000 000

贷：长期股权投资——成本——A公司 8 000 000

长期股权投资——损益调整——A公司 1 000 000

（3）收购方D公司的会计处理。

收购方以增发本公司股份的公允价值作为长期股权投资成本，会计处理为：

借：长期股权投资——A公司 15 000 000

贷：股本——B公司 6 000 000

股本—— C公司 4 000 000

资本公积——股本溢价 5 000 000

2. 税务处理：

（1）股权收购适用税务处理方法的条件判定

①D公司为发展需要，通过收购A公司拓展销售渠道，增加市场份额，本次股权收购重组具有合理的商业目的。

②D公司收购A公司100%的股权，被收购的股权超过50%的比例要求。

③D 公司为此项收购业务制定了长期发展计划，交易完成后，A 公司将会继续从事其原来的药品批发、零售业务等，D 公司承诺在重组后连续 12 个月内 A 公司经营活动不会改变。

④D 公司以增发本企业股份方式作为支付对价，股权支付对价超过 85% 的比例要求。

⑤B、C、D 公司承诺重组后连续 12 个月内，不转让取得的股权。

因而，符合规定的股权收购特殊性税务处理条件，交易各方可以一致选择适用特殊性税务处理。

（2）股权收购各方的税务处理。

交易各方选择对该股权收购重组业务适用特殊性税务处理如下：

第一，转让方取得收购企业股权计税基础的确定。

①转让方 B 公司持有 A 公司 60% 的股权，其投资成本为 600 万元，计税基础也为 600 万元。根据股权收购特殊性税务处理的相关规定，其取得 D 公司增发的 600 万股股票的计税基础应以原计税基础 600 万元确定，无需确认股权转让所得或损失。由于 B 公司在会计处理时将 D 公司增发的 600 万股股票按公允价值 900 万元确定会计成本，比税收上的计税基础多 300 万元，需要在以后股权处置时调整应纳税所得额。

此外，由于 B 公司在股权收购的会计处理时确认了 300 万元的投资收益，而特殊性税务处理在税收上无需确认股权转让所得，所以该投资收益应在企业所得税年度汇算清缴纳税申报时调减应纳税所得额。

进行企业所得税汇算清缴时，B 公司通过填报“企业重组及递延纳税事项纳税调整明细表”（A105100）第 4 行“股权收购”行次进行税会差异纳税调整，调减应纳税所得额 300 万元，如表 5－6 所示。

同时，将合计行填入“纳税调整项目明细表”（A105000）第 37 行，如表 5－7 所示。

②转让方 C 公司持有 A 公司 40% 的股权，其投资成本为 800 万元，计税基础也为 800 万元。根据股权收购特殊性税务处理的相关规定，其取得 D 公司增发的 400 万股股份的计税基础应以原计税基础 800 万元确定，无需确认股权转让所得或损失。由于 C 公司在会计处理时将 D 公司增发的 400 万股股份按公允价值 600 万元确定会计成本，比税收上的计税基础少 200 万元，需在以后股权处置时调整应纳税所得额。

此时，由于 C 公司在会计处理时确认了 300 万元的投资损失，而以股权支付作为支付对价的特殊性税务处理在税收上无需确认股权转让所得或损失，该 300 万元的投资损失应在年度企业所得税汇算清缴时作调增应纳税所得额处理。

C 公司损益调整 100 万元已经计入损益，在计入当年做纳税调减处理。

企业所得税年度汇算清缴纳税申报时，C 公司通过填报“企业重组及递延纳税事项纳税调整明细表”（A105100）第 4 行“股权收购”行次进行税会差异调整，调增应纳税所得额 300 万元，如表 5－8 所示。

表 5-6　A105100　企业重组及递延纳税事项纳税调整明细表

行次	项目	一般性税务处理			特殊性税务处理（递延纳税）			纳税调整金额
		账载金额	税收金额	纳税调整金额	账载金额	税收金额	纳税调整金额	
		1	2	3（2-1）	4	5	6（5-4）	7（3+6）
1	一、债务重组							
2	其中：以非货币性资产清偿债务							
3	债转股							
4	二、股权收购				3 000 000	0	-3 000 000	-3 000 000
5	其中：涉及跨境重组的股权收购							
6	三、资产收购							
7	其中：涉及跨境重组的资产收购							
8	四、企业合并（9+10）							
9	（一）同一控制下企业合并							
10	（二）非同一控制下企业合并							
11	五、企业分立							
12	六、非货币性资产对外投资							
13	七、技术入股							
14	八、股权划转、资产划转							
15	九、其他							
16	合计（1+4+6+8+11+12+13+14+15）				3 000 000	0	-3 000 000	-3 000 000

表 5－7　　A105000　　　　**纳税调整项目明细表**

行次	项　　目	账载金额	税收金额	调增金额	调减金额
		1	2	3	4
1	一、收入类调整项目（2+3+…8+10+11）	*	*		
12	二、扣除类调整项目（13+14+…24+26+27+28+29+30）	*	*		
31	三、资产类调整项目（32+33+34+35）	*	*		
36	四、特殊事项调整项目（37+38+…+43）	*	*		3 000 000
37	（一）企业重组及递延纳税事项（填写 A105100）	3 000 000	0		3 000 000
38	（二）政策性搬迁（填写 A105110）	*	*		
39	（三）特殊行业准备金（填写 A105120）				
40	（四）房地产开发企业特定业务计算的纳税调整额（填写 A105010）	*			
41	（五）合伙企业法人合伙人应分得的应纳税所得额				
42	（六）发行永续债利息支出				
43	（七）其他	*	*		
44	五、特别纳税调整应税所得	*	*		
45	六、其他	*	*		
46	合计（1+12+31+36+44+45）	*	*		3 000 000

表5-8　A105100　企业重组及递延纳税事项纳税调整明细表

行次	项　目	一般性税务处理			特殊性税务处理（递延纳税）			纳税调整金额
		账载金额	税收金额	纳税调整金额	账载金额	税收金额	纳税调整金额	
		1	2	3（2-1）	4	5	6（5-4）	7（3+6）
1	一、债务重组							
2	其中：以非货币性资产清偿债务							
3	债转股							
4	二、股权收购				-3 000 000	0	3 000 000	3 000 000
5	其中：涉及跨境重组的股权收购							
6	三、资产收购							
7	其中：涉及跨境重组的资产收购							
8	四、企业合并（9+10）							
9	（一）同一控制下企业合并							
10	（二）非同一控制下企业合并							
11	五、企业分立							
12	六、非货币性资产对外投资							
13	七、技术入股							
14	八、股权划转、资产划转							
15	九、其他							
16	合计（1+4+6+8+11+12+13+14+15）				-3 000 000	0	3 000 000	3 000 000

第二，收购企业取得被收购企业股权计税基础的确定。

D公司作为收购方，通过增发自身股份作为支付对价从B公司、C公司取得A公司100%股权，公允价值虽为1 500万元，但根据股权收购特殊性税务处理的相关规定，D公司取得被收购企业股权的计税基础应以被收购股权的原计税基础确定，即应以B公司、C公司持有的A公司股权的原计税基础1 400（600+800）万元确定。由于D公司在会计处理时将取得的A公司100%股权按公允价值1 500万元确认为会计成本，比税收上的计税基础多100万元，需在以后股权处置时调整应纳税所得额。

第三，收购企业、被收购企业的原有各项资产和负债的计税基础和其他相关所得税事项保持不变。

（七）股权与非股权复合支付股权收购案例

【例5-8】A公司由乙公司于2017年6月出资在南京成立，主营百货零售。

甲公司成立于2018年8月，为大型商业零售企业，主营百货、超市、物流配送、餐饮娱乐等。为进一步优化产业布局，提高市场占有率和竞争能力，2020年1月，甲公司与乙公司签订股权收购协议，约定甲公司以增发股票和100万元银行存款为对价，收购乙公司持有的A公司100%股权。2020年5月，完成股权变更相关手续。收购情况如图5-4所示。

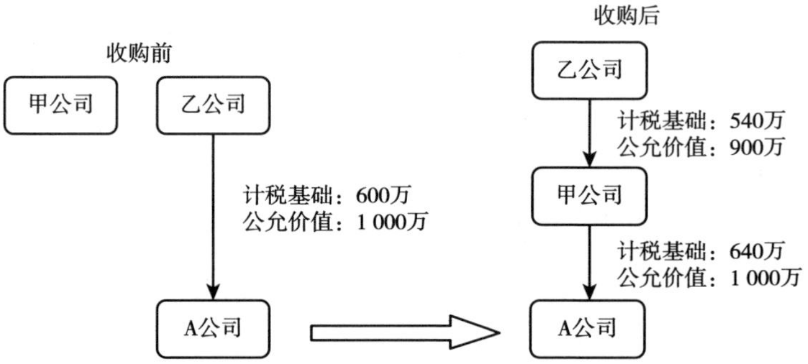

图5-4　股权收购前后示意图

乙公司持有A公司100%股权的公允价值为1 000万元，计税基础与账面价值都为600万元；甲公司增发前股本总额为5 000万元，增发300万股，面值1元/股，实际发行价格为3元/股。乙公司取得甲公司的股权支付后，作为可供出售金融资产核算。

甲公司、乙公司属非同一控制下的独立公司。交易完成后，A公司将继续从事其原来的百货零售业务，主要资产的经营活动不会改变。甲公司承诺在重组后连续12个月内不改变A公司经营活动。甲公司、乙公司承诺重组后连续12个月内，不转让取得的股权。

交易双方协商一致，拟采用特殊性税务处理。

要求：分析说明股权收购双方的财税处理。

解析：

1. 会计处理：

（1）甲公司的会计处理。

借：长期股权投资——A 公司	10 000 000	
贷：股本		3 000 000
资本公积——股本溢价		6 000 000
银行存款		1 000 000

（2）乙公司的会计处理。

借：可供出售金融资产——成本——甲公司	9 000 000	
银行存款	1 000 000	
贷：长期股权投资——A 公司		6 000 000
投资收益		4 000 000

2. 税务处理：

（1）股权收购业务适用特殊性税务处理的条件判断。

①本次收购旨在进一步优化甲公司的产业布局，提高公司的市场占有率和竞争能力，有利于公司未来发展，具有合理的商业目的。

②甲公司收购 A 公司 100% 的股权，被收购的股权超过 50% 的比例要求。

③交易完成后，A 公司将会继续从事其原来的百货零售业务，主要资产的经营活动不会改变。甲公司承诺在重组后连续 12 个月内不改变 A 公司经营活动。

④甲公司收购 A 公司股权的股权支付比例为 90%，股权支付超过 85% 的比例要求。

⑤甲、乙公司承诺重组后连续 12 个月内，不转让取得的股权。

因而，交易各方可以协商一致适用股权收购的特殊性税务处理。

（2）股权收购业务的特殊性税务处理。

交易各方选择该项重组业务适用特殊性税务处理如下：

①甲公司的税务处理为：

股权支付部分对应取得的 A 公司股权的计税基础，以被收购企业 A 公司股权的原有计税基础乘以股权支付比例确定，即为：$600 \times 90\% = 540$（万元）；非股权支付部分对应取得的 A 公司股权计税基础，以非股权支付对价的公允价值 100 万元确定；取得 A 公司股权的计税基础 = 股权支付部分对应取得的 A 公司股权计税基础 + 非股权支付部分对应取得的 A 公司股权计税基础为：$540 + 100 = 640$（万元），或者原 A 公司全部股权的计税基础 + 非股权支付部分对应的股权转让所得：$600 + 40 = 640$（万元）；会计账面价值 1 000 万元，税法与会计之间存在差异，需在未来处置股权时进行纳税调整。

②乙公司的税务处理为：

确认非股权支付额（100 万元银行存款）对应的 A 公司股权转让所得为：

（被转让股权的公允价值 - 被转让股权的计税基础）×（非股权支付金额 ÷ 被转让股权的公允价值）=（1 000 - 600）×（100 ÷ 1 000）= 40（万元）；

会计确认投资收益 400 万元，税收确认 40 万元，产生暂时性差异 360 万元（400 - 40），当期纳税调减 360 万元，在以后年度处置或转让甲公司股权时，转回该项差异。

年终企业所得税汇算清缴时，乙公司通过填报“企业重组及递延纳税事项纳税调整明细表”（A105100）第 4 行“股权收购”行次进行税会差异纳税调整，调减应纳税所得额 360 万元。

取得甲公司股权的计税基础，以被收购企业 A 公司股权的原有计税基础乘以股权支付比例确定，即为 600 × 90% = 540（万元）；

取得甲公司股权的计税基础 540 万元与会计上确认的股权投资成本 900 万元存在税会暂时性差异 360 万元，需在未来处置股权时进行纳税调整。

（八）间接持股股权收购综合案例

【例 5 - 9】 A 公司、B 公司均为软件开发、销售企业。乙公司持有 A 公司 100% 股权，持有 B 公司 48% 股权，同时，A 公司持有 B 公司 52% 股权。A 公司、B 公司、甲公司和乙公司都是注册在南京的有限公司，均为增值税一般纳税人，查账征收企业所得税。

甲股份有限公司主营软件开发、信息技术服务等，为增强企业主营业务市场竞争力，2020 年 3 月，甲、乙两公司签订股权收购协议，约定甲公司以增发股票为对价，收购乙公司持有的 A 公司 100% 股权及 B 公司 48% 股权。2020 年 5 月，完成股权变更相关手续。收购情况如图 5 - 5 所示。

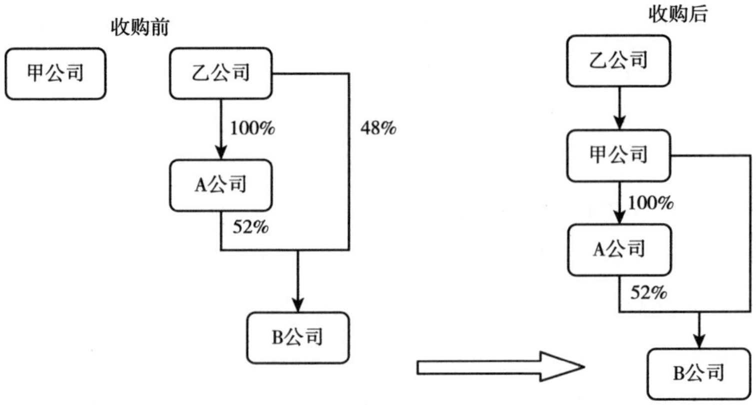

图 5 - 5　股权收购前后示意图

乙公司持有A公司100%股权的公允价值为1 800万元，计税基础与账面价值都为1 200万元；乙公司持有B公司48%股权的公允价值为200万元，计税基础与账面价值都为150万元；甲公司增发前股本总额为8 000万元，增发400万股，每股面值1元，实际发行价格为5元/股。乙公司取得甲公司增发的股权支付后，作为可供出售金融资产核算。

甲、乙两家公司属非同一控制下的独立公司，不考虑其他因素。

交易完成后，A公司将继续从事其原来的软件开发业务，主要资产的经营活动不会改变。甲公司承诺在重组后连续12个月内不改变A公司的经营活动。甲、乙公司承诺重组后连续12个月内，不转让取得的股权。股权收购双方协商一致，拟对收购A公司股权适用特殊性税务处理。

要求：分析说明股权收购各方的财税处理。

解析：

1. 会计处理：

（1）甲公司的会计处理。

借：长期股权投资——A公司	18 000 000	
——B公司	2 000 000	
贷：股本		4 000 000
资本公积——股本溢价		16 000 000

（2）乙公司的会计处理。

借：可供出售金融资产——成本——甲公司	20 000 000	
贷：长期股权投资——A公司		12 000 000
长期股权投资——B公司		1 500 000
投资收益		6 500 000

2. 收购B公司股权适用一般性税务处理：

对于甲公司收购B公司股权，虽然收购方甲公司直接和间接合计购买的被收购企业B公司股权比例为100%，但直接收购股权比例只有48%，不到50%，不能适用特殊性税务处理，当事各方只能适用一般性税务处理。

（1）甲公司的处理。

取得B公司股权的计税基础，按公允价值200万元确定，税法与会计处理无差异。

（2）乙公司的处理。

确认转让B公司股权所得50（200－150）万元；转让B公司股权而对应取得的甲公司股权的计税基础，按公允价值200万元确定；税法与会计处理无差异。

3. 收购A公司股权适用特殊性税务处理：

（1）收购A公司股权适用特殊性税务处理的条件判断。

①本次交易旨在增强甲公司主营业务市场竞争力，有利于公司未来发展，具有合理的商业目的。

②甲公司收购A公司100%的股权，被收购的股权超过50%的比例要求。

③交易完成后，A公司继续从事其原来的软件开发业务，主要资产的经营活动不会改变。甲公司承诺在重组后连续12个月内不改变A公司经营活动。

④甲公司收购A公司股权的股权支付比例为100%，股权支付超过85%的比例要求。

⑤甲、乙公司承诺重组后连续12个月内，不转让取得的股权。

因而，甲公司与乙公司可协商一致，对收购A公司股权适用特殊性税务处理。

（2）甲公司的特殊性税务处理。

收购方甲公司取得A公司股权的计税基础，以被收购企业A公司股权的原计税基础1 200万元确定，会计账面价值1 800万元，存在税会差异，在未来处置股权时调整应纳税所得额。

（3）乙公司的特殊性税务处理。

转让方乙公司暂不确认转让A公司股权所得；转让A公司股权而对应取得的甲公司股权的计税基础，以被收购企业A公司股权的原计税基础1 200万元确定〔乙公司转让B公司股权对应取得的甲公司股权计税基础，按公允价值200万元确定；乙公司合计取得甲公司股权的计税基础为：1 200 + 200 = 1 400（万元）〕；产生暂时性差异600万元（由转让A公司的股权产生），当期纳税调减600万元，在以后年度处置或转让甲公司股权时，转回该项差异。

年度终了后企业所得税汇算清缴纳税申报时，乙公司通过填报“企业重组及递延纳税事项纳税调整明细表”（A105100）第4行“股权收购”行次进行税法与会计处理差异的纳税调整，调减应纳税所得额600万元。

乙公司取得甲公司股权的计税基础1 400万元与会计确认的股权投资成本2 000万元存在税法与会计处理差异600万元。

三、股权转让所得的计算

（一）股权支付部分暂不确认资产转让所得或损失

为了鼓励企业进行资产重组，在股权收购符合规定条件并选择适用特殊性税务处理时，股权支付的部分暂不确认有关资产的转让所得或损失。即转让方转让股权而从收购方取得股权支付对价的部分，无需对所出售的股权按视同销售处理，不确认所得或损失。但收购方在股权收购中以其控股企业股权作为支付对价的，需对所支付的股权按公允价值视同销售，确认资产转让所得或损失。

（二）非股权支付部分按公允价值确认资产转让所得或损失

根据财税〔2009〕59号文件第六条第（六）项的规定，重组交易各方按规定对交易中股权支付暂不确认有关资产的转让所得或损失的，其非股权支付仍应在交易当期确认相应的资产转让所得或损失，并调整相应资产的计税基础。计算公式为：

非股权支付对应的资产转让所得或损失

=（被转让资产的公允价值－被转让资产的计税基础）

×（非股权支付金额÷被转让资产的公允价值）

与股权收购交易中股权支付部分暂不确认有关资产的转让所得或损失不同，非股权支付部分应在股权收购交易当期按公允价值确认相应的资产转让所得或损失，同时调整对应资产的计税基础。即股权收购特殊性税务处理中，收购方作为对价支付的非股权资产应按公允价值视同销售，确认资产转让所得或损失，并调整取得股权的计税基础，具体调整方法见第一章第四节相关内容。转让方从收购方取得的非股权支付资产所对应的股权转让，应按公允价值确认股权转让所得或损失。

【例5－10】 乙企业股东持有乙企业100%股权的计税基础是1 000万元，现甲企业收购乙企业100%的股权，收购价格是2 000万元。支付方式为：甲企业发行股份支付1 700万元，现金支付300万元。如其他条件满足，双方选择特殊性税务处理。

要求：分析股权收购双方的税务处理。

解析：

乙企业股东确认所得：（2 000－1 000）×300/2 000＝150（万元）

乙企业股东确认取得甲公司股份的计税基础＝原股权的计税基础－收到的非股权支付额＋取得非股权支付部分对应的股权转让所得＝原股权的计税基础×股权支付比例＝1 000－300＋150＝1 000×85%＝850（万元）

甲企业确认取得乙企业股权的计税基础＝原股权的计税基础－非股权支付部分对应的原计税基础＋非股权支付额＝原股权的计税基础＋非股权支付部分对应的股权转让所得＝1 000－150＋300＝1 000＋150＝1 150（万元）；

乙企业的所得税事项不变。

四、换股收购中股权计税基础不同的处理

（一）换股收购中股权计税基础不同的处理

换股方式的股权收购（股权置换）中，适用特殊性税务处理时，按照财税〔2009〕59号文件的规定，收购企业取得的被收购企业股权的计税基础应按被收购股

权的原计税基础确定，但会存在取得新股权的计税基础与原持有股权的计税基础没有关系的问题，需要税收政策的进一步明确。本书认为，收购方持有原股权的计税基础与被收购企业股权的计税基础有差异的，差额部分应确定为当期损益比较合理。也有个别税务机关认为，此时应该以换出方所换出股权的计税基础为准进行确定，其实和本书观点是一个结果。

换股方式的股权收购中，如适用特殊性税务处理，收购企业取得的被收购企业股权的计税基础应按被收购股权的原有计税基础确定。收购方持有原股权的计税基础与被收购企业股权的计税基础有差异的，差额部分应确定为当期损益。

【例 5-11】 甲公司以持有的 A 公司 80% 股权为对价，收购乙公司持有的 B 公司 100% 股权。股权收购日，甲公司持有的 A 公司 80% 股权的计税基础为 80 万元，乙公司持有的 B 公司的 100% 股权的计税基础为 100 万元。符合股权收购适用特殊性税务处理的条件，收购双方选择适用特殊性税务处理。

要求：分析说明股权计税基础差异的处理。

解析：

在上述股权收购重组中，甲公司取得的被收购股权的计税基础为 100 万元，与原持有的 A 公司 80% 股权的计税基础 80 万元，存在 20 万元的差额。该 20 万元的差额，甲公司应当确认为当期所得，缴纳企业所得税。

（二）股权置换中计税基础不同的处理案例

【例 5-12】 甲公司用全资子公司 A 公司 100% 股权（作价 9 亿元，投资成本与计税基础均为 6 亿元）以及 1 亿元现金，收购乙公司全资子公司 B 公司 100% 股权（作价 10 亿元，投资成本与计税基础均为 5 亿元）。甲、乙公司双方未执行新会计准则，长期股权投资按成本法核算，并未计提长期股权投资减值准备。

假设其他符合条件，双方可选择适用企业所得税特殊性税务处理。

要求：计算重组双方应确认的股权转让所得及新取得股权的计税基础。

解析：

（一）会计处理

1. 乙公司：

借：长期股权投资——A 公司	900 000 000	
银行存款	100 000 000	
贷：长期股权投资——B 公司		500 000 000
投资收益		500 000 000

2. 甲公司：

借：长期股权投资——B 公司	1 000 000 000	

贷：长期股权投资——A公司	600 000 000
投资收益	300 000 000
银行存款	100 000 000

（二）税务处理

1. 特殊性税务处理的相关规定。

本案例中，甲公司由于支付了部分现金对价，只能作为股权收购方，乙公司只能作为股权转让方。

《财政部 国家税务总局关于企业重组业务企业所得税处理若干问题的通知》（财税〔2009〕59号）第六条第二项规定“被收购企业的股东取得收购企业股权的计税基础，以被收购股权的原有计税基础确定”，“收购企业取得被收购企业股权的计税基础，以被收购股权的原有计税基础确定”，“收购企业、被收购企业的原有各项资产和负债的计税基础和其他相关所得税事项保持不变”。

财税〔2009〕59号文件第六条第六项规定，“重组交易各方按本条（一）至（五）项规定对交易中股权支付暂不确认有关资产的转让所得或损失的，其非股权支付仍应在交易当期确认相应的资产转让所得或损失，并调整相应资产的计税基础。

非股权支付对应的资产转让所得或损失＝（被转让资产的公允价值－被转让资产的计税基础）×（非股权支付金额÷被转让资产的公允价值）”

本案例股权支付的比例为：9÷10＝90%。

2. 乙公司的税务处理。

（1）一般性税务处理。

乙公司应确认转让B公司100%股权的转让所得5亿元，确认取得A公司100%股权的计税基础为9亿元。此时税会无差异。

由于乙公司发生股权收购业务并填报了“企业所得税年度纳税申报基础信息表”（A000000）有关发生企业重组事项并选择一般性税务处理，考虑到表A000000与“企业重组及递延纳税事项纳税调整明细表”（A105100）之间的勾稽关系以及表A105100的填报规则，年度终了后办理企业所得税年度纳税申报时需填报表A105100第4行“股权收购”和“纳税调整项目明细表”（A105000）第37行“（一）企业重组及递延纳税事项”，如表5－9、表5－10所示。

需要注意的是，按照《国家税务总局关于贯彻落实企业所得税法若干税收问题的通知》（国税函〔2010〕79号）第八条规定，“从事股权投资业务的企业业务招待费计算问题。对从事股权投资业务的企业（包括集团公司总部、创业投资企业等），其从被投资企业所分配的股息、红利以及股权转让收入，可以按规定的比例计算业务招待费扣除限额。”本例中，从事股权投资业务的乙公司，其业务招待费税前扣除限额的计算基数中可包括上述股权投资转让收入10亿元。

表 5－9　A105100　企业重组及递延纳税事项纳税调整明细表

行次	项目	一般性税务处理			特殊性税务处理（递延纳税）			纳税调整金额
		账载金额	税收金额	纳税调整金额	账载金额	税收金额	纳税调整金额	
		1	2	3 （2－1）	4	5	6 （5－4）	7 （3＋6）
1	一、债务重组							
4	二、股权收购							
6	三、资产收购	500 000 000	500 000 000	0				0
7	其中：涉及跨境重组的资产收购							
16	合计（1＋4＋6＋8＋11＋12＋13＋14＋15）	500 000 000	500 000 000	0				0

表 5－10　A105000　纳税调整项目明细表

行次	项目	账载金额	税收金额	调增金额	调减金额
		1	2	3	4
1	一、收入类调整项目（2＋3＋…8＋10＋11）	*	*		
12	二、扣除类调整项目（13＋14＋…24＋26＋27＋28＋29＋30）	*	*		
31	三、资产类调整项目（32＋33＋34＋35）	*	*		
36	四、特殊事项调整项目（37＋38＋…＋43）	*	*		
37	（一）企业重组及递延纳税事项（填写 A105100）	500 000 000	500 000 000	0	
38	（二）政策性搬迁（填写 A105110）	*	*		
46	合计（1＋12＋31＋36＋44＋45）	*	*	0	

（2）特殊性税务处理。

乙公司转让持有的 B 公司股权，对获得的股权支付部分 9 亿元可不确认股权转让所得，但对获得的非股权支付 1 亿元应确认股权转让所得。

乙公司确认非股权支付部分的股权转让所得＝（被转让资产的公允价值－被转让资产的计税基础）×（非股权支付金额÷被转让资产的公允价值）＝（10－5）×（1÷10）＝0.5（亿元）。

乙公司确认取得 A 公司 100% 股权的计税基础＝被转让 B 公司股权的原计税基础×股权支付比例＝5×90%＝4.5（亿元）。

根据《国家税务总局关于修订企业所得税年度纳税申报表有关问题的公告》（国家税务总局公告2019年第41号）中的企业所得税年度纳税申报表附表“投资收益纳税调整明细表”（A105030）的填报说明，表A105030“适用于发生投资收益纳税调整项目的纳税人及从事股权投资业务的纳税人填报”，“处置投资项目符合企业重组且适用特殊性税务处理规定的，本表不作调整，在‘企业重组及递延纳税事项纳税调整明细表’（A105100）进行纳税调整。”

根据国家税务总局公告2019年第41号附件的规定，“企业重组及递延纳税事项纳税调整明细表”（A105100）适用于发生企业重组、非货币性资产对外投资、技术入股等业务的纳税人填报。纳税人发生企业重组事项的，在企业重组日所属纳税年度分析填报。对于发生债务重组业务且选择特殊性税务处理（即债务重组所得可以在5个纳税年度均匀计入应纳税所得额）的纳税人，重组日所属纳税年度的以后纳税年度，也在本表进行债务重组的纳税调整。除上述债务重组所得可以分期确认应纳税所得额的企业重组外，其他涉及资产计税基础与会计核算成本差异调整的企业重组，该表不作调整，在‘资产折旧、摊销及纳税调整明细表’（A105080）进行纳税调整。”

因此，乙公司在重组完成年度进行企业所得税年度纳税申报时，应填写“纳税调整项目明细表”（A105000）第37行“四、特殊事项调整项目”中“（一）企业重组及递延纳税事项（填写A105100）”和表A105100第4行“二、股权收购”的相关列次，对会计上确认的投资收益与税收上应确认的所得做纳税调整处理，如表5-11、表5-12所示。

表5-11　A105100　企业重组及递延纳税事项纳税调整明细表

行次	项目	一般性税务处理			特殊性税务处理（递延纳税）			纳税调整金额
		账载金额	税收金额	纳税调整金额	账载金额	税收金额	纳税调整金额	
		1	2	3（2-1）	4	5	6（5-4）	7（3+6）
1	一、债务重组							
4	二、股权收购				500 000 000	50 000 000	-450 000 000	-450 000 000
6	三、资产收购							
7	其中：涉及跨境重组的资产收购							
16	合计（1+4+6+8+11+12+13+14+15）				500 000 000	50 000 000	-450 000 000	-45 0000 000

表 5-12　A105000　纳税调整项目明细表

行次	项　目	账载金额	税收金额	调增金额	调减金额
		1	2	3	4
1	一、收入类调整项目（2+3+…8+10+11）	*	*		
12	二、扣除类调整项目（13+14+…24+26+27+28+29+30）	*	*		
31	三、资产类调整项目（32+33+34+35）	*	*		
36	四、特殊事项调整项目（37+38+…+43）	*	*		
37	（一）企业重组及递延纳税事项（填写 A105100）	500 000 000	50 000 000		450 000 000
38	（二）政策性搬迁（填写 A105110）	*	*		
46	合计（1+12+31+36+44+45）	*	*		450 000 000

乙公司在进行企业所得税年度纳税申报时，不用填报表 A105030 第 6 行“六、长期股权投资”相关列次。

（三）甲公司的税务处理

1. 一般性税务处理。

甲公司应确认转让 A 公司 100% 股权的转让所得 3 亿元，确认取得 B 公司 100% 股权的计税基础为 10 亿元。此时税会无差异。

甲公司在进行企业所得税年度纳税申报时，应填写表 A105100 第 4 行“二、股权收购”及表 A105000 第 37 行“企业重组与递延纳税事项”，除集团公司总部、创业投资企业等从事股权投资业务的纳税人外，此时已填报表 A105100 的不建议再填报“投资收益纳税调整明细表”（A105030），否则可能会出现同一笔纳税调整事项重复进行了纳税调整情况。

（2）特殊性税务处理。

本案例中，甲公司应不确认转让 A 公司股权的所得：9-6=3（亿元）。

甲公司应确认取得 B 公司 100% 股权的计税基础 = 被转让 B 公司股权的原计税基础 + 转让方乙公司已经确认的所得 =5+0.5=5.5（亿元）。

甲公司在进行企业所得税年度纳税申报时，应填报表 A105100 第 4 行“二、股权收购”和“纳税调整项目明细表”（A105000）第 37 行“四、特殊事项调整项目”中“（一）企业重组及递延纳税事项（填写 A105100）”的相关列次内容，如表 5-13、表 5-14 所示。

表 5-13　　A105100　　企业重组及递延纳税事项纳税调整明细表

行次	项目	一般性税务处理			特殊性税务处理（递延纳税）			纳税调整金额
		账载金额	税收金额	纳税调整金额	账载金额	税收金额	纳税调整金额	
		1	2	3（2-1）	4	5	6（5-4）	7（3+6）
1	一、债务重组							
4	二、股权收购							
6	三、资产收购				300 000 000	300 000 000	0	0
7	其中：涉及跨境重组的资产收购							
16	合计（1+4+6+8+11+12+13+14+15）				300 000 000	300 000 000	0	0

表 5-14　　A105000　　纳税调整项目明细表

行次	项　　目	账载金额	税收金额	调增金额	调减金额
		1	2	3	4
1	一、收入类调整项目（2+3+…8+10+11）	*	*		
12	二、扣除类调整项目（13+14+…24+26+27+28+29+30）	*	*		
31	三、资产类调整项目（32+33+34+35）	*	*		
36	四、特殊事项调整项目（37+38+…+43）	*	*		
37	（一）企业重组及递延纳税事项（填写 A105100）	300 000 000	300 000 000		0
38	（二）政策性搬迁（填写 A105110）	*	*		
39	（三）特殊行业准备金（填写 A105120）				
40	（四）房地产开发企业特定业务计算的纳税调整额（填写 A105010）	*			
41	（五）合伙企业法人合伙人应分得的应纳税所得额				
42	（六）发行永续债利息支出				
43	（七）其他	*	*		
44	五、特别纳税调整应税所得	*	*		
45	六、其他	*	*		
46	合计（1+12+31+36+44+45）	*	*		0

（四）用交易分解法验证

对上面的税务处理结果，可以用交易分解法来验证。

本例可以分解为两步：第一步，甲公司收购乙公司持有的 B 公司 10% 股权，支付对价为 1 亿元现金；第二步，甲公司收购乙公司持有的 B 公司 90% 的股权，支付对价为其持有的 A 公司 100% 股权。

1. 第一步的税务处理。

甲公司现金收购B公司10%股权，只能适用一般性税务处理。

乙公司应确认转让B公司10%股权的所得 = (10 - 5) × 10% = 0.5 (亿元)。

甲公司应确认取得B公司10%股权的计税基础为1亿元。

2. 第二步的税务处理。

甲公司收购B公司90%股权，适用特殊性税务处理。

乙公司不确认B公司90%股权的转让所得。取得A公司100%股权支付的计税基础以原B公司90%股权计税基础确认，即为：5 × 90% = 4.5 (亿元)。

甲公司确认取得B公司90%股权的计税基础以乙公司原持有B公司90%股权计税基础确认，即为：5 × 90% = 4.5 (亿元)。

3. 合并两步交易。

乙公司应确认B公司100%股权的转让所得0.5亿元。取得A公司100%股权的计税基础为4.5亿元。

甲公司确认取得B公司100%股权的计税基础为1 + 4.5 = 5.5 (亿元)。

(五) 存在的问题

我们将上述案例中甲公司持有A公司100%股权的计税基础换为1亿元或20亿元，在其他条件不变时，各方应确认的股权转让所得及新取得股权的计税基础与上面的计算结果相同。即甲公司以计税基础1亿元或20亿元的A公司100%股权及1亿元现金换取了乙公司持有的B公司100%的股权，而计税基础却成了5.5亿元。由于财税〔2009〕59号文件规定，股权收购方及转让方的计税基础均为“以被收购股权的原有计税基础确定”，可以看出，甲公司新取得股权的计税基础将与其原持股的计税基础没有任何关系，这显然存在问题。那么问题出在哪里呢?

《企业重组业务企业所得税管理办法》(国家税务总局公告2010年第4号印发)第六条规定，“《通知》第二条所称控股企业，是指由本企业直接持有股份的企业”，这个是股权置换的依据。在股权置换中，由于甲、乙公司各自以持有的A公司及B公司股权进行了置换，各自的股东权益已经不再延续，因此各自的计税基础并未得到延续，而股东权益连续及经营连续是特殊性税务处理的两大核心理论依据。因此，在上述案例中，如果严格按照财税〔2009〕59号文件执行，将不可避免地存在一方会多缴或少缴税款。

其实，在股权置换中，比较合理的处理是，双方以各自的计税基础为准来确定新取得股权的计税基础。如上海市浦东新区国家税务局在2010年度企业所得税汇算清缴答疑中，“问：符合特殊性税务处理条件的股权收购、资产收购，收购方以其控股企业的股权作为支付对价，其取得的股权(或资产)的计税基础应如何计算确认?答：根据财税〔2009〕59号文、国家税务总局公告2010年第4号的有关规定，收购方以其控股企业的股权作为支付对价，收购被收购企业股权（或资产），若符合特殊性税务处理条件且选择特殊性税务处理的，其收购的股权或资产的计税基础以换出股权的原计税基础确认。涉及补价的，应按财税〔2009〕59号文件第六条第（六）款规定调整计算计税基础。”

五、分步交易的处理

根据财税〔2009〕59号文件第十条的规定，企业在重组发生前后连续12个月内分步对其资产、股权进行交易，应根据实质重于形式原则将上述交易作为一项企业重组交易进行处理。

根据《国家税务总局关于企业重组业务企业所得税征收管理若干问题的公告》（国家税务总局公告2015年第48号）第七条的规定，若同一项重组业务涉及在连续12个月内分步交易，且跨两个纳税年度，当事各方在首个纳税年度交易完成时预计整个交易符合特殊性税务处理条件，经协商一致选择适用特殊性税务处理规定的，可以暂时适用特殊性税务处理，并在当年企业所得税年度申报时提交书面申报资料。

在下一纳税年度全部交易完成后，企业应判断是否符合适用特殊性税务处理条件。如适用特殊性税务处理的，当事各方应按规定要求申报相关资料；如适用一般性税务处理的，应调整相应纳税年度的企业所得税年度纳税申报表，计算缴纳企业所得税。

【例5－13】由于生产经营需要，甲公司制定一揽子收购计划，通过两次交易分步收购乙公司持有的B公司的股权，分别于2×19年8月收购B公司30%的股权，2×20年6月收购B公司25%的股权。上述收购全部通过股权支付的方式完成。

要求：分析说明重组各方如何适用税务处理规则。

解析：

甲公司在制定一揽子收购计划的前提下，自2×19年8月到2×20年6月发生的两笔收购业务可以作为一项重组业务，收购股权比例合计为55%，符合股权收购特殊性税务处理收购比例条件。若同时，也符合股权收购特殊性税务处理的其他规定条件，甲公司在2×19年度第一笔收购交易完成时，如果预计整个交易符合特殊性税务处理条件，经与转让方协商一致选择特殊性税务处理的，可以暂时适用特殊性税务处理规定进行企业所得税处理，并在当年企业所得税年度纳税申报时提交书面申报资料。

2×20年全部股权收购交易完成后，企业应判断是否符合特殊性税务处理条件。如果符合条件并选择适用特殊性税务处理的，甲公司和各转让方应按要求申报相关资料；如不符合特殊性税务处理条件，只能适用一般性税务处理的，应调整2×19年度的企业所得税年度纳税申报表，重新计算缴纳企业所得税。

六、股权收购符合多种重组类型的处理

股权收购业务，从收购方收购股权角度看为股权收购；如从转让方角度看，则为非货币性资产投资或股权划转。如果一项重组业务既符合股权收购特殊性税务处理条件，又符合非货币性资产投资递延纳税条件，还符合股权划转特殊性税务处理条件的，重组各方在协商一致的前提下，可以共同选择适用一项税务处理方式进行税务处理。

七、纳税申报与申报资料

（一）股权收购特殊性税务处理报告表及其填报

股权收购特殊性税务处理中，转让方会计确认的转让损益和按税法规定确定的金额存在差异的，通过填报“企业重组及递延纳税事项纳税调整明细表”（A105100）第4行“股权收购”第4至7列进行纳税调整。

根据《国家税务总局关于企业重组业务企业所得税征收管理若干问题的公告》（国家税务总局公告2015年第48号）第四条的规定，股权收购重组业务适用特殊性税务处理的，重组各方应在该重组业务完成当年（指重组日所属的企业所得税纳税年度），办理企业所得税年度纳税申报时，分别向各自主管税务机关报送“企业重组所得税特殊性税务处理报告表及附表”（见表5－15）和申报资料。

表5－15　企业重组所得税特殊性税务处理报告表（股权收购）

申报企业名称（盖章）：　　　　金额单位：元（列至角分）

<table>
<tr><td>被收购企业名称</td><td></td><td>被收购企业纳税识别号</td><td></td><td>被收购企业所属主管税务机关（全称）</td><td></td></tr>
<tr><td>股权收购方名称</td><td></td><td>股权收购方纳税识别号</td><td></td><td>股权收购方所属主管税务机关（全称）</td><td></td></tr>
<tr><td>股权转让方1（被收购企业的股东）名称</td><td></td><td rowspan="2">转让被收购企业股权占被收购企业全部股权的比例%1</td><td rowspan="2"></td><td rowspan="2">股权转让方1所属主管税务机关（全称）</td><td rowspan="2"></td></tr>
<tr><td>股权转让方1（被收购企业的股东）纳税识别号</td><td></td></tr>
<tr><td>股权转让方2（被收购企业的股东）名称</td><td></td><td rowspan="2">转让被收购企业股权占被收购企业全部股权的比例%2</td><td rowspan="2"></td><td rowspan="2">股权转让方2所属主管税务机关（全称）</td><td rowspan="2"></td></tr>
<tr><td>股权转让方2（被收购企业的股东）纳税识别号</td><td></td></tr>
<tr><td colspan="2">股权收购方购买的股权占被收购企业全部股权的比例%</td><td></td><td colspan="2">股权收购方股权支付金额占交易支付总额的比例%</td><td></td></tr>
</table>

续表

<table>
<tr><td colspan="2">股权收购交易支付总额</td><td></td><td>其中：股权支付额</td><td></td><td>非股权支付额</td><td colspan="3"></td></tr>
<tr><td colspan="2">股权转让合同（协议）生效日</td><td></td><td colspan="2">股权收购方所收购股权的工商变更登记日</td><td></td><td>转让方与收购方是否为关联企业</td><td>□是</td><td>□否</td></tr>
<tr><td colspan="4">被收购企业原有各项资产和负债的计税基础是否保持不变</td><td colspan="2">□是</td><td colspan="3">□否</td></tr>
<tr><td rowspan="5">股权转让方 1</td><td rowspan="2">项目名称</td><td rowspan="2">公允价值</td><td rowspan="2">账面价值</td><td rowspan="2">原计税基础</td><td rowspan="2">非股权支付对应的资产转让所得或损失</td><td colspan="3">实际取得股权及其他资产</td></tr>
<tr><td>项目名称</td><td>公允价值</td><td>计税基础</td></tr>
<tr><td>转让被收购企业股权</td><td></td><td></td><td></td><td rowspan="3"></td><td></td><td></td><td></td></tr>
<tr><td></td><td></td><td></td><td></td><td></td><td></td><td></td></tr>
<tr><td></td><td></td><td></td><td></td><td>合计</td><td></td><td></td></tr>
<tr><td rowspan="5">股权转让方 2</td><td rowspan="2">项目名称</td><td rowspan="2">公允价值</td><td rowspan="2">账面价值</td><td rowspan="2">原计税基础</td><td rowspan="2">非股权支付对应的资产转让所得或损失</td><td colspan="3">实际取得股权及其他资产</td></tr>
<tr><td>项目名称</td><td>公允价值</td><td>计税基础</td></tr>
<tr><td>转让被收购企业股权</td><td></td><td></td><td></td><td rowspan="3"></td><td></td><td></td><td></td></tr>
<tr><td></td><td></td><td></td><td></td><td></td><td></td><td></td></tr>
<tr><td></td><td></td><td></td><td></td><td>合计</td><td></td><td></td></tr>
<tr><td rowspan="10">股权收购方</td><td rowspan="2">项目名称</td><td rowspan="2">公允价值</td><td rowspan="2">账面价值</td><td rowspan="2">原计税基础</td><td rowspan="2">非股权支付对应的资产转让所得或损失</td><td colspan="3">实际取得股权及其他资产</td></tr>
<tr><td>项目名称</td><td>公允价值</td><td>计税基础</td></tr>
<tr><td>1. 股权支付额</td><td></td><td></td><td></td><td rowspan="8"></td><td rowspan="8">被收购企业股权</td><td rowspan="8"></td><td rowspan="8"></td></tr>
<tr><td>（1）本企业股权</td><td></td><td></td><td></td></tr>
<tr><td>（2）其控股企业股权</td><td></td><td></td><td></td></tr>
<tr><td>①</td><td></td><td></td><td></td></tr>
<tr><td>②</td><td></td><td></td><td></td></tr>
<tr><td>…</td><td></td><td></td><td></td></tr>
<tr><td>2. 非股权支付额</td><td></td><td></td><td></td></tr>
<tr><td>合计（1+2）</td><td></td><td></td><td></td></tr>
</table>

谨声明：本人知悉并保证本表填报内容及所附证明材料真实、完整，并承担因资料虚假而产生的法律和行政责任。

法定代表人签章：　　　　年　　月　　日

填表人：　　　　　　　　填表日期：

填表说明：

1. 若一笔股权收购交易涉及两个以上股权转让方的，应自行增加行次填写。

2. 若股权收购业务较复杂，本表不能充分反映企业实际情况，企业可自行补充说明。

3. 本表一式两份。股权转让方（股权收购方、被收购企业）及其所属主管税务机关各一份。

（二）申报资料

股权收购适用特殊性税务处理的，需要向主管税务机关报送的申报资料主要包括：

（1）股权收购业务总体情况说明，包括股权收购方案、基本情况，并逐条说明股权收购的商业目的；

（2）股权收购、资产收购业务合同（协议），需有关部门（包括内部和外部）批准的，应提供批准文件；

（3）相关股权评估报告或其他公允价值证明；

（4）12 个月内不改变重组资产原来的实质性经营活动、原主要股东不转让所取得股权的承诺书；

（5）市场监督管理部门等有权机关登记的相关企业股权变更事项的证明材料；

（6）重组当事各方一致选择特殊性税务处理并加盖当事各方公章的证明资料；

（7）涉及非货币性资产支付的，应提供非货币性资产评估报告或其他公允价值证明；

（8）重组前连续 12 个月内有无与该重组相关的其他股权、资产交易，与该重组是否构成分步交易、是否作为一项企业重组业务进行处理情况的说明；

（9）按会计准则规定当期应确认资产（股权）转让损益的，应提供按税法规定核算的资产（股权）计税基础与按会计准则规定核算的相关资产（股权）账面价值的暂时性差异专项说明。

重组主导方申报后，其他当事方向其主管税务机关办理纳税申报。申报时还应附送重组主导方经主管税务机关受理的“企业重组所得税特殊性税务处理报告表及附表”（复印件）。

根据《国家税务总局关于企业重组业务企业所得税征收管理若干问题的公告》（国家税务总局公告 2015 年第 48 号）第六条的规定，企业重组业务适用特殊性税务处理的，申报时，当事各方还应向主管税务机关提交重组前连续 12 个月内有无与该重组相关的其他股权、资产交易情况的说明，并说明这些交易与该重组是否构成分步交易，是否作为一项企业重组业务进行处理。

八、跨境股权收购的处理

（一）跨境重组适用特殊性税务处理的条件

根据财税〔2009〕59 号文件第七条的规定，企业发生涉及中国境内与境外之间（包括港澳台地区）的股权和资产收购交易，除应符合该通知第五条规定的条件外，还应同时符合下列条件，才可选择适用特殊性税务处理规定：

第一，非居民企业向其100%直接控股的另一非居民企业转让其拥有的居民企业股权（如图5－6所示），没有因此造成以后该项股权转让所得预提税负变化，且转让方非居民企业向主管税务机关书面承诺在3年（含3年）内不转让其拥有受让方非居民企业的股权。

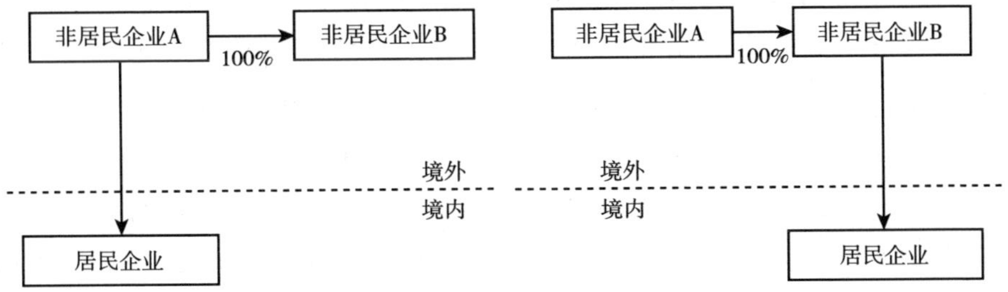

图5－6

第二，非居民企业向与其具有100%直接控股关系的居民企业转让其拥有的另一居民企业股权（如图5－7所示）。

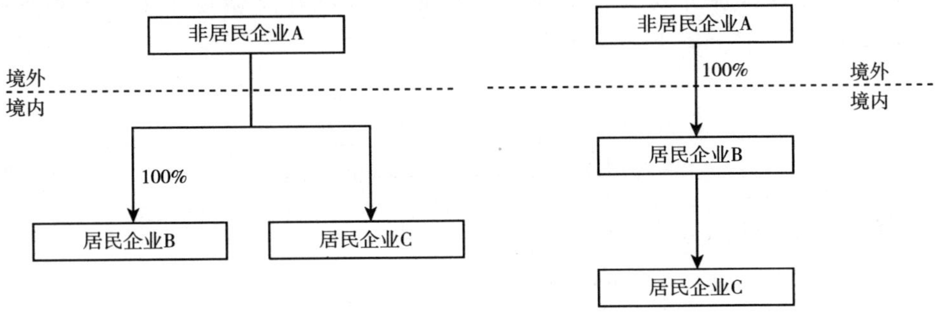

图5－7

第三，居民企业以其拥有的资产或股权向其100%直接控股的非居民企业进行投资（如图5－8所示）。

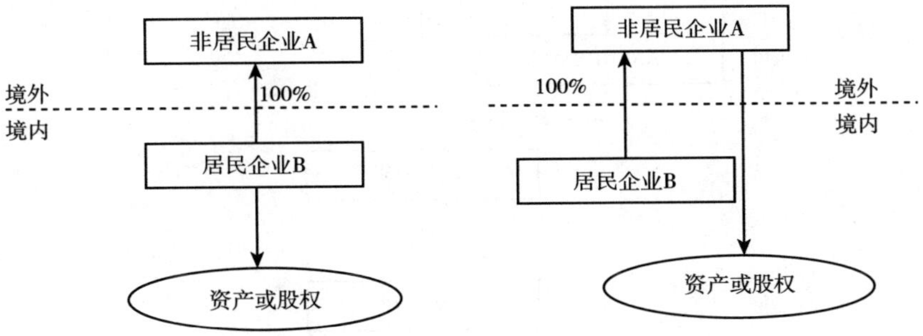

图5－8

第四，财政部、国家税务总局核准的其他情形。

【例 5－14】 跨境重组特殊性税务处理未被认可，补税 1 362 万

2015 年 12 月，SWANCOR 萨摩亚以其持有的上纬天津 100% 股权，按账面净资产值 175 517 794. 05 元作价对上纬有限进行增资。重组涉及的纳税义务包括：①SWANCOR 萨摩亚作为股权转让的出让方，需缴纳所得税税款 1 362 万元；②增资完成后，上纬天津成为上纬有限的全资子公司，公司性质由外商投资企业转为内资企业，实际作为外商投资企业的经营期限不满 10 年，根据国家相关规定，上纬天津需补缴此前已享受的外商投资企业"两免三减半"税收优惠共计 611 万元，如图 5－9 所示。

由于本次重组的交易双方在股权架构上均为上纬投控 100% 控制的企业，重组完成后，公司就企业重组特殊性税务处理申报及材料准备事宜，持续与上海市国家税务局、天津市国家税务局沟通。经过充分沟通，国家税务局不认定此次重组事项适用特殊性税务处理。国家税务总局上海市松江区税务局于 2019 年 5 月 8 日下发纳税通知书，限期补扣税款并报送纳税材料，SWANCOR 萨摩亚于 2019 年 6 月 17 日向国家税务总局上海市松江区税务局足额缴纳了相关所得税税款 1 362 万元。上纬天津于 2019 年 10 月 30 日向天津经济开发区税务局足额缴纳了因外商投资企业变更为内资企业所需补缴的税收优惠 611 万元及滞纳金 381 万元。

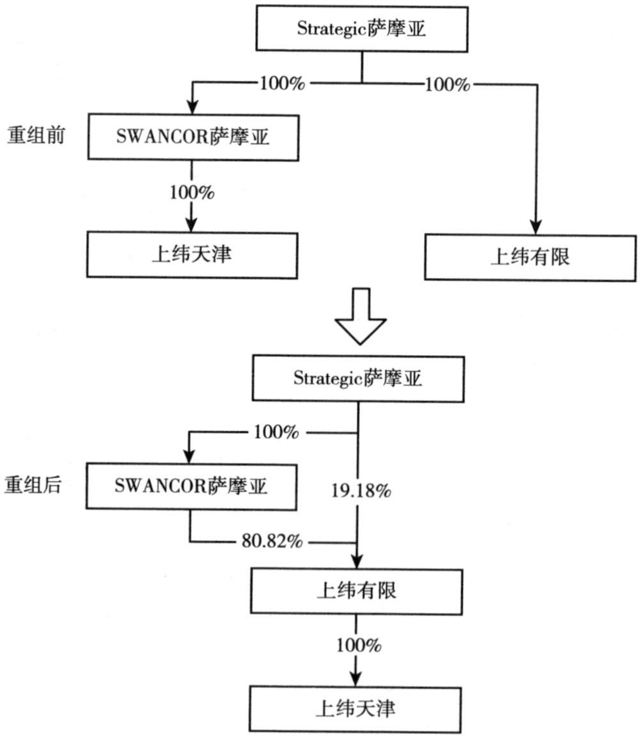

图 5－9

解析：

财税〔2009〕59号文第七条第（二）项要求，非居民企业向与其具有100%直接控股关系的居民企业转让其拥有的另一居民企业股权，可以适用特殊性税务处理。在本案的交易架构中，非居民企业Strategic萨摩亚与居民企业上纬有限虽然具有100%直接控股关系，但被转让方是上纬天津，上纬天津并不是非居民企业Strategic萨摩亚直接拥有股权的企业，而是非居民企业Strategic萨摩亚通过另一非居民企业SWANCOR萨摩亚间接持股的企业，因此无法适用特殊性税务处理。

（二）跨境股权收购的特殊性税务处理

根据财税〔2009〕59号文件第八条的规定，居民企业以其拥有的资产或股权向其100%直接控股关系的非居民企业进行投资，其资产或股权转让收益如选择特殊性税务处理，可以在10个纳税年度内均匀计入各年度应纳税所得额。

居民企业和境外（包括港澳台地区）的非居民企业之间发生股权收购业务时，除需要满足特殊性税务处理的五个条件外，还应同时符合"非居民企业向与其具有100%直接控股关系的居民企业转让其拥有的另一居民企业股权"这一条件，才可选择适用特殊性税务处理规定。

比如，甲公司拟通过定向增发的方式，收购其股东香港乙公司持有的另一居民企业B公司100%的股权。如果香港乙公司和甲公司不具备100%直接控股关系，则该笔业务不可以适用特殊性税务处理。

九、翌卓投资股权收购适用特殊性税务处理案例

【例5-15】

（一）基本情况

上海翌卓投资管理有限公司成立于2015年。同年，翌卓投资购买舟山天智投资合伙企业（有限合伙）持有的上海猎鹰网络有限公司5%股权，购买价格50万元。后由于猎鹰网络增资扩股，翌卓投资的持股比例被稀释到1.40%。

2016年，智度股份（证券代码：000676）购买猎鹰网络100%股权，支付方式全部为智度股份新发行的股份。猎鹰网络100%股权作价868 199 907元，智度股份股票发行价格为5.61元/股（本次发行股份购买资产发行价格为智度股份第七届董事会第六次会议决议公告日前120个交易日的公司股票均价的90%，即5.61元/股），共新发行154 759 334股。其中，翌卓投资持有猎鹰网络的1.40%股权作价13 860 000元，共获得智度股份新发行股票2 470 588股，股票锁定期限为36个月。

智度股份的该发行股份收购股权构成了重大资产重组，已通过中国证监会的核准。2016年4月21日，经上海市奉贤区市场监督管理局核准，猎鹰网络100%股权过

户事宜完成了工商变更登记。本次发行新增股份上市日为2016年5月17日，该日日终股票登记到账，并正式列入上市公司的股东名册。

翌卓投资于2020年7月1日减持智度股份股票10万股，平均每股减持价格10元，减持收入共100万元。假设翌卓投资在持股期间智度股份未发放股息红利及送转股。

（二）翌卓投资的会计处理

假设翌卓投资将取得的智度股份股票按可供出售金融资产核算，该公司未执行新收入准则及新金融工具准则，也未计提公允价值变动损益，则其会计处理如下：

1. 2015年取得猎鹰网络的股权时：

借：长期股权投资　　500 000

　　贷：银行存款　　500 000

2. 2016年出售猎鹰网络的股权时：

借：可供出售金融资产　　13 860 000

　　贷：长期股权投资　　500 000

　　　　投资收益　　13 360 000

3. 2020年减持智度股份股票时：

借：银行存款　　1 000 000

　　贷：可供出售金融资产　　561 000

　　　　投资收益　　439 000

（三）税务处理

由于智度股份收购猎鹰网络的股权具有合理的商业目的；收购比例为100%，大于50%；支付方式全部为发行股份支付，股权支付比例大于85%；猎鹰网络原股东在获取智度股份新发行的股票后，锁定期均在12个月以上，即12内不能出售；智度股份收购猎鹰网络后，猎鹰网络不改变原来的实质性经营活动。因此，该收购符合特殊性税务处理要求的条件。

在各方选择适用特殊性税务处理时，翌卓投资可以不确认本次股权转让所得：13 860 000 - 500 000 = 13 360 000（元）。其取得智度股份2 470 588股股票的计税基础为500 000元，平均每股的计税基础为：500 000 ÷ 2 470 588 = 0.2024（元）。翌卓投资在以后减持智度股份股票时，可以扣除的成本为0.2024元/股。

2020年7月1日翌卓投资减持智度股份股票10万股，取得减持收入100万元，本次减持所得（暂不考虑增值税）为：100 000 ×（10 - 0.2024）= 979 760（元），该所得其实包括两部分：

第一部分为2016年翌卓投资向智度股份出售猎鹰网络1.40%股权的所得：100 000 ×（5.61 - 0.2024）= 540 760（元）；

第二部分为2020年翌卓投资转让智度股份10万股股票的所得：100 000×（10－5.61）=439 000（元）。

由于翌卓投资在向智度股份出售猎鹰网络的1.40%股权时选择了特殊性税务处理，该出售所得540 760元并未在当时确认，而是递延到翌卓投资减持智度股份股票时一并确认。

（四）纳税申报

1. 出售猎鹰网络股权时：

由于智度股份发行股票收购猎鹰网络股权于2016年4月21日完成股权过户，该日为重组日，因此重组完成年度是2016年度。翌卓投资于2017年5月31日前办理企业所得税汇算清缴时需填报“企业重组所得税特殊性税务处理报告表及附表”以及申报资料，同时还应附送重组主导方（猎鹰网络原持股比例最大的股权转让方）经主管税务机关受理的“企业重组所得税特殊性税务处理报告表及附表”（复印件），如表5－16、表5－17所示。在进行企业所得税年度纳税申报时，应填写该表及“纳税调整项目明细表”（A105000）第37行“四、特殊事项调整项目”中“（一）企业重组及递延纳税事项（填写A105100）”的相关内容，对会计上确认的投资收益13 360 000元做纳税调减处理，如表5－18、表5－19所示。

表5－16　　企业重组所得税特殊性税务处理报告表

纳税人名称（盖章）	上海翌卓投资管理有限公司	纳税人识别号	×××
单位地址	×××	财务负责人	×××
主管税务机关（全称）	×××	联系电话	×××
重组日：2016.04.21	重组业务开始年度：2016	重组业务完成年度：2016	
重组交易类型	企业在重组业务中所属当事方类型		
□法律形式改变			
□债务重组	□债务人	□债权人	
☑股权收购	□收购方	☑转让方	□被收购企业
□资产收购	□收购方	□转让方	
□合并	□合并企业	□被合并企业	□被合并企业股东
□分立	□分立企业	□被分立企业	□被分立企业股东
特殊性税务处理条件	（一）具有合理的商业目的，且不以减少、免除或者推迟缴纳税款为主要目的。	☑	
	（二）被收购、合并或分立部分的资产或股权比例符合规定的比例。	☑比例100%	
	（三）企业重组后的连续12个月内不改变重组资产原来的实质性经营活动。	☑	
	（四）重组交易对价中涉及股权支付金额符合规定比例。	☑比例100%	
	（五）企业重组中取得股权支付的原主要股东，在重组后连续12个月内，不得转让所取得的股权。	☑	

续表

<table>
<tr><td>主管税务机关受理意见</td><td>×××
（受理专用章）　年　月　日</td></tr>
</table>

其他需要说明的事项（重组业务其他需要说明的事项，如没有则填“无”）：

<table>
<tr><td>纳税人声明</td><td>谨声明：本人知悉并保证本表填报内容及所附证明材料真实、完整，并承担因资料虚假而产生的法律和行政责任。
法定代表人签章：×××　　×××年××月××日</td></tr>
</table>

填表人：×××　　填表日期：×××

表 5－17　企业重组所得税特殊性税务处理报告表（股权收购）

申报企业名称（盖章）：　　金额单位：元（列至角分）

<table>
<tr><td>被收购企业名称</td><td>上海猎鹰网络有限公司</td><td>被收购企业纳税识别号</td><td>×××</td><td>被收购企业所属主管税务机关（全称）</td><td colspan="3">×××</td></tr>
<tr><td>股权收购方名称</td><td>智度投资股份有限公司</td><td>股权收购方纳税识别号</td><td>×××</td><td>股权收购方所属主管税务机关（全称）</td><td colspan="3">×××</td></tr>
<tr><td>股权转让方 1（被收购企业的股东）名称</td><td>上海翌卓投资管理有限公司</td><td rowspan="2">转让被收购企业股权占被收购企业全部股权的比例% 1</td><td rowspan="2">1. 40%</td><td rowspan="2">股权转让方 1 所属主管税务机关（全称）</td><td colspan="3" rowspan="2">×××</td></tr>
<tr><td>股权转让方 1（被收购企业的股东）纳税识别号</td><td>×××</td></tr>
<tr><td>股权转让方 2（被收购企业的股东）名称</td><td></td><td rowspan="2">转让被收购企业股权占被收购企业全部股权的比例% 2</td><td rowspan="2"></td><td rowspan="2">股权转让方 2 所属主管税务机关（全称）</td><td colspan="3" rowspan="2"></td></tr>
<tr><td>股权转让方 2（被收购企业的股东）纳税识别号</td><td></td></tr>
<tr><td colspan="2">股权收购方购买的股权占被收购企业全部股权的比例%</td><td>100%</td><td colspan="3">股权收购方股权支付金额占交易支付总额的比例%</td><td colspan="2">100%</td></tr>
<tr><td>股权收购交易支付总额</td><td>868 199 907</td><td>其中：股权支付额</td><td>868 199 907</td><td>非股权支付额</td><td colspan="3">0</td></tr>
<tr><td>股权转让合同（协议）生效日</td><td>2016. 04. 21</td><td colspan="2">股权收购方所收购股权的工商变更登记日</td><td>2016. 04. 21</td><td>转让方与收购方是否为关联企业</td><td>□是</td><td>☑否</td></tr>
</table>

续表

被收购企业原有各项资产和负债的计税基础是否保持不变					☑是	☐否		
股权转让方1	项目名称	公允价值	账面价值	原计税基础	非股权支付对应的资产转让所得或损失	实际取得股权及其他资产：项目名称	公允价值	计税基础
	转让被收购企业股权	13 860 000	500 000	500 000		股权	13 860 000	500 000
						合计	13 860 000	500 000
股权转让方2	项目名称	公允价值	账面价值	原计税基础	非股权支付对应的资产转让所得或损失	实际取得股权及其他资产：项目名称	公允价值	计税基础
	转让被收购企业股权							
						合计		
股权收购方	项目名称	公允价值	账面价值	原计税基础	非股权支付对应的资产转让所得或损失	实际取得股权及其他资产：项目名称	公允价值	计税基础
	1. 股权支付额	13 860 000	13 860 000	13 860 000	0	被收购企业股权	13 860 000	500 000
	（1）本企业股权	13 860 000	13 860 000	13 860 000				
	（2）其控股企业股权							
	①							
	②							
	…							
	2. 非股权支付额							
	合计（1+2）	13 860 000	13 860 000	13 860 000				

谨声明：本人知悉并保证本表填报内容及所附证明材料真实、完整，并承担因资料虚假而产生的法律和行政责任。

法定代表人签章：　　××××年××月××日

填表人：×××　　填表日期：×××

表 5-18　A105100　企业重组及递延纳税事项纳税调整明细表

行次	项目	一般性税务处理			特殊性税务处理（递延纳税）			纳税调整金额
		账载金额	税收金额	纳税调整金额	账载金额	税收金额	纳税调整金额	
		1	2	3（2-1）	4	5	6（5-4）	7（3+6）
1	一、债务重组							
2	其中：以非货币性资产清偿债务							
3	债转股							
4	二、股权收购				13 360 000	0	-13 360 000	-13 360 000
5	其中：涉及跨境重组的股权收购							
16	合计（1+4+6+8+11+12+13+14+15）							

表 5-19　A105000　纳税调整项目明细表

行次	项　　目	账载金额	税收金额	调增金额	调减金额
		1	2	3	4
1	一、收入类调整项目（2+3+…8+10+11）	*	*		
12	二、扣除类调整项目（13+14+…24+26+27+28+29+30）	*	*		
31	三、资产类调整项目（32+33+34+35）	*	*		
36	四、特殊事项调整项目（37+38+…+43）	*	*		13 360 000
37	（一）企业重组及递延纳税事项（填写 A105100）	13 360 000	0		13 360 000
38	（二）政策性搬迁（填写 A105110）	*	*		
39	（三）特殊行业准备金（填写 A105120）				
40	（四）房地产开发企业特定业务计算的纳税调整额（填写 A105010）	*			
41	（五）合伙企业法人合伙人应分得的应纳税所得额				
42	（六）发行永续债利息支出				
43	（七）其他	*	*		
44	五、特别纳税调整应税所得	*	*		
45	六、其他	*	*		
46	合计（1+12+31+36+44+45）	*	*		13 360 000

2. 减持智度股份股票时：

在翌卓投资出售智度股份 10 万股股票的纳税年度，即 2020 年度企业所得税汇算清缴申报时，需填报“投资收益纳税调整明细表”（A105030）“二、可供出售金融资产”的相关内容进行纳税调整增加 540 760 元，即将 2016 年出售猎鹰网络 1.40% 股权时尚未确认的所得 540 760 元予以确认，如表 5-20 所示。

表 5－20　　A105030　　**投资收益纳税调整明细表**

行次	项　　目	持有收益			处置收益							纳税调整金额
		账载金额	税收金额	纳税调整金额	会计确认的处置收入	税收计算的处置收入	处置投资的账面价值	处置投资的计税基础	会计确认的处置所得或损失	税收计算的处置所得	纳税调整金额	
		1	2	3（2－1）	4	5	6	7	8（4－6）	9（5－7）	10（9－8）	11（3＋10）
1	一、交易性金融资产											
2	二、可供出售金融资产				1 000 000	1 000 000	561 000	20 240	439 000	979 760	540 760	540 760
3	三、持有至到期投资											
4	四、衍生工具											
5	五、交易性金融负债											
6	六、长期股权投资											
7	七、短期投资											
8	八、长期债券投资											
9	九、其他											
10	合计（1＋2＋3＋4＋5＋6＋7＋8＋9）				1 000 000	1 000 000	561 000	20 240	439 000	979 760	540 760	540 760

（五）其他注意事项

1. 增值税问题

翌卓投资在出售股票时应按照金融商品转让缴纳增值税。根据《国家税务总局关于营改增试点若干征管问题的公告》（国家税务总局2016年第53号公告），买入价以上市公司因重大资产重组股票停牌前一交易日的收盘价为买入价；《国家税务总局关于国内旅客运输服务进项税抵扣等增值税征管问题的公告》（国家税务总局公告2019年第31号）规定，“股票停牌”是指中国证券监督管理委员会就上市公司重大资产重组申请作出予以核准决定前的最后一次停牌。该停牌价时间是2016年3月24日，前一交易日的收盘价是25.95元。因此，本案中的增值税买入价为25.95元，而不是上市公司实际增发价5.61元。在本案中，由于卖出价低于买入价，会形成金融商品转让负差，不需要缴纳增值税。该负差在一个会计年度内可以冲抵其他金融商品转让的正差。

2. 企业所得税不含税收入的换算

由于出售股票的收入为含税价，在计算缴纳增值税的时候，由于增值税是差额征税，换算时，企业所得税的不含税收入＝含税收入－实际缴纳的增值税。

根据财政部印发的《增值税会计处理规定》（财会〔2016〕22号）的规定，计入“投资收益”的金融商品转让收入和转让成本在日常会计核算时均不需进行价税分离，但财会〔2016〕22号文件亦规定，金融商品实际转让月末，如产生转让收益，应按应纳税额借记“投资收益”等科目，贷记“应交税费——转让金融商品应交增值税”（以下简称“应交税费”）科目；如产生转让损失，应按可结转下月抵扣的税额，借记“应交税费”科目，贷记“投资收益”等科目。缴纳增值税时，应借记“应交税费”科目，贷记“银行存款”科目。年末，“应交税费”科目如有借方余额，则借记“投资收益”等科目，贷记“应交税费”科目。因此，在计算企业所得税时，转让持有股票的应纳增值税额应该冲减其股票转让所得。

3. 适用新会计准则时的纳税调整

假设翌卓投资执行新收入准则及新金融工具准则，将取得的智度股份股票做“以公允价值计量且其变动计入其他综合收益的金融资产”核算，由于税法上并不认可公允价值变动损益部分，则每年企业所得税年度申报时须对公允价值变动损益部分通过“纳税调整项目明细表”（A105000）进行纳税调整。

根据《国家税务总局关于修订企业所得税年度纳税申报表有关问题的公告》（国家税务总局公告2019年第41号）的规定，已执行《企业会计准则第22号——金融工具确认和计量》（财会〔2017〕7号发布）、《企业会计准则第23号——金融资产转移》（财会〔2017〕8号发布）、《企业会计准则第24号——套期会计》（财会〔2017〕9号发布）、《企业会计准则第37号——金融工具列报》（财会〔2017〕14号发布）

（以上四项简称“新金融准则”）的纳税人，若投资收益的项目类别不为 A105030 表第 1 行至第 8 行的，则在第 9 行“九、其他”中填报相关会计处理、税收规定以及纳税调整情况。

因而，如果减持股票所得计入留存收益时，由于在会计处理上未做收入处理，在企业所得税年度申报时也须通过“投资收益纳税调整明细表”（A105030）中第 9 行“九、其他”的相关列次进行纳税调整。

第三节　其他税种的处理

一、增值税的处理

根据《销售服务、无形资产、不动产注释》（财税〔2016〕36 号文件附件 1 的附件）的规定，金融商品转让，是指转让外汇、有价证券、非货物期货和其他金融商品所有权的业务活动。其他金融商品转让包括基金、信托、理财产品等各类资产管理产品和各种金融衍生品的转让。

根据《营业税改征增值税试点过渡政策的规定》，个人从事金融商品转让业务免征增值税。

因而，在股权收购中，如果被收购的是上市公司股票，转让方企业应按金融商品转让计算缴纳增值税。如果转让的是非上市公司的股权，不属于增值税的征税范围，不征增值税。个人转让上市公司股票免征增值税。

二、土地增值税的处理

一般情况下，股权收购不缴纳土地增值税。但对一些以转让股权形式转让国有土地使用权的，可能被要求缴纳土地增值税。

（一）以转让股权名义转让房地产的土地增值税处理

由于企业转让房地产需要缴纳土地增值税、增值税（营改增前为营业税）及附加，受让方需要缴纳契税，而股东转让持有的公司股权只需要缴纳所得税和印花税。因此，有些企业将转让资产行为改变交易模式，变成企业股东转让持有公司 100% 股权。如果企业以转让股权方式转让房地产，是否要对该股权转让行为征收土地增值税呢？国家税务总局曾在《国家税务总局关于以转让股权名义转让房地产行为征收土地增值税问题的批复》（国税函〔2000〕687 号）中对深圳市能源集团有限公司和深圳能源投资股份有限公司一次性共同转让深圳能源（钦州）实业有限公司 100% 的股权一案给广西省地税局批复："鉴于深圳市能源集团有限公司和深圳能源投资股份有限公司一次性共同转让深圳能源（钦州）实业有限公司 100% 的股权，且这些以股权形式表现的资产主要是土地使用权、地上建筑物及附着物，经研究，对此应按土地增值税的规定征税"。但该文件仅是针对个案且仅批复至广西省地税局。基层税务局是否有反避税的权力对股权转让行为刺破公司面纱征收土地增值税？启动反避税要满足什么样的条件，反避税应遵循何种程序，企业有何救济渠道？实务中也有对此情形征税的案例，但由于缺乏明确的规定，导致税企常常因这些问题发生争议。

（二）股权转让土地增值税的具体规定

《安徽省地方税务局关于对股权转让如何征收土地增值税问题的批复》（皖地税政三字〔1996〕367 号）明确：对投资联营一方由于经营状况等原因而中止联营关系，正常撤资的，其股权转让行为，暂不征收土地增值税；对以转让房地产为盈利目的的股权转让，应按规定征收土地增值税。

根据《国家税务总局关于天津泰达恒生转让土地使用权土地增值税征缴问题的批复》（国税函〔2011〕415 号）的规定，经研究，同意天津市地方税务局关于"北京国泰恒生投资有限公司利用股权转让方式让渡土地使用权，实质是房地产交易行为"的认定，应依照《土地增值税暂行条例》的规定，征收土地增值税。

根据《国家税务总局关于土地增值税相关政策问题的批复》（国税函〔2009〕387 号）的规定，鉴于广西玉柴营销有限公司在 2007 年 10 月 30 日将房地产作价入股后，于 2007 年 12 月 6 日、18 日办理了房地产过户手续，同月 25 日即将股权进行了转让，且股权转让金额等同于房地产的评估值。因此，税务总局认为这一行为实质上是房地产交易行为，应按规定征收土地增值税。

三、契税的处理

根据《财政部 国家税务总局关于继续支持企业 事业单位改制重组有关契税政策的通知》（财税〔2018〕17 号）第九条的规定，在股权（股份）转让中，单位、个人承受公司股权（股份），公司土地、房屋权属不发生转移，不征收契税。

四、个人所得税的处理

在股权收购中，转让方有个人股东的，还涉及个人股东的个人所得税处理问题。

根据《个人所得税法实施条例》第六条第一款第（八）项的规定，财产转让所得，是指个人转让有价证券、股权、合伙企业中的财产份额、不动产、机器设备、车船以及其他财产取得的所得。

（一）个人转让上市公司股票

根据《个人所得税法实施条例》第七条的规定，对股票转让所得征收个人所得税的办法，由国务院另行规定，并报全国人民代表大会常务委员会备案。

1. 转让境内上市公司股票所得

根据《财政部 国家税务总局关于个人转让股票所得继续暂免征收个人所得税的通知》（财税字〔1998〕61号）的规定，从1997年1月1日起，对个人转让上市公司股票取得的所得继续暂免征收个人所得税。

根据《财政部 国家税务总局 证监会关于个人转让上市公司限售股所得征收个人所得税有关问题的通知》（财税〔2009〕167号）的规定，对个人在上海证券交易所、深圳证券交易所转让从上市公司公开发行和转让市场取得的上市公司股票所得，继续免征个人所得税。

因而，个人转让从上市公司公开发行和转让市场取得的境内上市公司股票所得，免征个人所得税。个人转让上市公司限售股所得，应按规定征收个人所得税。

2. 转让境外上市公司股票所得

对个人转让境外上市公司股票所得，除另有优惠规定外，应按财产转让所得项目，适用20%的税率征收个人所得税。

根据《财政部 国家税务总局 证监会关于沪港股票市场交易互联互通机制试点有关税收政策的通知》（财税〔2014〕81号）和《财政部 税务总局 证监会关于继续执行沪港股票市场交易互联互通机制有关个人所得税政策的通知》（财税〔2017〕78号）的规定，对内地个人投资者通过沪港股票市场交易互联互通机制（以下简称沪港通）投资香港联交所上市股票取得的转让差价所得，自2014年11月17日起至2019年12月4日止，暂免征收个人所得税。

根据《财政部 国家税务总局 证监会关于深港股票市场交易互联互通机制试点有关税收政策的通知》（财税〔2016〕127号）的规定，对内地个人投资者通过深港股票市场交易互联互通机制（以下简称深港通）投资香港联交所上市股票取得的转让差价所得，自2016年12月5日起至2019年12月4日止，暂免征收个人所得税。

2019年12月4日，《财政部 税务总局 证监会关于继续执行沪港、深港股票市场交易互联互通机制和内地与香港基金互认有关个人所得税政策的公告》（财政部公告2019年第93号）就继续执行沪港通、深港通以及内地与香港基金互认（以下简称基金互认）有关个人所得税政策做出规定，对内地个人投资者通过沪港通、深港通投资香港联交所上市股票取得的转让差价所得和通过基金互认买卖香港基金份额取得的转让差价所得，自2019年12月5日起至2022年12月31日止，继续暂免征收个人所得税。

转让上市公司股票所得的个人所得税处理，如图5-10所示。

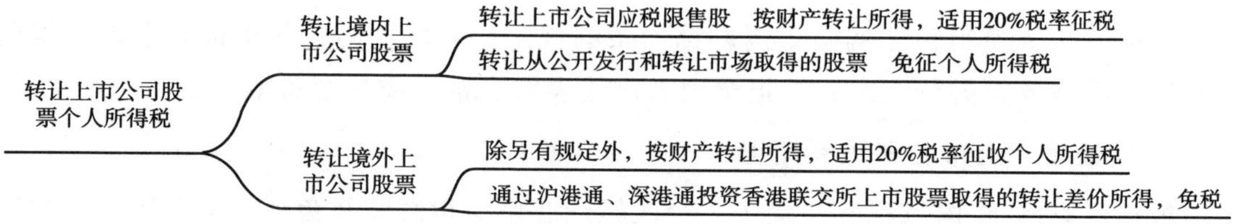

图5-10　个人转让上市公司股票个人所得税示意图

（二）转让新三板挂牌公司股票

为促进全国中小企业股份转让系统（以下简称新三板）长期稳定发展，《财政部 税务总局 证监会关于个人转让全国中小企业股份转让系统挂牌公司股票有关个人所得税政策的通知》（财税〔2018〕137号）就个人转让新三板挂牌公司股票有关个人所得税政策做出如下规定，自2018年11月1日（含）起施行。

1. 个人转让非原始股所得暂免个人所得税

根据财税〔2018〕137号文件第一条的规定，自2018年11月1日（含）起，对个人转让新三板挂牌公司非原始股取得的所得，暂免征收个人所得税。

这里所称非原始股是指个人在新三板挂牌公司挂牌后取得的股票，以及由上述股票孳生的送、转股。

根据财税〔2018〕137号文件第四条的规定，2018年11月1日之前，个人转让新三板挂牌公司非原始股，尚未进行税收处理的，可比照该文件第一条的上述规定免征个人所得税，已经进行相关税收处理的，不再进行税收调整。

2. 个人转让原始股所得按财产转让所得征税

根据财税〔2018〕137号文件第二条的规定，对个人转让新三板挂牌公司原始股取得的所得，按照“财产转让所得”，适用20%的比例税率征收个人所得税。

这里所称原始股是指个人在新三板挂牌公司挂牌前取得的股票，以及在该公司挂牌前和挂牌后由上述股票孳生的送、转股。

个人转让新三板挂牌公司原始股，以每次原始股转让收入，减除股票原值和合理税费后的余额，为应纳税所得额。即：

应纳税所得额＝原始股转让收入－（原始股原值＋合理税费）

应纳税额＝应纳税所得额×20%

原始股转让收入，是指转让原始股股票取得的收入。原始股原值，是指原始股东初始取得原始股时支付的价款。

3. 征收管理

根据财税〔2018〕137号文件第三条的规定，2019年9月1日之前，个人转让新三板挂牌公司原始股的个人所得税，征收管理办法按照现行股权转让所得有关规定执行，以股票受让方为扣缴义务人，由被投资企业所在地税务机关负责征收管理。

自2019年9月1日（含）起，个人转让新三板挂牌公司原始股的个人所得税，以股票托管的证券机构为扣缴义务人，由股票托管的证券机构所在地主管税务机关负责征收管理。具体征收管理办法参照《财政部 国家税务总局 证监会关于个人转让上市公司限售股所得征收个人所得税有关问题的通知》（财税〔2009〕167号）和《财政部 国家税务总局 证监会关于个人转让上市公司限售股所得征收个人所得税有关问题的补充通知》（财税〔2010〕70号）有关规定执行。

中国证券登记结算公司应当在登记结算系统内明确区分新三板原始股和非原始股。

个人转让新三板挂牌公司股票的个人所得税处理如图5-11所示。

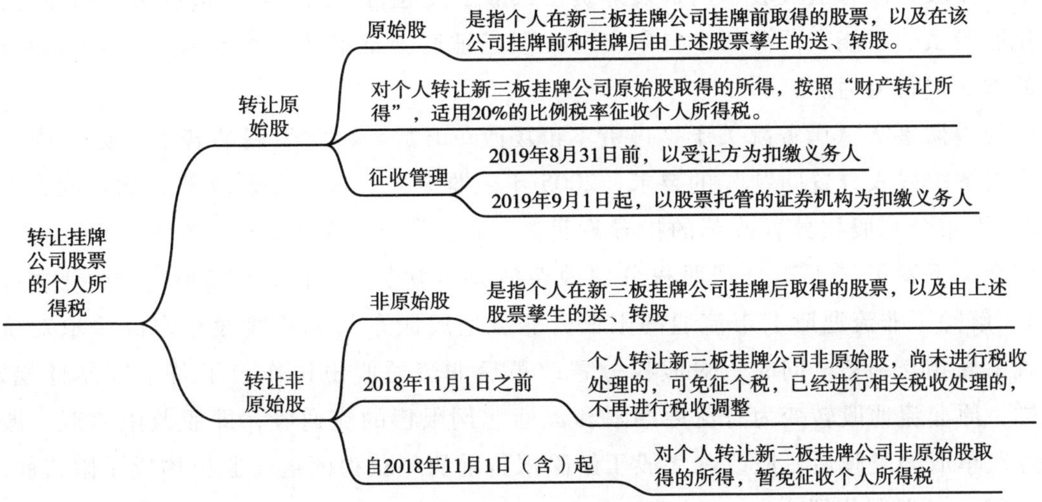

图5-11 个人转让新三板挂牌公司股票的个人所得税示意图

（三）转让上市公司限售股所得

为进一步规范个人转让上市公司限售流通股（以下简称限售股）取得的所得征税问题，经国务院批准，《财政部 国家税务总局 证监会关于个人转让上市公司限售股所得征收个人所得税有关问题的通知》（财税〔2009〕167号）、《财政部 国家税务总局 证监会关于个人转让上市公司限售股所得征收个人所得税有关问题的补充通知》（财税〔2010〕70号）、《财政部 国家税务总局关于证券机构技术和制度准备完成后个人转让上市公司限售股有关个人所得税问题的通知》（财税〔2011〕108号）等文件先后出台，规定自2010年1月1日起，对个人转让限售股取得的所得，按照“财产转让所得”，适用20%的比例税率征收个人所得税。同时，对个人在上海证券交易所、深圳证券交易所转让从上市公司公开发行和转让市场取得的上市公司股票所得，继续免征个人所得税。

1. 应税限售股的界定与分类

目前，我国A股市场的限售股主要包括：股改产生的限售股、新股首次发行上市（IPO）产生的限售股以及其他限售股。

（1）股改限售股。

股改限售股是指股权分置改革过程中，由原非流通股转变而来的有限售期的流通股，市场俗称为“大小非”。“大非”指的是大规模的限售流通股，占总股本5%以上；“小非”指的是小规模的限售流通股，占总股本5%以内。

股权分置是中国资本市场特有的情形，是指上市公司的一部分股份上市流通，另一部分股份暂时不上市流通。前者称为流通股，主要为社会公众股；后者为非流通股，包括国家股、国有法人股、内资及外资法人股、发起自然人股等。股权分置改革之前，非流通股虽然不能在沪深两市自由交易，但经证监会批准后，可以通过拍卖或协议转让的方式进行流通。

为贯彻落实《国务院关于推进资本市场改革开放和稳定发展的若干意见》中“积极稳妥解决股权分置问题”的要求，2005年证监会、国资委、财政部等部委联合下发《关于上市公司股权分置改革的指导意见》（证监发〔2005〕80号文件发布），随后，证监会又下发了《上市公司股权分置改革管理办法》（证监发〔2005〕86号文件发布），解除了非流通股上市流通的限制，非流通股股东与流通股股东之间采取对价的方式平衡相互利益。同时，对股权分置改革后非流通股出售作出了若干限制性规定，这样，原非流通股转变为有流通期限和流通比例限售的流通股，即股改限售股。股权分置改革股票复牌后，股改限售股于解除限售前历年获得的送转股也构成了限售股。

（2）新股限售股。

为保持公司控制权的稳定，《中华人民共和国公司法》及交易所上市规则对于首次公开发行股份（Initial Public Offerings，简称IPO）并上市的公司，公开发行前股东所持股份都有一定的限售期规定，由于股权分置改革新老划段后不再有非流通股和流通股的划分，这部分股份在限售期满后解除流通权利限制，构成了新股限售股。这类限售股目前已经占到全部限售股的大多数，将来还会有更多的新股限售股出现。新股上市后，新股限售股于解除限售前历年获得的送转股也构成了限售股。

（3）其他限售股。

除股改限售股和新股限售股外，目前市场上还有一些有限售期要求的股票，主要是机构配售股和增发股。机构配售股是指 IPO 的时候，参与网下申购的机构投资人获得的股票，这部分需要锁定 3 个月到半年，然后才可以上市交易。增发股类似于机构配售股，是指定向增发后的股票，需要锁定 1 年，然后才可以上市交易。

从前文的规定看，明确要征税的限售股主要是针对股改限售股和新股限售股以及其在解禁日前所获得的送转股，不包括股改复牌后和新股上市后限售股的配股、新股发行时的配售股、上市公司为引入战略投资者而定向增发形成的限售股。关于限售股的范围，在具体实施时，由中国证券登记结算公司通过结算系统给予锁定。另外，对上市公司实施股权激励给予员工的股权激励限售股，现行个人所得税政策规定其属于“工资、薪金所得”，并明确规定了征税办法，转让这部分限售股暂免征税，因此，应税限售股也不包括股权激励的限售股。至于财政部、税务总局、法制办和证监会共同确定的其他限售股，是兜底的规定，将来视实际情况而定。

目前，有关部门尚未对其他限售股的范围作出列举，因此，纳入征税范围的限售股仅为股改限售股和新股限售股。

2. 转让限售股的界定

为进一步完善股权分置改革后的相关制度，更好地发挥税收对高收入者的调节作用，促进资本市场长期健康发展，堵塞税收漏洞，进一步完善股票转让所得个人所得税政策，平衡个人转让限售股与个人转让非上市公司股份以及企业转让限售股之间的税收政策，国务院决定，自 2010 年 1 月 1 日起，对个人转让上市公司限售股取得的所得征收个人所得税。即 2010 年 1 月 1 日（含）以后只要是个人转让上市公司限售股，都要按规定计算所得并依照 20% 税率缴纳个人所得税。

个人转让限售股或发生具有转让限售股实质的其他交易，取得现金、实物、有价证券和其他形式的经济利益均应缴纳个人所得税。限售股在解禁前被多次转让的，转让方对每一次转让所得均应按规定缴纳个人所得税。对具有下列情形的，应按规定征收个人所得税：

（1）个人通过证券交易所集中交易系统或大宗交易系统转让限售股；

（2）个人用限售股认购或申购交易型开放式指数基金（ETF）份额；

（3）个人用限售股接受要约收购；

（4）个人行使现金选择权将限售股转让给提供现金选择权的第三方；

（5）个人协议转让限售股；

（6）个人持有的限售股被司法扣划；

（7）个人因依法继承或家庭财产分割让渡限售股所有权；

（8）个人用限售股偿还上市公司股权分置改革中由大股东代其向流通股股东支付的对价；

（9）其他具有转让实质的情形。

需要说明的是，自 1994 年个人所得税制实施以来，考虑到我国证券市场发育还不成熟，为了配合企业改制，促进股票市场稳定健康发展，我国对个人转让境内上市公司股票所得在 2009 年 12 月 31 日以前一直暂免征收个人所得税。

根据财税〔2009〕167 号文件的规定，对个人在上海证券交易所、深圳证券交易所转让从上市公司公开发行和转让市场取得的上市公司股票所得，继续免征个人所得税。

3. 应纳税额的计算

（1）应纳税额的计算公式。

根据个人所得税法有关规定，对个人转让限售股取得的所得，应按“财产转让所得”项目征税。按照一般财产转让所得的征税办法，应以转让财产收入减去财产原值和合理税费后的余额为应纳税所得额，依法计征个人所得税。即个人转让限售股，应以每次限售股转让收入，减除股票原值和合理税费后的余额，为应纳税所得额。具体计算公式如下：

应纳税所得额 = 限售股转让收入 -（限售股原值 + 合理税费）

应纳税额 = 应纳税所得额 ×20%

限售股转让收入，是指转让限售股股票实际取得的收入。限售股原值，是指限售股买入时的买入价及按照规定缴纳的有关费用。合理税费，是指转让限售股过程中发生的印花税、佣金、过户费等与交易相关的税费。

如果纳税人未能提供完整、真实的限售股原值凭证的，不能准确计算限售股原值的，主管税务机关一律按限售股转让收入的 15% 核定限售股原值及合理税费。

（2）扣缴税款转让收入的确定。

个人发生如下四种情形时，对其限售股转让所得应纳个人所得税，采取证券机构预扣预缴、纳税人自行申报清算和证券机构直接扣缴相结合的方式征收：

①个人通过证券交易所集中交易系统或大宗交易系统转让限售股；

②个人用限售股认购或申购交易型开放式指数基金（ETF）份额；

③个人用限售股接受要约收购；

④个人行使现金选择权将限售股转让给提供现金选择权的第三方。

在上述四种情形下，由证券机构按规定扣缴税款，纳税人申报清算时，实际转让收入按照下列原则计算：

①个人通过证券交易所集中交易系统或大宗交易系统转让限售股的转让收入，以转让当日该股份实际转让价格计算，证券公司在扣缴税款时，佣金支出统一按照证券主管部门规定的行业最高佣金费率计算；

②通过认购 ETF 份额方式转让限售股的，以股份过户日的前一交易日该股份收盘价计算转让收入，通过申购 ETF 份额方式转让限售股的，以申购日的前一交易日该股

份收盘价计算转让收入；

③个人用限售股接受要约收购的转让收入以要约收购的价格计算；

④个人行使现金选择权将限售股转让给提供现金选择权的第三方的转让收入以实际行权价格计算。

（3）自行申报纳税收入的确定。

纳税人发生如下四种情形时，采取纳税人向主管税务机关自行申报纳税的方式缴纳个人所得税：

①个人协议转让限售股；

②个人持有的限售股被司法扣划；

③个人因依法继承或家庭财产分割让渡限售股所有权；

④个人用限售股偿还上市公司股权分置改革中由大股东代其向流通股股东支付的对价。

在上述四种情况下，纳税人自行申报纳税时，其转让收入按照下列原则计算：

①个人协议转让限售股的转让收入按照实际转让收入计算，转让价格明显偏低且无正当理由的，主管税务机关可以依据协议签订日的前一交易日该股收盘价或其他合理方式核定其转让收入；

②个人持有的限售股被司法扣划的转让收入以司法执行日的前一交易日该股收盘价计算；

③个人因依法继承或家庭财产分割让渡限售股所有权和个人用限售股偿还上市公司股权分置改革中由大股东代其向流通股股东支付的对价的，转让收入以转让方取得该股时支付的成本计算。

（4）成本费用的确定。

个人转让因协议受让、司法扣划等情形取得未解禁限售股的，成本按照主管税务机关认可的协议受让价格、司法扣划价格核定，无法提供相关资料的，按照限售股转让收入的15%核定限售股原值及合理税费；个人转让因依法继承或家庭财产依法分割取得的限售股的，按规定缴纳个人所得税时，成本按照该限售股前一持有人取得该股时的实际成本及税费计算。

在证券机构技术和制度准备完成后形成的限售股，自股票上市首日至解禁日期间发生送、转、缩股的，证券登记结算公司应依据送、转、缩股比例对限售股成本原值进行调整；而对于其他权益分派的情形（如现金分红、配股等），不对限售股的成本原值进行调整。

因个人持有限售股中存在部分限售股成本原值不明确，导致无法准确计算全部限售股成本原值的，证券登记结算公司一律以实际转让收入的15%作为限售股成本原值和合理税费。

（5）税目税率的确定。

根据2018年《个人所得税法实施条例》第六条的规定，财产转让所得，是指个人转让有价证券、股权、合伙企业中的财产份额、不动产、机器设备、车船以及其他财产取得的所得。2011年《个人所得税法实施条例》也规定，财产转让所得是指个人转让有价证券、股权、建筑物、车船以及其他财产取得的所得。

限售股属于有价证券，是财产的一种形式，同时，《个人所得税法》规定，财产转让所得适用20%的比例税率。因而，财税〔2009〕167号文件规定，个人转让限售股取得的所得，按照“财产转让所得”项目适用20%的比例税率征收个人所得税。

4. 征收管理

（1）纳税人、扣缴义务人和主管税务机关的确定。

根据财税〔2009〕167号文件的规定，限售股转让所得个人所得税，以限售股持有者为纳税义务人，以个人股东开户的证券机构为扣缴义务人。限售股个人所得税由证券机构所在地主管税务机关负责征收管理。

上述规定主要是从便于征管操作和源泉控管的角度考虑的，限售股股东可能遍布全国各地，但一般情况下，个人会选择距离自己常住地或工作地最近的证券机构设立证券账户，因此，财税〔2009〕167号文件规定，按照属地原则，由限售股股东开户的证券机构（证券公司营业部）为扣缴义务人，由证券机构所在地主管税务机关负责征收管理。对扣缴义务人按照所扣缴的税款，税务机关应按照规定支付手续费。

（2）天使投资与递延纳税股权的税款清算。

根据《财政部 税务总局关于创业投资企业和天使投资个人有关税收政策的通知》（财税〔2018〕55号）的规定，初创科技型企业接受天使投资个人投资满2年，在上海证券交易所、深圳证券交易所上市的，天使投资个人转让该企业股票时，按照现行限售股有关规定执行，其尚未抵扣的投资额，在税款清算时一并计算抵扣。根据《国家税务总局关于创业投资企业和天使投资个人税收政策有关问题的公告》（国家税务总局公告2018年第43号）的规定，天使投资个人投资初创科技型企业满足投资抵扣税收优惠条件后，初创科技型企业在上海证券交易所、深圳证券交易所上市的，天使投资个人在转让初创科技型企业股票时，有尚未抵扣完毕的投资额的，应向证券机构所在地主管税务机关办理限售股转让税款清算，抵扣尚未抵扣完毕的投资额。清算时，应提供投资初创科技型企业后税务机关受理的“天使投资个人所得税投资抵扣备案表”和“天使投资个人所得税投资抵扣情况表”。

根据《财政部 国家税务总局关于完善股权激励和技术入股有关所得税政策的通知》（财税〔2016〕101号）的规定，个人因股权激励、技术成果投资入股取得股权后，非上市公司在境内上市的，处置递延纳税的股权时，按照现行限售股有关征税规定执行。

（四）非上市公司股权转让所得

为加强自然人股东股权转让（注：本小节所称的股权转让不包括上市公司股票转让所得）个人所得税的征收管理，规范税务机关、纳税人和扣缴义务人征纳行为，维护纳税人合法权益，国家税务总局制定发布了《股权转让所得个人所得税管理办法（试行）》（国家税务总局公告2014年第67号发布），自2015年1月1日起施行。《国家税务总局关于加强股权转让所得征收个人所得税管理的通知》（国税函〔2009〕285号）、《国家税务总局关于股权转让个人所得税计税依据核定问题的公告》（国家税务总局公告2010年第27号）同时废止。

个人在上海证券交易所、深圳证券交易所转让从上市公司公开发行和转让市场取得的上市公司股票，转让限售股，以及其他有特别规定的股权转让，不适用《股权转让所得个人所得税管理办法（试行）》。

1. 纳税人与应税项目

（1）股权与股权转让。

《股权转让所得个人所得税管理办法（试行）》第二条规定，该办法所称股权是指自然人股东（以下简称个人）投资于在中国境内成立的企业或组织（以下统称被投资企业，不包括个人独资企业和合伙企业）的股权或股份。

根据上述规定，个人独资企业和合伙企业个人投资者投资于个人独资企业和合伙企业的财产份额，不属于《股权转让所得个人所得税管理办法（试行）》规范的股权。

《股权转让所得个人所得税管理办法（试行）》第三条规定，该办法所称股权转让是指个人将股权转让给其他个人或法人的行为，包括以下情形：

①出售股权。

②公司回购股权。

③发行人首次公开发行新股时，被投资企业股东将其持有的股份以公开发行方式一并向投资者发售。

【例5-16】2014年1月13日，苏州纽威阀门股份有限公司发布《招股说明书》，公告发行8 250万股，其中，本次公司公开发行新股5 000万股；公司股东公开发售股份3250万股。公司股东公开发售股份所得资金不归公司所有。本例中，IPO的同时股东公开发售股份，属于“边上市边套现”的一种模式，《首次公开发行股票时公司股东公开发售股份暂行规定》（中国证券监督会公告〔2013〕44号发布）和《关于修改〈首次公开发行股票时公司股东公开发售股份暂行规定〉的决定》（中国证券监督会公告〔2014〕11号）对其程序、方式、条件做出了具体规定。《股权转让所得个人所得税管理办法（试行）》第三十条虽然规定“本办法所规范的股权转让，不包含上市公司股票、限售股的转让”，但是由于苏州纽威阀门在上市前还不属于上市公司，因此其股权转让应受该公告的规范。

④股权被司法或行政机关强制过户。

例如，张三持有 M 公司的 100% 股权，张三欠 A 公司 4 200 万元货款，无力归还，A 公司一纸诉状将张三告上法庭，法庭判决将张三持有的 M 公司股权拍卖抵债。B 公司以 5 000 万元的价款拍得 M 公司的 100% 股权，人民法院将 M 公司股权强制过户到 B 公司名下。张三持有 M 公司股权成本为 1 000 万元。本案例中虽然是司法机关强制过户，按照《股权转让所得个人所得税管理办法（试行）》的规定仍然要缴纳股权转让所得个人所得税。因此，此案例中，股权转让个人所得税应纳税所得额为 4 000 万元（5 000 - 1 000），B 公司应该扣缴个人所得税 800 万元，将剩余 4 200 万元转付给 A 公司抵债。

值得注意的是，《最高人民法院 国家工商总局关于加强信息合作规范执行与协助执行的通知》（法〔2014〕251 号）明确了司法强制过户，人民法院可以直接通知工商部门在业务系统强制过户，而不需要当事人申请程序。

⑤以股权对外投资或进行其他非货币性交易。

2011 年以前，根据《国家税务总局关于非货币性资产评估增值暂不征收个人所得税的批复》（国税函〔2005〕319 号）的规定，个人以非货币性资产对外投资，暂不征收个人所得税。从 2011 年起，国家税务总局公告 2011 年第 2 号将国税函〔2005〕319 号文件废止，2011 年，《国家税务总局关于个人以股权参与上市公司定向增发征收个人所得税问题的批复》（国税函〔2011〕89 号）对江苏省地方税务局的批复中明确，根据《中华人民共和国个人所得税法》及其实施条例等规定，南京浦东建设发展有限公司自然人股东以其所持该公司股权评估增值后，参与苏宁环球股份有限公司定向增发股票，属于股权转让行为，其取得所得，应按照“财产转让所得”项目缴纳个人所得税。

【例 5 - 17】 **天一科技案例**

2014 年，湖南天一科技股份有限公司向景峰制药全体股东（叶湘武、刘华、简卫光等 23 名自然人，维梧百通、维梧睿璟等 7 家机构）发行股份购买景峰制药 100% 股权，净资产账面价值约为 6 亿元，交易价格为 34.4 亿元。

要求：分析说明上述交易是否要缴个人所得税。

解析：

以股权对外投资或进行其他非货币性交易在企业并购中很常见，个人股东将其持有的股权向其他企业投资，取得被投资企业的股权，由于股权权属已经发生变更，应该按转让财产行为处理。

本例中，景峰制药的自然人股东将其持有股权投资到天一科技，属于《股权转让所得个人所得税管理办法（试行）》中规定的个人股权转让的范围，交易价格与股权成本及相关税费之间的差额部分，应按规定申报缴纳个人所得税。

在资本市场中上市公司向个人股东发行股份购买资产的案例非常多，其中涉及个人股权交易的个人所得税问题，《国家税务总局关于个人以股权参与上市公司定向增发征收个人所得税问题的批复》（国税函〔2011〕89号）对江苏富豪张桂平与苏宁环球的重组案例做出过批复，批复规定应按照财产转让所得项目缴纳个人所得税。《股权转让所得个人所得税管理办法（试行）》对这个问题重新做了明确，处理的原则是一样的，都作为财产转让所得征收个人所得税。

⑥以股权抵偿债务。

⑦其他股权转移行为。

以上列举的七类情形，股权已经发生了实质上的转移，而且转让方也相应获取了报酬或免除了责任，因此，都应当属于股权转让行为，个人取得所得应按规定缴纳个人所得税。

（2）纳税人与扣缴义务人。

《股权转让所得个人所得税管理办法（试行）》第五条规定，个人股权转让所得个人所得税，以股权转让方为纳税人，以受让方为扣缴义务人。

根据上述规定，受让方无论是企业还是个人，均应按《个人所得税法》规定履行扣缴税款义务。

不过，非上市公司实施股权激励或个人以技术成果投资入股，以实施股权激励或取得技术成果的企业为个人所得税扣缴义务人。递延纳税期间，扣缴义务人应在每个纳税年度终了后向主管税务机关报告递延纳税有关情况。

（3）应税项目的确定。

《股权转让所得个人所得税管理办法（试行）》第四条规定，个人转让股权，以股权转让收入减除股权原值和合理费用后的余额为应纳税所得额，按"财产转让所得"缴纳个人所得税。合理费用是指股权转让时按照规定支付的有关税费。

用公式表示为：

应纳税所得额 = 股权转让收入 - 股权原值 - 合理费用

2. 股权转让收入

（1）公平交易原则。

《股权转让所得个人所得税管理办法（试行）》第十条规定，股权转让收入应当按照公平交易原则确定。

公平交易原则是股权转让收入确定的基本原则。也就是说，纳税人转让股权，应当获得与之相匹配的回报，无论回报是何种形式或名义，都应作为股权转让收入的组成部分。

（2）股权转让收入的确定。

①股权转让收入的界定。

根据《股权转让所得个人所得税管理办法（试行）》第七条的规定，股权转让收入，是指转让方因股权转让而获得的现金、实物、有价证券和其他形式的经济利益。

通常情况下，股权转让收入就是转让方在转让当期和后续期间获得的各种形式及名义的转让所得。

②股权转让收入的构成。

《股权转让所得个人所得税管理办法（试行）》第八条规定，转让方取得与股权转让相关的各种款项，包括违约金、补偿金以及其他名目的款项、资产、权益等，均应当并入股权转让收入。

《国家税务总局关于个人股权转让过程中取得违约金收入征收个人所得税问题的批复》（国税函〔2006〕866号）也明确：股权成功转让后，转让方个人因受让方个人未按规定期限支付价款而取得的违约金收入，属于因财产转让而产生的收入。转让方个人取得的该违约金应并入财产转让收入，按照“财产转让所得”项目计算缴纳个人所得税，税款由取得所得的转让方个人向主管税务机关自行申报缴纳。

③后续收入的处理。

《股权转让所得个人所得税管理办法（试行）》第九条规定，纳税人按照合同约定，在满足约定条件后取得的后续收入，应当作为股权转让收入。

（3）股权转让收入的核定。

根据《股权转让所得个人所得税管理办法（试行）》第十一条的规定，符合下列情形之一的，主管税务机关可以核定股权转让收入：

①申报的股权转让收入明显偏低且无正当理由的；

②未按照规定期限办理纳税申报，经税务机关责令限期申报，逾期仍不申报的；

③转让方无法提供或拒不提供股权转让收入的有关资料；

④其他应核定股权转让收入的情形。

上述纳税人申报的股权转让收入明显偏低等四种主管税务机关可以核定股权转让收入的情形，主要是对违反公平交易原则或不配合税收管理的纳税人实施的一种税收保障措施。

（4）转让收入明显偏低的界定。

根据《股权转让所得个人所得税管理办法（试行）》第十二条的规定，符合下列情形之一，视为股权转让收入明显偏低：

①申报的股权转让收入低于股权对应的净资产份额的。其中，被投资企业拥有土地使用权、房屋、房地产企业未销售房产、知识产权、探矿权、采矿权、股权等资产的，申报的股权转让收入低于股权对应的净资产公允价值份额的；

②申报的股权转让收入低于初始投资成本或低于取得该股权所支付的价款及相关税费的；

③申报的股权转让收入低于相同或类似条件下同一企业同一股东或其他股东股权转让收入的；

④申报的股权转让收入低于相同或类似条件下同类行业的企业股权转让收入的；

⑤不具合理性的无偿让渡股权或股份；

⑥主管税务机关认定的其他情形。

（5）正当理由的界定。

《股权转让所得个人所得税管理办法（试行）》第十二条对何为股权转让收入明显偏低进行了界定，但实际交易中，确实存在部分股权转让收入因种种合理情形而偏低的情形。需要对转让收入偏低的合理情形进行明确，主要是三代以内直系亲属间转让、受合理的外部因素影响导致低价转让、部分限制性的股权转让等。

为此，《股权转让所得个人所得税管理办法（试行）》第十三条规定，符合下列条件之一的股权转让收入明显偏低，视为有正当理由：

①能出具有效文件，证明被投资企业因国家政策调整，生产经营受到重大影响，导致低价转让股权。

②继承或将股权转让给其能提供具有法律效力身份关系证明的配偶、父母、子女、祖父母、外祖父母、孙子女、外孙子女、兄弟姐妹以及对转让人承担直接抚养或者赡养义务的抚养人或者赡养人。

③相关法律、政府文件或企业章程规定，并有相关资料充分证明转让价格合理且真实的本企业员工持有的不能对外转让股权的内部转让。

④股权转让双方能够提供有效证据证明其合理性的其他合理情形。

【例 5－18】张三是 M 股份公司（一家土地使用权资产占 25% 的非上市公司）实际控制人，持有 M 公司 80% 的股权，为了对员工进行长期激励，2018 年 1 月，张先生决定以每股 10 元的净资产价格分别转让给 10 位公司高管每人 10 万股股票，M 公司每股股票的公允价格为 20 元。公司章程规定，公司高管如果离职，必须按照离职上一年末的公司账面净资产价格将股票卖给公司实际控制人张三。2020 年 2 月 1 日，高管李四离职，按照公司章程规定，将持有的 10 万股股票以每股 15 元的净资产价格转让给张三，转让日公司净资产公允价值为 25 元。

要求：分析说明转让价格是否合理。

解析：

依据《股权转让所得个人所得税管理办法（试行）》第十三条及公司章程规定，有相关资料充分证明转让价格合理且真实的本企业员工持有的不能对外转让股权的内部转让，可以视为有正当理由。因此，本例不必核定股权转让收入。事实上，此时职工持有的股票，不允许向公司外部转让，其转让收益权受到限制，虽然 M 公司的土地使用权价值达到账面净资产的 25%，高管之间按照账面净资产价格转让股权是符合公平交易原则的。

需要说明的是，个人将持有的非上市公司股权平价或低价转让给本人或亲属控制的公司的，不属于股权转让价格明显偏低的正当理由，应按规定核定股权转让收入，缴纳个人所得税。

（6）股权转让收入的核定方法。

《股权转让所得个人所得税管理办法（试行）》第十四条规定，主管税务机关应依次按照净资产核定法、类比法和其他合理方法核定股权转让收入。

①净资产核定法。

《股权转让所得个人所得税管理办法（试行）》第十四条第一项规定，股权转让收入按照每股净资产或股权对应的净资产份额核定。

被投资企业的土地使用权、房屋、房地产企业未销售房产、知识产权、探矿权、采矿权、股权等资产占企业总资产比例超过20%的，主管税务机关可参照纳税人提供的具有法定资质的中介机构出具的资产评估报告核定股权转让收入。

6个月内再次发生股权转让且被投资企业净资产未发生重大变化的，主管税务机关可参照上一次股权转让时被投资企业的资产评估报告核定此次股权转让收入。

净资产主要依据被投资企业会计报表计算确定。对于土地使用权、房屋、房地产企业未销售房产、知识产权、探矿权、采矿权、股权等资产需要按照评估后的市场价格确定。评估有关资产时，由纳税人选择有资质的中介机构，同时，为了减少纳税人资产评估方面的支出，对6个月内多次发生股权转让的情况，给予了简化处理，对净资产未发生重大变动的，可参照上一次的评估情况。

②类比法。

《股权转让所得个人所得税管理办法（试行）》第十四条第二项规定，股权转让核定方法为：

第一，参照相同或类似条件下同一企业同一股东或其他股东股权转让收入核定；

第二，参照相同或类似条件下同类行业企业股权转让收入核定。

③其他合理方法。

《股权转让所得个人所得税管理办法（试行）》第十四条第三项规定，主管税务机关采用净资产核定法或类比法核定股权转让收入存在困难的，可以采取其他合理方法核定。

根据上述有关规定，主管税务机关在对股权转让收入进行核定时，必须按照净资产核定法、类比法、其他合理方法的先后顺序进行选择。被投资企业账证健全或能够对资产进行评估核算的，应当采用净资产核定法进行核定。被投资企业净资产难以核实的，如其股东存在其他符合公平交易原则的股权转让或类似情况的股权转让，主管税务机关可以采用类比法核定股权转让收入。以上方法都无法适用的，可采用其他合理方法。

3. 股权原值和合理费用

（1）股权原值的确认方法。

根据《股权转让所得个人所得税管理办法（试行）》第十五条的规定，个人转让股权的原值依照以下方法确认：

①以现金出资方式取得的股权，按照实际支付的价款与取得股权直接相关的合理税费之和确认股权原值。

②以非货币性资产出资方式取得的股权，按照税务机关认可或核定的投资入股时非货币性资产价格与取得股权直接相关的合理税费之和确认股权原值。

③通过无偿让渡方式取得股权，具备该办法第十三条第二项（即三代以内亲属间转让股权）所列情形的，按取得股权发生的合理税费与原持有人的股权原值之和确认股权原值。

④被投资企业以资本公积、盈余公积、未分配利润转增股本，个人股东已依法缴纳个人所得税的，以转增额和相关税费之和确认其新转增股本的股权原值。

【例 5－19】 2017 年 10 月 31 日，甲企业账面资产总额 8 000 万元，负债 3 000 万元，所有者权益 5 000 万元，其中：实收资本 1 000 万元（股权成本），资本公积（其他资本公积）、盈余公积、未分配利润等盈余积累合计 4 000 万元。2017 年 11 月 1 日，自然人投资者（新股东）李四向甲企业原股东张三购买该企业 100% 股权，股权收购价 4 500 万元（虽低于净资产账面价，但有主管税务机关认可的正当理由）。新股东收购企业股权后于 2018 年 12 月 30 日，甲企业将资本公积、盈余公积、未分配利润等盈余积累 3 500 万元向新股东转增实收资本。2020 年 9 月 1 日，股东李四将持有的甲企业股权以 6 000 万元全部转让给中国公民王五。

要求：分析计算在上述交易过程中应缴纳的个人所得税。

解析：

（1）原股东张三应纳个人所得税。

张三以 4 500 万元转让股权，其所得 3 500 万元（4 500 － 1 000）应按财产转让所得缴纳个人所得税：3 500 × 20% ＝ 700（万元）。

（2）股东李四应纳个人所得税。

2017 年 11 月 1 日，在新股东李四 4 500 万元股权收购价款中，除了实收资本 1 000 万元外，实际上相当于以 3 500 万元购买了原股东 4 000 万元的盈余积累，即 4 000 万元盈余积累中，有 3 500 万元计入了股权交易价格，剩余 500 万元未计入股权交易价格。

2018 年 12 月 30 日，甲企业转增实收资本时，其中所转增的 3 000 万元不征收个人所得税，所转增的 500 万元李四应按“利息、股息、红利所得”项目缴纳个人所得税：500 × 20% ＝ 100（万元）。

2020 年 9 月 1 日，股东李四将持有的甲企业股权以 6 000 万元转让给王五时，其财产原值为其收购企业股权实际支付的对价及相关税费与盈余积累转增股本已缴个人所得税部分 500 万元，在本例中财产原值应为：500 ＋ 4 500 ＝ 5 000（万元），其所得应按“财产转让所得项目”计算缴纳个人所得税：(6 000 - 5 000) × 20% = 200（万元）。

⑤除以上情形外，由主管税务机关按照避免重复征收个人所得税的原则合理确认股权原值。

可见，不重复征税是《股权转让所得个人所得税管理办法（试行）》确定股权原值的基本原则。

综上所述，通常情况下，股权原值按照纳税人取得股权时的实际支出进行确认。如纳税人在获得股权时，转让方已经被核定征收过个人所得税的，纳税人在再次转让时，股权原值可以按照取得股权时发生的合理税费与税务机关核定的转让方股权转让收入之和确定。这也是为了使整个转让环节前后衔接，避免重复征税。

（2）再次转让股权原值的确认。

①受让人再次转让股权原值的确定。

《股权转让所得个人所得税管理办法（试行）》第十六条规定，股权转让人已被主管税务机关核定股权转让收入并依法征收个人所得税的，该股权受让人的股权原值以取得股权时发生的合理税费与股权转让人被主管税务机关核定的股权转让收入之和确认。

而在2015年以前，根据《国家税务总局关于股权转让所得个人所得税计税依据核定问题的公告》（国家税务总局公告2010年第27号）第四条的规定，纳税人再次转让所受让的股权的，股权转让的成本为前次转让的交易价格及买方负担的相关税费。这种确定再次转让股权成本的方法，如果仅从受让方角度讲，用其股权再次转让收入扣除为取得股权而实际发生的支出，作为股权转让所得，据此征收个人所得税，符合个人所得税法有关财产转让所得的确定原则。但是，如果将股权交易双方看作一个整体，前次交易转让方被核定征收的核定增值额部分，就重复征收了两次个人所得税。

【例5-20】张三持有甲公司100%的股份，持股成本1 000万元。2017年2月，张三将股权平价转让给了李四。税务机关按照净资产核定法，核定股权转让收入为3 000万元，李四按照税务机关核定的收入代扣代缴了个人所得税400万元（不考虑相关税费）。2020年9月，李四再次转让该股权，转让价格3 200万元，税务机关认为转让价格公允合理。

请分析说明李四转让股权应纳的个人所得税。

解析：

根据《股权转让所得个人所得税管理办法（试行）》第十六条的规定，李四转让其股权原值按“取得股权时发生的合理税费与股权转让人被主管税务机关核定的股权转让收入之和确认”即为3 000万元，因此，

股权转让所得为：3 200 - 3 000 = 200（万元）；

应纳个人所得税为：200 × 20% = 40（万元）。

假设上述交易发生在2014年，按照国家税务总局2010年第27号公告第四条的规定，李四再次转让股权原值应为1 000万元，则，

再次股权转让所得为：3 200 - 1 000 = 2 200（万元）；

应纳个人所得税为：2 200 × 20% = 440（万元）。

此时，如果把交易双方作为一个整体来看，2 000万元增值所得被征收了两次个人所得税，即造成了重复纳税 。

②盈余积累转增股本后转让股权原值的确定。

《国家税务总局关于个人投资者收购企业股权后将原盈余积累转增股本个人所得税问题的公告》（国家税务总局公告2013年第23号）规定，一名或多名个人投资者以股权收购方式取得被收购企业100%股权，股权收购前，被收购企业原账面金额中的“资本公积、盈余公积、未分配利润”等盈余积累未转增股本，而在股权交易时将其一并计入股权转让价格并履行了所得税纳税义务。股权收购后，企业将原账面金额中的盈余积累向个人投资者（新股东，下同）转增股本，有关个人所得税问题区分以下两种情形处理：

第一，新股东以不低于净资产价格收购股权的，企业原盈余积累已全部计入股权交易价格，新股东取得盈余积累转增股本的部分，不征收个人所得税。

第二，新股东以低于净资产价格收购股权的，企业原盈余积累中，对于股权收购价格减去原股本的差额部分已经计入股权交易价格，新股东取得盈余积累转增股本的部分，不征收个人所得税；对于股权收购价格低于原所有者权益的差额部分未计入股权交易价格，新股东取得盈余积累转增股本的部分，应按照“利息、股息、红利所得”项目征收个人所得税。

新股东以低于净资产价格收购企业股权后转增股本，应按照下列顺序进行，即：先转增应税的盈余积累部分，然后再转增免税的盈余积累部分。

新股东将所持股权转让时，其财产原值为其收购企业股权实际支付的对价及相关税费。

【例5-21】 张三持有甲公司100%股权，2018年2月，张三将持有的甲公司100%股权以4 500万元的价格转让给李四。转让时，被投资企业甲公司净资产账面价值合计为4 000万元，其中：股本（投资成本）1 000万元，未分配利润2 000万元，盈余公积500万元，资本公积——其他资本公积500万元。

2019年8月，李四决定将2 750万元盈余积累（其中：未分配利润2 000万元、资本公积——其他资本公积500万元、盈余公积250万元）转增注册资本 。转增注册资本后，甲公司的注册资本为3 750万元。

2020年10月，李四将甲公司100%股权转让给王先生，股权转让价格4 800万元。

请计算张三与李四转让股权应纳的个人所得税。

解析：

（1）张三应纳个人所得税。

张三股权转让所得为：4 500 - 1 000 = 3 500（万元）；

应缴纳财产转让所得个人所得税：3 500 × 20% = 700（万元）。

（2）李四应纳个人所得税。

2019 年 8 月，李四决定将 2 750 万元盈余积累转增注册资本时，由于转增注册资本额全部包括在股权收购价格中，根据国家税务总局公告 2013 年第 23 号的规定，对已经纳入上次股权转让所得的 2 750 万元不征个人所得税，其股权原值仍为其收购企业股权实际支付的对价及相关税费 4 500 万元。

李四再次转让股权时，应纳个人所得税为：(4 800 - 4 500) × 20% = 60（万元）。

【例 5 - 22】 张三持有甲公司 100% 股权，2018 年 2 月，张三将持有的甲公司 100% 股权以 3 800 万元的价格转让给李四。转让时，被投资企业甲公司净资产账面价值合计为 4 000 万元，其中：股本（投资成本）1 000 万元，未分配利润 2 000 万元，盈余公积 500 万元，资本公积 - 其他资本公积 500 万元。主管税务机关认可转让价格。

2019 年 8 月，李四决定将 2 500 万元盈余积累（其中：未分配利润 2 000 万元、盈余公积 500 万元）转增注册资本 。转增注册资本后，甲公司的注册资本为 3 500 万元。

2020 年 10 月，李四将甲公司 100% 股权转让给王先生，股权转让价格 4 100 万元。

请计算张三与李四转让股权应纳的个人所得税。

解析：

（1）张三转让股权应按财产转让所得项目征收个人所得税：

该笔交易张三按照规定应缴纳个人所得税：(3 800 - 1 000) × 20% = 560（万元）。

（2）盈余公积转增股本时李四应纳个人所得税为：

留存收益 2 500 万元转增资本时，根据国家税务总局公告 2013 年第 23 号规定，对已经纳入上次股权转让所得的 2 300 万元不征个人所得税，对剩余的 200 万元李四应缴纳的个人所得税为：

200 × 20% = 40（万元）。

根据国家税务总局公告 2014 年第 67 号第十五条的规定，由于被投资企业盈余积累 2 500 万元转增资本，其中 2 300 万元已包括在张三的转让所得中征收了个人所得税，200 万元部分李四转增时已经缴纳了个人所得税，本着不重复征税的原则，应当确认股权原值为购买股权的价格 3 800 万元加上 200 万元，即 4 000 万元。2020 年 10 月李四再次转让股权个人所得税应纳税所得额为：

4 100 - 4 000 = 100（万元），应该缴纳个人所得税：100 × 20% = 20（万元）。

不能机械地根据国家税务总局公告 2013 年第 23 号认为，新股东将所持股权转让时，其财产原值为其收购企业股权实际支付的对价及相关税费，即 3 800 万元。

（3）股权原值的核定。

根据《股权转让所得个人所得税管理办法（试行）》第十七条的规定，个人转让股权未提供完整、准确的股权原值凭证，不能正确计算股权原值的，由主管税务机关核定其股权原值。

（4）加权平均法确定股权原值。

根据《股权转让所得个人所得税管理办法（试行）》第十八条的规定，对个人多次取得同一被投资企业股权的，转让部分股权时，采用加权平均法确定其股权原值。

【例5-23】张三2014年以100万元现金投资M公司，占M公司10%的股份；2015年又以200万元现金投资M公司，取得M公司10%股份；2016年张三以300万元现金继续对M公司增资，又取得了10%股份，至此张三持有M公司共30%的股份。2020年张三将持有的M公司10%股份转让给李四，转让价格为400万元。

请计算张三转让股权应纳的个人所得税。

解析：

根据《股权转让所得个人所得税管理办法（试行）》第十八条的规定，应按加权平均法确认张三转让M公司10%股权的原值。

股权原值 =（100 + 200 + 300）÷ 30% × 10% = 200（万元）

应纳税所得额 = 400 - 200 = 200（万元）

应纳个人所得税额 = 200 × 20% = 40（万元）。

根据《财政部 国家税务总局关于完善股权激励和技术入股有关所得税政策的通知》（财税〔2016〕101号）第四条第（三）项的规定，个人转让股权时，视同享受递延纳税优惠政策的股权优先转让（指非上市公司实施符合递延纳税条件的股权激励或技术成果所有权投资入股递延纳税股权）。递延纳税的股权成本按照加权平均法计算，不与其他方式取得的股权成本合并计算。根据财税〔2016〕101号文件的规定，非上市公司股票（权）期权的财产原值按照行权价确定，限制性股票按照实际出资额确定，股权奖励的原值为零，技术成果投资入股的财产原值为技术成果的原值。若纳税人同时取得了多项享受递延纳税政策的股权，应按照加权平均法计算财产原值，并且不与其他方式取得的股权成本合并计算。

（5）合理费用的扣除。

根据《个人所得税法》的规定，财产转让所得，以转让财产的收入额减除财产原值和合理费用后的余额，为应纳税所得额。根据《个人所得税法实施条例》的规定，这里所说的合理费用，是指卖出财产时按照规定支付的有关税费。

在计算股权转让所得时，是否可以扣除律师费、中介费、评估费以及咨询费等费用。笔者认为，只要纳税人能举证是与股权转让直接相关、由转让方承担的并且符合经营常规的合理费用就应该允许扣除。对于这个问题，有些地方税务机关文件予以明确。例如，江西省地方税务局发布的《自然人股东股权转让所得个人所得税征收管理办法（试行）》（江西省地方税务局公告2012年第9号发布）第八条规定，与股权转让相关的税费是指纳税人在转让股权过程中按规定所支付的税金及费用，包括营业税（自2016年5月1日起全面营改增后不再征收营业税）、城市维护建设税、印花税、教育费附加、地方教育附加、资产评估费、中介服务费等。

【例5-24】2014年1月《甘肃宏良皮业股份有限公司首次公开发行股票招股说明书》指出，公司公开发行新股1 840万股，公司股东公开发售股份1 870万股，公司本次公开发行股票总量3 710万股，占发行后总股本的25%。

《甘肃宏良皮业股份有限公司首次公开发行股票招股说明书》同时指出，各股东将按其发售股份占首次公开发行股份总数的比例承担相应发行承销费用。《宏良股份首次公开发行股票发行公告》中披露发行承销费用3480万元。

请分析说明：

（1）宏良股份老股东中的自然人股东在公开发行时发售的股份是否应按照《股权转让所得个人所得税管理办法（试行）》的规定缴纳个人所得税？

（2）由老股东承担的承销费用在计算老股东的个人所得税时是否允许扣除？

解析：

（1）发行人首次公开发行新股时，企业股东将其持有的股份以公开发行方式一并向投资者发售，这种情况依据的是《首次公开发行股票时公司股东公开发售股份暂行规定》（中国证券监督管理委员会公告〔2013〕44号发布）和《关于修改〈首次公开发行股票时公司股东公开发售股份暂行规定〉的决定》（证监会公告〔2014〕11号）的相关规定。企业在首次公开发行股票时，向未来新的投资者发售的既有增加的权益，也有原有股东的权益的转让，那么原有的老股东把权益转让给未来的新股东的行为，是拟上市主体股权权属的变更，属于个人所得税的征收范围。

因此，宏良皮业老股东中的自然人股东在公开发行时发售的股份应按照《股权转让所得个人所得税管理办法（试行）》规定，财产转让所得项目计算缴纳个人所得税。

（2）在公司上市过程中，发行承销费用通常不小，本例中有3 480多万元，公司老股东向未来的新股东发售股份时承担的支付给证券公司的发行承销费用，按照《个人所得税法》的精神，在计算老股东的个人所得税时应允许扣除。

4. 纳税申报

（1）纳税地点。

《股权转让所得个人所得税管理办法（试行）》第十九条明确：个人股权转让所得个人所得税以被投资企业所在地税务机关为主管税务机关。也就是说，股权转让所得纳税人需要在被投资企业所在地办理纳税申报。

根据《财政部 税务总局 证监会关于个人转让全国中小企业股份转让系统挂牌公司股票有关个人所得税政策的通知》（财税〔2018〕137号）第三条的规定，2019年9月1日之前，个人转让新三板挂牌公司原始股的个人所得税，征收管理办法按照现行股权转让所得有关规定执行，以股票受让方为扣缴义务人，由被投资企业所在地税务机关负责征收管理。自2019年9月1日（含）起，个人转让新三板挂牌公司原始股的个人所得税，以股票托管的证券机构为扣缴义务人，由股票托管的证券机构所在地主管税务机关负责征收管理。具体征收管理办法参照《财政部 国家税务总局 证监会关于个人转让上市公司限售股所得征收个人所得税有关问题的通知》（财税〔2009〕167号）和《财政部 国家税务总局 证监会关于个人转让上市公司限售股所得征收个人所得税有关问题的补充通知》（财税〔2010〕70号）有关规定执行。

（2）纳税期限。

根据《股权转让所得个人所得税管理办法（试行）》第二十条规定，具有下列情形之一的，扣缴义务人、纳税人应当依法在次月15日内向主管税务机关申报纳税：

①受让方已支付或部分支付股权转让价款的；

②股权转让协议已签订生效的；

③受让方已经实际履行股东职责或者享受股东权益的；

④国家有关部门判决、登记或公告生效的；

⑤该办法第三条第四至第七项（即股权被司法或行政机关强制过户、以股权对外投资或进行其他非货币性交易、以股权抵偿债务和其他股权转移行为）行为已完成的；

⑥税务机关认定的其他有证据表明股权已发生转移的情形。

股权转让所得的纳税申报时间为股权转让行为发生后的次月15日内。上述六种情形是对何时作为股权转让行为发生时点进行的界定。

【例5-25】2014年10月1日，青岛金王应用化学股份有限公司发布了《收购资产公告》，披露公司董事会审议通过了《关于收购资产的议案》，同意公司与蔡燕芬、朱裕宝、上海悠皙贸易商行签署股权转让协议。根据该股权转让协议，蔡燕芬将其持有的上海月沣26%的股权转让给公司，朱裕宝将其持有的上海月沣27%的股权转让给公司，上海悠皙贸易商行将持有的上海月沣7%的股权转让给公司。

根据股权转让协议，青岛金王应在本次交易获得董事会批准后3个工作日内向上海悠皙贸易商行支付预付款1 708万元，向朱裕宝支付预付款2 292万元。在本次交易获得股东大会批准后10日内，向朱裕宝支付首期股权转让款2 300万元，且根据约定向朱裕宝支付的2 292万元预付款自动转为首期股权转让价款，向上海悠皙贸易商行支付的1 708万元预付款自动转为股权转让价款。假定股东大会于11月1日批准该股权转让协议，并于11月1日支付首期价款。

要求：分析说明上述股权交易个人所得税的纳税义务何时发生。

解析：

在本案中，青岛金王在向上海月沣的自然人股东支付预付款时，转让方不发生个人所得税的纳税义务，原因是其股权转让协议并未获批准，其股权也没有过户给青岛金王，因此，在支付预付款时不应该扣缴个人所得税。在支付首付款时应该履行个人所得税扣缴义务。

（3）资料报送。

《股权转让所得个人所得税管理办法（试行）》第二十一条规定，纳税人、扣缴义务人向主管税务机关办理股权转让纳税（扣缴）申报时，还应当报送以下资料：

①股权转让合同（协议）；

②股权转让双方身份证明；

③按规定需要进行资产评估的，需提供具有法定资质的中介机构出具的净资产或土地房产等资产价值评估报告；

④计税依据明显偏低但有正当理由的证明材料；

⑤主管税务机关要求报送的其他材料。

（4）被投资企业的报告义务。

①事先报告义务。

《股权转让所得个人所得税管理办法（试行）》第二十二条规定，被投资企业应当在董事会或股东会结束后5个工作日内，向主管税务机关报送与股权变动事项相关的董事会或股东会决议、会议纪要等资料。

该办法第六条规定，扣缴义务人应于股权转让相关协议签订后5个工作日内，将股权转让的有关情况报告主管税务机关。

②事后报告义务。

被投资企业发生个人股东变动或者个人股东所持股权变动的，应当在次月15日内向主管税务机关报送含有股东变动信息的“个人所得税基础信息表（A表）”及股东变更情况说明。

主管税务机关应当及时向被投资企业核实其股权变动情况，并确认相关转让所得，及时督促扣缴义务人和纳税人履行法定义务。

（五）涉及个人股东的股权收购案例

【例5-26】 A公司成立于2016年8月，由B公司、甲公司和自然人E共同出资1 000万元在上海成立，注册资本1 000万元，主营药品批发、零售等。股东B公司于公司成立当月以货币资金投资500万元（投资成本与计税基础都为500万元），取得A公司50%股权，B公司将该项投资作为长期股权投资按成本法核算。

自然人E出资100万元，持有A公司10%的股权。

2018年12月，C公司从甲公司处以银行存款800万元受让其持有的A公司40%股权。对A公司具有重大影响，作为长期股权投资按权益法核算。2020年1月，持有的A公司股权，按权益法核算的长期股权投资（A公司）账户有损益调整借方余额100万元。

2019年12月31日，A公司净资产账面价值1 200万元，公允价值1 500万元。

D公司成立于2016年6月，主营药品研发、制造与销售等。因发展需要开拓市场销售渠道，2020年1月20日，D公司与B公司、C公司和自然人E签订股权收购协议，D公司以增发股票1 000万股（面值1元/股，公允价值1.5元/股）收购B公司、C公司和自然人E持有的A公司全部股权。B公司、C公司与自然人E分别取得500万股、400万股、100万股。B、C公司取得D公司增发股票后对D公司均不构成重大影响，对此项投资均作为可供出售金融资产核算（收购情况如图5－12所示）。

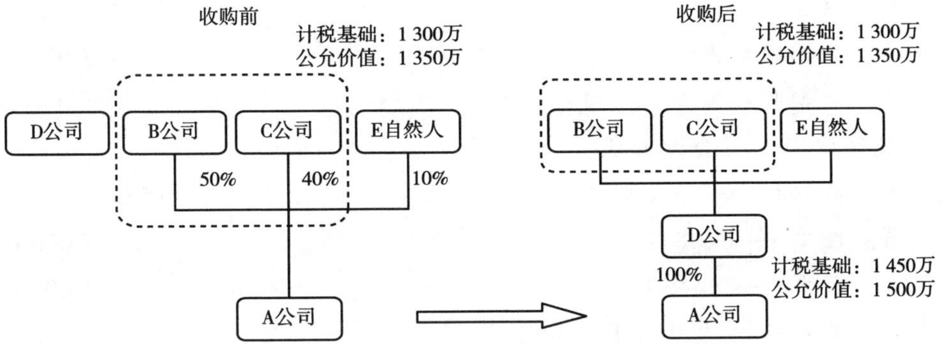

图5－12　股权收购示意图

按A公司的净利润和持股比例计算，收购前C公司确认权益法核算长期股权投资（A公司）损益调整账户借方余额为100万元。

已知B公司、C公司与D公司属非同一控制下的独立公司。D公司为此项收购业务制定了长期发展计划，交易完成后，A公司继续从事其原来的药品批发零售业务，D公司承诺在重组后连续12个月内不改变A公司经营活动。B、C、D公司承诺重组后连续12个月内，不转让取得的股权。计划一致采用特殊性税务处理。

要求：分析说明股权收购各方的相关财税处理。

解析：

1. 会计处理。

（1）转让方B公司的会计处理。

2016年8月，转让方B公司采用成本法核算A公司的股权投资，会计处理为：

借：长期股权投资——A公司　　5 000 000

　　贷：银行存款　　5 000 000

2020年1月，持有的A公司股权被收购，取得D公司增发的500万股股票，按公允价值确认成本，会计处理为：

借：可供出售金融资产——成本——D公司　　7 500 000

贷：长期股权投资——A 公司　　5 000 000

　　投资收益　　2 500 000

（2）转让方 C 公司的会计处理。

2018 年 12 月，转让方 C 公司取得 A 公司股权时，采用权益法核算，会计处理如下：

借：长期股权投资——成本—— A 公司　　8 000 000

　　贷：银行存款　　8 000 000

2020 年 1 月，C 公司取得 D 公司增发的 400 万股股票按公允价值确认成本，会计处理为：

借：可供出售金融资产——成本——D 公司　　6 000 000

　　投资收益　　3 000 000

　　贷：长期股权投资——成本——A 公司　　8 000 000

　　　　长期股权投资——损益调整——A 公司　　1 000 000

（3）收购方 D 公司会计处理。

借：长期股权投资——A 公司　　15 000 000

　　贷：股本——B 公司　　5 000 000

　　　　股本—— C 公司　　4 000 000

　　　　股本—— 自然人 E　　1 000 000

　　　　资本公积——股本溢价　　5 000 000

2. 税务处理。

（1）转让方的处理。

B 公司转让 A 公司股权无需确认财产转让所得或损失，其取得 D 公司增发的 500 万股票的计税基础以原计税基础 500 万元确定，会计上确认成本 750 万元，差额 250 万元需要在以后股权处置时调整应纳税所得额。B 公司在股权收购的会计处理时确认了 250 万元的投资收益，企业所得税年度汇算清缴纳税申报时，通过填报“企业重组及递延纳税事项纳税调整明细表”（A105100）第 4 行“股权收购”行次进行税会差异纳税调整，调减应纳税所得额 250 万元，如表 5－21 所示。

同时，将合计行填入“纳税调整项目明细表”（A105000）第 37 行，如表 5－22 所示。

C 公司转让 A 公司股权无需确认财产转让所得或损失，其取得 D 公司增发的 400 万股股票计税基础应以原计税基础 800 万元确定，会计上确认成本 600 万元，差额 200 万元需要在以后股权处置时调整应纳税所得额。C 公司股权收购会计处理确认了 300 万元的投资损失，企业所得税年度汇算清缴纳税申报时，通过填报“企业重组及递延纳税事项纳税调整明细表”（A105100）第 4 行“股权收购”行次进行税会差异纳税调整，调增应纳税所得额 300 万元，如表 5－23 所示。

同时，将合计行填入“纳税调整项目明细表”（A105000）第 37 行，如表 5－24 所示。

表 5-21 A105100 企业重组及递延纳税事项纳税调整明细表

行次	项目	一般性税务处理			特殊性税务处理（递延纳税）			纳税调整金额
		账载金额	税收金额	纳税调整金额	账载金额	税收金额	纳税调整金额	
		1	2	3（2-1）	4	5	6（5-4）	7（3+6）
1	一、债务重组							
2	其中：以非货币性资产清偿债务							
3	债转股							
4	二、股权收购				2 500 000	0	-2 500 000	-2 500 000
5	其中：涉及跨境重组的股权收购							
6	三、资产收购							
7	其中：涉及跨境重组的资产收购							
8	四、企业合并（9+10）							
9	（一）同一控制下企业合并							
10	（二）非同一控制下企业合并							
11	五、企业分立							
12	六、非货币性资产对外投资							
13	七、技术入股							
14	八、股权划转、资产划转							
15	九、其他							
16	合计（1+4+6+8+11+12+13+14+15）				2 500 000	0	-2 500 000	-2 500 000

表 5－22　　A105000　　　　**纳税调整项目明细表**

行次	项　　目	账载金额	税收金额	调增金额	调减金额
		1	2	3	4
1	一、收入类调整项目（2＋3＋…8＋10＋11）	*	*		
12	二、扣除类调整项目（13＋14＋…24＋26＋27＋28＋29＋30）	*	*		
31	三、资产类调整项目（32＋33＋34＋35）	*	*		
36	四、特殊事项调整项目（37＋38＋…＋43）	*	*		2 500 000
37	（一）企业重组及递延纳税事项（填写 A105100）	2 500 000	0		2 500 000
38	（二）政策性搬迁（填写 A105110）	*	*		
39	（三）特殊行业准备金（填写 A105120）				
40	（四）房地产开发企业特定业务计算的纳税调整额（填写 A105010）	*			
41	（五）合伙企业法人合伙人应分得的应纳税所得额				
42	（六）发行永续债利息支出				
43	（七）其他	*	*		
44	五、特别纳税调整应税所得	*	*		
45	六、其他	*	*		
46	合计（1＋12＋31＋36＋44＋45）	*	*		2 500 000

表 5－23　　A105100　　企业重组及递延纳税事项纳税调整明细表

行次	项　　目	一般性税务处理			特殊性税务处理（递延纳税）			纳税调整金额
		账载金额	税收金额	纳税调整金额	账载金额	税收金额	纳税调整金额	
		1	2	3（2－1）	4	5	6（5－4）	7（3＋6）
1	一、债务重组							
2	其中：以非货币性资产清偿债务							
3	债转股							
4	二、股权收购				－3 000 000	0	3 000 000	3 000 000
5	其中：涉及跨境重组的股权收购							
6	三、资产收购							
7	其中：涉及跨境重组的资产收购							
8	四、企业合并（9＋10）							
9	（一）同一控制下企业合并							
10	（二）非同一控制下企业合并							
11	五、企业分立							
12	六、非货币性资产对外投资							
13	七、技术入股							
14	八、股权划转、资产划转							
15	九、其他							
16	合计（1＋4＋6＋8＋11＋12＋13＋14＋15）				－3 000 000	0	3 000 000	3 000 000

表 5－24　　A105000　纳税调整项目明细表

行次	项　目	账载金额	税收金额	调增金额	调减金额
		1	2	3	4
1	一、收入类调整项目（2＋3＋…8＋10＋11）	*	*		
12	二、扣除类调整项目（13＋14＋…24＋26＋27＋28＋29＋30）	*	*		
31	三、资产类调整项目（32＋33＋34＋35）	*	*		
36	四、特殊事项调整项目（37＋38＋…＋43）	*	*		
37	（一）企业重组及递延纳税事项（填写 A105100）	－300 000	0	300 000	
38	（二）政策性搬迁（填写 A105110）	*	*		
39	（三）特殊行业准备金（填写 A105120）				
40	（四）房地产开发企业特定业务计算的纳税调整额（填写 A105010）	*			
41	（五）合伙企业法人合伙人应分得的应纳税所得额				
42	（六）发行永续债利息支出				
43	（七）其他	*	*		
44	五、特别纳税调整应税所得	*	*		
45	六、其他	*	*		
46	合计（1＋12＋31＋36＋44＋45）	*	*	300 000	

自然人E转让A公司股权，应按《个人所得税法》有关财产转让所得的规定，确认股权转让所得50万元（150－100），缴纳财产转让所得个人所得税：50×20%＝10（万元），其取得D公司增发的100万股股票的财产原值按公允价值150万元确定。

由于该股权收购业务，对自然人E而言也是用持有的非上市公司股权对外投资。根据《财政部 国家税务总局关于个人非货币性资产投资有关个人所得税政策的通知》（财税〔2015〕41号）的规定，个人以非货币性资产投资，属于个人转让非货币性资产和投资同时发生。对个人转让非货币性资产的所得，应按照“财产转让所得”项目，依法计算缴纳个人所得税。个人应在发生应税行为的次月15日内向主管税务机关申报纳税。纳税人一次性缴税有困难的，可合理确定分期缴纳计划并报主管税务机关备案后，自发生应税行为之日起不超过5个公历年度内（含）分期缴纳个人所得税。

（2）收购方的税务处理。

D公司从B公司、C公司取得的A公司股权的计税基础以原计税基础确定，即为：500＋800＝1 300（万元）。

D公司从自然人E取得的A公司股权的计税基础以公允价值确定，为150万元。

D公司取得A公司股权计税基础为：1 300＋150＝1450（万元）。

会计账面价值1 500万元，税会之间存在差异，需要在以后股权处置时调增应纳税所得额。

第六章　企业合并

企业合并是企业扩张经营的主要重组形式之一，企业所得税中的企业合并方式包括吸收合并和新设合并。对于《企业会计准则》所称的控股合并，在企业所得税中对应的是股权收购重组。本章内容如图 6－1 所示。

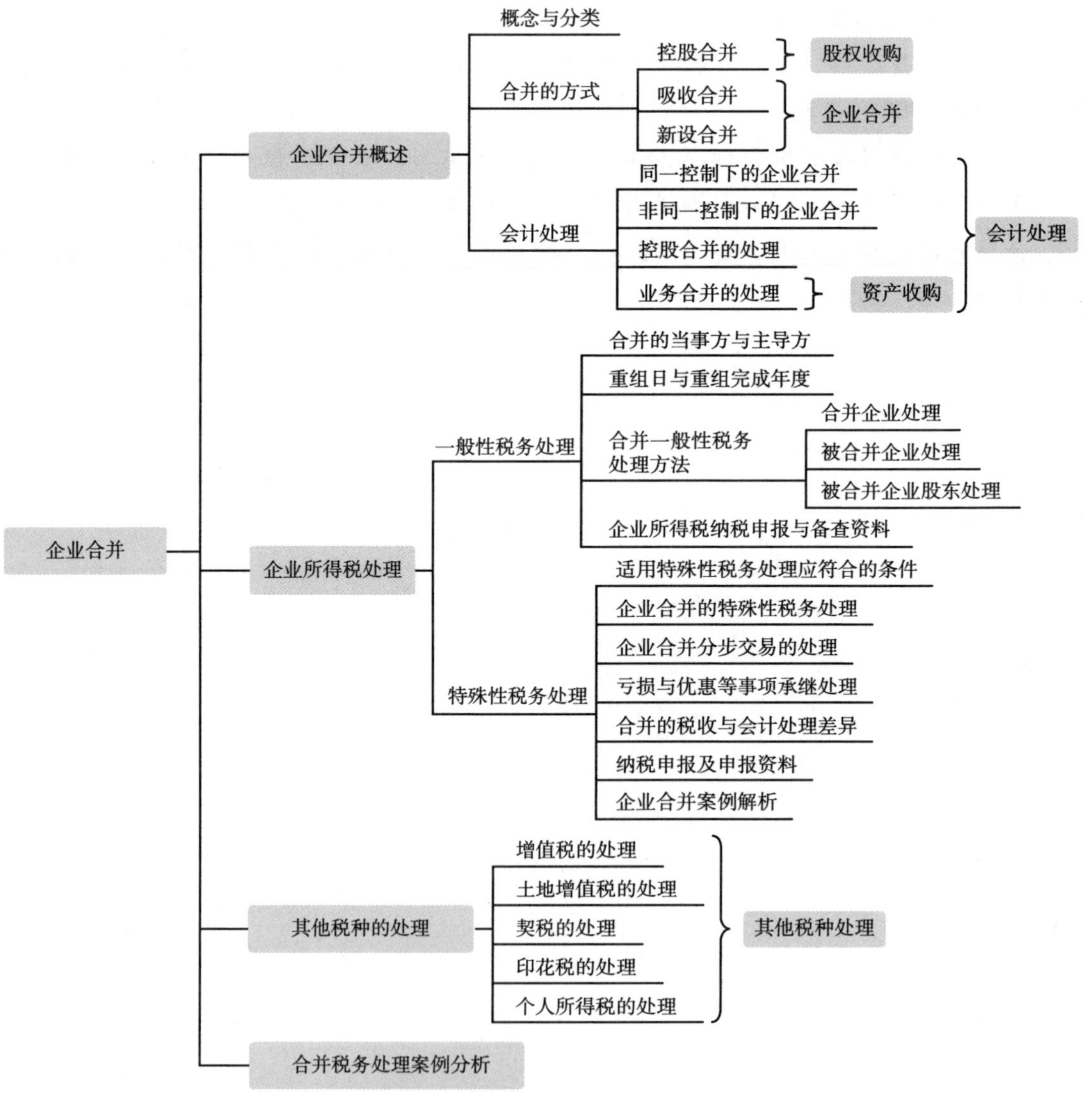

图 6－1　企业合并知识图

第一节　企业合并概述

一、概念与分类

（一）会计准则关于企业合并的界定与分类

根据《企业会计准则第 20 号——企业合并》（以下简称合并准则）第二条的规定，企业合并，是指将两个或者两个以上单独的企业合并形成一个报告主体的交易或事项。企业合并分为同一控制下的企业合并和非同一控制下的企业合并。

（二）企业所得税关于企业合并的界定与分类

根据《财政部 国家税务总局关于企业重组业务企业所得税处理若干问题的通知》（财税〔2009〕59 号）第一条第（五）项的规定，合并，是指一家或多家企业（以下称为被合并企业）将其全部资产和负债转让给另一家现存或新设企业（以下称为合并企业），被合并企业股东换取合并企业的股权或非股权支付，实现两个或两个以上企业的依法合并。

股权支付，是指企业重组中购买、换取资产的一方支付的对价中，以本企业或其控股企业的股权、股份作为支付的形式；非股权支付，是指以本企业的现金、银行存款、应收款项、本企业或其控股企业股权和股份以外的有价证券、存货、固定资产、其他资产以及承担债务等作为支付的形式。控股企业，是指由本企业直接持有股份的企业。

（三）相关法律关于企业合并的规定与分类

根据《中华人民共和国民法典》第六十七条的规定，法人合并的，其权利和义务由合并后的法人享有和承担。

根据《公司法》第一百七十二条、一百七十三条和一百七十四条的规定，公司合并可以采取吸收合并或者新设合并。一个公司吸收其他公司为吸收合并，被吸收的公司解散。两个以上公司合并设立一个新的公司为新设合并，合并各方解散。公司合并，应当由合并各方签订合并协议，并编制资产负债表及财产清单。公司合并时，合并各方的债权、债务，应当由合并后存续的公司或者新设的公司承继。根据《公司法》第一百七十九条的规定，公司合并或者分立，登记事项发生变更的，应当依法向公司登记机关办理变更登记；公司解散的，应当依法办理公司注销登记；设立新公司的，应当依法办理公司设立登记。

根据《税收征收管理法》第四十八条的规定，纳税人有合并、分立情形的，应当向税务机关报告，并依法缴清税款。纳税人合并时未缴清税款的，应当由合并后的纳税人继续履行未履行的纳税义务；纳税人分立时未缴清税款的，分立后的纳税人应当对未履行的纳税义务承担连带责任。

二、合并的方式

《企业会计准则》所讲的企业合并方式包括控股合并、吸收合并和新设合并三种。

（一）控股合并

合并方（或购买方）在企业合并中取得对被合并方（或被购买方）的控制权，被合并方（或被购买方）在合并后仍保持其独立的法人资格并继续经营，合并方（或购买方）确认企业合并形成的对被合并方（或被购买方）的投资。

（二）吸收合并

合并方（或购买方）通过企业合并取得被合并方（或被购买方）的全部净资产，合并后注销被合并方（或被购买方）的法人资格，被合并方（或被购买方）原持有的资产、负债，在合并后成为合并方（或购买方）的资产、负债。

（三）新设合并

参与合并的各方在合并后法人资格均被注销，重新注册成立一家新的企业。

企业所得税将企业合并的税务处理方式分为一般性税务处理和特殊性税务处理。而且，企业所得税中的企业合并仅指吸收合并和新设合并，未将控股合并纳入合并范畴；《企业会计准则第 20 号——企业合并》中的合并概念更为宽泛，强调的是报告主体，将控股合并归入企业合并的范畴。会计上的企业合并的实质是控制而不是法律主体的解散，法人资格的丧失并不是企业合并的必要条件。会计中的控股合并在企业所得税上不叫合并，而是作为股权收购重组处理。

三、合并的交易架构

（一）吸收合并的交易架构

典型的吸收合并交易架构如图 6 - 2 所示。

上述吸收合并重组，可以分解为如下两个独立的交易行为：

第一，合并企业接受被合并企业转让或出售的全部资产和负债，并支付对价给被合并企业。该资产转让或出售交易，也可视为被合并企业在注销解散中对资产和负债的处置行为。

第二，被合并企业在注销解散中，分配收到的合并企业支付的对价并回购自身股份。被合并企业向其股东分配收到的对价（或被合并企业注销解散中的资产处置收入），并回购其股东持有的自身股份，被合并企业注销解散。

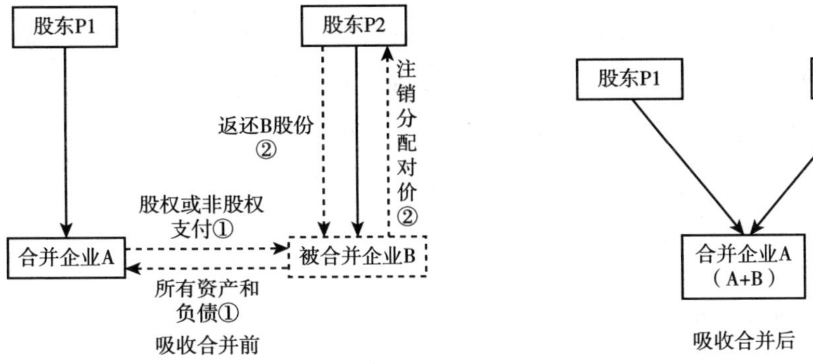

图6－2　吸收合并交易架构图

注：

1. B公司将全部资产和负债整体转让给A公司，A公司作为收到该资产和负债的对价向B公司支付股权或非股权对价。
2. B公司在注销解散中将收到的A公司支付的对价分配给股东P2，用于交换（回购）股东P2持有的B公司股份，B公司收回全部股份后解散注销。

（二）新设合并的交易架构

新设合并的本质是两个或多个被合并企业将其全部资产和负债“打包”投资注入新设的合并企业，合并企业发行自身股份给被合并企业，被合并企业进行清算计算清算所得，并分配合并企业股份给被合并企业股东，被合并企业股东成为合并企业的股东，被合并企业分配完毕后解散注销。典型的新设合并交易架构如图6－3所示。

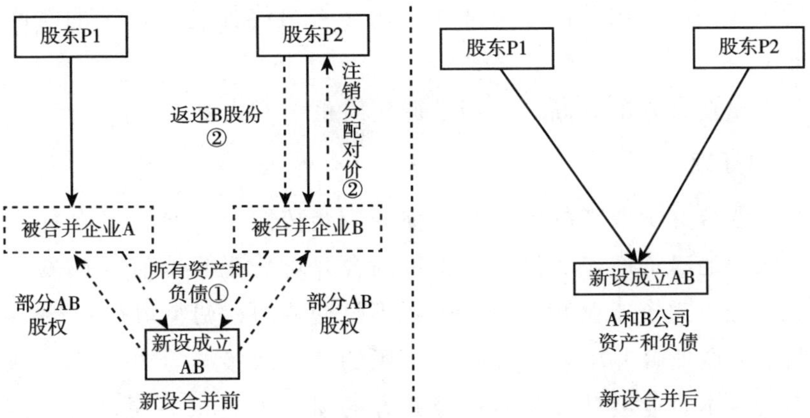

图6－3　新设合并交易架构图

注：

1. A企业和B企业将全部资产和负债整体投入新设的AB企业，AB企业向A企业和B企业发行自身股份作为支付对价。
2. A企业和B企业在解散注销中将收到的AB企业股份分配给其股东，用以回购其持有的本企业股份，A企业和B企业收回其全部股份后解散注销。

上述典型的新设合并重组可以分解为两个独立交易行为：

第一，新设的合并企业接受被合并企业的全部资产和负债并支付股权对价给被合并企业。

第二，被合并企业在解散注销中，分配收到的合并企业股份并回购股东持有的被合并企业股份。被合并企业向其股东分配收到的合并企业股权支付对价，并收回股东持有的自身股份，之后被合并企业解散注销。

四、合并的会计处理

（一）同一控制下的企业合并

同一控制下的企业合并，从最终控制方的角度看，其在合并前后实际控制的经济资源并没有发生变化，有关交易事项不视为购买，而是采用权益结合法处理。

1. 同一控制下企业合并的界定

参与合并的企业在合并前后均受同一方或相同的多方最终控制且该控制并非暂时性的，为同一控制下的企业合并。同一控制下的企业合并，在合并日取得对其他参与合并企业控制权的一方为合并方，参与合并的其他企业为被合并方。合并日，是指合并方实际取得对被合并方控制权的日期。

同一方，是指对参与合并的企业在合并前后均实施最终控制的投资者。相同的多方，通常是指根据投资者之间的协议约定，在对被投资单位的生产经营决策行使表决权时发表一致意见的两个或两个以上的投资者。控制并非暂时性，是指参与合并的各方在合并前后较长的时间内受同一方或相同的多方最终控制。较长的时间通常指 1 年以上（含 1 年）。

同一控制下企业合并的判断，应当遵循实质重于形式要求。

2. 合并方的处理

合并方在企业合并中取得的资产和负债，应当按照合并日在被合并方的账面价值计量。合并方取得的净资产账面价值与支付的合并对价账面价值（或发行股份面值总额）的差额，应当调整资本公积；资本公积不足冲减的，调整留存收益。

同一控制下的企业合并中，被合并方采用的会计政策与合并方不一致的，合并方在合并日应当按照本企业会计政策对被合并方的财务报表相关项目进行调整，在此基础上按照规定确认。

3. 合并费用的处理

合并方为进行企业合并发生的各项直接相关费用，包括为进行企业合并而支付的审计费用、评估费用、法律服务费用等，应当于发生时计入当期损益。

为企业合并发行的债券或承担其他债务支付的手续费、佣金等，应当计入所发行债券及其他债务的初始计量金额。企业合并中发行权益性证券发生的手续费、佣金等费用，应当抵减权益性证券溢价收入，溢价收入不足冲减的，冲减留存收益。

（二）非同一控制下的企业合并

1. 非同一控制下的企业合并的界定

参与合并的各方在合并前后不受同一方或相同的多方最终控制的，为非同一控制下的企业合并。非同一控制下的企业合并，在购买日取得对其他参与合并企业控制权的一方为购买方，参与合并的其他企业为被购买方。购买日，是指购买方实际取得对被购买方控制权的日期。

2. 购买方合并成本的确定与分配

购买方应当区别下列情况确定合并成本：

（1）一次交换交易实现的企业合并，合并成本为购买方在购买日为取得对被购买方的控制权而付出的资产、发生或承担的负债以及发行的权益性证券的公允价值。

（2）通过多次交换交易分步实现的企业合并，合并成本为每一单项交易成本之和。

（3）购买方为进行企业合并发生的各项直接相关费用也应当计入企业合并成本。

（4）在合并合同或协议中对可能影响合并成本的未来事项作出约定的，购买日如果估计未来事项很可能发生并且对合并成本的影响金额能够可靠计量的，购买方应当将其计入合并成本。

非同一控制下的吸收合并，购买方在购买日应当按照合并中取得的被购买方各项可辨认资产、负债的公允价值确定其入账价值，确定的企业合并成本与取得被购买方可辨认净资产公允价值的差额，应确认为商誉或计入当期损益。

（1）购买方对合并成本大于合并中取得的被购买方可辨认净资产公允价值份额的差额，应当确认为商誉。

初始确认后的商誉，应当以其成本扣除累计减值准备后的金额计量。商誉的减值应当按照《企业会计准则第 8 号——资产减值》处理。

（2）购买方对合并成本小于合并中取得的被购买方可辨认净资产公允价值份额的差额，应当按照下列规定处理：

①对取得的被购买方各项可辨认资产、负债及或有负债的公允价值以及合并成本的计量进行复核；

②经复核后合并成本仍小于合并中取得的被购买方可辨认净资产公允价值份额的，其差额应当计入当期损益。

被购买方可辨认净资产公允价值，是指合并中取得的被购买方可辨认资产的公允价值减去负债及或有负债公允价值后的余额。

购买方在购买日应当对合并成本进行分配，按照规定确认所取得的被购买方各项可辨认资产、负债及或有负债。

3. 合并对价的计量

购买方在购买日对作为企业合并对价付出的资产、发生或承担的负债应当按照公允价值计量，公允价值与其账面价值的差额，计入当期损益。

4. 取得被购买方可辨认资产、负债的确认

被购买方各项可辨认资产、负债及或有负债，符合下列条件的，应当单独予以确认：

（1）合并中取得的被购买方除无形资产以外的其他各项资产（不仅限于被购买方原已确认的资产），其所带来的经济利益很可能流入企业且公允价值能够可靠地计量的，应当单独予以确认并按照公允价值计量。

合并中取得的无形资产，其公允价值能够可靠地计量的，应当单独确认为无形资产并按照公允价值计量。

（2）合并中取得的被购买方除或有负债以外的其他各项负债，履行有关的义务很可能导致经济利益流出企业且公允价值能够可靠地计量的，应当单独予以确认并按照公允价值计量。

（3）合并中取得的被购买方或有负债，其公允价值能够可靠地计量的，应当单独确认为负债并按照公允价值计量。或有负债在初始确认后，应当按照下列两者孰高进行后续计量：

①按照《企业会计准则第 13 号——或有事项》应予确认的金额；

②初始确认金额减去按照规定确认的累计摊销额后的余额。

购买方应当按照以下规定确定合并中取得的被购买方各项可辨认资产、负债及或有负债的公允价值：

第一，货币资金，按照购买日被购买方的账面余额确定。

第二，有活跃市场的股票、债券、基金等金融工具，按照购买日活跃市场中的市场价格确定。

第三，应收款项，其中的短期应收款项，一般按照应收取的金额作为其公允价值；长期应收款项，应按适当的利率折现后的现值确定其公允价值。在确定应收款项的公允价值时，应考虑发生坏账的可能性及相关收款费用。

第四，存货，对其中的产成品和商品按其估计售价减去估计的销售费用、相关税费以及购买方出售类似产成品或商品估计可能实现的利润确定；在产品按完工产品的估计售价减去至完工仍将发生的成本、估计的销售费用、相关税费以及基于同类或类似产成品的基础上估计出售可能实现的利润确定；原材料按现行重置成本确定。

第五，不存在活跃市场的金融工具如权益性投资等，应当参照《企业会计准则第 22 号——金融工具确认和计量》的规定，采用估值技术确定其公允价值。

第六，房屋建筑物、机器设备、无形资产，存在活跃市场的，应以购买日的市场价格为基础确定其公允价值；不存在活跃市场，但同类或类似资产存在活跃市场的，应参照同类或类似资产的市场价格确定其公允价值；同类或类似资产也不存在活跃市场的，应采用估值技术确定其公允价值。

第七，应付账款、应付票据、应付职工薪酬、应付债券、长期应付款，其中的短期负债，一般按照应支付的金额确定其公允价值；长期负债，应按适当的折现率折现后的现值作为其公允价值。

第八，取得的被购买方的或有负债，其公允价值在购买日能够可靠计量的，应确认为预计负债。此项负债应当按照假定第三方愿意代购买方承担，就其所承担义务需要购买方支付的金额作为其公允价值。

第九，递延所得税资产和递延所得税负债，取得的被购买方各项可辨认资产、负债及或有负债的公允价值与其计税基础之间存在差额的，应当按照《企业会计准则第18号——所得税》的规定确认相应的递延所得税资产或递延所得税负债，所确认的递延所得税资产或递延所得税负债的金额不应折现。

（三）控股合并的处理

企业合并形成母子公司关系的，母公司应当设置备查簿，记录企业合并中取得的子公司各项可辨认资产、负债及或有负债等在购买日的公允价值。编制合并财务报表时，应当以购买日确定的各项可辨认资产、负债及或有负债的公允价值为基础对子公司的财务报表进行调整。

企业合并形成母子公司关系的，母公司应当编制购买日的合并资产负债表，因企业合并取得的被购买方各项可辨认资产、负债及或有负债应当以公允价值列示。母公司的合并成本与取得的子公司可辨认净资产公允价值份额的差额，应按照《企业会计准则第20号——企业合并》（本书简称合并准则）规定处理的结果列示。

非同一控制下的控股合并，母公司在购买日编制合并资产负债表时，对于被购买方的可辨认资产、负债应当按照合并中确定的公允价值列示，企业合并成本大于合并中取得的被购买方可辨认净资产公允价值份额的差额，确认为合并资产负债表中的商誉。企业合并成本小于合并中取得的被购买方可辨认净资产公允价值份额的差额，在购买日合并资产负债表中调整盈余公积和未分配利润。非同一控制下的企业合并形成母子公司关系的，母公司应自购买日起设置备查簿，登记其在购买日取得的被购买方可辨认资产、负债的公允价值，为以后期间编制合并财务报表提供基础资料。

（四）业务合并的处理

合并准则第三条规定，涉及业务的合并比照该会计准则规定处理。

业务是指企业内部某些生产经营活动或资产的组合，该组合一般具有投入、加工处理过程和产出能力，能够独立计算其成本费用或所产生的收入，但不构成独立法人资格的部分。比如，企业的分公司、不具有独立法人资格的分部等。

会计上的业务合并，在企业所得税中对应的是资产收购重组业务。

第二节　一般性税务处理

一、当事方与主导方

（一）合并当事方的确定

根据《国家税务总局关于企业重组业务企业所得税征收管理若干问题的公告》（国家税务总局公告2015年第48号）第一条的规定，企业合并中当事各方，指合并企业、被合并企业及被合并企业股东。合并中被合并企业股东可以是自然人。当事各方中的自然人应按个人所得税的相关规定进行税务处理。

（二）合并主导方的确定

根据《国家税务总局关于企业重组业务企业所得税征收管理若干问题的公告》（国家税务总局公告2015年第48号）第二条的规定，合并重组当事各方企业适用特殊性税务处理的，应按规定确定重组主导方。企业合并，主导方为被合并企业，涉及同一控制下多家被合并企业的，以净资产最大的一方为主导方。

比如，A公司吸收合并B公司，甲、乙是B公司的股东，则该企业合并中，甲、乙、A公司及B公司是合并中当事各方。合并企业为A公司，被合并企业为B公司，被合并企业股东为甲、乙。合并中的主导方为被合并企业B公司。

二、重组日与重组完成年度

根据《国家税务总局关于企业重组业务企业所得税征收管理若干问题的公告》（国家税务总局公告2015年第48号）第三条的规定，重组业务完成当年，是指重组日所属的企业所得税纳税年度。合并，以合并合同（协议）生效、当事各方已进行会计处理且完成工商新设登记或变更登记日为重组日。按规定不需要办理新设或变更登记的合并，以合并合同（协议）生效且当事各方已进行会计处理的日期为重组日。

比如，A公司吸收合并B公司，属于非同一控制下的吸收合并。2020年12月20日，A公司实际取得被合并企业B公司控制权，并进行了会计处理。A公司于2021年

1月10日进行工商变更登记。则本企业合并中的重组日为2021年1月10日，重组完成年度为2021年。

三、一般性税务处理的方法与案例

根据《财政部 国家税务总局关于企业重组业务企业所得税处理若干问题的通知》（财税〔2009〕59号）第三条的规定，企业重组的税务处理区分不同条件分别适用一般性税务处理规定和特殊性税务处理规定。根据《企业重组业务企业所得税管理办法》（国家税务总局公告2010年第4号印发）第四条的规定，同一重组业务的当事各方应采取一致税务处理原则，即统一按一般性或特殊性税务处理规定处理。

（一）一般性税务处理规定

根据《企业所得税法实施条例》第七十五条的规定，除国务院财政、税务主管部门另有规定外，企业在重组过程中，应当在交易发生时确认有关资产的转让所得或者损失，相关资产应当按照交易价格重新确定计税基础。

企业合并的一般性税务处理，是指企业合并不符合特殊性税务处理条件，或虽然符合但企业不选择适用特殊性税务处理的情况下，按照一般性的税务处理规定进行的税务处理。根据《财政部 国家税务总局关于企业重组业务企业所得税处理若干问题的通知》（财税〔2009〕59号）第四条第（四）项的规定，企业合并，除符合规定适用特殊性税务处理规定的外，当事各方应按下列规定进行税务处理：

（1）合并企业应按公允价值确定接受被合并企业各项资产和负债的计税基础。

（2）被合并企业及其股东都应按清算进行所得税处理。

（3）被合并企业的亏损不得在合并企业结转弥补。

适用一般性税务处理的吸收合并中，被合并企业合并前的亏损不得在合并企业结转弥补，合并企业合并前尚在可弥补期限内的亏损，可由合并后的存续企业继续弥补。

（二）被合并企业的税务处理

企业合并选择适用企业所得税一般性税务处理的，被合并企业应进行企业所得税清算处理，具体包括：

（1）结清各项税款。

被合并方在注销清算前，须结清生产经营期间的各项税款。

（2）计算清算所得。

清算所得 = 被合并企业的全部资产可变现价值或交易价格 − 资产的计税基础 − 清算费用 − 相关税费 + 债务清偿损益

（3）计算清算所得税。

被合并企业应将整个清算期作为一个独立的纳税年度计算清算所得，进行清算申报。

应纳所得税额 = 清算所得 ×25%

（4）计算可向股东分配的剩余资产。

可以向所有者分配的剩余资产

= 被合并企业全部资产的可变现价值或交易价格 - 清算费用 - 职工工资

- 社会保险费 - 法定补偿金 - 清算所得税 - 以前年度欠税等税款

- 清偿企业债务

（5）按规定进行清算申报。

企业合并适用一般性税务处理的，被合并企业应按照《财政部 国家税务总局关于企业清算业务企业所得税处理若干问题的通知》（财税〔2009〕60 号）的规定进行清算。被合并企业清算申报时应附送以下资料：

①“企业清算所得纳税申报表”；

②企业合并的市场监督管理部门或其他政府部门的批准文件；

③企业全部资产和负债的计税基础以及评估机构出具的资产评估报告；

④企业债务处理或归属情况说明；

⑤主管税务机关要求提供的其他资料证明。

（三）被合并企业股东的税务处理

企业合并适用企业所得税一般性税务处理的，被合并企业的法人股东对这项投资应按清算进行企业所得税处理。包括：

（1）被清算企业的股东分得的剩余资产，其中相当于被清算企业累计未分配利润和累计盈余公积中按该股东所占股份比例计算的部分，应确认为股息所得；剩余资产减除股息所得后的余额，超过或低于股权投资成本的部分，应确认为股东的投资转让所得或损失。

（2）被清算企业的股东从被清算企业分得的资产应按可变现价值或交易价格确定计税基础。

（3）被清算企业的股东取得合并企业股权，按公允价值确认计税基础。

（四）合并企业的税务处理

在合并的企业所得税一般性税务处理中，被合并企业已经计算清算所得，并按规定计算缴纳了企业所得税。因而，合并企业应视同按公允价值购买被合并企业资产，即合并企业应按公允价值确认取得资产和负债的计税基础。

合并方对合并成本大于合并中取得的被合并方可辨认净资产公允价值份额的差

额，会计处理应当确认为商誉。按照《企业所得税法实施条例》第六十七条的规定，合并企业支付的商誉支出，在合并企业整体转让或清算时，准予扣除。

合并企业作为支付对价的股权、存货、固定资产、无形资产等非货币性资产，应按照公允价值计算转让或处置所得或损失。

（五）企业合并一般性税务处理优惠的承继

根据《财政部 国家税务总局关于企业重组业务企业所得税处理若干问题的通知》（财税〔2009〕59号）第九条的规定，在企业吸收合并中，合并后的存续企业性质及适用税收优惠的条件未发生改变的，可以继续享受合并前该企业剩余期限的税收优惠，其优惠金额按存续企业合并前一年的应纳税所得额（亏损计为零）计算。

被合并企业的剩余期限内的优惠，不得由合并企业继续享受。新设合并中新设的合并企业，不得承继被合并企业合并新的优惠继续享受。

【例6-1】2020年1月5日，A公司吸收合并B公司，适用企业所得税一般性税务处理。合并日A公司净资产公允价值为6 000万元，B公司净资产公允价值为4 000万元。2019年度A公司的应纳税所得额为500万元，企业所得税享受“二免三减半优惠”的第四年，合并后的存续企业性质及适用税收优惠的条件未发生改变。2019年B公司实现应纳税所得额600万元，享受企业所得税“二免三减半优惠”第二年。A公司与B公司适用的企业所得税税率都为25%。

合并后2020年A公司实现应纳税所得额800万元。

要求：计算2020年A公司的应纳税所得额与应纳税额。

解析：

根据现行政策规定，合并后的存续企业性质及适用税收优惠的条件未发生改变的，可以继续享受合并前该企业剩余期限的税收优惠，其优惠金额按存续企业合并前一年的应纳税所得额（亏损计为零）计算。被合并企业的剩余期限内的优惠，也不得由合并企业继续享受。新设合并中新设的合并企业，不得承继被合并企业合并新的优惠继续享受。

应纳税所得额为：

$500 \times 50\% + (800 - 500) = 550$（万元）

应纳税额为：$550 \times 25\% = 137.5$（万元）

根据《企业重组业务企业所得税管理办法》（国家税务总局公告2010年第4号印发）第十五条的规定，企业合并，合并各方企业涉及享受《企业所得税法》第五十七条（即《企业所得税法》公布前已经批准设立的企业，依照当时的税收法律、行政法规规定，享受低税率优惠的，按照国务院规定，可以在该法施行后五年内，逐步过渡到该法规定的税率；享受定期减免税优惠的，按照国务院规定，可以在该法施行后继续享受到期满为止，但因未获利而尚未享受优惠的，优惠期限从该法施行年度起计算。法律设置的发展对外经济合作和技术交流的特定地区内，以及国务院已规定执行上述地区特殊政策的地区内新设立的国家需要重点扶持的高新技术企业，可以享受过渡性税收优惠，具体办法由国务院规定。国家已确定的其他鼓励类企业，可以按照国务院规定享受减免税优惠）规定中就企业整体（即全部生产经营所得）享受的税收优惠过渡政策尚未期满的，仅就存续企业未享受完的税收优惠，按照财税〔2009〕59号文件第九条的规定执行；注销的被合并企业未享受完的税收优惠，不再由存续企业承继；合并而新设的企业不得再承继或重新享受上述优惠。合并各方企业按照《企业所得税法》的税收优惠规定和税收优惠过渡政策中就企业有关生产经营项目的所得享受的税收优惠承继问题，按照《企业所得税法实施条例》第八十九条规定执行。

根据《企业所得税法实施条例》第八十九条的规定，依照该条例第八十七条和第八十八条规定享受减免税优惠的项目，在减免税期限内转让的，受让方自受让之日起，可以在剩余期限内享受规定的减免税优惠；减免税期限届满后转让的，受让方不得就该项目重复享受减免税优惠。

根据《企业所得税法实施条例》第八十七条的规定，企业从事国家重点扶持的公共基础设施项目的投资经营的所得，自项目取得第一笔生产经营收入所属纳税年度起，第一年至第三年免征企业所得税，第四年至第六年减半征收企业所得税。

根据《企业所得税法实施条例》第八十八条的规定，企业从事符合条件的环境保护、节能节水项目（包括公共污水处理、公共垃圾处理、沼气综合开发利用、节能减排技术改造、海水淡化等）的所得，自项目取得第一笔生产经营收入所属纳税年度起，第一年至第三年免征企业所得税，第四年至第六年减半征收企业所得税。

也就是说，合并的一般性税务处理中，注销的被合并企业未享受完的税收优惠，不再由存续企业承继；合并而新设的企业不得再承继享受该优惠。合并各方企业按照《企业所得税法》的税收优惠规定和税收优惠过渡政策中就企业有关生产经营项目的所得享受的税收优惠承继问题，按照《企业所得税法实施条例》第八十九条规定执行。被合并方享受国家重点扶持的公共基础设施项目优惠、环境保护项目优惠、节能节水项目优惠等在减免税期限内转让的，合并企业（受让方）自受让之日起，可以在剩余期限内享受规定的减免税优惠；减免税期限届满后转让的，合并企业（受让方）不得就该项目重复享受减免税优惠。

（六）合并中高新技术企业优惠的处理

根据《高新技术企业认定管理办法》（国科发火〔2016〕32号）第十七条的规定，高新技术企业发生更名或与认定条件有关的重大变化（如分立、合并、重组以及经营业务发生变化等）应在三个月内向认定机构报告。经认定机构审核符合认定条件的，其高新技术企业资格不变，对于企业更名的，重新核发认定证书，编号与有效期不变；不符合认定条件的，自更名或条件变化年度起取消其高新技术企业资格。

根据该办法第十九条的规定，已认定的高新技术企业有下列行为之一的，由认定机构取消其高新技术企业资格：

（1）在申请认定过程中存在严重弄虚作假行为的；

（2）发生重大安全、重大质量事故或有严重环境违法行为的；

（3）未按期报告与认定条件有关重大变化情况，或累计两年未填报年度发展情况报表的。

对被取消高新技术企业资格的企业，由认定机构通知税务机关按《税收征管法》及有关规定，追缴其自发生上述行为之日所属年度起已享受的高新技术企业税收优惠。

存续的合并企业经认定机构审核仍符合高新技术企业认定条件的，合并后存续企业可以按规定享受高新技术企业低税率优惠。

（七）按公允价值吸收合并案例

【例 6－2】 乙公司是由 A 公司投资 5 000 万元在南京注册成立的有限公司，注册资本 5 000 万元，查账征收企业所得税。2020 年 10 月 31 日，甲公司向乙公司支付现金 12 950 万元，取得乙公司 100% 净资产，对乙公司进行吸收合并，乙公司资产及负债由甲公司承继，合并日资产、负债情况如表 6－1 所示。假设乙公司各项资产的计税基础与账面价值相同，不考虑所得税外的其他税费。

表 6－1　　乙公司被合并资产、负债一览表　　单位：万元

项目	账面价值/计税基础	公允价值	项目	账面价值/计税基础	清偿额
货币资金	2 000	2 000	应付账款	5 050	5 050
应收账款	4 800	4 800	长期借款	4 000	4 000
库存商品	5 000	5 200	应付工资	1 000	1 000
固定资产	8 000	11 000	负债合计	10 050	10 050
			实收资本	5 000	
			资本公积	500	
			未分配利润	4 250	
			所有者权益	9 750	
合计	19 800	23 000	合计	19 800	

要求：分析说明企业合并各方的财税处理。

解析：

（1）被合并企业的税务处理。

乙公司应确认清算所得 = 23 000 － 19 800 + 10 050 － 10 050 = 3 200（万元）

清算所得税 = 清算所得 ×25% = 3 200 ×25% = 800（万元）

累计留存收益 = 4 250 + (3 200 - 800) = 6 650（万元）

可向股东分配的剩余财产 = 23 000 - 10 050 - 800 = 12 150（万元）

（2）被合并企业股东的税务处理：

被合并企业股东A公司取得剩余财产12 150万元，其中投资成本5 000万元，累计留存收益6 650万元。

股权转让所得 = 剩余财产 - 投资成本 - 累计留存收益 = 12 150 - 5 000 - 6 650 = 500（万元）

（3）合并企业的税务处理：

合并企业甲公司确认取得乙公司资产的计税基础为23 000万元，负债的计税基础为10 050万元。

（八）按高于公允价值的溢价吸收合并案例

【例6-3】 甲公司、乙公司、B公司、C公司同是F公司同一控制下的关联企业，都为增值税一般纳税人、查账征收所得税。甲公司、乙公司采用相同的会计政策，乙公司注册资本5 000万元（其中B公司出资3 000万元、占60%，C公司出资2 000万元、占40%）。2020年10月，乙公司被甲公司合并，股东会决定解散并注销乙公司。

2020年10月31日，乙公司各项可辨认资产、负债的公允价值、账面价值和计税基础如表6-2所示。

表6-2　乙公司资产、负债及所有者权益一览表　单位：万元

项目	账面价值	计税基础	公允价值	项目	账面价值	计税基础	实际清偿额
货币资金	2 000	2 000	2 000	应付账款	5 050	5 050	5 050
应收账款	4 800	4 800	4 800	长期借款	4 000	4 000	4 000
库存商品	5 000	5 000	5 200	应付工资	1 000	1 000	1 000
固定资产	8 000	9 000	11 000	递延所得税负债	250	0	0
递延所得税资产	500	0	0	负债合计	10 300	10 050	10 050
				股本	5 000		
				资本公积	750		
				未分配利润	4 250		
				所有者权益	10 000		
合计	20 300	20 800	23 000	合计	20 300	10 050	10 050

2020年10月31日，甲公司向乙公司的股东B公司和C公司定向增发4 000万股股票（面值1元/股，市价3.5元/股），从B公司和C公司手中取得乙公司100%净资产，对乙公司进行吸收合并。

为增发4 000万股股票，甲公司向证券承销机构支付佣金和手续费等200万元。其它费用忽略不计。

乙公司在清算过程中发生清算费用500万元，支付除增值税以外的税费100万元，计入“未分配利润”科目。

2020年12月，甲公司合并中取得的乙公司存货以公允价5 200万元销售，适用增值税税率为13%。

合并中取得乙公司的固定资产为机器设备，尚可使用年限为5年，采用直线法计提折旧，不考虑残值。适用增值税税率为13%。

合并双方一致选择适用企业所得税一般性税务处理。

要求：分析说明上述企业合并各方的财税处理。

解析：

财税〔2009〕59号文件对吸收合并的定义为：“合并，是指一家或多家企业（以下称为被合并企业）将其全部资产和负债转让给另一家现存或新设企业（以下称为合并企业），被合并企业股东换取合并企业的股权或非股权支付，实现两个或两个以上企业的依法合并。”吸收合并首先是吸收合并企业与被吸收合并企业之间的交易，然后被吸收合并企业将取得的支付对价分配给其股东。

财税〔2009〕59号文件关于一般性税务处理的规定为：“1. 合并企业应按公允价值确定接受被合并企业各项资产和负债的计税基础。2. 被合并企业及其股东都应按清算进行所得税处理。3. 被合并企业的亏损不得在合并企业结转弥补。”

被吸收合并企业乙公司应按照净资产的公允价值12 950万元计算清算所得还是应该按照实际取得的支付对价14 000万元计算清算所得？在本例中，虽然甲公司向乙公司的股东定向增发市值为14 000万元的股票，但应该理解为甲公司先将股票支付给乙公司，乙公司向甲公司交付全部资产及负债，然后乙公司进行清算，并将取得的股票作为清算财产分配给乙公司股东。因此，被吸收合并企业应该按实际取得的支付对价14 000万元计算清算所得。

1. 被合并企业的处理。

适用一般性税务处理的，被合并企业应按清算进行企业所得税处理。

（1）计算清算所得和清算所得税。

根据《财政部 国家税务总局关于企业清算业务企业所得税处理若干问题的通知》（财税〔2009〕60号）第四条的规定，企业的全部资产可变现价值或交易价格，减除资产的计税基础、清算费用、相关税费，加上债务清偿损益等后的余额，为清算所得。

则乙公司的清算所得为：$4\,000\times3.5+10\,050-20\,800-500-100+(10\,050-10\,050)=2\,650$（万元）

清算企业所得税：$2\,650\times25\%=662.50$（万元）

（2）被合并企业乙公司的会计处理。

借：所得税费用　　6 625 000

　　贷：应交税费——应交所得税　　6 625 000

借：未分配利润　　6 625 000

　　贷：所得税费用　　6 625 000

借：应交税费——应交所得税　　6 625 000

　　贷：银行存款　　6 625 000

（3）支付清算费用。

乙公司在清算过程中发生清算费用500万元、支付除增值税以外的税费100万元，其会计处理为：

借：未分配利润　　6 000 000

　　贷：银行存款　　6 000 000

（4）合并日的会计处理。

借：应付账款　　50 500 000

　　长期借款　　40 000 000

　　应付工资　　10 000 000

　　递延所得税负债　　2 500 000

　　股本　　50 000 000

　　资本公积　　7 500 000

　　未分配利润　　29 875 000

　　贷：银行存款　　7 375 000

　　　　应收账款　　48 000 000

　　　　库存商品　　50 000 000

　　　　固定资产　　80000000

　　　　递延所得税资产　　5 000 000

2. 被合并企业股东的所得税处理。

适用一般性税务处理的，被合并企业股东应按清算进行所得税处理。

（1）可向股东分配的剩余资产计算。

根据财税〔2009〕60号文件第五条的规定，企业全部资产的可变现价值或交易价格减除清算费用，职工的工资、社会保险费用和法定补偿金，结清清算所得税、以前年度欠税等税款，清偿企业债务，按规定计算可以向所有者分配的剩余资产。

则乙公司可向股东分配的剩余财产为：$4\ 000\times3.5-500-100-662.5=12\ 737.5$（万元）。

（2）股东分得剩余资产的处理。

根据财税〔2009〕60号文件第五条的规定，被清算企业的股东分得的剩余资产的金额，其中相当于被清算企业累计未分配利润和累计盈余公积中按该股东所占股份比例计算的部分，应确认为股息所得；剩余资产减除股息所得后的余额，超过或低于股东投资成本的部分，应确认为股东的投资转让所得或损失。

被清算企业的股东从被清算企业分得的资产应按可变现价值或实际交易价格确定计税基础。

乙公司累计未分配利润和累计盈余公积：4 250 - 500 - 100 - 662.5 + 2 650 = 5 637.5（万元）。

B 公司所得的计算：

股息所得 = 5 637.5 × 60% = 3 382.5（万元），可免征企业所得税。

股权转让所得 = 4 000 × 3.5 × 60% - 3 000 - 3 382.5 = 2 017.5（万元）

应缴纳企业所得税 = 2 017.5 × 25% = 504.375（万元）

B 公司取得合并企业甲公司股权的计税基础为：4 000 × 3.5 × 60% = 8 400（万元）。

C 公司所得的计算：

股息所得 = 5 637.5 × 40% = 2 255（万元），为企业所得税免征收入。

股权转让所得 = 4 000 × 3.5 × 40% - 2 000 - 2 255 = 1 345（万元）

应缴纳企业所得税 = 1345 × 25% = 336.25（万元）

C 公司取得合并企业甲公司股权的计税基础：4 000 × 3.5 × 40% = 5 600（万元）。

3. 合并企业的处理。

会计处理时，合并企业甲公司在合并中取得的被合并企业乙公司各项资产、负债应维持其在被合并企业的原账面价值不变。税务处理时，合并方甲公司应按照乙公司资产和负债的公允价值确定计税基础，高于计税基础的部分确认为商誉，在将来整体转让或清算时，准予扣除。甲公司在企业合并中取得的资产和负债因账面价值与计税基础（公允价值）不同而产生的暂时性差异，需要确认相关的递延所得税资产或递延所得税负债。

（1）甲公司在合并日的会计处理：

借：银行存款	7 375 000	
应收账款	48 000 000	
库存商品	50 000 000	
固定资产	80 000 000	
递延所得税资产	5 000 000	
贷：应付账款		50 500 000
长期借款		40 000 000
应付工资		10 000 000
递延所得税负债		2 500 000

股本——B公司　　24 000 000

股本——C公司　　16 000 000

资本公积——股本溢价　　47 375 000

（2）甲公司支付发行股票费用。

借：资本公积——股本溢价　　2 000 000

贷：银行存款　　2 000 000

（3）甲公司在合并中产生的递延所得税资产：

〔(5 200 - 5 000) + (11 000 - 8 000)〕× 25% = 800（万元）

借：递延所得税资产　　3 000 000

递延所得税负债　　2 500 000

贷：资本公积——股本溢价　　5 500 000

（4）合并企业销售合并取得存货的处理。

借：银行存款　　58 760 000

贷：主营业务收入　　52 000 000

应交税费——应交增值税（销项税额）　　6 760 000

借：主营业务成本　　50 000 000

贷：库存商品　　50 000 000

销售存货的账面价值为5 000万元，按税法规定的计税基础（公允价值）为5 200万元，出售时，计税基础与会计成本的差额200万元，在企业所得税年度纳税申报时应通过填报"纳税调整项目明细表"（A105000）第30行"（十七）其他"调减应纳税所得额，如表6-3所示。

表6-3　A105000　纳税调整项目明细表

单位：元

行次	项　　目	账载金额	税收金额	调增金额	调减金额
		1	2	3	4
12	二、扣除类调整项目（13+14+…+24+26+…+30）	*	*		2 000 000
13	（一）视同销售成本				
14	（二）职工薪酬		*		
29	（十六）党组织工作经费				
30	（十七）其他	50 000 000	52 000 000		2 000 000
46	合计（1+12+31+36+44+45）	*	*		2 000 000

（5）计提合并取得固定资产折旧的处理。

合并企业取得乙公司的固定资产为机器设备，尚可使用年限为5年，不考虑残值。则会计上机器设备2020年应计提的折旧额为：8 000/(5×12)×2 = 266.67（万元）；税法上机器设备2020年应计提的折旧额为：11 000÷(5×12)×2 = 366.67（万元）。

税法与会计差异100万元应通过填报“资产折旧、摊销情况及纳税调整明细表”（A105080）调减应纳税所得额。

（九）非同一控制下溢价吸收合并一般性税务处理案例

【例6-4】甲公司、乙公司、B公司、C公司都是独立企业，不受任何公司控制，也不受相同的多方最终控制。上述四家公司都为增值税一般纳税人，查账征收企业所得税。甲公司、乙公司采用相同的会计政策，乙公司注册资本5 000万元（其中B公司出资3 000万元、占60%，C公司出资2 000万元、占40%）。2020年10月，乙公司被甲公司合并，股东会决定解散并注销乙公司。

2020年10月31日，乙公司各项可辨认资产、负债的公允价值、账面价值和计税基础如表6-4所示。

表6-4　　乙公司资产、负债及所有者权益一览表

项目	账面价值	计税基础	公允价值	项目	账面价值	计税基础	实际清偿额
货币资金	2 000	2 000	2 000	应付账款	5 050	5 050	5 050
应收账款	4 800	4 800	4 800	长期借款	4 000	4 000	4 000
库存商品	5 000	5 000	5 200	应付工资	1 000	1 000	1 000
固定资产	8 000	9 000	11 000	递延所得税负债	250	0	0
递延所得税资产	500	0	0	负债合计	10 300	10 050	10 050
				股本	5 000		
				资本公积	750		
				未分配利润	4 250		
				所有者权益	10 000		
合计	20 300	20 800	23 000	合计	20 300	10 050	10 050

2020年10月31日，甲公司向乙公司的股东B公司和C公司定向增发4 000万股股票（面值1元/股，市价3.5元/股），从B公司和C公司手中取得乙公司100%净资产，对乙公司进行吸收合并。

为增发4 000万股股票，甲公司向证券承销机构支付佣金和手续费等200万元。其他费用忽略不计。

乙公司在清算过程中发生清算费用500万元，支付除增值税以外的税费100万元，计入“未分配利润”科目。

合并中取得乙公司的固定资产为机器设备，尚可使用年限为5年，采用直线法计提折旧，不考虑残值。适用增值税税率为13%。

合并双方一致选择适用企业所得税一般性税务处理。

要求：分析说明企业合并各方的财税处理。

解析：

由于甲公司、乙公司、B公司、C公司为不受任何公司控制的独立企业，合并双方均选择适用一般性税务处理，甲公司取得乙公司的各项可辨认资产和负债的入账价值与计税基础均以乙公司的资产、负债公允价值确定，不产生暂时性差异，无需确认递延所得税，被合并企业乙公司注销清算。

1. 乙公司的处理。

（1）被合并企业乙公司的会计处理。

根据《财政部 国家税务总局关于企业清算业务企业所得税处理若干问题的通知》（财税〔2009〕60号）第四条的规定，企业的全部资产可变现价值或交易价格，减除资产的计税基础、清算费用、相关税费，加上债务清偿损益等后的余额，为清算所得。

清算所得 = 14 000 + 10 050 − 20 800 − 500 − 100 + (10 050 − 10 050) = 2 650（万元）

应缴清算企业所得税 = 2 650 × 25% = 662.5（万元）

相关会计分录：

借：所得税费用　　6 625 000
　　贷：应交税费——应交所得税　　6 625 000

借：未分配利润　　6 625 000
　　贷：所得税费用　　6 625 000

借：应交税费——应交所得税　　6 625 000
　　贷：银行存款　　6 625 000

（2）支付清算费用等。

乙公司在清算过程中发生清算费用500万元、支付除增值税以外的税费100万元，其会计处理为：

借：未分配利润　　6 000 000
　　贷：银行存款　　6 000 000

（3）合并日的会计处理：

借：应付账款　　50 500 000
　　长期借款　　40 000 000
　　应付工资　　10 000 000
　　递延所得税负债　　2 500 000
　　股本　　50 000 000
　　资本公积　　7 500 000
　　未分配利润　　29 875 000
　　贷：银行存款　　7 375 000
　　　　应收账款　　48 000 000

库存商品	50 000 000
固定资产	80 000 000
递延所得税资产	5 000 000

2. 被合并企业股东的所得税处理。

适用一般性税务处理的，被合并企业股东应按清算进行所得税处理。

（1）可供分配的剩余资产。

根据财税〔2009〕60号文件第五条的规定，企业全部资产的可变现价值或交易价格减除清算费用，职工的工资、社会保险费用和法定补偿金，结清清算所得税、以前年度欠税等税款，清偿企业债务，按规定计算可以向所有者分配的剩余资产。

则乙公司可向股东分配的剩余财产为：4 000×3.5+10 050－500－100－662.5－10 050＝12 737.5（万元）。

（2）股东分得剩余资产的处理。

乙公司累计未分配利润和累计盈余公积为：4 250－662.5－600＋2 650＝5 637.5（万元）。

根据财税〔2009〕60号文件第五条的规定，被清算企业的股东分得的剩余资产的金额，其中相当于被清算企业累计未分配利润和累计盈余公积中按该股东所占股份比例计算的部分，应确认为股息所得；剩余资产减除股息所得后的余额，超过或低于股东投资成本的部分，应确认为股东的投资转让所得或损失。

被清算企业的股东从被清算企业分得的资产应按可变现价值或实际交易价格确定计税基础。

B公司所得的计算：

股息所得＝5 637.5×60%＝3 382.5（万元），为企业所得税免征收入。

股权转让所得＝4 000×3.5×60%－3 000－3 382.5＝2 017.5（万元）

应缴纳企业所得税＝2 017.5×25%＝504.375（万元）

B公司取得合并企业甲公司股权的计税基础为：4 000×3.5×60%＝8 400（万元）。

C公司所得的计算：

股息所得＝5 637.5×40%＝2 255（万元），为企业所得税免征收入。

股权转让所得＝4 000×3.5×40%－2 000－2 255＝1 345（万元）

应缴纳企业所得税＝1 345×25%＝336.25（万元）

C公司取得合并企业甲公司股权的计税基础为：4 000×3.5×40%＝5 600（万元）。

3. 甲公司的处理。

合并适用一般性税务处理下被合并企业乙公司进行企业所得税清算处理，缴纳清算所得税662.5万元，支付清算税费600万元，减少乙公司净资产的账面价值1 262.5万元。

应确认的合并商誉为：4 000×3.5－(23 000－10 050－600－662.5)＝2 312.5（万元）。

(1) 甲公司合并日的会计处理:

借: 银行存款	7 375 000	
应收账款	48 000 000	
库存商品	52 000 000	
固定资产	110 000 000	
商誉	23 125 000	
贷: 应付账款		50 500 000
长期借款		40 000 000
应付工资		10 000 000
股本——B 公司		24 000 000
股本——C 公司		16 000 000
资本公司——股本溢价		100 000 000

(2) 甲公司支付发行股票费用:

借: 资本公积——股本溢价	2 000 000	
贷: 银行存款		2 000 000

四、纳税申报与备查资料

根据《企业重组业务企业所得税管理办法》(国家税务总局公告 2010 年第 4 号印发)第十三条的规定，企业合并适用一般性税务处理的，应按照财税〔2009〕60 号文件规定进行清算。

被合并企业在报送《企业清算所得纳税申报表》时，应附送以下资料:

(1) 企业合并的市场监督管理部门或其他政府部门的批准文件;

(2) 企业全部资产和负债的计税基础以及评估机构出具的资产评估报告;

(3) 企业债务处理或归属情况说明;

(4) 主管税务机关要求提供的其他资料证明。

第三节　特殊性税务处理

一、适用特殊性税务处理应符合的条件

(一) 合并适用特殊性税务处理应符合的条件

根据《财政部 国家税务总局关于企业重组业务企业所得税处理若干问题的通知》

（财税〔2009〕59号）第五条的规定，企业合并同时符合下列条件的，适用特殊性税务处理规定：

（1）具有合理的商业目的，且不以减少、免除或者推迟缴纳税款为主要目的。

（2）被合并部分的资产比例超过50%。

（3）企业合并后的连续12个月内不改变重组资产原来的实质性经营活动。

（4）企业合并中取得股权支付的原主要股东，在重组后连续12个月内，不得转让所取得的股权。

"企业重组后的连续12个月内"，是指自重组日起计算的连续12个月内。原主要股东，是指原持有被合并企业20%以上股权的股东。

（5）被合并企业股东在该企业合并发生时取得的股权支付金额不低于其交易支付总额的85%，以及同一控制下且不需要支付对价的企业合并。

比如，2020年6月，A公司吸收合并B公司，A公司存续，B公司解散，合并日B公司净资产的公允价值为1 000万元，A公司以本企业公允价值为900万元的股权和100万元的现金支付给B公司的股东，B公司的股东在企业合并时取得的股权支付额占交易总额的比例为：900/(900+100)=90%，符合企业合并特殊性税务处理有关非股权支付比例的条件规定。

根据《企业重组业务企业所得税管理办法》（国家税务总局公告2010年第4号）第二十一条的规定，这里所称的同一控制，是指参与合并的企业在合并前后均受同一方或相同的多方最终控制，且该控制并非暂时性的。能够对参与合并的企业在合并前后均实施最终控制权的相同多方，是指根据合同或协议的约定，对参与合并企业的财务和经营政策拥有决定控制权的投资者群体。在企业合并前，参与合并各方受最终控制方的控制在12个月以上，企业合并后所形成的主体在最终控制方的控制时间也应达到连续12个月。

同一控制下且不需要支付对价的企业合并情形通常包括同一方最终100%控制和相同股东按相同比例最终100%控制两种情形。

①同一方最终100%控制的情形，如图6－4所示：

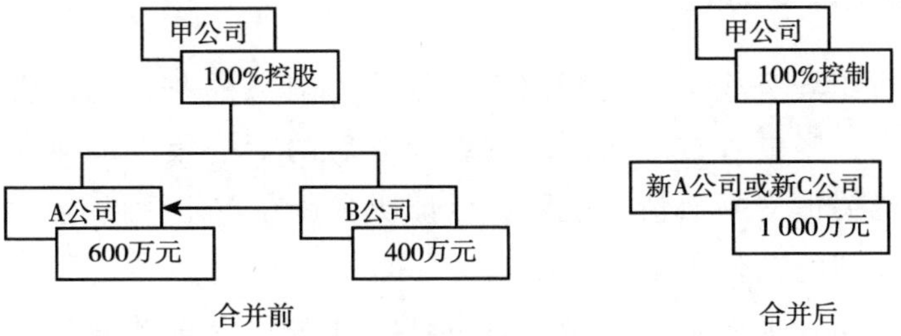

图6－4　合并前后持股关系示意图（一）

②相同股东按相同比例最终100%控制的情形，如图6-5所示：

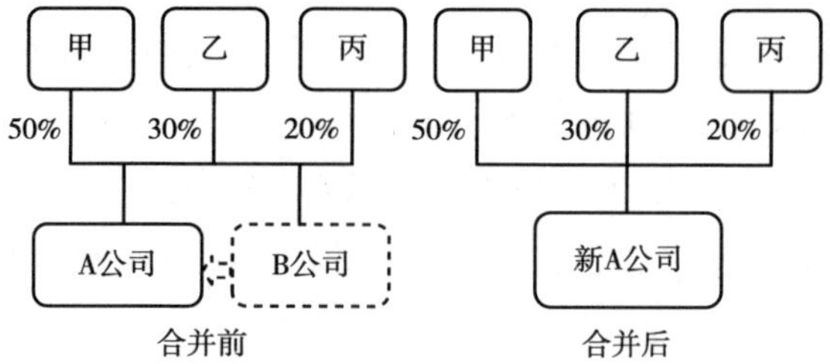

图6-5　合并前后持股关系示意图（二）

需要注意的是，对于母公司吸收合并全资子公司是否属于“同一控制下且不需要支付对价的企业合并”而适用特殊性税务处理？实务中存有争议。

从目前公开案例看，2015年楚天高速发布过《楚天高速关于公司吸收合并子公司适用特殊性税务处理的公告》称，公司于2014年12月12日完成对全资子公司——湖北楚天鄂北高速公路有限公司（以下简称“鄂北公司”）的吸收合并工作。不久，公司收到武汉市汉阳区国家税务局《税务事项通知书》（阳税通〔2015〕1002号）明确：公司吸收合并鄂北公司符合特殊性重组要求，可按照特殊性重组进行税务处理。

然而，从《企业会计准则》看，对于母公司吸收合并全资子公司是否属于“同一控制下的企业合并”本身就有争议，主流观点认为其并不是会计意义上的企业合并，而是母公司以子公司净资产的形式收回投资。从税法规定看，由于母公司在合并前持有子公司100%股权，通过持股关系能够享有全资子公司资产产生的收益，在吸收合并后，全资子公司注销，母公司对子公司不存在持股关系，进而也无法通过持股方式享受到原来资产产生的收益，而是转为直接控制子公司的资产，原来的权益无法得到持续，即不是通过持股方式享受到原来资产的收益。因此，无法满足企业重组企业所得税规则中的“权益连续性原则”。所以，也有些税务机关认为不适用特殊重组。

（二）条件发生改变的处理

根据《企业重组业务企业所得税管理办法》（国家税务总局公告2010年第4号）第二十九条的规定，当事各方应在完成重组业务后的下一年度的企业所得税年度申报时，向主管税务机关提交书面情况说明，以证明企业在重组后的连续12个月内，有关符合特殊性税务处理的条件未发生改变。

根据《企业重组业务企业所得税管理办法》第三十条的规定，当事方的其中一方在规定时间内发生生产经营业务、公司性质、资产或股权结构等情况变化，致使重组业务不再符合特殊性税务处理条件的，发生变化的当事方应在情况发生变化的30天内书面通知其他所有当事方。主导方在接到通知后30日内将有关变化通知其主管税务机关。

上述情况发生变化后60日内，应按照企业重组一般性税务处理规定调整重组业务的税务处理。原交易各方应各自按原交易完成时资产和负债的公允价值计算重组业务的收益或损失，调整交易完成纳税年度的应纳税所得额及相应的资产和负债的计税基础，并向各自主管税务机关申请调整交易完成纳税年度的企业所得税年度纳税申报表。逾期不调整申报的，按照《税收征管法》的相关规定处理。

根据《企业重组业务企业所得税管理办法》（国家税务总局公告2010年第4号）第三十一条的规定，各当事方的主管税务机关应当对企业申报适用特殊性税务处理的重组业务进行跟踪监管，了解重组企业的动态变化情况。发现问题，应及时与其他当事方主管税务机关沟通联系，并按照规定给予调整。

二、合并的特殊性税务处理方法

（一）特殊性税务处理的一般规定

根据《财政部 国家税务总局关于企业重组业务企业所得税处理若干问题的通知》（财税〔2009〕59号）第六条的规定，企业合并符合该通知第五条规定条件的，并且企业股东在该企业合并发生时取得的股权支付金额不低于其交易支付总额的85%，以及同一控制下且不需要支付对价的企业合并，交易各方对其交易中的股权支付部分，可以按以下规定进行特殊性税务处理：

（1）合并企业接受被合并企业资产和负债的计税基础，以被合并企业的原有计税基础确定。

（2）被合并企业合并前的相关所得税事项由合并企业承继。

根据《企业重组业务企业所得税管理办法》（国家税务总局公告2010年第4号印发）第二十八条的规定，被合并企业合并前的相关所得税事项由合并企业承继，这些事项包括尚未确认的资产损失、分期确认收入的处理以及尚未享受期满的税收优惠政策承继处理问题等。其中，对税收优惠政策承继处理问题，凡属于依照《企业所得税法》第五十七条规定中就企业整体（即全部生产经营所得）享受税收优惠过渡政策的，合并后的企业性质及适用税收优惠条件未发生改变的，可以继续享受合并前各企业剩余期限的税收优惠。合并前各企业剩余的税收优惠年限不一致的，合并后企业每年度的应纳税所得额，应统一按合并日各合并前企业资产占合并后企业总资产的比例进行划分，再分别按相应的剩余优惠计算应纳税额。合并前各企业按照《企业所得税法》的税收优惠规定以及税收优惠过渡政策中就有关生产经营项目所得享受的税收优惠承继处理问题，按照《企业所得税法实施条例》第八十九条规定执行。

（3）被合并企业亏损可由合并企业按规定弥补。

可由合并企业弥补的被合并企业亏损的限额

=被合并企业净资产公允价值

×截至合并业务发生当年年末国家发行的最长期限的国债利率

根据《企业重组业务企业所得税管理办法》第二十六条的规定，可由合并企业弥补的被合并企业亏损的限额，是指按《企业所得税法》规定的剩余结转年限内，每年可由合并企业弥补的被合并企业亏损的限额。

【例6-5】2019年12月31日，A公司资产负债情况为：资产4 000万元，负债2 200万元，所有者权益1 800万元，A公司净资产公允价值2 000万元。

2020年1月1日，B公司吸收合并A公司。A公司将其全部资产和负债并入B公司，合并后A公司解散。为进行该项企业合并，B公司向A公司股东发行了1 500万股公司普通股（每股面值1元）作为支付对价。

假定截至2020年年末国家发行的最长期限的国债利息为5%，A公司尚有合并前未超过弥补期限的亏损200万元。该企业合并业务符合特殊性税务处理条件，双方一致选择适用特殊性税务处理规定。

要求：分析说明相关财税处理。

解析：

B公司接受A公司资产和负债的计税基础以原计税基础确定。

A公司股东暂不确认资产的转让所得或损失。

在剩余亏损结转年限内，每年可由合并企业B公司弥补的被合并企业A公司亏损限额为：

2 000×5%=100（万元）。

（4）被合并企业股东取得合并企业股权的计税基础，以其原持有的被合并企业股权的计税基础确定。

企业合并适用企业所得税特殊性税务处理的，被合并企业及其股东都不按清算进行所得税处理，合并企业以被合并方企业原有计税基础确认计税基础，类似会计的权益结合法处理，为企业节约大量重组成本。而企业合并适用企业所得税一般性税务处理的，被合并企业及其股东都应按清算进行所得税处理，确认清算所得，缴纳企业所得税。被合并企业股东应确认股权转让所得或损失。

（二）非股权支付对应所得或损失的确定

根据《财政部 国家税务总局关于企业重组业务企业所得税处理若干问题的通知》（财税〔2009〕59号）第六条第（六）项的规定，企业合并重组交易各方按规定对交易中股权支付暂不确认有关资产的转让所得或损失的，其非股权支付仍应在交易当期确认相应的资产转让所得或损失，并调整相应资产的计税基础。

非股权支付对应的资产转让所得或损失

=（被转让资产的公允价值 - 被转让资产的计税基础）

×（非股权支付金额 ÷ 被转让资产的公允价值）

【例6-6】 A公司吸收合并B公司，B公司净资产的公允价值和计税基础分别为10 000万元、7 000万元。A公司以增发本企业公允价值9 000万元的股权和1 000万元现金作为支付对价。

上述交易符合企业合并特殊性税务处理的各项条件，A公司和B公司协商一致选择适用特殊性税务处理规定。

要求：分析说明应确认的非股权支付部分的资产转让所得。

解析：

B公司应确认非股权支付部分对应的资产转让所得为：（10 000 - 7 000）×（1 000 ÷ 10 000）= 300（万元）。

三、企业合并分步交易的处理

（一）分步实现企业合并的会计处理

通过多次交易分步实现的企业合并，合并成本为每一单项交易成本之和。购买方在购买日，应当按照以下步骤进行处理：

（1）将原持有的对被购买方的投资账面价值调整恢复至最初取得成本，相应调整留存收益等所有者权益项目。

（2）比较每一单项交易的成本与交易时应享有被投资单位可辨认净资产公允价值的份额，确定每一单项交易中应予确认的商誉金额（或应予确认损益的金额）。

（3）购买方在购买日确认的商誉（或计入损益的金额）应为每一单项交易产生的商誉（或应予确认损益的金额）之和。

（4）被购买方在购买日与原交易日之间可辨认净资产公允价值的变动相对于原持股比例的部分，属于被购买方在交易日至购买日之间实现留存收益的，相应调整留存收益，差额调整资本公积。

企业合并发生当期的期末，因合并中取得的各项可辨认资产、负债及或有负债的公允价值或企业合并成本只能暂时确定的，购买方应当以所确定的暂时价值为基础对企业合并进行确认和计量。购买日后12个月内对确认的暂时价值进行调整的，视为在购买日确认和计量。

（二）企业合并分步交易的税务处理

根据《财政部 国家税务总局关于企业重组业务企业所得税处理若干问题的通知》

（财税〔2009〕59号）第十条的规定，企业在重组发生前后连续12个月内分步对其资产、股权进行交易，应根据实质重于形式原则将上述交易作为一项企业重组交易进行处理。

《国家税务总局关于企业重组业务企业所得税征收管理若干问题的公告》（国家税务总局公告2015年第48号）第七条规定，若同一项重组业务涉及在连续12个月内分步交易，且跨两个纳税年度，当事各方在首个纳税年度交易完成时预计整个交易符合特殊性税务处理条件，经协商一致选择特殊性税务处理的，可以暂时适用特殊性税务处理，并在当年企业所得税年度申报时提交书面申报资料。

在下一纳税年度全部交易完成后，企业应判断是否适用特殊性税务处理。如适用特殊性税务处理的，当事各方应按该公告要求申报相关资料；如适用一般性税务处理的，应调整相应纳税年度的企业所得税年度申报表，计算缴纳企业所得税。

根据《企业重组业务企业所得税管理办法》（国家税务总局公告2010年第4号）第三十三条的规定，跨年度分步交易中，若当事方在首个纳税年度不能预计整个交易是否符合特殊性税务处理条件，应适用一般性税务处理。在下一纳税年度全部交易完成后，适用特殊性税务处理的，可以调整上一纳税年度的企业所得税年度申报表，涉及多缴税款的，各主管税务机关应退税，或抵缴当年应纳税款。

四、优惠与亏损等所得税事项的承继

（一）合并前税收优惠事项的承继

根据《企业重组业务企业所得税管理办法》第二十八条的规定，根据财税〔2009〕59号第六条第（四）项第二目规定，被合并企业合并前的相关所得税事项由合并企业承继，以及根据第六条第（五）项第二目规定，企业分立，已分立资产相应的所得税事项由分立企业承继，这些事项包括尚未确认的资产损失、分期确认收入的处理以及尚未享受期满的税收优惠政策承继处理问题等。其中，对税收优惠政策承继处理问题，凡属于依照《企业所得税法》第五十七条规定中就企业整体（即全部生产经营所得）享受税收优惠过渡政策的，合并或分立后的企业性质及适用税收优惠条件未发生改变的，可以继续享受合并前各企业或分立前被分立企业剩余期限的税收优惠。合并前各企业剩余的税收优惠年限不一致的，合并后企业每年度的应纳税所得额，应统一按合并日各合并前企业资产占合并后企业总资产的比例进行划分，再分别按相应的剩余优惠计算应纳税额。合并前各企业或分立前被分立企业按照《企业所得税法》的税收优惠规定以及税收优惠过渡政策中就有关生产经营项目所得享受的税收优惠承继处理问题，按照《企业所得税法实施条例》第八十九条规定执行。这时合并的特殊性税务处理与一般性税务处理规定相同。

【例 6-7】2020 年 1 月 1 日，A 企业吸收合并 B 企业，B 企业注销，适用特殊性税务处理。2019 年是 A 企业享受“两免三减半”企业所得税优惠的第四年。

合并前 A 企业资产总额 3 000 万元，B 企业资产总额 1 000 万元。合并后 A 企业性质及适用税收优惠的条件未发生改变，2020 年合并后 A 企业应纳税所得额 1 200 万元。

要求：计算合并后 A 企业可享受的合并前企业享受的优惠。

解析：

2020 年 A 企业可享受的减免所得税额：

$1\ 200 \times 3\ 000 \div 4\ 000 \times 25\% \times 50\% = 112.5$（万元）

【例 6-8】乙公司为公共垃圾处理企业，享受生产经营项目所得三免三减半的税收优惠，2019 年为三免三减半企业所得税优惠的第一年，应纳税所得额为 500 000 元；2020 年乙公司被甲公司吸收合并，甲公司 2020 年生产经营全部是公共垃圾处理所得，其中：项目收入 1 000 000 元，项目成本 300 000 元，相关税费 90 000 元，应分摊期间费用 0 元，纳税调整增加额 10 000 元，项目所得为 620 000 元。

要求：分析说明相关的税收优惠承继处理。

解析：

甲公司可执行“三免三减半”第二年的税收优惠政策，即 620 000 元全部为免税所得。

会计处理：实务中，会计上并不因为税收上的“三免三减半”税收优惠，减少的所得而调减利润总额，这是永久性差异，会计上不必做账务处理。同时，税收上因“三免三减半”税收优惠，与纳税人不享受“三免三减半”税收优惠相比，利润表的净利润是增加的，相应的资产负债表的所有者权益也增加。

特殊性税务处理与一般性税务处理对于此类优惠承继的处理是一样的。

合并各方企业按照《企业所得税法》的税收优惠规定和税收优惠过渡政策中就企业有关生产经营项目的所得享受的税收优惠承继问题，按照《企业所得税法实施条例》第八十九条规定执行。即国家重点扶持的公共基础设施项目投资经营的所得，符合条件的环境保护、节能节水项目的所得，在减免税期限内转让的，受让方自受让之日起，可以在剩余期限内享受规定的减免税优惠；减免税期限届满后转让的，受让方不得就该项目重复享受减免税优惠。

生产经营项目所得的减免是指《公共基础设施项目企业所得税优惠目录》规定的港口码头、机场、铁路、公路、城市公共交通、电力、水利等项目和符合条件的环境保护、节能节水项目，包括公共污水处理、公共垃圾处理、沼气综合开发利用、节能减排技术改造、海水淡化等，此类投资经营的所得，自项目取得第一笔生产经营收入所属纳税年度起，第一年至第三年免征企业所得税，第四年至第六年减半征收企业所得税。合并或分立各方企业按照税收优惠规定和税收优惠过渡政策中就企业有关生产经营项目所得享受的税收优惠承继问题，按照《企业所得税法实施条例》第八十九条规定，在减免税期限内转让的，受让方自受让之日起，可以在剩余期限内享受规定的减免税优惠；减免税期限届满后转让的，受让方不得就该项目重复享受减免税优惠。

享受项目所得优惠需填报“所得减免优惠明细表”（A107020）第28行“（二）公共垃圾处理项目”，如表6－5所示。

表6－5　　A107020　　所得减免优惠明细表

行次	项　　目	项目收入	项目成本	相关税费	应分摊期间费用	纳税调整额	项目所得额	减免所得额
		1	2	3	4	5	6（1－2－3－4＋5）	7
26	三、符合条件的环境保护、节能节水项目（27＋28＋29＋30＋31＋32）	1 000 000	300 000	90 000	0	10 000	620 000	620 000
27	（一）公共污水处理项目							
28	（二）公共垃圾处理项目	1 000 000	300 000	90 000	0	10 000	620 000	620 000
36	五、其他专项优惠项目（37＋38＋39）							
40	合计（1＋17＋26＋33＋36）	1 000 000	300 000	90 000	0	10 000	620 000	620 000

（二）合并前被合并企业亏损的处理

根据《财政部 国家税务总局关于企业重组业务企业所得税处理若干问题的通知》（财税〔2009〕59号）第六条的规定，企业合并符合并选择适用特殊性税务处理的，被合并企业合并前的相关所得税事项由合并企业承继，被合并企业亏损可按规定由合并企业弥补。可由合并企业弥补的被合并企业亏损的限额计算公式为：

可由合并企业弥补的被合并企业亏损的限额

＝被合并企业净资产公允价值

×截至合并业务发生当年年末国家发行的最长期限的国债利率

根据《企业重组业务企业所得税管理办法》（国家税务总局公告2010年第4号）第二十六条的规定，可由合并企业弥补的被合并企业亏损的限额，是指按《企业所得税法》规定的剩余结转年限内，每年可由合并企业弥补的被合并企业亏损的限额。

【例6－9】2020年8月1日，A公司吸收合并B公司，符合并选择适用特殊性税务处理。B公司有2016年以来的尚未弥补的亏损200万元。A公司和B公司都不符合延长亏损结转年限相关规定。

要求：分析说明适用特殊性税务处理时，合并后A公司对B公司合并前的亏损如何处理。

解析：

A公司吸收合并B公司时，B公司应对2020年1—7月经营期应纳税所得额进行汇算清缴纳税申报。因此，2020年1—7月应单独作为一个弥补亏损的年度，其计算的所得可以用于弥补以前年度符合规定的亏损。B公司可由A公司弥补亏损的年限从2016年开始计算，其中2016年度发生的亏损额具体弥补年限为B公司2017、2018、2019、2020年1—7月的所得，以及A公司2020年和2021年的所得（每年可弥补的亏损都要受到规定弥补限额的限制）。

【例6-10】 甲公司（居民企业）2019年设立，当年发生亏损300万元。2020年，甲公司吸收合并乙公司（居民企业），2020年10月31日为合并日。乙公司合并时的净资产公允价值为1 000万元，截至2020年末国家发行的最长期限的国债年利率为4.5%；乙公司以前年度中2019年亏损100万元，其余年度均盈利，2020年1—10月亏损50万元。

要求：分析说明合并中亏损的处理。

解析：

（1）会计处理。

会计上对于同一控制下的企业合并，合并企业当年的利润表（年报）是将被合并企业合并前的利润一起并入，由此被合并企业合并前当年的亏损自然并入了合并企业当年的利润总额。非同一控制下企业合并，合并企业当年的利润表（年报）不包含被合并企业合并前的利润。

（2）税务处理。

一般性税务处理中被合并企业的亏损不得结转到合并企业弥补。

特殊性税务处理中被合并企业未弥补完的亏损可以由合并企业承继，可由合并企业弥补的被合并企业亏损的限额=被合并企业净资产公允价值×截至合并业务发生当年年末国家发行的最长期限的国债利率。对于被合并企业合并当年的亏损，即其合并前进行汇算清缴产生的亏损，承继到合并方后，不需要作为可弥补亏损的一个年度，而是直接将被合并企业当年的亏损计入合并企业当年的应纳税所得（利润总额）。

下面以特殊性税务处理为例：

（1）假设属于同一控制下的企业合并，2020年甲公司利润表（年报）中利润总额为2 700万元。即乙公司2020年1—10月的亏损50万元，已计入利润总额2 700万元。那么可由甲公司承继的乙公司未弥补完的亏损是2019年的100万元，每年承继结转弥补亏损的限额为45万元（1 000×4.5%）。即2020年可弥补45万元，结转以后年度弥补的亏损额为55万元。

(2) 假设属于非同一控制下的企业合并，2020 年甲公司利润表（年报）中利润总额为 2 700 万元，乙公司 2020 年 1—10 月产生的亏损 50 万元，未计入利润总额 2 700 万元中。

首先应将乙公司 2020 年 1—10 月的亏损 50 万元，计入应纳税所得额中。经过调整，甲公司 2020 年应纳税所得额应为 2 650 万元（2 700 - 50）。

然后进行亏损弥补，可由甲公司承继的乙公司未弥补完的亏损是 2019 年的 100 万元，每年承继结转弥补亏损的限额为 45 万元（1 000 × 4.5%）。即 2020 年可弥补 45 万元，结转以后年度弥补的亏损额为 55 万元。

五、企业合并的税收与会计处理差异

（一）同一控制下合并的税会差异

1. 合并企业

会计上，同一控制下的企业合并，合并方采用权益结合法处理。企业所得税处理选择适用一般性税务处理的，合并企业所取得的被合并企业资产和负债的计税基础按照公允价值确定，作为对价支付的各项资产按公允价值确认转让所得或损失；适用特殊性税务处理的，取得的资产和负债按其原有计税基础确定，作为对价的其持有的子公司股权支付部分不按公允价值确认转让所得，非股权支付部分按公允价值确认转让所得，同时调整相应资产的计税基础。

2. 被合并企业

会计上，同一控制下的企业合并，被合并方采用权益结合法进行处理。吸收合并与新设合并中，被合并方在会计上视同清算处理，对其资产、负债进行全面清查核对，编制合并日财务报表，并按相关法律程序进行资产负债移交，最后注销。

税务处理时，由于被合并企业已不复存在，企业所得税适用一般性税务处理时要按清算处理，计算缴纳清算所得税；特殊性税务处理时，无需经过清算程序，其相关所得税事项由合并方承继，被合并企业亏损不能全额结转至合并企业弥补，而应该按规定限额弥补，这实质是对合并方产生的影响。

3. 被合并企业股东

会计上，权益结合法适用于合并方对同一控制下企业合并的会计处理，同一控制下除企业合并以外的其他交易和事项的会计处理不能采用权益结合法。同一控制下的企业合并中，合并方与被合并方、被合并方股东的会计处理通常并不对称。对于被合并方股东通常要将股权投资按正常转让处理，转让损益要计入投资收益。

企业合并企业所得税适用一般性税务处理的，被合并企业股东取得的新股权或者其他资产按照公允价值确定其计税基础，旧股权按清算处理，即取得的新股权及其他资产的公允价值中，相当于被合并企业累计未分配利润及累计盈余公积中按其享有股份比例计算的部分，确认为股息所得，剩余部分扣除计税基础后确认为股权转让所得；适用特殊性税务处理的，被合并企业股东取得合并企业股权的计税基础，以其放弃原持有的被合并企业股权的计税基础确定。

4. 同一控制下一般性税务处理税会差异分析

（1）会计处理：账面价值计量。

同一控制下合并方作为支付对价的股权、存货、固定资产、无形资产以及接受被合并企业资产、负债均以原账面价值确定。

（2）税务处理：公允价值。

一般性税务处理，合并企业作为支付对价的股权、存货、固定资产、无形资产按照公允价值确认资产转让、处置损益。

上述资产转让、处置损益产生的差异应在重组完成当年进行调整。

合并企业取得的被合并企业的净资产按公允价值确定计税基础；而会计处理为：合并方在合并中取得的被合并方各项资产、负债，应维持其在被合并方的原账面价值不变。税法与会计对合并取得资产在初始计量上产生暂时性差异。此差异在重组日不必调整，在后续计量中涉及计提折旧、摊销、结转成本时再进行应纳税所得额的调整。

（3）合并日期确定的差异。

由于确认条件的不同，可能会出现会计上已确定购买日而税法上因为没有完成股权登记程序还不能确定重组日，从而导致会计和税法在重组业务完成年度和重组金额上产生的差异。由于合并日和重组日的不同，导致重组金额的差异，应在企业所得税年度纳税申报中进行调整。

（4）被合并企业股东税会差异。

因股息所得和股权转让所得或损失，如果会计上已计入当期损益，但可享受免税待遇的，会产生税会差异，税收上要进行纳税调整。

5. 同一控制下特殊性税务处理税会差异

同一控制下企业新设合并适用特殊性税务处理的会计与税法基本一致。

（二）非同一控制下合并的税会差异

1. 购买方

会计处理时，非同一控制下的企业合并，购买方无论是取得的资产与负债，还是作为对价支付的资产，都要按照公允价值进行会计处理。当作为对价支付出去的资产的公允价值大于其取得的可辨认净资产的公允价值时，差额作为商誉入账；当作为对价支付的资产的公允价值小于其取得的可辨认净资产的公允价值时，差额计入当期损益。

企业所得税适用一般性税务处理的，所取得的资产和负债的计税基础按照公允价值确定，作为对价支付的各项资产按公允价值确认转让损益；适用特殊性税务处理的，取得的资产和负债按其原有计税基础确定，作为对价的股权支付部分和非股权支付部分都应按公允价确认转让所得。

2. 被合并企业

会计上，非同一控制下的企业合并与同一控制下的合并一样，被合并方视同清算处理，对其资产、负债进行全面清查核对，编制合并日财务报表，并按相关法律程序进行资产负债移交，最后注销。

非同一控制下的企业合并，企业所得税适用一般性税务处理时，按清算处理，计算缴纳清算所得税；适用特殊性税务处理的，无需计算缴纳清算所得税，其相关所得税事项由合并企业承继。

3. 被合并企业股东

非同一控制下的企业合并，适用一般性税务处理的，被合并企业股东所取得的新股权或其他资产的计税基础按照公允价值确定，旧股权按转让处理；特殊性税务处理时，被合并企业股东取得合并企业股权的计税基础，以其原持有的被合并企业股权的计税基础确定。

4. 税会差异分析

（1）会计处理。

企业合并准则把企业合并分为同一控制下的企业合并和非同一控制下的企业合并。

对于同一控制下的企业合并，企业合并准则中规定的会计处理方法类似于权益结合法。该方法下，将企业合并看作是两个或多个参与合并企业权益的重新整合，由于最终控制方的存在，从最终控制方的角度看，该类企业合并一定程度上并不会造成构成企业集团整体的经济利益流入和流出，最终控制方在合并前后实际控制的经济资源并没有发生变化，有关交易事项不作为出售或购买。合并方在合并中取得的被合并方各项资产、负债应维持其在被合并方的原账面价值不变。

会计处理时，非同一控制下采用购买法核算，公允价值计量。非同一控制下的企业合并是参与合并的各方在合并前后不受同一方或相同的多方最终控制的合并。购买法是从购买方的角度出发，该项交易中购买方取得了被购买方的净资产或是对净资产的控制权，应确认所取得的资产以及应当承担的债务，包括被购买方原来未予确认的资产和负债。就购买方自身而言，其原持有的资产及负债的计量不受该交易事项的影响。非同一控制下的企业合并，购买方在购买日对作为企业合并对价付出的资产、发生或承担的负债应当按照公允价值计量，公允价值与其账面价值的差额，计入当期损益。

（2）税务处理。

企业合并重组的企业所得税税务处理区分不同条件分别适用一般性税务处理规定和特殊性税务处理规定。

适用一般性税务处理：合并企业取得被合并企业的资产、负债按公允价值确认计税基础。被合并企业注销清算，按注销清算所得税的相关政策进行企业所得税的清算处理。

适用特殊性税务处理：合并企业接受被合并企业资产和负债的计税基础，以被合并企业的原有计税基础确定。会计公允价值计量与税法以原有计税基础确定产生暂时性差异，应确认递延所得税。

（3）合并日期确定的差异。

会计准则中购买日是按照相关标准判断购买方最终取得对被购买企业控制权的日期。

而企业所得税中企业合并，以合并合同（协议）生效、当事各方已进行会计处理且完成工商新设登记或变更登记日为重组日。按规定不需要办理工商新设或变更登记的合并，以合并合同（协议）生效且当事各方已进行会计处理的日期为重组日。

（4）被合并企业股东的税会差异。

在适用一般性税务处理的情况下，被合并企业的股东在清算分配中确认的股息所得和股权转让所得或损失，如果会计上已计入当期损益，但符合企业所得税优惠条件的可享受免税待遇的，会产生税会差异。

非同一控制下的企业合并中，被合并企业股东取得合并企业的股权按公允价值计量。而税法规定，在适用特殊性税务处理的情况下，被合并企业股东取得合并企业股权的计税基础，以其原持有的被合并企业股权的计税基础确定。对交易中股权支付暂不确认有关资产的转让所得或损失的，其非股权支付仍应在交易当期确认相应的资产转让所得或损失，并调整相应资产的计税基础。

（5）非股权支付确认的差异。

会计准则规定，非同一控制下的企业合并，资产以公允价值确定。而特殊性税务处理，对交易中股权支付暂不确认有关资产的转让所得或损失，其非股权支付仍应在交易当期确认相应的资产转让所得或损失，并调整相应资产的计税基础。

5. 非同一控制下的一般性税务处理

非同一控制下新设合并，企业适用一般性税务处理的会计处理与税法规定基本一致。

6. 非同一控制下的特殊性税务处理

（1）合并企业税会差异。

因计税基础与公允价值的差异在重组日不必调整，在后续计量中涉及计提折旧、摊销、结转成本时再进行纳税调整。

（2）合并日期确定的差异。

由于确认条件的不同，可能会出现会计上已确定购买日而税法因为没有完成股权登记程序还不能确定重组日，从而导致会计和税法上在重组业务完成年度和重组金额上产生的差异。由于购买日和重组日的不同，导致重组金额的差异，应在年度申报中进行调整。

六、纳税申报与申报资料

（一）合并特殊性税务处理的申报资料

根据《国家税务总局关于企业重组业务企业所得税征收管理若干问题的公告》（国家税务总局公告2015年第48号）第四条的规定，合并重组业务适用特殊性税务处理的，重组各方应在该重组业务完成当年，办理企业所得税年度申报时，分别向各自主管税务机关报送“企业重组所得税特殊性税务处理报告表”（见表6－6）及其附表和申报资料。合并中重组一方涉及注销的，应在尚未办理注销税务登记手续前进行申报。

重组主导方申报后，其他当事方向其主管税务机关办理纳税申报。申报时还应附送重组主导方经主管税务机关受理的“企业重组所得税特殊性税务处理报告表”及其附表（复印件）。

表6－6　　企业重组所得税特殊性税务处理报告表（企业合并）

申报企业名称（盖章）：　　　　金额单位：元（列至角分）

<table>
<tr><td>合并企业名称</td><td colspan="2">合并企业纳税识别号</td><td rowspan="2">合并企业所属主管税务机关（全称）</td><td rowspan="2"></td></tr>
<tr><td></td><td colspan="2"></td></tr>
<tr><td>被合并企业名称</td><td colspan="2">被合并企业纳税识别号</td><td colspan="2">被合并企业所属主管税务机关（全称）</td></tr>
<tr><td>1</td><td colspan="2"></td><td colspan="2">1</td></tr>
<tr><td>2</td><td colspan="2"></td><td colspan="2">2</td></tr>
<tr><td>被合并企业股东名称</td><td>纳税识别号</td><td>持股比例%</td><td colspan="2">被合并企业股东所属主管税务机关（全称）</td></tr>
<tr><td>1</td><td></td><td></td><td colspan="2">1</td></tr>
<tr><td>2</td><td></td><td></td><td colspan="2">2</td></tr>
<tr><td>3</td><td></td><td></td><td colspan="2">3</td></tr>
<tr><td>合并交易的支付总额</td><td colspan="2"></td><td>股权支付额占交易支付总额的比例%</td><td></td></tr>
<tr><td>股权支付额（公允价值）</td><td colspan="2"></td><td>股权支付额（原计税基础）</td><td></td></tr>
<tr><td>非股权支付额（公允价值）</td><td colspan="2"></td><td>非股权支付额（原计税基础）</td><td></td></tr>
</table>

续表

是否为同一控制下且不需要支付对价的合并	□ 是	□ 否	非股权支付对应的资产转让所得或损失	
被合并企业税前尚未弥补的亏损额			被合并企业净资产公允价值	
截至合并业务发生当年年末国家发行的最长期限的国债利率			可由合并企业弥补的被合并企业亏损的限额	
被合并企业资产的原计税基础			合并企业接受被合并企业资产的计税基础	
被合并企业负债的原计税基础			合并企业接受被合并企业负债的计税基础	
未确认的资产损失			分期确认的收入	
被合并企业有关项目所得优惠的剩余期限			年至　　　年	

被合并企业股东取得股权和其他资产情况

股东名称	项目名称	公允价值	计税基础

谨声明：本人知悉并保证本表填报内容及所附证明材料真实、完整，并承担因资料虚假而产生的法律和行政责任。

法定代表人签章：　　　　年　月　日

填表人：　　　　填表日期：

填表说明：

1. 合并企业名称，吸收合并为合并后存续的企业，新设合并为新设企业。

2. 被合并企业为两家以上的，应自行增加行次填写。

3. 本表一式两份。合并企业（被合并企业、被合并企业股东）及其所属主管税务机关各一份。

企业合并的申报资料主要包括：

（1）企业合并的总体情况说明，包括合并方案、基本情况，并逐条说明企业合并的商业目的；

（2）企业合并协议或决议，需有关部门（包括内部和外部）批准的，应提供批准文件；

（3）企业合并当事各方的股权关系说明，若属同一控制下且不需支付对价的合并，还需提供在企业合并前，参与合并各方受最终控制方的控制在 12 个月以上的证明材料；

（4）被合并企业净资产、各单项资产和负债的账面价值和计税基础等相关资料；

（5）市场监督管理部门等有关机关登记的相关企业股权变更事项的证明材料；

（6）12 个月内不改变资产原来的实质性经营活动、原主要股东不转让所取得股权的承诺书；

（7）合并企业承继被合并企业相关所得税事项（包括尚未确认的资产损失、分期确认收入和尚未享受期满的税收优惠政策等）情况说明；

（8）涉及可由合并企业弥补被合并企业亏损的，需要提供其合并日净资产公允价值证明材料及主管税务机关确认的亏损弥补情况说明；

（9）重组当事各方一致选择特殊性税务处理并加盖当事各方公章的证明资料；

（10）涉及非货币性资产支付的，应提供非货币性资产评估报告或其他公允价值证明；

（11）重组前连续 12 个月内有无与该重组相关的其他股权、资产交易，与该重组是否构成分步交易、是否作为一项企业重组业务进行处理情况的说明；

（12）按《企业会计准则》规定当期应确认资产（股权）转让损益的，应提供按税法规定核算的资产（股权）计税基础与按会计准则规定核算的相关资产（股权）账面价值的暂时性差异专项说明。

根据《国家税务总局关于企业重组业务企业所得税征收管理若干问题的公告》（国家税务总局公告 2015 年第 48 号）第六条的规定，合并重组业务适用特殊性税务处理的，申报时，当事各方还应向主管税务机关提交重组前连续 12 个月内有无与该重组相关的其他股权、资产交易情况的说明，并说明这些交易与该重组是否构成分步交易，是否作为一项企业重组业务进行处理。

（二）合并具有合理的商业目的说明

根据《国家税务总局关于企业重组业务企业所得税征收管理若干问题的公告》（国家税务总局公告 2015 年第 48 号）第五条的规定，企业合并重组业务适用特殊性税务处理的，申报时，应从以下方面逐条说明企业重组具有合理的商业目的：

（1）合并交易的方式；

（2）合并交易的实质结果；

（3）合并各方涉及的税务状况变化；

（4）合并各方涉及的财务状况变化；

（5）非居民企业参与重组活动的情况。

（三）以后年度处置重组资产的申报

根据《国家税务总局关于企业重组业务企业所得税征收管理若干问题的公告》

（国家税务总局公告2015年第48号）第十条的规定，适用特殊性税务处理的企业，在以后年度转让或处置重组资产（股权）时，应在年度纳税申报时对资产（股权）转让所得或损失情况进行专项说明，包括特殊性税务处理时确定的重组资产（股权）计税基础与转让或处置时的计税基础的比对情况，以及递延所得税负债的处理情况等。

适用特殊性税务处理的企业，在以后年度转让或处置重组资产（股权）时，主管税务机关应加强评估和检查，将企业特殊性税务处理时确定的重组资产（股权）计税基础与转让或处置时的计税基础及相关的年度纳税申报表比对，发现问题的，应依法进行调整。

七、吸收合并特殊性税务处理案例

（一）同一控制下吸收合并特殊性税务处理案例

【例6－11】甲公司、乙公司、B公司、C公司同是F公司同一控制下的关联企业，都为增值税一般纳税人，查账征收企业所得税。甲公司、乙公司采用相同的会计政策，乙公司注册资本5 000万元（其中B公司出资3 000万元、占60%，C公司出资2 000万元、占40%）。2020年10月，乙公司被甲公司合并，股东会决定解散并注销乙公司。

2020年10月31日，乙公司各项可辨认资产、负债的公允价值、账面价值和计税基础如表6－7所示。

表6－7　　乙公司资产、负债及所有者权益一览表　　单位：万元

项目	账面价值	计税基础	公允价值	项目	账面价值	计税基础	实际清偿额
货币资金	2 000	2 000	2 000	应付账款	5 050	5 050	5 050
应收账款	4 800	4 800	4 800	长期借款	4 000	4 000	4 000
库存商品	5 000	5 000	5 200	应付工资	1 000	1 000	1 000
固定资产	8 000	9 000	11 000	递延所得税负债	250	0	0
递延所得税资产	500	0	0	负债合计	10 300	10 050	10 050
				股本	5 000		
				资本公积	500		
				未分配利润	4 500		
				所有者权益小计	10 000		
合计	20 300	20 800	23 000	权益合计	20 300		

2020年10月31日，甲公司向乙公司的股东B公司和C公司定向增发4 000万股股票（面值1元/股，市价3.5元/股），从B公司和C公司手中取得乙公司100%净资产，对乙公司进行吸收合并。

为增发4 000万股股票，甲公司向证券承销机构支付佣金和手续费等200万元。其他费用忽略不计。

合并双方一致选择适用企业所得税特殊性税务处理。不考虑企业所得税以外的其他税费。

要求：分析说明企业合并各方的财税处理。

解析：

1. 甲公司的处理。

同一控制下的吸收合并适用特殊性税务处理的，合并企业甲公司在合并中取得的被合并企业乙公司的各项资产、负债应维持其在被合并企业的原账面价值不变，且应按照乙公司资产和负债的原有计税基础确定计税基础。

（1）甲公司合并日的会计处理：

借：银行存款	20 000 000	
应收账款	48 000 000	
库存商品	50 000 000	
固定资产	80 000 000	
递延所得税资产	5 000 000	
贷：应付账款		50 500 000
长期借款		40 000 000
应付工资		10 000 000
递延所得税负债		2 500 000
股本——B 公司		24 000 000
股本——C 公司		16 000 000
资本公积——股本溢价		60 000 000

（2）甲公司支付发行股票费用：

借：资本公积——股本溢价	2 000 000	
贷：银行存款		2 000 000

2. 乙公司的处理。

企业合并适用特殊性税务处理的，被合并企业乙公司不需进行企业所得税清算处理，对原有的会计账户进行冲销。

借：应付账款	50 500 000
长期借款	40 000 000
应付工资	10 000 000
递延所得税负债	2 500 000
股本	50 000 000
资本公积	5 000 000
未分配利润	45 000 000

贷：银行存款　　20 000 000
　　应收账款　　48 000 000
　　库存商品　　50 000 000
　　固定资产　　80 000 000
　　递延所得税资产　　5 000 000

3. 被合并企业股东的处理。

适用特殊性税务处理的，被合并企业股东不用按清算进行企业所得税处理。

股东B公司和C公司取得合并企业甲公司股权的计税基础，以其原持有的乙公司股权的计税基础确定，即B公司和C公司持有的甲公司股权的计税基础分别为3 000万元和2 000万元。

4. 税收事项的承继。

被合并企业乙公司的亏损可按规定结转到合并企业弥补，但有限额的限制。

（二）非同一控制下的吸收合并特殊性税务处理案例

【例6－12】甲公司、乙公司、B公司、C公司都是独立企业，不受任何公司控制，也不受相同的多方最终控制。都为增值税一般纳税人，查账征收企业所得税。

甲公司、乙公司采用相同的会计政策，乙公司注册资本5 000万元（其中B公司出资3 000万元、占60%，C公司出资2 000万元、占40%）。2020年10月，乙公司被甲公司合并，股东会决定解散并注销该公司。2020年10月31日，乙公司各项可辨认资产、负债的公允价值、账面价值和计税基础如表6－8所示。

表6－8　乙公司资产、负债及所有者权益一览表　单位：万元

项目	账面价值	计税基础	公允价值	项目	账面价值	计税基础	实际清偿额
货币资金	2 000	2 000	2 000	应付账款	5 050	5 050	5 050
应收账款	4 800	4 800	4 800	长期借款	4 000	4 000	4 000
库存商品	5 000	5 000	5 200	应付工资	1 000	1 000	1 000
固定资产	8 000	9 000	11 000	递延所得税负债	250		
递延所得税资产	500			负债合计	10 300	10 050	10 050
				股本	5 000		
				资本公积	500		
				未分配利润	4 500		
				所有者权益	10 000		
合计	20 300	20 800	23 000	合计	20 300		

2020年10月31日，甲公司向乙公司的股东B公司和C公司定向增发4 000万股股票（面值1元/股，市价3.5元/股），取得乙公司全部净资产，对乙公司进行吸收合并，属于非同一控制下的吸收合并。

为增发4 000万股公司股票，甲公司向证券承销机构支付佣金和手续费等200万元。其他费用忽略不计。

甲公司合并中取得乙公司的固定资产为机器设备，尚可使用年限为5年，不考虑残值。适用增值税税率为13%。

合并双方一致选择适用企业所得税特殊性税务处理。

要求：分析说明企业合并各方的财税处理。

解析：

本例中的合并业务，当事各方协商一致采取特殊性税务处理。购买方（合并方）在合并中取得的被购买方（被合并方）的各项资产（负债），其所带来的未来经济利益预期能够流入企业（或履行有关的义务预期会导致经济利益流出企业）且公允价值能够可靠计量的，应单独作为资产或负债确认。

税务处理：特殊性税务处理的合并企业接受被合并企业资产和负债的计税基础，以被合并企业的原有计税基础确定。

在此项合并中，甲公司取得乙公司资产、负债应当按照公允价值确认入账价值，按照乙公司资产和负债的原有计税基础确定其计税基础。

1. 甲公司的会计处理。

（1）购买日的会计处理：

甲公司递延所得税负债：

[(5 200 − 5 000) + (11 000 − 9 000)] × 25% = 550（万元）；

借：货币资金	20 000 000	
应收账款	48 000 000	
库存商品	52 000 000	
固定资产	110 000 000	
商誉	16 000 000	
贷：应付账款		50 500 000
长期借款		40 000 000
应付工资		10 000 000
递延所得税负债		5 500 000
股本——B公司		24 000 000
股本——C公司		16 000 000
资本公司——股本溢价		100 000 000

合并确认的商誉为：4 000 ×3.5 -（23 000 -10 050 -550）=1 600（万元）。

（2）甲公司支付发行股票费用的处理：

借：资本公积——股本溢价	2 000 000	
贷：银行存款		2 000 000

会计处理：被合并方乙公司在会计处理上应注销清算；甲公司确认商誉 1 600 万元。税务处理：因该项合并采用特殊性税务处理，乙公司原账面上未确认商誉，即商誉的原有计税基础为 0。

会计处理与税务处理产生差异。

2. 乙公司的处理。

企业合并适用特殊性税务处理的，被合并企业乙公司不需进行企业所得税清算处理，对原有的会计账户进行冲销。

借：应付账款	50 500 000	
长期借款	40 000 000	
应付工资	10 000 000	
递延所得税负债	2 500 000	
股本	50 000 000	
资本公积	5 000 000	
未分配利润	45 000 000	
贷：银行存款		20 000 000
应收账款		48 000 000
库存商品		50 000 000
固定资产		80 000 000
递延所得税资产		5 000 000

3. 被合并企业股东的处理。

适用特殊性税务处理的，被合并企业股东不用按清算进行所得税处理。

股东 B 公司和 C 公司取得合并企业甲公司股权的计税基础，以其原持有的乙公司股权的计税基础确定，即 B 公司和 C 公司持有的甲公司股权的计税基础分别为 3 000 万元和 2 000 万元。

4. 税收事项的承继。

被合并企业乙公司的亏损可按规定结转到合并企业弥补，但有限额的限制。

第四节　其他税种的处理

企业合并中，除企业所得税处理外，还会涉及增值税、土地增值税、契税、印花税和个人所得税等税种的税务处理问题。

一、增值税的处理

（一）合并中转让货物的增值税处理

根据《国家税务总局关于纳税人资产重组有关增值税问题的公告》（国家税务总局公告2011年第13号）的规定，纳税人在资产重组过程中，通过合并、分立、出售、置换等方式，将全部或者部分实物资产以及与其相关联的债权、负债和劳动力一并转让给其他单位和个人，不属于增值税的征税范围，其中涉及的货物转让，不征收增值税。

企业合并与资产收购重组不同。资产收购，是指收购方购买被收购方的非现金资产（含投资资产），由于非现金资产的所有权转移给购买方，涉及增值税、消费税等货物劳务税问题。而企业合并，是指被合并企业将全部资产及负债整体出售给合并企业，将取得合并企业的支付对价向股东进行分配，再清算注销。企业合并属于企业整体资产的转让，并不是单个资产的转让，不征收增值税。

根据《国家税务总局关于纳税人资产重组有关增值税问题的公告》（国家税务总局公告2013年第66号）的规定，纳税人在资产重组过程中，通过合并、分立、出售、置换等方式，将全部或者部分实物资产以及与其相关联的债权、负债经多次转让后，最终的受让方与劳动力接收方为同一单位和个人的，仍适用《国家税务总局关于纳税人资产重组有关增值税问题的公告》（国家税务总局公告2011年第13号）的相关规定，其中货物的多次转让行为均不征收增值税。资产的出让方需将资产重组方案等文件资料报其主管税务机关。

纳税人在资产重组过程中，通过合并、分立、出售、置换等方式，将全部或者部分实物资产以及与其相关联的债权、负债经多次转让后，最终的受让方与劳动力接收方为同一单位和个人的，这种转让方式虽然不是一次性转让资产、负债和劳动力，但最终结果是实现了全部或部分实物资产以及与其相关联的债权、负债和劳动力全部转让给了同一单位和个人，应视为“一并转让”，对其中涉及的货物多次转让行为均不应征收增值税。也就是说，基于事后的重组计划安排，并且“多次转让”最终符合“业务”转让的相关要求的，将视同为一次单独的“业务”转让（并非连续转让）而不征收增值税。因此，在企业合并重组中，对货物的转让一般不征收增值税。

（二）合并中不动产、土地使用权转让的处理

根据《营业税改征增值税试点有关事项的规定》（财税〔2016〕36号印发）第一

条第（二）项的规定，在资产重组过程中，通过合并、分立、出售、置换等方式，将全部或者部分实物资产以及与其相关联的债权、负债和劳动力一并转让给其他单位和个人，其中涉及的不动产、土地使用权转让行为，不征增值税。

需要说明的是，合并方支付的非股权支付额中，如果涉及非现金资产，因其所有权发生转移，并取得了对价，合并方就该部分应当按规定进行增值税等货物劳务税处理，其中涉及房地产转移的，还需按规定缴纳土地增值税。

根据财税〔2016〕36号和国家税务总局公告2011年第13号文件的规定，企业合并中涉及货物、房地产和土地使用权的转移，不征收增值税，而不是免征增值税，因而，不涉及进项税额转出的处理。

企业合并过程中，转移到合并企业的资产除了货物、不动产和土地使用权外，还会涉及技术、自然资源使用权等无形资产，也会涉及到上市公司股票等金融资产的转移，财税〔2016〕36号和国家税务总局公告2011年第13号文件仅明确规定了货物、不动产和土地使用权转让不征收增值税，其他无形资产和金融资产的转让是否征收增值税，现行政策没有明确规定，实际征管中常有争议。此外，《国家税务总局关于中国电信集团公司及所属网络分公司资产重组有关增值税 营业税问题的通知》（税总函〔2013〕124号）就中国电信集团公司（以下简称“集团公司”）总部及所属30省网络资产分公司（以下简称“网分公司”）向中国电信股份有限公司（以下简称“股份公司”）转让CDMA网络资产有关增值税和营业税问题曾明确，根据《国家税务总局关于纳税人资产重组有关增值税问题的公告》（国家税务总局公告2011年第13号）和《国家税务总局关于纳税人资产重组有关营业税问题的公告》（国家税务总局公告2011年第51号）的有关规定，集团公司总部及所属30省网分公司将与CDMA网络相关实物资产以及与之相关联的债权、债务和劳动力一并转让给股份公司的行为，不属于增值税和营业税的征税范围，其中涉及的货物转让，不征收增值税；其中涉及的不动产和土地使用权等无形资产的转让，不征收营业税。

笔者认为，借鉴“TOGC”规则（Transfer of a business as a going concern），即“持续经营前提下的业务转让”，对符合“持续经营前提下的业务转让”行为，不论是货物、不动产和土地使用权，还是无形资产等其他资产，均应不征收增值税。而且，由于企业整体资产的价值并不等于企业单个资产的价值的简单相加，如对单个资产征税，如何定价也是一个问题。

（三）增值税发票的开具

除国家税务总局另有规定外，增值税发票的开具范围应是增值税的征税范围，对于不征收增值税的项目一般不得开具发票。

根据《国家税务总局关于营改增试点若干征管问题的公告》（国家税务总局公告

2016年第53号）第九条的规定，《商品和服务税收分类与编码表》中的分类编码6“未发生销售行为的不征税项目”，用于纳税人收取款项但未发生销售货物、应税劳务、服务、无形资产或不动产的情形。“未发生销售行为的不征税项目”下设601“预付卡销售和充值”、602“销售自行开发的房地产项目预收款”、603“已申报缴纳营业税未开票补开票”、604“代收印花税”、605“代收车船税”、606“融资性售后回租承租方出售资产”、607“资产重组涉及的不动产”、608“资产重组涉及的土地使用权”、609“代理进口免税货物货款”、610“有奖发票奖金支付”、611“不征税自来水”、612“建筑服务预收款”、613“代收民航发展基金”等。

使用“未发生销售行为的不征税项目”编码，发票税率栏应填写“不征税”，不得开具增值税专用发票。

因此，企业合并中不动产和土地使用权权属转移属于《商品和服务税收分类与编码表》中编码607“资产重组涉及的不动产”、608“资产重组涉及的土地使用权”和616“资产重组涉及的货物”项目，可以开具税率栏为“不征税”的增值税普通发票。

（四）增值税留抵税额的处理

留抵税额，实际上是纳税人对国家的债权。企业进行资产重组，其所有的资产、负债和人员全部由重组后的新公司承接，作为该企业债权之一的增值税留抵税款，理应也由重组后的新公司继续享有。为保护纳税人权益，有关纳税人资产重组中增值税留抵税额处理的问题，《国家税务总局关于纳税人资产重组增值税留抵税额处理有关问题的公告》（国家税务总局公告2012年第55号）规定，增值税一般纳税人（以下称“原纳税人”）在资产重组过程中，将全部资产、负债和劳动力一并转让给其他增值税一般纳税人（以下称“新纳税人”），并按程序办理注销税务登记的，其在办理注销登记前尚未抵扣的进项税额可结转至新纳税人处继续抵扣。

原纳税人主管税务机关应认真核查纳税人资产重组相关资料，核实原纳税人在办理注销税务登记前尚未抵扣的进项税额，填写《增值税一般纳税人资产重组进项留抵税额转移单》（一式三份，原纳税人主管税务机关留存一份，交纳税人一份，传递给新纳税人主管税务机关一份）。

新纳税人主管税务机关应将原纳税人主管税务机关传递来的《增值税一般纳税人资产重组进项留抵税额转移单》与纳税人报送资料进行认真核对，对原纳税人尚未抵扣的进项税额，在确认无误后，允许新纳税人继续申报抵扣。

需要说明的是，国家税务总局公告2012年第55号对采用吸收合并还是新设合并并没有限制，都可以适用该项政策规定，对新设合并后的新公司只要按规定登记为一般纳税人就符合要求。

（五）企业所得税税前扣除凭证

根据《企业所得税税前扣除凭证管理办法》（国家税务总局公告2018年第28号）第九条和第十条的规定，企业在境内发生的支出项目属于增值税应税项目（以下简称应税项目）的，对方为已办理税务登记的增值税纳税人，其支出以发票（包括按照规定由税务机关代开的发票）作为税前扣除凭证；对方为依法无需办理税务登记的单位或者从事小额零星经营业务的个人，其支出以税务机关代开的发票或者收款凭证及内部凭证作为税前扣除凭证，收款凭证应载明收款单位名称、个人姓名及身份证号、支出项目、收款金额等相关信息。税务总局对应税项目开具发票另有规定的，以规定的发票或者票据作为税前扣除凭证。企业在境内发生的支出项目不属于应税项目的，对方为单位的，以对方开具的发票以外的其他外部凭证作为税前扣除凭证；对方为个人的，以内部凭证作为税前扣除凭证。企业在境内发生的支出项目虽不属于应税项目，但按税务总局规定可以开具发票的，可以发票作为税前扣除凭证。

由于企业合并中涉及货物、房地产和土地使用权的转移，不征增值税，因此，合并企业在企业所得税税前扣除时，企业合并中转移的不动产和土地使用权，可以取得“不征税”发票作为税前扣除凭证，合并中转移货物的也可以不以发票作为税前扣除凭证。

二、土地增值税的处理

企业合并中涉及被合并企业的房地产转移到合并企业，会涉及土地增值税的税务处理问题，纳税人为被合并企业。

（一）合并的土地增值税处理规定

根据《财政部 税务总局关于继续实施企业改制重组有关土地增值税政策的通知》（财税〔2018〕57号，执行期限为2018年1月1日至2020年12月31日止）第二条的规定，按照法律规定或者合同约定，两个或两个以上企业合并为一个企业，且原企业投资主体存续的，对原企业将房地产转移、变更到合并后的企业，暂不征收土地增值税。投资主体存续，是指原企业出资人必须存在于改制重组后的企业，出资人的出资比例可以发生变动。

根据财税〔2018〕57号文件第五条的规定，上述改制重组有关土地增值税政策不适用于房地产转移任意一方为房地产开发企业的情形。

企业在申请享受上述土地增值税优惠政策时，应向主管税务机关提交房地产转移双方营业执照、改制重组协议或等效文件，相关房地产权属和价值证明、转让方改制重组前取得土地使用权所支付地价款的凭据（复印件）等书面材料。

企业合并中的土地增值税处理，需要注意如下问题：

第一，适用主体问题。企业合并暂不征收土地增值税的适用主体并无限制，只要是土地增值税的企业纳税人都可以适用，这与合并的契税处理规定略有不同。

第二，优惠适用范围问题。合并中暂不征收土地增值税政策，不适用于房地产转移任意一方为房地产开发企业的情形，也就是不论是合并企业还是被合并企业，只要有一方从事房地产开发的，合并中的被合并企业对合并中的房地产转移就要按规定缴纳土地地增值税。

第三，实质为递延纳税。合并后合并企业再转让国有土地使用权并申报缴纳土地增值税时，应以改制前取得该宗国有土地使用权所支付的地价款和按国家统一规定缴纳的有关费用，作为该企业“取得土地使用权所支付的金额”扣除。这就是说在下一次转让房地产计算土地增值税时，相当于把合并时未征收的土地增值税征回来，只是纳税义务人发生改变和纳税义务发生时间推迟了。

第四，不符合优惠规定的处理问题。对不符合财税〔2018〕57 号文件规定的暂不征收土地增值税情形的，被合并企业应按规定缴纳土地增值税。此时，房地产转让收入的确定是个难点，如被合并资产有资产评估价值，可按照评估价格作为房地产转让收入；如同一控制下的企业合并等没有评估价格，可按照《国家税务总局关于房地产开发企业土地增值税清算管理有关问题的通知》（国税发〔2006〕187 号）第三条的规定处理，即房地产开发企业将开发产品用于职工福利、奖励、对外投资、分配给股东或投资人、抵偿债务、换取其他单位和个人的非货币性资产等，发生所有权转移时应视同销售房地产，其收入按下列方法和顺序确认：

（1）按本企业在同一地区、同一年度销售的同类房地产的平均价格确定；

（2）由主管税务机关参照当地当年、同类房地产的市场价格或评估价值确定。

（二）转让合并时取得土地使用权的处理

根据财税〔2018〕57 号文件第六条的规定，企业改制重组后再转让国有土地使用权并申报缴纳土地增值税时，应以改制前取得该宗国有土地使用权所支付的地价款和按国家统一规定缴纳的有关费用，作为该企业“取得土地使用权所支付的金额”扣除。企业在改制重组过程中经省级以上（含省级）国土管理部门批准，国家以国有土地使用权作价出资入股的，再转让该宗国有土地使用权并申报缴纳土地增值税时，应以该宗土地作价入股时省级以上（含省级）国土管理部门批准的评估价格，作为该企业“取得土地使用权所支付的金额”扣除。办理纳税申报时，企业应提供该宗土地作价入股时省级以上（含省级）国土管理部门的批准文件和批准的评估价格，不能提供批准文件和批准的评估价格的，不得扣除。

三、契税的处理

企业合并中涉及被合并企业房地产转移到合并企业的，合并企业承受被合并企业的房地产权属，应按规定免征契税。

根据《财政部 国家税务总局关于继续支持企业 事业单位改制重组有关契税政策的通知》（财税〔2018〕17 号）第三条的规定，两个或两个以上的公司，依照法律规定、合同约定，合并为一个公司，且原投资主体存续的，对合并后公司承受原合并各方土地、房屋权属，免征契税。

投资主体存续，是指原企业的出资人必须存在于改制重组后的企业，出资人的出资比例可以发生变动。

需要说明的是，按照《公司法》设立的公司的合并，才可以适用上述政策，其他非公司制企业的合并不适用。这与合并土地增值税优惠的适用主体不同。

四、印花税的处理

为贯彻落实国务院关于支持企业改制的指示精神，规范企业改制过程中有关税收政策，经县级以上人民政府及企业主管部门批准改制的企业，在改制过程中涉及的印花税政策问题，《财政部 国家税务总局关于企业改制过程中有关印花税政策的通知》（财税〔2003〕183 号）规定，以合并或分立方式成立的新企业，其新启用的资金账簿记载的资金，凡原已贴花的部分可不再贴花，未贴花的部分和以后新增加的资金按规定贴花。合并包括吸收合并和新设合并；分立包括存续分立和新设分立。

对经县级以上人民政府及企业主管部门批准改制的国有企业，在改制过程中涉及的印花税政策可以适用财税〔2003〕183 号文件规定的改制重组印花税政策。对非国有企业，根据“放管服”改革精神，改制重组不需要“经县级以上人民政府及企业主管部门批准”，其改制重组是否可以适用财税〔2003〕183 号文件规定的改制重组印花税政策，存在争议和不同意见。

根据《财政部 税务总局关于对营业账簿减免印花税的通知》（财税〔2018〕50 号）的规定，自 2018 年 5 月 1 日起，对按万分之五税率贴花的资金账簿减半征收印花税，对按件贴花五元的其他账簿免征印花税。

五、个人所得税的处理

当被合并企业的股东存在个人股东时，企业合并如符合特殊性税务处理条件，可以按企业所得税特殊性税务处理规定进行税务处理。其中的自然人股东，应按《个人所得税法》的相关规定进行处理。但现行税收政策中并没有对自然人在合并、分立中如何进行税务处理做出明确具体规定，导致有的地方按股权转让行为进行处理，有的地方按非货币性资产投资行为处理，有的地方则按投资收回进行处理，还有的地方认为，如果在合并、分立中自然人的股权没有增值就不产生应税行为。因此，对合并中涉及自然人的税务处理，有待政策进一步明确。但在大连等地也有本地的相关规定。

根据《大连市地方税务局关于加强企业注销和重组自然人股东个人所得税管理的通知》（大地税函〔2009〕212 号）第一条和第二条的规定，企业合并，被合并企业应当按照清算进行所得税处理，其自然人股东分得的剩余资产扣除投资成本后的余额，按照“利息、股息、红利所得”项目计算征收个人所得税。企业注销税务登记未进行清算或无法取得清算所得相关信息的，以企业期末留存收益和资本公积之和，按照股东所占股份比例计算的部分确认为应纳税所得额，计算征收“利息、股息、红利所得”项目个人所得税，不得因企业存在的债权、债务而调整应纳税所得额。

对按照《财政部 国家税务总局关于企业重组业务企业所得税处理若干问题的通知》（财税〔2009〕59 号）规定，企业合并选择特殊性税务处理的，以被合并企业合并前的企业期末留存收益、资本公积和非股权支付对应清算所得和损失之和，按股东所占股份比例计算的部分确认为应纳税所得额，计算征收“利息、股息、红利所得”项目个人所得税，应纳税所得额 =［企业期末留存收益 + 企业期末资本公积 +（被转让资产的公允价值 - 被转让资产的计税基础）×（非股权支付金额 ÷ 被转让资产的公允价值）］× 股东所占股份比例。

此外，《宁波市地方税务局个人所得税热点政策问答（2014 年第 1 期）》就“13. 问：甲企业吸收合并乙企业，企业所得税处理符合特殊性重组的条件。其中乙企业股东全部为自然人，合并后乙企业的自然人股东按照净资产公允价值的比例持有合并后企业的股权。请问合并之前乙企业的留存收益是否需要缴纳个人所得税？”明确“答：对甲企业吸收合并乙企业，如企业所得税处理符合特殊性重组条件，乙企业自然人股东所取得甲企业股权按历史成本计价的，暂不征收个人所得税。如不符合上述条件的，对乙企业自然人股东应按‘财产转让所得’项目征收个人所得税”。

六、拟上市公司反向吸收合并控股公司并适用特殊性税务处理案例

【例 6 - 13】 新亚强硅化学股份有限公司（简称新亚强）在 2020 年 2 月 28 日报送的《首次公开发行股票招股说明书（申报稿）》中披露，2018 年 11 月，公司反向吸收合并了原控股股东吉林新亚强，交易双方按规定向主管税务机关进行了纳税申报。

1. 吉林新亚强基本情况。

本次吸收合并前，吉林新亚强股权结构如表 6－9 所示：

表 6－9　　股权结构一览表

序号	股东	认缴出资额（万元）	实缴出资额（万元）	持股比例（%）	出资方式
1	初琳	2 148.59	2 148.59	62.43	货币
2	红塔创新昆山	590	590	17.14	货币
3	红塔创新	339.25	339.25	9.86	货币
4	初亚贤	295	295	8.57	货币
5	初亚军	68.83	68.83	2	货币
合计		3 441.67	3 441.67	100	

2. 本次重组方案。

新亚强与吉林新亚强以评估基准日（2018 年 6 月 30 日）经评估的每股净资产为基准，双方协商确定本次换股价格，进行换股吸收合并。吸收合并完成后，新亚强作为吸收合并后的存续方，承继吉林新亚强的全部资产、负债、业务、人员及其他一切权利与义务，吉林新亚强注销法人资格。

根据 2018 年 6 月 30 日为评估基准日的《资产评估报告》，双方的财务数据如表 6－10 所示：

表 6－10

单位	吉林新亚强			新亚强		
	账面值	评估值	增值额	账面值	评估值	增值额
总资产	11 233.68	43 644.91	32 411.23	58 241.07	62 307.52	4 066.45
净资产	11 229.60	43 640.83	32 411.23	37 614.92	42 351.64	4 736.72
每股对应评估净资产	12.68			4		
换股比例	3.17					

经双方公平协商，最终确定新亚强的换股价格为 4 元/股，吉林新亚强每单位注册资本的换股价格为 12.68 元。根据上述换股价格，吉林新亚强与新亚强股份的换股比例为 3.17，即每 1 元吉林新亚强注册资本可以换得 3.17 股新亚强股份。新亚强股份因本次合并将向吉林新亚强的股东发行 10 910.30 万股股份，吉林新亚强持有新亚强股份的 10 580.00 万股股份同时注销。换股合并后，新亚强股份的股份总数将由 10 588.00 万股变更为 10 918.30 万股，注册资本将从 10 588.00 万元变更为 10 918.30 万元。本次吸收合并完成后，新亚强股份同时同比例减少注册资本 7 468.64 万元，注册资本由 10 918.30 万元变更至 3 449.6667 万元。

3. 本次重组履行的程序。

（1）2018 年 8 月 31 日，瑞华会计师事务所对新亚强、吉林新亚强的财务报表进行了审计，并分别出具了《审计报告》。

（2）2018 年 8 月 31 日，北京中企华资产评估有限责任公司对新亚强、吉林新亚强进行了资产评估，并分别出具了《资产评估报告》。

（3）2018 年 9－10 月期间，新亚强召开临时股东大会，决议通过《关于公司吸收合并吉林新亚强的议案》《关于签署附条件生效的吸收合并协议的议案》；吉林新亚强召开临时股东会，决议通过《关于子公司新亚强吸收合并本公司的议案》《关于签署附条件生效的吸收合并协议的议案》。

（4）新亚强、吉林新亚强分别于 2018 年 9 月 4 日及 9 月 5 日在第 20162 期《江城日报》和第 6860 期《现代快报》刊登《吸收合并并减资公告》。

（5）2018 年 9 月 14 日，红塔创新、红塔昆山董事会作出决议，同意上述吸收合并方案。

（6）2018 年 9 月 15 日，新亚强与吉林新亚强签署《吸收合并协议》，新亚强向吉林新亚强全体股东发行股份，以换股方式吸收合并吉林新亚强，吉林新亚强的全体股东持有的股权将按换股比例转换为新亚强的股份。

（7）2018 年 11 月 1 日，永吉县市场监督管理局开发区分局出具了《准予注销登记通知书》，准予吉林新亚强注销。

（8）2018 年 11 月 5 日，宿迁市工商行政管理局核发新的《营业执照》，统一社会信用代码为 91321300696772593D，注册资本变更为 3 449.6667 万元。

4. 本次重组的税务处理。

2018 年 10 月 23 日，永吉县税务局对吉林新亚强出具了《清税证明》，并对吉林新亚强提交的《企业重组所得税特殊性税务处理报告表》予以盖章确认。

2018 年 11 月 6 日，宿迁市宿豫区税务局对公司提交的《纳税人合并（分立）情况报告书》予以盖章确认。

5. 本次吸收合并的影响。

（1）优化治理结构，提高管理效率；

（2）避免了潜在的同业竞争；

（3）本次吸收合并未导致新亚强主营业务发生变化；

（4）本次吸收合并未导致公司管理层、实际控制人变化；

6. 本次吸收合并并减资的原因。

国家工商总局于 2011 年发布了《关于做好公司合并分立登记支持企业兼并重组的意见》（以下简称《意见》），针对企业吸收合并的注册资本数额，《意见》规定如下：“支持公司自主约定注册资本数额。因合并而存续或者新设的公司，其注册资本、实收资本数额由合并协议约定，但不得高于合并前各公司的注册资本之和、实收资本之和。合并各方之间存在投资关系的，计算合并前各公司的注册资本之和、实收资本之和时，应当扣除投资所对应的注册资本、实收资本数额。支持公司一次性申请多项变更登记。公司合并分立时增加股东、增加注册资本等其他登记事项变更的，只要符合《公司法》、《公司登记管理条例》等法律法规和公司章程的规定，可以一并提交相关登记申请，并按照总局内资企业登记材料规范的要求提交申请材料。”根据国家工商总局的《意见》，新亚强公司及吉林新亚强经过董事会及股东（大）会审议通过，新亚强公司吸收合并吉林新亚强后，注册资本减少至 3 449.6667 万元，符合《意见》的要求。

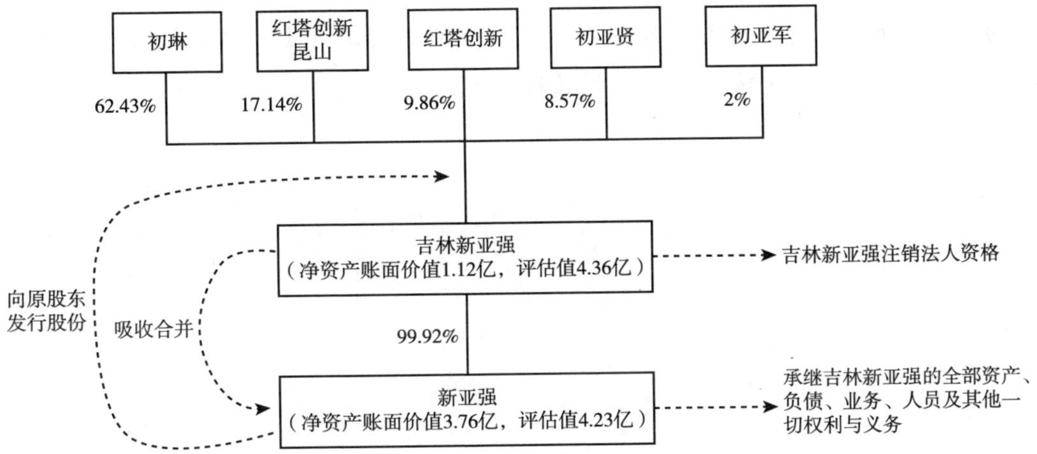

图 6－6　吸收合并示意图

解析：

本次吸收合并是为了优化治理结构，提高管理效率等，具有合理的商业目的；在吸收合并中，新亚强向吉林新亚强的原股东发行股份，股权支付比例为 100%。如果重组后的连续 12 个月内吉林新亚强不改变重组资产原来的实质性经营活动，并且取得股权支付的吉林新亚强原股东不转让所取得的股权支付，则此案符合特殊性税务处理的要求条件。

特殊性税务处理时，新亚强接受吉林新亚强资产和负债的计税基础，以吉林新亚强的原有计税基础确定；吉林新亚强不确认所转让资产的所得；吉林新亚强及其企业股东不按清算进行所得税处理；投资吉林新亚强的原企业股东取得新亚强股票的计税基础按其原对吉林新亚强的计税基础确定；吉林新亚强的原自然人股东按个人所得税的相关规定进行处理。

对于因吸收合并，吉林新亚强的相关资产转移到新亚强的过程中，《国家税务总局关于纳税人资产重组有关增值税问题的公告》（国家税务总局公告 2011 年第 13 号）

及《国家税务总局关于纳税人资产重组有关增值税问题的公告》（国家税务总局公告2013年第66号）规定，不属于增值税的征税范围，其中涉及的货物、不动产、土地使用权转让，不征收增值税。

由于吉林新亚强及新亚强均为非房地产开发企业，根据《财政部 税务总局关于继续实施企业改制重组有关土地增值税政策的通知》（财税〔2018〕57号，对吉林新亚强将房地产转移、变更到合并后的企业新亚强，暂不征收土地增值税。

根据《财政部 国家税务总局关于继续支持企业事业单位改制重组有关契税政策的通知》（财税〔2018〕17号），对合并后的新亚强承受吉林新亚强土地、房屋权属的，免征契税。

在吉林新亚强将货物转移到新亚强的过程中，不属于增值税的征收范围，但可以开具商品编码607“资产重组涉及的不动产”、608“资产重组涉及的土地使用权”和616“资产重组涉及的货物”的不征税发票。

第七章　企业分立

企业分立是企业进行分业经营的一种比较常用的重组方式。分立的企业所得税处理根据不同的适用条件，分为一般性税务处理和特殊性税务处理。分立过程中，被分立企业分离转移资产到分立企业，还会涉及增值税、土地增值税、契税、印花税和个人所得税等税种的处理。详细情况如图 7－1 所示。

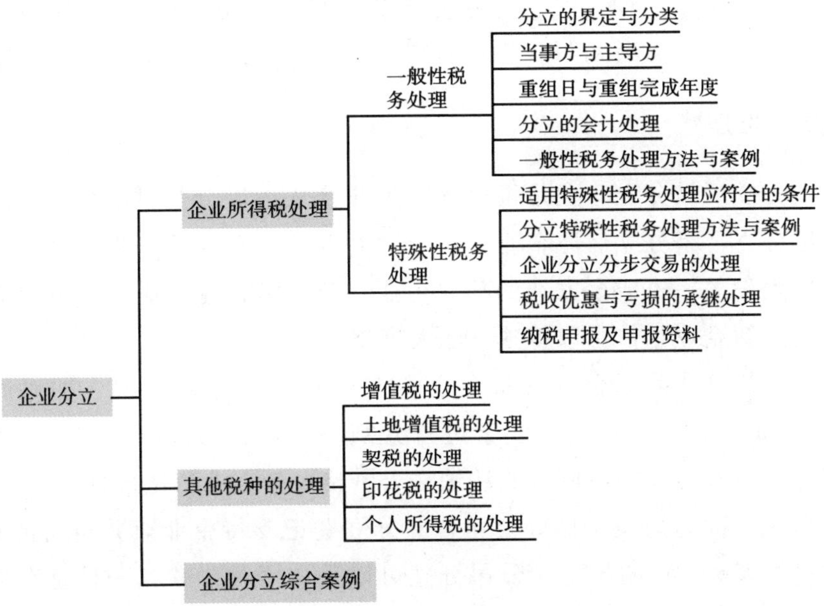

图 7－1　企业分立知识图

第一节　一般性税务处理

一、分立的界定与分类

（一）分立的界定

根据《财政部 国家税务总局关于企业重组业务企业所得税处理若干问题的通知》

（财税〔2009〕59 号）第一条第（六）项的规定，分立，是指一家企业（以下称为被分立企业）将部分或全部资产分离转让给现存或新设的企业（以下称为分立企业），被分立企业股东换取分立企业的股权或非股权支付，实现企业的依法分立。

股权支付，是指企业重组中购买、换取资产的一方支付的对价中，以本企业或其控股企业的股权、股份作为支付的形式；非股权支付，是指以本企业的现金、银行存款、应收款项、本企业或其控股企业股权和股份以外的有价证券、存货、固定资产、其他资产以及承担债务等作为支付的形式。控股企业，是指由本企业直接持有股份的企业。

被分立企业只有一个企业，分立的结果是被分立企业的资产绝对减少，其股东取得了股权或非股权支付对价。分立企业取得被分立企业资产所有权，并支付对价给被分立企业股东。企业分立中，被分立企业与分立后的企业之间、分立后企业相互之间没有投资与被投资关系。如 A 公司分立为 B 公司和 C 公司，则 A 公司与 B 公司、C 公司之间既无企业内部的总公司与分公司的管理关系，也无相互间控股或参股关系。

（二）分立的分类

按照企业分立后被分立企业是否存续，企业分立可以分为存续分立和新设分立两种类型。存续分立，是分立后原企业（被分立企业）依然存在，即企业仅拿出其部分资产或某些要素设立一家或多家新的独立企业，分立后，原企业（被分立企业）的法人资格不消灭，新企业也依法取得独立法人资格。

新设分立，是分立后原企业（被分立企业）不复存在的状况，即对属于原企业（被分立企业）的全部资产和生产要素进行分割，分割后的资产及生产要素分别被两家或多家企业所拥有，分割后原企业注销法人资格，新企业依法成立。

根据《国家工商总局关于做好公司合并分立登记支持企业兼并重组的意见》（工商企字〔2011〕226 号）的规定，公司分立可以采取两种形式：一种是存续分立，指一个公司分出一个或者一个以上新公司，原公司存续；另一种是解散分立，指一个公司分为两个或者两个以上新公司，原公司解散。从该规定看，相关部门认为不得向现存企业分立。

（三）分立的法律后果

根据《中华人民共和国民法典》第六十七条的规定，法人分立的，其权利和义务由分立后的法人享有连带债权，承担连带债务，但是债权人和债务人另有约定的除外。

根据《中华人民共和国公司法》第一百七十五条的规定，公司分立，其财产作相应的分割。公司分立，应当编制资产负债表及财产清单。公司应当自作出分立决议之日起 10 日内通知债权人，并于 30 日内在报纸上公告。第一百七十六条规定，公司分立前的债务由分立后的公司承担连带责任。但是，公司在分立前与债权人就债务清偿达成的书面协议另有约定的除外。

根据《税收征收管理法》第四十八条的规定，纳税人有合并、分立情形的，应当向税务机关报告，并依法缴清税款。纳税人合并时未缴清税款的，应当由合并后的纳税人继续履行未履行的纳税义务；纳税人分立时未缴清税款的，分立后的纳税人对未履行的纳税义务应当承担连带责任。

（四）分立的交易架构

企业分立从交易架构上看可分为让产分股式分立、让产赎股式分立、股本分割式分立。

1. 让产分股式分立

让产分股式分立（Spin off），是指被分立企业将其持有的部分资产转移至新设立的受控公司而获得该受控公司发行的股份，按照其股东持有的股权比例分配给股东，被分立企业的股东成为分立企业的股东。典型的让产分股式分立的重组交易架构如图7－2所示。

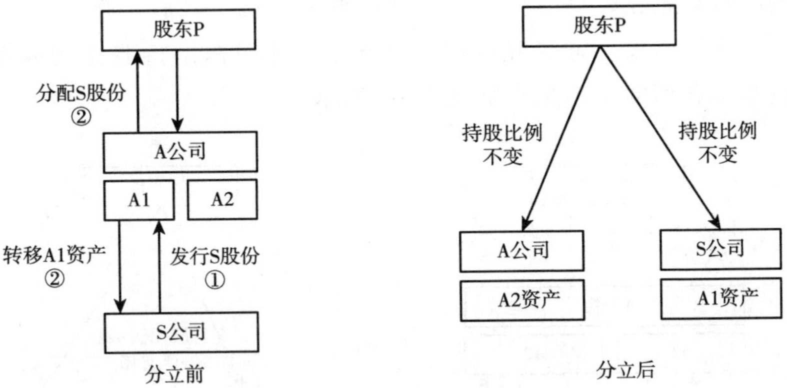

图7－2 让产分股式分立架构图

注：
1. A公司将A1资产转移给新设的受控公司S公司，S公司发行S股份作为收到A1资产的对价支付给A公司；
2. A公司将收到的S股份按照其股东持有的股份比例分配给股东P。

2. 让产赎股式分立

在让产赎股式分立（Spit off）中，被分立企业将其在受控公司中持有的股份分配给其部分或全部股东（但往往是部分股东），交换其持有的被分立企业股份，这也是它同“让产分股式”分立的本质区别。典型的让产赎股式分立交易架构如图7－3所示。

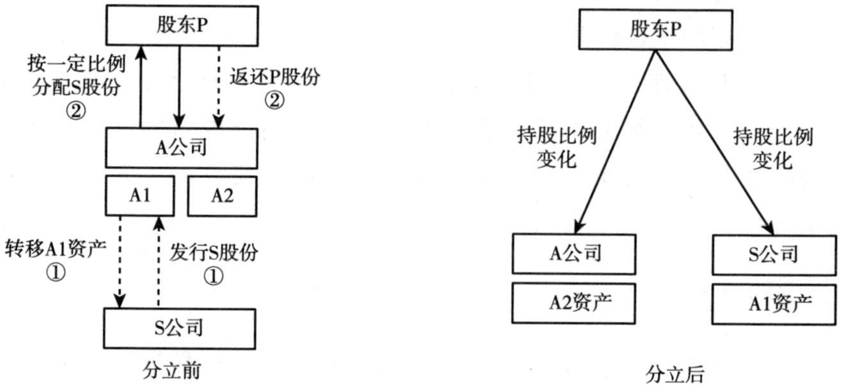

图 7－3　让产赎股式分立交易架构

注：

1. A 公司将 A1 资产转移到新设的受控公司 S 公司，S 公司发行股份作为收到 A1 资产的对价支付给 A 公司；
2. A 公司将收到的 S 公司股份按照一定比例（非其股东持有的股权比例）分配给股东，股东返还其持有的 A 公司股份。

3. 股本分割式分立

股本分割式分立（Split up），又称新设分立，是指被分立企业将其全部资产作为资本投入新设的数家企业，并获得新设企业的所有股份。之后，被分立企业清算解散，并于清算分配中将该新设企业的股份按照被分立企业股东的持股比例或确定的其他比例分配给其股东。典型的交易架构如图 7－4 所示。

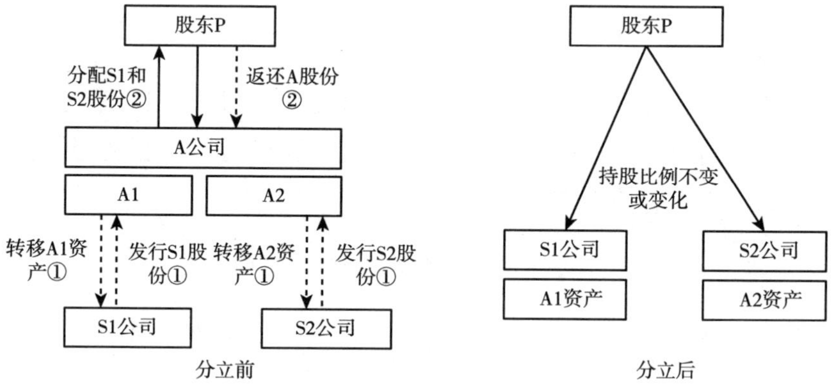

图 7－4　股本分割式分立交易架构图

注：

1. 被分立企业 A 公司将部分资产转移到新设 S1 公司，将剩余资产转移到新设 S2 公司；S1、S2 公司发行股份作为对价支付给 A 公司；
2. A 公司将收到的 S1、S2 股份按照股权比例或一定比例分配给股东，股东返还其持有的 A 公司股份；
3. A 公司清算解散。

二、当事方与主导方

（一）分立当事各方的确定

根据《国家税务总局关于企业重组业务企业所得税征收管理若干问题的公告》（国家税务总局公告2015年第48号）第一条的规定，分立中当事各方，指分立企业、被分立企业及被分立企业股东。分立中被分立企业股东，可以是自然人。当事各方中的自然人应按个人所得税的相关规定进行税务处理。

（二）分立主导方的确定

根据《国家税务总局关于企业重组业务企业所得税征收管理若干问题的公告》（国家税务总局公告2015年第48号）第二条的规定，重组当事各方企业适用特殊性税务处理的，应按规定确定重组主导方：分立，主导方为被分立企业。

三、重组日与重组完成年度

根据《国家税务总局关于企业重组业务企业所得税征收管理若干问题的公告》（国家税务总局公告2015年第48号）第三条的规定，重组业务完成当年，是指重组日所属的企业所得税纳税年度。分立，以分立合同（协议）生效、当事各方已进行会计处理且完成工商新设登记或变更登记日为重组日。

四、分立的会计处理

（一）被分立企业的处理

企业分立中，被分立企业将部分或全部资产分离转让给新设的企业时，需要进行如下会计处理。

借：股本（或实收资本）
　　资本公积
　　盈余公积
　　未分配利润
　　负债类科目（被分立负债）
　　贷：资产类科目（被分立资产）

（二）分立企业的处理

企业分立中，分立企业取得被分立企业的部分或全部资产，需要确认取得资产、负债和所有者权益，并进行如下会计处理。

借：资产类科目

　　贷：负债类科目

　　　　股本（或实收资本）

　　　　资本公积

（三）被分立企业股东的处理

企业分立中，被分立企业将部分或全部资产分离转让给新设的企业，被分立企业股东换取分立企业的股权或非股权支付时，被分立企业股东通常增加对分立企业的权益性投资，减少对被分立企业的投资。

借：长期股权投资等——分立企业

　　贷：长期股权投资等——被分立企业

　　　　投资收益

五、一般性税务处理方法与案例

根据《财政部 国家税务总局关于企业重组业务企业所得税处理若干问题的通知》（财税〔2009〕59号）第三条的规定，分立重组的税务处理区分不同条件分别适用一般性税务处理规定和特殊性税务处理规定。根据《企业重组业务企业所得税管理办法》（国家税务总局公告2010年第4号发布）第四条的规定，同一重组业务的当事各方应采取一致税务处理原则，即统一按一般性或特殊性税务处理。

（一）分立一般性税务处理规定

根据《企业所得税法实施条例》第七十五条的规定，除国务院财政、税务主管部门另有规定外，企业在重组过程中，应当在交易发生时确认有关资产的转让所得或者损失，相关资产应当按照交易价格重新确定计税基础。

企业分立业务不符合特殊性税务处理条件，或虽符合但企业不选择适用特殊性税务处理的情况下，按照一般性的税务规定进行税务处理。根据《财政部 国家税务总局关于企业重组业务企业所得税处理若干问题的通知》（财税〔2009〕59号）第四条第（五）项的规定，企业分立，除符合规定适用特殊性税务处理规定的外，当事各方应按下列规定处理：

（1）被分立企业对分立出去资产应按公允价值确认资产转让所得或损失。

（2）分立企业应按公允价值确认接受资产的计税基础。

（3）被分立企业继续存在时，其股东取得的对价应视同被分立企业分配进行处理。

（4）被分立企业不再继续存在时，被分立企业及其股东都应按清算进行所得税处理。

根据《国家税务总局关于企业所得税若干问题的公告》（国家税务总局公告 2011 年第 34 号）第五条的规定，投资企业从被投资企业撤回或减少投资，其取得的资产中，相当于初始出资的部分，应确认为投资收回；相当于被投资企业累计未分配利润和累计盈余公积按减少实收资本比例计算的部分，应确认为股息所得；其余部分确认为投资资产转让所得。被投资企业发生的经营亏损，由被投资企业按规定结转弥补；投资企业不得调整减低其投资成本，也不得将其确认为投资损失。

根据《企业所得税法实施条例》第十一条规定：投资企业从被清算企业分得的剩余资产，其中相当于从被清算企业累计未分配利润和累计盈余公积中应当分得的部分，应当确认为股息所得；剩余资产减除上述股息所得后的余额，超过或者低于投资成本的部分，应当确认为投资资产转让所得或者损失。

（5）企业分立相关企业的亏损不得相互结转弥补。

比如，A 企业计划分立为 A 公司和 B 公司，即存续分立，该分立不符合特殊性税务处理条件。A 企业分立出去的资产包括土地、固定资产、存货、投资资产等。此时，税务处理为：A 企业分立出去的土地、固定资产、存货、投资资产等，均需要按照公允价值确认资产转让所得或损失；B 企业取得这些资产的计税基础也按公允价值确认；A 企业的股东取得 B 企业的股权或其他非股权支付额，应视同被分立企业分配再投资处理；A 企业的亏损不能由 B 企业来结转弥补。

（二）被分立企业的税务处理

根据《财政部 国家税务总局关于企业重组业务企业所得税处理若干问题的通知》（财税〔2009〕59 号）第四条第（五）项的规定，企业分立适用一般性税务处理的，被分立企业应按如下规定进行税务处理：

（1）被分立企业对分立出去的资产应按公允价值确认资产转让所得或损失。

（2）被分立企业继续存在时，其股东取得的对价应视同被分立企业分配进行处理。

（3）被分立企业不再继续存在时，被分立企业及其股东都应按清算进行所得税处理。

（4）企业分立相关企业的亏损不得相互结转弥补。

根据《企业重组业务企业所得税管理办法》（国家税务总局公告2010年第4号发布）第十四条的规定，企业发生分立适用一般性税务处理的，被分立企业不再继续存在，应按照财税〔2009〕60号文件规定进行清算。被分立企业在报送“企业清算所得纳税申报表”时，应附送以下资料：

（1）企业分立的市场监督管理部门或其他政府部门的批准文件；

（2）被分立企业全部资产的计税基础以及评估机构出具的资产评估报告；

（3）企业债务处理或归属情况说明；

（4）主管税务机关要求提供的其他资料证明。

（三）新设分立的一般性税务处理

企业新设分立采用一般性税务处理的，被分立企业、分立企业和被分立企业股东的税务处理如下：

1. 被分立企业的处理

新设分立中，被分立企业不再存在，被分立企业及其股东都应按清算进行企业所得税处理，以被分立企业的全部资产可变现价值或交易价格，减除资产的计税基础、清算费用、相关税费，加上债务清偿损益等后的余额，确定清算所得并缴纳企业所得税。

2. 分立企业的处理

分立后的新设企业，作为一个新的会计主体和纳税人，接受投资方的资产、负债，均按照公允价值确定计税基础。

3. 被分立企业股东的处理

企业新设分立采用一般性税务处理的，被分立企业的股东的税务处理如下：

企业新设分立，没有新股东加入，实质为被分立企业的股东放弃“旧股”，取得“新股”或其他对价，按照长期股权投资进行处理，股权比例变化还需考虑成本法和权益法的转换，具体按照《企业会计准则第2号——长期股权投资》进行会计处理。

一般性税务处理中，当被分立企业不再继续存在时，被分立企业及其股东都应按清算进行所得税处理。股东分得的剩余资产的金额，其中相当于被分立企业累计未分配利润和累计盈余公积中按该股东所占股份比例计算的部分，应确认为股息所得；剩余资产减除股息所得后的余额，超过或低于股东投资成本的部分，应确认为股东的投资转让所得或损失。

【例7-1】A公司是由甲公司独资设立的有限公司。2020年8月31日，A公司资产账面价值100万元，公允价值130万元，无负债；所有者权益账面价值100万元，其中实收资本80万元，盈余公积20万元，所有者权益公允价值130万元。当日，A

公司决定分立为B、C两家公司，不符合特殊性税务处理条件。

要求：分析说明分立相关的财税处理。

解析：

甲公司会计上按账面价值冲减对A公司的长期股权投资，甲公司及A公司均需按清算进行所得税处理。

A公司清算所得为：130 - 100 = 30（万元）；缴纳清算所得税：30 × 25% = 7.5（万元）。

甲公司分得剩余资产：130 - 7.5 = 122.5（万元），其中股息所得为：原盈余公积20万元 + 清算净所得22.5万元 = 42.5万元（符合条件的可确认为企业所得税免税收入），甲公司应确认投资转让所得：122.5 - 42.5 - 80 = 0（万元）。

（四）一般性税务处理税收优惠的承继处理

根据《企业重组业务企业所得税管理办法》（国家税务总局公告2010年第4号发布）第十五条的规定，企业分立，分立企业涉及享受《企业所得税法》第五十七条规定中就企业整体（即全部生产经营所得）享受的税收优惠过渡政策尚未期满的，仅就存续企业未享受完的税收优惠，按照财税〔2009〕59号文件第九条的规定执行；注销的被分立企业未享受完的税收优惠，不再由存续企业承继；分立而新设的企业不得再承继或重新享受上述优惠。分立各方企业按照《企业所得税法》的税收优惠规定和税收优惠过渡政策中就企业有关生产经营项目的所得享受的税收优惠承继问题，按照《企业所得税法实施条例》第八十九条规定执行。即享受减免税优惠的项目，在减免税期限内转让的，受让方自受让之日起，可以在剩余期限内享受规定的减免税优惠；减免税期限届满后转让的，受让方不得就该项目重复享受减免税优惠。

根据《财政部 国家税务总局关于企业重组业务企业所得税处理若干问题的通知》（财税〔2009〕59号）第九条的规定，在企业存续分立中，分立后的存续企业性质及适用税收优惠的条件未发生改变的，可以继续享受分立前该企业剩余期限的税收优惠，其优惠金额按该企业分立前一年的应纳税所得额（亏损计为零）乘以分立后存续企业资产占分立前该企业全部资产的比例计算。

（五）存续分立一般性税务处理案例

【例7-2】A公司由甲公司和乙公司共同出资设立，注册资本800万元，其中甲公司出资480万元持有60%的股份，乙公司出资320万元持有40%的股份。

2020年1月31日，A公司的相关资产、负债与所有者权益如表7-1所示。

为了优化经营管理，2020年2月初，A公司将其第二车间剥离出去，成立B公司、保留A公司。分立后甲公司、乙公司持有A公司的股权变更为75%和25%，B公司100%股权由乙公司持有。B公司的资产负债情况如表7-2所示。

表 7－1　　分立前后 A 公司资产负债情况表　　单位：万元

分立前			分立后		
项目	账面价值	公允价值	项目	账面价值	公允价值
资产	4 000	4 800	资产	3 200	3 840
负债	3 000	3 000	负债	2 400	2 400
所有者权益	1 000	1 800	所有者权益	800	1 440
其中：股本	800				
盈余公积	200				

表 7－2　　B 公司资产负债情况表　　单位：万元

项目	账面价值	公允价值
资产	800	960
负债	600	600
所有者权益	200	360

A 公司、B 公司保证在未来 12 个月不会转让或者改变股权结构。协议约定本次分立涉及 B 公司的税收权利和义务均由乙股东承担。假设分立符合部分划转相关条件，不考虑增值税等企业所得税之外税种的处理。

要求：分析说明分立的相关财税处理。

解析：

1. 分立适用的税务处理方法条件判断。

由于分立后乙公司 100% 持有 B 公司股份，不符合“被分立企业所有股东按原持股比例取得分立企业的股权”条件要求。因此，该分立重组不能适用特殊性税务处理，需采用一般性税务处理。

2. 被分立企业（A 公司）的处理。

（1）会计处理。

该企业分立按账面价值进行会计处理如下。

借：股本　　2 000 000
　　负债类科目　　6 000 000
　　贷：资产类科目　　8 000 000

（2）税务处理。

被分立企业对分立出去的资产在企业所得税上应按公允价值确认资产转让所得或损失。

A 公司分立出去的资产公允价值为 960 万元，账面价值为 800 万元，税收上应确认资产转让所得160万元，会计上没有确认收益，存在税会差异。年终企业所得税汇算清缴纳税申报时，A公司通过填报“企业重组及递延纳税事项纳税调整明细表”(A105100)“企业分立”行次进行税会差异调整，调增应纳税所得额160万元，由此产生应纳企业所得税：160×25% =40（万元）。

3. 分立企业（B公司）的处理。

存续分立当无新的投资者加入时，分立企业可以接收资产的账面价值或者评估价值作为入账价值。假设该企业采用账面价值如下。

借：资产类科目　　8 000 000

　　贷：负债类科目　　6 000 000

　　　　股本　　2 000 000

B公司取得分立资产的计税基础按照公允价值960万元确定，会计上按账面价值800万元入账，存在税会差异，后续计提折旧费用、摊销费用或处置时需要进行纳税调整。

4. 存续分立中被分立企业股东（乙公司）的处理。

会计处理：

借：长期股权投资——B公司　　3 600 000

　　贷：长期股权投资——A公司　　2 000 000

　　　　投资收益　　1 600 000

乙公司取得B公司股权相当于从A公司收回部分投资，应确认股息红利所得：200×40% =80（万元），若符合优惠条件可享受企业所得税免税优惠。

当年应确认投资转让所得：360 -200×40% -800×(40% -25%) =160（万元）。

（六）新设分立一般性税务处理案例

【例7-3】甲公司由股东A公司、B公司投资组建，注册资本（股本）1 000万元。其中A公司出资600万元，B公司出资400万元，股权比例为60%和40%。分立基准日，甲公司资产账面价值4 000万元，公允价值4 800万元；负债账面价值3 000万元（公允价值与账面价值一致）；所有者权益1 000万元，公允价值1 800万元。为了经营需要，甲公司将全部资产分立成立乙公司和丙公司，实现两条不同生产线的分离。乙公司取得资产和负债占被分立企业甲公司资产和负债的60%；丙公司取得的资产和负债占被分立企业甲公司资产、负债的40%。股东A公司100%持有乙公司股权，股东B公司100%持有丙公司股权。甲公司在分立完成日注销，乙公司、丙公司的主营业务均维持与原甲公司一致，乙公司、丙公司在未来12个月不会转让或者改变股权结构、出售或转让相关资产。不考虑除企业所得税以外的其他税种的处理。

要求：分析说明相关财税处理。

解析：

1\. 会计处理。

（1）被分立企业甲公司的会计处理：

借：股本	10 000 000	
负债类科目	30 000 000	
贷：资产类科目		40 000 000

被分立企业分立前净资产的账面价值：4 000 - 3 000 = 1 000（万元），公允价值为1 800万元。

因为税务上按一般性税务处理，涉及缴纳清算所得税：（4 800 - 4 000）×25% = 200（万元），即被分立企业资产账面价值为4 000万元，公允价值为4 800万元，负债账面价值和公允价值均为3 000万元，净资产的账面价值为1 000万元，公允价值为1 800万元。缴纳清算所得税200万元后的余额，由乙公司、丙公司按比例取得相应的资产和负债。

（2）分立企业乙公司的会计处理：

分立企业乙公司取得甲公司净资产的60%，即资产总额：3 800×60% = 2 280（万元），负债为：3 000×60% = 1 800（万元），所有者权益480万元。

借：资产类科目	22 800 000	
贷：负债类科目		18 000 000
股本		4 800 000

（3）分立企业丙公司的会计处理：

丙公司取得甲公司资产的40%，即资产总额为：3 800×40% = 1 520（万元），负债为：3 000×40% = 1 200（万元），所有者权益为：320万元。

借：资产类科目	15 200 000	
贷：负债类科目		12 000 000
股本		3 200 000

（4）被分立企业股东A公司的会计处理：

借：长期股权投资——乙公司	4 800 000	
投资收益	1 200 000	
贷：长期股权投资——甲公司		6 000 000

（5）被分立企业股东B公司的会计处理：

借：长期股权投资——丙公司	3 200 000	
投资收益	800 000	
贷：长期股权投资——甲公司		4 000 000

2\. 一般性税务处理。

分立企业乙公司由A股东100%持股，分立企业丙公司由B股东100%持股，不符合“被分立企业所有股东按原持股比例取得分立企业的股权”，因此不满足特殊性税务处理的条件，其税务处理应按财税〔2009〕59号文件第四条第（五）项规定执行：

（1）被分立企业对分立出去资产税收上应按公允价值确认资产转让所得或损失。

甲公司按照财税〔2009〕60号文件规定进行清算，被分立企业在报送“企业清算所得纳税申报表”时，应附送以下资料：①企业分立的工商部门或其他政府部门的批准文件；②被分立企业全部资产的计税基础以及评估机构出具的资产评估报告；③企业债务处理或归属情况说明；④主管税务机关要求提供的其他资料证明。

甲公司分立出去的净资产公允价值为1 800万元，账面价值为1 000万元，应确认清算所得800万元，缴纳清算所得税200万元，清算后剩余资产公允价值为：1 800－200＝1 600（万元），股东A公司、B公司根据持股比例各分得公允价值为960万元和640万元净资产。

（2）分立企业应按公允价值确认接受资产的计税基础。

乙公司取得分立净资产的计税基础按照公允价值960万元确定，会计上按600万元入账，存在税会差异；

丙公司取得分立净资产的计税基础按照公允价值为640万元，会计上按400万元入账，存在税会差异。

（3）被分立企业不再继续存在时，被分立企业及其股东都应按清算进行所得税处理。

股东A公司取得甲公司清算后分回的剩余资产960万元（1 600×60%），减去持有收益360万元（(800－200）×60%），再减去投资成本600万元，股权转让所得为0，会计上确认投资收益－120万元。企业所得税年度汇算清缴纳税申报时，股东A公司通过填报企业所得税年度纳税申报表附表“投资收益纳税调整明细表”（A105030）调增持有收益360万元，若该持有收益符合免税收入条件，再通过填报“符合条件的居民企业之间的股息、红利等权益性投资收益优惠明细表”（A107011）享受相关优惠。

股东A公司取得乙公司股权账面价值为480万元，计税基础为公允价值960万元，存在税会差异。

股东B公司取得甲公司清算后分回的剩余资产640万元（1 600×40%），减去持有收益240万元（(800－200）×40%），再减去投资成本400万元，股权转让所得为0，会计上确认投资收益－80万元。年度企业所得税汇算清缴纳税申报时，B股东通过填报年度申报表附表“投资收益纳税调整明细表”（A105030）调增持有收益240万元，若该持有收益符合免税收入条件，再通过填报“符合条件的居民企业之间的股息、红利等权益性投资收益优惠明细表”（A107011）享受优惠。

股东B公司取得丙公司股权账面价值为320万元，计税基础为公允价值640万元，存在税、会差异，将来处置乙公司股权时进行纳税调整。

第二节　特殊性税务处理

一、适用特殊性税务处理应符合的条件

（一）分立适用特殊性税务处理应符合的条件

根据《财政部 国家税务总局关于企业重组业务企业所得税处理若干问题的通知》（财税〔2009〕59号）第五条和第六条的规定，分立同时符合下列条件的，交易各方对其交易中的股权支付部分，可以按以下规定进行特殊性税务处理：

（1）具有合理的商业目的，且不以减少、免除或者推迟缴纳税款为主要目的。

（2）被分立部分的资产或股权比例符合规定的比例。

（3）企业分立后的连续12个月内不改变重组资产原来的实质性经营活动，分立企业和被分立企业均不改变原来的实质经营活动。

（4）企业重组中取得股权支付的原主要股东，在重组后连续12个月内，不得转让所取得的股权。

企业重组后的连续12个月内，是指自重组日起计算的连续12个月内。原主要股东，是指原持有转让企业或被收购企业20%以上股权的股东。

（5）被分立企业所有股东按原持股比例取得分立企业的股权。

（6）被分立企业股东在该企业分立发生时取得的股权支付金额不低于其交易支付总额的85%。

（二）条件发生改变的处理

根据《企业重组业务企业所得税管理办法》（国家税务总局公告2010年第4号发布）第二十九条的规定，分立的当事各方应在完成重组业务后的下一年度的企业所得税年度申报时，向主管税务机关提交书面情况说明，以证明企业在重组后的连续12个月内，有关符合特殊性税务处理的条件未发生改变。

根据《企业重组业务企业所得税管理办法》（国家税务总局公告2010年第4号发布）第三十条的规定，分立当事方的其中一方在规定时间内发生生产经营业务、公司性质、资产或股权结构等情况变化，致使重组业务不再符合特殊性税务处理条件的，发生变化的当事方应在情况发生变化的30天内书面通知其他所有当事方。主导方在接到通知后30日内将有关变化通知其主管税务机关。

上述情况发生变化后60日内，应按照财税〔2009〕59号文件第四条的一般性税务处理规定调整重组业务的税务处理。原交易各方应各自按原交易完成时资产和负债

的公允价值计算重组业务的收益或损失，调整交易完成纳税年度的应纳税所得额及相应的资产和负债的计税基础，并向各自主管税务机关申请调整交易完成纳税年度的企业所得税年度纳税申报表。逾期不调整申报的，按照《税收征收管理法》的相关规定处理。

分立适用特殊性税务处理应符合的条件如图 7－5 所示。

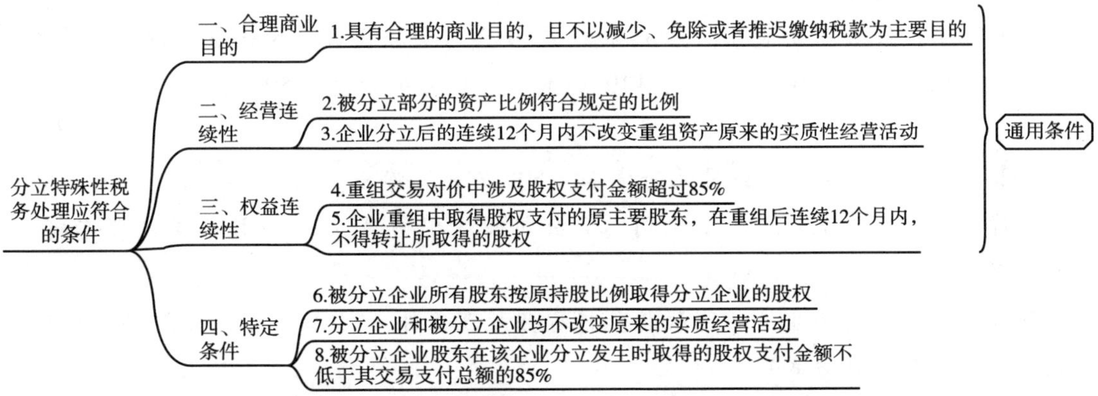

图 7－5　分立特殊性税务处理应符合的条件示意图

二、特殊性税务处理方法与案例

（一）分立特殊性税务处理规定

根据《财政部 国家税务总局关于企业重组业务企业所得税处理若干问题的通知》（财税〔2009〕59 号）第六条的规定，企业分立重组符合该通知第五条规定条件的，被分立企业所有股东按原持股比例取得分立企业的股权，分立企业和被分立企业均不改变原来的实质经营活动，且被分立企业股东在该企业分立发生时取得的股权支付金额不低于其交易支付总额的 85%，股权支付部分可以选择按以下规定处理：

（1）分立企业接受被分立企业资产和负债的计税基础，以被分立企业的原有计税基础确定。

（2）被分立企业已分立出去资产相应的所得税事项由分立企业承继。

根据《企业重组业务企业所得税管理办法》（国家税务总局公告 2010 年第 4 号发布）第二十八条的规定，企业分立，已分立资产相应的所得税事项由分立企业承继，这些事项包括尚未确认的资产损失、分期确认收入的处理以及尚未享受期满的税收优惠政策承继处理问题等。

（3）被分立企业未超过法定弥补期限的亏损额可按分立资产占全部资产的比例进行分配，由分立企业继续弥补。

(4) 被分立企业的股东取得分立企业的股权（以下简称“新股”），如需部分或全部放弃原持有的被分立企业的股权（以下简称“旧股”），“新股”的计税基础应以放弃“旧股”的计税基础确定。如不需放弃“旧股”，则其取得“新股”的计税基础可从以下两种方法中选择确定：直接将“新股”的计税基础确定为零；或者以被分立企业分立出去的净资产占被分立企业全部净资产的比例先调减原持有的“旧股”的计税基础，再将调减的计税基础平均分配到“新股”上。

【例7－4】 M公司由股东A公司和股东B公司共同出资2 500万元设立。其中A公司出资1 000万元，持有M公司40%的股权；B公司出资1 500万元，持有60%的股权。

2020年1月31日，M公司注册资本2 500万元，净资产为5 000万。当日，M公司分出净资产1 000万元设立Y公司，Y公司股权仍由A公司和B公司两股东持有，M公司存续。

假设上述分立符合企业所得税特殊性税务处理条件。则A公司持有Y公司的股权计税基础有两种确认方式：

(1) A公司持有Y公司股权的计税基础为0元。同时，持有M公司股权计税基础不变，仍为1 000万元。

(2) 由于分离出的净资产占M公司全部净资产比例为20%，A公司持有M公司股权的计税基础调减20%，计税基础变为：1 000×80%＝800（万元）；A公司持有Y公司股权的计税基础为：1 000－800＝200（万元）。

需要注意的是，“被分立企业所有股东按原持股比例取得分立企业的股权”指的是分立后的被分立企业及分立企业股权架构与分立前股权架构完全一致，股东不发生增减变化，持股比例也不发生变化。

分立的特殊性税务处理如图7－6所示。

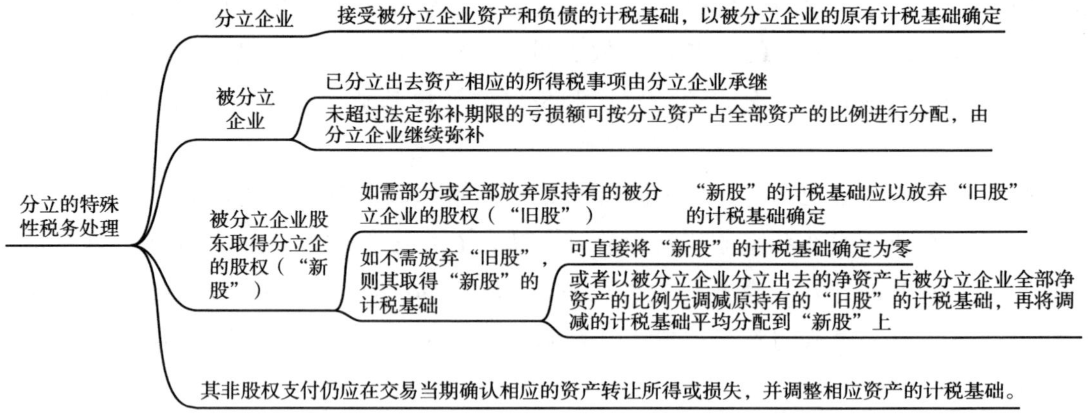

图7－6　分立的特殊性税务处理示意图

（二）非股权支付对应的所得或损失的确定

根据《财政部 国家税务总局关于企业重组业务企业所得税处理若干问题的通知》（财税〔2009〕59号）第六条第（六）项的规定，分立交易各方按规定对交易中股权支付暂不确认有关资产的转让所得或损失的，其非股权支付仍应在交易当期确认相应的资产转让所得或损失，并调整相应资产的计税基础。

非股权支付对应的资产转让所得或损失

=（被转让资产的公允价值－被转让资产的计税基础）

×（非股权支付金额÷被转让资产的公允价值）

（三）存续分立的特殊性税务处理案例一

【例7－5】 A公司注册资本2 000万元，由甲公司和乙公司各出资1 000万元于2019年1月8日在南京设立，各持股50%。2019年A公司经营亏损200万元。2020年1月，A公司决定分立重组设立A存续公司和B新设公司。分立时A公司资产、负债情况如表7－3所示。

表7－3　　A公司的资产负债情况表　　单位：万元

资产			负债和所有者权益	
种类	账面价值	公允价值	种类	账面价值
存货	500	600	流动负债	200
固定资产	1 000	1 200	长期负债	800
无形资产	1 500	1 800	股本	2 000
资产总计	3 000	3 600	合计	3 000

A公司分立出去成立B公司的资产负债如表7－4所示。

表7－4　　B公司资产负债情况表　　单位：万元

种类	账面价值	公允价值
存货	100	120
固定资产	500	600
无形资产	800	960
资产总计	1 400	1 680

A存续公司保留的资产与负债情况如表7－5所示。

表 7-5　　分立后存续 A 公司资产负债情况表　　单位：万元

资产			负债和所有者权益	
种类	账面价值	公允价值	种类	账面价值
存货	400	480	流动负债	200
固定资产	500	600	长期负债	800
无形资产	700	840	股本	600
资产总计	1 600	1 920	合计	1 600

假设上述企业分立符合特殊性税务处理的各项条件，且 A 公司原股东放弃 A 公司 70% 的股权。

要求：分析说明分立重组的相关财税处理。

解析：

在特殊性税务处理下，A 公司对分立出去的资产不确认资产转让所得，A 公司分立后保留的资产和负债的计税基础不变。B 公司取得分立资产的计税基础按其在 A 公司的原有计税基础确定。A 公司 2019 年亏损由分立后的 A 公司和 B 公司按资产比例进行分配，其中，A 公司分得的 2019 年亏损为：200 × 1 920 ÷ 3 600 = 106.67（万元）；B 公司分得的 B 公司 2019 年未弥补的亏损为：200 × 1 680 ÷ 3 600 = 93.33（万元），继续在剩余的亏损弥补期限内按规定依法弥补。

A 公司两位投资者在此次企业分立中取得的对价——B 公司的股权，不视同被分立企业分配进行处理。A 公司两位投资者取得 B 公司股权的计税基础应以其放弃的 A 公司股权的原有计税基础 1 400 万元确定，即各为 700 万元。

如股东不放弃 A 公司的股权，则 A 公司两位投资者取得 B 公司股权的计税基础应按以下方法确定：

（1）原持有的 A 公司股权的计税基础不变，仍为 2 000 万元，取得 B 公司股权的计税基础为 0。

（2）以 A 公司分立出去的净资产占被分立企业全部净资产的比例先调减原持有的 A 公司股权的计税基础，再将调减的计税基础平均分配到 B 公司股权的计税基础上，即调减后对 A 公司股权的计税基础为 600 万元（2 000 - 1 400 ÷ 2 000 × 2 000），取得 B 公司股权的计税基础为 1 400 万元。

（四）存续分立的特殊性税务处理案例二

【例 7-6】 A 公司由甲公司和乙公司共同出资设立，注册资本 1 000 万元。其中甲公司出资 600 万元，持有 60% 的股份；乙公司出资 400 万元，持有 40% 的股份。

2020 年 1 月 31 日，A 公司的相关资产、负债与所有者权益如表 7-6 所示。

表 7－6 **分立前后 A 公司资产负债情况表** 单位：万元

分立前			分立后		
项目	账面价值	公允价值	项目	账面价值	公允价值
资产	4 000	4 800	资产	2 000	2 400
负债	3 000	3 000	负债	1 500	1 500
所有者权益	1 000	1 800	所有者权益	500	900
其中：股本	800		其中：股本	300	
盈余公积	200		盈余公积	200	

为了优化经营管理，2020 年 2 月初，A 公司将其第二车间剥离出去，成立 B 公司、保留 A 公司。分立后甲公司、乙公司持有 A 公司的股权比例仍为 60% 和 40%，按相同比例持有 B 公司股权。

A 公司、B 公司承诺在未来 12 个月内不转让或者改变股权结构。分立后 A 公司、B 公司同时存在，继续从事原来的生产经营活动。不考虑企业所得税以外的其他税种处理。分立后 B 公司资产负债如表 7－7 所示。

表 7－7 **B 公司资产负债情况表** 单位：万元

项目	账面价值	公允价值
资产	2 000	2 400
负债	1 500	1 500
所有者权益	500	900

分立后，股东减少对被分立企业 50% 的股权投资。假设相关资产及负债的计税基础与账面价值一致。

要求：分析说明分立的相关财税处理。

解析：

1. 被分立企业 A 公司的会计处理：

借：股本　　5 000 000
　　负债类科目　　15 000 000
　　贷：资产类科目　　20 000 000

2. 分立企业 B 公司的会计处理：

借：资产类科目　　20 000 000
　　贷：负债类科目　　15 000 000
　　　　股本　　5 000 000

3. 被分立企业股东的会计处理：

甲公司股东：

借：长期股权投资——B 公司　　3 000 000

贷：长期股权投资——A 公司　　　　3 000 000

乙公司股东：

借：长期股权投资——B 公司　　　　2 000 000

贷：长期股权投资——A 公司　　　　2 000 000

4. 分立业务适用特殊性税务处理的条件判断：

（1）从被分立企业 A 公司分离出一个生产车间成立 B 公司，是出于经营的需要，该项交易具有合理的商业目的；

（2）B 公司的主营业务与分立前相同，双方没有改变原实质性经营活动；

（3）该分立案例中 B 公司的股东甲公司、乙公司在分立后的 12 个月内，没有转让、改变股权的计划；

（4）被分立企业的股东甲公司、乙公司在分企业方中维持原持股权比例不变，并承诺 12 个月内不转让股权；

（5）分立中，股权支付为 100%，大于规定的 85%。

因此，该分立业务符合企业所得税的特殊性税务处理条件。

5. 分立业务的特殊性税务处理：

交易各方选择该项分立业务适用特殊性税务处理，应按财税〔2009〕59 号文件第六条第（五）项的规定处理：

（1）分立企业接受被分立企业资产和负债的计税基础，以在被分立企业的原有计税基础确定；

B 公司接受资产和负债的账面价值为 2 000 万元和 1 500 万元，与计税基础一致，不存在税会差异。

（2）被分立企业的股东取得“新股”，如需部分或全部放弃“旧股”，“新股”的计税基础应以放弃“旧股”的计税基础确定；

甲股东放弃了在被分立企业 A 公司的股权，计税基础为 300 万元，取得了分立企业 B 公司的股权，账面价值为 300 万元，与计税基础一致，不存在税会差异；

乙股东放弃了在被分立企业 A 公司的股权，计税基础为 200 万元，取得了分立企业 B 公司的股权，账面价值为 200 万元，与计税基础一致，不存在税会差异。

（3）被分立企业 A 公司已分立出去的资产相应的所得税事项，由分立企业 B 承继；

（4）被分立企业若有未超过法定弥补期限的亏损额可按分立资产占全部资产的比例进行分配，由分立企业继续弥补。

（五）新设分立的特殊性税务处理案例

【例 7－7】 甲公司由 A 公司、B 公司在上海投资组建，注册资本（股本）1 000 万元。其中 A 公司出资 600 万元，B 公司出资 400 万元，持股比例分别为 60% 和 40%。

分立基准日，资产及负债情况为：资产账面价值4 000万元，公允价值4 800万元；负债账面价值3 000万元（公允价值与账面价值一致）；所有者权益账面价值1 000万元，公允价值1 800万元。为了经营需要，甲公司分立成乙公司和丙公司，实现两条不同产品生产线的分离。乙公司、丙公司各持有被分立企业资产、负债的50%，即资产账面价值2 000万元（公允价值2 400万元），负债的账面价值为1 500万元；所有者权益的账面价值500万元（公允价值900万元）。股东A公司、B公司在乙公司、丙公司的股权比例按照在被分立方的原持股比例继续享有相应的权利，即分别为60%和40%。甲公司在分立完成日注销，但不清算。乙公司、丙公司的主营业务与原甲公司相同，乙、丙公司在未来12个月内不会转让或者改变股权结构、出售或转让相关资产。不考虑增值税等企业所得税以外的税收问题。

要求：分析说明分立的财税处理。

解析：

1. 会计处理：

（1）被分立企业甲公司解散，不清算，其会计处理为：

借：股本　　10 000 000

　　负债类科目　　30 000 000

　　贷：资产类科目　　40 000 000

（2）分立企业乙公司、丙公司的会计处理：

借：资产类科目　　20 000 000

　　贷：负债类科目　　15 000 000

　　　　股本　　5 000 000

（3）股东A公司的会计处理为：

借：长期股权投资——乙公司　　3 000 000

　　长期股权投资——丙公司　　3 000 000

　　贷：长期股权投资——甲公司　　6 000 000

（4）股东B公司的会计处理为：

借：长期股权投资——乙公司　　2 000 000

　　长期股权投资——丙公司　　2 000 000

　　贷：长期股权投资——甲公司　　4 000 000

2. 企业分立业务适用特殊性税务处理条件的判断：

（1）出于经营的需要，分立企业乙公司、丙公司从被分立企业甲公司各分出一条生产线，具有合理的商业目的，不以减少、免除和推迟缴纳税款为主要目的；

（2）乙公司、丙公司的主营业务与甲公司一致，没有改变原实质性经营活动；

（3）分立企业股东在分立后的12个月内，没有转让、改变股权的计划；

（4）被分立企业的股东A公司、B公司在分立企业中取得的股权比例保持不变，且承诺12个月内不转让股权；

（5）分立企业乙公司和丙公司取得100%股权支付，大于税法要求的85%。

3. 重组业务特殊性税务处理：

交易各方选择该项重组业务适用特殊性税务处理：

（1）分立企业接受被分立企业资产和负债的计税基础，以被分立企业的原有计税基础确定。

乙公司、丙公司资产和负债的账面价值都是2 000万元和1 500万元，与计税基础一致，不存在税会差异。

（2）被分立企业的股东取得“新股”的计税基础，以放弃“旧股”的计税基础确定。

股东A公司放弃了在被分立企业甲公司的股权，计税基础为600万元，分别取得了分立企业乙公司、丙公司的股权，账面价值都是300万元，与计税基础一致，不存在税会差异；

股东B公司放弃了在被分立企业甲公司的股权，计税基础为400万元，取得了分立企业乙公司、丙公司的股权，账面价值都是200万元，与计税基础一致，不存在税会差异。

（3）被分立企业甲公司已分立出去的资产相应的所得税事项由分立企业乙公司、丙公司按比例承继。

（4）被分立企业若有未超过法定弥补期限的亏损额可按分立资产占全部资产的比例进行分配，由分立企业继续弥补。

本例中若甲公司存在尚未弥补完的可弥补亏损，则分立后乙公司、丙公司可按分立资产公允价值占全部资产公允价值的比例进行分配，即各分得甲公司分立前待弥补亏损额的50%（900/1800）。

三、分立分步交易的处理

根据《财政部 国家税务总局关于企业重组业务企业所得税处理若干问题的通知》（财税〔2009〕59号）第十条的规定，企业在重组发生前后连续12个月内分步对其资产、股权进行交易，应根据实质重于形式原则将上述交易作为一项企业重组交易进行处理。

根据《企业重组业务企业所得税管理办法》（国家税务总局公告2010年第4号发布）第三十三条的规定，跨年度分步交易，若当事方在首个纳税年度不能预计整个交易是否符合特殊性税务处理条件，应适用一般性税务处理。在下一纳税年度全部交易完成后，适用特殊性税务处理的，可以调整上一纳税年度的企业所得税年度申报表，涉及多缴税款的，各主管税务机关应退税，或抵缴当年应纳税款。

根据《国家税务总局关于企业重组业务企业所得税征收管理若干问题的公告》（国家税务总局公告 2015 年第 48 号）第七条的规定，根据财税〔2009〕59 号文件第十条规定，若同一项重组业务涉及在连续 12 个月内分步交易，且跨两个纳税年度，当事各方在首个纳税年度交易完成时预计整个交易符合特殊性税务处理条件，经协商一致选择特殊性税务处理的，可以暂时适用特殊性税务处理，并在当年企业所得税年度申报时提交书面申报资料。

在下一纳税年度全部交易完成后，企业应判断是否适用特殊性税务处理。如适用特殊性税务处理的，当事各方应按该公告要求申报相关资料；如适用一般性税务处理的，应调整相应纳税年度的企业所得税年度申报表，计算缴纳企业所得税。

根据《国家税务总局关于企业重组业务企业所得税征收管理若干问题的公告》（国家税务总局公告 2015 年第 48 号）第六条的规定，企业分立重组业务适用特殊性税务处理的，申报时，当事各方还应向主管税务机关提交重组前连续 12 个月内有无与该重组相关的其他股权、资产交易情况的说明，并说明这些交易与该重组是否构成分步交易，是否作为一项企业重组业务进行处理。

四、分立中亏损与优惠的承继处理

（一）亏损的承继处理

特殊性税务处理情形下，被分立企业未超过法定弥补期限的亏损额可按分立资产的公允价值占全部资产公允价值的比例进行分配，由分立企业继续弥补。一般性税务处理情形下，企业分立相关企业的亏损不得相互结转弥补。

（二）税收优惠的承继处理

根据《企业重组业务企业所得税管理办法》（国家税务总局公告 2010 年第 4 号印发）第二十八条的规定，企业分立，已分立资产相应的所得税事项由分立企业承继，这些事项包括尚未确认的资产损失、分期确认收入的处理以及尚未享受期满的税收优惠政策承继处理问题等。其中，对税收优惠政策承继处理问题，凡属于依照《企业所得税法》第五十七条规定中就企业整体（即全部生产经营所得）享受税收优惠过渡政策的，合并或分立后的企业性质及适用税收优惠条件未发生改变的，可以继续享受合并前各企业或分立前被分立企业剩余期限的税收优惠。分立前被分立企业按照《企业所得税法》的税收优惠规定以及税收优惠过渡政策中就有关生产经营项目所得享受的税收优惠承继处理问题，按照《企业所得税法实施条例》第八十九条规定执行。即享受减免税优惠的项目，在减免税期限内转让的，受让方自受让之日起，可以在剩余期限内享受规定的减免税优惠；减免税期限届满后转让的，受让方不得就该项目重复享受减免税优惠。

五、纳税申报与申报资料

（一）分立的特殊性税务处理报告表

根据《国家税务总局关于企业重组业务企业所得税征收管理若干问题的公告》（国家税务总局公告2015年第48号）第四条的规定，企业分立重组业务适用特殊性税务处理的，分立重组各方应在该重组业务完成当年，办理企业所得税年度申报时，分别向各自主管税务机关报送“企业重组所得税特殊性税务处理报告表”（见表7－8）及附表和申报资料。合并、分立中重组一方涉及注销的，应在尚未办理注销税务登记手续前进行申报。

表7－8　　企业重组所得税特殊性税务处理报告表（企业分立）

申报企业名称（盖章）：　　　　金额单位：元（列至角分）

<table>
<tr><td>被分立企业名称</td><td colspan="2"></td><td rowspan="2">被分立企业所属主管税务机关</td><td rowspan="2"></td></tr>
<tr><td>被分立企业纳税识别号</td><td colspan="2"></td></tr>
<tr><td>被分立企业</td><td colspan="2">资产</td><td>负债</td><td>净资产</td></tr>
<tr><td>计税基础</td><td colspan="2"></td><td></td><td></td></tr>
<tr><td>公允价值</td><td colspan="2"></td><td></td><td></td></tr>
<tr><td>被分立企业股东名称</td><td>持股比例</td><td>股权公允价值</td><td>股权原计税基础</td><td>被分立企业股东所属主管税务机关（全称）</td></tr>
<tr><td>1</td><td></td><td></td><td></td><td></td></tr>
<tr><td>2</td><td></td><td></td><td></td><td></td></tr>
<tr><td></td><td></td><td></td><td></td><td></td></tr>
<tr><td>分立企业1名称</td><td colspan="2"></td><td rowspan="2">分立企业1所属主管税务机关</td><td rowspan="2"></td></tr>
<tr><td>分立企业1纳税识别号</td><td colspan="2"></td></tr>
<tr><td>分立企业1</td><td colspan="2">资产</td><td>负债</td><td>净资产</td></tr>
<tr><td>计税基础</td><td colspan="2"></td><td></td><td></td></tr>
<tr><td>公允价值</td><td colspan="2"></td><td></td><td></td></tr>
<tr><td>分立企业2名称</td><td colspan="2"></td><td rowspan="2">分立企业2所属主管税务机关（全称）</td><td rowspan="2"></td></tr>
<tr><td>分立企业2纳税识别号</td><td colspan="2"></td></tr>
<tr><td>分立企业2</td><td colspan="2">资产</td><td>负债</td><td>净资产</td></tr>
<tr><td>计税基础</td><td colspan="2"></td><td></td><td></td></tr>
<tr><td>公允价值</td><td colspan="2"></td><td></td><td></td></tr>
</table>

续表

<table>
<tr><td>分立交易的支付总额</td><td></td><td>股权支付额占交易支付总额的比例%</td><td></td></tr>
<tr><td>股权支付额（公允价值）</td><td></td><td>股权支付额（原计税基础）</td><td></td></tr>
<tr><td>非股权支付额（公允价值）</td><td></td><td>非股权支付额（原计税基础）</td><td></td></tr>
<tr><td colspan="2">非股权支付对应的资产转让所得或损失</td><td colspan="2"></td></tr>
<tr><td>被分立企业分立资产公允价值</td><td></td><td>被分立企业全部资产公允价值</td><td></td></tr>
<tr><td>被分立企业未超过法定弥补期限的亏损额</td><td></td><td>分立企业可弥补的被分立企业尚未弥补的亏损额</td><td></td></tr>
<tr><td>未确认的资产损失</td><td></td><td>分期确认的收入</td><td></td></tr>
<tr><td colspan="4">被分立企业股东取得股权和其他资产情况</td></tr>
<tr><td>股东名称</td><td>项目名称</td><td>公允价值</td><td>计税基础</td></tr>
<tr><td></td><td></td><td></td><td></td></tr>
<tr><td></td><td></td><td></td><td></td></tr>
<tr><td></td><td></td><td></td><td></td></tr>
</table>

谨声明：本人知悉并保证本表填报内容及所附证明材料真实、完整，并承担因资料虚假而产生的法律和行政责任。

法定代表人签章： 年 月 日

填表人： 填表日期：

填表说明：

1. 分立企业超过两家的，应增加相应行次填写。

2. 若企业分立业务较复杂，本表不能充分反映企业实际情况，企业可自行补充说明。

3. 本表一式两份。分立企业（被分立企业、被分立企业股东）及其所属主管税务机关各一份。

重组主导方申报后，其他当事方向其主管税务机关办理纳税申报。申报时还应附送重组主导方经主管税务机关受理的“企业重组所得税特殊性税务处理报告表”及附表（复印件）。

（二）分立的特殊性税务处理申报资料

分立重组适用特殊性税务处理的申报资料包括：

（1）企业分立的总体情况说明，包括分立方案、基本情况，并逐条说明企业分立的商业目的；

（2）被分立企业董事会、股东会（股东大会）关于企业分立的决议，需有关部门（包括内部和外部）批准的，应提供批准文件；

（3）被分立企业的净资产、各单项资产和负债账面价值和计税基础等相关资料；

（4）12 个月内不改变资产原来的实质性经营活动、原主要股东不转让所取得股权的承诺书；

（5）市场监督管理部门等有关机关认定的分立和被分立企业股东股权比例证明材料；分立后，分立和被分立企业工商营业执照复印件；

（6）重组当事各方一致选择特殊性税务处理并加盖当事各方公章的证明资料；

（7）涉及非货币性资产支付的，应提供非货币性资产评估报告或其他公允价值证明；

（8）分立企业承继被分立企业所分立资产相关所得税事项（包括尚未确认的资产损失、分期确认收入和尚未享受期满的税收优惠政策等）情况说明；

（9）若被分立企业尚有未超过法定弥补期限的亏损，应提供亏损弥补情况说明、被分立企业重组前净资产和分立资产公允价值的证明材料；

（10）重组前连续 12 个月内有无与该重组相关的其他股权、资产交易，与该重组是否构成分步交易、是否作为一项企业重组业务进行处理情况的说明；

（11）按会计准则规定当期应确认资产（股权）转让损益的，应提供按税法规定核算的资产（股权）计税基础与按会计准则规定核算的相关资产（股权）账面价值的暂时性差异专项说明。

（三）分立的具有合理商业目的的说明

根据《国家税务总局关于企业重组业务企业所得税征收管理若干问题的公告》（国家税务总局公告 2015 年第 48 号）第五条的规定，企业分立重组业务适用特殊性税务处理的，申报时，应从以下方面逐条说明企业重组具有合理的商业目的：

（1）重组交易的方式；

（2）重组交易的实质结果；

（3）重组各方涉及的税务状况变化；

（4）重组各方涉及的财务状况变化；

（5）非居民企业参与重组活动的情况。

（四）以后年度处置重组资产的申报

根据《国家税务总局关于企业重组业务企业所得税征收管理若干问题的公告》（国家税务总局公告 2015 年第 48 号）第十条的规定，适用特殊性税务处理的企业，在以后年度转让或处置重组资产（股权）时，应在年度纳税申报时对资产（股权）转让所得或损失情况进行专项说明，包括特殊性税务处理时确定的重组资产（股权）计税基础与转让或处置时的计税基础的比对情况，以及递延所得税负债的处理情况等。

适用特殊性税务处理的企业，在以后年度转让或处置重组资产（股权）时，主管税务机关应加强评估和检查，将企业特殊性税务处理时确定的重组资产（股权）计税基础与转让或处置时的计税基础及相关的年度纳税申报表比对，发现问题的，应依法进行调整。

第三节 其他税种的处理

一、增值税的处理

（一）分立中转让货物的增值税处理

根据《国家税务总局关于纳税人资产重组有关增值税问题的公告》（国家税务总局公告 2011 年第 13 号）的规定，纳税人在资产重组过程中，通过合并、分立、出售、置换等方式，将全部或者部分实物资产以及与其相关联的债权、负债和劳动力一并转让给其他单位和个人，不属于增值税的征税范围，其中涉及的货物转让，不征收增值税。

根据《国家税务总局关于纳税人资产重组有关增值税问题的公告》（国家税务总局公告 2013 年第 66 号）的规定，纳税人在资产重组过程中，通过合并、分立、出售、置换等方式，将全部或者部分实物资产以及与其相关联的债权、负债经多次转让后，最终的受让方与劳动力接收方为同一单位和个人的，仍适用《国家税务总局关于纳税人资产重组有关增值税问题的公告》（国家税务总局公告 2011 年第 13 号）的相关规定，其中货物的多次转让行为均不征收增值税。资产的出让方需将资产重组方案等文件资料报其主管税务机关。

（二）分立中不动产、土地使用权转让的处理

根据《营业税改征增值税试点有关事项的规定》（财税〔2016〕36 号印发）第一条第（二）项的规定，在资产重组过程中，通过合并、分立、出售、置换等方式，将全部或者部分实物资产以及与其相关联的债权、负债和劳动力一并转让给其他单位和个人，其中涉及的不动产、土地使用权转让行为，不征增值税。

企业分立重组通常是分立部分资产及其相关联的债权、负债和劳务力一并转让给分立企业，其中涉及的货物、不动产、土地使用权转让行为，不征增值税。

（三）增值税发票的开具

除国家税务总局另有规定外，增值税发票的开具范围应是增值税的征税范围，对于不征增值税的项目一般不得开具发票。

不过，根据《国家税务总局关于增值税发票管理若干事项的公告》（国家税务总局公告 2017 年第 45 号）第一条和《国家税务总局关于营改增试点若干征管问题的公告》（国家税务总局公告 2016 年第 53 号）第九条的规定，企业分立中不动产和土地使用权权属转移属于“商品和服务税收分类与编码表”中编码 607“资产重组涉及的不动产”和 608“资产重组涉及的土地使用权”项目，可以开具税率栏为“不征税”的增值税普通发票。而同属于不征税的货物等其他资产未在“商品和服务税收分类与编码表”“未发生销售行为的不征税项目”中，不得开具不征税的增值税发票。需要财产清单、评估报告等作为原始证据作确认资产价值的依据。

二、土地增值税的处理

（一）分立的土地增值税处理

根据《财政部 税务总局关于继续实施企业改制重组有关土地增值税政策的通知》（财税〔2018〕57 号，执行期限为 2018 年 1 月 1 日至 2020 年 12 月 31 日）第三条的规定，按照法律规定或者合同约定，企业分设为两个或两个以上与原企业投资主体相同的企业，对原企业将房地产转移、变更到分立后的企业，暂不征土地增值税。投资主体相同，是指企业改制重组前后出资人不发生变动，出资人的出资比例可以发生变动。

企业在申请享受上述土地增值税优惠政策时，应向主管税务机关提交房地产转移双方营业执照、改制重组协议或等效文件，相关房地产权属和价值证明、转让方改制重组前取得土地使用权所支付地价款的凭据（复印件）等书面材料。

根据财税〔2018〕57 号文件第三条的规定，上述改制重组有关土地增值税政策不适用于房地产转移任意一方为房地产开发企业的情形。

（二）再转让分立时取得的土地使用权的处理

根据财税〔2018〕57 号文件第六条的规定，企业改制重组后再转让国有土地使用权并申报缴纳土地增值税时，应以改制前取得该宗国有土地使用权所支付的地价款和按国家统一规定缴纳的有关费用，作为该企业“取得土地使用权所支付的金额”扣除。企业在改制重组过程中经省级以上（含省级）国土管理部门批准，国家以国有土地使用权作价出资入股的，再转让该宗国有土地使用权并申报缴纳土地增值税时，应以该宗土地作价入股时省级以上（含省级）国土管理部门批准的评估价格，作为该企业“取得土地使用权所支付的金额”扣除。办理纳税申报时，企业应提供该宗土地作价入股时省级以上（含省级）国土管理部门的批准文件和批准的评估价格，不能提供批准文件和批准的评估价格的，不得扣除。

分立中涉及的房地产转让暂不征收土地增值税政策应注意的问题有：

（1）适用的主体并无特殊限制。只要是土地增值税纳税人即可，而分立的契税优惠政策只适用于公司制企业。

（2）“与原企业投资主体相同”的分立才可以适用暂不征收土地增值税优惠。“与原企业投资主体相同”是指企业改制重组前后出资人不发生变动，出资人的出资比例可以发生变动。即被分立企业的出资人，必须在分立后的分立企业持有股份，出资人数不能变化，但出资人的出资比例可以发生变化。

（3）分立土地增值税优惠不适于房地产开发企业。分立企业和被分立企业只要其中一方从事房地产开发的，就不适用。

三、契税的处理

根据《财政部 国家税务总局关于继续支持企业 事业单位改制重组有关契税政策的通知》（财税〔2018〕17 号）第四条的规定，公司依照法律规定、合同约定分立为两个或两个以上与原公司投资主体相同的公司，对分立后公司承受原公司土地、房屋权属，免征契税。

与土地增值税不同，契税要求公司的合并，才可以适用上述政策，其他非公司制企业的分立不适用。这里所称公司，是指依照我国有关法律法规设立并在中国境内注册的公司。投资主体相同，是指公司分立前后出资人不发生变动，出资人的出资比例可以发生变动。

四、印花税的处理

为贯彻落实国务院关于支持企业改制的指示精神，规范企业改制过程中有关税收政策，经县级以上人民政府及企业主管部门批准改制的企业，在改制过程中涉及的印花税政策，《财政部 国家税务总局关于企业改制过程中有关印花税政策的通知》（财税〔2003〕183 号）规定，实行公司制改造的企业在改制过程中成立的新企业（重新办理法人登记的），其新启用的资金账簿记载的资金或因企业建立资本纽带关系而增加的资金，凡原已贴花的部分可不再贴花，未贴花的部分和以后新增加的资金按规定贴花。公司制改造包括国有企业依《公司法》整体改造成国有独资有限责任公司；企业通过增资扩股或者转让部分产权，实现他人对企业的参股，将企业改造成有限责任公司或股份有限公司；企业以其部分财产和相应债务与他人组建新公司；企业将债务留在原企业，而以其优质财产与他人组建的新公司。

以合并或分立方式成立的新企业，其新启用的资金账簿记载的资金，凡原已贴花的部分可不再贴花，未贴花的部分和以后新增加的资金按规定贴花。分立包括存续分立和新设分立。

企业其他会计科目记载的资金转为实收资本或资本公积的资金按规定贴花。

企业改制前签订但尚未履行完的各类应税合同，改制后需要变更执行主体的，对仅改变执行主体、其余条款未作变动且改制前已贴花的，不再贴花。

企业因改制签订的产权转移书据免予贴花。

根据《财政部 税务总局关于对营业账簿减免印花税的通知》（财税〔2018〕50号）的规定，自2018年5月1日起，对按万分之五税率贴花的资金账簿减半征收印花税，对按件贴花五元的其他账簿免征印花税。

五、个人所得税的处理

根据《国家税务总局关于企业重组业务企业所得税征收管理若干问题的公告》（国家税务总局公告2015年第48号）第一条的规定，重组交易中，股权收购中转让方、合并中被合并企业股东和分立中被分立企业股东，可以是自然人。当事各方中的自然人应按个人所得税的相关规定进行税务处理。

（一）大连市关于分立的个人所得税处理规定

《大连市地方税务局关于加强企业注销和重组自然人股东个人所得税管理的通知》（大地税函〔2009〕212号）第三条规定，企业分立后，被分立企业存续的，其自然人股东取得的对价应当视为被分立企业的分配，在扣除投资成本后确认为所得，按“利息、股息、红利所得”项目计算征收个人所得税。

企业分立后，被分立企业不存续的，被分立企业应当按照清算进行所得税处理，其自然人股东的个人所得税管理按照该通知第一条规定执行［即：企业注销税务登记按照《财政部 国家税务总局关于企业清算业务企业所得税处理若干问题的通知》（财税〔2009〕60号）规定清算的，股东分得的剩余资产扣除投资成本后的余额，按照“利息、股息、红利所得”项目计算征收个人所得税。企业注销税务登记未进行清算或无法取得清算所得相关信息的，以企业期末留存收益和资本公积之和，按照股东所占股份比例计算的部分确认为应纳税所得额，计算征收“利息、股息、红利所得”项目个人所得税，不得因企业存在的债权、债务而调整应纳税所得额］。

对按照《财政部 国家税务总局关于企业重组业务企业所得税处理若干问题的通

知》(财税〔2009〕59号)规定，企业分立选择特殊性税务处理的，以被分立企业分立前的企业期末留存收益、资本公积和非股权支付对应清算所得和损失之和，按股东所占股份比例计算的部分确认为应纳税所得额，计算征收“利息、股息、红利所得”项目个人所得税，应纳税所得额 = [企业期末留存收益 + 企业期末资本公积 +(被转让资产的公允价值 - 被转让资产的计税基础)×(非股权支付金额 ÷ 被转让资产的公允价值)] × 股东所占股份比例。

(二)海南省关于分立的个人所得税处理规定

根据《海南省地方税务局关于印发企业重组中分立业务所得税税收风险特征的通知》(琼地税函〔2014〕467号)的规定，企业分立重组中，一般拆分为股东收回投资和再投资两个税收行为，对涉及个人股东权益变动或变更的，应按照个人所得税法的股息、利息、红利所得或财产转让所得规定计征税款。

六、企业分立的综合实务案例

【例7-8】 某公司2020年2月在首次公开发行股票招股说明书申报稿中披露，其2016年的派生分立适用了特殊性税务处理，并获当地税务机关认可：

2016年11月2日，C公司股东会审议通过采用派生分立方式，将C公司分立成两家公司，保留“C有限公司”，同时派生新设“D置业有限公司”。

(一)分立原因

C公司在分立前拥有位于××市××镇的10 059平方米商业用地，并在该地块上建有一幢临街商务楼，建筑面积为27 079.21平方米。除少部分对外出租外，其余处于闲置状态。报告期内，公司未利用上述土地及房产开展生产经营活动。

为处置闲置非经营性资产、提高经营效率，2016年C公司决定采用公司分立方式将该处土地及地上房产进行剥离。分立前后，商务楼的土地使用权及房屋所有权均经过了法定的审批登记程序，产权不存在瑕疵，商务楼的实际使用用途与审批用途一致。

本次分立后，D公司依法取得商务楼的土地使用权及房屋所有权，不存在因商务楼存在瑕疵或者违反房屋土地管理方面的法律法规被行政处罚的情况，不构成违法违规行为。

(二)分立时的分割依据

C公司本次派生分立的资产为商务楼(包括房屋及土地使用权)和未完成的零星工程及工程预付款，分立出的资产价值按照账面价值确定，未进行评估，不存在评估增值，分立资产的账面价值共计为6 148.52万元。

分立资产明细如表7-9所示：

表7-9　　分立资产明细表　　单位：万元

项目	账面金额	备注
预付账款	60.00	商务楼外立面预付款，预付单位慈溪市欣尚惠石建筑装饰工程有限公司
固定资产净值	5 185.29	商务楼账面净值
其中：固定资产原值	5 586.38	商务楼账面原值
累计折旧	401.09	商务楼累计折旧
无形资产净值	903.22	无形资产净值
其中：无形资产原值	1 066.72	商务楼土地出让金等
累计摊销	163.50	无形资产摊销
合计	6 148.51	

（三）分立所履行的程序

2016年11月2日，C公司股东会审议通过采用派生分立方式，分立为C有限公司（存续公司）和D置业有限公司（分立新设公司）。D公司各股东持股比例与分立前的C公司相同。

2016年11月11日，C公司在某报就本次派生分立事项进行了公告。

2016年12月30日，D公司在某市市场监督管理局注册登记并领取了营业执照。

2016年12月30日，某会计师事务所（特殊普通合伙）对上述派生分立减资进行了审验并出具了《验资报告》，审验确认截至2016年12月30日，C公司注册资本为人民币8 000万元，实收资本为人民币8 000万元。

（四）派生分立D公司的会计处理、合并前净损益的列示情况以及合规性

1. 派生分立D公司的会计处理。

2016年11月，根据股东会决议以2016年9月30日作为基准日，采用派生分立方式将C公司分立成两家公司，即保留“C有限公司”，派生新设“D置业有限公司”（现已更名为某某投资有限公司，以下简称“D公司”）。

分立资产为商务楼不动产（房屋及土地使用权）和未完成的零星工程及工程预付款，分立资产的账面价值共计为6 148.52万元，减少公司注册资本1 000.00万元。

公司减少相关资产6 148.52万元，同时减少注册资金1 000万元，减少留存收益5 148.52万元。上述分立事项的会计处理中未确认损益。

2. 合并前净损益的列示情况。

上述事项属于企业分立事项，分立过程中未产生损益，故不存在合并前净损益。

3. 派生分立事项的合规性。

（1）企业分立符合公司内部控制流程。

C公司于2016年11月2日作出股东会决议，同意派生分立D公司的决定和相关方案。

（2）工商变更的合规性。

C公司于股东会决议作出之日起10日内通知了全体债权人，并于2016年11月11日在某报公布减资公告。2016年12月27日，分立后的C公司和D置业有限公司已经对C公司分立前债务提供了相应担保和承诺。2016年12月30日，某市市场监督管理局已核准分立事项并发放营业执照给C公司。

C公司派生分立事项的审议流程和执行流程符合公司法、公司章程的规定。

（3）企业分立过程中的税务合规性。

①企业所得税。

根据《财政部 国家税务总局关于促进企业重组有关企业所得税处理问题的通知》（财税〔2014〕109号）之规定，受同一或相同多家居民企业100%直接控制的居民企业之间按账面净值划转股权或资产，凡具有合理商业目的、不以减少、免除或者推迟缴纳税款为主要目的，股权或资产划转后连续12个月内不改变被划转股权或资产原来的实质性经营活动，且划出方企业和划入方企业均未在会计上确认损益的，可以选择按以下规定进行特殊性税务处理：划出方企业和划入方企业均不确认所得。同时，财税〔2009〕59号文件规定，被分立企业所有股东按原持股比例取得分立企业的股权，分立企业和被分立企业均不改变原来的实质经营活动，且被分立企业股东在该企业分立发生时取得的股权支付金额不低于其交易支付总额的85%的企业分立可适用特殊性税务处理。

C公司按照上述规定向税务主管机关申请免缴企业分立事项有关的企业所得税并获准，相关资料已在税务主管机关备案。

②不动产土地增值税、契税。

根据《财政部 国家税务总局关于企业改制重组有关土地增值税政策的通知》（财税〔2015〕5号）的规定，按照法律规定或者合同约定，企业分设为两个或两个以上与原企业投资主体相同的企业，对原企业将国有土地、房屋权属转移、变更到分立后的企业，暂不征土地增值税。

根据《财政部 国家税务总局关于进一步支持企业 事业单位改制重组有关契税政策的通知》（财税〔2015〕37号）的规定，公司依照法律规定、合同约定分立为两个或两个以上与原公司投资主体相同的公司，对分立后公司承受原公司土地、房屋权属，免征契税。

C公司按照上述规定向主管税务机关申请免缴企业分立事项有关的土地增值税、契税并获准，相关资料已在税务主管机关备案。

解析：

（1）该案例完整披露了企业重组中各个税种的处理情况，而且运用得相对较好，在上市公司或拟上市公司中并不多见。

（2）企业披露的企业所得税处理并不清晰。从企业前面的描述情况看，该事项是企业分立，但却同时提及财税〔2014〕109号文件规定的划转及财税〔2009〕59号文件规定的企业重组的税务处理政策。分立后的企业一般和被分立企业是平行的兄弟企业关系，而划转成立的企业有可能是兄弟企业关系，也有可能是母子企业关系。当然，某些情况下的企业重组则可能同时会适用财税〔2014〕109号规定的划转及财税〔2009〕59号规定的企业重组的税收政策。

（3）财税〔2015〕5号文件第五条规定，“上述改制重组有关土地增值税政策不适用于房地产开发企业”，如果派生新设的“D置业有限公司”是房地产开发企业，则不能适用该文。但申报稿披露，“D置业有限公司”现已更名为某某投资有限公司，且其经营范围中并无房地产开发业务，应该是绕开了该问题。

（4）该案例未提及增值税的处理。按照财税〔2016〕36号文件附件2规定，在企业分立中，不动产、土地使用权转让是可以符合“不征收增值税”政策的，但该申报稿未提及。申报稿提到，“除少部分对外出租外，其余处于闲置状态。报告期内，公司未利用上述土地及房产开展生产经营活动”，因此该分立中的增值税并不符合“持续经营下的业务转让”原则，当然财税〔2016〕36号文件的表述是“将全部或者部分实物资产以及与其相关联的债权、负债和劳动力一并转让”。但即使被分立企业C公司按公允价值缴纳了增值税，该房产应该是营改增之前取得的，C公司可以全额开票、差额纳税，而分立企业D公司可以做进项抵扣，并且是全额抵扣。此时，做“不征收增值税”除现金流节约外，双方合起来算账的话并不划算，因此，也有可能是企业未选择按“不征收增值税”来处理。

第八章　债务重组

自 2019 年 6 月 17 日起，修订后的《企业会计准则第 12 号——债务重组》（财会〔2019〕9 号，以下简称债务重组准则）正式实施。新准则修改了债务重组的定义，规定以资产清偿债务的债权人初始确认受让的金融资产以外的资产时以成本计量，并不再区分债务重组利得、损失和资产处置损益，合并作为债务重组相关损益，同时，不再强调债务人是否做出让步。由此，扩大了会计处理与税法规定之间的差异。本章详细探讨债务重组的税法与会计处理，并以案例解析税收与会计处理差异。具体内容如图 8－1 所示。

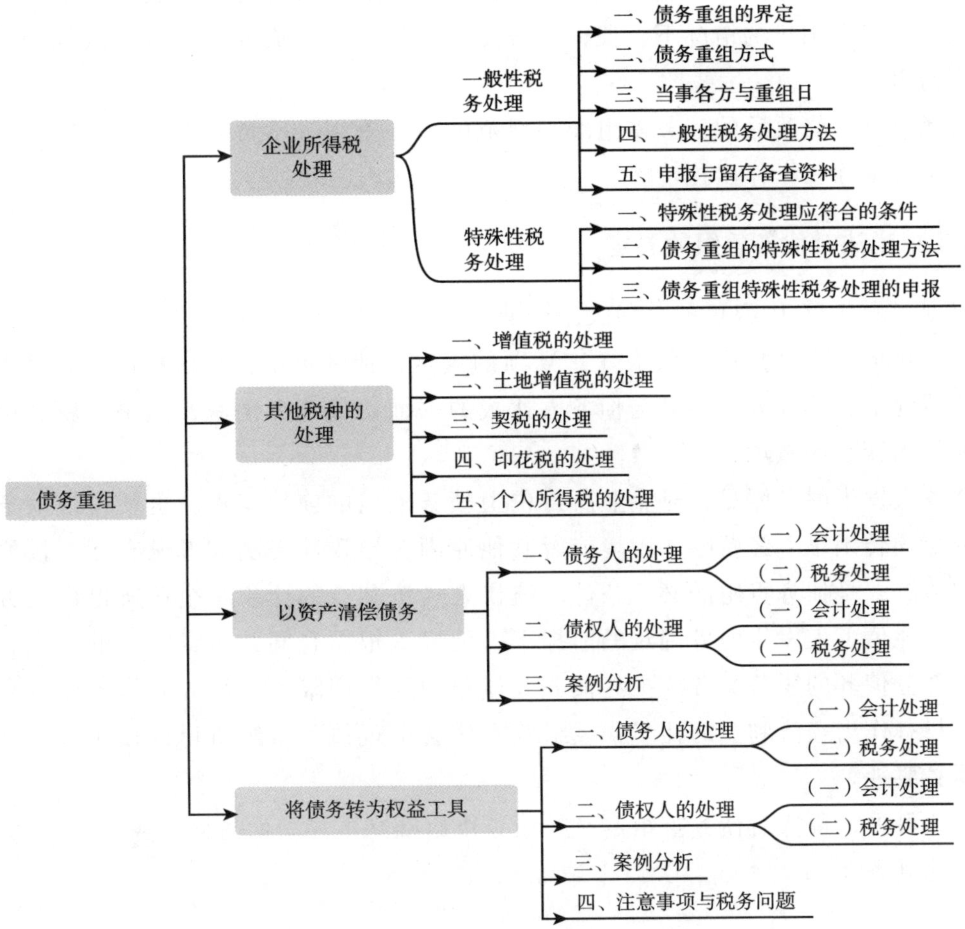

图 8－1　债务重组财税处理的相关内容

第一节　一般性税务处理

一、债务重组的界定

（一）会计对债务重组的界定

自2019年6月17日起，根据债务重组准则第二条的规定，债务重组是指在不改变交易对手方的情况下，经债权人和债务人协定或法院裁定，就清偿债务的时间、金额或方式等重新达成协议的交易。债务重组涉及的债权和债务是指《企业会计准则第22号——金融工具确认和计量》规范的金融工具。

在2019年6月16日以前，根据2006年《企业会计准则第12号——债务重组》（财会〔2006〕3号，以下简称原债务重组准则）第二条的规定，债务重组，是指在债务人发生财务困难的情况下，债权人按照其与债务人达成的协议或者法院的裁定作出让步的事项。

由此可见，修改后的债务重组准则规范的债务重组，不再要求债务人发生财务困难，也不要求债权人作出让步。

（二）税法对债务重组的界定

根据《财政部 国家税务总局关于企业重组业务企业所得税处理若干问题的通知》（财税〔2009〕59号）第一条第（二）项的规定，债务重组，是指在债务人发生财务困难的情况下，债权人按照其与债务人达成的书面协议或者法院裁定书，就其债务人的债务作出让步的事项。

债务人发生财务困难，是企业所得税上债务重组的前提条件。也就是说债务人因出现资金周转困难、经营陷入困境或者其他原因，导致其无法或者没有能力按原定条件偿还债务，是债务重组的必要条件。债权人经济利益的让步是企业所得税债务重组的结果。在债务人发生财务困难的前提下，债权人根据合同约定或法院的裁定，豁免债务人部分债务的履行义务或推迟债务人债务的履行期限，向债务人作出经济利益的让步。只有作出经济利益的让步，重组双方才会出现债务重组所得或损失，才有税务处理的必要性。

由此可见，税法对债务重组定义与债务重组准则不同，而与原债务重组准则一致，详细情况见表8-1。

表 8－1　　债务重组界定比较表

财税〔2009〕59 号文件	债务重组准则	原债务重组准则	差异比较
债务重组，是指在债务人发生财务困难的情况下，债权人按照其与债务人达成的书面协议或者法院裁定书，就其债务人的债务作出让步的事项。	债务重组，是指在不改变交易对手方的情况下，经债权人和债务人协定或法院裁定，就清偿债务的时间、金额或方式等重新达成协议的交易。	债务重组，是指在债务人发生财务困难的情况下，债权人按照其与债务人达成的协议或者法院的裁定作出让步的事项。	债务重组准则修改了债务重组的定义，导致自 2019 年 6 月 17 日起税法与会计关于债务重组的界定不同。

二、债务重组的方式

根据债务重组准则第三条的规定，债务重组一般包括下列方式，或下列一种以上方式的组合：

（1）债务人以资产清偿债务；

（2）债务人将债务转为权益工具；

（3）除上述第（1）项和第（2）项以外，采用调整债务本金、改变债务利息、变更还款期限等方式修改债权和债务的其他条款，形成重组债权和重组债务。

债务重组方式的分类，如图 8－2 所示。

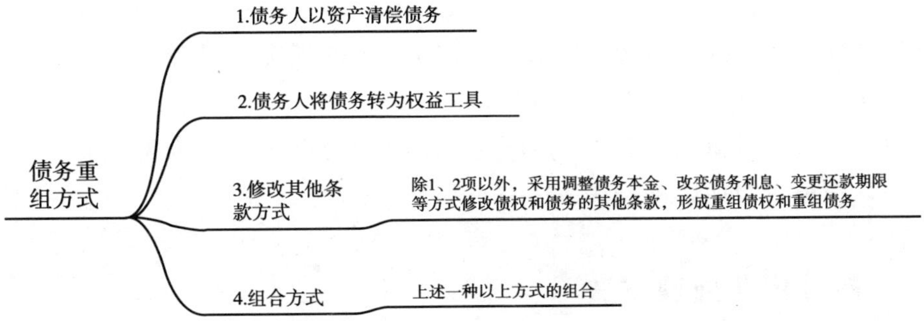

图 8－2　债务重组方式的分类

而根据原债务重组准则第三条的规定，债务重组的方式主要包括：

（1）以资产清偿债务；

（2）将债务转为资本；

（3）修改其他债务条件，如减少债务本金、减少债务利息等，不包括上述（1）和（2）两种方式；

（4）以上三种方式的组合等。

债务重组方式的分类，可以列表说明如表 8－2 所示。

表 8－2　债务重组方式分类表

债务重组准则	原债务重组准则	差异比较
债务重组方式包括： （1）债务人以资产清偿债务； （2）债务人将债务转为权益工具； （3）修改其他条款； （4）组合方式。	债务重组的方式主要包括： （1）以资产清偿债务； （2）将债务转为资本； （3）修改其他债务条件，如减少债务本金、减少债务利息等，不包括上述（1）和（2）两种方式； （4）以上三种方式的组合等。	对债务重组方式与分类进行重新表述。

三、当事各方与重组日

（一）重组当事各方与主导方

根据《国家税务总局关于企业重组业务企业所得税征收管理若干问题的公告》（国家税务总局公告 2015 年第 48 号）第一条的规定，债务重组中当事各方，指债务人、债权人。

根据该公告第二条的规定，债务重组业务符合规定条件，并选择适用特殊性税务处理的，应确定重组主导方，债务重组主导方为债务人。

（二）债务重组日

根据国家税务总局公告 2015 年第 48 号第三条的规定，债务重组业务完成当年，是指重组日所属的企业所得税纳税年度。

债务重组，以债务重组合同（协议）或法院裁定书生效日为重组日。债务重组，在重组日确认债务重组所得或损失。

四、一般性税务处理方法

债务重组的企业所得税处理区分不同条件分别适用一般性税务处理规定和特殊性税务处理规定。适用特殊性税务处理的企业可以执行相应的递延纳税政策。

（一）债务重组的一般性税务处理规定

根据财税〔2009〕59 号文件第四条第（二）项的规定，企业债务重组，除符合条件适用特殊性税务处理规定的以外，相关交易应按以下规定处理：

第一，以非货币资产清偿债务，应当分解为转让相关非货币性资产、按非货币性资产公允价值清偿债务两项业务，确认相关资产的所得或损失。

这就是说，以非货币资产清偿债务，债务人应将应偿付债务额与非货币资产公允价值的差额确认为债务重组所得，非货币资产公允价值与其计税基础的差额，确认为资产转让所得（或损失）；债权人应当将债权的计税基础与受让的非货币资产的公允价值之间的差额确认为债务重组损失，债权人取得非货币资产的计税基础应以该资产的公允价值为基础确定。

第二，发生债权转股权的，应当分解为债务清偿和股权投资两项业务，确认有关债务清偿所得或损失。

这就是说，债权转股权重组，债务人应将应偿付债务额与债权人因放弃债权而享有股权的公允价值的差额确认为债务重组所得（债务清偿所得）；债权人应当将债权的计税基础超过债权人因放弃债权而享有的股权公允价值的差额确认为债务重组损失（债务清偿损失），取得的股权以公允价值作为计税基础。

从债务人的税务处理看，债权转股权重组应分解为以支付股权对价的公允价值清偿债务人所欠的债务。此环节债务人需要确认债务重组收益和股权支付部分所对应的所有者权益的计税金额（股本或实收资本、资本公积的税收金额）。在一般性税务处理条件下，除税法另有规定外，股权支付部分所对应所有者权益的计税金额等于会计核算金额。从债权人的税务处理看，债权转股权可理解为接受债务人以股权支付部分的公允价值偿还债务。此环节需要确认债务重组损失和股权投资的计税基础。

第三，债务人应当按照支付的债务清偿额低于债务计税基础的差额，确认债务重组所得；债权人应当按照收到的债务清偿额低于债权计税基础的差额，确认债务重组损失。

第四，债务人的相关所得税纳税事项原则上保持不变。

债务重组适用一般性税务处理的，债务人的相关所得税纳税事项原则上保持不变。即债务人有关的税收优惠、资产损失、税收亏损的弥补等事项不会因债务重组而发生变化。即债务人企业所得税事项保持不变。

债务重组的一般性税务处理如图 8－3 所示。

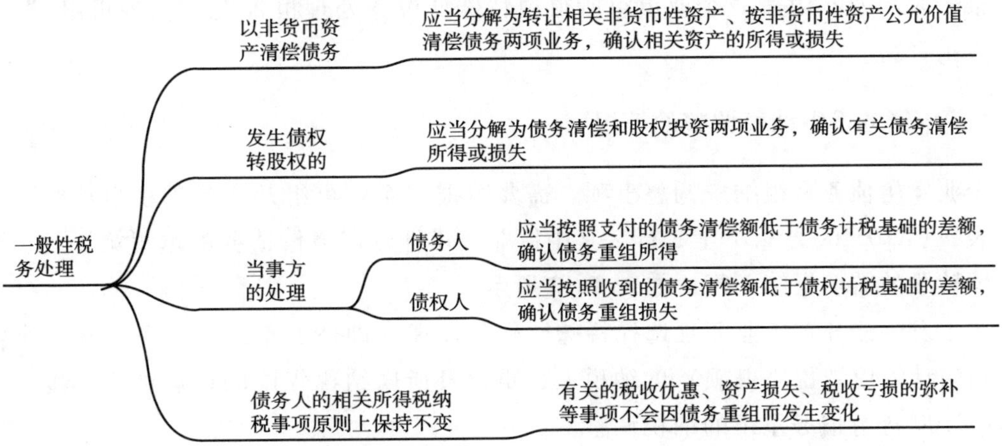

图 8－3　债务重组的一般性税务处理

（二）债务重组所得和损失的计算

企业债务重组中，债务人应当按照支付的债务清偿额低于债务计税基础的差额，确认债务重组所得。

债权人应当按照收到的债务清偿额低于债权计税基础的差额，确认债务重组损失。

根据《国家税务总局关于贯彻落实企业所得税法若干税收问题的通知》（国税函〔2010〕79号）第二条“关于债务重组收入确认问题”的规定，企业发生债务重组，应在债务重组合同或协议生效时确认收入的实现。根据《国家税务总局关于企业取得财产转让等所得企业所得税处理问题的公告》（国家税务总局公告2010年第19号）的规定，企业取得债务重组收入，不论是以货币形式、还是非货币形式体现，除另有规定外，均应一次性计入确认收入的年度计算缴纳企业所得税。

五、债务重组的申报

（一）债务重组申报涉及的申报表单

纳税人发生债务重组，无论适用一般性税务处理还是适用特殊性税务处理规定，均需填报“企业所得税年度纳税申报基础信息表”（A000000）第212（重组事项税务处理方式）、213（重组交易类型）、214（重组当事方类型）栏，“纳税调整项目明细表”（A105000）第37行“（一）企业重组及递延纳税事项”，“企业重组及递延纳税事项纳税调整明细表”（A105100）。

债务重组业务适用特殊性税务处理的，重组各方应在该重组业务完成当年，办理企业所得税年度申报时，分别向各自主管税务机关报送“企业重组所得税特殊性税务处理报告表”及其附表“企业重组所得税特殊性税务处理报告表（债务重组）”和规定的申报资料。

（二）债务重组纳税调整的填报

企业发生债务重组纳税调整事项，需要填报“企业重组及递延纳税事项纳税调整明细表”（A105100）第1至3行，其中以非货币性资产清偿债务的填报第2行，企业发生债转股的需填报第3行，如表8-3所示。

对于发生债务重组业务且选择特殊性税务处理（即债务重组所得可以在5个纳税年度均匀计入应纳税所得额）的纳税人，重组日所属纳税年度的以后纳税年度，也在表A105100进行债务重组的纳税调整。

表 8－3　　A105100　　　　企业重组及递延纳税事项纳税调整明细表

行次	项　　目	一般性税务处理			特殊性税务处理（递延纳税）			纳税调整金额
		账载金额	税收金额	纳税调整金额	账载金额	税收金额	纳税调整金额	
		1	2	3（2－1）	4	5	6（5－4）	7（3＋6）
1	一、债务重组							
2	其中：以非货币性资产清偿债务							
3	债转股							
4	二、股权收购							
5	其中：涉及跨境重组的股权收购							
6	三、资产收购							
7	其中：涉及跨境重组的资产收购							
8	四、企业合并（9＋10）							
9	（一）同一控制下企业合并							
10	（二）非同一控制下企业合并							
11	五、企业分立							
12	六、非货币性资产对外投资							
13	七、技术入股							
14	八、股权划转、资产划转							
15	九、其他							
16	合计（1＋4＋6＋8＋11＋12＋13＋14＋15）							

表 A105100 第 1 行“一、债务重组”：填报企业发生债务重组业务的相关金额。

表 A105100 第 2 行“其中：以非货币性资产清偿债务”：填报企业发生以非货币性资产清偿债务的债务重组业务的相关金额。

表 A105100 第 3 行“债转股”：填报企业发生债权转股权的债务重组业务的相关金额。

（三）一般性税务处理的留存备查资料

根据《企业重组业务企业所得税管理办法》（国家税务总局公告 2010 年第 4 号）的规定，企业发生债务重组适用一般性税务处理的，应准备以下相关资料，以备税务机关检查。

（1）以非货币资产清偿债务的，应保留当事各方签订的清偿债务的协议或合同，以及非货币资产公允价格确认的合法证据等；

（2）债权转股权的，应保留当事各方签订的债权转股权协议或合同。

第二节　特殊性税务处理

一、特殊性税务处理应符合的条件

根据财税〔2009〕59 号文件第五条的规定，企业重组同时满足以下条件的，适用特殊性税务处理规定：

（1）具有合理的商业目的，且不以减少、免除或者推迟缴纳税款为主要目的。

（2）被收购、合并或分立部分的资产或股权比例符合本通知规定的比例。

（3）企业重组后的连续 12 个月内不改变重组资产原来的实质性经营活动。

（4）重组交易对价中涉及股权支付金额符合本通知规定比例。

（5）企业重组中取得股权支付的原主要股东，在重组后连续 12 个月内，不得转让所取得的股权。

需要说明的是，虽然财税〔2009〕59 号文件仅针对企业重组中股权支付部分可以适用特殊性税务处理，对非股权支付部分不适用。然而，由于债务重组不同于其他方式的企业重组，一些债务重组中是不会出现股权支付的，如债务豁免，即债权人对本金部分作出让步。因此，国家税务总局公告 2015 年第 48 号填表说明对“特殊性税务处理条件”要求为：债务重组中重组所得超 50% 的，只需填写条件（一）；债转股的，只需填写条件（一）和（五）。从填表说明可以看出，对于债转股业务，“特殊性税务处理条件”是“具有合理的商业目的”和“企业重组中取得股权支付的原主要股东，在重组后连续 12 个月内，不得转让所取得的股权”；对于非债转股中债务重组所得超过 50% 的，只需要“具有合理的商业目的”。而其他条件对债务重组业务而言并不适用。

（一）以资产清偿债务适用特殊性税务处理应符合的条件

根据财税〔2009〕59号和国家税务总局公告2015年第48号的规定，以资产清偿债务同时符合以下条件的，可适用特殊性税务处理：

（1）具有合理的商业目的，且不以减少、免除或者推迟缴纳税款为主要目的；

（2）企业债务重组确认的应纳税所得额占该企业当年应纳税所得额50%以上。

以非货币资产清偿债务，债务人应将应偿付债务额与非货币资产公允价值的差额确认为债务重组所得，非货币资产公允价值与其计税基础的差额，确认为资产转让所得（或损失）。这里债务重组确认的应纳税所得额，是指债务重组所得，不包括资产转让所得，也不扣除资产转让损失。“企业当年应纳税所得额”包含债务重组确认的应纳税所得额全额。

（二）债权转股权适用特殊性税务处理应符合的条件

企业以债权转股权方式进行债务重组同时符合以下条件的，可适用特殊性税务处理：

（1）具有合理的商业目的，且不以减少、免除或者推迟缴纳税款为主要目的；

（2）企业重组中取得股权支付的原债权人，在重组后连续12个月内，不得转让所取得的股权。

二、债务重组的特殊性税务处理方法

（一）符合规定的债务重组所得可在5年内计入应纳税所得额

根据财税〔2009〕59号文件第六条第（一）项的规定，企业债务重组确认的应纳税所得额占该企业当年应纳税所得额50%以上，可以在5个纳税年度的期间内，均匀计入各年度的应纳税所得额。

需要说明的是，根据国家税务总局公告2015年第48号填表说明，此处所称的企业债务重组确认的应纳税所得额，是指债务重组所得，并不包括以非货币性资产清偿债务应确认的资产转让所得。以非货币性资产清偿债务应确认的资产转让所得，应一次性计入当期所得计算缴纳企业所得税。

根据《国家税务总局关于企业重组业务企业所得税征收管理若干问题的公告》（国家税务总局公告2015年第48号）附件的规定，除债转股方式外的债务重组，债务人债务重组所得等于债务人重组业务涉及的债务计税基础减除债务人用于偿付债务的资产公允价值的差额。

在计算企业债务重组确认的应纳税所得额占该企业当年应纳税所得额比例时，需要将债务重组所得全额一次计入重组日所属纳税年度的应纳税所得额，而不能将债务重组所得的五分之一计入重组日所属纳税年度的应纳税所得额计算比例。

（二）符合条件的债权转股权重组暂不确认所得

根据财税〔2009〕59号文件第六条第（一）项的规定，企业发生债权转股权业务，对债务清偿和股权投资两项业务暂不确认有关债务清偿所得或损失，股权投资的计税基础以原债权的计税基础确定。企业的其他相关所得税事项保持不变。

对照企业重组特殊性税务处理的适用条件，此处债转股业务暂不确认有关债务清偿所得或损失，是指仅针对债权转股权的股权支付部分而言。对于采取组合方式清偿债务的，如采取非货币性资产清偿部分债务，剩余的债务采取债转股的，则非货币性资产清偿部分还需要确认转让资产所得，只不过债转股相对应的部分交易，暂不确认债务清偿所得或损失，债权人所取得的股权投资的计税基础应以原所有债权的计税基础减除接受的非货币性资产的公允价值后的余额为基础确定。

从上述规定可以看出，企业所得税仅明确了债权转股权和非债转股业务中债务重组所得超过50%的两种所得税处理方式。其他的诸如以现金资产清偿债务、修改其他债务偿还条件、采取组合方式清偿债务的情形，企业所得税上并无具体规定。但我们可以根据上述处理原则，并结合债务重组当事各方的会计处理，对有关债务重组事项进行企业所得税处理。

债务重组特殊性税务处理要点，如图8－4所示。

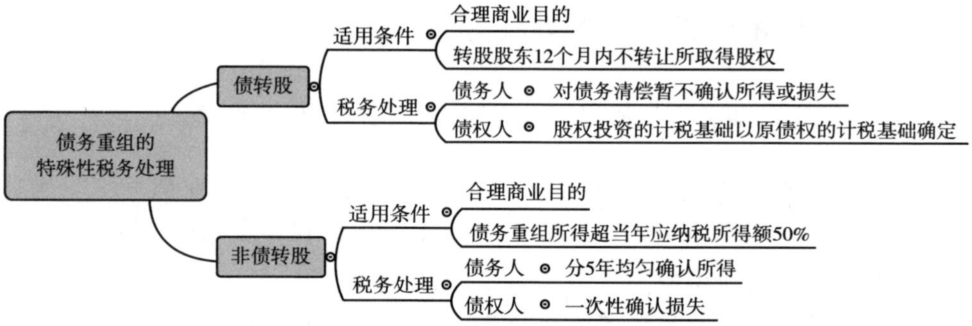

图8－4 债务重组特殊性税务处理知识导图

三、债务重组特殊性税务处理的申报

根据《国家税务总局关于企业重组业务企业所得税征收管理若干问题的公告》（国家税务总局公告2015年第48号）第四条的规定，债务重组业务适用特殊性税务处理的，重组各方应在该重组业务完成当年，办理企业所得税年度申报时，分别向各自主管税务机关报送“企业重组所得税特殊性税务处理报告表”及其附表“企业重组所得税特殊性税务处理报告表（债务重组）”和如下申报资料。

（1）债务重组的总体情况说明，包括债务重组方案、基本情况、债务重组所产生的应纳税所得额，并逐条说明债务重组的商业目的；以非货币资产清偿债务的，还应包括企业当年应纳税所得额情况；

（2）清偿债务或债权转股权的合同（协议）或法院裁定书，需有关部门（包括内部和外部）批准的，应提供批准文件；

（3）债权转股权的，提供相关股权评估报告或其他公允价值证明；以非货币资产清偿债务的，提供相关资产评估报告或其他公允价值证明；

（4）重组当事各方一致选择特殊性税务处理并加盖当事各方公章的证明资料；

（5）债权转股权的，还应提供市场监督管理部门等有权机关登记的相关企业股权变更事项的证明材料，以及债权人 12 个月内不转让所取得股权的承诺书；

（6）重组前连续 12 个月内有无与该重组相关的其他股权、资产交易，与该重组是否构成分步交易、是否作为一项企业重组业务进行处理情况的说明；

（7）按会计准则规定当期应确认资产（股权）转让损益的，应提供按税法规定核算的资产（股权）计税基础与按会计准则规定核算的相关资产（股权）账面价值的暂时性差异专项说明。

债务人申报后，债权人向其主管税务机关办理纳税申报。申报时还应附送重组主导方经主管税务机关受理的“企业重组所得税特殊性税务处理报告表”及其附表“企业重组所得税特殊性税务处理报告表（债务重组）”（复印件），如表 8 – 4 所示。

表 8 – 4　　　　企业重组所得税特殊性税务处理报告表（债务重组）

申报企业名称（盖章）：　　　　　　　　　　　　　　　　　金额单位：元（列至角分）

<table>
<tr><td colspan="2">债务人名称</td><td colspan="3">债务人纳税识别号</td><td colspan="2">债务人所属主管税务机关</td></tr>
<tr><td colspan="2"></td><td colspan="3"></td><td colspan="2"></td></tr>
<tr><td colspan="2">债权人名称</td><td colspan="3">债权人纳税识别号</td><td colspan="2">债权人所属主管税务机关</td></tr>
<tr><td colspan="2"></td><td colspan="3"></td><td colspan="2"></td></tr>
<tr><td colspan="2">债务重组方式</td><td colspan="4">□　重组所得超过应纳税所得额 50%</td><td>□　债转股</td></tr>
<tr><td colspan="4">债务人重组业务涉及的债务账面价值</td><td colspan="3"></td></tr>
<tr><td colspan="2" rowspan="4">债务人重组业务涉及的债务计税基础（1）</td><td rowspan="4"></td><td colspan="3">其中：①应付账款计税基础</td><td></td></tr>
<tr><td colspan="3">②其他应付款计税基础</td><td></td></tr>
<tr><td colspan="3">③借款计税基础</td><td></td></tr>
<tr><td colspan="3">④其他债务计税基础</td><td></td></tr>
<tr><td rowspan="6">除债转股方式外的债务重组</td><td rowspan="4">债务人用于偿付债务的资产公允价值（2）</td><td rowspan="4"></td><td colspan="3">其中：①现金</td><td></td></tr>
<tr><td colspan="3">②银行存款</td><td></td></tr>
<tr><td colspan="3">③非货币资产</td><td></td></tr>
<tr><td colspan="3">④其他</td><td></td></tr>
<tr><td>债务人债务重组所得（3）=（1）–（2）</td><td colspan="5"></td></tr>
<tr><td>债务人本年度应纳税所得额</td><td></td><td colspan="2">债务重组所得占本年度应纳税所得额的比重%</td><td colspan="2"></td></tr>
</table>

续表

债转股方式的债务重组	债权人债转股后所拥有的股权占债务人全部股权比例%		债转股取得股权的公允价值(4)	
	债权人原债权的计税基础（即股权的计税基础）		债务人暂不确认的债务重组所得（5）=(1)-(4)	

谨声明：本人知悉并保证本表填报内容及所附证明材料真实、完整，并承担因资料虚假而产生的法律和行政责任。

法定代表人签章：　　　　年　　月　　日

填表人：　　　　填表日期：

填表说明：本表一式两份，债务人（债权人）及其所属主管税务机关各一份。

企业发生符合规定并选择适用特殊性税务处理的债务重组，应准确记录应予确认的债务重组所得，并在相应年度的企业所得税汇算清缴时对当年确认额及分年结转额的情况做出说明。

主管税务机关应建立台账，对企业每年申报的债务重组所得与台账进行比对分析，加强后续管理。

四、债务重组所得应分时间段征免税

根据2003年以前的债务重组准则的规定，债务人应该将债务重组所得确认为资本公积；债权人应该将债务重组损失确认为损失或者计入重组资产价值。大部分情况下重组所得是不会计入企业当期损益，也就不会反映在企业的利润总额中。但是，企业所得税规定与债务重组准则处理不同，税收上确认为所得一方应该纳税，而损失一方允许按规定税前扣除。2003年3月1日起施行的《企业债务重组业务所得税处理办法》（国家税务总局令第6号）第六条规定，债务重组业务中债权人对债务人的让步，包括以低于债务计税成本的现金、非现金资产偿还债务等，债务人应当将重组债务的计税成本与支付的现金金额或者非现金资产的公允价值（包括与转让非现金资产相关的税费）的差额，确认为债务重组所得，计入企业当期的应纳税所得额中；债权人应当将重组债权的计税成本与收到的现金或者非现金资产的公允价值之间的差额，确认为当期的债务重组损失，冲减应纳税所得额。

需要说明的是，税收政策中关于债务重组的税务处理规定，是从2003年3月1日开始执行的，而对于之前的债务重组，税收上没有明确的规定，而是按会计准则的规定执行。这一点《国家税务总局关于债务重组所得企业所得税处理问题的批复》（国税函〔2009〕1号）在答复海南省国家税务局《关于企业债务重组所得征免企业所得税问题的请示》（琼国税发〔2008〕231号）时已明确：《企业债务重组业务所得税处理办法》（国家税务总局令第6号）自2003年3月1日起执行。此前，企业债务重组中因豁免债务等取得的债务重组所得，应按照当时的会计准则处理，即“以低于债务账面价值的现金清偿某项债务的，债务人应将重组债务的账面价值与支付的现金之间的差额；或以债务转为资本清偿某项债务的，债务人应将重组债务的账面价值与债权人因放弃债权而享有股权的份额之间的差额”，确认为资本公积。可见，在税收政策对债务重组尚未制定相关政策之前，税收处理与会计处理保持一致。

2006 年债务重组准则对债务重组的会计处理进行了调整，要求债务人将债务重组所得计入当期损益，同样，要求债权人将债务重组损失也计入当期损益。这样，债务重组准则的会计处理与现行的税收政策规定就趋同了。

第三节　其他税种的处理

一、增值税的处理

根据《增值税暂行条例》第一条的规定，在中国境内销售货物或者加工、修理修配劳务，销售服务、无形资产、不动产以及进口货物的单位和个人，为增值税的纳税人，应当依照该条例缴纳增值税。

因而，债务人以货物、金融资产、无形资产、不动产等非货币资产清偿债务方式进行债务重组的，债务人将上述非货币资产用于抵债，属于发生增值税应税行为，应按照转让非货币资产有关规定缴纳增值税，同时可以按规定向债权人开具发票。

已经失效的《财政部 国家税务总局关于债转股企业有关税收政策的通知》（财税〔2005〕29 号）第一条曾规定，经国务院批准实施债转股的企业（以下简称“债转股企业”）按债转股企业与金融资产管理公司签订的债转股协议，债转股原企业将货物资产作为投资提供给债转股新公司的，免征增值税。债转股原企业将应税消费品作为投资提供给债转股新公司的，免征消费税。债转股新公司，是指债转股企业按国家有关规定重新登记设立或变更登记设立的有限责任公司或股份有限公司。债转股原企业按以下规定确认：

（1）债转股企业在登记设立新公司后继续存在的，其存续企业为债转股原企业；

（2）债转股企业在登记设立新公司后注销的，其原出资人可视为债转股原企业。

（3）政府有关部门履行债转股企业出资人权利与义务的，政府有关部门所设立或指定的有关机构，可视为债转股原企业。

二、土地增值税的处理

根据《土地增值税暂行条例》第二条的规定，转让国有土地使用权、地上的建筑物及其附着物（以下简称转让房地产）并取得收入的单位和个人，为土地增值税的纳税义务人（以下简称纳税人），应当依照该条例缴纳土地增值税。

因此，债务人以国有土地使用权、地上的建筑物及其附着物等非货币资产清偿债务方式进行债务重组的，债务人将房地产用于抵债，属于发生土地增值税应税行为，应按照转让房地产相关规定缴纳土地增值税。

三、契税的处理

根据《财政部 国家税务总局关于继续支持企业 事业单位改制重组有关契税政策的通知》（财税〔2018〕17 号）第七条的规定，经国务院批准实施债权转股权的企业，对债权转股权后新设立的公司承受原企业的土地、房屋权属，免征契税。

四、印花税的处理

为进一步做好国有企业债权转股权（以下简称“债转股”）工作，推进债转股企业加快建立现代企业制度，盘活不良金融资产，防范和化解金融风险，《国务院办公厅转发国家经贸委 财政部 人民银行关于进一步做好国有企业债权转股权工作意见的通知》（国办发〔2003〕8 号）明确，债转股企业将实物资产投入到新公司时，除债转股前未贴花的在新公司成立时应贴花外，免征增值税和其他相关税费。原企业持有的各种生产经营证书转入新公司时，免交各种费用。

根据《财政部 国家税务总局关于企业改制过程中有关印花税政策的通知》（财税〔2003〕183 号）的规定，企业债权转股权新增加的资金按规定贴花。

五、个人所得税的处理

在债务重组中的个人所得税处理，常见于债务重组方涉及个体工商户、个人独资企业和合伙企业的情形。

根据《个体工商户个人所得税计税办法》（2014 年 12 月 27 日国家税务总局令第 35 号公布，根据 2018 年 6 月 15 日《国家税务总局关于修改部分税务部门规章的决定》修正）第八条的规定，个体工商户从事生产经营以及与生产经营有关的活动（以下简称生产经营）取得的货币形式和非货币形式的各项收入，为收入总额。包括销售货物收入、提供劳务收入、转让财产收入、利息收入、租金收入、接受捐赠收入、其他收入。

这里所称其他收入包括个体工商户资产溢余收入、逾期一年以上的未退包装物押金收入、确实无法偿付的应付款项、已作坏账损失处理后又收回的应收款项、债务重组收入、补贴收入、违约金收入、汇兑收益等。

因而，当债务重组中债务人为个体工商户、个人独资企业和合伙企业的，债务重组收入应并入经营所得由投资者个人按规定缴纳个人所得税。

债务重组除企业所得税以外其他主要税种的处理，如图 8－5 所示。

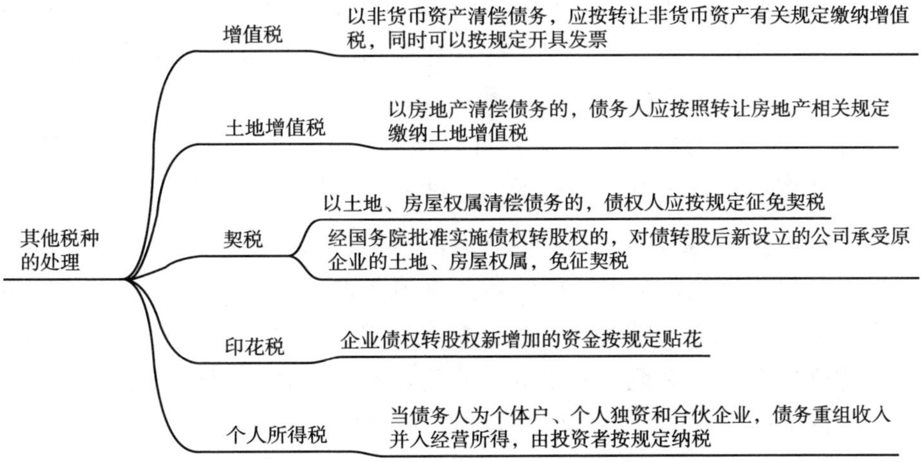

图 8－5　债务重组其他税种的处理

第四节　以资产清偿债务

一、债务人的处理

（一）会计处理

以资产清偿债务方式进行债务重组的，债务人应当在相关资产和所清偿债务符合终止确认条件时予以终止确认，所清偿债务账面价值与转让资产账面价值之间的差额计入当期损益。债务重组准则不再区分债务重组利得、损失和资产处置损益，合并作为债务重组相关损益。这与企业所得税处理不同。

1. 债务人以金融资产清偿债务

债务人以单项或多项金融资产清偿债务的，债务的账面价值与偿债金融资产账面价值的差额，记入“投资收益”科目。偿债金融资产已计提减值准备的，应结转已计提的减值准备。对于以分类为以公允价值计量且其变动计入其他综合收益的债务工具投资清偿债务的，之前计入其他综合收益的累计利得或损失应当从其他综合收益中转出，记入“投资收益”科目。对于以指定为以公允价值计量且其变动计入其他综合收益的非交易性权益工具投资清偿债务的，之前计入其他综合收益的累计利得或损失应当从其他综合收益中转出，记入“盈余公积”“利润分配——未分配利润”等科目。

2. 债务人以非金融资产清偿债务

债务人以单项或多项非金融资产（如固定资产、日常活动产出的商品或服务等）清偿债务，或者以包括金融资产和非金融资产在内的多项资产清偿债务的，不需要区分资产处置损益和债务重组损益，也不需要区分不同资产的处置损益，而应将所清偿债务账面价值与转让资产账面价值之间的差额，记入“其他收益——债务重组收益”科目。偿债资产已计提减值准备的，应结转已计提的减值准备。

债务人以包含非金融资产的处置组清偿债务的，应当将所清偿债务和处置组中负债的账面价值之和，与处置组中资产的账面价值之间的差额，记入“其他收益——债务重组收益”科目。处置组所属的资产组或资产组组合按照《企业会计准则第8号——资产减值》分摊了企业合并中取得的商誉的，该处置组应当包含分摊至处置组的商誉。处置组中的资产已计提减值准备的，应结转已计提的减值准备。

（二）税务处理

1. 以货币资产清偿债务的处理

一般性税务处理情况下，债务人应当按照支付的债务清偿额低于债务计税基础的差额，确认债务重组所得，一次性计入重组完成当年应纳税所得额。

特殊性税务处理情况下，债务人债务重组所得可以在5个纳税年度的期间内，均匀计入各年度的应纳税所得额。这里的“5个纳税年度”是指从重组日所属年度开始计算。

2. 以非货币资产清偿债务

一般性税务处理情况下，债务人应将非货币资产清偿债务分解为以公允价值转让非货币性资产和以非货币性资产的公允价值清偿债务两项经济业务，分别确认转让资产所得和债务重组所得，一并计入重组完成当年应纳税所得额。

企业债务重组确认的应纳税所得额占该企业当年应纳税所得额50%以上，适用特殊性税务处理情况下，债务人的债务重组所得可以在5个纳税年度的期间内，均匀计入各年度的应纳税所得额。需要说明的是，从国家税务总局公告2015年第48号填表说明可以看出，这里的“债务重组所得”不包括以非货币性资产清偿债务确认的资产转让所得，资产转让所得应一次性计入重组完成当年的应纳税所得额，计算缴纳企业所得税。

3. 相关税费的处理

以非货币性资产清偿债务的，债务人在转让非货币性资产的过程中发生的一些税费，如资产评估费、运杂费等，直接计入转让资产损益。对于增值税应税项目，如债权人不向债务人另行支付增值税，则债务重组所得应为重组债务账面价值减除转让非现金资产的公允价值和增值税销项税额（简易计税方法的应纳税额）的差额；如债权人向债务人另行支付增值税，则债务重组所得就是重组债务账面价值与转让非货币性资产的公允价值之间的差额。

二、债权人的处理

（一）会计处理

债务重组采用以资产清偿债务或者将债务转为权益工具方式进行的，债权人应当在相关资产符合其定义和确认条件时予以确认。

1. 债权人受让金融资产

债权人受让包括现金在内的单项或多项金融资产的，应当按照《企业会计准则第22号——金融工具确认和计量》的规定进行确认和计量。金融资产初始确认时应当以其公允价值计量。金融资产确认金额与债权终止确认日账面价值之间的差额，记入“投资收益”科目，但收取的金融资产的公允价值与交易价格（即放弃债权的公允价值）存在差异的，应当按照《企业会计准则第22号——金融工具确认和计量》第三十四条的规定处理。

2. 债权人受让非金融资产

债权人初始确认受让的金融资产以外的资产时，应当按照下列原则以成本计量：

（1）存货的成本，包括放弃债权的公允价值，以及使该资产达到当前位置和状态所发生的可直接归属于该资产的税金、运输费、装卸费、保险费等其他成本。

（2）对联营企业或合营企业投资的成本，包括放弃债权的公允价值，以及可直接归属于该资产的税金等其他成本。

（3）投资性房地产的成本，包括放弃债权的公允价值，以及可直接归属于该资产的税金等其他成本。

（4）固定资产的成本，包括放弃债权的公允价值，以及使该资产达到预定可使用状态前所发生的可直接归属于该资产的税金、运输费、装卸费、安装费、专业人员服务费等其他成本。确定固定资产成本时，应当考虑预计弃置费用因素。

（5）生物资产的成本，包括放弃债权的公允价值，以及可直接归属于该资产的税金、运输费、保险费等其他成本。

（6）无形资产的成本，包括放弃债权的公允价值，以及可直接归属于使该资产达到预定用途所发生的税金等其他成本。

放弃债权的公允价值与账面价值之间的差额，记入“投资收益”科目。

3. 债权人受让多项资产

债权人受让多项非金融资产，或者包括金融资产、非金融资产在内的多项资产的，受让的金融资产初始确认时应当以其公允价值计量；按照受让的金融资产以外的各项资产在债务重组合同生效日的公允价值比例，对放弃债权在合同生效日的公允价值扣除受让金融资产当日公允价值后的净额进行分配，并以此为基础分别确定各项资产的成本。放弃债权的公允价值与账面价值之间的差额，记入“投资收益”科目。

4. 债权人受让处置组

债务人以处置组清偿债务的，债权人应当分别按照《企业会计准则第22号——金融工具确认和计量》及其他相关准则的规定，对处置组中的金融资产和负债进行初始计量，然后按照金融资产以外的各项资产在债务重组合同生效日的公允价值比例，对放弃债权在合同生效日的公允价值以及承担的处置组中负债的确认金额之和，扣除受让金融资产当日公允价值后的净额进行分配，并以此为基础分别确定各项资产的成本。放弃债权的公允价值与账面价值之间的差额，记入“投资收益”科目。

5. 债权人将受让的资产或处置组划分为持有待售类别

债务人以资产或处置组清偿债务，且债权人在取得日未将受让的相关资产或处置组作为非流动资产和非流动负债核算而是将其划分为持有待售类别的，债权人应当在初始计量时，比较假定其不划分为持有待售类别情况下的初始计量金额和公允价值减去出售费用后的净额，以两者孰低计量。

（二）税务处理

1. 以货币资产清偿债务的处理

无论一般性税务处理还是特殊性税务处理，债权人均应当按照接受的债务清偿额低于债权计税基础的差额确认债务重组损失，按照规定在重组完成当年税前扣除。

2. 以非货币性资产清偿债务的处理

非货币性资产清偿债务，无论一般性税务处理还是特殊性税务处理，债权人均应当按照接受的非货币性资产公允价值低于债权计税基础的差额确认债务重组损失，按照规定在重组完成当年税前扣除。同时，按照接受的非货币性资产公允价值确认其计税基础。

3. 相关税费的处理

对于增值税应税项目，如债权人不向债务人另行支付增值税，则增值税进项税额可以作为冲减重组债权的账面余额处理；如债权人向债务人另行支付增值税，则增值税进项税额不能作为冲减重组债权的账面余额处理。

三、案例分析

（一）以非货币资产清偿债务案例一

【例8－1】 2019年1月1日，A公司从B公司借款1 000万元，期限1年，年利率8%，到期后一次还本付息。

2020年初，受新冠肺炎疫情影响，A公司发生财务困难，无法偿还全部本息。2020年2月1日，双方经协商达成书面协议，B公司免除借款本金200万元及全部利息，A公司以公允价值800万元（不含增值税，增值税税率为13%）的库存商品偿还剩余借款本金，B公司不再另行支付增值税。已知该批商品成本为750万元，A公司重组当年包含债务重组所得在内的全部应纳税所得额为300万元。债权公允价值为1 080万元。

要求：分析说明重组双方的财税处理。

解析：

1. 债务人A公司的处理。

（1）会计处理：

借：短期借款　　10 000 000

　　应付利息　　800 000

　　贷：库存商品　　7 500 000

　　　　应交税费——应缴增值税（销项税额）　　1 040 000

　　　　其他收益——债务重组收益　　2 260 000

（2）税务处理：

债务人A公司企业所得税处理时应确认的非货币性资产转让所得：800－750＝50（万元）；该非货币资产转让所得，应一次性计入2020年度的应纳税所得额，缴纳企业所得税。

债务人A公司应确认的债务重组所得为：1 000×（1＋8%）－800×（1＋13%）＝1 080－904＝176（万元）

（3）税务处理方法适用条件判定：

债务重组所得占当年全部应纳税所得额的比例为：176÷300×100%＝58.67%，大于50%，可以选择适用特殊性税务处理。

2020年度会计确认债务重组相关所得226万元，税收上确认的与该债务重组相关的所得为：50＋176÷5＝85.2（万元）。税会差异通过填报"企业重组及递延纳税事项纳税调整明细表"（A105100）和"纳税调整项目明细表"（A105000）第37行"（一）企业重组及递延纳税事项"进行纳税调整。

（4）纳税申报表的填报（见表8－5、表8－6）：

从2021年至2024年4个纳税年度，税收每年确认35.2（176÷5）万元的债务重组所得，会计为0，需调增应纳税所得额。如表8－6所示：

表 8 - 5　　A105100　　**企业重组及递延纳税事项纳税调整明细表（2020 年度）**　　单位：元

行次	项　目	一般性税务处理			特殊性税务处理（递延纳税）			纳税调整金额
		账载金额	税收金额	纳税调整金额	账载金额	税收金额	纳税调整金额	
		1	2	3（2 - 1）	4	5	6（5 - 4）	7（3 + 6）
1	一、债务重组				2 260 000	852 000	- 1 408 000	1 408 000
2	其中：以非货币性资产清偿债务				2 260 000	852 000	- 1 408 000	- 1 408 000
3	债转股							
4	二、股权收购							
5	其中：涉及跨境重组的股权收购							
16	合计（1 + 4 + 6 + 8 + 11 + 12 + 13 + 14 + 15）				2 260 000	852 000	- 1 408 000	- 1 408 000

表 8 - 6　　A105100　　**企业重组及递延纳税事项纳税调整明细表（2021 年度）**　　单位：元

行次	项　目	一般性税务处理			特殊性税务处理（递延纳税）			纳税调整金额
		账载金额	税收金额	纳税调整金额	账载金额	税收金额	纳税调整金额	
		1	2	3（2 - 1）	4	5	6（5 - 4）	7（3 + 6）
1	一、债务重组				0	352 000	352 000	352 000
2	其中：以非货币性资产清偿债务				0	352 000	352 000	352 000
3	债转股							
4	二、股权收购							
5	其中：涉及跨境重组的股权收购							
16	合计（1 + 4 + 6 + 8 + 11 + 12 + 13 + 14 + 15）				0	352 000	352 000	352 000

（5）“企业重组所得税特殊性税务处理报告表”及其附表的填报（见表8－7、表8－8）：

表8－7　　企业重组所得税特殊性税务处理报告表

纳税人名称（盖章）	A公司	纳税人识别号	×××
单位地址	×××	财务负责人	×××
主管税务机关（全称）	×××	联系电话	×××
重组日：2020－2－1	重组业务开始年度：2020		重组业务完成年度：2020
重组交易类型	企业在重组业务中所属当事方类型		
☐法律形式改变			
☑债务重组	☑债务人	☐债权人	
☐股权收购	☐收购方	☐转让方	☐被收购企业
☐资产收购	☐收购方	☐转让方	
☐合并	☐合并企业	☐被合并企业	☐被合并企业股东
☐分立	☐分立企业	☐被分立企业	☐被分立企业股东
特殊性税务处理条件	（一）具有合理的商业目的，且不以减少、免除或者推迟缴纳税款为主要目的。		☑
	（二）被收购、合并或分立部分的资产或股权比例符合规定的比例。		☐比例　%
	（三）企业重组后的连续12个月内不改变重组资产原来的实质性经营活动。		☐
	（四）重组交易对价中涉及股权支付金额符合规定比例。		☐比例　%
	（五）企业重组中取得股权支付的原主要股东，在重组后连续12个月内，不得转让所取得的股权。		☑
主管税务机关受理意见	（受理专用章）　2021年5月18日		
其他需要说明的事项（重组业务其他需要说明的事项，如没有则填“无”）：			
纳税人声明	谨声明：本人知悉并保证本表填报内容及所附证明材料真实、完整，并承担因资料虚假而产生的法律和行政责任。 法定代表人签章：×××　　年　月　日		

填表人：×××　　　　填表日期：

表 8－8　　企业重组所得税特殊性税务处理报告表（债务重组）

申报企业名称（盖章）：A 公司　　　　　　　　　　　　　　　金额单位：元（列至角分）

<table>
<tr><td colspan="2">债务人名称</td><td colspan="2">债务人纳税识别号</td><td>债务人所属主管税务机关</td></tr>
<tr><td colspan="2">A 公司</td><td colspan="2">×××</td><td>×××</td></tr>
<tr><td colspan="2">债权人名称</td><td colspan="2">债权人纳税识别号</td><td>债权人所属主管税务机关</td></tr>
<tr><td colspan="2">B 公司</td><td colspan="2">×××</td><td>×××</td></tr>
<tr><td colspan="2">债务重组方式</td><td colspan="2">☑重组所得超过应纳税所得额 50%</td><td>☐　债转股</td></tr>
<tr><td colspan="3">债务人重组业务涉及的债务账面价值</td><td colspan="2">10 800 000</td></tr>
<tr><td colspan="2" rowspan="4">债务人重组业务涉及的债务计税基础（1）</td><td rowspan="4">10 800 000</td><td>其中：①应付账款计税基础</td><td></td></tr>
<tr><td>②其他应付款计税基础</td><td></td></tr>
<tr><td>③借款计税基础</td><td>10 800 000</td></tr>
<tr><td>④其他债务计税基础</td><td></td></tr>
<tr><td rowspan="6">除债转股方式外的债务重组</td><td rowspan="4">债务人用于偿付债务的资产公允价值（2）</td><td rowspan="4">9 040 000</td><td>其中：①现金</td><td></td></tr>
<tr><td>②银行存款</td><td></td></tr>
<tr><td>③非货币资产</td><td>8 000 000</td></tr>
<tr><td>④其他</td><td>1 040 000</td></tr>
<tr><td>债务人债务重组所得（3）=（1）－（2）</td><td colspan="3">1 760 000</td></tr>
<tr><td>债务人本年度应纳税所得额</td><td>3 000 000</td><td>债务重组所得占本年度应纳税所得额的比重%</td><td>58.67%</td></tr>
<tr><td rowspan="2">债转股方式的债务重组</td><td>债权人债转股后所拥有的股权占债务人全部股权比例%</td><td></td><td>债转股取得股权的公允价值（4）</td><td></td></tr>
<tr><td>债权人原债权的计税基础（即股权的计税基础）</td><td></td><td>债务人暂不确认的债务重组所得（5）=（1）－（4）</td><td></td></tr>
<tr><td colspan="5">谨声明：本人知悉并保证本表填报内容及所附证明材料真实、完整，并承担因资料虚假而产生的法律和行政责任。
法定代表人签章：2021 年 5 月 18　日</td></tr>
</table>

填表人：　　　　　　　　　　　　　　　　　填表日期：2021 年 5 月 18 日

2. 债权人 B 公司的处理。

（1）会计处理：

借：库存商品　　　　　　　　　　　　　　　　9 760 000

　　应缴税费——应缴增值税（进项税额）　　　1 040 000

　　贷：其他应收款　　　　　　　　　　　　　　10 000 000

　　　　应收利息　　　　　　　　　　　　　　　800 000

（2）税务处理：

债权人B公司应确认的债务重组损失：

1 000×(1+8%)－800×(1+13%)=1 080－904=176（万元）；

按照规定在2020年度进行税前扣除，税收与会计处理差异在当期纳税调整；接受A公司商品的计税基础为800万元。

（二）以非货币资产清偿债务案例二

【例8－2】甲公司欠乙公司购货款3 500 000元。由于甲公司发生财务困难，在可预见的未来，不能支付已于2020年5月1日到期的货款。2020年8月1日，经双方协商一致，乙公司同意甲公司以其生产的产品偿还到期债务。乙公司于2020年8月1日收到甲公司抵债产品，并作为库存商品验收入库。假设该抵债产品的公允价值为2 000 000元（不含增值税），实际成本为1 200 000元。甲、乙公司均为增值税一般纳税人，适用的增值税税率为13%。甲公司在用产品抵债时不另外收取增值税销项税额。甲公司、乙公司均执行《企业会计准则》。

甲公司2020年度除上述重组业务以外的应纳税所得额为6 000 000元。

要求：

1. 分析说明相关的财税处理。

2. 如甲公司2020年度除债务重组所得外的应纳税所得额为400 000元，分析说明相关的税务处理。

解析：

1. 债务人甲公司的处理。

（1）会计处理：

本例中，债务重组日为2020年8月1日。债务重组双方应在债务重组日进行相关会计处理。

借：应付账款——乙公司	3 500 000	
贷：库存商品		1 200 000
应交税费——应交增值税（销项税额）		260 000
其他收益——债务重组收益		2040 000

（2）税务处理：

以非货币性资产清偿债务，企业所得税处理应分解为转让相关非货币性资产、按非货币性资产的公允价值清偿债务两项业务，确认相关资产的转让所得或损失。也就是说，以非货币性资产清偿债务，会产生两项不同类型的所得（或损失），即非货币性资产转让所得（或损失）和债务重组所得。

本例中，债务人甲公司以存货抵偿债务，应确认货物销售所得和债务重组所得。

货物销售所得：2 000 000 - 1 200 000 = 800 000（元）。

债务重组所得：3 500 000 - 2 000 000 - 260 000 = 1 240 000（元）。

本例属于以非货币性资产清偿债务的债务重组。债务重组当事各方分别为债务人甲公司、债权人乙公司。债务重组日为2020年8月1日。因债务人甲公司的债务重组所得占当年应纳税所得额的比例为：

1 240 000 ÷ (1 240 000 + 6 000 000 + 800 000) = 15.42%，小于50%，债务重组当事各方只能适用一般性税务处理。

一般性税务处理时，债务人上述两项所得均应在债务重组日所属的纳税年度计算缴纳企业所得税，税收与会计处理无差异。由于销售货物所得已计入当年利润总额（其他收益），计算缴纳了企业所得税，因而不用视同销售填报"视同销售和房地产开发企业特定业务纳税调整明细表"（A105010），否则会重复缴纳企业所得税。

2. 债权人乙公司的处理。

（1）会计处理：

本例中，债权人乙公司的债务重组相关损失，按照《企业会计准则第12号——债务重组》应用指南（2019年版），应计入投资收益借方：

3 500 000 - 2 000 000 - 260 000 = 1 240 000（元）。

借：库存商品	2 940 000	
应交税费——应交增值税（进项税额）	260 000	
投资收益	300 000	
贷：应收账款——甲公司		3 500 000

（2）税务处理：

债权人接受债务人以非货币性资产清偿债务的，企业所得税处理相当于以非货币性资产的公允价值清偿债务。本例中，因所接受的存货公允价值为2 000 000元，在接受该存货的过程中，债权人乙公司没有另行支付增值税进项税额，因此，在2020年其所得税处理为：

应确认的债务重组损失：3 500 000 - 2 000 000 - 260 000 = 1 240 000（元），税收与会计处理差异，需在当期纳税调整。

接受的非货币性资产（存货）的计税基础为2 000 000元。

需要说明的是，债权人在债务重组中确认的债务重组损失可以在企业所得税税前扣除，应按《国家税务总局关于发布〈企业资产损失所得税税前扣除管理办法〉的公告》（国家税务总局公告2011年第25号）等规定，留存备查相关资料。

（3）税会差异：

执行债务重组准则的企业，会计处理时不再区分资产转让所得（或损失）与债务重组所得（或损失）。债务重组的会计处理与税务处理存在税会差异。债权人会计核算上确认的债务重组损失与税收上的债务重组损失也会存在一定的税会差异。其主要原因在于，对于会计上计提了减值准备的重组债权，除税收上另有规定外，一般不允许调整债权的计税基础。因此，在重组债权计提了减值准备的情况下，债权人会计核算上确认的债务重组损失一般不等于税收上的债务重组损失，两者之间存在暂时性差异。

3. 特殊性税务处理。

本例中，如果甲公司2020年度除债务重组业务之外的其他经营所得的应纳税所得额为400 000元。特殊性税务处理条件下的会计核算与一般性税务处理条件下的会计核算一致。

（1）债务重组适用特殊性税务处理的条件判断。

对于以非货币性资产清偿债务而言，根据财税〔2009〕59号文件的规定，只要债务重组业务当事各方提供依据证明债务重组具有合理的商业目的，且不以减少、免除或者推迟缴纳税款为主要目的，同时债务人的债务重组收益或利得占该企业当年应纳税所得额50%以上的，债务人可以在5个纳税年度的期间内，均匀计入各年度的应纳税所得额。即债务人可选择适用特殊性税务处理。

本例中，因债务人甲公司在债务重组日所属纳税年度的除债务重组以外的其他经营所得为400 000元，债务重组收益或利得占年度应纳税所得额的比例：

1 240 000 ÷ (400 000 + 800 000 + 1 240 000) × 100% = 50.82%，大于50%。

因此，债务人在与债权人协商一致的情况下，可以选择适用特殊性税务处理。

（2）债务人甲公司的税务处理。

如果选择特殊性税务处理，2020年度企业所得税年度纳税申报时，债务人需要将债务重组业务中的货物销售所得800 000元和债务重组所得248 000元（1 240 000 ÷ 5）计入当年的应纳税所得额纳税。

适用特殊性税务处理的，债务人上述两项所得均应在债务重组日所属的纳税年度企业所得税年度纳税申报时计算缴纳企业所得税。债务重组所得的纳税调整需在“企业重组及递延纳税事项纳税调整明细表”（A105100）第2行“以非货币性资产清偿债务”第4列“账载金额”填报2 040 000元，第5列“税收金额”填报1 048 000元，第6列“纳税调整金额”填报 −992 000元。

由于非货币性资产转让所得已计入当年利润总额（其他收益），不用填报“视同销售和房地产开发企业特定业务纳税调整明细表”（A105010），否则会造成重复纳税。

需要注意的是，2021年度企业所得税年度纳税申报时，债务人需要在“企业重组及递延纳税事项纳税调整明细表”（A105100）第2行“以非货币性资产清偿债务”第4列“账载金额”填报0，第5列“税收金额”填报248 000元，第6列“纳税调整金额”填报248 000元。2022－2024年度企业所得税年度纳税申报时，非货币性资产清偿债务特殊性税务处理方法下的纳税调整填报方法与2021年相同。

（3）债权人乙公司的税务处理：

适用特殊性税务处理的，债权人乙公司的所得税处理与适用一般性税务处理的企业所得税处理一致。即债权人接受债务人以非货币性资产清偿债务的，企业所得税处理相当于以非货币性资产的公允价值清偿债务。本例中，因所接受的存货公允价值为2 000 000元，在接受该存货的过程中，债权人乙公司没有另行支付进项增值税款，因此，在2020年其企业所得税处理为：

应确认的债务重组损失：3 500 000 – 2 000 000 – 260 000 = 1 240 000（元）

接受的非货币性资产（存货）的计税基础为2 000 000元。

（4）税会差异分析：

债务重组适用特殊性税务处理的，以非货币性资产清偿债务，税会差异主要包括：一是在债务重组日所属纳税年度，会计上债务重组利得一次性确认，而税收上债务重组所得可以分期确认；二是在债权人对应收债权计提了资产减值准备的情况下，会计上确认的债务重组损失不等于税收上的债务重组损失，两者之间存在暂时性差异。

第五节　将债务转为权益工具

一、债务人的处理

（一）会计处理

以债务转为权益工具方式进行债务重组的（通常也称为债转股），债务人应当在所清偿债务符合终止确认条件时予以终止确认。债务人初始确认权益工具时应当按照权益工具的公允价值计量，权益工具的公允价值不能可靠计量的，应当按照所清偿债务的公允价值计量。所清偿债务账面价值与权益工具确认金额之间的差额，应当计入当期损益。

（二）税务处理

以债务转为权益工具方式进行的债务重组适用企业所得税一般性税务处理的，债务人应当按照债务转为权益工具部分的公允价值低于债务计税基础的差额，确认债务重组所得，一次性计入重组完成当年应纳税所得额。

适用特殊性税务处理的，债务人对债务转为权益工具的债务重组业务暂不确认有关债务清偿所得，企业的其他相关所得税事项保持不变。

二、债权人的处理

（一）会计处理

以债务转为权益工具方式进行债务重组的，债权人应当在相关资产符合其定义和确认条件时予以确认。

以债务转为权益工具方式进行债务重组导致债权人将债权转为对联营企业或合营企业的权益性投资的，债权人应当按照规定计量其初始投资成本，即对联营企业或合营企业投资的成本，包括放弃债权的公允价值和可直接归属于该资产的税金等其他成本。放弃债权的公允价值与账面价值之间的差额，应当计入当期损益（投资收益）。

（二）税务处理

以债务转为权益工具方式进行的债务重组适用企业所得税一般性税务处理的，债权人应当按照债权转为股权部分的公允价值低于债权计税基础的差额，确认债务重组损失，按照规定在重组完成当年进行税前扣除，股权投资的计税基础以其公允价值确定。

适用特殊性税务处理的，债权人对债权转为股权业务暂不确认有关债务重组损失，股权投资的计税基础以原债权的计税基础确定。企业的其他相关所得税事项保持不变。

三、案例分析

（一）将债务转为权益工具案例一

【例 8－3】 甲上市公司破产重整时，应付乙公司 5 000 万元。重整计划约定，甲公司增发 1 000 万股股票（每股面值 1 元）来偿还对乙公司的欠款。甲公司作出发行股票决定时，股票市价为每股 2 元，同时，增发价也为每股 2 元。乙公司取得甲公司股票后作为交易性金融资产核算。1 年后，甲公司股价为每股 6 元，乙公司全部减持，减持所得为 6 000 万元（假设乙公司未计提坏账准备或公允价值变动损益）。

要求：分析说明相关的财税处理。

解析：

1. 会计处理：

根据《企业会计准则第 12 号——债务重组》（财会〔2019〕9 号）的规定，对债转股，债权人放弃债权的公允价值与账面价值之间的差额，应当计入当期损益；债务人所清偿债务的账面价值与权益工具确认金额之间的差额，应当计入当期损益。本例中，在债务重组时，甲公司要确认股本 1 000 万元，资本公积 1 000 万元，确认债务重组收益3 000万元；相应地，乙公司要确认债务重组损失3 000万元。双方的会计处理如下：

（1）甲公司的会计处理：

借：应付账款——乙公司	50 000 000	
贷：股本		10 000 000
资本公积		10 000 000
投资收益		30 000 000

（2）乙公司的会计处理：

借：交易性金融资产——甲公司	20 000 000	
投资收益	30 000 000	
贷：应收账款——甲公司		50 000 000

2. 税务处理：

根据《财政部 国家税务总局关于企业重组业务企业所得税处理若干问题的通知》（财税〔2009〕59号）第四条规定，发生债权转股权的，应当分解为债务清偿和股权投资两项业务，确认有关债务清偿所得或损失。

本例在税务处理时可以视为两个交易：一是重整企业甲公司用2 000万元现金偿还乙公司5 000万元的债务，差额3 000万元由乙公司予以豁免；二是乙公司以2 000万元现金的形式投资甲公司，购买甲公司面值1 000万元但公允价值为2 000万元的股票。

债务重组在企业所得税的处理上，可以分为一般性税务处理与特殊性税务处理。

（1）一般性税务处理。

根据财税〔2009〕59号文件的规定，一般性税务处理时，债务人应当按照支付的债务清偿额低于债务计税基础的差额，确认债务重组所得；债权人应当按照收到的债务清偿额低于债权计税基础的差额，确认债务重组损失。因此，本例在一般性税务处理时，重整企业甲公司应确认3 000万元的债务重组所得，债权人乙公司应确认3 000万元的债务重组损失，乙公司取得甲公司股票的计税基础为2 000万元。

乙公司在年终企业所得税汇算清缴时，需要按照《国家税务总局关于发布〈企业资产损失所得税税前扣除管理办法〉的公告》（国家税务总局公告2011年第25号），依据投资的原始凭证、合同或协议、会计核算资料等相关证据材料确认债权投资损失，证明资金确实无法收回。同时，依据《国家税务总局关于企业所得税资产损失资料留存备查有关事项的公告》（国家税务总局公告2018年第15号）规定，相关资料由企业留存备查。

（2）特殊性税务处理。

财税〔2009〕59号文件第六条规定，企业发生债权转股权业务，选择特殊性税务处理，对债务清偿和股权投资两项业务暂不确认有关债务清偿所得或损失，股权投资的计税基础以原债权的计税基础确定。企业的其他相关所得税事项保持不变。

如果本例中债转股具有合理商业目的，且乙公司在债转股后12个月内，不出售所取得的甲公司股票，双方可以选择适用特殊性税务处理。此时，重整企业甲公司暂不确认债务重组所得，债权人乙公司也不确认债务重组损失，乙公司取得甲公司股票的计税基础为5 000万元。

在选择特殊性税务处理时，由于存在税会差异，乙公司在当年度企业所得税汇算清缴时，通过“企业重组及递延纳税事项纳税调整明细表”（A105100）进行纳税调整。另外，根据《国家税务总局关于企业重组业务企业所得税征收管理若干问题的公告》（国家税务总局公告2015年第48号），重组各方应在该重组业务完成当年，办理企业所得税年度申报时，分别向各自主管税务机关报送“企业重组所得税特殊性税务处理报告表”及附表和申报资料。重组业务完成当年，指重组合同（协议）或法院裁定书生效日所属的企业所得税纳税年度。

（3）减持股票的处理：

本例中，采用一般性税务处理时，由于乙公司取得甲公司股票的计税基础为2 000万元，乙公司减持股票后应确认所得：6 000 - 2 000 = 4 000（万元），由于乙公司前期已经确认债务重组损失3 000万元，该债转股及股票处置最终实现所得合计为1 000万元。在特殊性税务处理时，由于乙公司取得甲公司股票的计税基础为5 000万元，股票减持后应确认所得：6 000 - 5 000 = 1 000（万元），该债转股及股票处置最终实现的所得也为1 000万元，只是乙公司的债务重组损失在股票处置环节才能够得以确认。因此，对债权人来说，一般性税务处理与特殊性税务处理的最终结果是一致的。

（二）将债务转为权益工具案例二

【例8-4】 2019年9月1日，甲公司向乙公司购买价值为2 000万元（不含税价）货物一批，并开具商业承兑汇票一份。交易双方约定，票据承兑期限为6个月，票面年利率为8%。2020年3月1日，由于受新冠肺炎疫情影响等，甲公司出现资金周转困难，无力支付承兑汇票2 000万元及相关利息。经协商，2020年3月1日，甲、乙公司达成如下债务重组协议：

乙公司以应收票据本金及利息合计2 080万元转为对甲公司的股权投资；2020年3月10日，甲公司办理完股权变更手续。甲公司普通股面值为1元/股，以300万股抵偿甲公司所应支付的票据本息，在重组完成日，甲公司股票公允价6.5元/股。甲公司、乙公司均执行《企业会计准则》，乙公司未就商业承兑汇票计提资产减值准备。

要求：分析说明债务重组相关财税处理。

解析：

1. 会计处理：

本例中，债务重组完成日为2020年3月10日。债务重组双方甲、乙公司应在该日进行如下会计处理：

（1）债务人甲公司的处理：

借：应付票据——乙公司　　20 000 000

　　应付利息——乙公司　　800 000

　　贷：股本　　3 000 000

　　　　资本公积　　16 500 000

　　　　投资收益　　1 300 000

（2）债权人乙公司的处理：

借：长期股权投资——甲公司　　19 500 000

　　投资收益　　1 300 000

　　贷：应收票据——甲公司　　20 000 000

　　　　应收利息——甲公司　　800 000

2. 一般性税务处理：

本例属于债权转股权债务重组。债务重组当事各方为债务人甲公司、债权人乙公司。根据规定，债务重组以债务重组合同（协议）或法院裁定书生效日为重组日。假设甲、乙双方经协商一致，均选择一般性税务处理。

（1）债务人甲公司：

债务人以自身股权作为支付对价清偿债务，相当于以股权的公允价值偿还债务。债务的计税基础减去股权的公允价值就是债务人应确认的债务重组所得。

本例中，在重组日所属纳税年度，债务人甲公司应确认的债务重组所得：$2\,080-300\times6.5=130$（万元）。

适用一般性税务处理的，此项债务重组所得应一次性计入债务重组日所属纳税年度的企业所得税应纳税所得额计算缴纳企业所得税。债务人上述债务重组收益或利得应在债务重组日所属的2020年度企业所得税年度纳税申报时计算缴纳企业所得税。税收与会计处理无差异。

（2）债权人乙公司的处理：

债转股债务重组业务适用一般性税务处理的，债权人需要确认股权投资的计税基础和债务重组损失。

通过债转股方式取得的股权的计税基础 = 所取得的股权的公允价值 + 取得股权过程中发生的相关税费。

假设本例中在取得股权的过程中未发生相关税费，则股权投资的计税基础为1 950

万元（300×6.5）。

债务重组损失 =2 080 - 1 950 = 130（万元）。税收与会计处理无差异。

与以非货币性资产清偿债务情形下的债权人企业所得税处理一样，债权人的债务重组损失在债务重组日所属纳税年度税前扣除，并需根据《国家税务总局关于发布〈企业资产损失所得税税前扣除管理办法〉的公告》（国家税务总局公告2011年第25号）规定留存备查相关资料。

（3）税会差异：

债务重组当事各方以债转股方式进行债务重组，并选择一般性税务处理的，其会计核算与企业所得税处理基本一致。但如果债权人就应收债权计提了资产减值准备，则债权人在债务重组日所属纳税年度会计核算上确认的债务重组损失与税收上应确认的债务重组损失金额存在一定的暂时性差异。

3. 特殊性税务处理：

债转股的会计核算不因企业所得税处理采取何种方式而发生变化。适用特殊性税务处理条件下的债转股会计核算与适用一般性税务处理条件下的会计核算一致。

（1）适用特殊性税务处理的条件判断：

对于债转股债务重组业务而言，根据规定，只要债务重组业务当事各方提供依据证明债务重组具有合理的商业目的，且不以减少、免除或者推迟缴纳税款为主要目的，同时债权人取得债务人的股权后，在债务重组日后连续12个月内不转让所取得的股权，则可以适用特殊性税务处理。

假设本例中的债转股具有合理的商业目的，且不以减少、免除或者推迟缴纳税款为主要目的，同时又因债权人持股时间符合特殊性税务处理条件，则债务重组当事各方在协商一致的情况下，可选择适用特殊性税务处理。

债转股符合特殊性税务处理条件且重组当事各方协商一致选择特殊性税务处理的，则可进行如下所得税处理。

（2）债务人甲公司的处理。

在本例中，债务全部转为股权投资，债务人是以自身股权作为支付对价进行债务重组。债务人甲公司在重组日暂不确认债务重组所得。

适用特殊性税务处理的，债转股债务重组方式下，债务人在2020年度暂不确认债务重组所得。在2020年企业所得税年度纳税申报时，会计上确认的债务重组收益需要作相应的纳税调整。即“企业重组及递延纳税事项纳税调整明细表”（A105100）第4行“债转股”第1列“账载金额”填报“1 300 000”，第5列“税收金额”填报“0元”，第6列“纳税调整金额”填报“-1 300 000”。

（3）债权人乙公司的处理。

在本例中，债权人在重组日暂不确认债转股重组业务的债务清偿损失。同时，其对债务人甲公司的股权投资的计税基础按原有的债权计税基础确定。即股权投资的计税基础为2 080万元。

债转股债务重组适用特殊性税务处理的，债权人在2020年度暂不确认债务重组损失。在2020年度企业所得税年度纳税申报时，会计上确认的债务重组损失需要作相应的纳税调整。即“企业重组及递延纳税事项纳税调整明细表”（A105100）第4行“债转股”第1列“账载金额”填报“－1 300 000”，第5列“税收金额”填报“0”，第6列“纳税调整金额”填报“1 300 000”。

（4）税会差异分析。

适用特殊性税务处理的，债转股税会差异较大。一是会计核算上债务人需要在重组日确认债务重组收益或利得，而企业所得税处理上，暂不确认债务重组所得。二是会计核算上债权人在重组日需要确认债务重组损失，同时股权投资的会计成本以股权的公允价值为基础确定。但企业所得税处理时，债权人在重组日暂不确认债务重组损失，同时，股权投资的计税基础以原债权的计税基础确定。

四、注意事项与税务问题

（一）债转股中存在的几个税务问题

在债转股过程中，还存在几个值得研究或探讨的税务问题。

1. 特殊性税务处理时，债权人的债务重组损失将不能及时得到确认

由于财税〔2009〕59号文件规定，“企业发生债权转股权业务，对债务清偿和股权投资两项业务暂不确认有关债务清偿所得或损失，股权投资的计税基础以原债权的计税基础确定”。可以看出，对债权人来说，只有当其处置所取得的股权时，其债务重组损失才能得以确认，不利于其企业所得税处理。因此，其可能对选择特殊性税务处理持消极态度。如例8－3中，只有当乙公司处置甲公司股票时，其债务重组损失才能够得到确认。

2. 特殊性税务处理时，债务人债务重组所得何时及如何确认需要明确

特殊性税务处理时，对债权人来说，只有当其处置所取得的股权时，其损失才能得以确认。但对债务人来说，如例8－3中的甲公司，何时确认其债务重组所得？财税〔2009〕59号文件并未明确。按照对等原则，债权人如果确认债务重组损失，债务人就应该确认债务重组所得。因此例8－3中，在乙公司处置其所取得的甲公司股权时，甲公司就应该确认债务重组所得。但目前存在的难点是甲公司如何确认其债务重组所得，以及税务机关如何进行有效的监管。这些需要后续的税收政策进一步明确。

3. 企业破产重整时，债务重组收入确认的时点问题需明确

根据国税函〔2010〕79号文件的规定，企业发生债务重组，应在债务重组合同或协议生效时确认收入的实现。但现行税收法规对债务重组合同或协议生效时间并没有详细规定，导致实务中存在一定的争议。

在企业破产重整中，企业重整计划的生效一般以相关法院的裁定为准，但此时企业重整计划才开始执行，破产重整企业的重整损失往往还得不到确认，如果此时企业确认债务重组收入的实现，进而需要缴纳企业所得税，会对企业的重整计划带来极为不利的影响。

《中华人民共和国破产法》第九十四条规定，按照重整计划减免的债务，自重整计划执行完毕时起，债务人不再承担清偿责任。建议后续的税收政策明确企业破产重整债务重组收入确认的时点，以破产重整计划执行完成时间为准，减少税企争议。

4. 注意债务重组的增值税处理问题

根据《财政部 国家税务总局关于全面推开营业税改征增值税试点的通知》（财税〔2016〕36号）的规定，企业转让限售股，需要按照“金融商品转让”缴纳增值税，以卖出价扣除买入价后的余额为销售额。在例8－3中，乙公司减持甲公司股票，需要按照金融商品转让缴纳增值税。其卖出价为6 000万元，其买入价应该是5 000万元，还是2 000万元呢？笔者认为，应具体情况具体分析。如甲公司增发股票的同时构成上市公司重大资产重组时，根据《国家税务总局关于营改增试点若干征管问题的公告》（国家税务总局公告2016年第53号），以甲公司因重大资产重组股票停牌前一交易日的收盘价为乙公司的买入价；甲公司在重大资产重组前已经暂停上市的，根据《国家税务总局关于明确中外合作办学等若干增值税征管问题的公告》（国家税务总局公告2018年第42号），以甲公司完成资产重组后股票恢复上市首日的开盘价为乙公司的买入价；甲公司以库存股作为债转股支付对价的，以支付时的作价为乙公司的买入价。

5. 注意债转股的印花税处理

我国印花税只对列举的应税凭证征税，债转股合同或协议不在列举范围之内，因此无论是否签订债转股业务合同或协议，债转股双方均不需要缴纳印花税。当然，对于因债转股而增加的实收资本和资本公积合计，被投资企业需要缴纳印花税，税率为万分之五。但根据《财政部 税务总局关于对营业账簿减免印花税的通知》（财税〔2018〕50号），自2018年5月1日起减半征收。

由于债转股的情况比较复杂，在债转股实操过程中，债务重组双方应结合自身情况，吃透税收政策，合理选择运用，防范税务风险。

（二）债转股税务处理中应注意的事项

1. 一致性税务处理

根据财税〔2009〕59号文件规定，同一重组业务的当事各方应遵循一致性税务处理原则，即统一按一般性或特殊性税务处理。在债转股债务重组中，债务人如果不想确认债务重组收益，则债权人就不能确认债务重组损失。因此，债务重组双方应协商一致，采取一致性的税务处理。

2. 组合方式债务重组的税务处理

有些债务重组是一揽子重组计划，同时包括货币资金偿还债务、非货币性资产抵债、债转股等多种方式，此时，支付的货币资金属于正常的债务清偿，双方都不需要确认所得或者损失；对支付的非货币性资产按照一般性税务处理；对债转股的部分可以选择按一般性税务处理，也可以选择特殊性税务处理。

也就是说，对于采取组合方式清偿债务的，如采取非货币资产清偿部分债务，剩余债务采取“债转股”的，则非货币资产清偿部分需确认转让资产所得，仅“债转股”部分对应的交易，不确认债务清偿所得或损失，债权人取得股权投资的计税基础应以原债权的计税基础减去接受的非货币资产的公允价值后的余额确定。

3. 注意债转股的范围问题

根据财税〔2009〕59号文件的规定，企业发生的债权转股权业务，可以分解为债务人清偿债务和债权人以债务人所偿还的资产再对债务人进行投资两项经济业务。可见，债权人的投资对象是债务人，而不是债务人持有股权的其他公司，因此，债转股的转股范围不包括债务人持有的其他公司股权。如果债权人将债权转为债务人持有的其他公司股权，则属于债务人以持有其他公司股权抵债，也即非货币性资产清偿债务方式，不适用债转股的相关税务处理规定。

第九章 企业法律形式改变

《财政部 国家税务总局关于企业重组业务企业所得税处理若干问题的通知》（财税〔2009〕59号）首创了企业法律形式改变的企业重组形式，是指企业注册名称、住所以及企业组织形式等的简单改变。企业法律形式改变涉及企业的增值税、企业所得税、契税、土地增值税等税种的处理，同时还会涉及法律形式改变企业股东的所得税处理等内容。本章内容如图9-1所示。

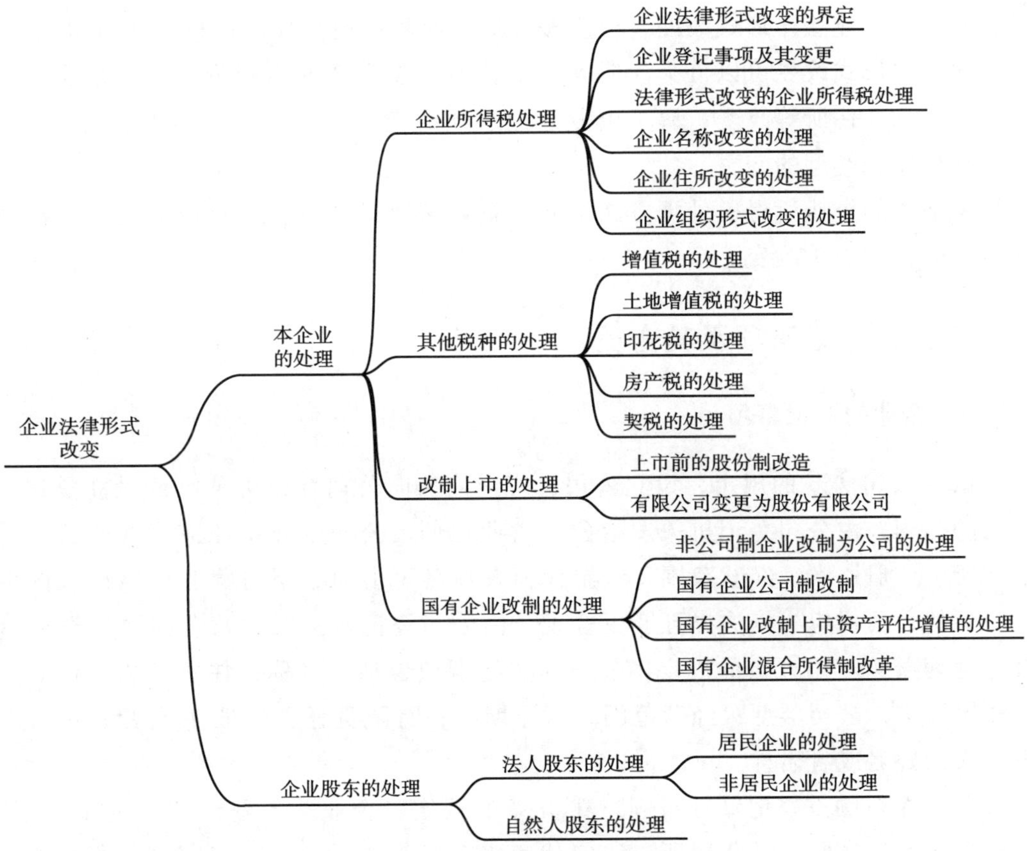

图9-1 本章知识示意图

第一节　企业所得税处理

一、企业法律形式改变的界定

根据《财政部 国家税务总局关于企业重组业务企业所得税处理若干问题的通知》（财税〔2009〕59号）第一条第（一）项的规定，企业法律形式改变，是指企业注册名称、住所以及企业组织形式等的简单改变，但符合该通知规定其他重组的类型除外。

这里的符合其他重组的类型的除外，是指一个企业重组交易既符合企业法律形式改变的定义，又符合其他重组类型的定义，法条竞合时优先适用其他重组类型的税收规定，即当企业法律形式改变只是其他重组类型完成后的必然结果时，优先适用其他重组类型的税法规定进行企业所得税处理，而不能按照企业法律形式改变的税法规定进行税务处理。例如，甲公司收购乙公司的全部股权后，将乙公司名称改为A公司。此时，发生了企业法律形式改变，但应按照股权收购的税法规定进行企业所得税处理。

企业法律形式改变可以分为注册名称、住所改变和企业组织形式改变两类。其中企业注册名称、住所等改变，属于企业登记事项的变更；企业组织形式的改变，属于企业存在形态和类型的变更。

根据适用的企业所得税处理方法不同，企业法律形式改变也可以分为企业法律形式简单改变和非简单改变。

二、企业登记事项及其变更

（一）企业的登记事项

根据《公司法》的规定，设立公司，应当依法向公司登记机关申请设立登记。依法设立的公司，由公司登记机关发给公司营业执照。公司营业执照应当载明公司的名称、住所、注册资本、经营范围、法定代表人姓名等事项。公司营业执照记载的事项发生变更的，公司应当依法办理变更登记，由公司登记机关换发营业执照。根据《公司登记管理条例》第九条的规定，公司的登记事项包括：名称；住所；法定代表人姓名；注册资本；公司类型；经营范围；营业期限；有限责任公司股东或者股份有限公司发起人的姓名或者名称。

根据《企业法人登记管理条例》第九条的规定，企业法人登记注册的主要事项：企业法人名称、住所、经营场所、法定代表人、经济性质、经营范围、经营方式、注册资金、从业人数、经营期限、分支机构。

根据《合伙企业登记管理办法》第六条的规定，合伙企业的登记事项应当包括：

名称；主要经营场所；执行事务合伙人；经营范围；合伙企业类型；合伙人姓名或者名称及住所、承担责任方式、认缴或者实际缴付的出资数额、缴付期限、出资方式和评估方式。合伙协议约定合伙期限的，登记事项还应当包括合伙期限。执行事务合伙人是法人或者其他组织的，登记事项还应当包括法人或者其他组织委派的代表。

根据《个人独资企业登记管理办法》第八条的规定，个人独资企业的登记事项应当包括：企业名称、企业住所、投资人姓名和居所、出资额和出资方式、经营范围。

（二）登记事项的变更

企业名称、法定代表人姓名、经济性质、经营范围、经营方式、注册资金（注册资本）、从业人数、经营期限、分支机构、合伙企业类型等登记信息发生变更（除生产经营地、财务负责人外），应当向市场监督管理部门办理变更登记，市场监督管理部门完成信息变更后将变更信息共享至省级信息交换平台，税务机关接收市场监督管理部门变更信息，经确认后更新税务系统内纳税人对应信息；纳税人生产经营地、财务负责人等非市场监督管理部门登记信息发生变化后，向主管税务机关申请变更。主管税务机关应将变更后的生产经营地、财务负责人等信息即时共享至信息交换平台。

（三）税务登记事项及其变更

根据《税务登记管理办法》（国家税务总局令第44号修订）的规定，纳税人在申报办理税务登记时，应当如实填写税务登记表。税务登记表的主要内容包括：①单位名称、法定代表人或者业主姓名及其居民身份证、护照或者其他合法证件的号码；②住所、经营地点；③登记类型；④核算方式；⑤生产经营方式；⑥生产经营范围；⑦注册资金（资本）、投资总额；⑧生产经营期限；⑨财务负责人、联系电话；⑩国家税务总局确定的其他有关事项。

税务登记证件的主要内容包括：纳税人名称、税务登记代码、法定代表人或负责人、生产经营地址、登记类型、核算方式、生产经营范围（主营、兼营）、发证日期、证件有效期等。纳税人税务登记内容发生变化的，应当向原税务登记机关申报办理变更税务登记。

纳税人税务登记表和税务登记证中的内容都发生变更的，税务机关按变更后的内容重新发放税务登记证件；纳税人税务登记表的内容发生变更而税务登记证中的内容未发生变更的，税务机关不重新发放税务登记证件。

纳税人因住所、经营地点变动，涉及改变税务登记机关的，应当在向市场监督管理机关或者其他机关申请办理变更、注销登记前，或者住所、经营地点变动前，持有关证件和资料，向原税务登记机关申报办理注销税务登记，并自注销税务登记之日起30日内向迁达地税务机关申报办理税务登记。

纳税人办理注销税务登记前，应当向税务机关提交相关证明文件和资料，结清应纳税款、多退（免）税款、滞纳金和罚款，缴销发票、税务登记证件和其他税务证件，经税务机关核准后，办理注销税务登记手续。

根据《国务院关于印发2015年推进简政放权放管结合转变政府职能工作方案的通知》（国发〔2015〕29号）和《国务院办公厅关于加快推进“五证合一、一照一码”登记制度改革的通知》（国办发〔2016〕53号）精神，新设立登记企业、农民专业合作社领取由市场监督管理部门核发加载法人和其他组织统一社会信用代码的营业执照后，无须再次进行税务登记，不再领取税务登记证。

2019年国家税务总局编制下发新的《税收征管操作规范》，明确纳税人“身份信息报告”为依法自行办理事项，如纳税人名称、登记注册类型、注册地址、生产经营地址、总分机构、投资人信息等。对已实行“多证合一、一证一码”和“两证整合”登记模式纳税人，税务机关依据市场监督管理部门共享的登记信息制作“‘多证合一’登记信息确认表”，由纳税人补充、更正、补正。

三、法律形式改变的企业所得税处理

（一）法律形式改变的税务处理

根据《财政部 国家税务总局关于企业重组业务企业所得税处理若干问题的通知》（财税〔2009〕59号）第四条第（一）项的规定，企业由法人转变为个人独资企业、合伙企业等非法人组织，或将登记注册地转移至中华人民共和国境外（包括港澳台地区），应视同企业进行清算、分配，股东重新投资成立新企业。企业的全部资产以及股东投资的计税基础均应以公允价值为基础确定。

企业发生其他法律形式简单改变的，可直接变更税务登记，除另有规定外，有关企业所得税纳税事项（包括亏损结转、税收优惠等权益和义务）由变更后企业承继，但因住所发生变化而不符合税收优惠条件的除外。

（二）法律形式改变的纳税申报

根据《国家税务总局关于企业重组业务企业所得税征收管理若干问题的公告》（国家税务总局公告2015年第48号）第四条的规定，企业发生其他法律形式的简单改变，属于重组的特殊性税务处理，但不需要进行单独申报。

四、企业名称改变的处理

（一）企业名称改变的税务处理

根据《财政部 国家税务总局关于企业重组业务企业所得税处理若干问题的通知》

（财税〔2009〕59 号）第四条第（一）项的规定，企业发生企业名称改变等法律形式简单改变的，可直接变更税务登记，除另有规定外，有关企业所得税纳税事项（包括亏损结转、税收优惠等权益和义务）由变更后企业承继。

（二）高新技术企业更名的处理

根据《高新技术企业认定管理办法》（国科发火〔2016〕32 号）第十七条的规定，高新技术企业发生更名或与认定条件有关的重大变化（如分立、合并、重组以及经营业务发生变化等）应在 3 个月内向认定机构报告。经认定机构审核符合认定条件的，其高新技术企业资格不变，对于企业更名的，重新核发认定证书，编号与有效期不变；不符合认定条件的，自更名或条件变化年度起取消其高新技术企业资格。

根据《高新技术企业认定管理工作指引》（国科发火〔2016〕195 号印发）的规定，高新技术企业发生名称变更或与认定条件有关的重大变化（如分立、合并、重组以及经营业务发生变化等），应在发生之日起 3 个月内向认定机构报告，在“高新技术企业认定管理工作网”上提交“高新技术企业名称变更申请表”（见表 9－1），并将打印出的“高新技术企业名称变更申请表”与相关证明材料报认定机构，由认定机构负责审核企业是否仍符合高新技术企业条件。

表 9－1　　高新技术企业名称变更申请表

企业名称	变更前			
	变更后			
高新技术企业证书编号			发证日期	
联系人			联系电话	
企业名称历史变更情况（认定高新技术企业后）				
序号	变更时间	变更内容		

企业更名原因（限 100 字内）

承诺：

以上填报内容及附件信息属实。

法人签字：

申请企业（盖章）：

年　　月　　日

企业仅发生名称变更，不涉及重大变化，符合高新技术企业认定条件的，由认定机构在本地区公示10个工作日，无异议的，由认定机构重新核发认定证书，编号与有效期不变，并在“高新技术企业认定管理工作网”上公告；有异议的或有重大变化的（无论名称变更与否），由认定机构按《高新技术企业认定管理办法》第十一条进行核实处理，不符合认定条件的，自更名或条件变化年度起取消其高新技术企业资格，并在“高新技术企业认定管理工作网”上公告。

五、企业住所改变的处理

（一）境内变更住所的税务处理

根据财税〔2009〕59号文件第四条第（一）项的规定，企业发生在中国境内（不含港澳台）登记注册的住所地改变的等其他法律形式简单改变的，可直接变更税务登记，除另有规定外，有关企业所得税纳税事项（包括亏损结转、税收优惠等权益和义务）由变更后企业承继，但因住所发生变化而不符合税收优惠条件的除外。

（二）与住所地相关的企业所得税优惠事项

与住所地相关的企业所得税优惠事项主要有：

1. 民族自治地方的自治机关对本民族自治地方的企业应缴纳的企业所得税中属于地方分享的部分减征或免征

根据《企业所得税法》第二十九条的规定，民族自治地方的自治机关对本民族自治地方的企业应缴纳的企业所得税中属于地方分享的部分，可以决定减征或者免征。自治州、自治县决定减征或者免征的，须报省、自治区、直辖市人民政府批准。

2. 设在西部地区的鼓励类产业企业减按15%的税率征收企业所得税

根据《财政部 海关总署 国家税务总局关于深入实施西部大开发战略有关税收政策问题的通知》（财税〔2011〕58号）、《国家税务总局关于深入实施西部大开发战略有关企业所得税问题的公告》（国家税务总局公告2012年第12号）、《财政部 海关总署 国家税务总局关于赣州市执行西部大开发税收政策问题的通知》（财税〔2013〕4号）、《西部地区鼓励类产业目录》（国家发展和改革委员会令第15号）、《国家税务总局关于执行〈西部地区鼓励类产业目录〉有关企业所得税问题的公告》（国家税务总局公告2015年第14号）等规定，对设在西部地区的鼓励类产业企业减按15%的税率征收企业所得税；对设在赣州市的鼓励类产业的内资和外商投资企业减按15%税率征收企业所得税。

根据《财政部 税务总局 国家发展改革委关于延续西部大开发企业所得税政策的

公告》（财政部公告 2020 年第 23 号）的规定，自 2021 年 1 月 1 日至 2030 年 12 月 31 日，对设在西部地区的鼓励类产业企业减按 15% 的税率征收企业所得税。这里所称鼓励类产业企业是指以《西部地区鼓励类产业目录》中规定的产业项目为主营业务，且其主营业务收入占企业收入总额 60% 以上的企业。《西部地区鼓励类产业目录》由发展改革委牵头制定。该目录在该公告执行期限内修订的，自修订版实施之日起按新版本执行。税务机关在后续管理中，不能准确判定企业主营业务是否属于国家鼓励类产业项目时，可提请发展改革等相关部门出具意见。对不符合税收优惠政策规定条件的，由税务机关按《税收征收管理法》及有关规定进行相应处理。具体办法由省级发展改革、税务部门另行制定。所称西部地区包括内蒙古自治区、广西壮族自治区、重庆市、四川省、贵州省、云南省、西藏自治区、陕西省、甘肃省、青海省、宁夏回族自治区、新疆维吾尔自治区和新疆生产建设兵团。湖南省湘西土家族苗族自治州、湖北省恩施土家族苗族自治州、吉林省延边朝鲜族自治州和江西省赣州市，可以比照西部地区的企业所得税政策执行。

3. 国家规划布局内重点软件企业可减按 10% 的税率征收企业所得税

根据《财政部 国家税务总局关于进一步鼓励软件产业和集成电路产业发展企业所得税政策的通知》（财税〔2012〕27 号）、《财政部 国家税务总局 发展改革委 工业和信息化部关于软件和集成电路产业企业所得税优惠政策有关问题的通知》（财税〔2016〕49 号）等规定，国家规划布局内的重点软件企业，如当年未享受免税优惠的，可减按 10% 税率征收企业所得税。

4. 国家规划布局内的重点集成电路设计企业可减按 10% 税率征收企业所得税

根据《财政部 国家税务总局关于进一步鼓励软件产业和集成电路产业发展企业所得税政策的通知》（财税〔2012〕27 号）、《财政部 国家税务总局 发展改革委 工业和信息化部关于软件和集成电路产业企业所得税优惠政策有关问题的通知》（财税〔2016〕49 号）等规定，国家规划布局内的重点集成电路设计企业，如当年未享受免税优惠的，可减按 10% 税率征收企业所得税。

5. 经济特区和上海浦东新区新设立的高新技术企业在区内取得的所得定期减免企业所得税

根据《国务院关于经济特区和上海浦东新区新设立高新技术企业实行过渡性税收优惠的通知》（国发〔2007〕40 号）、《财政部 国家税务总局关于贯彻落实国务院关于实施企业所得税过渡优惠政策有关问题的通知》（财税〔2008〕21 号）等规定，经济特区和上海浦东新区内，在 2008 年 1 月 1 日（含）之后完成登记注册的国家需要重点扶持的高新技术企业，在经济特区和上海浦东新区内取得的所得，自取得第一笔生产经营收入所属纳税年度起，第一年至第二年免征企业所得税，第三年至第五年按照

25%法定税率减半征收企业所得税。

6. 新疆喀什、霍尔果斯特殊经济开发区新办企业定期免征企业所得税

根据《财政部 国家税务总局关于新疆喀什 霍尔果斯两个特殊经济开发区企业所得税优惠政策的通知》（财税〔2011〕112号）、《财政部 国家税务总局 国家发展改革委 工业和信息化部关于完善新疆困难地区重点鼓励发展产业企业所得税优惠目录的通知》（财税〔2016〕85号）等规定，对在新疆喀什、霍尔果斯两个特殊经济开发区内新办的属于《新疆困难地区重点鼓励发展产业企业所得税优惠目录》范围内的企业，自取得第一笔生产经营收入所属纳税年度起，五年内免征企业所得税。

7. 新疆困难地区新办企业定期减免企业所得税

根据《财政部 国家税务总局关于新疆困难地区新办企业所得税优惠政策的通知》（财税〔2011〕53号）、《财政部 国家税务总局 国家发展改革委 工业和信息化部关于完善新疆困难地区重点鼓励发展产业企业所得税优惠目录的通知》（财税〔2016〕85号）等规定，对在新疆困难地区新办的属于《新疆困难地区重点鼓励发展产业企业所得税优惠目录》范围内的企业，自取得第一笔生产经营收入所属纳税年度起，第一年至第二年免征企业所得税，第三年至第五年减半征收企业所得税。

8. 横琴、平潭、深圳前海等地区的鼓励类产业企业减按15%税率优惠

根据《财政部 国家税务总局关于广东横琴新区、福建平潭综合实验区、深圳前海深港现代化服务业合作区企业所得税优惠政策及优惠目录的通知》（财税〔2014〕26号）、《财政部 税务总局关于平潭综合实验区企业所得税优惠目录增列有关旅游产业项目的通知》（财税〔2017〕75号）、《财政部 税务总局关于横琴新区企业所得税优惠目录增列旅游产业项目的通知》（财税〔2019〕63号）等规定，对设在广东横琴新区、福建平潭综合实验区和深圳前海深港现代服务业合作区的鼓励类产业企业减按15%的税率征收企业所得税。

（三）将登记注册地转移至境外的处理

根据财税〔2009〕59号文件第四条第（一）项的规定，企业将登记注册地转移至中华人民共和国境外（包括港澳台地区），应视同企业进行清算、分配，股东重新投资成立新企业。企业的全部资产以及股东投资的计税基础均应以公允价值为基础确定。

根据《企业重组业务企业所得税管理办法》（国家税务总局公告2010年第4号发布）第十条的规定，企业发生财税〔2009〕59号文件第四条第（一）项规定的将登记注册地转移至中华人民共和国境外（包括港澳台地区），应按照《财政部 国家税务总局关于企业清算业务企业所得税处理若干问题的通知》（财税〔2009〕60号）规定进行清算。

企业在报送“企业清算所得纳税申报表”时，应附送以下资料：

（1）企业改变法律形式的市场监督管理部门或其他政府部门的批准文件；

（2）企业全部资产的计税基础以及评估机构出具的资产评估报告；

（3）企业债权、债务处理或归属情况说明；

（4）主管税务机关要求提供的其他资料证明。

企业将登记注册地转移至中国境外（包括港澳台地区），不仅征税对象发生变化，还涉及税收管辖权的调整，为保障国家税收权益，有必要视为在中国清算、分配后，再到境外投资设立新企业。

企业视同清算的会计处理与税法规定之间的差异在于，对于资产、负债，会计上按照原账面价值计量，而企业所得税处理时按公允价值确定，两者之间的差额构成暂时性差异。

（四）高新技术企业迁移的处理

根据《高新技术企业认定管理办法》（国科发火〔2016〕32 号）第十八条的规定，跨认定机构管理区域整体迁移的高新技术企业，在其高新技术企业资格有效期内完成迁移的，其资格继续有效；跨认定机构管理区域部分搬迁的，由迁入地认定机构按照该办法重新认定。

根据《高新技术企业认定管理工作指引》（国科发火〔2016〕195 号印发）的规定，这里的整体迁移是指符合《公司登记管理条例》第二十九条所述情况。该条规定，公司变更住所的，应当在迁入新住所前申请变更登记，并提交新住所使用证明。公司变更住所跨公司登记机关辖区的，应当在迁入新住所前向迁入地公司登记机关申请变更登记；迁入地公司登记机关受理的，由原公司登记机关将公司登记档案移送迁入地公司登记机关。

跨认定机构管理区域整体迁移的高新技术企业须向迁入地认定机构提交有效期内的《高新技术企业证书》及迁入地工商等登记管理机关核发的完成迁入的相关证明材料。完成整体迁移的，其高新技术企业资格和《高新技术企业证书》继续有效，编号与有效期不变。由迁入地认定机构给企业出具证明材料，并在“高新技术企业认定管理工作网”上公告。

（五）公司迁移税务处理案例

企业在中国境内（不包括港澳台地区）跨地区整体迁移，不论是从高税率地区迁移到低税率地区，还是从低税率地区迁移到高税率地区，通常都不需要进行清算处理。从高税率地区迁入低税率地区后，如符合税收优惠条件的，可以享受低税率优惠。从低税率地区迁移到高税率地区后，如不再符合原来的低税率优惠条件，不能再享受原低税率优惠。

【例 9－1】 甲公司登记注册地在贵州省贵阳市 B 区，属于西部地区的鼓励类产业企业，享受设在西部地区的鼓励类产业企业减按 15% 的税率征收企业所得税优惠。2×20 年 8 月，公司股东会决定，将公司的登记注册地迁到上海自贸区，继续经营。2×20 年 9 月，先后到贵阳市 B 区主管税务机关办理注销税务登记、到市场监督管理部门办理住所变更登记手续后，到上海浦东市场监督管理部门办理登记手续、同时将公司更名为上海乙公司，并在上海浦东税务局办理税务登记。

要求：分析说明上述业务的相关涉税处理。

解析：

企业在境内变更住所后涉及改变税务登记机关的，应当办理注销税务登记。根据《税收征收管理法实施细则》（国务院令第 362 号）第十五条的规定，纳税人因住所、经营地点变动，涉及改变税务登记机关的，应当在向市场监督管理机关或者其他机关申请办理变更或者注销登记前，或者住所、经营地点变动前，向原税务登记机关申报办理注销税务登记，并在 30 日内向迁达地税务机关申报办理税务登记。

企业在境内变更住所后，因住所发生变化而不符合税收优惠条件的，将不能再享受原税收优惠。案例中乙公司由于住所变更，变更后的登记注册地已不属于西部大开发企业所得税优惠地区，不能再享受该项企业所得税优惠政策。

变更注册地后的该公司，除不能继续享受设在西部地区的鼓励类产业企业减按 15% 的税率征收企业所得税优惠外，虽在贵阳办理了税务登记注销手续，但不需要公司就税后利润缴纳所得税，也不需要进行企业所得税清算申报。

居民企业将登记注册地转移至中国境外（包括港澳台地区），如果实际管理机构不在中国境内，则成为非居民企业，除纳税人类型和征税办法发生变化外，还涉及税收管辖权的改变。为保障国家税收权益，有必要视同企业清算处理。

【例 9－2】 甲公司 2017 年 3 月在江苏省苏州市登记注册，为增值税一般纳税人，2019 年 10 月变更税务登记，将住所迁到江苏省南京市，同时公司名称更名为乙公司。截至 2019 年 9 月 30 日，甲公司尚有未弥补亏损 45 万元，增值税留抵税额 30 万元。

要求：分析说明相关的财税处理。

解析：

（1）会计处理。

甲公司企业法人名称、住所、经营场所等登记事项变更，由于并未涉及企业资产、负债、所有者权益、收入、费用和利润等会计要素确认、计量、记录内容，甲公司不需要进行会计处理。

（2）税务处理。

甲公司涉及改变主管税务机关，应在税收法律法规规定的时限内，持有关证件和资料向原税务登记机关申报办理注销登记事宜。

已实行“多证合一、一照一码”登记模式的企业办理注销登记，须先向税务主管机关申报清税，填写“清税申报表”，税务机关受理后，进行清税，限时办理。

未换发“多证合一、一照一码”营业执照的企业申请注销，税务机关按照原规定办理。根据《税收征收管理法实施细则》规定，企业应当在向市场监督管理部门申请办理住所、经营地点变动前，向原税务登记机关申报办理注销税务登记，并在30日内向迁达地税务机关申报办理税务登记。企业在办理注销税务登记前，应当向税务机关结清应纳税款、滞纳金、罚款，缴销发票、税务登记证件和其他税务证件。

企业办理注销税务登记应注意如下事项：

①纳税人变更生产经营地址后（包括跨地市或者跨省），需要变更主管税务机关，但不再办理清税注销，不进行清算处理。

②涉及增值税留抵税额和所得税亏损弥补，南京（迁入地）税务机关应将苏州（迁出地）税务机关传递来的“增值税一般纳税人迁移进项税额转移单”和企业所得税汇算清缴年度纳税申报表附表“企业所得税弥补亏损明细表”（A106000）（原迁出地主管税务机关盖章）与接收资料进行认真核对，经审核无误，在系统中进行相应的维护；对其迁移前尚未抵扣的进项税额，允许纳税人继续申报抵扣；对其迁移前尚未弥补的亏损，允许纳税人继续弥补。

六、企业组织形式改变的处理

（一）企业组织形式及其变更

企业组织形式，是指法律规定的企业内部组织结构及其运作，财产构成及其归属，以及出资人对外承担责任的形式。

《民法典》将民事主体分为自然人、法人和非法人组织三类。

法人是具有民事权利能力和民事行为能力，依法独立享有民事权利和承担民事义务的组织。法人应当依法成立。法人以其全部财产独立承担民事责任。

1. 公司

公司，是指依照《中华人民共和国公司法》（以下简称《公司法》）在中国境内设立的有限责任公司和股份有限公司。公司是企业法人，有独立的法人财产，享有法人财产权。公司以其全部财产对公司的债务承担责任。有限责任公司的股东以其认缴的出资额为限对公司承担责任；股份有限公司的股东以其认购的股份为限对公司承担责任。

公司类型的变更，包括有限责任公司转变为股份有限公司或股份有限公司转变为有限责任公司，通常是在市场监督管理部门办理企业变更登记。如果采取将有限责任公司或股份有限公注销，然后重新设立股份有限公司或有限责任公司，则按公司新设登记办理。

2. 非公司企业法人

除有限责任公司和股份有限公司以外，还有其他企业法人。根据《企业法人登记管理条例》（国务院令709号）第二条的规定，具备法人条件的下列企业，应当依照该条例的规定办理企业法人登记：

（1）全民所有制企业；

（2）集体所有制企业；

（3）联营企业；

（4）在中华人民共和国境内设立的中外合资经营企业、中外合作经营企业和外资企业；

（5）私营企业；

（6）依法需要办理企业法人登记的其他企业。

3. 非法人组织

非法人组织是不具有法人资格，但是能够依法以自己的名义从事民事活动的组织。非法人组织包括个人独资企业、合伙企业、不具有法人资格的专业服务机构（如不具备法人资格的律师事务所、会计师事务所）等。非法人组织应当依照法律的规定登记。

（1）个人独资企业。

个人独资企业，是指依照《中华人民共和国个人独资企业法》在中国境内设立，由一个自然人投资，财产为投资人个人所有，投资人以其个人财产对企业债务承担无限责任的经营实体。

（2）合伙企业。

合伙企业，是指自然人、法人和其他组织依照《中华人民共和国合伙企业法》在中国境内设立的普通合伙企业和有限合伙企业。普通合伙企业由普通合伙人组成，合伙人对合伙企业债务承担无限连带责任。有限合伙企业由普通合伙人和有限合伙人组成，普通合伙人对合伙企业债务承担无限连带责任，有限合伙人以其认缴的出资额为限对合伙企业债务承担责任。

4. 企业组织形式改变

企业组织形式的改变主要包括：

（1）由企业法人转变为非法人组织。例如有限责任公司、股份有限公司转变为个人独资企业、合伙企业等。

（2）非法人组织转变为企业法人。例如个人独资企业、合伙企业转变为有限责任公司、股份有限公司等。

（3）非公司企业法人变更为公司法人。按照现行法律，国有企业通常具有法人资格，国有企业改制时，按照《公司法》规定，改制为有限责任公司（含国有独资公司）、股份有限公司。在改制模式上，一类改制为国有独资公司，这类企业股东仅是国家（国资委），或者是国有企业全资子公司。一类改制为股权多元化企业，多元化投资主体既有国有、集体等公有制经济，也有私营、外资等非公有制经济。同样，国有企业改制为公司的条件和程序也适用于非国有企业，例如集体所有制企业，具有法人资格，可以按照规定改制为公司制企业。

目前，对非公司制企业变更为有限责任公司、股份有限公司，市场监督管理部门按照“非公司企业法人改制为公司申请改制登记”进行登记管理。

（4）外商投资企业变更为公司法人或合伙企业非法人组织。《外商投资法实施条例》第四十四条规定，《外商投资法》施行前依照《中外合资经营企业法》《外资企业法》《中外合作经营企业法》设立的外商投资企业，在《外商投资法》施行后5年内，可以依照《公司法》《合伙企业法》等法律的规定调整其组织形式、组织机构等，并依法办理变更登记。

（二）组织形式变更的企业所得税处理

企业组织形式变更包括企业由法人转变为个人独资企业、合伙企业等非法人组织，非法人组织转变为法人企业，有限责任公司转变为股份有限公司或股份有限公司转变为有限责任公司等。非法人组织转变为法人，属于投资设立法人行为，从设立后的企业法人角度看，法律形式未发生变化，故不属于财税〔2009〕59号文件所规定的“企业法律形式改变”。

税务登记事项变更中，企业注册资金（资本）的变化可能是由股东投资、减资、撤资引起的，也可能是资本公积、盈余公积、未分配利润转增资本造成的，会涉及所有者权益相关会计和税务处理。

（三）法人企业转变为非法人企业的处理

根据财税〔2009〕59号文件第四条第（一）项的规定，企业由法人转变为个人独资企业、合伙企业等非法人组织，应视同企业进行清算、分配，股东重新投资成立新企业。企业的全部资产以及股东投资的计税基础均应以公允价值为基础确定。

这是因为法人企业缴纳企业所得税。个人独资企业、合伙企业以投资者为所得税纳税人，投资者为个人的缴纳个人所得税，投资者为法人的缴纳企业所得税。企业由法人转变为非法人组织，涉及所得税税种的变化，应视同进行清算、分配处理。

根据《企业重组业务企业所得税管理办法》（国家税务总局公告2010年第4号发布）第十条的规定，企业发生财税〔2009〕59号文件第四条第（一）项规定的由法人转变为个人独资企业、合伙企业等非法人组织，应按照《财政部 国家税务总局关于企业清算业务企业所得税处理若干问题的通知》（财税〔2009〕60号）规定进行清算。

企业组织形式变更中由法人转变为个人独资企业、合伙企业等非法人组织，“实收资本（股本）”等会计科目要做相应调整，而且由于税收上应视同企业进行清算、分配，股东重新投资成立新企业，故会计上需确认相应的所得税费用。企业组织形式变更中有限责任公司转变为股份有限公司或股份有限公司转变为有限责任公司，“股本”与“实收资本”科目会相互转变，其金额也可能发生变化，此时金额的变化表明在组织形式变更同时的发生了增资或减资行为，应该按增资或减资的政策进行相应处理。

（四）法人企业变更为非法人组织案例

【例9－3】A有限责任公司由甲有限责任公司和自然人丙共同设立，持股比例分别为40%和60%。2×20年9月31日，A有限责任公司净资产800万元。2×20年10月8日，A有限责任公司股东会决定将公司变更为有限合伙企业，A有限责任公司的全部资产按其股东投资比例转为有限合伙企业财产份额。

要求：分析说明相关的涉税处理。

解析：

通常有限责任公司不能直接变更为合伙企业，应当视同投资人先解散有限公司，再投资设立合伙企业。

企业法人与个人独资企业、合伙企业等非法人组织在企业财产权方面有本质区别，企业法人拥有独立的法人财产权，出资人仅以出资额为限对企业债务承担有限责任；非法人组织不拥有独立财产权，个人独资企业财产归投资者个人所有，合伙企业财产原则上归全部合伙人共有，普通合伙人对企业债务承担无限责任。企业由法人变更为个人独资企业、合伙企业等非法人组织，实质上相当于将法人财产分配给投资人所有或共有，投资人再以分得的财产新设非法人企业。

根据财税〔2009〕59号文件第四条第（一）项的规定，企业由法人转变为个人独资企业、合伙企业等非法人组织，或将登记注册地转移至中华人民共和国境外（包括港澳台地区），应视同企业进行清算、分配，股东重新投资成立新企业。企业的全部资产以及股东投资的计税基础均应以公允价值为基础确定。

（五）公司组织形式变更的处理

根据《公司法》第九条的规定，有限责任公司变更为股份有限公司，应当符合该法规定的股份有限公司的条件。股份有限公司变更为有限责任公司，应当符合该法规定的有限责任公司的条件。有限责任公司变更为股份有限公司的，或者股份有限公司变更为有限责任公司的，公司变更前的债权、债务由变更后的公司承继。

根据《公司法》第九十五条的规定，有限责任公司变更为股份有限公司时，折合的实收股本总额不得高于公司净资产额。有限责任公司变更为股份有限公司，为增加资本公开发行股份时，应当依法办理。

有限责任公司以净资产整体折股变更为股份有限公司，如果不按评估值对资产、负债的账面价值进行调整，这种有限责任公司（股份有限公司）整体变更为股份有限公司（有限责任公司），仅仅是企业法律形式及公司名称的变更，不视为公司的新设成立。

在公司变更过程中，资产评估结果（净资产评估值）作为判断企业市场公允价值的参考依据，并不是净资产折股依据。有限责任公司整体变更为股份有限公司，除国务院批准采取募集方式外，在变更时不能增加新股东，由于公司类型变更，未涉及财产所有权、股东的变化，没有实际发生交易，属于"其他法律形式简单改变"。

与有限责任公司整体变更税务处理不同，有限责任公司整体改制为股份有限公司，则需要对整体资产进行评估，以评估后有限公司的资产作为出资，联合其他发起人，共同设立股份公司。《企业会计准则解释第 1 号》规定，企业引入新股东改制为股份有限公司，相关资产、负债应当按照公允价值计量，并以改制时确定的公允价值为基础持续核算的结果并入控股股东的合并财务报表。改制企业的控股股东在确认对股份有限公司的长期股权投资时，初始投资成本为投出资产的公允价值及相关费用之和。由于新成立股份公司股东人数以及股权结构与之前的有限公司并不一致，这种改制情形不属于"其他法律形式简单改变"。

七、法律形式改变的会计处理

（一）登记事项变更的会计处理

一般情况下，企业法人名称、住所、经营场所、法定代表人、经济性质、经营范围、经营方式、从业人数、经营期限等登记事项变更，由于并未涉及企业资产、负债、所有者权益、收入、费用和利润等会计要素确认、计量、记录内容，所以不需要进行会计处理。当然如果企业新增投资、减少投资以及资本公积、盈余公积和未分配利润转增资本，涉及企业注册资本（资金）变更，则需要进行相关会计处理。

公司类型的变更，包括有限责任公司变更为股份有限公司、股份有限公司变更为有限责任公司，实务中以有限责任公司变更为股份公司比较常见，会计处理以公司净资产调整为股份有限公司的股本总额，净资产超过股本部分计入资本公积，留存收益全部归零，原公司债权债务由变更后的股份有限公司承继。

（二）企业组织形式变更的会计处理

1. 企业由法人转变为非法人组织

企业由法人转变为非法人组织，视同对法人进行解散清算处理。股东、出资人按收回投资后，再设立新的个人独资企业、合伙企业进行会计处理。

2. 非法人组织转变为企业法人组织

非法人组织转变为企业法人组织，视同非法人组织进行解散清算处理。投资人、合伙人按收回投资、合伙企业财产后，再设立新的企业法人组织进行会计处理。

3. 非公司法人变更为公司法人

非企业法人变更为公司法人，对于国有企业经批准改建为有限责任公司（含国有独资公司）或者股份有限公司，根据《中华人民共和国企业国有资产法》的规定，应当按照规定对有关资产进行评估。《财政部关于印发〈企业公司制改建有关国有资本管理与财务处理的暂行规定〉的通知》（财企〔2002〕313号），企业实行公司制改建，国有资本持有单位应当根据国家有关规定委托具有相应资格的评估机构，对改建企业所涉及的全部资产，按照有关规定进行评估，资产评估结果也是国有资本持有单位出资折股的依据。

根据《国务院办公厅关于印发中央企业公司制改制工作实施方案的通知》（国办发〔2017〕69号）规定，改制为国有独资公司或国有及国有控股企业全资子公司，可以上一年度经审计的净资产值作为工商变更登记时确定注册资本的依据，待公司章程规定的出资认缴期限届满前进行资产评估。改制为股权多元化企业，要按照有关规定履行清产核资、财务审计、资产评估、进场交易等各项程序，并以资产评估值作为认缴出资的依据。文件同时还规定，各省级人民政府参照该实施方案，指导地方国有企业公司制改制工作。

如果新成立的股份公司继续沿用旧账，根据资产评估结果及资产评估基准日至调账日之间相关资产、负债变动情况，进行账务调整，同时借记“实收资本”“资本公积”“盈余公积”“利润分配——未分配利润”科目，贷记“实收资本”科目。新成立股份有限公司也可以建立新账，结束旧账，新公司根据资产评估结果及资产评估基准日至调账日之间相关资产、负债变动情况，按会计准则规定的会计科目建立新账。

其他非公司企业法人，例如集体所有制企业、联营企业等，如果变更公司法人，改变原来所有制结构，形成多元化投资主体和产权主体，需要对全部资产进行评估、净资产折股，并进行相应账务调整。

除以上企业组织形式改变需要资产评估并进行调账外，日常经营活动中，会计核算应该遵循历史成本记账原则。《企业会计准则——基本准则》第四十二条、四十三条规定，在历史成本计量下，资产按照购置时支付的现金或者现金等价物的金额计量。有限责任公司（股份公司）因引入新投资者的需要，对公司的资产进行了评估，评估结果仅作为企业投资决策依据，企业在持续经营的情况下，按照历史成本记账的会计原则，一般不需要对企业资产进行评估调账。

4. 外商投资企业变更为公司法人或合伙企业非法人组织

《中华人民共和国外商投资法实施条例》第四十六条规定，现有外商投资企业按照《中华人民共和国外商投资法》将企业的组织形式、组织机构等依法调整后，原合营、合作各方在合同中约定的股权或者权益转让办法、收益分配办法、剩余财产分配办法等，可以继续按照约定办理。

其中原有中外合资经营企业，法律已规定合营的形式为有限责任公司或中外合作经营企业、外资企业成立时采取有限责任公司的形式，按照《中华人民共和国外商投资法》将企业的组织形式、组织机构等依法调整，如果未涉及企业资产、负债、所有者权益、收入、费用和利润等会计要素确认、计量、记录内容，不需要进行会计处理。

具有法人资格的中外合资经营企业、中外合作经营企业、外资企业调整为合伙企业或不具有法人资格的中外合作经营企业、外资企业调整为公司法人，参照“企业由法人转变为非法人组织”“非法人组织转变为企业法人组织”进行会计处理。

第二节　其他税种的处理

一、土地增值税的处理

（一）整体改制的土地增值税处理

根据《财政部 税务总局关于继续实施企业改制重组有关土地增值税政策的通知》（财税〔2018〕57号）第一条的规定，按照《公司法》的规定，非公司制企业整体改制为有限责任公司或者股份有限公司，有限责任公司（股份有限公司）整体改制为股份有限公司（有限责任公司），对改制前的企业将国有土地使用权、地上的建筑物及其附着物（以下称房地产）转移、变更到改制后的企业，暂不征土地增值税。这里所称整体改制是指不改变原企业的投资主体，并承继原企业权利、义务的行为。不改变原企业投资主体，是指企业改制重组前后出资人不发生变动，出资人的出资比例可以发生变动。

这与整体改制契税优惠的适用条件不同，整体改制契税优惠要求“原企业投资主体存续并在改制（变更）后的公司中所持股权（股份）比例超过75%”。在国企公司制改制中，全民所有制企业改制为国有独资公司或国有及国有控股企业全资子公司，改制后的公司承受原企业土地房屋权属，一般可以适用整体改制土地增值税优惠。而全民所有制企业改制为股权多元化企业，在公司制改制过程中引入其他投资者，不再符合整体改制土地增值税优惠条件。民营企业改制上市过程中，引入新的战略投资者后，通常也不符合“不改变原企业投资主体”的条件要求，不能适用土地增值税暂不征收政策。

企业在申请享受上述土地增值税优惠政策时，应向主管税务机关提交房地产转移双方的营业执照、改制重组协议或等效文件，相关房地产权属和价值证明、转让方改制重组前取得土地使用权所支付地价款的凭据（复印件）等书面材料。

根据财税〔2018〕57号文件第五条的规定，上述改制重组有关土地增值税政策不适用于房地产转移任意一方为房地产开发企业的情形。也就是说，不论是国有房地产企业，还是非国有房地产企业整体改制，都不适用上述改制重组的土地增值税优惠政策。

（二）转让整体改制取得土地使用权的处理

根据财税〔2018〕57号文件第六条的规定，改制重组时如享受暂不征税政策的，企业改制重组后再转让国有土地使用权并申报缴纳土地增值税时，应以改制前取得该宗国有土地使用权所支付的地价款和按国家统一规定缴纳的有关费用，作为该企业“取得土地使用权所支付的金额”扣除。企业在改制重组过程中经省级以上（含省级）国土管理部门批准，国家以国有土地使用权作价出资入股的，再转让该宗国有土地使用权并申报缴纳土地增值税时，应以该宗土地作价入股时省级以上（含省级）国土管理部门批准的评估价格，作为该企业“取得土地使用权所支付的金额”扣除。办理纳税申报时，企业应提供该宗土地作价入股时省级以上（含省级）国土管理部门的批准文件和批准的评估价格，不能提供批准文件和批准的评估价格的，不得扣除。

二、契税的处理

（一）企业整体改制的契税处理

根据《财政部 国家税务总局关于继续支持企业 事业单位改制重组有关契税政策的通知》（财税〔2018〕17号）第一条的规定，企业按照《公司法》有关规定整体改制，包括非公司制企业改制为有限责任公司或股份有限公司，有限责任公司变更为股份有限公司，股份有限公司变更为有限责任公司，原企业投资主体存续并在改制（变更）后的公司中所持股权（股份）比例超过75%，且改制（变更）后公司承继原企业权利、义务的，对改制（变更）后公司承受原企业土地、房屋权属，免征契税。也就是说适用契税整体改制优惠政策条件中的“原企业投资主体存续”，可以引入其他新的投资者，但是比例不能超过25%。

这与整体改制土地增值税优惠的适用条件不同，整体改制土地增值税优惠要求“不改变原企业的投资主体”。在国企公司制改制中，全民所有制企业改制为国有独资公司或国有及国有控股企业全资子公司，改制后的公司承受原企业土地房屋权属，一般可以同时适用整体改制土地增值税和契税优惠。而全民所有制企业改制为股权多元化企业，在公司制改制过程中引入其他投资者，不再符合整体改制土地增值税优惠条件；如果引入新的投资者后还符合“原企业投资主体存续并在改制（变更）后的公司中所持股权（股份）比例超过75%”的条件，则可以享受整体改制的契税优惠。民营企业改制上市过程中，引入新的战略投资者后，通常也不符合“不改变原企业投资主体”的条件要求，不能免征土地增值税；如果引入新的投资者后还符合“原企业投资主体存续并在改制（变更）后的公司中所持股权（股份）比例超过75%”的条件，还可以享受整体改制的契税优惠。

（二）事业单位改制的契税处理

根据财税〔2018〕17号文件第二条的规定，事业单位按照国家有关规定改制为企业，原投资主体存续并在改制后企业中出资（股权、股份）比例超过50%的，对改制后企业承受原事业单位土地、房屋权属，免征契税。

（三）国有企业改制处置划拨土地的处理

全民所有制企业土地取得方式很多为国家划拨，在改制为公司制企业时，由于改制后企业性质、组织形式和投资者等发生改变，需要对原划拨方式取得的土地使用权进行处理。

根据《国有企业改革中划拨土地使用权管理暂行规定》（国家土地管理局令第8号）的规定，国有企业实行公司制改造、组建企业集团、股份合作制改组、租赁经营和出售、兼并、合并、破产等改革，涉及的划拨土地使用权管理，应当遵守本规定。国有企业使用的划拨土地使用权，应当依法逐步实行有偿使用制度。对国有企业改革中涉及的划拨土地使用权，根据企业改革的不同形式和具体情况，可分别采取国有土地使用权出让、国有土地租赁、国家以土地使用权作价出资（入股）和保留划拨用地方式予以处置。

国有土地租赁，是指土地使用者与县级以上人民政府土地管理部门签订一定年期的土地租赁合同，并支付租金的行为。土地租赁合同经出租方同意后可以转让，改变原合同规定的使用条件，应当重新签订土地租赁合同。签订土地租赁合同和转让土地租赁合同应当办理土地登记和变更登记手续。租赁土地上的房屋等建筑物、构筑物可以依法抵押，抵押权实现时，土地租赁合同同时转让。

国家以土地使用权作价出资（入股），是指国家以一定年期的国有土地使用权作价，作为出资投入改组后的新设企业，该土地使用权由新设企业持有，可以依照土地管理法律、法规关于出让土地使用权的规定转让、出租、抵押。土地使用权作价出资（入股）形成的国家股股权，按照国有资产投资主体由有批准权的人民政府土地管理部门委托有资格的国有股权持股单位统一持有。

根据《国务院办公厅关于印发中央企业公司制改制工作实施方案的通知》（国办发〔2017〕69号）的规定，经省级以上人民政府批准实行授权经营或具有国家授权投资机构资格的企业，其原有划拨土地可采取国家作价出资（入股）或授权经营方式处置。全民所有制企业改制为国有独资公司或国有及国有控股企业全资子公司，其原有划拨土地可按照有关规定保留划拨土地性质。

根据上述规定，公司制改制过程中原划拨土地视不同情况可适用出让、国家以土地使用权价款出资（入股）、授权经营和保留划拨土地性质处理，不同方式下的税务处理也不完全相关。

1. 出让方式处置划拨土地

根据《国有企业改革中划拨土地使用权管理暂行规定》第五条的规定，企业改革涉及的划拨土地使用权，有下列情形之一的，应当采取出让或租赁方式处置：

（1）国有企业改造或改组为有限责任公司、股份有限公司以及组建企业集团的；

（2）国有企业改组为股份合作制的；

（3）国有企业租赁经营的；

（4）非国有企业兼并国有企业的。

采取出让方式处置划拨土地需补缴土地出让金，并签订土地出让合同。

根据《财政部 国家税务总局关于印花税若干政策的通知》（财税〔2006〕162号）第三条的规定，对土地使用权出让合同、土地使用权转让合同按产权转移书据征收印花税。因而，改制后企业需按照“产权转移书据”税目缴纳印花税。

根据《契税暂行条例》（国务院令第224号）的规定，在中国境内转移土地、房屋权属，承受的单位和个人为契税的纳税人，应当依照规定缴纳契税。转移土地、房屋权属是指下列行为：①国有土地使用权出让；②土地使用权转让，包括出售、赠与和交换；③房屋买卖；④房屋赠与；⑤房屋交换。

根据《契税暂行条例细则》（财法字〔1997〕52号）第十一条的规定，以划拨方式取得土地使用权的，经批准转让房地产时，应由房地产转让者补缴契税。其计税依据为补缴的土地使用权出让费用或者土地收益。

因此，在公司制改制过程中，以出让方式处置划拨土地的，缴纳土地出让金后，新办理土地使用权证时，应按规定缴纳契税。

根据《财政部 国家税务总局关于国有土地使用权出让等有关契税问题的通知》（财税〔2004〕134号）的规定，先以划拨方式取得土地使用权，后经批准改为出让方式取得该土地使用权的，应依法缴纳契税，其计税依据为应补缴的土地出让金和其他出让费用。

出让国有土地使用权的，其契税计税价格为承受人为取得该土地使用权而支付的全部经济利益。以协议方式出让的，其契税计税价格为成交价格。成交价格包括土地出让金、土地补偿费、安置补助费、地上附着物和青苗补偿费、拆迁补偿费、市政建设配套费等承受者应支付的货币、实物、无形资产及其他经济利益。没有成交价格或者成交价格明显偏低的，征收机关可依次按下列两种方式确定：

（1）评估价格：由政府批准设立的房地产评估机构根据相同地段、同类房地产进行综合评定，并经当地税务机关确认的价格。

（2）土地基准地价：由县以上人民政府公示的土地基准地价。

以竞价方式出让的，其契税计税价格，一般应确定为竞价的成交价格，土地出让金、市政建设配套费以及各种补偿费用应包括在内。

因而，《财政部 国家税务总局关于继续支持企业 事业单位改制重组有关契税政策的通知》（财税〔2018〕17号）第八条“划拨用地出让或作价出资”规定，以出让方式或国家作价出资（入股）方式承受原改制重组企业、事业单位划拨用地的，不属该文件规定的改制重组契税免税范围，对承受方应按规定征收契税。

2. 国家以土地使用权作价出资

国有企业公司制改制过程中，可以采用国家作价出资（入股）方式处置原划拨土地，即国家作为投资者以土地作价向改制后的公司投资。

根据《契税暂行条例细则》第八条的规定，土地、房屋权属以下列方式转移的，视同土地使用权转让、房屋买卖或者房屋赠与征税：

（1）以土地、房屋权属作价投资、入股；

（2）以土地、房屋权属抵债；

（3）以获奖方式承受土地、房屋权属；

（4）以预购方式或者预付集资建房款方式承受土地、房屋权属。

因此，《财政部 国家税务总局关于继续支持企业 事业单位改制重组有关契税政策的通知》（财税〔2018〕17号）第八条规定，以国家作价出资（入股）方式承受原改制重组企业、事业单位划拨用地的，不属于该文件规定的改制重组契税免税范围，对承受方应按规定征收契税。

三、印花税的处理

（一）资金账簿的印花税

根据《财政部 国家税务总局关于企业改制过程中有关印花税政策的通知》（财税〔2003〕183 号）第一条的规定，实行公司制改造的企业在改制过程中成立的新企业（重新办理法人登记的），其新启用的资金账簿记载的资金或因企业建立资本纽带关系而增加的资金，凡原已贴花的部分可不再贴花，未贴花的部分和以后新增加的资金按规定贴花。

公司制改造包括国有企业依《公司法》整体改造成国有独资有限责任公司；企业通过增资扩股或者转让部分产权，实现他人对企业的参股，将企业改造成有限责任公司或股份有限公司；企业以其部分财产和相应债务与他人组建新公司；企业将债务留在原企业，而以其优质财产与他人组建新公司。

以合并或分立方式成立的新企业，其新启用的资金账簿记载的资金，凡原已贴花的部分可不再贴花，未贴花的部分和以后新增加的资金按规定贴花。合并包括吸收合并和新设合并。分立包括存续分立和新设分立。

企业债权转股权新增加的资金按规定贴花。企业改制中经评估增加的资金按规定贴花。企业其他会计科目记载的资金转为实收资本或资本公积的资金按规定贴花。

由于企业公司制改制过程中发生的资产评估增值记入了资本公积等账户，应按规定征收印花税。

根据《财政部 税务总局关于对营业账簿减免印花税的通知》（财税〔2018〕50 号）的规定，自 2018 年 5 月 1 日起，对按万分之五税率贴花的资金账簿减半征收印花税，对按件贴花 5 元的其他账簿免征印花税。

根据《财政部 税务总局关于实施小微企业普惠性税收减免政策的通知》（财税〔2019〕13 号）第三条的规定，由省、自治区、直辖市人民政府根据本地区实际情况，以及宏观调控需要确定，对增值税小规模纳税人可以在 50% 的税额幅度内减征资源税、城市维护建设税、房产税、城镇土地使用税、印花税（不含证券交易印花税）、耕地占用税和教育费附加、地方教育附加。财税〔2019〕13 号文件第四条进一步规定，增值税小规模纳税人已依法享受资源税、城市维护建设税、房产税、城镇土地使用税、印花税、耕地占用税、教育费附加、地方教育附加其他优惠政策的，可叠加享受该通知第三条规定的优惠政策。

（二）应税合同的印花税

根据财税〔2003〕183 号文件第二条的规定，企业改制前签订但尚未履行完的各类应税合同，改制后需要变更执行主体的，对仅改变执行主体、其余条款未作变动且改制前已贴花的，不再贴花。

（三）产权转移书据的印花税

根据财税〔2003〕183号文件第三条的规定，企业因改制签订的产权转移书据免予贴花。

四、增值税的处理

企业注册名称、住所的改变，如不涉及在中国境内销售货物、劳务、服务、无形资产和不动产，不缴纳增值税。

企业由法人转变为个人独资企业、合伙企业等非法人组织，或将登记注册地转移至中华人民共和国境外（包括港澳台地区），应视同企业进行清算、分配，股东重新投资成立新企业，会涉及非货币资产投资的增值税处理。

企业因住所（经营场所）发生变化不在同一县区的，需要办理“纳税人跨县迁出”，若涉及一般纳税人增值税留抵税金，迁入地税务机关根据迁出地税务机关传递来的“增值税一般纳税人迁移进项税额转移单”，对企业迁移前尚未抵扣的进项税额，允许纳税人继续申报抵扣。

企业将登记注册地转移至中华人民共和国境外，企业需要依法进行注销和清算，企业清算时的存货、固定资产等在出售、抵债或分配给投资者时应依法计算缴纳增值税，根据《财政部 国家税务总局关于增值税若干政策的通知》（财税〔2005〕165号）规定，一般纳税人注销，其存货不作进项税额转出处理，其留抵税额也不予以退税。

五、房产税的处理

（一）一般规定

无论是全民所有制企业改制为公司制企业，还是民营非公司制企业改制为公司，根据《财政部关于印发企业会计准则解释第2号的通知》（财会〔2008〕11号）的规定，企业进行公司制改制的，应以经评估确认的资产、负债价值作为认定成本。根据《财政部关于印发〈企业会计准则解释第1号〉的通知》（财会〔2007〕14号）的规定，企业引入新股东改制为股份有限公司，相关资产、负债应当按照公允价值计量。这种会计处理会涉及从价计征房产税的房产原值的变动和房产税的缴纳。

根据《财政部 国家税务总局关于房产税、城镇土地使用税有关问题的通知》（财税〔2008〕152 号）第一条的规定，对依照房产原值计税的房产，不论是否记载在会计账簿固定资产科目中，均应按照房屋原价计算缴纳房产税。房屋原价应根据国家有关会计制度规定进行核算。对纳税人未按国家会计制度规定核算并记载的，应按规定予以调整或重新评估。

从上述规定看，企业进行公司制改制的，由于以经评估确认的资产价值认定房产成本，改制后也应按评估价值计征房产税。也就是说改制中发生的房产评估增值计入房产价值的，应该相应调整房产税的计税依据，评估增值应按规定缴纳房产税。这在有些省级税务机关的文件中，经常见到。

（二）地方的具体规定

1. 北京市的规定

根据《北京市地方税务局关于对房产重估后如何计征房产税问题的通知》（京地税二〔1994〕204 号）的规定，凡按规定依据房产原值计征房产税的纳税单位和个人在对房产重估并按会计制度规定记入固定资产科目的，一律从计征 1995 年度房产税时起，按征收月份前一个月的月末账面房产原值（季度内各月末账面记载的房产重估值的平均数）扣除 30% 后的余值计算缴纳房产税税额。

这里对房产重估应按调整后的房产原值计征房产税是指，企业经国家有关部门认证后将房产进行评估，按会计制度规定调整固定资产账面房产原值后据此征税。

2. 江苏省的规定

根据《江苏省地方税务局关于地方税有关业务问题的通知》（苏地税发〔1999〕87 号）第一条的规定，企业改组改制过程中，对资产进行重新评估并调整房产原值的，不论是否按新调整的房产原值提取折旧，均应按调整后的房产原值计征房产税。

《江苏省地方税务局关于清产核资后的企业如何确定房产税计税依据问题的复函》（苏地税函〔1996〕93 号）规定（经请示国家税务总局），根据现行房产税有关规定，凡账面已按评估后的房产价值记载，并按评估后的价值计提房产折旧的，其房产税的计税依据应为评估后的房产价值。

3. 浙江省的规定

根据《浙江省地方税务局关于规范房产税若干政策问题的通知》（浙地税函〔2002〕257 号）第五条的规定，对按账面原值缴纳房产税的房产，如经评估机构评估，对原值有调整的，应按调整后的账面价值缴纳房产税。

4. 宁夏回族自治区的规定

根据《宁夏回族自治区地方税务局关于房产土地评估增值征收房产税问题的批

复》(宁地税函〔2007〕230号)的规定，对房屋进行评估并按照会计制度的规定增加了房屋的入账价值，账面原值为经评估后的原值，应按照评估后的账面原值缴纳房产税。

(三) 出让方式处理划拨土地的房产税处理

在国有企业公司制改制过程中，划拨土地改为出让，补缴了土地出让金和契税，在计征房产税时应该调整房产税的计税原值。

根据《财政部 国家税务总局关于安置残疾人就业单位城镇土地使用税等政策的通知》(财税〔2010〕121号)第三条“关于将地价计入房产原值征收房产税问题”规定，对按照房产原值计税的房产，无论会计上如何核算，房产原值均应包含地价，包括为取得土地使用权支付的价款、开发土地发生的成本费用等。宗地容积率低于0.5的，按房产建筑面积的2倍计算土地面积并据此确定计入房产原值的地价。

关于划拨土地如何计价征收房产税问题，《内蒙古自治区地方税务局关于房产税有关问题的公告》(2016年第8号)规定，对企业未支付土地出让金等开发成本、费用的无偿划拨土地(主要是老国有企业)，虽以国家授权经营、作价入股等方式对土地进行了价值评估，该评估价值不属于取得土地使用权支付的价款，所以不计入房产原值征缴房产税。

对国有企业公司制改制时，处置原划拨土地补缴土地出让金后，需要计入房产原值缴纳房产税。

六、个人所得税处理

(一) 个人所得税的政策规定

企业法律形式改变，如果以资本公积、盈余公积、未分配利润等转增注册资本(股本)，需按规定缴纳个人所得税。

根据《国家税务总局关于股份制企业转增股本和派发红股征免个人所得税的通知》(国税发〔1997〕198号)第二条的规定，股份制企业用盈余公积金派发红股属于股息、红利性质的分配，对个人取得的红股数额，应作为个人所得征税。股份制企业股票溢价发行收入所形成的资本公积金转增股本，不作为应税所得征收个人所得税。其他资本公积金分配个人所得部分，应当依法征收个人所得税。《国家税务总局关于原城市信用社在转制为城市合作银行过程中个人股增值所得应纳个人所得税的批复》(国税函〔1998〕289号)补充规定：国税发〔1997〕198号文中所表述的“资本公积金”是指股份制企业股票溢价发行收入所形成的资本公积金。将此转增股本由个人取得的数额，不作为应税所得征收个人所得税。而与此不相符合的其他资本公积金分配个人所得部分，应当依法征收个人所得税。”

根据《国家税务总局关于进一步加强高收入者个人所得税征收管理的通知》（国税发〔2010〕54号）第二条的规定，对以未分配利润、盈余公积和除股票溢价发行外的其他资本公积转增注册资本和股本的，要按照“利息、股息、红利所得”项目，依据现行政策规定计征个人所得税。

（二）不同意见与相关案例

有限责任公司变更为股份有限公司，对经过审计后的原公司净资产折股，涉及自然人股东税务处理，各地税务处理意见并不统一。一种观点认为：有限责任公司整体变更为股份有限公司，会计处理上是将原公司所有者权益类全部计入新公司股本和资本公积（股本溢价），税务处理上视为企业将全部净资产重新量化到所有股东，股东投资至新的公司形成股本和资本公积（股本溢价）。因此原公司资本公积、留存收益无论是转增股本，还是折股后原净资产超过新股本部分计入资本公积（股本溢价），应按“利息、股息、红利”所得征收个人所得税。

在企业整体改制过程中，有的地方考虑到自然人股东在此交易中并未取得现金，按照《财政部 国家税务总局关于个人非货币性资产投资有关个人所得税政策的通知》（财税〔2015〕41号）规定，对一次性缴税存在困难的纳税人，可在确定合理分期缴纳税款计划并上报主管税务机关备案之后，自该应税行为发生之日起不超过5个纳税年度内分期缴纳个税。

另一种观点认为：有限责任公司整体变更为股份有限公司，以未分配利润、盈余公积转增资本公积、资本公积——资本溢价转增股本不视为分配行为，不产生纳税义务。

【例9-4】景升股份整体改制时未分配利润转增资本公积获批未缴纳个人所得税。

宁波景升明诚汽车科技股份有限公司2016年9月30日召开创立大会暨2016年第一次临时股东大会，审议通过以2016年6月30日为基准日，以经审计的净资产人民币21 284 100.75元折合股份20 000 000股，每股面值1元，账面净资产值高于股本总额的1 284 100.75元计入资本公积，整体变更为股份公司，折股后的股份公司注册资本共计人民币20 000 000元，股份为20 000 000股。

2017年11月27日发布新三板挂牌转让说明书，披露公司整体变更过程中不存在股东以未分配利润转增股本的情形，即，整体变更前后股本未发生变动，故认为不涉及代缴代扣个人所得税情形，并称已获主管税务机关证明文件：“2017年2月20日，公司取得宁波市北仑区地方税务局出具的《证明》，公司截至2016年6月30日未分配利润1 284 100.75元计入资本公积1 284 100.75元，无需缴纳个人所得税。”

【例9-5】深圳市志海实业股份有限公司2017年1月16日发布公告，披露2015年12月22日整体变更为股份有限公司时，未分配利润余额1 640 811.22元及盈余公积余额 1 174 991.15 元转入资本公积，针对是否应当按照“利息、股息、红利所得”代扣代缴个人所得税，主管税务机关认为，不视为分配行为、不存在个人所得税现时缴纳义务，若未来以未分配利润余额及盈余公积余额转入的资本公积转增注册资本时，需公司代扣代缴或自然人股东缴纳个人所得税。“经电话咨询深圳市地方税务局及走访公司所在地税务部门宝安区地方税务局新安税务所，其回复称：有限公司在整体变更为股份公司时将未分配利润余额 1 640 811.22 元及盈余公积余额 1 174 991.15 元转入资本公积，不视为分配行为，自然人股东当期不缴纳个人所得税，如公司将涉及以未分配利润余额及盈余公积余额转入的资本公积转增注册资本时，需公司代扣代缴或自然人股东缴纳个人所得税。”

【例 9－6】2011 年 6 月，广东先导稀材有限公司整体变更设立股份公司，经广东省外经贸厅粤外经贸资字〔2011〕164 号文批准，广东先导稀材有限公司以截至 2011 年 2 月 28 日经审计的扣除专项储备后的净资产 675 207 379.30 元为基础折合股本 35 000 万股，其余 325 207 379.30 元计入资本公积：

在本次整体变更过程中，公司相应账务处理如下：①将原实收资本 61 459 322.45 元、资本公积——股本溢价中的 288 540 677.55 元转出，形成股份有限公司股本 350 000 000.00 元；②将原资本公积——股本溢价的剩余部分 165 020 417.43 元、盈余公积 24 813 502.95 元、未分配利润 135 373 458.92 元转出，形成股份有限公司资本公积——股本溢价 325 207 379.30 元。

根据《国家税务总局关于股份制企业转增股本和派发红股征免个人所得税的通知》（国税发〔1997〕198 号），股份制企业用资本公积金转增股本不属于股息、红利性质的分配，对个人取得的转增股本数额，不作为个人所得，不征收个人所得税。而根据《国家税务总局关于原城市信用社在转制为城市合作银行过程中个人股增值所得应纳个人所得税的批复》（国税函发〔1998〕289 号）的相关规定，《国家税务总局关于股份制企业转增股本和派发红股征免个人所得税的通知》（国税发〔1997〕198 号）中所表述的“资本公积金”是指股份制企业股票溢价发行收入所形成的资本公积金。将此转增股本由个人取得的数额，不作为应税所得征收个人所得税。

根据正中珠江《验资报告》（广会所验字〔2011〕第 10006390078 号）和公司的账务处理，公司整体变更为股份有限公司时，只是公司类型和名称的变更，尚未对盈余公积 24 813 502.95 元、未分配利润 135 373 458.92 元（除股本溢价外，无其他途径形成的资本公积）进行实质性的分配或转增实收资本处理，因此，公司保荐机构及会计师认为：对转入资本公积的留存收益暂不需缴纳个人所得税，待企业将盈余公积、未分配利润实施自然人股东分配或转增自然人股东实收资本时缴纳个人所得税。

第三节　改制上市的处理

上市公司，是指其股票在证券交易所上市交易的股份有限公司。企业改制上市的过程中，会发生资产评估增值、土地房屋等不动产更名过户、划拨土地处理、改制为拟上市公司的企业注册资本增加等行为。因而，改制上市过程中，改制企业会涉及企业所得税、房产税、契税、土地增值税和印花税等税种的处理。改制企业股东会涉及企业所得税和个人所得税的处理。

一、上市前的股份制改造

根据《全国中小企业股份转让系统业务规则（试行）》的规定，股份有限公司申请股票在全国股份转让系统挂牌，不受股东所有制性质的限制，不限于高新技术企业，应当符合下列条件：

（1）依法设立且存续满 2 年。有限责任公司按原账面净资产值折股整体变更为股份有限公司的，存续时间可以从有限责任公司成立之日起计算；

（2）业务明确，具有持续经营能力；

（3）公司治理机制健全，合法规范经营；

（4）股权明晰，股票发行和转让行为合法合规；

（5）主办券商推荐并持续督导；

（6）全国股份转让系统公司要求的其他条件。

根据《首次公开发行股票并上市管理办法》（证券监督管理委员会令第 141 号）的规定，发行人应当是依法设立且合法存续的股份有限公司。经国务院批准，有限责任公司在依法变更为股份有限公司时，可以采取募集设立方式公开发行股票。发行人自股份有限公司成立后，持续经营时间应当在 3 年以上，但经国务院批准的除外。有限责任公司按原账面净资产值折股整体变更为股份有限公司的，持续经营时间可以从有限责任公司成立之日起计算。

根据上述规定，公司在全国中小企业股份转让系统（以下简称新三板）挂牌或者在上海证券交易所和深圳证券交易所上市，其组织形式都必须是股份有限公司。企业的组织形式如果是非公司制企业或者是有限责任公司，必须改制为按《公司法》设立的股份有限公司。即公司在上市或在新三板挂牌前，必须进行股份制改造，改为符合上市或挂牌条件的股份有限公司。华润微电子有限公司（证券简称：华润微，证券代码：688396）于 2020 年 2 月 27 日在上海证券交易所上市，是目前唯一一家在 A 股上市的有限公司，其于英属维尔京群岛注册成立。根据《国务院办公厅转发证监会关于开展创新企业境内发行股票或存托凭证试点若干意见的通知》（国办发〔2018〕21号）的规定，试点红筹企业的股权结构、公司治理、运行规范等事项可适用境外注册地公司法等法律法规规定。

二、有限公司变更为股份有限公司

（一）有限公司变更为股份有限公司的税务处理

有限公司变更为股份有限公司，可以采取两种折股方式，即按照有限责任公司原账面净资产值折股整体变更为股份有限公司和按照净资产评估价折股整体变更为股份有限公司。

有限责任公司按原账面净资产值折股整体变更为股份有限公司这种股改形式，股改前后企业股权架构、主营业务、实际控制人和所有者权益等都维持不变，以经审计后的账面净资产折股为股份有限公司股本，将有限公司变更为股份有限公司。这仅仅是公司法律形式的变更，原有限公司的各项资产、负债、人员、业务等均整体进入股份有限公司，整体变更对会计的影响主要是股东所有者权益内部结构的调整，但总额不变。因此，企业所得税处理与会计处理相同，由改制后的股份有限公司承继原有限公司的会计与税务事项。

如果按照有限责任公司经评估增值后的评估价折股改制变更为股份有限公司，改制后的股份有限公司承继改制前有限公司相关资产和业务，会涉及企业所得税、土地增值税、契税、印花税等的处理。

（二）有限公司变更为股份有限公司案例

【例9-7】为重组上市，经公司股东会决议批准，甲有限责任公司拟变更为股份有限公司。甲有限责任公司自成立以来，经多次增资扩股，变更基准日净资产评估价合计16 000万元，其中注册资本和实收资本均为8 000万元，资本公积（资本溢价）4 500万元，法定盈余公积1 000万元，未分配利润2 500万元。

改制方案有两种：

（1）股本仍保持原有限责任公司的注册资本8 000万元不变；

（2）以评估增值后的净资产按1.6∶1折股增加注册资本。

要求：分析说明两种折股方案下的财税处理。

解析：

1. 按原注册资本折股。

公司组织形式变更不涉及新出资、资产投入行为，仅涉及股份换算问题，即将原有限责任公司股东的原出资额在某一基准日换算成股份有限公司的股份。会计处理仅涉及实收资本明细科目名称的调整。

借：实收资本　　80 000 000
　　资本公积（资本溢价）　　45 000 000
　　盈余公积　　10 000 000
　　未分配利润　　2 500 000
　　贷：股本　　80 000 000
　　　　资本公积（股本溢价）　　80 000 000

甲有限公司其他会计科目保持不变。

2. 以评估后的净资产折股。

有限责任公司作为企业法人，是一个独立的法律主体。有限责任公司整体变更为股份有限公司，本质是企业法人组织形式的改变。以净资产折股，无需对资产、负债类科目进行调整，但应结平原所有者权益类科目，重新设置“股本”和“资本公积——股本溢价”科目，将截至股份公司设立日原有限责任公司所有者权益余额转入新设的“股本”和“资本公积——股本溢价”科目中。折股比例为1.6∶1，会计处理为：

借：实收资本　　80 000 000
　　资本公积——资本溢价　　45 000 000
　　盈余公积——法定盈余公积　　10 000 000
　　未分配利润　　25 000 000
　　贷：股本　　100 000 000
　　　　资本公积（股本溢价）　　60 000 000

甲有限公司其他会计科目保持不变。

3. 所得税处理。

公司组织形式变更，是指公司根据《公司法》的规定，由有限责任公司变更为股份有限公司或由股份有限公司变更为有限责任公司。《公司法》规定，有限责任公司变更为股份有限公司，应当符合规定的股份有限公司的条件。股份有限公司变更为有限责任公司，应当符合规定的有限责任公司的条件。有限责任公司变更为股份有限公司的，或者股份有限公司变更为有限责任公司的，公司变更前的债权、债务由变更后的公司承继。有限责任公司变更为股份有限公司时，折合的实收股本总额不得高于公司净资产额。有限责任公司变更为股份有限公司，为增加资本公开发行股份，应当依法办理。

公司类型变更往往涉及注册资本的变更，即通过重新划分净资产将原公司类型下净资产中的资本公积、盈余公积和未分配利润转增为注册资本。

根据《国家税务总局关于贯彻落实企业所得税法若干税收问题的通知》（国税函〔2010〕79号）第四条的规定，企业权益性投资取得股息、红利等收入，应以被投资企业股东会或股东大会作出利润分配或转股决定的日期，确定收入的实现。被投资企业将股权（票）溢价所形成的资本公积转为股本的，不作为投资方企业的股息、红利收入，投资方企业也不得增加该项长期投资的计税基础。

这就是说，资本公积中原属于资本溢价的部分转增注册资本，不视为利润分配，不缴纳企业所得税。资本公积中的其他资本公积、盈余公积以及未分配利润转增注册资本时，视为利润分配，属于符合条件的居民企业之间的股息、红利等权益性投资收益的为免税收入，不符合规定条件的为应税收入。

根据《公司注册资本登记管理规定》（工商总局令第64号）第十三条的规定，有限责任公司变更为股份有限公司时，折合的实收股本总额不得高于公司净资产额。净资产额一般认为是由具有评估资格的资产评估机构评估作价的金额。有限责任公司变更为股份有限公司应当进行资产评估，但评估增值部分所涉及资产的计税基础在公司类型变更后除另有规定外应由变更后企业承继，而不应根据评估值进行调整。

不过，有限责任公司以资本公积、盈余公积和未分配利润转增股份有限公司注册资本时，个人股东应按规定计缴个人所得税。

第四节 国有企业改制的处理

一、非公司制企业改制为公司的处理

公司制改制是指将非公司制企业整体改制为按照《公司法》登记的有限责任公司或股份有限公司。通过公司制改制，实现出资人所有权和企业法人财产权的分离，赋予企业独立的法人财产权，有利于加快形成有效制衡的公司法人治理结构，实现企业更快发展。

非公司制企业公司制改制，包括非公司制企业改制为有限责任公司、非公司制企业改制为股份有限公司。

（一）国有企业改制需要进行资产评估

根据《企业国有资产评估管理暂行办法》（国有资产监督管理委员会令第12号）第六条的规定，企业有下列行为之一的，应当对相关资产进行评估：

①整体或者部分改建为有限责任公司或者股份有限公司；

②以非货币性资产对外投资；

③合并、分立、破产、解散；

④非上市公司国有股东股权比例变动；

⑤产权转让；

⑥资产转让、置换；

⑦整体资产或者部分资产租赁给非国有单位；

⑧以非货币资产偿还债务；

⑨资产涉讼；

⑩收购非国有单位的资产；

⑪接受非国有单位以非货币性资产出资；

⑫接受非国有单位以非货币性资产抵债；

⑬法律、行政法规规定的其他需要进行资产评估的事项。

根据该办法第七条的规定，企业有下列行为之一的，可以不对相关国有资产进行评估：

（1）经各级人民政府或其国有资产监督管理机构批准，对企业整体或者部分资产实施无偿划转；

（2）国有独资企业与其下属独资企业（事业单位）之间或其下属独资企业（事业单位）之间的合并、资产（产权）置换和无偿划转。

根据《国务院办公厅关于印发中央企业公司制改制工作实施方案的通知》（国办发〔2017〕69号）的规定，改制为国有独资公司或国有及国有控股企业全资子公司，可以上一年度经审计的净资产值作为工商变更登记时确定注册资本的依据，待公司章程规定的出资认缴期限届满前进行资产评估。改制为股权多元化企业，要按照有关规定履行清产核资、财务审计、资产评估、进场交易等各项程序，并以资产评估值作为认缴出资的依据。

（二）公司制改制的会计处理

企业或其子公司进行公司制改制的，相关资产、负债的账面价值应当如何调整问题，《财政部关于印发企业会计准则解释第2号的通知》（财会〔2008〕11号）规定，企业进行公司制改制的，应以经评估确认的资产、负债价值作为认定成本，该成本与其账面价值的差额，应当调整所有者权益；企业的子公司进行公司制改制的，母公司通常应当按照《企业会计准则解释第1号》的相关规定确定对子公司长期股权投资的成本，该成本与长期股权投资账面价值的差额，应当调整所有者权益。

因此，非公司制企业改制为公司的，会计处理是：按照评估后的资产、负债价值作为新的入账价值，评估价值与原账面价值的差额，调整所有者权益（先调整资本公积，资本公积不足的，再调整留存收益）。

企业改制过程中的资产、负债，应当如何进行确认和计量问题，《财政部关于印发〈企业会计准则解释第1号〉的通知》（财会〔2007〕14号）规定，企业引入新股东改制为股份有限公司，相关资产、负债应当按照公允价值计量，并以改制时确定的公允价值为基础持续核算的结果并入控股股东的合并财务报表。改制企业的控股股东在确认对股份有限公司的长期股权投资时，初始投资成本为投出资产的公允价值及相关费用之和。

因此，企业引入新股东改制为股份有限公司，相关资产、负债应当按照公允价值计量；并以评估价值认定成本，评估价值与原账面价值的差额，调整所有者权益。

（三）公司制改制的企业所得税处理

公司制改制过程中，发生的资产评估增值涉及的企业所得税处理主要包括：资产评估增值部分是否要计入应纳税所得额计算缴纳企业所得税，评估增值资产的计税基础确定等问题。

非公司制法人企业整体改制为公司，根据《财政部 国家税务总局关于企业重组业务企业所得税处理若干问题的通知》（财税〔2009〕59号）第四条第（一）项的规定，属于企业发生其他法律形式简单改变的情形，可直接变更税务登记，除另有规定外，有关企业所得税纳税事项（包括亏损结转、税收优惠等权益和义务）由变更后企业承继，但因住所发生变化而不符合税收优惠条件的除外。

也就是说，净资产评估增值部分不计征企业所得税，有关资产仍按原计税基础确认；如企业选择就评估增值部分计算缴纳企业所得税，允许企业按评估后的价值作为计税基础，计算相关折旧、摊销在税前扣除。

二、国有企业公司制改制

（一）国有企业公司制改革

公司制是现代企业制度的有效组织形式，是建立中国特色现代国有企业制度的必要条件。

国有企业公司制改革，是指将全民所有制企业改制为按照《公司法》登记的有限责任公司或股份有限公司。即将全民所有制企业改制为国有独资公司、国有及国有控股企业全资子公司或股权多元化企业。

根据《国务院办公厅关于印发中央企业公司制改制工作实施方案的通知》（国办发〔2017〕69号）有关划拨土地处置的规定，经省级以上人民政府批准实行授权经营或具有国家授权投资机构资格的企业，其原有划拨土地可采取国家作价出资（入股）或授权经营方式处置。全民所有制企业改制为国有独资公司或国有及国有控股企业全资子公司，其原有划拨土地可按照有关规定保留划拨土地性质。公司制改制企业按规定享受改制涉及的资产评估增值、土地变更登记和国有资产无偿划转等方面税收优惠政策。

全民所有制企业改制为国有独资公司，可以上一年度经审计的净资产值作为工商变更登记时确定注册资本的依据，待公司章程规定的出资认缴期限届满前进行资产评估。改制为股权多元化企业，要按照有关规定履行清产核资、财务审计、资产评估、进场交易等各项程序，并以资产评估值作为认缴出资的依据。

（二）分类推进国有企业改革

《中共中央、国务院关于深化国有企业改革的指导意见》要求，划分国有企业不同类别。根据国有资本的战略定位和发展目标，结合不同国有企业在经济社会发展中的作用、现状和发展需要，将国有企业分为商业类和公益类。

商业类国有企业按照市场化要求实行商业化运作，以增强国有经济活力、放大国有资本功能、实现国有资产保值增值为主要目标，依法独立自主开展生产经营活动，实现优胜劣汰、有序进退。

主业处于充分竞争行业和领域的商业类国有企业，原则上都要实行公司制股份制改革，积极引入其他国有资本或各类非国有资本实现股权多元化，国有资本可以绝对控股、相对控股，也可以参股，并着力推进整体上市。对这些国有企业，重点考核经营业绩指标、国有资产保值增值和市场竞争能力。

主业处于关系国家安全、国民经济命脉的重要行业和关键领域、主要承担重大专项任务的商业类国有企业，要保持国有资本控股地位，支持非国有资本参股。对自然垄断行业，实行以政企分开、政资分开、特许经营、政府监管为主要内容的改革，根据不同行业特点实行网运分开、放开竞争性业务，促进公共资源配置市场化；对需要实行国有全资的企业，也要积极引入其他国有资本实行股权多元化；对特殊业务和竞争性业务实行业务板块有效分离，独立运作、独立核算。对这些国有企业，在考核经营业绩指标和国有资产保值增值情况的同时，加强对服务国家战略、保障国家安全和国民经济运行、发展前瞻性战略性产业以及完成特殊任务的考核。

（三）全民所有制企业公司制改制企业所得税处理

国有企业改制，将原全民所有制企业改制为国有独资公司或国有及国有控股公司全资子公司，只是企业法人的组织形式发生变更，资产权属并没有发生变化，仍是国有，法人企业的企业所得税属性应由公司制企业承续。也就是说，全民所有制企业进行股份制改造，改制为国有独资企业或国有及国有控股公司全资子公司，发生的资产评估净增值，可以计提折旧或摊销，但在计算应纳税所得税时不得扣除。

《国家税务总局关于全民所有制企业公司制改制企业所得税处理问题的公告》（国家税务总局公告 2017 年第 34 号）规定，全民所有制企业改制为国有独资公司或者国有全资子公司，属于财税〔2009〕59 号文件第四条规定的“企业发生其他法律形式简单改变”的，可依照以下规定进行企业所得税处理：

改制中资产评估增值不计入应纳税所得额；资产的计税基础按其原有计税基础确定；资产增值部分的折旧或者摊销不得在税前扣除。全民所有制企业资产评估增值相关材料应由改制后的企业留存备查。

由于改制前后，资产权属未发生变化，也没有发生实际交易，资产评估增值不计入当期所得，可以有效减轻改制企业的负担。资产增值部分享受了递延纳税待遇，其资产增值部分对应的折旧或者摊销也不得在税前扣除。

上述企业所得税处理规定，仅适用于由一个全民所有制企业整体改制为一个公司的形式。全民所有制企业改制为国有独资公司或者国有全资子公司，改制前后股东没有变化，财产权属没有变化，都是100%国家所有，满足法律形式的简单改变，适用国家税务总局公告2017年第34号规定。改制为国有控股公司等其他情形的，则不适用。

依据该公告进行企业所得税处理，会产生一定的税会差异，为了保证税务机关有效实施后续管理，按照“放管服”相关要求，该公告规定改制后的公司应将评估增值相关资料留存备查，以减少企业涉税资料报送，减轻企业负担。

三、国有企业改制上市，资产评估增值的处理

国有企业改制上市，是指国有企业以在资本市场公开发行股票并上市为目的而设立或投资于股份有限责任公司的改组行为。从改制设立上市公司的基本业务流程来看，一般要经历股份有限公司设立、上市辅导、发行申报与审核、股票发行与挂牌上市等阶段。因此，国有企业改制上市，必须先设立或投资于股份有限公司，主要包括以下三种情形：

（1）国有企业以评估后的资产，出资设立拟上市的股份有限公司；

（2）国有企业将评估的资产，注入已上市的股份有限公司；

（3）国有企业依法变更为拟上市的股份有限公司。

根据企业所得税的一般原理，资产评估增值是否应纳企业所得税，取决于资产所有权是否发生转移。当资产所有权发生转移时，应按公允价值确认资产转让所得或损失，同时资产的计税基础按照公允价值进行调整；资产所有权未发生转移，不需按公允价值确认资产转让所得或损失，同时资产的计税基础仍按照原计税基础确认。如果在资产所有权未发生转移的情况下，改制企业将资产评估增值计入当期应纳税所得额计征了企业所得税，则资产的计税基础可按公允价值确认。

（一）国有企业改制上市的一般性税务处理

按照《国家税务总局关于企业处置资产所得税处理问题的通知》（国税函〔2008〕828号）第二条的规定，国有企业改制中有关资产所有权属发生改变的应按视同销售确定资产转让收入，计算资产转让所得或损失。国有企业改制中有关资产所有权属未发生改变的，如国有企业依法变更为拟上市的股份有限公司，其评估增值部分不计征企业所得税，有关资产仍按原计税基础确认；如企业选择就评估增值部分计算缴纳企

业所得税，在税法中允许企业按评估后的价值作为计税基础。

（二）国有企业改制上市资产评估增值的处理

符合条件的国有企业，其改制上市过程中发生资产评估增值可按以下规定处理：

（1）国有企业改制上市过程中发生的资产评估增值，应缴纳的企业所得税可以不征收入库，作为国家投资直接转增该企业国有资本金（含资本公积，下同），但获得的现金及其他非股权对价部分，应按规定缴纳企业所得税。

资产评估增值是指按同一口径计算的评估减值冲抵评估增值后的余额。

（2）国有企业100%控股（控制）的非公司制企业、单位，在改制为公司制企业环节发生的资产评估增值，应缴纳的企业所得税可以不征收入库，作为国家投资直接转增改制后公司制企业的国有资本金。

（3）经确认的评估增值资产，可按评估价值入账并按有关规定计提折旧或摊销，在计算应纳税所得额时允许扣除。

执行上述税收优惠政策的国有企业，须符合以下条件：

（1）这里所称国有企业，是指纳入中央或地方国有资产监督管理范围的国有独资企业或国有独资有限责任公司。国有独资公司，是指国家单独出资、由国务院或者地方人民政府授权本级人民政府国有资产监督管理机构履行出资人职责的有限责任公司。

（2）所称国有企业改制上市，应属于以下情形之一：

①国有企业以评估增值资产，出资设立拟上市的股份有限公司；

②国有企业将评估增值资产，注入已上市的股份有限公司；

③国有企业依法变更为拟上市的股份有限公司。

（3）取得履行出资人职责机构出具的资产评估结果核准或备案文件。

符合规定条件的改制上市国有企业，应将资产评估增值相关材料留存备查。

（三）国有企业变更为拟上市公司案例

【例9-8】 A投资有限责任公司成立于2000年，是一家国有独资公司。2020年进行股份制改造，股份改制基准日为2020年6月30日，对有关资产进行清产核资和评估后，企业变更为A投资股份有限公司。有关情况如下：

（1）资产评估情况为：企业的流动资产、长期投资、无形资产（含土地使用权）和固定资产（含房产）等各类资产评估前的账面价值为15亿元，评估后的账面价值为25亿元，评估增值10亿元；企业的流动资产、长期投资、无形资产和固定资产等各类资产评估前的计税基础为17亿元。

（2）A投资股份有限公司将评估增值应缴纳的企业所得税2［(25－17)×25%］亿元作为国家投资直接转增该企业国有资本金。

(3) A公司已取得国资委出具的资产评估结果核准文件。

要求：分析说明相关的财税处理。

1. 评估增值的会计处理。

会计处理时，通常按评估价值与账面价值之间的差额，增加有关资产的价值：

借：有关资产类科目　　1 000 000 000

　　贷：资本公积　　1 000 000 000

2. 转增国有资本金的会计处理。

将评估增值应缴纳的企业所得税2亿元作为国家投资，直接转增该企业国有资本金的会计处理为：

借：所得税费用　　200 000 000

　　贷：应交税费——应交所得税　　200 000 000

借：应交税费——应交所得税　　200 000 000

　　贷：股本——国家投资　　200 000 000

3. 企业所得税处理。

A投资有限责任公司为国有独资有限责任公司，依法变更为拟上市的A股份有限公司，取得国资委出具的资产评估结果核准文件，符合政策规定，发生资产评估增值应缴纳的2亿元企业所得税可以不征收入库，作为国家投资直接转增A企业国有资本金（含资本公积）。

经确认的评估增值资产，按评估价值计提折旧或摊销，在计算应纳税所得额时允许扣除。

会计处理一般按评估后的资产账面价值（账面净值）与评估前的资产账面价值（账面净值）之间的差额计算评估增值；税务处理按评估后资产账面价值（账面净值）与原计税成本（计税基础）之间的差额计算评估增值。

会计处理将评估增值需缴纳的2亿元企业所得税作为所得税费用处理；税务处理不作为费用处理，而是按企业接受国家投资进行税务处理，增加国有资本金。

（四）国有企业以评估增值资产出资设立拟上市公司

按照《财政部 国家税务总局关于非货币性资产投资企业所得税政策问题的通知》（财税〔2014〕116号）的规定，自2014年1月1日起，对国有企业（以下简称企业）以非货币性资产对外投资适用以下规定：企业以非货币性资产对外投资确认的非货币性资产转让所得，可在不超过5年期限内，分期均匀计入相应年度的应纳税所得额，按规定计算缴纳企业所得税。

企业以非货币性资产对外投资，应对非货币性资产进行评估并按评估后的公允价值扣除计税基础后的余额，计算确认非货币性资产转让所得。企业以非货币性资产对外投资，应于投资协议生效并办理股权登记手续时，确认非货币性资产转让收入的实现。

企业以非货币性资产对外投资而取得被投资企业的股权，应以非货币性资产的原计税成本为计税基础，加上每年确认的非货币性资产转让所得，逐年进行调整。被投资企业取得非货币性资产的计税基础，应按非货币性资产的公允价值确定。

企业在对外投资5年内转让上述股权或投资收回的，应停止执行递延纳税政策，并就递延期内尚未确认的非货币性资产转让所得，在转让股权或投资收回当年的企业所得税年度汇算清缴时，一次性计算缴纳企业所得税；企业在计算股权转让所得时，可按规定将股权的计税基础一次调整到位。企业在对外投资5年内注销的，应停止执行递延纳税政策，并就递延期内尚未确认的非货币性资产转让所得，在注销当年的企业所得税年度汇算清缴时，一次性计算缴纳企业所得税。

【例9－9】A企业为国务院国有资产监督管理委员会（以下简称国资委）管理的国有独资企业。2020年7月1日，A企业按照投资协议约定，将持有的土地使用权和C有限责任公司股权投资成立B股份有限公司（以下简称B公司），取得B公司80%的股权、股票5亿股。有关情况如下：

（1）土地使用权和股权原计税基础（投资成本）分别为6亿元和4亿元，经中介机构评估后价值分别为18亿元和12亿元，评估增值共20亿元。

（2）投资协议已于2020年9月1日生效，并于2020年9月10日办理股权登记手续。

要求：分析说明相关的财税处理。

解析：

1. 会计处理。

根据《企业会计准则》的规定，A企业以股权和土地使用权换取B公司80%的股权，确认营业外收入12亿元，投资收益8亿元。

借：长期股权投资——B企业	3 000 000 000	
贷：无形资产——土地使用权		600 000 000
长期股权投资——C企业		400 000 000
营业外收入		1 200 000 000
投资收益		800 000 000

2. 适用税收优惠条件的判断。

（1）A企业为国资委管理的国有独资企业，符合财税〔2014〕116号文件规定的居民企业身份；

（2）A企业以股权和土地使用权换取B公司的股权行为，符合非货币性资产投资的要求；

（3）投资协议已于2020年9月1日生效并于2020年9月10日办理股权登记手续，2020年应确认非货币性资产转让收入的实现。

3. 企业所得税处理。

（1）企业未选择非货币性资产投资在不超过五年递延纳税政策的。

A企业如果未选择非货币性资产投资在不超过五年期限内递延纳税的政策，则非货币性资产转让所得应一次性计入2020年度的应纳税所得额缴纳企业所得税，对B公司的股权投资计税基础为30亿元。非货币性资产转让所得为：

2020年度A企业土地使用权和股权的转让所得：（18－6）＋（12－4）＝20（亿元）

A企业以评估后的资产对外投资，根据《企业会计准则》的规定，换入资产和换出资产的公允价值均能够可靠计量的，应当以换出资产的公允价值作为确定换入资产成本的基础，公允价值与换出资产账面价值的差额计入当期损益。因此，2020年会计确认20亿元非货币性资产转让所得，确认“长期股权投资——B公司”账面价值30亿元，税会无差异。

（2）企业选择非货币性资产投资分期五年递延纳税政策的。

根据上述分析，A企业以土地使用权和股权对B公司投资符合财税〔2014〕116号文件的规定，其确认的非货币性资产转让所得，可分期均匀计入2020年至2024年5个纳税年度的应纳税所得额，按规定计算缴纳企业所得税。

①计算非货币性资产转让所得。

根据财税〔2014〕116号文件的规定，企业以非货币性资产对外投资，应于投资协议生效并办理股权登记手续时确认非货币性资产转让收入的实现，并按评估后的公允价值扣除计税基础后的余额，计算确认非货币性资产转让所得。

A企业土地使用权和股权的转让所得：（18－6）＋（12－4）＝20（亿元）。

②2020年确认的非货币性资产转让所得。

计入2020年度的非货币性资产转让所得为：20÷5＝4（亿元）；

③2021年至2024年确认的非货币性资产转让所得。

2021年至2024年，每年确认的非货币性资产转让所得均为4亿元。

④纳税申报。

2020年度纳税申报时，A企业土地使用权和股权的转让所得，通过填报企业所得税年度纳税申报表附表“企业重组及递延纳税事项纳税调整明细表”（A105100）第12行“六、以非货币性资产对外投资”进行差异调整，调减应纳税所得额16亿元，如表9－2所示。

2021年至2024年度纳税申报时，通过填报企业所得税年度纳税申报表附表“企业重组及递延纳税事项纳税调整明细表”（A105100）第12行“六、非货币性资产对外投资”进行差异调整，每年调增应纳税所得额4亿元，如表9－3所示。同时，在非货币性资产转让所得递延确认期间每年企业所得税汇算清缴时，向主管税务机关报送“非货币性资产对外投资递延纳税调整明细表”。

表 9－2　　A105100

企业重组及递延纳税事项纳税调整明细表

单位：元

行次	项　　目	一般性税务处理			特殊性税务处理（递延纳税）			纳税调整金额
		账载金额	税收金额	纳税调整金额	账载金额	税收金额	纳税调整金额	
		1	2	3（2－1）	4	5	6（5－4）	7（3＋6）
1	一、债务重组							
11	五、企业分立							
12	六、非货币性资产对外投资				2 000 000 000	400 000 000	－1 600 000 000	－1 600 000 000
13	七、技术入股							
14	八、股权划转、资产划转							
15	九、其他							
16	合计（1＋4＋6＋8＋11＋12＋13＋14＋15）				2 000 000 000	400 000 000	－1 600 000 000	－1 600 000 000

表 9－3　　A105100

企业重组及递延纳税事项纳税调整明细表

单位：元

行次	项　　目	一般性税务处理			特殊性税务处理（递延纳税）			纳税调整金额
		账载金额	税收金额	纳税调整金额	账载金额	税收金额	纳税调整金额	
		1	2	3（2－1）	4	5	6（5－4）	7（3＋6）
1	一、债务重组							
11	五、企业分立							
12	六、非货币性资产对外投资				0	400 000 000	400 000 000	400 000 000
13	七、技术入股							
14	八、股权划转、资产划转							
15	九、其他							
16	合计（1＋4＋6＋8＋11＋12＋13＋14＋15）				0	400 000 000	400 000 000	400 000 000

2020 年，会计处理确认 20 亿元非货币性资产转让收益，税务处理确认 4 亿元应纳税所得额，产生税会差异；2021 年至 2024 年，会计处理不再确认非货币性资产转让收益，但企业所得税处理时，每年应确认非货币性资产转让所得 4 亿元，每年纳税调增 4 亿元，同时每年应调整增加“长期股权投资——B 公司”的计税基础 4 亿元，存在税会差异。

（3）按照国有企业改制政策处理。

A 企业投出土地使用权和 C 公司股权发生的 20 亿元资产评估增值，应缴纳的 5 亿元企业所得税可以不征收入库，作为国家投资直接转增 A 企业国有资本金（含资本公积）。

2020 年，会计处理确认 20 亿元非货币性资产转让收益，同时确认 5 亿元所得税费用；企业所得税处理未确认 20 亿元转让所得，也未缴纳企业所得税，产生税会差异。会计处理将 5 亿元所得税费用转增国有资本金（含资本公积），企业所得税处理时，对资产评估增值应缴纳的企业所得税，按接受国家投资进行税务处理，增加国有资本金。

（五）国有企业将资产注入上市公司案例

【例 9－10】甲公司为国资委管理的国有独资有限责任公司。2020 年 6 月 30 日，甲企业将持有的乙有限公司股权投资于 B 上市公司，取得 B 上市公司股票。有关情况如下：

（1）股权原投资成本为 90 亿元，评估后价值为 240 亿元，评估增值 150 亿元。

（2）取得 B 上市公司 51% 股权、40 亿股，限售期为 36 个月。

（3）2020 年 6 月 20 日，取得国资委出具的资产评估结果核准文件。

（4）2020 年 7 月 1 日，取得中国证监会的股票增发核准文件。

（5）2020 年 7 月 10 日，B 公司增发的股票登记到甲公司的股票账户。

（6）甲公司将投出股权资产评估增值应缴纳的企业所得税 37.5 亿元（150 × 25%）作为国家投资直接转增甲企业国有资本金。

要求：分析说明相关的财税处理。

解析：

1. 会计处理。

（1）甲公司以持有的乙有限公司股权换取 B 公司 51% 的股权，当期确认投资收益 150 亿元。

借：长期股权投资——B 公司	24 000 000 000	
贷：长期股权投资——乙公司		9 000 000 000
投资收益		15 000 000 000

（2）甲公司将投出股权资产评估增值应缴纳的企业所得税 37.5 亿元作为国家投

资直接转增该企业的国有资本金。

借：所得税费用　　3 750 000 000

　　贷：应交税费——应交所得税　　3 750 000 000

借：应交税费——应交所得税　　3 750 000 000

　　贷：资本公积　　3 750 000 000

2. 适用税收优惠条件判断。

（1）甲公司为国资委管理的国有独资企业，符合政策规定的国有企业身份。

（2）2020 年 A 公司以股权注入 B 上市公司的行为，符合规定的国有企业改制上市的情形。

（3）取得国资委出具的资产评估结果核准或备案文件，适用规定的投出股权发生的资产评估增值，应缴纳的企业所得税可以不征收入库，作为国家投资直接转增甲企业国有资本金（含资本公积）规定。

3. 税务处理。

甲公司为国资委管理的国有独资有限责任公司，2020 年将评估增值资产注入 B 上市公司，并取得国资委出具的资产评估结果核准文件，符合政策规定，其投出股权发生的资产评估增值，应缴纳的 37.5 亿元企业所得税可以不征收入库，作为国家投资直接转增甲企业国有资本金（含资本公积）。

2020 年度纳税申报时，甲公司以股权进行投资计算的转让所得，通过填报企业所得税年度纳税申报表附表“企业重组及递延纳税事项纳税调整明细表”（A105100）第 12 行“六、非货币性资产对外投资”进行税会差异调整，调减应纳税所得额 150 亿元。

2020 年，会计处理确认 150 亿元的投资收益，确认 37.5 亿元所得税费用；企业所得税处理时投出股权发生的资产评估增值应缴纳的 37.5 亿元企业所得税作为国家投资直接转增甲企业国有资本金（含资本公积）。

四、国有企业混合所有制改革

《中共中央、国务院关于深化国有企业改革的指导意见》第五条要求发展混合所有制经济，推进国有企业混合所有制改革。稳妥推动国有企业发展混合所有制经济。对通过实行股份制、上市等途径已经实行混合所有制的国有企业，要着力在完善现代企业制度、提高资本运行效率上下功夫；对于适宜继续推进混合所有制改革的国有企业，要充分发挥市场机制作用，坚持因地施策、因业施策、因企施策，宜独则独、宜控则控、宜参则参，不搞拉郎配，不搞全覆盖，不设时间表，成熟一个推进一个。切实保护混合所有制企业各类出资人的产权权益，杜绝国有资产流失。

引入非国有资本参与国有企业改革。鼓励非国有资本投资主体通过出资入股、收购股权、认购可转债、股权置换等多种方式，参与国有企业改制重组或国有控股上市公司增资扩股以及企业经营管理。实行同股同权，切实维护各类股东合法权益。在石油、天然气、电力、铁路、电信、资源开发、公用事业等领域，向非国有资本推出符合产业政策、有利于转型升级的项目。开展多类型政府和社会资本合作试点，逐步推广政府和社会资本合作模式。

鼓励国有资本以多种方式入股非国有企业。充分发挥国有资本投资、运营公司的资本运作平台作用，通过市场化方式，以公共服务、高新技术、生态环保、战略性产业为重点领域，对发展潜力大、成长性强的非国有企业进行股权投资。鼓励国有企业通过投资入股、联合投资、重组等多种方式，与非国有企业进行股权融合、战略合作、资源整合。

探索实行混合所有制企业员工持股。通过实行员工持股建立激励约束长效机制。优先支持人才资本和技术要素贡献占比较高的转制科研院所、高新技术企业、科技服务型企业开展员工持股试点，支持对企业经营业绩和持续发展有直接或较大影响的科研人员、经营管理人员和业务骨干等持股。员工持股主要采取增资扩股、出资新设等方式。完善相关政策，健全审核程序，规范操作流程，严格资产评估，建立健全股权流转和退出机制，确保员工持股公开透明，严禁暗箱操作，防止利益输送。

第五节　改制企业股东的所得税处理

一、公积金的来源与用途

根据《公司法》第一百六十六条的规定，公司分配当年税后利润时，应当提取利润的10%列入公司法定公积金。公司法定公积金累计额为公司注册资本的50%以上的，可以不再提取。公司的法定公积金不足以弥补以前年度亏损的，在依照规定提取法定公积金之前，应当先用当年利润弥补亏损。公司从税后利润中提取法定公积金后，经股东会或者股东大会决议，还可以从税后利润中提取任意公积金。公司弥补亏损和提取公积金后所余税后利润，有限责任公司依照该法第三十四条的规定分配；股份有限公司按照股东持有的股份比例分配，但股份有限公司章程规定不按持股比例分配的除外。

股东会、股东大会或者董事会违反规定，在公司弥补亏损和提取法定公积金之前向股东分配利润的，股东必须将违反规定分配的利润退还公司。

公司持有的本公司股份不得分配利润。

根据《公司法》第一百六十七条的规定，股份有限公司以超过股票票面金额的发行价格发行股份所得的溢价款以及国务院财政部门规定列入资本公积金的其他收入，应当列为公司资本公积金。

根据《公司法》第一百六十八条的规定，公司的公积金用于弥补公司的亏损、扩大公司生产经营或者转为增加公司资本。但是，资本公积金不得用于弥补公司的亏损。法定公积金转为资本时，所留存的该项公积金不得少于转增前公司注册资本的 25%。

二、居民企业股东的处理

根据《国家税务总局关于贯彻落实企业所得税法若干税收问题的通知》（国税函〔2010〕79 号）的规定，企业权益性投资取得股息、红利等收入，应以被投资企业股东会或股东大会作出利润分配或转股决定的日期，确定收入的实现。被投资企业将股权（票）溢价所形成的资本公积转为股本的，不作为投资方企业的股息、红利收入，投资方企业也不得增加该项长期投资的计税基础。

根据《企业所得税法》第二十六条第二项和《企业所得税法实施条例》第十七条、第八十三条的规定，符合条件的居民企业之间的股息、红利等权益性投资收益，免征企业所得税。符合条件的居民企业之间的股息、红利等权益性投资收益，是指居民企业直接投资于其他居民企业取得的投资收益。

企业转增股本的所得税处理如表 9 - 4 所示。

表 9 - 4　　企业转增股本的企业所得税处理

<table>
<tr><th>股东权益</th><th>是否确认收入</th><th>是否上市公司</th><th>持股期限</th><th>是否为免税收入</th><th>是否增加计税基础</th></tr>
<tr><td rowspan="3">未分配利润、盈余公积、非股权（票）溢价形成的资本公积</td><td rowspan="3">确认股息、红利等权益性投资收益</td><td rowspan="2">上市公司</td><td>不足一年</td><td>否</td><td rowspan="3">是</td></tr>
<tr><td>超过一年</td><td rowspan="2">是</td></tr>
<tr><td>非上市公司</td><td>***</td></tr>
<tr><td>股权（票）溢价形成的资本公积</td><td>不确认收入</td><td>***</td><td>***</td><td>***</td><td>否</td></tr>
</table>

【例 9 - 11】2020 年 5 月 8 日，A 有限责任公司（甲企业出资 600 万元，持股 60%；李四出资 400 万元，持股 40%）股东会做出如下利润分配决定：分配现金股利 100 万元，以股权溢价形成的资本公积转增股本 200 万元，以其他资本公积转增股本 300 万元，分配股票股利 400 万元。

要求：分析说明相关所得税处理。

解析：

根据《国家税务总局关于贯彻落实企业所得税法若干税收问题的通知》（国税函〔2010〕79号）的规定，企业权益性投资取得股息、红利等收入，应以被投资企业股东会或股东大会做出利润分配或转股决定的日期，确定收入的实现。被投资企业将股权（票）溢价所形成的资本公积转为股本的，不作为投资方企业的股息、红利收入，投资方企业也不得增加该项长期投资的计税基础。

案例中转增股本的所得税处理如表9－5所示：

表9－5　　分红与送、转股的所得税处理　　单位：万元

项目	所得		股权原值	
	甲企业	李四	甲企业	李四
现金股利	60	40	600	400
股票股利	240	160	600＋240＝840	400＋160＝560
股权溢价形成的资本公积	不确认	80	840	560＋80＝640
其他资本公积300	180	120	840＋180＝1 020	640＋120＝760

三、个人股东的个人所得税处理

公司上市前的股份制改造涉及原公司净资产折旧，自然人股东会涉及资本公积、盈余公积和未分配利润转增股本的个人所得税处理问题。

（一）派发红股和转增资本的个人所得税处理

《国家税务总局关于进一步加强高收入者个人所得税征收管理的通知》（国税发〔2010〕54号）要求，加强企业转增注册资本和股本管理，对以未分配利润、盈余公积和除股票溢价发行外的其他资本公积转增注册资本和股本的，要按照"利息、股息、红利所得"项目，依据现行政策规定计征个人所得税。

1. 派发红股

根据《国家税务总局关于印发〈征收个人所得税若干问题的规定〉的通知》（国税发〔1994〕89号）的规定，股份制企业在分配股息、红利时，以股票形式向股东个人支付应得的股息、红利，应以派发红股的股票票面金额为收入额，按利息、股息、红利项目计征个人所得税。

2. 转增股本

根据《国家税务总局关于股份制企业转增股本和派发红股征免个人所得税的通知》（国税发〔1997〕198 号）的规定，股份制企业用资本公积金转增股本不属于股息、红利性质的分配，对个人取得的转增股本数额，不作为个人所得，不征收个人所得税。股份制企业用盈余公积金派发红股属于股息、红利性质的分配，对个人取得的红股数额，应作为个人所得征税。派发红股的股份制企业作为支付所得的单位应按照税法规定履行扣缴义务。

3. 不征税资本公积的界定

根据《国家税务总局关于原城市信用社在转制为城市合作银行过程中个人股增值所得应纳个人所得税的批复》（国税函〔1998〕289 号）的规定，国税发〔1997〕198 号文件所称的“资本公积金”，是指股份制企业股票溢价发行收入所形成的资本公积金。将此（即用股票溢价发行收入形成的资本公积）转增股本由个人取得的数额，不作为应税所得征收个人所得税。而与此不相符合的其他资本公积金分配个人所得部分，应当依法征收个人所得税。

4. 盈余公积转增资本

根据《国家税务总局关于盈余公积金转增注册资本征收个人所得税问题的批复》（国税函发〔1998〕333 号）的规定，公司将从税后利润中提取的法定公积金和任意公积金转增注册资本，实际上是公司将盈余公积金向股东分配了股息、红利，股东再以分得的股息、红利增加注册资本。因此，依据《国家税务总局关于股份制企业转增股本和派发红股征免个人所得税的通知》（国税发〔1997〕198 号）精神，对属于个人股东分得再投入公司（转增注册资本）的部分应按照“利息、股息、红利所得”项目征收个人所得税，税款由股份有限公司在有关部门批准增资、公司股东会决议通过后代扣代缴。

5. 股份制企业的界定

《股份制企业试点办法》（体改生〔1992〕30 号）第三条规定，股份制企业是全部注册资本由全体股东共同出资，并以股份形式构成的企业。股东依据在股份制企业中所拥有的股份参加管理、享受权益、承担风险，股份可在规定条件下或范围内转让，但不得退股。我国股份制企业主要有股份有限公司和有限责任公司两种组织形式。

股份有限公司是指全部注册资本由等额股份构成并通过发行股票（或股权证）筹集资本的企业法人。其基本特征是：公司的资本总额平分为金额相等的股份，股东以其所认购股份对公司承担有限责任，公司以其全部资产对公司债务承担责任；经批准，公司可以向社会公开发行股票，股票可以交易或转让；股东数不得少于规定的数目，但没有上限；每一股有一表决权，股东以其持有的股份，享受权利，承担义务。

有限责任公司是指由五十个以下股东出资设立，每个股东以其所认缴的出资额对公司承担有限责任，公司以其全部资产对其债务承担责任的企业法人。其基本特征是：公司的全部资产不分为等额股份；公司向股东签发出资证明书，不发行股票；公司股份的转让有严格限制；限制股东人数，并不得超过一定限额；股东以其出资比例，享受权利，承担义务。

（二）中小高新技术企业盈余积累转增股本分期缴税

1. 盈余积累转增股本的个人所得税处理

公司以盈余公积、资本公积、未分配利润转增股本，根据《个人所得税法》的相关规定，自然人股东应按股息红利所得项目征免个人所得税。

对有限责任公司整体变更为股份有限公司时，按净资产折股过程中有限责任公司的资本公积、留存收益按照折股方案计入新的资本公积（股本溢价）的部分是否征收个人所得税问题，有的地方税务机关给出如下口径：有限责任公司整体变更为股份有限公司，会计上原所有者权益类科目需整体计入新的股本和资本公积（股本溢价），这种按净资产折股的过程可视为一个将企业全部净资产重新量化到股东的行为。原资本公积、留存收益无论是转增股本，还是折股后原净资产超过新股本部分计入资本公积（股本溢价），都应视为一个整体。为保持政策与征管的统一，堵塞征管漏洞，均应按“利息、股息、红利”所得征收个人所得税。由于整体变更过程中，个人股东未取得现金，一次性纳税有困难的，可视情形在一定期限（最多不超过5年）内分期缴纳，主管税务机关要加强跟踪管理，防止税收流失。

2. 中小高新技术企业盈余积累转增股本分期缴税

根据《财政部 国家税务总局关于将国家自主创新示范区有关税收试点政策推广到全国范围实施的通知》（财税〔2015〕116号）第三条的规定，自2016年1月1日起，全国范围内的中小高新技术企业以未分配利润、盈余公积、资本公积向个人股东转增股本时，个人股东一次缴纳个人所得税确有困难的，可根据实际情况自行制定分期缴税计划，在不超过5个公历年度内（含）分期缴纳，并将有关资料报主管税务机关备案。

由于中小高新技术企业的有限合伙企业股东不是自然人股东，因而在没有政策规定之前，有限合伙企业股东中的自然人合伙人，不可适用该项政策。

上市中小高新技术企业或在全国中小企业股份转让系统挂牌的中小高新技术企业向个人股东转增股本，股东应纳的个人所得税，继续按照现行有关股息红利差别化个人所得税政策执行，不适用分期纳税政策。

（1）应税项目的确定。

个人股东获得转增的股本，应按照“利息、股息、红利所得”项目，适用20%税率征收个人所得税，具体征税方法如表9-6所示。

表 9－6　　　　转增股本的个人所得税处理表

<table>
<tr><th>企业类型</th><th>上市情况</th><th>类型</th><th>持股期限</th><th>自 2013 年
1 月 1 日起</th><th>自 2015 年
9 月 8 日起</th><th>征税办法</th></tr>
<tr><td rowspan="5">高新技术企业</td><td rowspan="2">上市公司</td><td rowspan="3"></td><td>超过 1 年</td><td>暂减按 25%</td><td>暂免</td><td></td></tr>
<tr><td>1 月到 1 年</td><td colspan="2">暂减按 50% 计入应纳税所得额</td><td rowspan="4">按利息、股息、红利所得适用 20% 税率计税</td></tr>
<tr><td>挂牌公司</td><td>不超过 1 月</td><td colspan="2">全额计入应纳税所得额</td></tr>
<tr><td rowspan="2">非上市、挂牌公司</td><td>中小高新技术企业</td><td colspan="3">自 2016 年起缴纳个人所得税确有困难的可在 5 个公历年度内分期缴纳</td></tr>
<tr><td>非中小高新技术企业</td><td colspan="3">不可分期缴纳</td></tr>
<tr><td rowspan="4">非高新技术企业</td><td rowspan="2">上市公司</td><td rowspan="3"></td><td>超过 1 年</td><td>暂减按 25%</td><td>暂免</td><td></td></tr>
<tr><td>1 月到 1 年</td><td colspan="2">暂减按 50% 计入应纳税所得额</td><td rowspan="3">按利息、股息、红利所得适用 20% 税率计税</td></tr>
<tr><td>挂牌公司</td><td>不超过 1 月</td><td colspan="2">全额计入应纳税所得额</td></tr>
<tr><td>其他公司</td><td></td><td colspan="3">不可分期缴纳</td></tr>
</table>

（2）转让股权取得现金的优先缴税。

股东转让股权并取得现金收入的，该现金收入应优先用于缴纳尚未缴清的税款。

（3）不予追征的适用。

在股东转让该部分股权之前，企业依法宣告破产，股东进行相关权益处置后没有取得收益或收益小于初始投资额的，主管税务机关对其尚未缴纳的个人所得税可不予追征。

（4）中小高新技术企业的界定。

中小高新技术企业，是指注册在中国境内实行查账征收的、经认定取得高新技术企业资格，且年销售额和资产总额均不超过 2 亿元、从业人数不超过 500 人的企业。这里的年销售额是指企业上一个会计年度的主营业务收入；资产总额、员工人数按企业转增股本当月相关数据确定。

3. 备案管理

《国家税务总局关于股权奖励和转增股本个人所得税征管问题的公告》（国家税务总局公告 2015 年第 80 号）明确，企业转增股本涉及的股东需要分期缴纳个人所得税的，应自行制定分期缴税计划，由企业于发生转增股本的次月 15 日内，向主管税务机关办理分期缴税备案手续。

办理转增股本分期缴税，企业应向主管税务机关报送高新技术企业认定证书、股东大会或董事会决议、“个人所得税分期缴纳备案表（转增股本）”（见表 9－7）、上年度及转增股本当月企业财务报表、转增股本有关情况说明等。

高新技术企业认定证书、股东大会或董事会决议的原件，主管税务机关进行形式审核后退还企业，复印件及其他有关资料由税务机关留存。

纳税人分期缴税期间需要变更原分期缴税计划的，应重新制定分期缴税计划，由企业向主管税务机关重新报送“个人所得税分期缴纳备案表（转增股本）”。

表 9－7

个人所得税分期缴纳备案表（转增股本）

备案编号（主管税务机关填写）：　　　　　　　　金额单位：人民币元（列至角分）

扣缴单位基本情况

扣缴单位名称		纳税人识别号			高新技术企业证书编号		
地　址		联系人		电　话			
年销售额		资产总额		员工人数		总股本（实收资本）	

转增股本情况

未分配利润转增金额		盈余公积转增金额		资本公积转增金额	

分期缴税情况

序号	姓名	身份证件类型	身份证件号码	持有股份数	持股比例	计税金额	应缴个人所得税	分期缴税计划										签名
								第一年		第二年		第三年		第四年		第五年		
								缴税时间	缴税金额	缴税时间	缴税金额	缴税时间	缴税金额	缴税时间	缴税金额	缴税时间	缴税金额	

谨声明：此表是根据《中华人民共和国个人所得税法》及有关法律法规规定填写的，是真实的、完整的、可靠的。

扣缴单位负责人签字：　　　　扣缴单位盖章：　　　　年　　月　　日

代理申报机构（人）签章：
经办人：
经办人执业证件号码：
代理申报日期：　　年　　月　　日

主管税务机关受理章：
受理人：
受理日期：　　年　　月　　日

国家税务总局监制

填报说明：

本表适用于个人因转增股本取得所得，其扣缴义务人向主管税务机关办理分期缴纳个人所得税备案事宜。本表一式二份，主管税务机关受理后，由扣缴义务人和主管税务机关分别留存。

（1）备案编号：由主管税务机关自行编制。

（2）纳税人识别号：填写税务机关赋予的18位纳税人识别号。

（3）高新技术企业证书编号：填写高新技术企业认定部门核发的有效期内的高新技术企业证书编号。

（4）年销售额：填写企业上一个会计年度的主营业务收入。

（5）资产总额、员工人数、总股本（实收资本）：填写企业转增股本当月相关数据。

（6）转增股本情况：填写企业转增股本的相关情况。

（7）计税金额：计税金额 =（未分配利润转增金额 + 盈余公积转增金额 + 资本公积转增金额）× 持股比例。

（8）应缴个人所得税：应缴个人所得税 = 计税金额 ×20%。

（9）计划缴税时间：按年度填写每一年度计划缴税的截止月份。

（10）计划缴税金额：填写每一年度计划分期缴纳的个人所得税金额。

4. 代扣代缴

企业在填写“个人所得税扣缴纳税申报表”时，应将纳税人转增股本情况单独填列，并在“备注”栏中注明“转增股本”字样。

纳税人在分期缴税期间取得分红或转让股权的，企业应及时代扣转增股本尚未缴清的个人所得税，并于次月15日内向主管税务机关申报纳税。

（三）变更分期纳税案例

【例9－12】 2020年2月6日，天津天优科技股份有限公司董事会发布《天津天优科技股份有限公司关于变更转增股本个人所得税分期缴纳计划的公告》，就公司变更转增股本个人所得税分期缴纳计划的事项作出说明称，2016年4月，天优科技就公司转增股本个人所得税分期缴纳事项，依法向天津市高新区地税局提交了“转增股本个人所得税分期缴纳计划表”等资料，向其申请分5年缴纳股东因未分配利润转增股本需要缴纳的个人所得税款。计划现已执行到第四年，由于股东资金暂时出现周转困难，特请变更《天优科技转增股本个税分期缴纳计划》。由原计划2020年3月15日贺××缴纳500 000元、王××缴纳500 000元变更为2020年12月15日贺××缴纳500 000元、王××缴纳500 000元；2021年3月15日贺××缴纳760 000元、王××缴纳740 000元变更为2021年12月15日贺××缴纳760 000元、王××缴纳740 000元；

2020 年 4 月 15 日贺××缴纳 61 200 元、王××缴纳 58 800 元变更为 2020 年 12 月 15 日贺××缴纳 61 200 元、王××缴纳 58 800 元；2021 年 4 月 15 日贺××缴纳 102 000 元、王××缴纳 98 000 元变更为 2021 年 12 月 15 日贺××缴纳 102 000 元、王××缴纳 98 000 元。

公司变更股东纳税情况符合《中华人民共和国企业所得税法》《中华人民共和国企业所得税法实施条例》《财政部 国家税务总局关于个人非货币性资产投资有关个人所得税政策的通知》等相关法律、法规的规定。

且公司股东贺××、王××二人均出具《关于公司整体改制时自然人股东个人所得税五年缓缴问题的承诺》，就公司由有限责任公司整体变更设立为股份有限公司时，涉及本人的个人所得税事项，上述股东均承诺自主申报、积极履行已制定的个人所得税五年缓缴计划，保证公司不因本人的个人所得税缴纳问题受到任何损失。

要求：根据现行税法相关政策规定，分析说明该公司的个人所得税处理。

解析：

案例中，因公司由有限责任公司整体变更设立为股份有限公司时，相关自然人股东的个人所得税分期缴纳事项。根据现行个人所得税政策规定，有限公司变更为股份有限公司净资产折股，视同先分配、后投资，自然人股东应按利息、股息、红利所得项目计算缴纳个人所得税。上市前公司制改制过程中，有限公司变更为股份有限公司自然人股东应纳的个人所得税，一次缴纳有困难的，有些地方允许纳税人分期纳税。

根据《财政部 国家税务总局关于将国家自主创新示范区有关税收试点政策推广到全国范围实施的通知》（财税〔2015〕116 号）第三条的规定，自 2016 年 1 月 1 日起，全国范围内的中小高新技术企业以未分配利润、盈余公积、资本公积向个人股东转增股本时，个人股东一次缴纳个人所得税确有困难的，可根据实际情况自行制定分期缴税计划，在不超过 5 个公历年度内（含）分期缴纳，并将有关资料报主管税务机关备案。如果，该公司是中小高新技术企业，以未分配利润、盈余公积、资本公积向个人股东转增股本时，个人股东一次缴纳个人所得税确有困难的，也可根据实际情况自行制定分期缴税计划，在不超过 5 个公历年度内（含）分期缴纳。

（四）HS 有限公司改制上市案例

【例 9-13】 常州 HS 机械有限公司以截至 2008 年 4 月 30 日经审计的净资产 15 249.8 万元为基数，按 1∶0.4918 的比例折为 7 500 万股，整体变更为江苏 HS 机械股份有限公司（后变更为江苏 HS 光电设备股份有限公司），折股前后的所有者权益如表 9-8 所示。

表 9-8　　折股前后所有者权益情况表　　单位：元

所有者权益	折股前	折股后	折股金额
实收资本	15 898 308.51	75 000 000.00	59 101 691.49
其中：自然人股东	9 411 336.68	44 403 797.00	34 992 460.32
甲有限公司	6 486 971.83	30 596 203.00	24 109 231.17
资本公积	69 962 986.02	77 497 991.64	7 535 005.62
其中：资本溢价	68 871 150.34	77 497 991.64	8 626 841.30
盈余公积	5 523 892.28		66 636 697.11
未分配利润	61 112 804.83		
所有者权益合计	152 497 991.64	152 497 991.64	

要求：分析说明上市前股份制改造净资产折股，股东是否要缴所得税。

解析：

《中华人民共和国财政部会计信息质量检查公告》（第二十一号）反映，财政部驻江苏财政监察专员办对江苏 HS 光电设备股份有限公司 2009 年度会计信息质量进行检查发现：该公司少缴各项税款 865 万元。其中：该公司 2008 年以盈余公积、未分配利润折股，自然人股东未缴纳个人所得税 789 万元。

针对上述问题，财政部驻江苏省财政监察专员办事处依法下达了处理决定。江苏 HS 光电设备股份有限公司已按照要求进行整改，调整会计账务，并补缴相关税款。

根据江苏省财政监察专员办的处理意见，是对 HS 有限公司整体改建为股份公司时，盈余公积和未分配利润中（合计 6 663.67 万元）归属于自然人股东的部分(59.21%)，视同全额进行分配，缴纳个人所得税。

（五）收购股权后原盈余积累转增股本的处理

关于个人投资者收购企业全部股权后，将企业原账面金额中的“资本公积、盈余公积、未分配利润”等盈余积累转增股本的个人所得税问题，《国家税务总局关于个人投资者收购企业股权后将原盈余积累转增股本个人所得税问题的公告》（国家税务总局公告 2013 年第 23 号）作出如下规定：

（1）一名或多名个人投资者以股权收购方式取得被收购企业 100% 股权，股权收购前，被收购企业原账面金额中的“资本公积、盈余公积、未分配利润”等盈余积累未转增股本，而在股权交易时将其一并计入股权转让价格并履行了所得税纳税义务。股权收购后，企业将原账面金额中的盈余积累向个人投资者（新股东，下同）转增股本，有关个人所得税问题区分以下情形处理。

①新股东以不低于净资产价格收购股权的，企业原盈余积累已全部计入股权交易

价格，新股东取得盈余积累转增股本的部分，不征收个人所得税。

②新股东以低于净资产价格收购股权的，企业原盈余积累中，对于股权收购价格减去原股本的差额部分已经计入股权交易价格，新股东取得盈余积累转增股本的部分，不征收个人所得税；对于股权收购价格低于原所有者权益的差额部分未计入股权交易价格，新股东取得盈余积累转增股本的部分，应按照“利息、股息、红利所得”项目征收个人所得税。

新股东以低于净资产价格收购企业股权后转增股本，应按照下列顺序进行，即：先转增应税的盈余积累部分，然后再转增免税的盈余积累部分。

（2）新股东将所持股权转让时，其财产原值为其收购企业股权实际支付的对价及相关税费。

（3）企业发生股权交易及转增股本等事项后，应在次月 15 日内，将股东及其股权变化情况、股权交易前原账面记载的盈余积累数额、转增股本数额及扣缴税款情况报告主管税务机关。

【例 9 – 14】 2018 年 10 月 31 日，甲企业账面资产总额 8 000 万元，负债 3 000 万元，所有者权益 5 000 万元，其中，实收资本（股本）1 000 万元，资本公积、盈余公积、未分配利润等盈余积累合计 4 000 万元。2018 年 11 月 1 日，自然人投资者（新股东）ABC 向甲企业原股东张三购买该企业 100% 股权（股权原值为 1 000 万元），股权收购价 4 500 万元（主管税务机关认可交易价格）。新股东收购企业股权后于 2019 年 9 月 1 日，甲企业将资本公积、盈余公积、未分配利润等盈余积累 4 000 万元（此时股本以外的其他所有者权益余额为 4 800 万元）转增实收资本。2020 年 6 月 1 日，股东 ABC 将持有的甲企业股权以 6 000 万元全部转让给中国公民李四。

要求：分析计算在上述交易过程中应缴纳的个人所得税。

解析：

1. 原股东张三应纳个人所得税的计算。

张三以 4 500 万元低于账面净资产价格转让股权经主管税务机关认定具有正当理由，其所得 3 500 万元（4 500 – 1 000），应按财产转让所得缴纳个人所得税：3 500 × 20% = 700（万元）。

2. 股东 ABC 应纳个人所得税的计算。

2018 年 11 月 1 日，在新股东 ABC 股权收购价格 4 500 万元中，除了实收资本 1 000 万元外，实际上相当于以 3 500 万元购买了 4 000 万元的盈余积累，即 4 000 万元盈余积累中，有 3 500 万元计入了股权交易价格，剩余 500 万元未计入股权交易价格。

2019 年 9 月 1 日，甲企业转增实收资本时，其中所转增的 3 500 万元不征收个人所得税，所转增的 500 万元应按“利息、股息、红利所得”项目缴纳个人所得税：500 × 20% = 100（万元）。

2020 年 6 月 1 日，股东 ABC 将持有的甲企业股权以 6 000 万元转让给李四时，其财产原值除其收购企业股权实际支付的对价及相关税费 4 500 万元外，根据《股权转让所得个人所得税管理办法（试行）》第十五条的规定，被投资企业以资本公积、盈余公积、未分配利润转增股本，个人股东已依法缴纳个人所得税的，以转增额和相关税费之和确认其新转增股本的股权原值，本例中为 500 万元。

其股权转让所得应按“财产转让所得项目”计算缴纳个人所得税：(6 000 − 4 500 − 500) × 20% = 200（万元）。

（六）企业改组改制过程中个人取得的量化资产

根据国家有关规定，允许集体所有制企业在改制为股份合作制企业时可以将有关资产量化给职工个人。为了支持企业改组改制的顺利进行，对于企业在这一改革过程中个人取得量化资产，根据《国家税务总局关于企业改组改制过程中个人取得的量化资产征收个人所得税问题的通知》（国税发〔2000〕60 号）的规定，对职工个人以股份形式取得的仅作为分红依据，不拥有所有权的企业量化资产，不征收个人所得税。

对职工个人以股份形式取得的拥有所有权的企业量化资产，暂缓征收个人所得税；待个人将股份转让时，就其转让收入额，减除个人取得该股份时实际支付的费用支出和合理转让费用后的余额，按“财产转让所得”项目计征个人所得税。

对职工个人以股份形式取得的企业量化资产参与企业分配而获得的股息、红利，应按“利息、股息、红利”项目征收个人所得税。

第十章　企业重组中的对赌问题

近年来，因对赌协议引发的税收问题越来越成为社会各方关注的税收热点问题，尤其是在个人所得税方面，但由于税收政策尚没有及时跟进，使得实践中关于对赌协议的税企争议不断发生。在本章，我们将介绍一些实践中常见的对赌协议方式以及司法判例，探讨对赌协议的税务处理中需要关注的问题、实践中的争议，以及对未来税收政策的展望。本章的主要内容如图 10－1 所示。

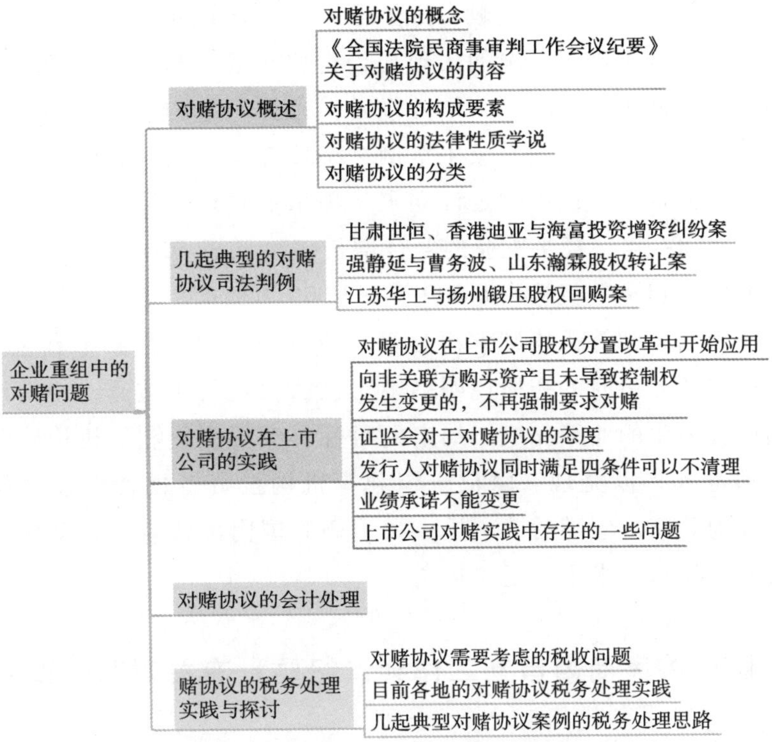

图 10－1　企业重组中的对赌问题知识导图

第一节 对赌协议概述

一、对赌协议的概念

对赌协议，又称估值调整协议（Valuation Adjustment Mechanism，VAM），是股权投资中常用的一种价值调整机制与合同安排，是资产收购方等投资方与资产出让方等融资方在签订并购或者融资协议时，对于未来不确定情况达成的一种约定。如果约定的目标实现，一方将享有某种权利；如果约定的目标没有实现，一方需要给予某种补偿。

对赌协议的出现一般是由于交易双方因信息不对称或对交易标的物的估值不能充分认识而引发的一种估值调整机制，有利于保护投资方及融资方的利益。在并购重组中，交易双方为加快重组进程，一般会搁置争议，并增设相应条款，约定双方在设定的对价外，要根据未来不确定情况的出现与否行使相关权利或履行相关义务。这种约定在我国重组交易合同中通常表现为“业绩补偿条款”，资本市场俗称“对赌协议”。

对赌协议在我国最早的应用是蒙牛案例。2002 年蒙牛与摩根斯坦利等境外私募投资基金签订了投资协议，协议中约定设立了一项依业绩调整股权比例的安排。安排约定，从 2003 年到 2006 年，蒙牛乳业的复合增长率不低于 50%。若达不到，蒙牛乳业管理层将输给摩根斯坦利等机构约 6 000 万—7 000 万股的上市公司股票；若达到业绩增长的目标，摩根斯坦利等机构则拿出自己相应的股份奖励给蒙牛乳业管理层。2004 年蒙牛在香港联交所上市时的招股说明书中对该协议进行了披露，使得该对赌协议为公众所知。随后，蒙牛的业绩完成了约定的目标，摩根士坦利等机构给予蒙牛乳业管理层的股份奖励也都得以兑现。摩根士坦利等机构投资者投资于蒙牛乳业的业绩对赌，让各方都成为赢家。但随后，永乐、太子奶等国内民营企业与境外投资者对赌失败的案例让对赌协议这一术语广泛流传。

二、《全国法院民商事审判工作会议纪要》有关对赌协议内容

2019 年 11 月 8 日，《最高人民法院关于印发〈全国法院民商事审判工作会议纪要〉的通知》（法〔2019〕254 号）正式公布，其中值得注意的是，会议纪要（也称“九民纪要”）就对赌协议的相关问题做出说明。虽然九民纪要既不是立法，也不是司法解释，不能作为裁判依据进行援引，但人民法院在裁判文书“本院认为”部分具体分析法律适用的理由时，可以根据九民纪要的相关规定进行说理。一定程度上解决了

在民商事法律的适用过程中，法律本身应当如何来理解、应用中的一些重点难题，对当前和未来一些具体商事关系起到规制和引导作用。九民纪要针对“对赌协议的效力及履行”“与目标公司对赌”等问题做出详细说明，与此前法律实务工作者依靠判决解决争议不同，并对人民法院在审理对赌协议案例时的处理规则做出了指导意见，将会改变目前各地对赌纠纷裁判思路不统一的现状。

九民纪要在关于“对赌协议”的效力及履行中，有如下表述：

实践中俗称的“对赌协议”，又称估值调整协议，是指投资方与融资方在达成股权性融资协议时，为解决交易双方对目标公司未来发展的不确定性、信息不对称以及代理成本而设计的包含了股权回购、金钱补偿等对未来目标公司的估值进行调整的协议。从订立“对赌协议”的主体来看，有投资方与目标公司的股东或者实际控制人“对赌”、投资方与目标公司“对赌”、投资方与目标公司的股东、目标公司“对赌”等形式。人民法院在审理“对赌协议”纠纷案件时，不仅应当适用合同法的相关规定，还应当适用公司法的相关规定；既要坚持鼓励投资方对实体企业特别是科技创新企业投资原则，从而在一定程度上缓解企业融资难问题，又要贯彻资本维持原则和保护债权人合法权益原则，依法平衡投资方、公司债权人、公司之间的利益。对于投资方与目标公司的股东或者实际控制人订立的“对赌协议”，如无其他无效事由，认定有效并支持实际履行，实践中并无争议。但投资方与目标公司订立的“对赌协议”是否有效以及能否实际履行，存在争议。对此，应当把握如下处理规则：

与目标公司“对赌”。投资方与目标公司订立的“对赌协议”在不存在法定无效事由的情况下，目标公司仅以存在股权回购或者金钱补偿约定为由，主张“对赌协议”无效的，人民法院不予支持，但投资方主张实际履行的，人民法院应当审查是否符合公司法关于“股东不得抽逃出资”及股份回购的强制性规定，判决是否支持其诉讼请求。

投资方请求目标公司回购股权的，人民法院应当依据《公司法》第 35 条关于“股东不得抽逃出资”或者第 142 条关于股份回购的强制性规定进行审查。经审查，目标公司未完成减资程序的，人民法院应当驳回其诉讼请求。

投资方请求目标公司承担金钱补偿义务的，人民法院应当依据《公司法》第 35 条关于“股东不得抽逃出资”和第 166 条关于利润分配的强制性规定进行审查。经审查，目标公司没有利润或者虽有利润但不足以补偿投资方的，人民法院应当驳回或者部分支持其诉讼请求。今后目标公司有利润时，投资方还可以依据该事实另行提起诉讼。

三、对赌协议的构成要素

九民纪要就对赌的范围、对赌的主体等进行了解释，然而实践中，对赌协议的类型比较复杂多样，且不断有创新形式出现，很多对赌的形式并不在九民纪要的解释范围内。当然，有的合同约定，并不一定是对赌协议，要判断其是否成为一项对赌协议，关键判断是否具备对赌协议的各项构成要素。根据目前的实践，笔者认为，对赌协议的构成要素有：对赌的主体、对赌的标的、支付补偿方、被补偿对象、补偿的方式、对赌的期间等。

（一）对赌的主体

即参与对赌的各方，是确定谁与谁对赌的问题。对赌协议一般都会明确约定参与对赌的各方。九民纪要列举了可能参与的对赌主体，即投资方与目标公司股东之间，投资方与目标公司之间，投资方同时与目标公司及其股东之间。由于在甘肃世恒、香港迪亚与海富投资增资纠纷案中，最高法确立了投资者与目标公司股东对赌有效，而与目标公司对赌无效的观点，因此从目前的实践来看，对赌主体一般是投资方与目标公司股东/实际控制人之间。但从九民纪要看，与目标公司“对赌”也可以是有效的，在未来，目标公司自然也可以成为对赌的主体。

（二）对赌的标的

标的是合同当事人双方权利和义务所共同指向的对象，它是合同成立的必要条件。对赌的标的是解决赌什么的问题，是对赌协议最主要解决的问题。对赌标的一般有实现的业绩，完成的其他财务指标，上市时间、企业行为、管理层去向等具体事件。其中实现的业绩是目前对赌协议中最常见的形式。从九民纪要看，仅提及关于业绩的对赌，对于以某些具体事件作为标的的对赌协议是否有效，尚待进一步观察。

（三）支付补偿方

支付补偿方，也就是作出承诺的一方。对赌协议一般会约定，在触发对赌条款后，需要由哪个对赌主体进行补偿。从实践看，常见的支付补偿方是公司原股东/实际控制人，但也有个别案例是股权收购方或其股东，或其他承诺方等。

（四）被补偿对象

在对赌主体中，有支付补偿方，就有被补偿对象。在对赌失败后，作出承诺的支付补偿方需要向被补偿对象按照约定方式进行补偿。从实践看，常见的被补偿对象是股权收购方，但也有个别案例是股权转让方。

（五）补偿的方式

在对赌失败后，作出承诺的支付补偿方需要以一定的方式向被补偿对象进行补偿，目前常见的补偿方式有：现金补偿、股权补偿、现金+股权的混合补偿对赌协议，以及股权回购。

（六）对赌的期间

对赌协议都会约定对赌有效的期间。如中国证监会2019年修改的《上市公司重大资产重组管理办法》第三十五条规定“采取收益现值法、假设开发法等基于未来收益预期的方法对拟购买资产进行评估或者估值并作为定价参考依据的，上市公司应当在重大资产重组实施完毕后3年内的年度报告中单独披露相关资产的实际盈利数与利润预测数的差异情况，并由会计师事务所对此出具专项审核意见；交易对方应当与上市公司就相关资产实际盈利数不足利润预测数的情况签订明确可行的补偿协议。”因此，上市公司在重大资产重组中对赌的期间至少为3年。

四、对赌协议的法律性质学说

关于对赌协议的法律性质，目前业界尚未达成共识。代表性学说主要有：射幸合同说、附条件合同说、担保合同说、期权说、合同变更说等。对以上各种学说，资本交易专家雷霆认为①：

（一）射幸合同说

射幸合同是否发生法律效果关键取决于将来发生事件的概率，合同双方可以对事件发生后的法律效果予以约定，但难以对事件发生本身作出调整，这与对赌协议不同，对赌协议投融资双方尤其是投资方多为资本运作经验丰富、资金雄厚的投资机构，且企业未来的业绩受到企业管理层能力、经营模式、市场环境、国家政策等影响，双方对其中的很多因素都是可控的，对赌协议对未来不确定性因素的可控性不同于射幸合同是否发生法律效果取决于将来发生事件的概率。

（二）附条件合同说

附条件合同的理论基础来源于附条件的法律行为，该制度的价值主要体现在对私法自治的尊重，以及便于当事人可以对不确定的风险作出事先安排，其解决的问题是合同效力的问题，即将合同的生效或失效条件赋予当事人自由调整。因此，附条件合同的核心不在于合同的类型如何，而在于当事人对合同效力的控制。对赌协议中约定的未来业绩是否达标与附条件合同中的条件性质不同，对赌协议中的未来业绩是否达

① 雷霆．图解并购重组法律实务操作要点与难点［M］．北京：法律出版社，2019

标影响的是具体结果，是给付内容的不同，而附条件合同中的条件影响的是合同效力，是合同效力的或然。但对赌协议签订即可生效，并不取决于未来业绩达标与否，显然不同于合同效力的附条件。

（三）担保合同说

我国《担保法》规定的担保是一种债权担保，其目的是担保债权的实现，从属于主合同而存在。但私募股权投资是一种股权投资，不同于债权，对赌协议中原股东对投资方的承诺有担保的功能，但是在性质、内容、责任承担方式均与传统担保不同，因此不能完全套用传统意义上的担保纠纷解决机制来解决对赌协议的经济纠纷。

（四）期权说

按照期权理论，期权是指一种合约，该合约赋予持有人在某一特定日期或该日之前的任何时间以固定价格购进或售出一种资产的权利。将对赌协议视为股票期权在于，协议授予投资方在未来某个时间如果协定的事件发生时，有权按照某个确定的价格要求公司、公司的原股东或实际控制人转让或回购股份、给予现金补偿等权利。这属于典型的金融学视角而非法律视角对对赌协议的性质的解释。

（五）合同变更说

该学说认为，对赌协议对原合同标的或价格的调整构成对原合同实质性条款的变更。但根据《合同法》规定，合同变更是指当事人对已经发生法律效力，但尚未履行或者尚未完全履行的合同，进行修改或补充所达成的协议。《合同法》规定，当事人协商一致可以变更合同。这里的合同变更指狭义的合同变更，即仅指合同内容的变更，不包括合同主体的变更。合同变更必须针对有效的合同，协商一致是合同变更的必要条件，任何方都不得擅自变更合同。由于对赌协议对标的价值的调整机制本身就是合同的一部分，仅当约定条件成就时合同双方就应履行合同，而不需要双方再协商一致，不存在对原合同的变更，而仅仅是履行原合同条款。

雷霆认为，基于期权学说对其经济实质的分析，在法律定性上，对赌协议可以被视为一种期待权。即将来有取得和实现可能性的权利，其是向既得权逐步发展的权利，并最终发展成为既得权。这一期待权发生在债权之上。如附条件和附期限法律行为中，当事人在所附条件成就和期限到来之前，即享有期待权。需要区分的是，这里并非附条件和期限生效或附条件解除的合同，因为对赌协议在签署之时就发生了法律效力，而是附条件生效/解除，从对双方的权利义务进行调整，进而发展形成的既得权是一种债权（给付请求权，即要求对方转让股份、回购股份或给予现金补偿的权利）。

无论业界就对赌协议的法律性质如何判断，目前公认的是其属于一项财产权利。

正如九民纪要指出的，对赌协议又称估值调整协议，是指投资方与融资方在达成股权性融资协议时，为解决交易双方对目标公司未来发展的不确定性、信息不对称以及代理成本而设计的包含了股权回购、金钱补偿等对未来目标公司的估值进行调整的协议。此解释可以作为对赌协议的官方定义，其本质是投资方与融资方对目标公司估值进行的调整。在收购时，由于交易双方对目标公司的认识不同，因此对目标公司的估值往往会有不同的判断。在交易时，出售方出于本能可能会高估目标公司的价格，而收购方由于对目标公司的认识有限，难以准确评估目标公司的价格，此时，可以通过对赌协议来解决双方在认识上的分歧。

五、对赌协议的分类

对赌协议并没有一个权威的明确分类，但根据并购重组实践，笔者认为可以有以下分类（见表10－1）：

（1）按对赌的主体不同，分为：投资方与目标公司股东对赌，投资方与目标公司对赌，投资方同时与目标公司及其股东对赌。

（2）按对赌的标的不同，分为：实现的业绩，完成的其他财务指标，上市时间、企业行为、管理层去向等具体事件。

（3）按补偿方向的不同，分为：正向对赌，反向对赌。

正向对赌，是或有对价（Earn－out）的一种，常见于国内企业在进行海外并购的交易中。正向对赌时，对赌各方约定，如果未来对赌标的达到约定的条件，投资方要追加一定的支付对价。从财务角度来说，投资方的投资款经过了最初的“预付”和后期的“追加”两次投资。

【例10－1】　　　　上海神开收购杭州丰禾的正向对赌

2014年上海神开石油化工装备股份有限公司收购杭州丰禾石油科技有限公司60%股权时，使用的就是这种方式。该次交易定价的依据：以杭州丰禾管理团队所作的2014年度—2017年度累计实现净利润预测（净利润按公司认可的审计机构审定的扣除非经常性损益后的净利润与审定账面净利润孰低计算）为基础，并经交易双方协商一致，本次交易价格总额上限为21 600万元，相当于杭州丰禾2014—2017年度净利润平均值的10.29倍（上限），具体股权转让价格将按杭州丰禾2014年度至2017年度4年实际完成业绩确定。本次股权转让的交易对价采取分期支付方式，预付金额合计为6 000万元。对于这2.16亿元的股权对价，双方采取了固定对价（6 000万元）+或有对价（1.56亿元）调整模式，固定对价分三期支付，并分别设置了付款条件：股转协议生效、工商变更登记完成、获取2014年杭州丰禾的审计报告，每一期的条件达成后，神开股份就向杭州丰禾的原股东支付2 000万元对价，直到三期的条件全部成就，6 000

万元的固定对价也就支付完毕。至于或有对价 1.56 亿元，则需要杭州丰禾的原股东自己去争取了，看他们能将杭州丰禾经营到何种水平。

而国内并购实务中最常见的方式是反向对赌。反向对赌是指投融资双方在达成交易时，事先约定目标资产未来可以实现的盈利预期，双方以此为基础约定收购总价款。如果目标资产未来实现事先约定的盈利预期，则对赌结束。如果目标资产未来没有实现事先约定的盈利预期，则出让方应向收购方返还约定金额的价款。从财务角度来说，第一次是投资者作为收购方完成“付款”操作；第二次是资产出让方完成“返还”操作。

（4）按基础资产的不同，分为：增资型对赌，资产收购型对赌。

增资型对赌，是指在投资者对目标公司进行增资时，以被投资的公司为基础资产进行对赌，通常采用目标公司及资产的未来盈利能力或未来能否上市等作为对赌标的。从财务角度来说，与目标公司股东对赌属于投资者与目标公司股东的资金往来；与目标公司对赌属于投资者与目标公司的资金往来。

股权收购型对赌，是指在收购方对目标公司或标的资产进行收购时，收购方以被收购公司或标的资产作为基础资产进行对赌，通常采用目标公司或标的资产的未来盈利能力作为里程碑事件。从财务角度来说，资产收购型对赌属于投资者与被投资公司之间的资金往来；股权收购型对赌属于投资者与被投资公司股东之间的资金往来。

（5）按补偿方式的不同，分为：现金补偿，股权补偿，现金 + 股权混合补偿，股权回购。

在对赌协议中，对赌主体需要约定对赌失败后的补偿方式，一般有现金补偿、股份（股票）补偿、或现金及股份（股票）同时补偿。很多上市公司在重大资产重组协议中约定，首先用股份（股票）进行补偿，不足部分用现金不足；也有约定，补偿义务人可以选择用股份（股票）或现金来补偿。

（6）按补偿义务人的不同，分为：卖方补偿，买方补偿，其他第三方补偿。

常见的被补偿对象是股权收购方，但也有个别案例是股权转让方。在 2013 年斯太尔收购武汉梧桐硅谷案例中，斯太尔的控股股东英达钢构对标的公司的业绩作出了承诺，因此英达钢构是支付补偿方。2014 年西部资源收购重庆开投集团持有的标的公司股权时，西部资源及其股东作出了收购标的公司后的业绩承诺，因此西部资源及其股东是支付补偿方。

表 10－1　对赌协议的分类

序号	划分依据	对赌类型
1	按对赌的主体不同	投资方与目标公司股东对赌
		投资方与目标公司对赌
		投资方同时与目标公司及其股东对赌
		第三方与目标公司及其股东对赌

续表

序号	划分依据	对赌类型
2	按对赌的标的不同	实现的业绩
		完成的其他财务指标
		上市时间、企业行为、管理层去向等具体事件
3	按支付交易价款的方式不同	正向对赌
		反向对赌
		双向对赌
4	按基础资产的不同	增资型对赌
		资产收购型对赌
5	按补偿方式的不同	现金补偿
		股权（股票）补偿
		现金+股权（股票）混合补偿
		股权回购
6	按补偿义务人的不同	卖方补偿
		买方补偿
		其他第三方补偿
7	按被补偿对象的不同	向购买方补偿（补对价）
		向目标公司补偿（补利润）

第二节　几起典型的对赌协议司法判例

最高人民法院审理过几起对赌协议案件，如2012年号称对赌协议第一案的“甘肃世恒有色资源再利用有限公司、香港迪亚有限公司与苏州工业园区海富投资有限公司、陆波增资纠纷案”，最高法在司法上确认了投资人与目标公司对赌协议无效、投资人与控股股东对赌有效；2018年的“强静延与曹务波、山东瀚霖生物技术有限公司股权转让纠纷案”，最高法明确认可经公司内部决策程序的对赌担保有效。而2019年江苏高院关于江苏华工与扬州锻压机床股权回购案，则承认与目标公司对赌协议的效力。以上司法实践案例及《全国法院民商事审判工作会议纪要》的出台为规范对赌协议的税务处理奠定了法律基础。下面，我们详细介绍这三起案件。

一、甘肃世恒、香港迪亚与海富投资增资纠纷案

2012年11月7日，最高人民法院以《中华人民共和国最高人民法院民事判决书》（(2012) 民提字第11号）就“甘肃世恒、香港迪亚与海富投资增资纠纷案”作出最

终结论。

2007 年 11 月 1 日前，甘肃众星锌业有限公司（以下简称众星公司）、海富公司、迪亚公司、陆波共同签订一份《甘肃众星锌业有限公司增资协议书》（以下简称《增资协议书》），约定：众星公司注册资本为 384 万美元，迪亚公司占投资的 100%。各方同意海富公司以现金 2 000 万元人民币对众星公司进行增资，占众星公司增资后注册资本的 3.85%，迪亚公司占 96.15%。依据协议内容，第二项“业绩目标”约定：众星公司 2008 年净利润不低于 3 000 万元人民币。如果众星公司 2008 年实际净利润完不成 3 000 万元，海富公司有权要求众星公司予以补偿，如果众星公司未能履行补偿义务，海富公司有权要求迪亚公司履行补偿义务。补偿金额 =（1 – 2008 年实际净利润/3 000 万元）× 本次投资金额。第四项“股权回购”约定：如果至 2010 年 10 月 20 日，由于众星公司的原因造成无法完成上市，则海富公司有权在任一时刻要求迪亚公司回购届时海富公司持有之众星公司的全部股权，迪亚公司应自收到海富公司书面通知之日起 180 日内按以下约定回购金额向海富公司一次性支付全部价款。若自 2008 年 1 月 1 日起，众星公司的净资产年化收益率超过 10%，则迪亚公司回购金额为海富公司所持众星公司股份对应的所有者权益账面价值；若自 2008 年 1 月 1 日起，众星公司的净资产年化收益率低于 10%，则迪亚公司回购金额为（海富公司的原始投资金额 – 补偿金额）×（1 + 10% × 投资天数/360）。

2007 年 11 月 1 日，海富公司、迪亚公司签订《中外合资经营甘肃众星锌业有限公司合同》（以下简称《合资经营合同》），有关约定为：众星公司增资扩股将注册资本增加至 399.38 万美元，海富公司决定受让部分股权，将众星公司由外资企业变更为中外合资经营企业。在合资公司的设立部分约定，合资各方以其各自认缴的合资公司注册资本出资额或者提供的合资条件为限对合资公司承担责任。海富公司出资 15.38 万美元，占注册资本的 3.85%；迪亚公司出资 384 万美元，占注册资本的 96.15%。海富公司应于本合同生效后十日内一次性向合资公司缴付人民币 2 000 万元，超过其认缴的合资公司注册资本的部分，计入合资公司资本公积金。如果至 2010 年 10 月 20 日，由于合资公司自身的原因造成无法完成上市，则海富公司有权在任一时刻要求迪亚公司回购届时海富公司持有的合资公司的全部股权。之后，海富公司依约于 2007 年 11 月 2 日缴存众星公司银行账户人民币 2 000 万元，其中新增注册资本 114.7717 万元，资本公积金 1 885.2283 万元。

2009 年 6 月，众星公司经甘肃省商务厅批准，到工商部门办理了名称及经营范围变更登记手续，名称变更为甘肃世恒有色资源再利用有限公司。另据工商年检报告登记记载，众星公司 2008 年度生产经营利润总额 26 858.13 元，净利润 26 858.13 元。

2009 年 12 月 30 日，海富公司诉至兰州市中级人民法院，请求判令世恒公司、迪亚公司和陆波向其支付协议补偿款 1 998.2095 万元并承担本案诉讼费及其他费用。

一审法院认为，《增资协议书》系双方真实意思表示，但业绩补偿的约定，不符合《中华人民共和国中外合资经营企业法》第八条关于企业利润根据合营各方注册资本的比例进行分配的规定，同时，该条规定与《公司章程》的有关条款不一致，也损害公司利益及公司债权人的利益，不符合《中华人民共和国公司法》第二十条第一款的规定。因此，该约定无效，故海富公司依据该条款要求世恒公司承担补偿责任的诉请，依法不能支持。综上，一审法院认为海富公司的诉请依法不能支持，世恒公司、迪亚公司、陆波不承担补偿责任的抗辩理由成立。驳回海富公司的全部诉讼请求。

海富公司不服一审判决，向甘肃省高级人民法院提起上诉。

二审法院认为，当事人争议的焦点为《增资协议书》第七条第（二）项是否具有法律效力。本案中，海富公司与世恒公司、迪亚公司、陆波四方签订的协议书虽名为《增资协议书》，但期望世恒公司经股份制改造并成功上市后，获取增值的股权价值才是其缔结协议书并出资的核心目的，并不违反法律规定。而业绩补偿的约定，则违反了投资领域风险共担的原则，使得海富公司作为投资者不论世恒公司经营业绩如何，均能取得约定收益而不承担任何风险。《增资协议书》中业绩补偿的约定内容，因违反《中华人民共和国合同法》应认定无效。海富公司除已计入世恒公司注册资本的114.771万元外，其余1 885.2283万元资金性质应属名为投资，实为借贷。世恒公司与迪亚公司应按同期银行定期存款利率计付利息。

二审法院认为，一审判决认定部分事实不清，导致部分适用法律不当，应予纠正。该院判决：（1）撤销一审法院民事判决；（2）世恒公司、迪亚公司于判决生效后30日内共同返还海富公司1 885.2283万元及利息。

世恒公司、迪亚公司不服甘肃省高级人民法院（2011）甘民二终字第96号民事判决，向最高人民法院申请再审，请求裁定再审，撤销二审判决，维持一审判决。

最高人民法院认为，2009年12月，海富公司向一审法院提起诉讼时的诉讼请求是请求判令世恒公司、迪亚公司、陆波向其支付协议补偿款19 982 095元并承担本案诉讼费用及其他费用，没有请求返还投资款。因此，二审判决判令世恒公司、迪亚公司共同返还投资款及利息超出了海富公司的诉讼请求，是错误的。

业绩承诺约定使得海富公司的投资可以取得相对固定的收益，该收益脱离了世恒公司的经营业绩，损害了公司利益和公司债权人利益，一审法院、二审法院认定《增资协议书》中的这部分条款无效是正确的。但二审法院认定海富公司18 852 283元的投资名为联营实为借贷，并判决世恒公司和迪亚公司向海富公司返还该笔投资款，没有法律依据，本院予以纠正。

但是，在《增资协议书》中，迪亚公司对于海富公司的补偿承诺并不损害公司及公司债权人的利益，不违反法律法规的禁止性规定，是当事人的真实意思表示，是有效的。迪亚公司对海富公司承诺了众星公司2008年的净利润目标并约定了补偿金额的计算方法。在众星公司2008年的利润未达到约定目标的情况下，迪亚公司应当依约应海富公司的请求对其进行补偿。迪亚公司对海富公司请求的补偿金额及计算方法没有提出异议，本院予以确认。

最高人民法院判决：（1）撤销甘肃省高级人民法院（2011）甘民二终字第96号民事判决；（2）迪亚公司向海富公司支付协议补偿款19 982 095元。

该案被称为PE投资司法裁判第一案而备受关注。该案确立的裁判观点是：与目标公司的对赌，由于投资人可以取得相对固定的收益，脱离了被投资公司的经营业绩，损害了公司利益和公司债权人利益，因此该对赌协议无效。但是，如果与目标公司股东的对赌，并不损害公司及公司债权人的利益，不违反法律法规的禁止性规定，是当事人的真实意思表示，因此该对赌协议有效。

二、强静延与曹务波、山东瀚霖股权转让案

“强静延与曹务波、山东瀚霖股权转让案”（《中华人民共和国最高人民法院民事判决书》（2016）最高法民再128号）也是最高法再审的对赌协议纠纷案。

2011年，山东瀚霖公司、曹务波与强静延等签订了《增资协议书》及《补充协议书》，约定强静延向瀚霖公司增资扩股及其他事宜。其中，强静延向瀚霖公司增资3 000万元，其中400万元作为瀚霖公司的新增注册资本，其余2 600万元作为瀚霖公司的资本公积金，强静延持有瀚霖公司0.86%的股权。《补充协议书》约定：曹务波作为瀚霖公司法定代表人承诺争取目标公司瀚霖公司于2013年6月30日前在国内上市；如果目标公司未能完成上市，强静延有权要求曹务波以现金方式购回强静延所持的目标公司股权，回购价格为强静延实际投资额再加上每年8%的内部收益率溢价，瀚霖公司为曹务波的回购提供连带责任担保。强静延于2011年4月29日将3 000万元转入瀚霖公司账上，瀚霖公司将强静延登记在其股东名单中。

2012年5月31日，强静延与曹务波签订了《股权转让协议》，约定：强静延将持有的瀚霖公司股权转让给曹务波，按《补充协议书》约定的价格计算方式回购。《股权转让协议》签订后，曹务波未履行支付义务。2014年4月2日，强静延书面通知曹务波、瀚霖公司支付股权转让款并承担违约责任，但曹务波、瀚霖公司未履行付款义务。

一审法院认为，《增资协议书》《股权转让协议》未违反法律、行政法规的强制性规定，应属合法有效。关于《补充协议书》中瀚霖公司为回购提供连带担保的约定，该约定损害了公司、公司其他股东以及公司债权人的利益，应认定为无效。一审法院酌情认定以中国人民银行同期贷款基准利率计算违约金。一审法院判决：（1）曹务波向强静延支付股权转让款37 791 360元；（2）曹务波向强静延支付逾期付款的违约金

（计算方式：以股权转让款 37 791 360 元为基数，按中国人民银行同期贷款基准利率计算）；（3）驳回强静延的其他诉讼请求。

强静延不服一审判决，上诉请求依法改判瀚霖公司对曹务波应当承担的 37 791 360 元及其违约金的债务承担连带责任或发回重审。

二审法院补充查明，各方所签《补充协议书》约定了业绩保障条款，如未达条件，曹务波按比例退还强静延出资款。二审审理中，强静延委托诉讼代理人称：瀚霖公司 2011 年的利润未达到约定的业绩目标，且公司涉及大量诉讼，经营情况严重下滑，最终未能上市。

二审法院认为，强静延向瀚霖公司增资目的在于实现瀚霖公司上市并获取瀚霖公司上市后的溢价收益，强静延、曹务波关于股权回购的约定是其真实意思表示，亦不违反法律、行政法规的禁止性规定，属合法有效。

对于瀚霖公司提供担保行为的效力问题，该约定使得股东获益脱离了公司的经营业绩，悖离了《公司法》法理精神，最终使得股东强静延规避了交易风险，将瀚霖公司可能存在的经营不善及业绩不佳的风险转嫁给瀚霖公司及其债权人，严重损害了瀚霖公司其他股东和债权人的合法利益，应当认定无效。

二审法院判决：驳回上诉，维持原判。

最高人民法院再审认为，案涉《补充协议书》所约定担保条款合法有效，瀚霖公司应当依法承担担保责任，理由如下：其一，强静延已对瀚霖公司提供担保经过股东会决议尽到审慎注意和形式审查义务。其二，强静延投资全部用于公司经营发展，瀚霖公司全体股东因而受益，故应当承担担保责任。因此，认定瀚霖公司承担担保责任，符合一般公平原则。

最高人民法院再审判决如下：（1）撤销二审民事判决；（2）维持一审民事判决中前两项。（3）改判：山东瀚霖生物技术有限公司对曹务波所承担股权转让款及逾期付款违约金债务承担连带清偿责任。

三、江苏华工与扬州锻压股权回购案

《江苏华工创业投资有限公司与扬州锻压机床股份有限公司、潘云虎等请求公司收购股份纠纷再审民事判决书》（《江苏省高级人民法院民事判决书》（2019）苏民再 62 号）之所以受到关注，是因为其确立了与目标公司对赌有效的审判逻辑。

2011 年 7 月 6 日，江苏华工创业投资有限公司（以下简称华工公司）与扬州锻压机床集团有限公司（以下简称扬锻集团公司）及潘云虎等共同签订《增资扩股协议》，约定华工公司以现金 2 200 万元人民币对公司增资，其中 200 万元作为注册资本，2 000 万元列为公司资本公积金。同日，各方就增资的有关事宜达成《补充协议》约定：若扬锻集团公司在2014年12月31日前未能在境内资本市场上市等，华工公司有权要求扬锻集团公司回购股份，回购价款按年化8%的利率计算。本协议生效后，扬锻集团公司的违约行为导致华工公司发生任何损失，潘云虎等股东、扬锻集团公司承担连带责任。

2011年11月20日，扬锻集团公司召开创立大会，股东一致表决同意通过新的公司章程，章程第一条规定：扬锻公司为股份有限公司。

因证监会暂停18个月IPO申报，扬锻公司于2014年10月16日召开临时股东大会通过申报新三板的议案。

2014年11月25日，华工公司要求扬锻公司回购华工公司持有的全部公司股份，回购股权价格同《补充协议》的约定。

一审法院认为，案涉股权回购主体为扬锻公司，不包含扬锻公司原股东。案涉股权回购约定因违反《公司法》禁止性规定且违背公司资本维持和法人独立财产原则而无效。一审判决：驳回华工公司的诉讼请求。

华工公司不服一审判决，提起上诉。

二审判决：驳回上诉，维持原判决。

江苏高院再审认为，(1) 案涉协议约定的股权回购主体应认定为扬锻集团公司；(2) 扬锻公司新章程未对对赌协议作出变更；(3) 案涉对赌协议效力应认定有效；(4) 案涉对赌协议具备履行可能性；(5) 扬锻公司应依《公司法》的规定履行完成工商登记变更等相应法定程序。

关于对赌协议，江苏高院认为，案涉对赌协议中关于股份回购的条款内容，是当事人特别设立的保护投资人利益的条款，属于缔约过程中当事人对投资合作商业风险的安排，系各方当事人的真实意思表示。股份回购条款中关于股份回购价款约定虽为相对固定收益，但约定的年回报率为8%，与同期企业融资成本相比并不明显过高，不存在脱离目标公司正常经营下所应负担的经营成本及所能获得的经营业绩的企业正常经营规律。该约定不存在《合同法》规定的合同无效的情形，不存在显失公平的问题。扬锻集团公司变更为扬锻公司后，案涉对赌协议的权利义务应由扬锻公司承继，在案涉对赌条款激活后，扬锻公司应按照协议约定履行股份回购义务，潘云虎等原扬锻集团公司股东应承担连带责任。案涉对赌协议无论是针对列入注册资本的注资部分还是列入资本公积金的注资部分的回购约定，均具备法律上的履行可能。华工公司在向扬锻集团公司注资后，同时具备该公司股东及该公司债权人的双重身份，如允许扬锻公司及原扬锻集团公司股东违反对赌协议的约定拒绝履行股份回购义务，则不仅损害华工公司作为债权人应享有的合法权益，亦会对华工公司股东及该公司债权人的利益造成侵害，有违商事活动的诚实信用原则及公平原则。

江苏高院再审判决：撤销一审法院、二审法院的民事判决；扬锻公司支付华工公司股份回购款以及的逾期付款利息；潘云虎等承担连带清偿责任。

从上面案例可以看出，甘肃世恒与海富投资案的裁判逻辑是，现金补偿虽然源于出资作价的调整，但其触发的却是《公司法》中的资本维持原则。而江苏华工与扬州锻压案要求股东回购股份，并不违反资本维持原则，也具有可履行性，不损害公司的持续经营能力。

第三节　对赌协议在上市公司的实践

笔者根据 Wind 对上市公司近年来的对赌协议情况进行了统计，可以看出，2015—2018 年上市公司对赌协议事件在逐年上升，但 2019 年在下降，主要原因是 2019 年上市公司的重大资产重组数量在大幅度下降。由于对赌协议在上市公司被大量运用，很多税务处理也发生在上市公司中。下面我们简要梳理下对赌协议在上市公司的实践，如表 10－2 所示。

表 10－2　　上市公司对赌协议事件统计表（2015—2019）

年度	公告数量	完成数量	补对价数量	补利润数量
2015	767	525	215	77
2016	979	736	485	136
2017	1 419	1 252	887	227
2018	1 457	1 264	923	227
2019	1 119	974	739	177
合计	5 741	4 751	3 249	844

一、对赌协议在上市公司股权分置改革中开始应用

2005 年我国开始实施股权分置改革。为了保证股权分置改革时中小股东的利益，监管部门要求上市公司大股东在向上市公司注入资产时，对资产未来的盈利情况作出明确承诺。如《深圳证券交易所股权分置改革承诺事项管理指引》第十四条规定，“股权分置改革与上市公司资产重组结合，承诺人通过注入优质资产、承担债务等方式，以实现上市公司盈利能力或者财务状况改善作为对价安排的，承诺人应当对上市公司或置入资产未来三年的经营目标作出明确的承诺并予以披露。同时，承诺人应对上述预期经营目标无法达到时给予流通股股东相应补偿作出安排，如追送一定比例的股份或现金等。”从此，业绩补偿承诺在上市公司开始广泛运用。

二、向非关联方购买资产且未导致控制权变更的不强制要求对赌

《上市公司重大资产重组管理办法》第三十五还规定，“上市公司向控股股东、实际控制人或者其控制的关联人之外的特定对象购买资产且未导致控制权发生变更的，不适用本条前二款规定，上市公司与交易对方可以根据市场化原则，自主协商是否采取业绩补偿和每股收益填补措施及相关具体安排。”因此，对于上市公司向控股股东、实际控制人或者其控制的关联人之外的特定对象购买资产且未导致控制权发生变更的，不再强制要求签订盈利预测补偿协议，上市公司与交易对方可以自由协商进行业绩补偿对赌。

三、证监会对于对赌协议的态度

证监会对于对赌协议的态度可以概括为：认可对赌协议合法有效，但要求拟上市企业在 IPO 前清除对赌协议。其中招股说明书作为拟上市公司披露的重要法律文件，受到证监会的严格监管。

IPO 相关规定中与对赌协议相关的主要为以下两条：《首次公开发行股票并上市管理办法》第十三条和《首次公开发行股票并在创业板上市管理办法》第十五条：发行人的股权清晰，控股股东和受控股股东、实际控制人支配的股东持有的发行人股份不存在重大权属纠纷。

证监会对于对赌协议的反馈意见包括：

（1）审核对赌协议的出发点是拟 IPO 公司的股权稳定性；

（2）关注发行人及相关股东之间是否曾存在对赌协议；

（3）对于存在 PE 股东的拟 IPO 公司，必问及对赌协议事宜；

（4）如果曾经有对赌协议，要求披露其签订时间、权利义务条款、违约责任等具体情况，并核查其是否合法有效、是否存在纠纷或潜在纠纷、是否均已清理完成、是否对发行人的股权结构产生不利影响、发行人目前的股权结构是否稳定；

（5）如对赌协议已经解除，还关注相关对赌协议的解除是否真实，是否是附条件的解除。

四、发行人对赌协议同时满足四条件可以不清理

2019 年 3 月 25 日，中国证监会发行监管部发布了《首发业务若干问题解答》，其中提及对赌协议问题：

问题 5：部分投资机构在投资发行人时约定对赌协议等类似安排的，发行人及中

介机构应当如何把握？

答：投资机构在投资发行人时约定对赌协议等类似安排的，原则上要求发行人在申报前清理，但同时满足以下要求的可以不清理：一是发行人不作为对赌协议当事人；二是对赌协议不存在可能导致公司控制权变化的约定；三是对赌协议不与市值挂钩；四是对赌协议不存在严重影响发行人持续经营能力或者其他严重影响投资者权益的情形。保荐人及发行人律师应当就对赌协议是否符合上述要求发表明确核查意见。

发行人应当在招股说明书中披露对赌协议的具体内容、对发行人可能存在的影响等，并进行风险提示。

五、业绩承诺不能变更

最近几年，中国证监会代表在不同场合，都强调了在上市公司重大资产重组交易中，无论是强制承诺还是自愿承诺，出售方在业绩补偿承诺履行阶段都不能变更承诺。中国证监会推出这项政策背后的考虑，一方面是为了抑制近几年境内上市公司并购交易中的“三高”现象（高估值、高商誉、高业绩），另一方面也是切实保障中小股东的权益。

中国证监会网站在2016年6月17日发布了《关于上市公司业绩补偿承诺的相关问题与解答》，“上市公司重大资产重组中，重组方作出的业绩补偿承诺，能否依据《上市公司监管指引第4号——上市公司实际控制人、股东、关联方、收购人以及上市公司承诺及履行》的规定进行变更?”

答：上市公司重大资产重组中，重组方的业绩补偿承诺是基于其与上市公司签订的业绩补偿协议作出的，该承诺是重组方案的重要组成部分，因此，重组方应当严格按照业绩补偿协议履行承诺。重组方不得适用《上市公司监管指引第4号——上市公司实际控制人、股东、关联方、收购人以及上市公司承诺及履行》第五条的规定，变更其作出的业绩补偿承诺。

本问答发布前股东大会已经审议通过变更事项的，不适用本问答。

【例10-2】　微光股份终止对赌并接管目标公司的经营管理

2018年5月5日，微光股份（证券代码：002801）与杭州祥和、杭州祥和的股东签署了《股权收购暨增资协议》，各方约定公司通过股权转让及增资方式取得杭州祥和53.50%股权，交易完成后杭州祥和成为公司控股子公司。杭州祥和原股东对2018—2020年期间的业绩作出了承诺，如杭州祥和未达到协议业绩承诺，杭州祥和原股东应向公司进行业绩补偿。若届时杭州祥和原股东未能依照约定进行现金补偿，公司有权要求杭州祥和原股东以其所持杭州祥和股权，按照上一年度经审计的杭州祥和合并报表下每股净资产价格，向公司进行股份补偿。然而，2018年度、2019年度，由于汽车行业整体不景气，经营管理薄弱，杭州祥和经营业绩不理想，连续亏损。2018

年业绩对赌，杭州祥和原股东以所持杭州祥和股权进行了业绩补偿；2019年业绩对赌，杭州祥和原股东所持股权已不足以进行业绩补偿。2020年2月26日，公司却收到杭州祥和原股东提交的《关于终止祥和实业股权收购暨增资协议项下对赌约定的请求函》，杭州祥和原股东因综合考虑杭州祥和目前的经营管理现状，及其自身的现实情况、资金实力，请求终止与公司2020年的业绩对赌。2020年3月6日，微光股份披露公告称，在目前的大环境下，杭州祥和原股东实现2020年业绩承诺难度较大，2020年业绩补偿实现的可能性较小。拟终止收购标的杭州祥和2020年业绩承诺、业绩补偿及业绩奖励条款，杭州祥和原股东退出经营管理，由公司全面接管杭州祥和的经营管理。

六、上市公司对赌实践中存在的一些问题

在上市公司重大资产重组收购资产过程中，一些企业的股东在向上市公司出售股权时为取得更高的对价，往往作出了过高的承诺。但近年来，由于经济持续低迷，不少上市公司购买的资产出现了对赌时承诺的业绩没有完成而引发的一些问题，如：补偿义务人无力补偿，业绩承诺刚到期就迅速变脸，上市公司对购买的资产做商誉减值，被收购企业为了业绩出现财务造假。

【例10－3】　安洁科技与威博精密股东的业绩对赌案例

在安洁科技（证券代码：002635）案例中，由于威博精密未完成业绩承诺，其股东获得的股票全部用来支付补偿。下面我们对此案例进行详细介绍，在第五节中我们将分析其中的税务处理。

一、交易概述

2017年7月27日，安洁科技发布了《发行股份及支付现金购买资产并募集配套资金暨关联交易报告书（草案）（修订稿）》。本次交易安洁科技拟通过发行股份及支付现金的方式购买吴桂冠、吴镇波、柯杏茶、黄庆生、练厚桂合计持有的威博精密100%股权，交易对价初步协商确定为34亿元。本次交易完成后，安洁科技将持有威博精密100%股权。本次购买标的资产支付的对价分别通过发行股份和现金形式支付，其中安洁科技以股份支付交易对价的比例为70%，以现金支付交易对价的比例为30%。按照上述交易价格计算，本次交易对价支付情况如表10－3所示：

表10－3

序号	交易对方	本次交易的威博精密股权比例（%）	交易对价（万元）	交易对价支付方式	
				现金（万元）	股票（股）
1	吴桂冠	30.16	102 544.00	30 763.20	35 980 350
2	吴镇波	28.16	95 744.00	28 723.20	33 594 386

续表

序号	交易对方	本次交易的威博精密股权比例（%）	交易对价（万元）	交易对价支付方式	
				现金（万元）	股票（股）
3	柯杏茶	17.92	60 928.00	18 278.40	21 378 246
4	黄庆生	11.88	40 392.00	12 117.60	14 172 632
5	练厚桂	11.88	40 392.00	12 117.60	14 172 632
合计		100	340 000.00	102 000.00	119 298 246

本次股份发行定价基准日为公司审议本次交易事项的董事会决议公告日，发行股份购买资产发行价格为参考定价基准日前60个交易日公司股票均价的90%，即为19.95元/股。

二、交易中的业绩承诺及补偿安排

（一）业绩承诺

根据安洁科技与交易对方签订的《发行股份及支付现金购买资产的利润补偿协议》及其补充协议，交易对方承诺威博精密利润承诺期间实现的净利润承诺数总额不低于128 000.00万元，其中：2017年度、2018年度、2019年度实现的净利润承诺数分别不低于33 000.00万元、42 000.00万元、53 000.00万元。“净利润承诺数”中的净利润，均指威博精密合并口径扣除非经常性损益后归属于母公司股东的净利润，下同。

利润承诺期间的每一会计年度结束后四个月内，安洁科技聘请具有证券期货从业资格的审计机构对威博精密净利润承诺数的实现情况出具《专项审核报告》，以《专项审核报告》披露的威博精密合并口径扣除非经常性损益后归属于母公司股东的净利润作为实际净利润数。

（二）业绩承诺补偿安排

1. 具体补偿方式

业绩承诺方将按照签署的《发行股份及支付现金购买资产的利润补偿协议》的约定进行补偿。若利润承诺期间威博精密实现的实际净利润数低于净利润承诺数，则交易对方须就不足部分以股份形式向上市公司进行补偿；如股份不足以补偿的，应以现金方式补偿上市公司。

根据安洁科技与交易对方签订的《发行股份及支付现金购买资产的利润补偿协议之补充协议（二）》，交易对方通过股份（按照本次交易中公司向交易对方最终发行股份的价格乘以股份数量折算利润补偿金额）和现金方式合计向安洁科技支付的利润补偿金额最高不超过本次交易对价总额，即本次发行股份及支付现金购买资产的交易价格340 000.00万元。

交易对方内部按照各自在本次交易中取得的交易对价金额占在本次交易中合计取

得的交易对价总金额的比例（以下简称“内部分担比例”）分担《利润补偿协议》及其补充协议约定的补偿责任。

补偿股份数按照如下方式计算：

当年应补偿金额=（威博精密截至当年期末累计净利润承诺数－威博精密截至当年期末累计实现的实际净利润数）/利润承诺期间威博精密的净利润承诺数总额×本次交易对价总额－累积已补偿金额

当年应补偿股份总数=当年应补偿金额/本次交易中上市公司向交易对方发行股份的价格；以上股份数计算结果如有小数，则四舍五入取整

交易对方每一方应补偿股份数为：当年应补偿股份总数×内部分担比例

如果交易对方所持股份不足以补偿上述当年应补偿金额的，则交易对方应以现金补足差额，计算公式如下：

当年应补偿现金金额=（威博精密截至当年期末累计净利润承诺数－威博精密截至当年期末累计实现的实际净利润数）/利润承诺期间威博精密的净利润承诺数总额×本次交易对价总额－交易对方累计已补偿股份总数×本次交易中上市公司向交易对方发行股份的价格－交易对方累计已补偿现金金额

在逐年计算补偿测算期间交易对方应补偿股份或现金时，按照上述公式计算的当年应补偿股份或现金小于0时，按0取值，即已经补偿的股份或现金不冲回。

上市公司若发生派发股利、送股、转增股本、配股等除权、除息行为，交易对方通过本次交易取得的股份总数按照监管机构的规则作相应调整，利润补偿股份数量也随之进行调整。

2. 股份补偿程序

如果交易对方因威博精密实现的实际净利润数低于净利润承诺数从而须向上市公司进行股份补偿的，上市公司应在会计师事务所出具《专项审核报告》后30个工作日内召开董事会及股东大会审议关于回购交易对方应补偿的股份并注销相关方案，并同步履行通知债权人等法律、法规关于减少注册资本的相关程序。上市公司就交易对方补偿的股份，首先采用股份回购注销方案，如股份回购注销方案因未获得上市公司股东大会通过等原因无法实施的，上市公司将进一步要求交易对方将应补偿的股份无偿赠送给其他股东，具体如下：

（1）若上市公司股东大会审议通过股份回购注销方案的，则上市公司以人民币1元的总价回购并注销交易对方当年应补偿的股份，并在股东大会决议公告后5个工作日内将股份回购数量书面通知交易对方。交易对方应在收到上市公司书面通知之日起5个工作日内，向中登公司深圳分公司发出将其当年须补偿的股份过户至上市公司董事会设立的专门账户的指令。自该等股份过户至上市公司董事会设立的专门账户之后，上市公司将尽快办理该等股份的注销事宜。

（2）若上述股份回购注销事宜因未获得上市公司股东大会通过等原因无法实施，则上市公司将在股东大会决议公告后5个工作日内书面通知交易对方实施股份赠送方案。交易对方应在收到上市公司书面通知之日起30个工作日内尽快取得所需批准，在符合法律、法规及证券监管要求的前提下，将应补偿的股份赠送给上市公司截至审议回购注销事宜股东大会决议公告日登记在册的除交易对方之外的其他股东，除交易对方之外的其他股东按照其持有的上市公司股份数量占审议回购注销事宜股东大会决议公告日上市公司扣除交易对方持有的股份数后总股本的比例获赠股份。

（3）交易对方所持股份不足以补偿当年应补偿金额时，上市公司应在会计师事务所出具《专项审核报告》后30个工作日内召开董事会及股东大会审议关于交易对方现金补偿相关方案，并在股东大会决议公告后5个工作日内将现金补偿金额书面通知交易对方。交易对方应在收到上市公司要求其履行现金补偿义务的书面通知之日起30日内，以现金方式向上市公司支付补偿金额。

自交易对方应补偿股份数量确定之日（即上市公司股东大会决议公告日）起至该等股份注销前或被赠与其他股东前，交易对方承诺放弃该等股份所对应的表决权及获得股利分配的权利。

三、奖励对价安排

为充分激励交易对方在完成盈利承诺后进一步发展标的公司主营业务，提高盈利水平，本次交易方案设计了奖励对价。

若威博精密在利润承诺期间内，累计实现的实际净利润数超过累计净利润承诺数，安洁科技应在利润承诺期间届满后将威博精密在利润承诺期间累计实际净利润数超过累计净利润承诺数部分的25%（且不超过本次交易对价总额的20%，含税）作为奖励，以现金方式支付给本次交易完成后威博精密在任的核心管理人员。具体分配方案（包括分配名单及分配比例）届时由威博精密董事会制定，经安洁科技董事会薪酬委员会审核确定后执行。

超额业绩奖励金额（含税）=（累计实际净利润数 - 累计净利润承诺数）×25%，且不超过本次交易对价总额的20%，即不超过6 000.00万元。

本次交易相关的超额业绩奖励奖励对象为标的公司经营管理团队，此部分超额业绩奖励满足《企业会计准则9号——职工薪酬》的定义，属于标的公司成本费用的一部分，因此应在承诺期间的第三个会计年度年末预提超额业绩奖励具体金额，计入当期管理费用，同时确认应付职工薪酬。上述业绩奖励在确认的当年，即业绩承诺期间第三个会计年度，将会对标的公司的净利润及安洁科技合并净利润产生一定的影响。

由于业绩奖励的来源为标的公司在业绩承诺期内所创造的超额利润，且奖励金额为利润承诺期间累计实际净利润数超过累计净利润承诺数部分的25%和本次交易对价总额的20%之中较低者，不会给标的公司及上市公司造成额外负担，对标的公司的净利润及安洁科技合并净利润将不会产生重大影响。

四、威博精密业绩完成情况

（一）2017 年度

根据江苏公证天业会计师事务所（特殊普通合伙）为公司出具的《惠州威博精密科技有限公司 2017 年业绩承诺实现情况专项审核报告》（苏公 W〔2018〕E1153 号），2017 年度威博精密实现归属于母公司所有者的净利润为 22 989.90 万元，2017 年威博精密实现扣除非经常性损益后净利润为 22 759.92 万元，未能达到 2017 年扣除非经常性损益后净利润 33 000.00 万元的业绩承诺，达成率为 68.97%。

（二）2018 年度

根据江苏公证天业会计师事务所（特殊普通合伙）出具的《关于惠州威博精密科技有限公司 2018 年业绩承诺实现情况的专项审核报告》（苏公 W〔2019〕E1103 号）、公司与交易对方分别签署的《发行股份及支付现金购买资产的利润补偿协议》及其补充协议、补充协议（二），2018 年度威博精密实现扣除非经常性损益后归属于母公司所有者的净利润为 8 589.67 万元，未能达到 2018 年度净利润 42 000.00 万元的业绩承诺，达成率为 20.45%。

（三）2019 年度

根据江苏公证天业会计师事务所（特殊普通合伙）出具的《关于惠州威博精密科技有限公司 2019 年业绩承诺实现情况的专项审核报告》（苏公 W〔2020〕E1150 号）、公司与交易对方分别签署的《发行股份及支付现金购买资产的利润补偿协议》及其补充协议、补充协议（二），2019 年度威博精密实现扣除非经常性损益后归属于母公司所有者的净利润为 –8 431 456.65 元，较业绩承诺方 2019 年业绩承诺数 53 000.00 万元少 538 431 456.65 元，达成率为 –1.59%。

五、威博精密业绩未完成涉及的业绩补偿事项

2017 年度公司已经向吴桂冠、吴镇波、柯杏茶、练厚桂、黄庆生回购共计 13 634 191 股。具体明细如表 10 –4 所示：

表 10 –4

序号	业绩补偿义务人名称	所持标的公司股份比例	认购上市公司股份（股）	应补偿股份数量（股）
1	吴桂冠	30.16%	35 980 350	4 112 072
2	吴镇波	28.16%	33 594 386	3 839 388
3	柯杏茶	17.92%	21 378 246	2 443 247
4	练厚桂	11.88%	14 172 632	1 619 742
5	黄庆生	11.88%	14 172 632	1 619 742
合计	—	100%	119 298 246	13 634 191

2018年度公司已经向吴桂冠、吴镇波、柯杏茶、练厚桂、黄庆生回购共计44 484 310股。具体明细如表10－5所示：

表10－5

序号	业绩补偿义务人名称	所持标的公司股份比例	认购上市公司股份（股）	2017年度已补偿股份（股）	2018年度应补偿股份数量（股）
1	吴桂冠	30.16%	35 980 350	4 112 072	13 416 468
2	吴镇波	28.16%	33 594 386	3 839 388	12 526 782
3	柯杏茶	17.92%	21 378 246	2 443 247	7 971 588
4	练厚桂	11.88%	14 172 632	1 619 742	5 284 736
5	黄庆生	11.88%	14 172 632	1 619 742	5 284 736
合计	—	100%	119 298 246	13 634 191	44 484 310

1. 2019年业绩补偿总补偿金额

2019年应补偿总金额＝（威博精密截至当年期末累计净利润承诺数－威博精密截至当年期末累计实现的实际净利润数）/利润承诺期间威博精密的净利润承诺数总额×本次交易对价总额－累积已补偿金额＝1 430 208 556.73元

2. 补偿股份数

假设2019年业绩补偿全部用股份补偿，2019年应补偿股份总数＝当年应补偿金额/本次交易中上市公司向交易对方发行股份的价格＝1 430 208 556.73元÷19.95元/股＝71 689 652股。

业绩承诺人吴桂冠、吴镇波、柯杏茶、练厚桂、黄庆生合计持有公司限售股份61 179 745股，少于假设2019年业绩补偿全部用股份补偿的补偿股份总数。根据交易各方签署的《发行股份及支付现金购买资产的利润补偿协议》及其补充协议、补充协议（二）的约定，如果交易对方所持股份不足以补偿上述当年应补偿金额的，则交易对方应以现金补足差额。2019年应补偿股份合计数量为61 179 745股，公司以1元总价回购全部补偿股份并进行注销，交易对方所持股份不足以补偿2019年业绩补偿总补偿金额的部分以现金补足差额。

3. 现金补偿

如果交易对方所持股份不足以补偿上述当年应补偿金额的，则交易对方应以现金补足差额。

2019年补偿股份不够，应补偿现金金额＝2019年应补偿总金额－补偿股份数×19.95元/股＝209 672 643.98元。

4. 现金分红返还

根据安洁科技收购威博精密时签署的《发行股份及支付现金购买资产的利润补偿协议》及其补充协议、补充协议（二）：“若安洁科技在本次交易的利润承诺期间实施现金分红的，现金分红部分交易对方应作相应返还，计算公式为：返还金额 = 调整后的每股已分配现金股利 × 当年应补偿股份总数（调整后）。”

因公司在利润补偿期间内实施了 2017 年利润分配，按每 10 股派发现金股利人民币 1.00 元（含税），实施了 2018 年度利润分配，按每 10 股派发现金股利人民币 1.00 元（含税），故业绩补偿义务人还需向公司返还股份补偿部分的现金股利。2019 年度补偿义务人返还股利金额 = 利润补偿期间每股分配的现金股利额 × 补偿义务人补偿股份数量 = 0.1 × 61 179 745 + 0.1 × 61 179 745 = 12 235 949 元。

综上，2019 年威博精密业绩补偿义务人应补偿股份总数为 61 179 745 股，业绩补偿现金补偿金额为 209 672 643.98 元，现金分红返还 12 235 949 元，具体明细如表 10 – 6 所示：

表 10 – 6

序号	业绩补偿义务人	承担比例	2019 年度应补偿股数（股）	2019 年度业绩补偿现金补偿金额（元）	2019 年度现金分红返（元）
1	吴桂冠	30.16%	18 451 811	63 237 269.44	3 690 362.22
2	吴镇波	28.16%	17 228 216	59 043 816.54	3 445 643.24
3	柯杏茶	17.92%	10 963 410	37 573 337.80	2 192 682.06
4	练厚桂	11.88%	7 268 154	24 909 110.10	1 453 630.74
5	黄庆生	11.88%	7 268 154	24 909 110.10	1 453 630.74
合计		100%	61 179 745	209 672 643.98	12 235 949.00

第四节　对赌协议的会计处理

一、对赌的会计处理依据

“对赌协议”的会计处理，其核心就是或有对价的会计处理，其基础是或有对价的确认和计量。或有对价，是指居民企业（以下简称企业）在投资、收购业务等活动中，企业之间书面约定，接受投资企业或被收购企业（资产）未来的经营业绩以及其他一项（多项）或有事件达成时，投资方（收购方）或其他方将负有向接受投资方（出售方）支付财产或权益的义务，或者投资方（收购方）将拥有从接受投资方（出售方）或其他方收取财产或权益的权利。目前无论是国际会计准则还是我国会计准则，对或有对价的确认和计量都还仅停留于处理方向的界定和框架的设定上，对其进行较准确计量涉及对未来不确定事项的价值评估，是一个世界性难题。[①]

在我国会计准则体系下，并购重组或有对价的会计处理规范主要散落于以下准则规定中：《企业会计准则第 2 号——长期股权投资》《企业会计准则第 13 号——或有事项》《企业会计准则第 20 号——企业合并》《企业会计准则第 22 号——金融工具确认和计量》，《企业会计准则第 37 号——金融工具列报》《金融负债与权益工具的区分及相关会计处理规定》（财会〔2014〕13 号）。我国或有对价的会计处理规范基本与国际会计准则趋同。

我国会计准则对或有对价的会计核算要求如下：同一控制下形成的或有对价，在权益中核算，后续确认与计量以及对价清结算时，不影响损益。非同一控制下形成的或有对价，如确认为衍生金融工具，后续计量时公允价值的变动计入损益，对价清结算时差额计入清结算当期损益；如确认为可供出售金融资产（负债），后续计量时公允价值的变动计入其他综合收益，不在当期损益中核算，对价清结算时差额计入清结算当期损益，同时将其他综合收益转入清结算当期损益。

二、相关部门关于对赌会计处理的指导意见

除此之外，证券监管等部门也发布过一些关于对赌协议的指导意见，主要有：

（1）《财政部关于做好执行企业会计准则企业 2008 年年报工作的通知》（财会函〔2008〕60 号）：企业接受的捐赠和债务豁免，按照会计准则规定符合确认条件的，通常应当确认为当期收益。如果接受控股股东或控股股东的子公司直接或间接的捐赠，从经济实质上判断属于控股股东对企业的资本性投入，应作为权益性交易，相关利得计入所有者权益（资本公积）。

（2）中国证券监督管理委员会公告〔2008〕48 号：如果交易的经济实质表明属于控股股东、控股股东控制的其他关联方或上市公司实际控制人向上市公司资本投入性质的，公司应当按照企业会计准则中“实质重于形式”的原则，将该交易作为权益交易，形成的利得计入所有者权益（资本公积）。

（3）中国证券监督管理委员会《上市公司执行企业会计准则监管问题解答》（2009 年第 2 期）：问题 2：上市公司收到的由其控股股东或其他原非流通股股东根据股改承诺为补足当期利润而支付的现金，如何进行会计处理？解答：应作为权益性交易计入所有者权益。

（4）中国证券监督管理委员会会计部《会计监管工作通讯》（2016 年第 3 期）：需要注意的是，实务中容易将通过返还股份结算的或有对价安排误认为是权益性质的

---

① 毛谢恩，崔国．对赌协议的企业所得税处理［J］．税务研究，2017，6

或有对价。或有对价是否为权益性质，应按照《企业会计准则第37号——金融工具列报》的规定来判断。从目前资本市场并购重组交易的或有对价安排来看，或有对价的总体金额、需返还的股份数量等均随着标的企业实际实现业绩。

（5）中国证券监督管理委员会会计部《会计监管工作通讯》（2017年第1期）：考虑到企业会计准则对权益性质的或有对价规定较为原则，实务执行中普遍存在对通过返还股份结算的或有对价安排是否属于权益性质的不同理解，经与会计准则制定部门协调，上述涉及或有对价的会计处理口径适用于2016年1月1日以后新发生的并购重组交易。

三、关于对赌的具体会计处理案例

【例10－4】安洁科技回复深交所业绩补偿的相关会计处理问询

一、2019年6月27日，安洁科技（证券代码：002635）发布《关于公司2018年年报问询函的回复》，江苏公证天业会计师事务所（特殊普通合伙）认为，公司关于威博精密业绩补偿的相关会计处理合理。

问询事项3：根据年报披露，2018年度你公司子公司威博精密实现扣除非经常性损益后归属于母公司所有者的净利润为8 589.67万元，未能达到2018年度净利润42 000.00万元的业绩承诺，达成率为20.45%，你公司对威博精密计提商誉减值准备751 899 933.83元。2018年度你公司子公司威斯东山实现扣除非经常性损益后净利润为2 380.61万元，未能达到2018年度净利润5 000.00万元的业绩承诺，达成率为47.61%，你公司对威斯东山计提商誉减值准备32 216 508.55元。

（3）报告期内，你公司将子公司威博精密2017年业绩补偿股份已注销部分的公允价值变动收益255 504 738.34元结转进入营业外收入，同时，将威博精密原股东2018年业绩承诺补偿股票之公允价值共计504 007 232.30元计入当期损益。请补充说明你公司将2017年和2018年业绩补偿收益均确认在2018年的原因及合理性，是否存在盈余管理的情形。请年审会计师发表专业意见。

回复：

安洁科技有关情况说明：

报告期内，公司将实际收到威博精密原股东因2017年业绩承诺未完成进行的股份补偿金额255 504 738.34元计入营业外收入；将2018年威博精密原股东因业绩承诺未完成预计补偿上市公司股份金额504 007 232.30元计入公允价值变动损益。关于以上内容，公司做出如下情况说明：

（一）威博精密业绩补偿的会计处理的依据

本事项的业绩补偿是非同一控制合并中威博精密未完成业绩承诺形成的补偿，属于或有对价。由于公司收到的作为企业合并或有对价返还的自身股份，以实际业绩与承诺业绩的差额为基础确定应予返还的股份数量会随着威博精密实际业绩的情况变动而变动，公司按照《企业会计准则第 22 号——金融工具确认和计量》中关于金融资产的规定进行会计处理，具体如下：

（1）初始计量：购买日（2017 年 7 月 31 日），公司与交易对方约定的业绩承诺补偿，属于企业合并中的或有对价，应按《企业会计准则第 20 号——企业合并》的规定，以购买日该或有对价的公允价值计量，作为收购成本的调整，同时划分为“以公允价值计量且其变动计入当期损益的金融资产或金融负债”。在购买日时，基于威博精密的未来业绩预测情况，预计能够完成业绩承诺，因此该或有对价的公允价值确认为零。

（2）后续计量：根据各期间实际业绩及后续期间预计业绩情况，调整金融负债（或金融资产）账面价值，并计入各期的公允价值变动损益。

（3）实现结转情况：根据股份回购实际注销情况，应结转相应的金融资产。由于公司收购威博精密属于非同一控制下的企业合并，因此结转产生的利得（即应收的业绩补偿），计入当期损益。

（二）威博精密业绩承诺及业绩承诺补偿安排

根据公司与威博精密原股东签署的《发行股份及支付现金购买资产的利润补偿协议》及其补充协议，如果交易对方因威博精密实现的实际净利润数低于净利润承诺数从而须向上市公司进行股份补偿的，上市公司应在会计师事务所出具《专项审核报告》后 30 个工作日内召开董事会及股东大会审议关于回购交易对方应补偿的股份并注销相关方案，并同步履行通知债权人等法律、法规关于减少注册资本的相关程序。上市公司就交易对方补偿的股份，首先采用股份回购注销方案，如股份回购注销方案因未获得上市公司股东大会通过等原因无法实施的，上市公司将进一步要求交易对方将应补偿的股份无偿赠送给其他股东。

（三）公司对于回购威博精密 2017 年未完成业绩承诺对应股份补偿在 2018 年确认的原因

2017 年度是公司完成收购威博精密的第一个审计年度，由于公司严格遵循上市公司的会计准则，遵循谨慎性原则，同时并购整合处于磨合期，审计基础工作量较大。江苏公证天业会计师事务所（特殊普通合伙）（以下简称“年审会计师”）出具威博精密原股东业绩承诺专项报告的时间为 2018 年 4 月 10 日，公司于同日召开董事会会议审议通过《关于回购公司重大资产重组标的公司 2017 年度未完成业绩承诺对应股份补偿的议案》。

2018 年 5 月 16 日，公司股东大会审议通过《关于回购公司重大资产重组标的公司 2017 年度未完成业绩承诺对应股份补偿的议案》；2018 年 5 月 22 日，公司收到交易对方同意威博精密2017年度未完成业绩承诺对应股份补偿回购注销的书面承诺函。随后，公司将应予回购注销的13 634 191股股票进行了确认；2018年6月，公司完成回购股票注销，并将有关确认差额结转营业外收入。

在公司2018年4月12日披露《2017年年度报告》时，未及召开股东大会审议通过公司有关威博精密业绩承诺补偿议案。由于根据有关业绩补偿规定，上市公司就交易对方补偿的股份，存在回购注销或由交易对方将应补偿的股份无偿赠送给其他股东的可能性，因此，在股东大会通过有关决议及交易对方出具有关书面确认承诺前，有关威博精密业绩承诺股份补偿回购的可执行性尚存在不确定性。在此基础上，从谨慎性原则出发，公司不具备对威博精密的业绩补偿在《2017年年度报告》中予以确认的充分条件。因此，公司在2018年有关业绩补偿程序完成具备确认条件时予以确认并进行相应的账务处理是合理的，符合《企业会计准则》。

（四）公司对于回购威博精密2018年未完成业绩承诺对应股份补偿在2018年确认的原因

年审会计师于2019年3月28日出具了威博精密原股东2018年度业绩承诺实现情况的专项报告，公司于同日召开公司第三届董事会第三十九次会议审议通过有关业绩承诺对应股份补偿的议案。

2019年4月4日，公司收到交易对方同意威博精密2018年度未完成业绩承诺对应股份补偿回购注销的书面承诺函。

2019年4月15日，公司2019年第一次临时股东大会审议通过《关于回购公司重大资产重组标的公司2018年度未完成业绩承诺对应股份补偿的议案》。

公司于2019年4月17日披露公司《2018年年度报告》。公司在披露《2018年年度报告》前，有关威博精密2018年度未完成业绩承诺对应股份补偿回购注销事宜已履行完成相应的决策程序和收到交易对方相关承诺函，已无其他不确定性，因此，公司将威博精密2018年未完成业绩补偿股份以2018年12月31日的收盘价计算的公允价值，确认为2018年度损益，符合相关规定。

综上所述，公司对威博精密原股东2017年、2018年未完成业绩承诺对应股份补偿确认是在完成有关决策程序、消除不确定性后进行的，确认时点合理，账务处理符合《企业会计准则》的相关规定，不存在盈余管理。

核查意见：

根据安洁科技与威博精密原股东签署的有关业绩承诺补偿协议，以及安洁科技对于回购威博精密2017年、2018年未完成业绩承诺对应股份补偿的决策程序和账务处理，我们认为，安洁科技关于威博精密业绩补偿的相关会计处理是合理的，符合现行企业会计准则相关规定，不存在盈余管理。

二、2020年4月16日，安洁科技发布《关于深圳证券交易所对公司的关注函回复的公告》，对业绩补偿相关的会计处理进行了说明。

问询事项 1：2020 年 4 月 10 日，你公司披露《关于回购公司重大资产重组标的公司 2019 年度未完成业绩承诺应补偿股份及现金补偿的公告》，根据会计师事务所出具《专项审核报告》，惠州威博精密科技有限公司（以下简称“威博精密”或“标的公司”）实际净利润数低于净利润承诺数，2019 年威博精密业绩补偿义务人应补偿股份总数为 61 179 745 股，业绩补偿现金补偿金额为 209 672 643. 98 元，现金分红返还 12 235 949 元。

我部对此表示关注。请你公司就以下事项做出说明：

1. 请结合补偿方案仍需履行的程序及与业绩补偿方的沟通情况，补充说明与业绩补偿相关的会计处理、对净利润的影响金额及影响期间。

回复：

（一）公司对于标的公司 2019 年度未完成业绩承诺进行业绩补偿方案需履行的程序

略

（二）公司与业绩补偿方的沟通情况、与业绩补偿相关的会计处理、对净利润的影响金额及影响期间

公司于 2020 年 4 月 11 日披露《关于回购公司重大资产重组标的公司 2019 年度未完成业绩承诺应补偿股份及现金补偿的公告》。目前公司正在与业绩补偿方确认实施标的公司 2019 年度未完成业绩承诺进行业绩补偿的方案。根据公司与业绩补偿方签署的《利润补偿协议》，利润补偿的具体股份数量、金额均根据《专项审核报告》审定的实际净利润数并根据《利润补偿协议》约定的计算公式予以确定，具体补偿股份数量和金额，详见公司于 2020 年 4 月 11 日披露的《关于回购公司重大资产重组标的公司 2019 年度未完成业绩承诺应补偿股份及现金补偿的公告》，本公司享有对业绩承诺人追索业绩补偿股份和现金的权利。

本事项的业绩补偿是非同一控制合并中威博精密未完成业绩承诺形成的补偿，属于或有对价。由于公司收到的作为企业合并或有对价返还的自身股份，以实际业绩与承诺业绩的差额为基础确定应予返还的股份数量会随着威博精密实际业绩的情况变动而变动，公司按照《企业会计准则第 22 号——金融工具确认和计量》中关于金融资产的规定进行会计处理，具体如下：

（1）初始计量：购买日（2017 年 7 月 31 日），公司与交易对方约定的业绩承诺补偿，属于企业合并中的或有对价，应按《企业会计准则第 20 号——企业合并》的规定，以购买日该或有对价的公允价值计量，作为收购成本的调整，同时划分为“以公允价值计量且其变动计入当期损益的金融资产或金融负债”。

在购买日时，基于威博精密的未来业绩预测情况，预计能够完成业绩承诺，因此

该或有对价的公允价值确认为零。

（2）后续计量：根据各期间实际业绩及后续期间预计业绩情况，调整金融负债（或金融资产）账面价值，并计入各期的公允价值变动损益。

（3）实现结转情况：根据股份回购实际注销情况，应结转相应的金融资产。由于公司收购标的公司属于非同一控制下的企业合并，因此结转产生的利得（即应收的业绩补偿），计入当期损益。

根据《利润补偿协议》，对于股份不足以补偿的部分，业绩补偿方应进行现金补偿，公司对于预计能收回的现金补偿计入营业外收入。

公司基于目前掌握的情况，预计能够完成业绩补偿方2019年度未完成业绩承诺进行业绩补偿方案仍需履行的主要程序和具备对业绩补偿方的2019年度业绩补偿在《2019年年度报告》中予以确认的会计处理上的必要条件，因此，公司将上述业绩补偿收益122 953.90万元计入2019年当期损益。

标的公司2019年业绩未达预期，公司对标的公司进行了2019年度商誉减值测试并相应计提了商誉减值准备，经公司财务部门测算，2019年度公司计提标的公司商誉减值准备金额为184 166.59万元人民币。

标的公司未完成业绩承诺而补偿的股票受公司股价波动的影响，2019年标的公司未完成业绩承诺，补偿给公司的股份数量为61 179 745股，依据会计准则的相关规定，计入“交易性金融资产”核算，其公允价值变动计入“公允价值变动收益”。截至2019年12月31日，业绩补偿方2019年应股份补偿数量为61 179 745股，股票收盘价为16.67元/股，2020年3月31日公司股票收盘价为17.62元/股，2020第一季度股价变动产生的公允价值变动金额＝61 179 745×（17.62－16.67）＝58 120 757.75（元）。

第五节　对赌协议的税务处理实践与探讨

由于目前关于对赌协议的税务处理政策缺失，各地在实际处理中有不同的方式，本节我们仅探讨对赌协议最合理、最便于操作的税务处理方式，并对未来的税收政策进行展望。

一、对赌协议需要考虑的税收问题

袁森庚认为，对赌交易的精髓就是股权交易价值暂不完全确定，在对赌期限届满后依据对赌成功与否的标准，最后确定或者修正股权交易价值，即可以对初始的股权估值进行调整。这样的交易定价规则，虽然在会计准则中有规定，但在税法中一般不予认可。在征税时，应纳税所得额应当是确定的、准确的，这是计税和征税的一般原则，以及在这一原则指导下形成的习惯思维，除非法律有明确的例外规定①。

触发对赌条款后，也就是对赌考核期结束后引发的问题，这是目前实务界探讨最多的问题。要分析对赌协议中的税务问题，首先需要将对赌协议按照一定的标准进行分类。为了便于税务处理分析，笔者将对赌协议大致分为四类事件：股权回购事件，正向对赌事件，业绩补偿事件（补对价、补利润），其他履约补偿事件。目前的各类对赌协议基本都可以归入此四类事件中，因此，我们按此分类梳理下其中需要解决的税务问题。

（一）股权回购对赌

股权回购事件中需要考虑的税务问题主要有：股权回购与原股权转让是一次交易或是两次交易？各方应该如何进行税务处理？

（二）正向对赌

正向对赌事件中需要考虑的税务问题主要有：资产/股权收购方所收购资产/股权计税基础的确认；资产/股权转让方转让收入额的确认，也就是或有对价的处理；资产/股权转让方纳税义务发生时间的确定。

（三）业绩补偿对赌

业绩补偿事件是目前对赌协议最常见的方式，也是讨论最多的问题。补偿的方式可能是支付现金补偿，或者支付股票补偿。从目前上市公司的实践看，补偿方式有补对价及补利润两种。

1. 补对价

在补对价的情况下，仅涉及两方，一般是原资产或股权出售方与购买方。业绩补偿在更多的情况下可以理解为是对原资产或股权估值的调整，税务处理相对简单。

支付补偿方一般是资产/股权出售方，需要考虑：支付的补偿能否冲减原转让收入？补偿部分已经缴纳的个人所得税或企业所得税能否退回？

收到补偿方一般是资产/股权收购方，需要考虑：收到的补偿是否作为收入计入应纳税所得额？是否调减资产/股权的计税基础？

2. 补利润

但在补利润的情况下，目标公司一般是接受补偿方，此时涉及三方的税务处理，相对比较复杂，不能简单地按估值调整来对待，需要具体情况具体分析。

支付补偿方一般是股权出售方，需要考虑：支付的补偿能否冲减原转让收入？补偿部分已经缴纳的个人所得税或企业所得税能否退回？

收到补偿方一般是目标公司，需要考虑：收到的补偿是否作为收入计入应纳税所得额？

---

① 见微信公众号“深耕税法”于2020年4月13日发表的《对赌交易的税务考量》一文。

股权购买方是否需要调减股权的计税基础？

（四）其他履约对赌

我们将业绩补偿事件外的其他补偿全部归入到其他履约补偿事件。该类事件需要考虑的税务问题主要有：

1. 支付方支付的补偿能否作为相关费用在其税前扣除？
2. 收到补偿的一方是否将补偿作为收入计入应纳税所得额？

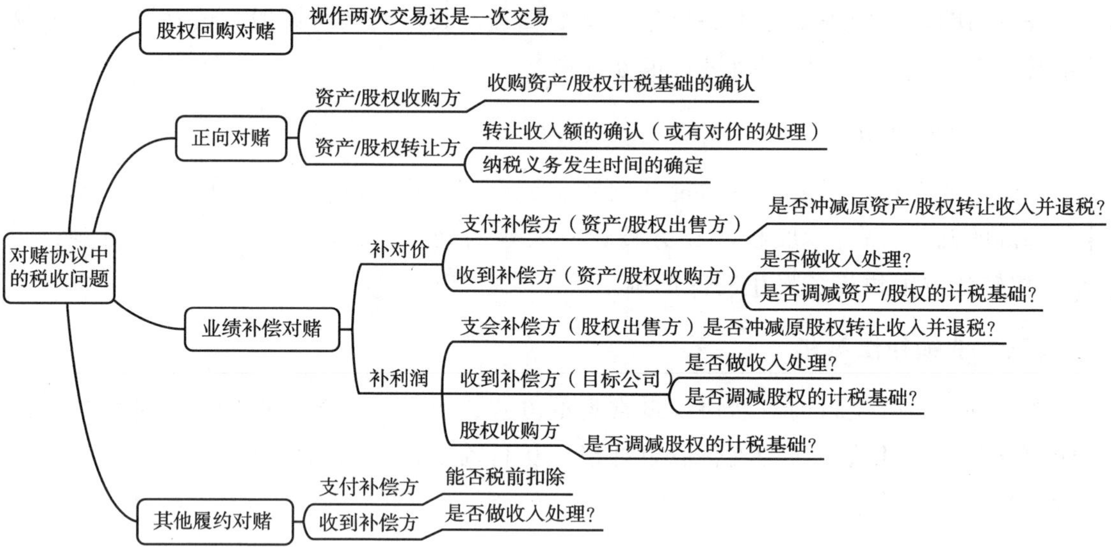

图 10－2　对赌协议中的税收问题

二、目前各地的对赌协议税务处理实践

（一）两个地方的执行口径

海南省地方税务局在 2014 年 5 月 5 日的《海南省地方税务局关于对赌协议利润补偿企业所得税相关问题的复函》（琼地税函〔2014〕198 号）是目前可以见到的唯一一个地方性执行口径，然而该文虽对收到补偿的一方明确可以作为最初受让股权的定价调整，却对支付补偿的一方如何进行税务处理没有作出明确。但该文作为就对赌协议的税务处理进行有益的尝试，还是受到业界的一致好评。该文全文如下：

海南航空股份有限公司：

你公司《关于对赌协议利润补偿企业所得税相关问题的请示》（琼航财〔2014〕237 号）收悉，经研究，现答复如下：依据《中华人民共和国企业所得税法》及《中华人民共和国企业所得税法实施条例》关于投资资产的相关规定，你公司在该对赌协议中取得的利润补偿可以视为对最初受让股权的定价调整，即收到利润补偿当年调整相应长期股权投资的初始投资成本。

海南省地方税务局

2014 年 5 月 5 日

实务中，对赌协议中个人所得税问题比较突出。一些个人以其持有的股权参与上市公司定向增发，获得上市公司的现金或股票支付。为了获取高额的对价，在向上市公司出售股权时往往作出高承诺。但后期由于各种原因，可能无法完成承诺的业绩，此时必须向上市公司支付大额的补偿，但其当初就股权转让已经缴纳的个人所得税能否退还？2019 年 6 月 25 日，福建省税务局在答复纳税人提问对赌协议的个人所得税问题时，回答目前没有退还个人所得税的政策。

问：企业股权转让签订对赌协议，协议要求三年净利润不低于 3 亿，达不到要求按规定进行现金补偿，个人所得税已缴纳。现三年已过，因净利润达不到要求，要现金补偿，那么之前缴纳个人所得税部分能否申请退还？

答：您好，根据您提供的信息，您所述的情形没有退还个人所得税的相关政策。

尽管如此，但笔者了解到，实务中有个别地方退还了个人就业绩补偿部分已经缴纳的个人所得税税款。

（二）从两起公开案例看税务机关的处理态度

1. 李菊莲与华闻传媒业绩对赌案

2020 年 3 月 31 日，广州市税务局网站发布了国家税务总局广州市税务局第三稽查局 2020 年第 91 号送达公告《税务文书送达公告（李菊莲税务处理决定书）》，主要案情如下：

2014 年，李菊莲以其持有邦富软件 38.096% 的股权参与华闻传媒的定向增发。李菊莲邦富软件 38.096% 的股权出资额 952.40 万元。本次收购中，李菊莲获得华闻传媒新发行的股票 14 436 421 股以及现金 7 680.00 万元，合计 27 429.12 万元。定向增发完成后，华闻传媒就支付的现金部分代扣个人所得税 1 482 万元，并由标的公司邦富软件申报缴纳。后来，由于邦富软件未完成业绩承诺，李菊莲向华闻传媒补偿公司股票 1 038 644.00 股。

稽查局认为，李菊莲未就上述股权转让事项足额申报缴纳个人所得税。李菊莲应在 2014 年 11 月（税款所属时期）就向华闻传媒转让邦富软件股权事项缴纳“财产转让所得”项目个人所得税 50 084 080.90 元，减除广州市邦富软件有限公司已代为申报缴纳的 14 826 656.00 元，应补缴 2014 年 11 月（税款所属时期）“财产转让所得”项目个人所得税 35 257 424.90 元。

经笔者计算，稽查局在计算李菊莲应补税款时，已经减除了其补偿华闻传媒的股票 1 038 644.00 股对应的价值（按当初增发价计算）。李菊莲由于未完成业绩承诺而向交易对方进行了部分补偿，相当于其原来取得的股权转让收入需要退回一部分，或者说打了折扣。在本案中李菊莲由于未及时缴纳个人所得税，稽查局在事后计算时考虑了其已经支付补偿的部分，充分尊重了其取得的收入已经打了折扣的事实。但假设李菊莲当初及时缴纳了个人所得税，以后支付补偿后，税务局能否退还该部分的个人所得税？

2. 某上市公司因股权转让终止，交易对方退税成功

2020 年 4 月 4 日某上市公司披露，因股权转让终止，交易对方就转让股权已经缴纳的个人所得税 3 500 万元退税成功。

2017 年 6 月，某上市公司分别与其余三家公司的自然人股东签订了股权转让协议，分别现金收购三家公司各 50.01% 的股权。收购时该三家公司的自然人股东均作出了业绩承诺，付款进度也根据标的公司的业绩实现情况逐步支付。

但甲上市公司在支付了 20% 的股权转让款后，2018 年年初停止支付其余款项。在随后 2018 年 4 月公布的 2017 年年报中披露：由于受国家货币政策的影响，公司不能按期支付余下款项，根据会计准则的相关要求，上述三家子公司不纳入公司财务合并报表范围。

同时，甲上市公司与该三家公司原股东签订了股权收购协议及业绩承诺与补偿协议之终止协议。根据《终止协议》，因上述股权收购或终止事宜造成双方所涉及的相关税费由上市公司承担（包括但不限于个人所得税、印花税、滞纳金、罚款等）。

随后在 2018 年 11 月，甲上市公司向法院起诉，请求确认解除股权收购的行为合法有效，并要求相关自然人返还股权转让款。诉讼期间，当事人自愿达成调解协议，法院予以确认并出具了民事调解书。

2019 年 4 月 26 日，甲上市公司及交易对方收到当地税务部门下发的《税务事项通知书》，部分交易对方依据《税务事项通知书》将应退还甲上市公司的预付股权转让款作为其股权转让个人所得税税款缴纳至当地税务部门，共计 3 500 万元。

甲上市公司披露，根据《民事调解书》，本次收购终止属于未完成的交易事项，为收回上述款项，在近半年的时间里，甲上市公司派专人常驻对方所在地，与当地税务部门详细汇报了双方关于股权收购终止事宜的发展过程及相关情况，并就此类情况下缴纳个人所得税是否合理进行了反复、深入的研讨交流，并且，前往国家税务总局汇报交易情况并咨询相关政策。

2019 年 5 月和 2019 年 7 月，交易对方提出退税申请，当地税务部门于 2019 年 8 月下发同意退税通知并退税 3 500 万元。

其实，此案能够顺利退税，也是当地税务机关认可了该交易对赌失败后，交易对方已经缴纳的个人所得税的处理问题。国家税务总局干部学院（党校）原教授，盈科广州律师事务所高级合伙人袁森庚对该案进行了分析如下①：

（1）这是一个较为标准的对赌交易案件。

根据案情介绍：甲上市公司分别与其余三家公司的自然人股东签订了股权转让协议，分别现金收购三家公司各50.01%的股权。收购时该三家公司的自然人股东均作出了业绩承诺，付款进度也根据标的公司的业绩实现情况逐步支付。从这一案情介绍中可以判定如下信息：

第一，甲上市公司分别与该三家公司的自然人签订的是股权转让协议。这是对赌交易最为经常发生的领域，即资本交易领域，是投资方与融资方签订的协议。

第二，收购时该三家公司的自然人股东均作出了业绩承诺。这是对赌交易最为显著的特征。所谓的对赌交易，投资方或者融资方一定有一方作出业绩承诺。也是对赌成功与否的判定标准。没有业绩承诺或者其他承诺，就不是对赌交易。

第三，付款进度也根据标的公司的业绩实现情况逐步支付。这是一个标准的正向对赌交易。即交易双方对目标公司估值或上市时间等不确定事项无法达成一致时，采取分期支付的交易模式，当目标公司完成对赌目标时，受让方再向转让方追加支付交易对价。正向对赌交易总额=预付+追加或有对价。未完成时，不追加或有对价。本案中，上市公司首次支付了20%的股权转让款。由于之后发生了实际履行困难，双方经人民法院调解终止对赌交易事项。

（2）当事人提出退税的请求基本符合对赌交易税务处理的原则。

本案双方当事人在最初的对赌协议中，目标公司原股东作出了业绩承诺。投资方也作出了按时付款的承诺。由于投资方受国家货币政策的影响，不能按期支付余下款项，双方最后终止对赌交易事项。从对赌交易的常态而言，虽然申请退税的理由并不“标准”，即不是由于业绩承诺方对赌失败导致合同标的估值调整，或者由于附生效条件没有成就而导致合同不生效，从而导致股权交易不成立而申请退税，而是由于投资方无法按照付款的承诺支付股权转让款，导致合同无法继续履行而解除合同，从而导致股权交易不成立而申请退税，但这也可以理解为属于对赌交易的一部分。对赌交易中的承诺可以拓展为包括投资方按时付款的承诺。由于对赌交易的失败，导致股权交易不成立，从而申请退税，基本符合对赌交易税务处理的基本原则。

（3）当事人对赌交易的设计及其处理纠纷的方式具有一定的专业质量。

之所以说，当事人对赌交易的设计及其处理纠纷的方式具有一定的专业含金量，主要体现在以下两个方面：

第一，本案是采取正向对赌的模式。从税收风险防控的角度而言，正向对赌模式是一种较为科学的模式。正向对赌模式是分阶段付款，就像本案，上市公司首次支付

① 摘自微信公众号“深耕税法”于2020年4月13日发表的《对赌交易的税务考量》一文，作者：袁森庚。

了20%的股权转让款，剩下的款项按照约定分阶段支付。虽然双方当事人已经办理了股权变更手续，但是，一旦对赌失败，双方解除合同，税务机关比较容易认可股权交易不成立。税务机关在股权交易不成立的情况下，更难以要求当事人还要就没有收到的股权转让款缴纳税款。如果本案采用反向对赌模式，上市公司支付了全部的股权转让款，而且已经办理了股权变更手续，双方解除合同，原股东返还股权转让款，上市公司退还股权，再次办理变更登记，税务机关依据国税函〔2005〕130号文件的规定，几乎会认定为二次转让而不予退税，尤其在当事人协商解除合同的情况下。

第二，当事人解除合同的方式是采取民事诉讼的方式。一般而言，对于股权转让交易，如果当事人解除合同的方式是采取民事诉讼的方式，税务机关更容易认可合同解除的效力。这一处理原则也有类似的文件规定。例如，《国家税务总局关于无效产权转移征收契税的批复》（国税函〔2008〕438号）规定，按照现行契税政策规定，对经法院判决的无效产权转移行为不征收契税。法院判决撤销房屋所有权证后，已纳契税款应予退还。所以，在税收执法习惯中，税务机关一般会认可人民法院判决或者仲裁机构裁决认定的事实。如果当事人采取自行协商的方式解除合同，就不容易得到税务机关的认可。尤其在反向对赌模式下，几乎不予认可。因为国税函〔2005〕130号文件对此明确规定为属于二次转让而不予退税。这也可以理解税务机关的操作方式。对于人民法院认定的事实，经过可以信赖的国家机关历经严格法定程序认定的事实，税务机关是可以采信的。这也符合税务机关防范自身执法风险的需要。当然，在本案中，更为科学的方式是约定由仲裁机关裁决，这更符合国税函〔2005〕130号文件的规定，或者由人民法院判决而非由人民法院调节解除合同，可以更好地避免与税务机关产生争议。

（4）税务机关实质上认可了本案的对赌交易。

在本案中，虽然涉及的退税过程有点曲折，花费了近半年的时间，与税务机关进行了反复、深入的研讨交流，还前往国家税务总局汇报交易情况并咨询相关政策，但最终税务机关同意退税。这说明，税务机关认可了《民事调解书》，实质上也认可了对赌协议没有生效或者终止了未完成的对赌交易事项，从而给当事人退了税。如果税务机关不认可对赌交易，依据上述国家税务总局公告2014年第67号的规定，只要符合受让方已支付或部分支付股权转让价款的，或者股权转让协议已签订生效的，或者受让方已经实际履行股东职责或者享受股东权益的，或者国家有关部门判决、登记或公告生效的等条件之一的，就认定为股权转让纳税义务发生，应该就本次股权转让向主管税务机关申报纳税，那么，税务机关就可以认为当事人完成了股权转让交易而不予退税。理由是股权转让交易已经完成之后，当事人申请退税是基于新的事实，过去缴纳的税款不予退税。甚至有的税务机关可能还要追缴未申报部分的税款。对照国家税务总局公告2014年第67号，本案也完全符合上述规定，认定为当事人已经完成了股权转让交易。所以，我们认为，在本案中，税务机关之所以同意退税，是基本认可了本案属于对赌交易的模式，认可双方约定了交易结果的不确定性，税务机关依据最后确定的事实，即股权交易不成立而同意退税。当然，也许有人认为，税务机关之所以同意退税，是认可了人民法院的《民事调解书》而非对赌交易模式，也许两种因素都有。究竟税务机关基于何种理由同意退税，在此不进行讨论。

三、几起典型对赌协议案例的税务处理思路

下面，我们通过几个典型对赌协议进行定性分析，探讨其中的税务问题。需要说明的是，目前我国几乎没有关于对赌交易税务处理的专门制度，笔者仅从公平、合理以及最符合税法原理的角度出发，分析比较合理、便于操作的税务处理。但考虑问题，还是要坚持对等原则，统筹考虑相关各方的税务处理。

（一）安洁科技与威博精密股东的业绩对赌案例

在前面，我们详细介绍了安洁科技的业绩对赌案例，是目前上市公司最为常见的对赌方式。可以看出，威博精密原股东吴桂冠等人将原来取得安洁科技的股票支付对价（按原发行价 19.95 元/股计算，价值 238 000 万元）全部用于对安洁科技的业绩补偿，不足部分支付现金（20 967 万元），并返还已经取得的现金分红（1 223 万元），合计 260 190 万元。税务处理涉及收购方安洁科技及股权出售方吴桂冠等人。

在进行税务处理分析时，首先需要对安洁科技收到威博精密原股东吴桂冠等人支付的业绩补偿共 260 190 万元进行定性分析。对此，在九民纪要出台前，实务中存在不同的观点，主要有“无偿捐赠说”“合同违约金说”“保证合同说”“转让价款调整说”等观点。“无偿捐赠说”认为业绩补偿款为补偿方对上市公司的无偿捐赠；“合同违约金说”认为业绩补偿款属于支付方因资产交易合同违约支付给接受方的违约金；“保证合同说”认为业绩补偿款实为支付方就并购标的盈利能力向接收方提供的一种保证，业绩补偿条款在法律上应视为担保条款；“转让价款调整说”认为业绩补偿款实质上为对资产转让合同约定的资产转让价款的调整①。2019 年出台的九民纪要对对赌协议做了定性解释，即对赌协议是对未来目标公司的估值进行调整的协议，其本质是投资方与融资方对目标公司估值进行的调整，交易双方可以通过对赌协议来解决双方在认识上的分歧。比如，双方约定，股权出售方对目标公司在未来一定期间可以实现的业绩进行承诺，当承诺完成时，股权出售方可以行使一定的权利，如再次获得一定的支付对价；当承诺没有完成时，股权收购方可以行使一定的权利，如要求出售方

---

① 肖永明，李家谦. 上市公司并购业绩对赌的会计及税务处理［J］. 会计，2017，11

退回一定的支付对价或按约定的价格回购股权。因此，对资产收购过程中，交易双方通过对目标公司的未来业绩实现情况进行约定的对赌协议，我们可以按照对目标公司估值调整的思路进行税务处理。

1. 安洁科技回购股票及收到现金补偿

安洁科技在收购威博精密时，威博精密原股东吴桂冠等人对威博精密未来持续盈利能力作出了保证，即未来三年可实现的业绩为 12.8 亿元。正是基于该保证，威博精密 100% 股权才作价 34 亿元。假设原股东当初没有对威博精密未来持续盈利能力作出保证，或者保证可实现的利润并没有那么高，则威博精密 100% 股权的作价肯定会低于 34 亿元。因此，双方约定，如果威博精密未来实现的业绩没有完成约定的数额，则原股东吴桂冠等人需要补偿安洁科技。此补偿很显然是交易双方对目标公司原股权作价的调整。

因此，最为合理的税务处理是，安洁科技收到的业绩补偿不作为其收入处理，不计入应纳税所得额，不需要缴纳企业所得税，而应该冲减其对威博精密长期股权投资的计税基础。冲减的金额按补偿的金额计算，即 258 967 万元（238 000 + 20 967）。安洁科技在将来处置威博精密的股权时，也按调减后的威博精密长期股权投资的计税基础 81 033 万元（340 000 - 258 967）来扣除。

由于我国股票实行登记制度，安洁科技在接受股票补偿时，股票需要从吴桂冠等人的股票账户过户到安洁科技的股票账户，因此，在操作中，一般都是由上市公司约定以 1 元的总价格来回购所需补偿的股票。此回购行为无论从经济实质或法律实质看，都不是股权转让，1 元的价格仅是象征意义，并不代表股权转让的价格，也与回购时股票的市场价格无关。

威博精密原股东吴桂冠等人在出售威博精密 100% 股权时，向安洁科技作出了业绩承诺，基于该业绩承诺，原股东取得股权转让收入 34 亿元。在对赌失败后，根据约定，原股东吴桂冠等人需要向安洁科技支付补偿 258 967 万元，该补偿是对威博精密原股权转让价格进行的调整。调整后，原股东吴桂冠等人的实际股权转让收入变为 81 033 万元（340 000 - 258 967）。既然其股权转让收入减少了，就该补偿部分原股东吴桂冠等人已经缴纳的股权转让所得个人所得税应予退还。

2. 安洁科技收回分红

在交易发生时，双方约定，若安洁科技在本次交易的利润承诺期间实施现金分红的，现金分红部分交易对方应作相应返还，计算公式为：返还金额 = 调整后的每股已分配现金股利 × 当年应补偿股份总数（调整后）。

2018、2019 年度，安洁科技每股现金分红各 0.10 元，现在原股东需要支付股票进行业绩补偿，因此支付股票补偿所对应部分的现金分红需要返还上市公司。对此部分，双方该怎么进行税务处理？存在四种可能的处理方式（见表 10 - 7）：

表 10－7

上市公司的处理	原股东的处理
不做收入，不纳企业所得税	不退还已经缴纳的股息红利所得个人所得税
不做收入，不纳企业所得税	退还已经缴纳的股息红利所得个人所得税
并入收入，缴纳企业所得税	退还已经缴纳的股息红利所得个人所得税
并入收入，缴纳企业所得税	不退还已经缴纳的股息红利所得个人所得税

笔者认为，威博精密原股东取得股权转让收入是基于其对威博精密所有权的转移，支付补偿是基于对威博精密股权转让价格的调整。原股东返还安洁科技的分红与支付补偿虽然是两个性质，与威博精密的估值无关，但取得分红是基于原股东拥有安洁科技股票的所有权，返还分红是基于原股东对赌失败后其赖以产生分红的股票需要返还给安洁科技，将减少或不再拥有所有权，因此，返还分红其实也属于估值调整的范畴。

在进行上述定性后，笔者认为，原股东返还安洁科技股票分红 1 223 万元时，如果已经缴纳的股息红利所得个人所得税应该予以退还，当然原股东也可能已经享受了股息红利差别化政策而免征个人所得税。对安洁科技来说，收到返还分红 1 223 万元是一种权益性交易，应当做资本公积处理，可不并计入应纳税所得税计算缴纳企业所得税。

3. 假设完成了业绩，相关方收到了奖励对价

在奖励对价安排中，我们可以看到，若威博精密在利润承诺期间内超额完成了业绩承诺，安洁科技承诺将使用威博精密的一部分超额利润来奖励威博精密在任的核心管理人员，即奖励对象为标的公司经营管理团队，并不是原股东，支付方为标的公司，并不是安洁科技。因此，该奖励属于标的公司的应付职工薪酬范围，可作为属于标的公司成本费用的一部分，计入当期管理费用，同时确认为标的公司的应付职工薪酬。

标的公司经营管理团队取得的该项奖励作为工资薪金所得，按规定缴纳个人所得税。

（二）冯小刚、东阳美拉与华谊兄弟对赌协议案

本案中，冯小刚是股权转让方，华谊兄弟是股权收购方，标的公司是东阳美拉。安洁科技案例是股权转让方向股权购买方补偿，也称补对价，仅涉及交易双方；本案是股权转让方向目标公司补偿，也称补利润，不仅涉及交易双方，还涉及目标公司。因此，对补利润的案例，不能简单地用估值调整的原理去分析各方的税务处理。

1. 基本案情

2015 年华谊兄弟（证券代码：300027）决定收购浙江东阳美拉传媒有限公司（以下简称“东阳美拉”）70% 的股权。收购前冯小刚持有东阳美拉 99% 的股权，陆国强持有东阳美拉 1% 的股权。华谊兄弟出资 10. 50 亿元收购冯小刚持有 69% 、陆国强持

有1%的东阳美拉股权。

收购时原股东冯小刚作出5年业绩承诺：若东阳美拉未能完成某个年度的业绩目标，则冯小刚同意于该年度的审计报告出具之日起30个工作日内，以现金的方式（或目标公司认可的其他方式）补足目标公司未完成的该年度业绩目标之差额部分。华谊兄弟2018年报披露，因为业绩未能达到承诺目标，冯小刚向东阳美拉公司补偿现金6 821万元。

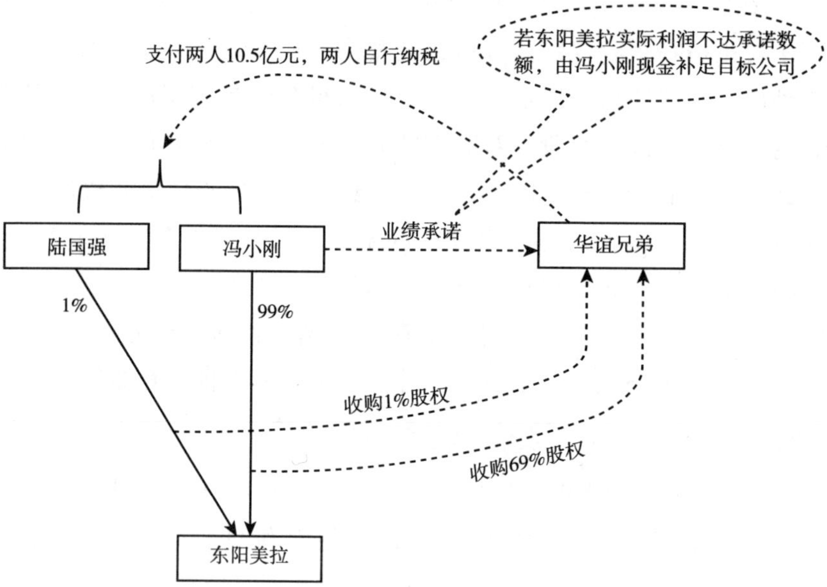

图10－3　相关股权收购示意图

2. 定性分析

在该对赌协议案例中，需要考虑的税务问题主要有：冯小刚支付的6 821万元补偿款是否可以申请退还已经缴纳的个人所得税？东阳美拉收到的补偿款是否应该并入收入总额计算缴纳企业所得税？华谊兄弟持有东阳美拉股权的计税基础需不需要据此做出调整？

笔者认为，应坚持对等原则，并统筹考虑三方的税务处理，可以有三种处理思路：一是收到业绩补偿的一方纳税（东阳美拉），但支付业绩补偿的另一方可以申请退税（冯小刚），收购方的股权计税基础不变（华谊兄弟）；二是收到业绩补偿的一方不纳税（东阳美拉），但支付业绩补偿的另一方可以申请退税（冯小刚），收购方的股权计税基础应予调减（华谊兄弟）；三是收到业绩补偿的一方不纳税（东阳美拉），但支付业绩补偿的另一方不可以申请退税（冯小刚），收购方的股权计税基础不变（华谊兄弟），如表10－8所示。

表 10 - 8

处理方式	冯小刚	东阳美拉	华谊兄弟
第一种	退还个人所得税	视为接受捐赠，计入收入总额，缴纳企业所得税	对东阳美拉长期股权投资的计税基础不变
第二种	退还个人所得税	视为权益性交易，不缴纳企业所得税	调减对东阳美拉长期股权投资的计税基础
第三种	不退还个人所得税	视为权益性交易，不缴纳企业所得税	对东阳美拉长期股权投资的计税基础不变

究竟应该如何处理？还是需要从定性分析入手。本案中，冯小刚是股权转让方，华谊兄弟是股权收购方，东阳美拉作为标的企业，并未参与双方的交易。因此，笔者认为，由于业绩承诺未完成，冯小刚向东阳美拉的补偿并不是对东阳美拉估值的调整，而是为了补足东阳美拉的利润，其实质是东阳美拉接受股东冯小刚的捐赠。从公平合理的角度考虑，东阳美拉接受捐赠，应并入应纳税所得额，计算缴纳企业所得税。对冯小刚来说，其向东阳美拉支付的捐赠是基于其实现了股权转让收入，当支付补偿后，其股权转让收入就减少了，理应就减少的部分退还其已经缴纳的个人所得税。对华谊兄弟来说，其并不会受到补偿，因此其对东阳美拉长期股权投资的计税基础应该保持不变，不予调整。

3. 各方的税务处理思路

通过定性分析，笔者赞同上述第一种处理思路。然而，对东阳美拉来说，冯小刚仍是其持股 30% 的股东，其接受冯小刚的补偿可以适用的现行政策是《国家税务总局关于企业所得税应纳税所得额若干问题的公告》（国家税务总局公告 2014 年第 29 号），“企业接收股东划入资产（包括股东赠与资产、上市公司在股权分置改革过程中接收原非流通股股东和新非流通股股东赠与的资产、股东放弃本企业的股权，下同），凡合同、协议约定作为资本金（包括资本公积）且在会计上已做实际处理的，不计入企业的收入总额，企业应按公允价值确定该项资产的计税基础。”因此，在现行税收政策下，符合此条件的，东阳美拉可以不作为收入处理，不需要缴纳企业所得税。

（三）西部资源与重庆开投集团对赌协议案

在一般的对赌协议中，由卖方对标的公司的业绩进行承诺，若未完成，由卖方向买方补偿。但本案相反，由买方对标的公司的业绩进行承诺，如未完成，由买方向卖方补偿，且无关第三方对该承诺做了再承诺。这种对赌形式在实务中并不常见，与 2015 年斯太尔的对赌案例较为接近，都是上市公司在收购资产时，由上市公司大股东做出业绩承诺。

1. 基本案情

2020 年 4 月 3 日，西部资源（证券代码：600139）发布公告称，收到重庆仲裁委员会送达的《参加仲裁通知书》及《仲裁申请书》等文件，申请人重庆城市交通开发投资（集团）有限公司（以下简称“开投集团”）就其与公司之间因交通租赁股权转让所引起的纠纷，向重庆仲裁委员会提起仲裁，重庆仲裁委员会已受理此案。该纠纷始于 2014 年的股权收购。

2014 年 4 月 19 日西部资源发布公告，拟竞买重庆市交通设备融资租赁有限公司（交通租赁）57.55% 的股权，交通租赁的大股东是重庆开投集团，竞买挂牌价 8.7 亿元。根据上市公司与交易对方签署的《交通租赁股权转让协议》约定，公司承诺公司有能力以后将交通租赁做大做强，在本次股权转让完成后的前五个会计年度内，保证交通租赁每年实现不低于 3.5 亿元的可分配净利润。如未完成，公司应采取各种措施确保交通租赁原股东（指届时依旧持有交通租赁股权的交通租赁原股东）按其持股比例取得与前述净利润对应的资金回报。西部资源称，为避免上市公司的或有履约和赔偿责任，进一步维护上市公司及其中小股东的利益，西部资源大股东四川恒康承诺，如发生补偿，补偿部分将由四川恒康向上市公司先行支付，再由上市公司支付给交通租赁原股东。此承诺在承诺期一直有效并不可撤销。也就是说，名义上是由上市公司与对方对赌，但若对赌失败，由大股东四川恒康来承担对赌失败后果。

《股权转让协议》签订后，重庆开投集团及其他原股东依约向西部资源交割了标的股权，西部资源对交通租赁控股经营。然而交通租赁 2015 年至 2019 年的实际经营情况与西部资源所承诺的每年不低于人民币 3.5 亿元可分配净利润差距巨大，同时，西部资源自身经营情况处于严重恶化中，难以履行其利润补足义务。重庆开投集团认为，西部资源向开投集团等股东所做最低可分配净利润承诺合法有效，因西部资源不能履行其承诺义务，故开投集团按仲裁约定向重庆仲裁委员会申请仲裁。

西部资源称，按照会计核算原则，四川恒康支付给公司的补偿将计入资本公积，公司支付给开投集团的补偿将计入营业外支出。但近年来，四川恒康财务状况持续恶化，债务规模日益扩大，其持有的公司股份先后被多次轮候冻结，面临司法拍卖，无法履行承诺。若最终重庆仲裁委员会裁决公司需向重庆开投集团支付利润补足款等款项，四川恒康到时无法履行承诺的可能性较大。

2. 定性分析

本案需要考虑的税务问题主要有：四川恒康因西部资源对赌失败而向西部资源支付了补偿，能不能在税前扣除？或者是否调整对西部资源长期股权投资的计税基础？西部资源收到四川恒康的业绩补偿是否需要缴纳企业所得税？西部资源若向标的公司原股东支付了补偿，能否调增其对标的公司的长期股权投资成本？或者直接列支为费用？重庆开投集团等股东，收到的补偿是否需要缴纳企业所得税？

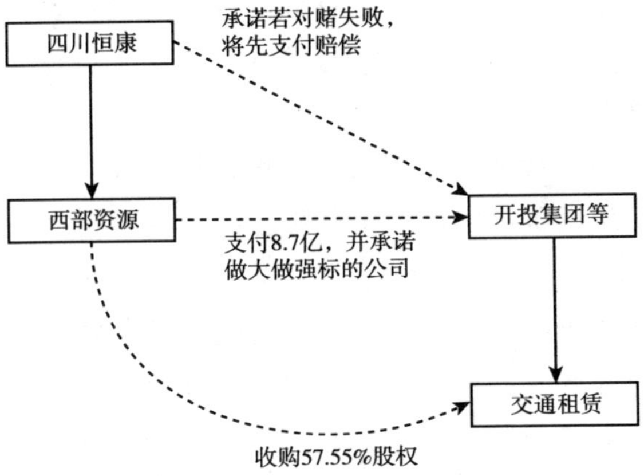

图 10-4　相关股权收购示意图

该对赌属于投资方与目标公司股东之间的对赌，依据《九民纪要》的基本规则，双方签订的对赌合同应当合法有效。有两个问题需要进行定性分析，一是西部资源对赌失败后，四川恒康向西部资源的补偿属于什么性质；二是西部资源作为股权收购方与股权转让方重庆开投集团等之间对赌失败后，西部资源向交通租赁原股东重庆开投集团等的补偿属于什么性质。

对第一个问题，笔者认为，本案中当初交易的双方是西部资源与开投集团等，四川恒康不是交易方，并无交易行为发生，属于无关第三方，因此，其因为西部资源与交易对手的对赌失败而向西部资源进行的补偿，只能按照捐赠来理解。由于该补偿与其对西部资源的投资无关，也不属于权益性交易。

对第二个问题，西部资源支付的补偿不是由于收购价格的不足而引起的，因此不属于或有对价。在或有对价方式下，购买方对标的资产的价值及其未来盈利能力不确定时，采取或有对价来降低自身的风险。如果标的资产未来盈利较低，购买方的合并对价需要随之降低；如果标的资产未来盈利较高，购买方的合并对价也需要随之增加。交易双方以或有对价的方式来分享标的资产未来一段时间的收益及风险。笔者认为，西部资源支付的补偿，其实质是由于西部资源对标的公司经营管理不善，导致股东对标的公司可供分配的利润预期没有实现，股东需要经营管理者予以补偿，因此，该补偿是其履约能力不足的代价。

3. 税务处理思路

本案在税务处理上会涉及西部资源、四川恒康、重庆开投集团等股东三方。笔者认为，合理的税务处理如下：

（1）四川恒康。若因西部资源对赌失败而向西部资源支付了补偿，根据《中华人民共和国企业所得税法》第十条，属于“与取得收入无关的其他支出”，不得在税前扣除。

四川恒康也不得因该补偿而调增其对西部资源长期股权投资的计税基础，在将来处置长期股权投资时扣除。长期股权投资的成本是随同投资行为同时发生的，但该补偿不是因为其对西部资源的投资而发生的。

（2）西部资源。若收到股东四川恒康的补偿，属于权益性交易，根据《国家税务总局关于企业所得税应纳税所得额若干问题的公告》（国家税务总局公告 2014 年第 29 号），“企业接收股东划入资产（包括股东赠与资产、上市公司在股权分置改革过程中接收原非流通股股东和新非流通股股东赠与的资产、股东放弃本企业的股权，下同），凡合同、协议约定作为资本金（包括资本公积）且在会计上已做实际处理的，不计入企业的收入总额，企业应按公允价值确定该项资产的计税基础。”因此，可以不作为收入处理，不需要缴纳企业所得税。

西部资源若向标的公司原股东重庆开投集团等支付了补偿，前面分析过，不属于或有对价，因此也不能调增其对标的公司的长期股权投资成本。与投资的性质有所不同，该补偿相当于赔偿，是因为管理不善等原因发生的，且与其生产经营有关，只不过这个生产经营是与投资相关的经营活动，因此应当作为费用在税前扣除。当然，现在政策中并没有可以支持的依据。

（3）开投集团等股东，获得的资金补偿，从对赌交易的外表来看，属于对其股权转让价值估值的调整。如果按照股权转让价值估值的调整处理，重庆开投获得的资金补偿就应当增加股权转让收入而依法进行税务处理。如果视为应从目标公司获得的利润，重庆开投作为居民法人企业，就应当视同股息红利所得，就属于免税收入。但笔者认为，该补偿属于赔偿的性质，因此，开投集团等股东对收到的补偿部分，应当并入其收入总额，计算缴纳企业所得税。另外，根据对等原则，一方没有交税，另一方就不得扣除；一方交税，另一方应该做相应的扣除。否则，会出现避税空间，造成税收政策的滥用。

（四）金字火腿股权回购对赌案①

在对赌协议中，除了业绩补偿外，股权回购也是比较常见的方式。上市公司在收购股权时，出售股权的一方往往需要就所售股权未来实现的业绩做出承诺，如果未来由于实际完成的业绩低于承诺，上市公司有权要求原股东回购其所售股权。在这种情况下，原股东原来已经确认过股权转让所得，现在回购股权，在税收上如何处理？下面以金字火腿的股权回购案例对各方的税务处理进行分析。

2018 年 10 月 31 日晚间，金字火腿（证券代码：002515）发布公告称，公司同意交易方回购中钰资本 51% 股权。本次股权回购是因当初股权转让时附有对赌协议而引

① 详见金字火腿 2018 年 11 月 1 日发布的《金字火腿：重大资产出售暨关联交易报告书（草案）》。

起的。

1. 基本案情

2016 年，金宇火腿股份有限公司（以下简称“金宇火腿”）以 4.3 亿元受让中钰金控及禹勃等股东持有的中钰资本管理（北京）股份有限公司（以下简称“中钰资本”）43% 股份，随后金宇火腿对中钰资本增资 1.6326 亿元，增资完成后，金宇火腿持有中钰资本 51% 的股权，累计对中钰资本投资金额为 5.9326 亿元。

由于市场变化，中钰资本的实际经营业绩受到较大影响，未实现当初股权转让时的业绩承诺，根据前次交易中签署的《股权转让协议》《增资协议》中关于股权回购的约定，经交易双方协商一致，金宇火腿拟同意中钰金控及禹勃等股东以现金方式回购金宇火腿所持中钰资本 51% 股权。中钰资本也作为共同回购人，一并承担本次回购义务。本次交易完成后，金宇火腿将不再持有中钰资本股权。此次股权回购交易中，经交易双方协商一致，交易标的资产作价为 73 727.02 万元，并以此价格为回购价格。此次交易对价由交易对方全部以现金方式向上市公司支付。

2. 定性分析

在 2016 年的股权转让中，根据业绩补偿条款，中钰资本原股东对业绩进行了承诺，若业绩不达标原股东应对金宇火腿进行补偿，补偿方式为回购股权。从法律实质看，虽然业绩补偿条款是依附股权转让协议而存在，但具体到本案中，双方约定针对的是业绩补偿行为，具体补偿方式是股权回购行为，并非主合同中约定的股权转让行为，所以本案中的对赌协议不影响原股权转让合同的法律效力。另外，在前次交易中，股权已经变更，应当视为前次交易在法律意义上已经完成。从经济实质看，本次回购股权时对股权重新进行评估作价，并以评估后的价格作为股权回购价格，因此，在税收上应当视作另一次交易行为。

3. 各方的税务处理思路

在确定了本次交易和原交易应视作两次交易后，税务处理的思路如下：

（1）金宇火腿。金宇火腿累计对中钰资本的投资金额为 59 326.00 万元，此次股权转让价格为 73 727.02 万元，金宇火腿应确认股权转让所得：73 727.02 - 59 326.00 = 14 401.02（万元）。根据《国家税务总局关于贯彻落实企业所得税法若干税收问题的通知》（国税函〔2010〕79 号），金宇火腿应于转让协议生效且完成股权变更手续时，确认股权转让收入的实现，将股权转让所得 14 401.02 万元并入当年度应纳税所得额计算缴纳企业所得税。

（2）原股权转让方。原股权转让各方中钰金控及禹勃等在 2016 年度股权转让时已确认所得，并分别缴纳企业所得税或个人所得税。因本次交易和原交易应视作两次交易，本次交易不影响原交易的处理结果，各方应按回购总价格 73 727.02 万元作为本次交易的总成本，按所占比例确认为新回购股权的计税基础或股权原值。

（3）中钰资本。中钰资本是标的公司，但在本次回购中作为共同回购人，如果承担了回购后果，其回购行为是减资行为。中钰资本应该对金字火腿原投资额与本次回购金额的差额冲减资本公积，不涉及税收问题。

四、目前我国对赌协议税收实践中存在的几个问题

（一）政策缺失问题严重

目前，对赌协议在实践中已经被大量运用，但现行税收政策中没有专门与对赌协议相关的税收政策，导致实践中各地理解不同，政策执行尺度不一，税企纠纷时有发生，尤其是在个人所得税领域。政策的缺失也间接影响到资本市场的并购重组业务，不利于保护资本市场的投资者。

（二）政策不公问题较多

企业由于持续经营，对赌失败后产生的亏损可以在以后期间弥补。但个人所得税实行综合与分类相结合税制，对财产转让所得个人实行按次征收，在已经缴纳个人所得税后，因对赌失败导致个人所得税多缴，但却无与之相适用的退税相关规定，导致税收待遇不公。比如，按照《国家税务总局关于发布〈股权转让所得个人所得税管理办法（试行）〉的公告》（国家税务总局公告 2014 年第 67 号）第九条规定，纳税人按照合同约定，在满足约定条件后取得的后续收入，应当作为股权转让收入。一些对赌协议包含双向对赌条款。如 2015 年 2 月 17 日，建设机械发布《发行股份购买资产并募集配套资金暨关联交易报告书》，通过发行股份购买资产方式取得自贡天成工程机械有限公司 100% 股权，以收益现值法进行评估并作为定价参考依据。天成机械原控股股东暨实际控制人王志荣对目标公司的业绩进行了承诺，当天成机械未完成业绩承诺时，王志荣应当对上市公司进行补偿，当业绩超额完成时，超额业绩部分奖励给王志荣。根据国家税务总局公告 2014 年第 67 号，股权转让后期收到的款项应做收入处理，因此王志荣若得到了超额业绩奖励，则要视为股权转让收入，缴纳个人所得税。若对赌失败，王志荣向上市公司支付了业绩补偿，却没有可以退还个人所得税的依据。对同一事项，收入增加后征税，而收入减少后却没有退税，政策显失公允。类似的不公问题对资本市场上拟进行重大资产重组的一些个人股东带来消极影响。

（三）各地执行尺度不一

由于对赌协议的复杂性与多样性，使得基层税务机关很难根据上位法或税法原理对复杂的资本交易事项进行准确分析定性以及进行公平、合理的税务处理，导致各地

在处理对赌协议税务事项时，政策执行尺度不一。如前面介绍的对赌失败后能否退还个人所得税问题，有的地区明确表示不能退还，但实务中，有的地区却可以退还。对于企业收到的业绩补偿款，有些企业直接计入资本公积，有些企业计入营业外收入，有些冲减了长期股权投资成本。税务处理也不一样，有的地区税务机关要求缴纳企业所得税，有的要求冲减长期股权投资成本，有的既不要求缴纳企业所得税，也未要求企业冲减长期股权投资成本等。

五、未来对赌协议税收政策应该考虑的因素

目前，对赌协议在实践中已经被大量运用，九民纪要的出台代表了部分对赌协议已经得到司法机关的权威认可。因此，政策制定部门需要尽快出台具体政策措施，对各地的执行尺度进行统一，适应现代商业活动中的新模式、新行为，也使得重大资产重组交易中各方可以提前测算交易中的税收成本，增加交易的确定性。在制定相关税收政策时，应该考虑以下因素：

（一）坚持实质课税

税收应根据某项客观事实确定是否符合课税要件，应该透过法律形式去观察其背后的经济实质，考量经济目的和经济意义，并据此来寻求税收处理的合理性和正当性，而不能仅仅考虑表现外观和形式。在对赌协议中，首先应该分析交易的实质，对相关交易进行定性，从而根据交易实质进行课税。业绩补偿对赌交易的本质是对被投资企业最终交易价值的修正和再确认，是一种附条件的或然性安排，只有理解了这点，才能制定出符合对赌交易本质的税收政策。但对以赌协议之名行股权融资之实，笔者认为在税务处理上应视作融资行为。

（二）避免重复征税

就同一税种来说，对同一项民事行为中的同一标的应该只征收一次税收，既不过多课税，也不过少课税。在对赌协议中，若发生了业绩补偿，承诺方因支付补偿使得其原可支配收益减少，笔者认为，应调整其原来确认的资产或股权转让所得，原来已经缴纳的税款应予退回；取得补偿的一方相应增加了可支配收益，应调整其所取得资产的计税基础。

（三）统筹考虑交易各方，坚持对等处理规则

涉外行政诉讼的对等原则是指外国法院对我国公民、组织的行政诉讼权利加以限制的，我国人民法院对该国公民、组织的行政诉讼权利也采取相应的限制措施，使该

国公民、组织在我国的行政诉讼权利与我国公民、组织在该国的行政诉讼权利相对等。税法中其实也一直在遵循对等处理规则，就是交易一方的收入，在交易另一方体现为成本费用，对交易一方征税，就应允许另一方扣除，对交易一方不征税，对交易另一方就不允许扣除。在处理对赌协议税务问题时，应统筹考虑各方的税务处理，坚持对等处理规则，防止税收政策的滥用。

（四）区分权益性交易与损益性交易

权益性交易是与损益性交易相对的概念，损益性交易须确认损益，权益性交易不得确认损益。权益性交易主要可分为两大类：第一类是企业与所有者之间的交易，如股东向企业的投资等；第二类是所有者与所有者之间的交易，如企业股东之间的股权转让。权益性交易不得确认损益，而应直接计入权益（资本公积或实收资本）。在对赌协议中的各类补偿，应区分不同情况划分为权益性交易与损益性交易，再进一步进行税务处理。

（五）坚持反避税原则

现代商事活动往往呈现出复杂的交易形式，相关部门在制定政策时应该考虑防止纳税人滥用对赌协议进行利益输送。特别是关联方之间是否能够对赌，是否会因为交易不公允而产生涉税风险，需要仔细考量。

（六）便于征管操作

由于对赌协议的复杂性，在政策制定时，应结合基层税务机关的实际情况，出台的政策要便于执行和操作，防止陷入复杂的理解和争论，使得政策执行效果打折扣。

六、完善我国对赌协议税收政策的几点具体建议

笔者认为，由于对赌协议存在诸多的商业场景，应用比较复杂，形式多种多样，要合理处理其中的税收问题，必须对目前的《企业所得税法》《个人所得税法》及其相关规定进行修订或调整。

（一）进行科学分类，梳理对赌协议中的税收问题

虽然九民纪要明确了对赌协议的分类，从订立对赌协议的主体分为：投资方与目标公司的股东或者实际控制人“对赌”、投资方与目标公司“对赌”、投资方与目标公司的股东、目标公司“对赌”等形式，但实务中很多的对赌形式无法归入上述分类，而其中的税收问题又不可回避。笔者认为，应该从税务的角度对对赌协议进行科学分

类，将大致相同的税务处理事项归入一类，再进一步梳理其中的税收问题，制定符合我国实际的对赌协议税收处理政策。

（二）合理确定纳税义务发生时间

不同的税种对于纳税义务发生时间的确定原则不一样。就所得税方面，以所得的实现为原则。税务机关在征税时，应纳税所得额应当是确定的、可靠的。企业所得税方面，《国家税务总局关于确认企业所得税收入若干问题的通知》（国税函〔2008〕875号）明确，"除企业所得税法及实施条例另有规定外，企业销售收入的确认，必须遵循权责发生制原则和实质重于形式原则"。企业销售商品同时满足下列条件的，应确认收入的实现：（1）商品销售合同已经签订，企业已将商品所有权相关的主要风险和报酬转移给购货方；（2）企业对已售出的商品既没有保留通常与所有权相联系的继续管理权，也没有实施有效控制；（3）收入的金额能够可靠地计量；（4）已发生或将发生的销售方的成本能够可靠地核算。

而在个人所得税方面，对财产转让的纳税义务发生时间并没有十分明确的规定。《国家税务总局关于发布〈股权转让所得个人所得税管理办法（试行）〉的公告》（国家税务总局公告2014年第67号）第二十条规定，具有下列情形之一的，扣缴义务人、纳税人应当依法在次月15日内向主管税务机关申报纳税：（1）受让方已支付或部分支付股权转让价款的；（2）股权转让协议已签订生效的；（3）受让方已经实际履行股东职责或者享受股东权益的；（4）国家有关部门判决、登记或公告生效的；（5）本办法第三条第四至第七项行为已完成的；（6）税务机关认定的其他有证据表明股权已发生转移的情形。在现行制度下，由于个人所得税的财产转让所得实行按次征收制度，如果把对赌补偿看成是另一次交易，前期纳税人已经缴的税，后期由于对赌失败并不能冲抵后期的收入。因此，需要合理确定纳税义务发生时间。

在对赌协议模式下，由于存在对赌失败的可能性，因此，收入金额并不是确定的，只有当协议中约定的特定条件满足时，对赌协议才得以完成，此时才可以确定相应的收入金额。因此，在对赌协议完成时确定纳税义务发生时间具有一定的合理性。

（三）借鉴其他税种中先预缴税款以后清算的成熟做法

在土地增值税管理制度中，为了保证国家税款的均衡入库，实行取得收入时按一定的比例预缴土地增值税，待达到清算条件时再进行清算，多退少补。鉴于对赌协议的复杂性，在对赌结束前，交易价格尚不能最终确定，因此，股权转让收入也具有不确定性，需要一种新的征收方式去适应。在目前上市公司的对赌协议实践中，业绩补偿周期比较长，一般需要承诺至少三年的业绩，在对赌期间，也可以采用"预缴＋汇算"的征管模式。如在个人所得税方面，在个人前期取得现金时，可按实际取得的现金收入减除股权原值和合理费用后的余额为预缴应纳税所得额，并按“财产转让所得”预缴个人所得税。待对赌条件实现时，针对不同情况调整收入或成本，分别补退税，协议全部履行完毕后，再进行项目清算，多退少补。

（四）建议特殊情况下应调整资产的计税基础

交易双方约定了业绩对赌的，股权购买方收到的业绩补偿款，最合理的处理是做长期股权投资成本的调减，在当期不计入收入总额缴纳企业所得税。但我国实行的是历史成本原则，除非特殊情况，一般不予调整。《中华人民共和国企业所得税法》第五十六条规定，企业的各项资产，包括固定资产、生物资产、无形资产、长期待摊费用、投资资产、存货等，以历史成本为计税基础。前款所称历史成本，是指企业取得该项资产时实际发生的支出。企业持有各项资产期间资产增值或者减值，除国务院财政、税务主管部门规定可以确认损益外，不得调整该资产的计税基础。因此，建议对现行的规定作出调整，对收到业绩补偿的原资产收购方，调减其资产的计税基础，以避免其在将来处置该项资产时，造成多扣除的问题。

第十一章　企业清算

为规范企业破产清算的会计处理，向人民法院和债权人会议等提供企业破产清算期间的相关财务信息，财政部制定印发了《企业破产清算有关会计处理规定》（财会〔2016〕23号），适用于经法院宣告破产处于破产清算期间的企业法人（以下简称破产企业）。

税法上的企业清算，包括企业层面和股东层面的处理。本章主要讲解了破产清算的会计处理、清算所得税处理、清算企业股东的税务处理，具体的内容如图11－1所示。

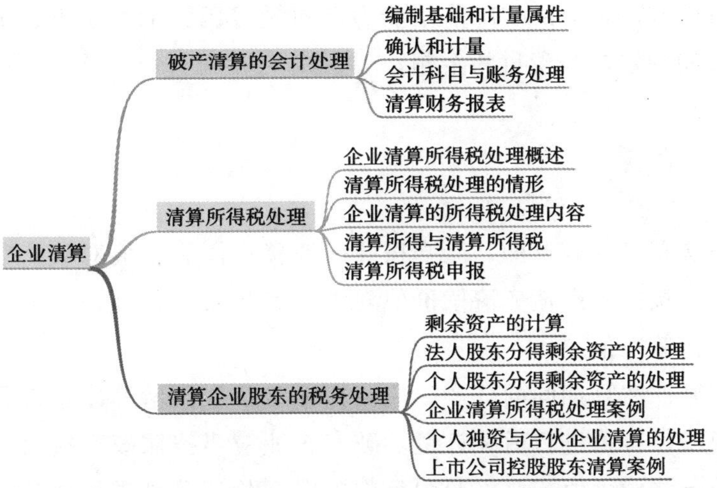

图11－1　企业清算知识导图

第一节　破产清算的会计处理

一、编制基础和计量属性

（一）以非持续经营为前提

破产企业会计确认、计量和报告以非持续经营为前提。

企业经法院宣告破产的，应当按照法院或债权人会议要求的时点（包括破产宣告日、债权人会议确定的编报日、破产终结申请日等，以下简称破产报表日）编制清算财务报表，并由破产管理人签章。

（二）计量属性

破产企业在破产清算期间的资产应当以破产资产清算净值计量。这里所称的资产，是指《企业破产法》规定的债务人（破产企业）财产。破产资产清算净值，是指在破产清算的特定环境下和规定时限内，最可能的变现价值扣除相关的处置税费后的净额。最可能的变现价值应当为公开拍卖的变现价值，但是债权人会议另有决议或国家规定不能拍卖或限制转让的资产除外；债权人会议另有决议的，最可能的变现价值应当为其决议的处置方式下的变现价值；按照国家规定不能拍卖或限制转让的，应当将按照国家规定的方式处理后的所得作为变现价值。

破产企业在破产清算期间的负债应当以破产债务清偿价值计量。破产债务清偿价值，是指在不考虑破产企业的实际清偿能力和折现等因素的情况下，破产企业按照相关法律规定或合同约定应当偿付的金额。

二、确认和计量

破产企业被法院宣告破产的，应当按照破产资产清算净值对破产宣告日的资产进行初始确认计量；按照破产债务清偿价值对破产宣告日的负债进行初始确认计量；相关差额直接计入清算净值。

破产企业在破产清算期间的资产，应当按照破产资产清算净值进行后续计量，负债按照破产债务清偿价值进行后续计量。破产企业应当按照破产报表日的破产资产清算净值和破产债务清偿价值，对资产和负债的账面价值分别进行调整，差额计入清算损益。

破产清算期间发生资产处置的，破产企业应当终止确认相关被处置资产，并将处置所得金额与被处置资产的账面价值的差额扣除直接相关的处置费用后，计入清算损益。破产清算期间发生债务清偿的，破产企业应当按照偿付金额，终止确认相应部分的负债。在偿付义务完全解除时，破产企业应当终止确认该负债的剩余账面价值，同时确认清算损益。

破产清算期间发生各项费用、取得各项收益应当直接计入清算损益。

在破产清算期间，破产企业按照税法规定需缴纳企业所得税的，应当计算所得税费用，并将其计入清算损益。所得税费用应当仅反映破产企业当期应交的所得税。

破产企业因盘盈、追回等方式在破产清算期间取得的资产，应当按照取得时的破产资产清算净值进行初始确认计量，初始确认计量的账面价值与取得该资产的成本之间存在差额的，该差额应当计入清算损益。

破产企业在破产清算期间新承担的债务，应当按照破产债务清偿价值进行初始确认计量，并计入清算损益。

三、会计科目与账务处理

（一）科目设置

破产企业的会计档案等财务资料经法院裁定由破产管理人接管的，应当在企业被法院宣告破产后，可以比照原有资产、负债类会计科目，根据实际情况设置相关科目，并增设相关负债类、清算净值类和清算损益类等会计科目。破产企业还可以根据实际需要，在一级科目下自行设置明细科目。

1. 负债类科目设置

“应付破产费用”科目，核算破产企业在破产清算期间发生的《企业破产法》规定的各类破产费用。

“应付共益债务”科目，核算破产企业在破产清算期间发生的《企业破产法》规定的各类共益债务。共益债务，是指在人民法院受理破产申请后，为全体债权人的共同利益而管理、变卖和分配破产财产而负担的债务，主要包括因管理人或者债务人（破产企业，下同）请求对方当事人履行双方均未履行完毕的合同所产生的债务、债务人财产受无因管理所产生的债务、因债务人不当得利所产生的债务、为债务人继续营业而应当支付的劳动报酬和社会保险费用以及由此产生的其他债务、管理人或者相关人员执行职务致人损害所产生的债务以及债务人财产致人损害所产生的债务。

2. 清算净值类科目设置

“清算净值”科目，核算破产企业在破产报表日结转的清算净损益科目余额。破产企业资产与负债的差额，也在本科目核算。

3. 清算损益类科目设置

“资产处置净损益”科目，核算破产企业在破产清算期间处置破产资产产生的、扣除相关处置费用后的净损益。

“债务清偿净损益”科目，核算破产企业在破产清算期间清偿债务产生的净损益。

“破产资产和负债净值变动净损益”科目，核算破产企业在破产清算期间按照破产资产清算净值调整资产账面价值，以及按照破产债务清偿价值调整负债账面价值产生的净损益。

“其他收益”科目，核算除资产处置、债务清偿以外，在破产清算期间发生的其他收益。

“破产费用”科目，核算破产企业破产清算期间发生的《企业破产法》规定的各项破产费用，主要包括破产案件的诉讼费用，管理、变价和分配债务人资产的费用，管理人执行职务的费用、报酬和聘用工作人员的费用。本科目应按发生的费用项目设置明细账。

“共益债务支出”科目，核算破产企业破产清算期间发生的《企业破产法》规定的共益债务相关的各项支出。

“其他费用”科目，核算破产企业破产清算期间发生的除破产费用和共益债务支出之外的各项其他费用。

“所得税费用”科目，核算破产企业破产清算期间发生的企业所得税费用。

“清算净损益”科目，核算破产企业破产清算期间结转的上述各类清算损益科目余额。破产企业可根据具体情况增设、减少或合并某些会计科目。

（二）账务处理

1. 破产宣告日余额结转

法院宣告企业破产时，应当根据破产企业移交的科目余额表，将部分会计科目的相关余额转入以下新科目，并编制新的科目余额表。

原“应付账款”“其他应付款”等科目中属于《企业破产法》所规定的破产费用的余额，转入“应付破产费用”科目。

原“应付账款”“其他应付款”等科目中属于《企业破产法》所规定的共益债务的余额，转入“应付共益债务”科目。

原“商誉”“长期待摊费用”“递延所得税资产”“递延所得税负债”“递延收益”“股本”“资本公积”“盈余公积”“其他综合收益”“未分配利润”等科目的余额，转入“清算净值”科目。

2. 破产宣告日余额调整

破产企业应当对拥有的各类资产（包括原账面价值为零的已提足折旧的固定资产、已摊销完毕的无形资产等）登记造册，估计其破产资产清算净值，按照其破产资产清算净值对各资产科目余额进行调整，并相应调整“清算净值”科目。

破产企业应当对各类负债进行核查，按照第六条规定对各负债科目余额进行调整，并相应调整“清算净值”科目。

3. 处置破产资产

破产企业收回应收票据、应收款项类债权、应收款项类投资，按照收回的款项，借记“现金”“银行存款”等科目，按照应收款项类债权或应收款项类投资的账面价值，贷记相关资产科目，按其差额，借记或贷记“资产处置净损益”科目。

破产企业出售各类投资，按照收到的款项，借记“现金”“银行存款”等科目，按照相关投资的账面价值，贷记相关资产科目，按其差额，借记或贷记“资产处置净损益”科目。

破产企业出售存货、投资性房地产、固定资产及在建工程等实物资产，按照收到的款项，借记“现金”“银行存款”等科目，按照实物资产的账面价值，贷记相关资产科目，按应当缴纳的税费贷记“应交税费”科目，按上述各科目发生额的差额，借记或贷记“资产处置净损益”科目。

破产企业出售无形资产，按照收到的款项，借记“现金”“银行存款”等科目，按照无形资产的账面价值，贷记“无形资产”科目，按应当缴纳的税费贷记“应交税费”科目，按上述各科目发生额的差额，借记或贷记“资产处置净损益”科目。

破产企业的划拨土地使用权被国家收回，国家给予一定补偿的，按照收到的补偿金额，借记“现金”“银行存款”等科目，贷记“其他收益”科目。

破产企业处置破产资产发生的各类评估、变价、拍卖等费用，按照发生的金额，借记“破产费用”科目，贷记“现金”“银行存款”“应付破产费用”等科目。

4. 清偿债务

破产企业清偿破产费用和共益债务，按照相关已确认负债的账面价值，借记“应付破产费用”“应付共益债务”等科目，按照实际支付的金额，贷记“现金”“银行存款”等科目，按其差额，借记或贷记“破产费用”“共益债务支出”科目。

破产企业按照经批准的职工安置方案，支付的所欠职工的工资和医疗、伤残补助、抚恤费用，应当划入职工个人账户的基本养老保险、基本医疗保险费用和其他社会保险费用，以及法律、行政法规规定应当支付给职工的补偿金，按照相关账面价值借记“应付职工薪酬”等科目，按照实际支付的金额，贷记“现金”“银行存款”等科目，按其差额，借记或贷记“债务清偿净损益”科目。

破产企业支付所欠税款，按照相关账面价值，借记“应交税费”等科目，按照实际支付的金额，贷记“现金”“银行存款”等科目，按其差额，借记或贷记“债务清偿净损益”科目。

破产企业清偿破产债务，按照实际支付的金额，借记相关债务科目，贷记“现金”“银行存款”等科目。破产企业以非货币性资产清偿债务的，按照清偿的价值借记相关负债科目，按照非货币性资产的账面价值，贷记相关资产科目，按其差额，借记或贷记“债务清偿净损益”科目。

债权人依法行使抵消权的，按照经法院确认的抵消金额，借记相关负债科目，贷记相关资产科目，按其差额，借记或贷记“债务清偿净损益”科目。

5. 其他账务处理

在破产清算期间通过清查、盘点等方式取得的未入账资产，应当按照取得日的破产资产清算净值，借记相关资产科目，贷记“其他收益”科目。

在破产清算期间通过债权人申报发现的未入账债务，应当按照破产债务清偿价值确定计量金额，借记“其他费用”科目，贷记相关负债科目。

在编制破产清算期间的财务报表时，应当对所有资产项目按其于破产报表日的破产资产清算净值重新计量，借记或贷记相关资产科目，贷记或借记“破产资产和负债净值变动净损益”科目；应当对所有负债项目按照破产债务清偿价值重新计量，借记或贷记相关负债科目，贷记或借记“破产资产和负债净值变动净损益”科目。

破产企业在破产清算期间，作为买入方继续履行尚未履行完毕的合同的，按照收到的资产的破产资产清算净值，借记相关资产科目，按照相应的增值税进项税额，借记“应交税费”科目，按照应支付或已支付的款项，贷记“现金”“银行存款”“应付共益债务”或“预付款项”等科目，按照上述各科目的差额，借记“其他费用”或贷记“其他收益”科目；企业作为卖出方继续履行尚未履行完毕的合同的，按照应收或已收的金额，借记“现金”“银行存款”“应收账款”等科目，按照转让的资产账面价值，贷记相关资产科目，按照应缴纳相关税费，贷记“应交税费”科目，按照上述各科目的差额，借记“其他费用”科目或贷记“其他收益”科目。

破产企业发生《企业破产法》第四章相关事实，破产管理人依法追回相关破产资产的，按照追回资产的破产资产清算净值，借记相关资产科目，贷记“其他收益”科目。

破产企业收到的利息、股利、租金等孳息，借记“现金”“银行存款”等科目，贷记“其他收益”科目。

破产企业在破产清算终结日，剩余破产债务不再清偿的，按照其账面价值，借记相关负债科目，贷记“其他收益”科目。

在编制破产清算期间的财务报表时，有已实现的应纳税所得额的，考虑可以抵扣的金额后，应当据此提存应交所得税，借记“所得税费用”科目，贷记“应交税费”科目。

在编制破产清算期间的财务报表时，应当将“资产处置净损益”“债务清偿净损益”“破产资产和负债净值变动净损益”“其他收益”“破产费用”“共益债务支出”“其他费用”“所得税费用”科目结转至“清算净损益”科目，并将“清算净损益”科目余额转入“清算净值”科目。

四、清算财务报表

破产企业应当按照本规定编制清算财务报表，向法院债权人会议等报表使用者反映破产企业在破产清算过程中的财务状况、清算损益、现金流量变动和债务偿付状况。

（一）破产企业的财务报表种类

破产企业的财务报表包括清算资产负债表、清算损益表、清算现金流量表、债务清偿表及相关附注。法院宣告企业破产的，破产企业应当以破产宣告日为破产报表日编制清算资产负债表及相关附注。法院或债权人会议等要求提供清算财务报表的，破产企业应当根据其要求提供清算财务报表的时点确定破产报表日，编制清算资产负债表、清算损益表、清算现金流量表、债务清偿表及相关附注。向法院申请裁定破产终结的，破产企业应当编制清算损益表、债务清偿表及相关附注。

（二）清算资产负债表

清算资产负债表反映破产企业在破产报表日资产的破产资产清算净值，以及负债的破产债务清偿价值。资产项目和负债项目的差额在清算资产负债表中作为清算净值列示。

（三）清算损益表

清算损益表反映破产企业在破产清算期间发生的各项收益、费用。清算损益表至少应当单独列示反映下列信息的项目：资产处置净收益（损失）、债务清偿净收益（损失）、破产资产和负债净值变动净收益（损失）、破产费用、共益债务支出、所得税费用等。

（四）清算现金流量表

清算现金流量表反映破产企业在破产清算期间货币资金余额的变动情况。清算现金流量表应当采用直接法编制，至少应当单独列示反映下列信息的项目：处置资产收到的现金净额、清偿债务支付的现金、支付破产费用的现金、支付共益债务支出的现金、支付所得税的现金等。

（五）债务清偿表

债务清偿表反映破产企业在破产清算期间发生的债务清偿情况。债务清偿表应当根据《企业破产法》规定的债务清偿顺序，按照各项债务的明细单独列示。债务清偿表中列示的各项债务至少应当反映其确认金额、清偿比例、实际需清偿金额、已清偿金额、尚未清偿金额等信息。

第二节　清算所得税处理

一、企业清算所得税处理概述

（一）企业清算所得税处理的界定

根据《财政部 国家税务总局关于企业清算业务企业所得税处理若干问题的通知》（财税〔2009〕60号）第一条的规定，企业清算的所得税处理，是指企业在不再持续经营，发生结束自身业务、处置资产、偿还债务以及向所有者分配剩余财产等经济行为时，对清算所得、清算所得税、股息分配等事项的处理。

（二）纳税年度的确定

根据《企业所得税法》第五十三条的规定，企业所得税按纳税年度计算。纳税年度自公历1月1日起至12月31日止。企业在一个纳税年度中间开业，或者终止经营活动，使该纳税年度的实际经营期不足十二个月的，应当以其实际经营期为一个纳税年度。企业依法清算时，应当以清算期间作为一个纳税年度。

根据财税〔2009〕60号文件第四条的规定，企业应将整个清算期作为一个独立的纳税年度计算清算所得。

二、清算所得税处理的情形

（一）应进行清算所得税处理的情形

根据财税〔2009〕60号文件第二条的规定，下列企业应进行清算的所得税处理：

（1）按《公司法》《企业破产法》等规定需要进行清算的企业；

（2）企业重组中需要按清算处理的企业。

（二）企业合并适用一般性税务处理的

根据《财政部 国家税务总局关于企业清算业务企业所得税处理若干问题的通知》（财税〔2009〕59号）第四条第（四）项的规定，企业合并适用一般性税务处理的，被合并企业及其股东都应按清算进行所得税处理。

企业发生上述规定的合并，应按照财税〔2009〕60号文件规定进行清算。被合并企业在报送“企业清算所得纳税申报表”时，应附送以下资料：

（1）企业合并的工商部门或其他政府部门的批准文件；

（2）企业全部资产和负债的计税基础以及评估机构出具的资产评估报告；

（3）企业债务处理或归属情况说明；

（4）主管税务机关要求提供的其他资料证明。

（三）企业分立适用一般性税务处理的

根据财税〔2009〕59号第四条第（五）项的规定，企业分立适用一般性税务处理的，被分立企业不再继续存在时，被分立企业及其股东都应按清算进行所得税处理。被分立企业应按照财税〔2009〕60号文件规定进行清算。分立企业在报送“企业清算所得纳税申报表”时，应附送以下资料：

（1）企业分立的工商部门或其他政府部门的批准文件；

（2）被分立企业全部资产的计税基础以及评估机构出具的资产评估报告；

（3）企业债务处理或归属情况说明；

（4）主管税务机关要求提供的其他资料证明。

（四）法律形式非简单改变的

企业由法人转变为个人独资企业、合伙企业等非法人组织，或将登记注册地转移至中华人民共和国境外（包括港澳台地区），应视同企业进行清算、分配，股东重新投资成立新企业。企业的全部资产以及股东投资的计税基础均应以公允价值为基础确定。

企业发生上述规定情形的，应按照财税〔2009〕60号文件的规定进行清算。企业在报送“企业清算所得纳税申报表”时，应附送以下资料：

（1）企业改变法律形式的工商部门或其他政府部门的批准文件；

（2）企业全部资产的计税基础以及评估机构出具的资产评估报告；

（3）企业债权、债务处理或归属情况说明；

（4）主管税务机关要求提供的其他资料证明。

三、企业清算的所得税处理内容

根据财税〔2009〕60号文件第三条的规定，企业清算的所得税处理包括以下内容：

（1）全部资产均应按可变现价值或交易价格，确认资产转让所得或损失；

（2）确认债权清理、债务清偿的所得或损失；

（3）改变持续经营核算原则，对预提或待摊性质的费用进行处理；

（4）依法弥补亏损，确定清算所得；

（5）计算并缴纳清算所得税；

（6）确定可向股东分配的剩余财产、应付股息等。

四、清算所得与清算所得税

（一）清算所得

根据《企业所得税法实施条例》第十一条的规定，清算所得，是指企业的全部资产可变现价值或者交易价格减除资产净值、清算费用以及相关税费等后的余额。投资企业从被清算企业分得的剩余资产，其中相当于从被清算企业累计未分配利润和累计盈余公积中应当分得的部分，应当确认为股息所得；剩余资产减除上述股息所得后的余额，超过或者低于投资成本的部分，应当确认为投资资产转让所得或者损失。

根据财税〔2009〕60号文件第四条的规定，企业的全部资产可变现价值或交易价格，减除资产的计税基础、清算费用、相关税费，加上债务清偿损益等后的余额，为清算所得。企业应将整个清算期作为一个独立的纳税年度计算清算所得。

（二）清算所得税

企业清算应纳税所得额乘以法定税率25%，计算应纳所得税额。

五、清算所得税申报

（一）清算所得税申报的基本规定

根据《企业所得税法》第五十五条的规定，企业在年度中间终止经营活动的，应当自实际经营终止之日起六十日内，向税务机关办理当期企业所得税汇算清缴。企业应当在办理注销登记前，就其清算所得向税务机关申报并依法缴纳企业所得税。

根据《国家税务总局关于企业清算所得税有关问题的通知》（国税函〔2009〕684号）的规定，企业清算时，应当以整个清算期间作为一个纳税年度，依法计算清算所得及其应纳所得税。企业应当自清算结束之日起15日内，向主管税务机关报送“企业清算所得税纳税申报表”，结清税款。

企业未按照规定的期限办理纳税申报或者未按照规定期限缴纳税款的，应根据《中华人民共和国税收征收管理法》的相关规定加收滞纳金。

进入清算期的企业应对清算事项，报主管税务机关备案。

（二）企业清算所得税申报表及其填报

“中华人民共和国企业清算所得税申报表”适用于按税收规定进行清算、缴纳企业所得税的居民企业纳税人（以下简称纳税人）申报，如表 11－1 所示。

表 11－1　　中华人民共和国企业清算所得税申报表

清算期间：　　年　月　日至　　年　月　日

纳税人名称：

纳税人识别号：□□□□□□□□□□□□□□□□□□　　　　金额单位：元（列至角分）

类别	行次	项目	金额
应纳税所得额计算	1	资产处置损益（填附表一）	
	2	负债清偿损益（填附表二）	
	3	清算费用	
	4	清算税金及附加	
	5	其他所得或支出	
	6	清算所得（1＋2－3－4＋5）	
	7	免税收入	
	8	不征税收入	
	9	其他免税所得	
	10	弥补以前年度亏损	
	11	应纳税所得额（6－7－8－9－10）	
应纳所得税额计算	12	税率（25%）	
	13	应纳所得税额（11×12）	
应补（退）所得税额计算	14	减（免）企业所得税额	
	15	境外应补所得税额	
	16	境内外实际应纳所得税额（13－14＋15）	
	17	以前纳税年度应补（退）所得税额	
	18	实际应补（退）所得税额（16＋17）	

纳税人盖章： 清算组盖章： 经办人签字： 申报日期： 年　月　日	代理申报中介机构盖章： 经办人签字及执业证件号码： 代理申报日期： 年　月　日	主管税务机关 受理专用章： 受理人签字： 受理日期： 年　月　日

中华人民共和国企业清算所得税申报表填报说明

（一）表头项目

1. “清算期间”：填报纳税人实际生产经营终止之日至办理完毕清算事务之日止的期间。

2. “纳税人名称”：填报税务机关统一核发的税务登记证所载纳税人的全称。

3. “纳税人识别号”：填报税务机关统一核发的税务登记证号码。

（二）行次说明

1. 第1行“资产处置损益”：填报纳税人全部资产按可变现价值或交易价格扣除其计税基础后确认的资产处置所得或损失金额。本行通过附表一“资产处置损益明细表”计算填报。

2. 第2行“负债清偿损益”：填报纳税人全部负债按计税基础减除其清偿金额后确认的负债清偿所得或损失金额。本行通过附表二“负债清偿损益明细表”计算填报。

3. 第3行“清算费用”：填报纳税人清算过程中发生的与清算业务有关的费用支出，包括清算组组成人员的报酬，清算财产的管理、变卖及分配所需的评估费、咨询费等费用，清算过程中支付的诉讼费用、仲裁费用及公告费用，以及为维护债权人和股东的合法权益支付的其他费用。

4. 第4行“清算税金及附加”：填报纳税人清算过程中发生的除企业所得税和允许抵扣的增值税以外的各项税金及其附加。

5. 第5行“其他所得或支出”：填报纳税人清算过程中取得的其他所得或发生的其他支出。其中，其他支出以“-”号（负数）填列。

6. 第6行“清算所得”：填报纳税人全部资产按可变现价值或交易价格减除其计税基础、清算费用、相关税费，加上债务清偿损益等后的余额。

7. 第7行“免税收入”：填报纳税人清算过程中取得的按税收规定免税收入。

8. 第8行“不征税收入”：填报纳税人清算过程中取得的按税收规定不征税收入。

9. 第9行“其他免税所得”：填报纳税人清算过程中取得的按税收规定免税的所得。

10. 第10行“弥补以前年度亏损”：填报纳税人按税收规定可在税前弥补的以前纳税年度尚未弥补的亏损额。

11. 第11行“应纳税所得额”：金额等于本表第6-7-8-9-10行。本行按照上述顺序计算结果为负数，本行金额填零。

12. 第12行“税率”：填报企业所得税法规定的税率25%。

13. 第13行“应纳所得税额”：金额等于本表第11×12行。

14. 第14行“减（免）企业所得税额”：填报纳税人按税收规定准予减免的企业所得税额。

15. 第15行“境外应补所得税额”：填报纳税人按税收规定在清算期间发生的境外所得应在境内补缴的企业所得税额。

16. 第16行“境内外实际应纳所得税额”：金额等于本表第13-14+15行。

17. 第 17 行“以前纳税年度应补（退）所得税额”：填报纳税人因以前纳税年度损益调整、汇算清缴多缴、欠税等在清算期间应补（退）企业所得税额。其中，应退企业所得税额以“-”号（负数）填列。

18. 第 18 行“实际应补（退）所得税额”：金额 = 本表第 16 + 17 行。

（三）表内及表间关系

1. 第 1 行 = 附表一第 32 行“资产处置损益（4）”列的总计数。

2. 第 2 行 = 附表二第 23 行“负债清偿损益（4）”列的总计数。

3. 第 6 行 = 本表第 1 + 2 - 3 - 4 + 5 行。

4. 第 11 行 = 本表第 6 - 7 - 8 - 9 - 10 行。

5. 第 13 行 = 本表第 11 × 12 行。

6. 第 16 行 = 本表第 13 - 14 + 15 行。

7. 第 18 行 = 本表第 16 + 17 行。

（三）资产处置损益明细表及其填报

“资产处置损益明细表”适用于按税收规定进行清算、缴纳企业所得税的居民企业纳税人（以下简称纳税人）申报，如表 11 - 2 所示。

表 11 - 2 **资产处置损益明细表**

填报时间： 年 月 日 金额单位： 元（列至角分）

行次	项目	账面价值 (1)	计税基础 (2)	可变现价值或交易价格 (3)	资产处置损益 (4) = (3) - (2)
1	货币资金				
2	短期投资 *				
3	交易性金融资产#				
4	应收票据				
5	应收账款				
6	预付账款				
7	应收利息				
8	应收股利				
9	应收补贴款 *				
10	其他应收款				
11	存货				
12	待摊费用 *				
13	一年内到期的非流动资产				
14	其他流动资产				
15	可供出售金融资产#				

续表

行次	项目	账面价值 (1)	计税基础 (2)	可变现价值或 交易价格 (3)	资产处置损益 (4)=(3)-(2)
16	持有至到期投资#				
17	长期应收款#				
18	长期股权投资				
19	长期债权投资 *				
20	投资性房地产#				
21	固定资产				
22	在建工程				
23	工程物资				
24	固定资产清理				
25	生物资产#				
26	油气资产#				
27	无形资产				
28	开发支出#				
29	商誉#				
30	长期待摊费用				
31	其他非流动资产				
32	总计				

经办人签字：　　　　　　　　　　纳税人盖章：

"资产处置损益明细表"填报说明：

（一）有关项目填报说明

1. 标有*行次由执行《企业会计制度》的纳税人填报；标有#行次由执行《企业会计准则》的纳税人填报；其他行次执行《企业会计制度》和《企业会计准则》的纳税人均填报。

执行《企业会计制度》和《企业会计准则》以外的纳税人，按照本表的行次内容根据其资产情况分析填报。

2. "账面价值（1）"列：填报纳税人按照国家统一会计制度规定确定的清算开始日的各项资产账面价值的金额。

3. "计税基础（2）"列：填报纳税人按照税收规定确定的清算开始日的各项资产计税基础的金额，即取得资产时确定的计税基础减除在清算开始日以前纳税年度内按照税收规定已在税前扣除折旧、摊销、准备金等的余额。

4. "可变现价值或交易价格（3）"列：填报纳税人清算过程中各项资产可变现价值或交易价格的金额。

5. "资产处置损益（4）"列：填报纳税人各项资产可变现价值或交易价格减除其

计税基础的余额。

（二）表内及表间关系

1. "资产处置损益（4）"列 = 本表"可变现价值或交易价格（3）"列 - "计税基础（2）"列。

2. 第 32 行"账面价值（1）"列总计 = 本表"账面价值（1）"列第 1 + … + 31 行总计。

3. 第 32 行"计税基础（2）"列总计 = 本表"计税基础（2）"列第 1 + … + 31 行总计。

4. 第 32 行"可变现价值或交易价格（3）"列总计 = 本表"可变现价值或交易价格（3）"列第 1 + … + 31 行总计。

5. 第 32 行"资产处置损益（4）"列总计 = 本表第 32 行"可变现价值或交易价格（3）"列总计 - 本表第 32 行"计税基础（2）"列总计 = 本表"资产处置损益（4）"列第 1 + … + 31 行总计。

6. 第 32 行"资产处置损益（4）"列总计 = 主表第 1 行。

（四）负债清偿损益明细表及其填报

"负债清偿损益明细表"适用于按税收规定进行清算、缴纳企业所得税的居民企业纳税人（以下简称纳税人）申报，如表 11 - 3 所示。

表 11 - 3　　　　**负债清偿损益明细表**

填报时间：　年　月　日　　　　金额单位：　元（列至角分）

行次	项目	账面价值（1）	计税基础（2）	清偿金额（3）	负债清偿损益（4）=（2）-（3）
1	短期借款				
2	交易性金融负债#				
3	应付票据				
4	应付账款				
5	预收账款				
6	应付职工薪酬#				
7	应付工资 *				
8	应付福利费 *				
9	应交税费				
10	应付利息				
11	应付股利				
12	其他应交款 *				
13	其他应付款				

续表

行次	项目	账面价值 (1)	计税基础 (2)	清偿金额 (3)	负债清偿损益 (4)=(2)-(3)
14	预提费用*				
15	一年内到期的非流动负债				
16	其他流动负债				
17	长期借款				
18	应付债券				
19	长期应付款				
20	专项应付款				
21	预计负债#				
22	其他非流动负债				
23	总计				

经办人签字：　　　　　　　　　　　　纳税人盖章：

"负债清偿损益明细表"填报说明

（一）有关项目填报说明

1. 标有*行次由执行《企业会计制度》的纳税人填报；标有#行次由执行《企业会计准则》的纳税人填报；其他行次执行《企业会计制度》和《企业会计准则》的纳税人均填报。

执行《企业会计制度》和《企业会计准则》以外的纳税人，按照本表的行次内容根据其负债情况分析填报。

2. "账面价值（1）"列：填报纳税人按照国家统一会计制度规定确定的清算开始日的各项负债账面价值的金额。

3. "计税基础（2）"列：填报纳税人按照税收规定确定的清算开始日的各项负债计税基础的金额，即负债的账面价值减去未来期间计算应纳税所得额时按照税收规定予以扣除金额的余额。

4. "清偿金额（3）"列：填报纳税人清算过程中各项负债的清偿金额。

5. "负债清偿损益（4）"列：填报纳税人各项负债计税基础减除其清偿金额的余额。

（二）表内及表间关系

1. "负债清偿损益（4）"列=本表"计税基础（2）"列-"清偿金额（3）"列

2. 第23行"账面价值（1）"列总计=本表"账面价值（1）"列第1+…+22行总计。

3. 第23行"计税基础（2）"列总计=本表"计税基础（2）"列第1+…+22行总计。

4. 第23行"清偿金额（3）"列总计=本表"清偿金额（3）"列第1+…+22行

总计。

5. 第23行“负债清偿损益（4）”列总计＝本表第23行“计税基础（2）”列总计－本表第23行“清偿金额（3）”列总计＝本表“负债清偿损益（4）”列第1＋…＋22行总计。

6. 第23行“负债清偿损益”列总计＝主表第2行。

（五）剩余财产计算和分配明细表及其填报说明

“剩余财产计算和分配明细表”适用于按税收规定进行清算、缴纳企业所得税的居民企业纳税人（以下简称纳税人）申报。纳税人需根据《企业所得税法》及其实施条例和相关税收政策规定计算填报，如表11－4所示。

表11－4　　**剩余财产计算和分配明细表**

填报时间：　年　月　日　　　　金额单位：元（列至角分）

类别	行次	项　　目			金额	
剩余财产计算	1	资产可变现价值或交易价格				
	2	清算费用				
	3	职工工资				
	4	社会保险费用				
	5	法定补偿金				
	6	清算税金及附加				
	7	清算所得税额				
	8	以前年度欠税额				
	9	其他债务				
	10	剩余财产（1－2－…－9）				
	11	其中：累计盈余公积				
	12	累计未分配利润				
剩余财产分配		股东名称	持有清算企业权益性投资比例（%）	投资额	分配的财产金额	其中：确认为股息金额
	13	（1）				
	14	（2）				
	15	（3）				
	16	…				
	17	…				

经办人签字：　　　　纳税人盖章：

"剩余财产计算明细表"填报说明

（一）有关项目填报说明

1. 第1行"资产可变现价值或交易价格"：填报纳税人全部资产的可变现价值或交易价格金额。

2. 第2行"清算费用"：填报纳税人清算过程中发生的与清算业务有关的费用支出，包括清算组组成人员的报酬，清算财产的管理、变卖及分配所需的评估费、咨询费等费用，清算过程中支付的诉讼费用、仲裁费用及公告费用，以及为维护债权人和股东的合法权益支付的其他费用。

3. 第3行"职工工资"：填报纳税人清算过程中偿还的职工工资。

4. 第4行"社会保险费用"：填报纳税人清算过程中偿还欠缴的各种社会保险费用。

5. 第5行"法定补偿金"：填报纳税人清算过程中按照有关规定支付的法定补偿金。

6. 第6行"清算税金及附加"：填报纳税人清算过程中发生的除企业所得税和允许抵扣的增值税以外的各项税金及其附加。

7. 第7行"清算所得税额"：填报纳税人清算过程中应缴的清算企业所得税金额。

8. 第8行"以前年度欠税额"：填报纳税人以前年度欠缴的各项税金及其附加。

9. 第9行"其他债务"：填报纳税人清算过程中偿还的其他债务。

10. 第10行"剩余财产"：填报纳税人全部资产按可变现价值或交易价格减除清算费用、职工工资、社会保险费用、法定补偿金、清算税费、清算所得税额、以前年度欠税和企业其他债务后的余额。

11. 第11行"其中：累计盈余公积"：填报纳税人截止开始分配剩余财产时累计从净利润提取的盈余公积金额。

12. 第12行"其中：累计未分配利润"：填报纳税人截止开始分配剩余财产时累计的未分配利润金额。

13. 第13－17行"股东名称"列：填报清算企业的各股东名称。

14. 第13－17行"持有清算企业权益性投资比例"列：填报清算企业的各股东持有清算企业的权益性投资比例。

15. 第13－17行"投资额"列：填报清算企业各股东向清算企业进行权益性投资总额。

16. 第13－17行"分配的财产金额"列：填报清算企业的各股东从清算企业剩余财产中按照其持有的清算企业的权益性投资比例分得的财产金额。

17. 第13－17行"其中确认为股息金额"列：填报清算企业的各股东从清算企业剩余财产分得财产中，相当于累计未分配利润和累计盈余公积按照其持有清算企业权益性投资比例计算确认的部分。清算企业的非企业所得税纳税人股东不填此列。

（二）表内及表间关系

1. 第 10 行 = 本表第 1 - 2 - … - 9 行。
2. 第 2 行 = 主表第 3 行。
3. 第 6 行 = 主表第 4 行。
4. 第 7 行 = 主表第 16 行。

第三节　清算企业股东的税务处理

一、剩余资产的计算

根据财税〔2009〕60 号文件第五条第一款的规定，企业全部资产的可变现价值或交易价格减除清算费用，职工的工资、社会保险费用和法定补偿金，结清清算所得税、以前年度欠税等税款，清偿企业债务，按规定计算可以向所有者分配剩余资产。

二、法人股东分得剩余资产的处理

根据财税〔2009〕60 号文件第五条第二款的规定，被清算企业的股东分得的剩余资产的金额，其中相当于被清算企业累计未分配利润和累计盈余公积中按该股东所占股份比例计算的部分，应确认为股息所得；剩余资产减除股息所得后的余额，超过或低于股东投资成本的部分，应确认为股东的投资转让所得或损失。

被清算企业的股东从被清算企业分得的资产应按可变现价值或实际交易价格确定计税基础。

三、个人股东分得剩余资产的处理

根据《国家税务总局关于个人终止投资经营收回款项征收个人所得税问题的公告》（国家税务总局公告 2011 年第 41 号）第一条的规定，个人因各种原因终止投资、联营、经营合作等行为，从被投资企业或合作项目、被投资企业的其他投资者以及合作项目的经营合作人取得股权转让收入、违约金、补偿金、赔偿金及以其他名目收回的款项等，均属于个人所得税应税收入，应按照“财产转让所得”项目适用的规定计算缴纳个人所得税。

应纳税所得额的计算公式如下：

应纳税所得额 = 个人取得的股权转让收入、违约金、补偿金、赔偿金及以其他名目收回款项合计数 - 原实际出资额（投入额）及相关税费

四、企业清算所得税处理案例

【例 11 - 1】 2010 年 10 月，B 公司投资 400 万元，在南京设立 A 公司。截至 2019 年 12 月 31 日，A 公司账面未分配利润为 120 万元。2020 年 9 月 30 日，股东会决定解散清算 A 公司，并于当日成立清算组。

2020 年 9 月 30 日 A 公司的资产负债情况如下：流动资产 560 万元，非流动资产 40 万元，流动负债 142 万元，非流动负债为 0（资产与负债的计税基础与账面价值一致），所有者权益 458 万元（其中，实收资本 400 万元，本年利润及应纳税所得额均为 -62 万元，未分配利润 120 万元）。2020 年 12 月 28 日清算结束申请注销税务登记。

清偿情况为：资产可收回金额（可变现金额）为 580 万元；债务偿还金为 100 万元；发生清算费用 5 万元（假设没有发生相关税费）。

要求：进行相关税务处理并填报清算申报表。

解析：

1. 经营期企业所得税的计算及申报。

同意企业提前解散的股东会决议签署日期是 2020 年 9 月 30 日，并在当日成立清算组，则 2020 年 1 月 1 日至 2020 年 9 月 30 日为经营期未满 12 个月的一个纳税年度。2020 年 1 月至 9 月企业会计利润总额为 -62 万元（假设没有其他纳税调整事项，企业所得税税率为 25%），企业应按规定进行 2020 年 1 月 1 日至 2020 年 9 月 30 日这一经营期的企业所得税汇算清缴申报。

2. 清算期企业所得税的计算与申报。

2020 年 10 月 1 日为清算期开始之日，2020 年 12 月 28 日清算结束申请注销税务登记，清算期为 2020 年 10 月 1 日 ~2020 年 12 月 28 日。清算情况为：

（1）资产可收回金额（可变现金额）为 580 万元；

（2）债务偿还金额 100 万元，则债务清偿损益：142 - 100 = 42（万元）；

（3）清算费用合计 5 万元。

清算所得为：580 - 600 + 42 - 5 = 17（万元）；

由于清算所得为 17 万元，弥补未弥补的亏损 62 万元后为负数，故就清算期作为一个纳税年度进行企业所得税申报时，不需要缴纳企业所得税。“企业清算所得税申报表”填报如表 11 - 5 所示。

表 11－5　　中华人民共和国企业清算所得税申报表

清算期间：2020 年 12 月 1 日至 2020 年 12 月 28 日

纳税人名称：A 公司

纳税人识别号：□□□□□□□□□□□□□□□□□□　　　　金额单位：元（列至角分）

类别	行次	项目	金额
应纳税所得额计算	1	资产处置损益（填附表一）	－200 000
	2	负债清偿损益（填附表二）	420 000
	3	清算费用	50 000
	4	清算税金及附加	
	5	其他所得或支出	
	6	清算所得（1＋2－3－4＋5）	170 000
	7	免税收入	
	8	不征税收入	
	9	其他免税所得	
	10	弥补以前年度亏损	620 000
	11	应纳税所得额（6－7－8－9－10）	0
应纳所得税额计算	12	税率（25%）	25%
	13	应纳所得税额（11×12）	0
应补（退）所得税额计算	14	减（免）企业所得税额	
	15	境外应补所得税额	
	16	境内外实际应纳所得税额（13－14＋15）	0
	17	以前纳税年度应补（退）所得税额	
	18	实际应补（退）所得税额（16＋17）	0

纳税人盖章：	代理申报中介机构盖章：	主管税务机关
		受理专用章：
清算组盖章：		
	经办人签字及执业证件号码：	受理人签字：
经办人签字：		
申报日期：	代理申报日期：	受理日期：
年　月　日	年　月　日	年　月　日

3. 股东取得剩余资产的涉税处理。

剩余资产＝580－100－5－0＝475（万元）

累计未分配利润和累计盈余公积＝120＋17－62＋0＝75（万元）

剩余资产减除股息所得后的余额＝475－75＝400（万元）

股东投资成本为 400 万元。

投资转让所得＝400－400＝0（万元）

累计未分配利润和累计盈余公积余额 75 万元，股东应确认为股息所得；剩余资产减除股息所得后的余额等于股东投资成本，故该股东无投资转让所得。

填报"剩余财产计算和分配明细表"，如表 11－6 所示。

表 11－6　剩余财产计算和分配明细表

填报时间：2020 年 12 月 28 日　　金额单位：元（列至角分）

类别	行次	项目		金额		
剩余财产计算	1	资产可变现价值或交易价格		5 800 000		
	2	清算费用		50 000		
	3	职工工资				
	4	社会保险费用				
	5	法定补偿金				
	6	清算税金及附加				
	7	清算所得税额				
	8	以前年度欠税额				
	9	其他债务		1 000 000		
	10	剩余财产（1－2－…－9）		4 750 000		
	11	其中：累计盈余公积				
	12	累计未分配利润		750 000		
剩余财产分配		股东名称	持有清算企业权益性投资比例（%）	投资额	分配的财产金额	其中：确认为股息金额
	13	B 公司	100%	4 000 000	4 750 000	750 000
	14					
	15					
	16	…				
	17	…				

经办人签字：　　纳税人盖章：

五、个人独资与合伙企业清算的处理

（一）个人独资企业的解散与清算

1. 应解散的情形

根据《中华人民共和国个人独资企业法》（以下简称《个人独资企业法》）第二十六条的规定，个人独资企业有下列情形之一时，应当解散：

（1）投资人决定解散；

（2）投资人死亡或者被宣告死亡，无继承人或者继承人决定放弃继承；

（3）被依法吊销营业执照；

（4）法律、行政法规规定的其他情形。

2. 解散清算

个人独资企业解散，由投资人自行清算或者由债权人申请人民法院指定清算人进行清算。投资人自行清算的，应当在清算前15日内书面通知债权人，无法通知的，应当予以公告。债权人应当在接到通知之日起30日内，未接到通知的应当在公告之日起60日内，向投资人申报其债权。

3. 财产清偿

个人独资企业解散后，原投资人对个人独资企业存续期间的债务仍应承担偿还责任，但债权人在五年内未向债务人提出偿债请求的，该责任消灭。

根据《个人独资企业法》第二十九条的规定，个人独资企业解散的，财产应当按照下列顺序清偿：

（1）所欠职工工资和社会保险费用；

（2）所欠税款；

（3）其他债务。

清算期间，个人独资企业不得开展与清算目的无关的经营活动。在按规定清偿债务前，投资人不得转移、隐匿财产。

个人独资企业财产不足以清偿债务的，投资人应当以其个人的其他财产予以清偿。

个人独资企业清算结束后，投资人或者人民法院指定的清算人应当编制清算报告，并于十五日内到登记机关办理注销登记。

（二）合伙企业的解散与清算

1. 应解散的情形

根据《合伙企业法》第八十五条的规定，合伙企业有下列情形之一的，应当解散：

（1）合伙期限届满，合伙人决定不再经营；

（2）合伙协议约定的解散事由出现；

（3）全体合伙人决定解散；

（4）合伙人已不具备法定人数满30天；

（5）合伙协议约定的合伙目的已经实现或者无法实现；

（6）依法被吊销营业执照、责令关闭或者被撤销；

（7）法律、行政法规规定的其他原因。

2. 解散清算

合伙企业解散的，应当进行清算。解散而未清算的合伙企业，在清算范围内视为存续。

合伙企业解散，应当由清算人进行清算。清算人由全体合伙人担任；经全体合伙人过半数同意，可以自合伙企业解散事由出现后15日内指定一个或者数个合伙人，或者委托第三人，担任清算人。自合伙企业解散事由出现之日起15日内未确定清算人的，合伙人或者其他利害关系人可以申请人民法院指定清算人。

清算人在清算期间执行下列事务：

（1）清理合伙企业财产，分别编制资产负债表和财产清单；

（2）处理与清算有关的合伙企业未了结事务；

（3）清缴所欠税款；

（4）清理债权、债务；

（5）处理合伙企业清偿债务后的剩余财产；

（6）代表合伙企业参加诉讼或者仲裁活动。

清算人自被确定之日起10日内将合伙企业解散事项通知债权人，并于60日内在报纸上公告。债权人应当自接到通知书之日起30日内，未接到通知书的自公告之日起45日内，向清算人申报债权。债权人申报债权，应当说明债权的有关事项，并提供证明材料。清算人应当对债权进行登记。清算期间，合伙企业存续，但不得开展与清算无关的经营活动。

3. 财产清偿

在清算过程中，合伙企业财产应当按如下顺序清偿债务：

（1）支付清算费用；

（2）偿付合伙企业所欠的职工工资、社会保险费用、法定补偿金；

（3）缴纳合伙企业所欠税款；

（4）偿付合伙企业的债务。

清偿完毕后，如果有剩余财产，依照《合伙企业法》第三十三条第一款的规定（即合伙企业的利润分配、亏损分担，按照合伙协议的约定办理；合伙协议未约定或者约定不明确的，由合伙人协商决定；协商不成的，由合伙人按照实缴出资比例分配、分担；无法确定出资比例的，由合伙人平均分配、分担）在合伙人之间进行分配。

合伙企业清算时，其全部财产不足清偿债务的，由全体合伙人承担无限连带清偿责任。

清算结束，清算人应当编制清算报告，经全体合伙人签名、盖章后，在15日内向企业登记机关报送清算报告，申请办理合伙企业注销登记。

合伙企业注销后，原普通合伙人对合伙企业存续期间的债务仍应承担无限连带责任。

《合伙企业法》第九十二条规定，合伙企业不能清偿到期债务的，债权人可以依法向人民法院提出破产清算申请，也可以要求普通合伙人清偿。合伙企业依法被宣告破产的，普通合伙人对合伙企业债务仍应承担无限连带责任。

《企业破产法》第一百三十五条规定："其他法律规定企业法人以外的组织的清算，属于破产清算的，参照适用本法规定的程序。"合伙企业的破产清算属于该条规定的范围。

（三）清算的个人所得税处理

根据《关于个人独资企业和合伙企业投资者征收个人所得税的规定》第十六条的规定，企业进行清算时，投资者应当在注销工商登记之前，向主管税务机关结清有关税务事宜。企业的清算所得应当视为年度生产经营所得，由投资者依法缴纳个人所得税。

清算所得，是指企业清算时的全部资产或者财产的公允价值扣除各项清算费用、损失、负债、以前年度留存的利润后，超过实缴资本的部分。

六、上市公司控股股东清算案例

【例 11－2】甲公司原是某上市公司的控股股东，2019 年年初清算注销时，甲公司将其持有的上市公司股票作为清算财产按股东的持股比例进行了分配。S 先生是甲公司的大股东，也是上市公司的实际控制人，甲公司清算后，S 先生成为上市公司的直接控股股东。

（一）清算过程

2018 年 7 月 5 日，甲公司召开了股东会议，经全体股东表决通过，决定解散甲公司，并于 2018 年 7 月 5 日成立清算组，以甲公司 2018 年 7 月 5 日的财务状况为基础对甲公司开展清算工作。

2019 年 1 月 18 日，甲公司股东会议作出决议，将甲公司持有的上市公司股票 3 603.6 万股作为剩余财产向股东进行分配。

2019 年 2 月 15 日，甲公司取得《公司准予注销登记通知书》，注销完毕。

2019 年 4 月 9 日，上市公司收到中国证券登记结算有限责任公司深圳分公司的《证券过户登记确认书》（业务编号：××××），确认控股股东甲公司已完成非交易过户登记。

（二）清算资产

从上市公司公布的详式权益变动报告书中披露的报表可以看出，甲公司在清算时的资产仅有三项：货币资金，其他流动资产及上市公司股票 3 603.6 万股。其持股占上市公司总股本的 27.01%，为上市公司的控股股东。持股数量自上市公司上市以来未发生过变动。

甲公司2017年财务报表部分项目如表11－7所示。

表11－7　　甲公司2017年12月31日的财务报表　　单位：元

日期	2017.12.31	2016.12.31
货币资金	588 584.14	30 647.55
其他流动资产	8 005 956.56	9 000 000.00
长期股权投资	58 931 200.70	58 931 200.70
资产总计	67 525 741.40	67 961 848.25
负债合计	0	0
实收资本（或股本）	30 959 280.00	30 959 280.00
资本公积	27 971 920.70	27 971 920.70
盈余公积	8 095 236.81	7 367 042.15
未分配利润	499 303.89	1 663 605.40
所有者权益（或股东权益）合计	67 525 741.40	67 961 848.25
负债和所有者权益（或股东权益）总计	67 525 741.40	67 961 848.25

2015年2月17日，在创业板上市，股票发行价格为9.13元。

2019年1月17日，上市公司股票收盘价12.90元（不复权）。

2019年4月8日，上市公司股票收盘价为19.47元（不复权）。

截至甲公司做出股票的清算分配日，上市公司无送转股，但有过现金分红，如表11－8所示。

表11－8

预案公告日	2019－03－22	2018－08－28	2018－03－28	2017－04－25	2016－03－15
除权除息日	2019－04－24	2018－10－24	2018－05－23	2017－06－20	2016－05－27
基本情况					
方案进度	实施	实施	实施	实施	实施
是否分红	是	是	是	是	是
分红对象	普通股股东	普通股股东	普通股股东	普通股股东	普通股股东
每股股利（税前）	0.4000	0.3063	0.2700	0.4000	0.3500
每股红股	—	—	—	—	—
每股转增	0.9000	—	—	—	—
日期明细					
股本基准日期	2019－03－22	2018－10－23	2017－12－31	2016－12－31	2015－12－31
股东大会公告日	2019－04－12	2018－09－13	2018－04－19	2017－05－19	2016－04－07
股权登记日	2019－04－23	2018－10－23	2018－05－22	2017－06－19	2016－05－26

续表

实施公告日	2019-04-17	2018-10-18	2018-05-16	2017-06-14	2016-05-19
派息日	2019-04-24	2018-10-24	2018-05-23	2017-06-20	2016-05-27
红股上市日	2019-04-24	—	—	—	—

（三）清算中各税种的处理

甲公司清算所得计算如表11-9所示。

甲公司在计算清算所得时将持有的上市公司股票作为剩余财产按股东的持股比例分配给各股东，增值税及企业所得税均需要视同销售处理，并计算缴纳增值税、印花税及企业所得税等。但由于股票的市场价格一直处于波动中，因此，正确选择股价时点影响税款的正确计算。

表11-9　　清算损益表（2018年7月5日—2019年1月18月）　　单位：元

项　　目	行	金额
一、清算收益：	1	382 792 394.43
1. 应收债权损益	2	
2. 实物资产处置损益	3	
3. 其他资产处置损益	4	382 798 087.30
4. 债务处理损益	5	-5 692.87
5. 其他收入	6	
清算收益合计	7	382 792 394.43
	8	
二、清算费用	9	4 420 251.95
1. 清算人员工资	10	
2. 资产处置费用	11	
3. 劳务费	12	
4. 办公费	13	
5. 审计评估费	14	
6. 税务清审核费	15	
7. 税金支出	16	4 118 828.73
8. 业务费用	17	
9. 其他支出	18	300 000.00
10. 债务处理损益纳税调增	19	1 423.22
清算费用合计	20	4 420 251.95
三、清算净损益（清算净损失以“-”号表示）	21	378 372 142.48
清算所得税	22	96 813 862.41
四、清算净收益	23	281 558 280.07

1. 增值税。

将股票作为清算财产分配给股东的，应按照金融商品转让缴纳增值税。

根据《财政部 国家税务总局关于全面推开营业税改征增值税试点的通知》（财税〔2016〕第36号）附件1《营业税改征增值税试点实施办法》第四十五条的规定，增值税纳税义务、扣缴义务发生时间：纳税人从事金融商品转让的，为金融商品所有权转移的当天。

由于转让金融商品的纳税义务发生时间为金融商品所有权转移的当天，销售额应为股票过户时的市场价格（前一交易日收盘价）19.47元。

甲公司持有的上市公司股票属于首发限售股，根据《国家税务总局关于营改增试点若干征管问题的公告》（国家税务总局公告2016年第53号）的规定，以上市公司股票首次公开发行（IPO）的发行价为买入价。即买入价为9.13元。

企业转让股票，需以卖出价扣除买入价后的余额为销售额，按照“金融商品转让”税目缴纳增值税。由于甲公司除了股票投资外，近三年没有其他业务，其为增值税小规模纳税人，金融商品转让收入按3%征收率计算缴纳增值税。

应缴增值税 =（19.47 - 9.13）× 36 036 000/1.03 × 3% = 10 852 783.69（元）

本案的特殊之处在于甲公司先注销，再过户其持有的股票，但不应该以此为由改变增值税纳税义务发生时间以及股票销售价格的确认时点。

2. 印花税。

股票清算过户属于非交易过户。根据深圳市场证券登记结算业务收费及代收税费标准，非交易转让印花税按“前一交易日收盘价 ÷ 协议转让价 × 股数 × 1‰”向出让方收取。申请人提供了国家主管税务机关出具的免税批文，按照批文的规定执行。申请人提供了经有权机构确定的过户价格，以该价格作为计税的价格。

因此，交易过户中的印花税为：36 036 000.00 × 19.47 × 1‰ = 701 620.92（元）。

3. 企业所得税。

根据《中华人民共和国企业所得税法实施条例》第二十五条的规定，企业发生非货币性资产交换，以及将货物、财产、劳务用于捐赠、偿债、赞助、集资、广告、样品、职工福利或者利润分配等用途的，应当视同销售货物、转让财产或者提供劳务，但国务院财政、税务主管部门另有规定的除外。

根据《国家税务总局关于企业处置资产所得税处理问题的通知》（国税函〔2008〕828号）第二条的规定，企业将资产移送他人的下列情形，因资产所有权属已发生改变而不属于内部处置资产，应按规定视同销售确定收入……（四）用于股息分配。

根据《财政部 国家税务总局关于企业清算业务企业所得税处理若干问题的通知》（财税〔2009〕60号）的规定，企业清算的所得税处理包括全部资产均应按可变现价值或交易价格，确认资产转让所得或损失。

对企业从被投资企业取得股息红利收入的，《中华人民共和国企业所得税法实施条例》第十七条规定，股息、红利等权益性投资收益，除国务院财政、税务主管部门另有规定外，按照被投资方作出利润分配决定的日期确认收入的实现。

因此，对企业清算分配所得的，应该也以企业做出清算所得分配决定日期股票公允价格来确定视同销售收入。

根据《国家税务总局关于企业所得税有关问题的公告》（国家税务总局公告2016年第80号）的规定，企业发生《国家税务总局关于企业处置资产所得税处理问题的通知》（国税函〔2008〕828号）第二条规定情形的，除另有规定外，应按照被移送资产的公允价值确定销售收入。

2019年1月18日，甲公司召开股东会议决定分配股票，前一日股票收盘价为12.90元。

甲公司报表反映长期股权投资58 931 200.70元，清算收益——其他资产处置损益382 798 087.30元，清算所得税为96 813 862.41元。

股东会议决定分配股票前一日股票收盘价12.90，处置收入应为464 864 400.00元（36 036 000×12.9），减去印花税701 620.92元，减去增值税10 852 783.69元，减去股票成本58 931 200.70元，股票处置收益应为394 378 794.70元，但清算报表中的其他资产处置损益为382 798 087.30元，少计算清算所得11 580 707.39元，少计算的企业所得税11 580 707.39×25%＝2 895 176.85元。

造成增值税的差异在于纳税义务发生时间的确定造成。企业在注销时尚拥有股票，实际是股票未过户，清算并未完成，但已经按照清算财产分配日价格计算缴纳了增值税。在股票过户时，时间过了将近3个月，股价已经上涨50%，造成增值税少缴。公司清算时财产尚未处理完毕，股票的增值税纳税义务尚未产生，如何就办理了注销手续？

（四）自然人取得作为清算财产的股票的税收问题

由于公司在清算时已经将股票按照公允价值确认了所得，因此自然人股东取得的该股票成本就是股票过户前一交易日的市场价格19.47元。

根据《国家税务总局关于个人终止投资经营收回款项征收个人所得税问题的公告》（国家税务总局公告2011年第41号），自然人收回投资的，对收回金额超出原实际出资额（投入额）及相关税费的部分，要按"财产转让所得"缴纳20%的个人所得税。因此，S先生等还要就每股19.47元计算的投资收回金额与其投资成本之间的差额计算缴纳个人所得税。

自然人从公司清算分配中取得的股票如不属于《财政部 国家税务总局 证监会关于个人转让上市公司限售股所得征收个人所得税有关问题的通知》（财税〔2009〕167号）规定的应税限售股。自然人在将来出售时，根据《财政部 国家税务总局关于个人转让股票所得继续暂免征收个人所得税的通知》（财税字〔1998〕61号），暂免征收个人所得税。

在持股期间，自然人取得的股息红利按照《财政部 国家税务总局 证监会关于上市公司股息红利差别化个人所得税政策有关问题的通知》（财税〔2015〕101号）及《财政部 国家税务总局 证监会关于实施上市公司股息红利差别化个人所得税政策有关问题的通知》（财税〔2012〕85号）可以享受差别化税收待遇。

（五）醉翁之意在于税

选择自然人还是企业持有上市公司股票，在获利路径上有所不同。

如果是企业持有上市公司股票，企业减持股票形成利润，在缴纳相关税收后再将收益分配给自然人，才是个人的最终收入。但如果是自然人直接持股，则减持股票并缴纳相关税收后就是个人的最终收入，相比企业持股有很大的灵活性。

在税收待遇上，差别也很大。

如果持股12个月以上，企业持股税负将明显重于个人持股，其中：股息红利所得的税负多出20%，股票转让所得的税负多出40%，如图11－2所示。

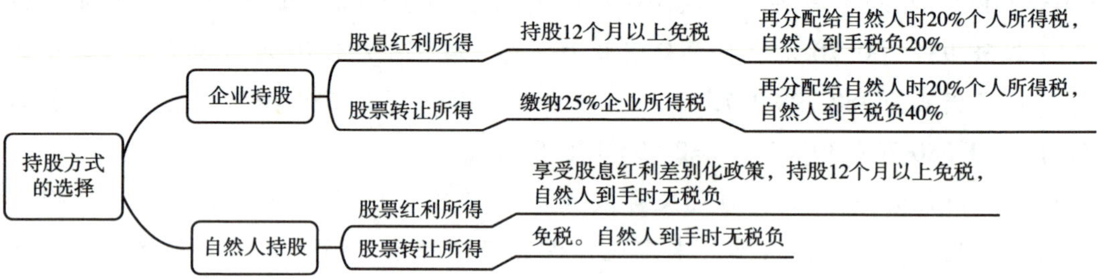

图11－2　持股方式选择示意图

因此，清算后上市公司的实际控制人不变，但S先生等自然人持股的税收负担将减轻很多，从税收视角看，本次清算的目的显而易见。